# Personal Influence:

The Part Played by People in the Flow of Mass Communications

# 퍼스널 인플루언스

매스 커뮤니케이션 흐름에서 인간의 역할

# Personal Influence:

## The Part Played by People in the Flow of Mass Communications

# 퍼스널 인플루언스

## 매스 커뮤니케이션 흐름에서 인간의 역할

엘리후 카츠, 폴 F. 라자스펠드 지음
백영민, 김현석 옮김

# 퍼스널 인플루언스:
매스 커뮤니케이션 흐름에서 인간의 역할

2020년 11월 10일 1판 1쇄 박음
2020년 11월 20일 1판 1쇄 펴냄

지은이 | 엘리후 카츠, 폴 F. 라자스펠드
옮긴이 | 백영민, 김현석
펴낸이 | 한기철

편집 | 우정은, 이은혜
디자인 | 심예진
마케팅 | 조광재, 신현미

펴낸곳 | 한나래출판사
등록 | 1991. 2. 25 제22-80호
주소 | 서울시 마포구 토정로 222 한국출판콘텐츠센터 309호
전화 | 02-738-5637·팩스 | 02-363-5637·e-mail | hannarae91@naver.com
www.hannarae.net

Personal Influence: The Part Played by People in the Flow of Mass Communications
By Elihu Katz and Paul F. Lazarsfeld


ISBN 978-89-5566-242-9 93330

* 이 도서의 국립중앙도서관 출판예정도서목록(CIP)은 서지정보유통지원시스템 홈페이지(http://seoji.nl.go.kr)와 국가자료종합목록시스템(http://www.nl.go.kr/kolisnet)에서 이용하실 수 있습니다.(CIP제어번호: CIP2020045521)

## 일러두기

1. 이 책에 실린 각주는 원저자가 작성한 '저자주'와 '별주', 독자의 이해를 돕기 위해 역자가 덧붙인 '역자주'로 구분되어 있다. 아래와 같이 각각 다른 기호로 표기하여 구분하였다.
   - 저자주 **1, 2, 3** …
   - 별주 ◎
   - 역자주 ◆, ◆◆, ◆◆◆ …

2. 본서의 부와 장의 구분, 소제목의 기호 및 번호, 그림과 표의 번호는 원문의 표기를 따르되, 명백한 원문의 오기로 보이는 것은 번역 과정에서 수정하고 역자주에 명시하였다.

3. 외국어 인명, 지명 등은 외래어 표기법에 근거한 우리말 표기를 원칙으로 하되, 이미 관례적으로 쓰이는 단어가 있는 경우 관례에 따라 표기하였다.

4. 참고문헌은 원저자의 표기를 기준으로 정리하였다. 서문에서 언급된 참고문헌의 경우 각 글의 말미에 자세한 서지사항을 제시하였다. 본문이나 각주에서 인용한 경우에는 저자명과 출간년도로 간략히 표시하고[예를 들어, '파크(Park, 1949)'], 전체 서지정보는 책의 말미 '참고문헌'에 목록으로 제시하였다.

5. 그 밖의 번역 과정과 번역어에 대한 상세한 선정 기준은 역자 서문을 참조하라.

contents

## 2부

## 설득과정에서 사회규범과 네트워크의 역할: 매스 미디어 연구에서 소집단 연구의 함의

Part 2

# 미 중서부 지역공동체를 통해 본 일상의 영향력 흐름

1부

## 대인관계 영향력

## 2부

## 대인관계 영향력의 효과

## 3부

# 대인관계 영향력의 흐름

4부

## 기술적 분석내용 별첨자료 및 연구과정에 대한 보충설명

# 역자 서문

본서는 엘리후 카츠(Elihu Katz)와 폴 라자스펠드(Paul F. Lazarsfeld)가 1955년에 출간한 *Personal Influence: The Part Played by People in the Flow of Mass Communications*의 완역본이다. 번역어 선정과 관련된 구체적인 이야기는 역자 서문 후반부에서 이야기하겠지만, 우선은 역자들이 왜 본서의 제목을《퍼스널 인플루언스: 매스 커뮤니케이션 흐름에서 인간의 역할》이라고 번역했는지 밝히고자 한다.

Personal Influence라는 용어는 흔히 '대인관계 영향력', '인간 영향력' 등으로 번역된다(본서 본문에서는 '대인관계 영향력'이라는 표현을 사용하였다). 그러나 역자들은 '대인관계 영향력'이라는 말을 책의 제목으로 삼는 것은 타당하지 않다고 생각했다. 왜냐하면 '대인관계 영향력'이라는 표현은 일상적인 한국어 표현에서 잘 사용되지 않으며, 원저자들의 의도 역시 잘 드러나지 않는다고 생각했기 때문이다. 원저자들은 미디어가 미디어 수용자에게 영향력을 발휘할 때 인간적(personal) 요인들을 반영하는 것이 중요하다는 것을 보여주기 위해 의도적으로 이 단어를 선택했다[저자들의 의도는 부제에 '사람(people)'이라는 말이 들어간 것에서도 확인된다]. 이러한 의도를 표현할 수 있는 대안으로 처음에 생각했던 제목은 '사람의 영향력'이었다. 그러나 이 번역어는 미디어의 역할이 과하게 축소된 인상을 줄 수 있고, 무엇보다 '처세술'을 설파하는 책이라는 인상을 심어줄 것이 우려되었다. 새로 여러 가지 대안을 고심하다 결국 책의 원제목을 그대로 살려 '퍼스널 인플루언스'로 정하게 되었다.

## 본서의 배경

세상은 빠르게 변하며, 세상을 반영하는 지식 역시 빠르게 변한다. 본서는 꽤 오래된 책이다. 본서에 소개된 데이터는 1945년 6-8월간 수집되었다. 즉 나치스 제3제국의 히틀러가 지하 벙커에서 자살한 후, 그리고 태평양 전쟁에서 미국이 일본을 궁지에 몰아넣은 후 히로시마와 나가사키에 핵폭탄을 투하하기 이전까지의 시기 동안 수집된 데이터이다. 이후 데이터를 수집한 연구자, 분석한 연구자, 연구를 총괄한 연구자들 사이의 의견 대립으로 잠자고 있던 데이터는 1954년부터 폴 라자스펠드의 지도하에 엘리후 카츠의 주도로 저술되기 시작하여 1955년 현재의 모습으로 세상에 태어났다. 다시 말해 저자들이 본서의 초안을 마련하던 시점은 우리나라는 남북이 유혈 대립했던 6·25 전쟁 기간이었다.

대한민국이라는 국가가 탄생하기도 전에 수집된 데이터를 이용해 6·25 전쟁 중에 저술되었고 전쟁 이후 출간된《퍼스널 인플루언스》라는 책을 지금 읽어야 하는 이유는 무엇일까? 이 질문에 대해서는 여러 가지 답이 가능하다. 번역자는 언론학적 관점과 현대적 사회과학교육의 관점에서 본서의 의의를 간단하게 소개하고자 한다.

## 평가: 언론학적 관점

먼저 언론학적 관점에서 그 의의를 간단하게 논의해보고자 한다. 사실 학부든 대학원이든 언론학을 전공한 사람이라면 본서를 직접 읽어보지는 않았다고 하더라도 들어는 보았을 것이다. 본서와 저자들이 언론학에서 가지고 있는 위상과 여기서 제시된 '커뮤니케이션의 2단계 흐름(two-step flow of communication)' 이론에 대한 언론학의 평가는 언론학을 소개하는 교과서를 읽어보아도 쉽게 알 수 있다. 또한 본서를 둘러싼 역사적 논란과 가치에 대한 여러 관점을 살펴보고자 하는 분들은 역자 서문 하단의 참고문헌들(*The Annals of the American Academy of Political and Social Science*, 608권, 1호)을 직접 읽어보길 권한다. 따라서 언론학적 관점에서 살펴본 본서의 의의에 대해서는 간략한 소개로 갈음하고자 한다.

번역자들은 언론학적 관점에서 본서의 의의를 두 가지로 요약하여 정리할 수 있다고 생각한다. 첫째, 교과서적 평가를 내리자면, 본 연구는 현대 매스 커뮤니케이션 연구 흐름을 뒤바꾼 연구다. 두 차례의 세계대전은 총력전으로 치러졌고, 이 과정에서 전 국민적 전쟁 참여를 독려하기 위해 근대적 미디어들이 적극 활용되었다. 모병을 위한 징병 포스터, 팸플릿, 전단(속칭 삐라), 신문, 라디오 방송, 대규모의 군중집회 등 우리가 흔히 제1차, 제2차 세계대전을 다루는 영화에서 볼 수 있는 모든 기법들이 이때 개발되었다. 이 와중에 근대적 언론학(커뮤니케이션 연구)이 태동하였고, 언론학 교과서에서 흔히 말하는 '대효과 이론(powerful effect theory)', 즉 미디어는 미디어를 접하는 사람들에게 무소불위의 영향력을 행사한다는 이론이 등장한다. 저자들은 본서의 첫머리에서 이 대효과 이론은 근본적으로 미디어의 효과를 지나치게 과장하고 있다고 비판하면서, 제2차 세계대전 전후로 실시된 여러 경험적 연구들(소집단 연구, 사회심리학 등)을 기반으로 '의견지도자'를 핵심 개념으로 하는 '커뮤니케이션 2단계 흐름' 이론을 제시하였다. 카츠가 당대의 주류 사회과학 이론을 기반으로 자신의 스승인 라자스펠드의 연구결과를 이론적으로 완성시키고 경험적으로 재확인하며 확장한 결과가 바로 본서다. 이런 관점에서 언론학에서는 보통 본서를 소위 '제한효과 이론(limited effect theory)'을 주류로 정착시키는 데 결정적으로 기여한 연구로 평가한다. 제한효과 이론이란 미디어가 사람들의 태도와 행동에 직접적·단기적으로 미치는 효과는 제한적인데, 이는 미디어 노출 자체가 사람들의 선유경향(predisposition)에 따라 선별적으로 이루어지며, 더불어 의견지도자로 상징되는 '대인관계 영향력'에 따라 미디어 효과가 달라지기 때문이라는 이론이다. 정리하자면 《퍼스널 인플루언스》가 언론학사에서 중요한 이유는 미디어의 영향력에 대한 막연한 공포와 신비주의를 타파하고, 인간이 살고 있는 현실 세계의 커뮤니케이션 공간에서 미디어가 어떤 역할을 하는지를 경험적으로 밝혔다는 점 때문이다.

둘째, 본서의 등장 이후 커뮤니케이션 연구의 영역이 대폭 확장되었다. 초창기 커뮤니케이션 연구들은 미디어, 보다 구체적으로 제도권력(institutional power)을 행사할 수 있는 사람들이 기획한 미디어의 효과에 집중하였다. 세계대전 시기의 선전 포스터, 라디오, 심리전단 등은 모두 자국이나 적국의 군인과 민간인에게 영향력을 행사하기 위한 수단으로 인식되었다. 즉 커뮤니케이션 미디어의 도구적 가치에만 집중했던 초창기 연구 관점에서 벗어나 사람들 사이의 네트워크, 일차집단, 지역공동체 내부의 대인 커뮤니케이션(interpersonal communication)이라는 새로운 연구 영역이 개척되었다. 또한, 본서는 미디어와 대인관계 네트워크를 통한 새로운 사상, 태도, 행동, 제품, 유행, 뉴스 등의 사회적 전파를 탐구하는 확산(diffusion) 연구의 성립과 발전에도 크게 이바지했다. 이러한 학문적 기여를 기념하기 위해 본서는 출간 50년을 맞아 2005년에 원문 형태 그대로 재출간되기도 했다. 돌아보면 정말 놀라운 점은 1955년에 출간된 본서의 연구기법들이 현대적 사회과학, 데이터과학의 연구기법들과 본질적으로 크게 다르지 않다는 것이다. 본서에서는 전통적인 확률표집 기법과 함께 네트워크 표집(network sampling), 소시오메트리(사회연결측정, sociometry)라는 이름의 초창기 사회연결망분석(SNA, social network analysis), 잠재집단분석(LCA, latent class analysis) 등 현재의 소셜미디어 연구에서 널리 사용되는 기법들을 시도하고 있다. 컴퓨팅 기술과 데이터 수집의 한계로 인해 본서에 제시된 분석결과는 현대의 연구결과에 비해 상대적으로 단순하지만, 본질은 동일하다. 소셜미디어가 확산되면서 사람들이 어떤 경로로 정보를 받아들이고, 어떤 정보가 의사결정에 영향을 미치는지의 과정들은 점점 더 확실하고 정교하게 측정되고 있다(Moldovan et al., 2017; Reichstein et al., 2019; Watts & Dodds, 2007). 물론 현재의 커뮤니케이션 흐름과 저자들이 책을 쓰던 당시의 커뮤니케이션 흐름은 다르다(Bennet & Manheim, 2015). 그러나 사람들이 정보를 수용하는 과정, 받아들인 정보를 이용해 의사결정을 내리는 과정에서 가장 큰 영향을 미치는 것은 '대인관계에서 오는 영향력(personal influence)'이다. 다시 말해 사람들의 미디어 환경, 미디어 이용습관 등의 변화로 대인관계 영향력이 행사되는 방식이 달라졌을 뿐, 대인관계 영향력은 여전히 미디어와 인간 사이에서 작동하면서 '사회적 동물'로서의 인간의 삶을 좌우한다. 본서를 시작으로 인간과 미디어의 관계를 새로이 조명하면서 사회과학으로서의 언론학의 지평은 보다 넓고 깊어졌다.

## 평가: 현대적 사회과학교육의 관점

그러나 언론학적 관점에서 본서의 의의를 논의하는 것만으로는 그 진가를 충분히 설명하지 못한다. 어떤 책이든 마찬가지겠지만, 고전의 의미는 언제나 새롭게 해석되어야 한다. 시대와 공간에 따라, 그리고 읽는 사람의 경험에 따라 다르게 읽히지 않는 책이라면 고전이라고 불릴 가치가 없을지도 모른다. 그렇다면 《퍼스널 인플루언스》의 진가는 무엇인가? 변화된 환경 속에서 현대 연구자가 어떻게 옛날 책을 접했는지에 대한 역자들의 소회 두 가지를 언급하고자 한다.

첫째, 본서는 데이터가 어떻게 새로운 이론을 싹틔우는 자양분이 되는지를 보여주는 좋은 사례다. 1950년대와 비교할 때, 현대의 데이터는 훨씬 더 다양하고 풍요롭다. 이렇듯 '데이터가 풍부한 시대'에도 사회과학은 여전히 데이터를 기반으로 이론을 구축하는 것보다 논리적 추론을 통해 구축한 이론을 데이터로 테스트하는 것에 훨씬 더 익숙하다. 그러나 역자들은 데이터의 폭발적 증가는 사회과학 연구를 변화시킬 것이며, 따라서 현재의 사회과학교육방법 역시 바뀔 필요가 있다고 생각한다. 구체적으로 학생들의 데이터 리터러시(data literacy), 즉 데이터를 생성하고 분석하며 해석하는 능력, 그리고 이를 통해 데이터를 바탕으로 타당한 의사결정을 내리는 능력을 함양시키는 교육을 훨씬 더 강조하는 방향으로 바뀌어야 한다고 본다. 물론 컴퓨터과학자들은 사회과학자들보다 더 효율적으로 방대한 데이터를 모으고 관리할 수 있으며, 응용통계학자들은 보다 적합한 방식으로 데이터를 분석할 수 있다. 사회과학자가 이들을 그대로 따라 하는 것은 역부족이며, 무엇보다 불필요하다. 역자들이 강조하고 싶은 것은 다른 분과 학자들이 수행과는 과정을 이해할 수 있고, 그들의 데이터 수집·분석 방법에 기여할 수 있을 정도의 기초적인 지식을 학습하는 능력이다. 소위 데이터과학에서 커뮤니케이션 현상을 다루는 수많은 연구들이 쏟아지고 있다. 언론학 교육이 이러한 연구들을 답습할 필요는 없지만, 학생들이 데이터과학 연구들을 올바로 이해하는 능력을 함양해 자신의 연구에 활용할 수 있도록 북돋아주는 것이 필요하다고 생각한다. 본서는 이론적 혁신은 데이터에 근거해야 하며, 이를 위해서는 데이터를 이해하고 해석하는 것이 필수적임을 잘 보여준다.

둘째, 본서를 통해 데이터의 생성과 분석·접근 방법에 대한 기본적 이해와 구체적 사회현상에 대한 소양과 경험을 접합시키는 능력을 기를 수 있다. 이런 점에서 본서의 두 저자는 자신들의 장점을 탁월하게 결합시켰다. 첫 번째 저자인 카츠는 뉴욕 브루클린에서 이민자 2세대로 태어나 저널리스트를 꿈꾸었으며, 컬럼비아 대학 재학 중 제2차 세계대전 기간 육군에 입대(1944-1946)하여 시카고 대학에서 일본어 통역 임무를 수행했다. 카츠는 이후 라자스펠드 연구팀에 합류하기 전까지 데이터의 수집·분석과 관련된 공식적 교육을 받은 적이 없었다고 한다. 그러나 데이터 분석결과를 새롭게 해석할 수 있는 탁월한 해석능력을 갖고 있었다. 두 번째 저자인 라자스펠드는 나치 독일의 박해를 피해 오스트리아에서 미국으로 건너온 응용수학자로, 공식적인 사회과학교육을 받은 적이 없었다. 본서에 등장하는 '대인관계 영향력'이라는 개념은 이미 1948년 라자스펠드와 동료들이 출간한 《국민의 선택(*The People's Choice*)》에 등장하였지만, 우연히 발견한 결과에 기반했기에 해당 개념에 대한 해석은 가설 수준에 머물렀다. 기본적으로 본서는 현상을 데이터로 파악하는 탁월한 능력을 지닌 라자스펠드와 데이터 분석결과에 숨을 불어넣어 생명력을 부여한 카츠가 만나 만들어낸 걸작이다. 학제 간 연구와 융합에 대한 강조에도 불구하고 서로 다른 학문적 배경을 갖는 연구자들이 생산적으로 협업하는 경우는 그리 많지 않다. 본서는 학제 간 연구가 어떻게 혁신적인 이론적 성과물을 낳을 수 있는지 잘 보여주고 있다.

### 번역 과정 및 번역어 선정 문제

백영민, 김현석 두 명의 번역자는 각 장들을 번갈아 번역하였다. 구체적으로 백영민은 '엘모 로퍼의 서문', '1955년 저자 서문'과 Part 1의 홀수 번째 장들(1·3·5·7장), Part 2의 짝수 번째 장들(2·4·6·8·10·12·14장), 그리고 별첨A와 별첨C, 참고문헌 관련 공지 부분을 초벌 번역하였다. 김현석은 '감사의 말', '재출간본 저자 서문', Part 1의 짝수 번째 장들(2·4·6·8장), Part 2의 홀수 번째 장들(1·3·5·7·9·11·13장), 그리고 별첨B와 별첨D를 초벌 번역하였다. 백영민은 각 번역자의 초벌 번역 원고들을 수합한 후 정리하였다. 구체적으로 백영민은 본서에 등장하는 표(Table)와 그림(Chart)에 대한 번역 작업을 하였고, 번역자 사이에 상이하게 번역한 용어들을 통일하였으며, 별도의 설명이 필요하다고 생각되는 부분에 대해 역자주석을 제공하였다. 또한 번역문이 통일성을 갖도록 윤문 작업을 했다.

번역 과정에서 가장 어려웠던 부분은 원문에 얼마나 충실해야 할지와 어떤 번역어가 가장 적절할지를 판단하는 일이었다. 역자들은 다음과 같은 원칙을 따랐다.

첫째, 원문의 표현에 충실한 직역보다 원문의 의미를 온전히 전달하는 데 집중했다. 몇 가지 예를 들면 다음과 같다. 원문 문장이 지나치게 긴 경우, 의미를 훼손하지 않는 범위에서 여러 문장으로 나누어 번역하였다. 예를 들어 세미콜론(semi-colon)이나 쉼표(comma), 관계대명사 등으로 인해 문장이 길어지는 경우 적절하게 문장을 구분하였다. 또한 원문에서 사용된 대명사의 경우 가급적 대명사가 지칭하는 명사로 바꾸어 번역하였다. 이외에도 가주어나 가목적어 등의 경우 한국어 문장으로 옮기면서 특별하게 번역하지 않았다. 아울러 원문의 표현이 불분명하거나 원문에 오탈자가 있다고 판단된 경우, 별도 표기한 후 역자주를 달았다.

둘째, opinion leader, opinion leadership의 경우 각각 '의견지도자', '의견지도력'으로 번역하였으며, 원문에서 맥락에 따라 opinion이라는 표현 없이 그냥 leader, leadership이라고 표현된 경우에도 분명한 의미전달을 위해 '의견지도자', '의견지도력'으로 번역하였다. 반면 커뮤니케이션 활동 혹은 타인의 의견이나 의사결정에 영향을 미치는 상황이 아닌 경우가 명확해 보이는 맥락에서 사용된 leader, leadership의 경우 '지도자', '리더십'으로 번역하였다. 전반적으로 Part 1에서 선행연구를 소개하면서 leader, leadership을 언급한 경우는 '지도자', '리더십'으로 번역하였으며, 나머지 부분들, 즉 선행연구를 토대로 저자가 본서에서 제안한 opinion leader, opinion leadership을 의미하는 것이 명확하다고 판단되는 경우 '의견지도자', '의견지도력'으로 번역하였다.

셋째, Marketing, Fashion, Public Affairs, Movie 등의 단어들은 본서에서 살펴본 의사결정 분야들을 의미하며, 저자들은 본문에서 이 단어들의 첫 글자를 일관되게 대문자로 표기하고 있다. 다시 말해 원서에서 Fashion은 저자들이 분석했던 '패션 분야'를, fashion은 화장법이나 옷, 헤어스타일 등과 같은 통상적 의미에서의 '패션'을 지칭하며 그 의미가 서로 다르게 사용되었다. 이에 이들 네 단어를 번역할 때는 각각 '일상소비 분야', '패션 분야', '공공이슈 분야', '영화관람 분야'와 같이 '분야'라는 말을 덧붙였다(Marketing, Public Affairs, Movie 단어들에 대한 번역어 선정에 대해서는 아래를 참조).

넷째, Marketing의 경우 원어 그대로 '일상소비 분야', 혹은 맥락에 따라 '일상품 소비' 등으로 번역하였다. 우선 본서에서 말하는 Marketing은 오늘날 한국에서 말하는 마케팅과 그 의미가 사뭇 다르다. 현대 한국어에서 '마케팅'이라는 말은 제품, 브랜드, 서비스상품 등과 관련된 소비자의 인식을 제고하고 판매를 촉진하는 기업의 활동을 의미한다. 반면 본서에서 말하는 '마케팅'은 시장에 출시된 상품이나 브랜드의 소비 영역, 특히 비누, 시리얼, 커피 등과 같은 일상용품의 소비영역을 의미한다. 즉 의역한다면 '일상품 소비활동' 혹은 '일상품 소비활동 분야' 등이 가장 적절할 것이다.

다섯째, Public Affairs의 경우 '공공이슈' 혹은 '공공이슈 영역'으로 번역하였다. 엄밀하게 말해 Affairs를 '이슈(issue)'로 번역하는 것은 타당하지 못하다. 그러나 현대 한국어의 어감을 고려할 때 '공공사안'이라는 말보다는 '공공이슈'라는 말이 보다 자연스럽게 받아들여질 것으로 생각하였다.

여섯째, Movie, 혹은 Movie selection이라는 용어의 경우 '영화관람'이라는 용어로 번역하였다. Movie selection을 의미에 충실하게 번역하자면 '특정 영화를 선택한 후 관람'이라는 용어를 쓰는 것이 맞을 것이다. 그러나 이렇게 번역할 경우 표현이 번잡해지는 문제가 발생할 수 있다. 그렇다고 '영화선택'이라는 번역어를 택할 경우 마치 다른 활동 대신 영화를 보기로 결정했다는 뉘앙스를 풍길 수도 있기에 적절하지 않다고 판단했다. 물론 '영화관람'이라는 번역어에 문제가 없는 것은 아니다. 왜냐하면 '영화관람'이라는 번역어로는 '누구에게 조언을 들어 특정한 영화를 선택해 관람하였는가?'라는 의미를 온전히 담아내기 어렵기 때문이다. 그러나 한국어 어감에 가장 무리가 없으며, 동시에 번잡하게 길지 않다는 점을 감안하여 '영화관람'을 최종 번역어로 선택하였다.

일곱째, 영향력(influence), 효과(impact, effect), 효과성(effectiveness) 등과 같은 용어들의 경우 가급적 원문의 단어 선택을 존중하되, 불필요한 혼란을 일으킨다고 판단한 경우는 과감하게 통일하였다. 현대 사회과학에서는 하나의 현상 혹은 개념을 묘사할 때 가급적 하나의 단어나 표현을 사용한다(아마 다른 과학 분야도 마찬가지일 것이다). 그러나 본서가 작성되던 시기만 하더라도 이러한 규범이 형성되기 이전이었으며, 때로는 글의 리듬과 생동감을 살리기 위해 의도적으로 다양한 표현을 사용하기도 했다. 본서의 저자들이 인정하듯(Part 2의 2부 4장), 이 단어들은 동의어로 간주해도 무방하다.

여덟째, 원문에 등장하는 woman, women, person, people, human 등의 단어들의 경우, 본서의 맥락에 따라 조금씩 다르게 번역하였다. 앞서 설명하였듯 저자들은 미국 일리노이주 디케이터 시의 거주여성들을 대상으로 데이터를 수집하였다. 따라서 엄밀하게 말하면 1950년대 미국 중서부 지역의 전형적인 중소도시에 거주하는 여성들에게서 얻은 연구결과이기 때문에 연구결과를 일반화시키는 데 한계가 있다. 이에 구체적인 연구결과를 서술하는 부분의 경우 '여성' 혹은 '여성응답자'라는 번역어를 사용하였고, 추상적 수준에서 연구결과를 일반화시킨 해석이 제공되는 경우 '사람' 혹은 '인간'이라는 표현을 사용하였다.

끝으로, 통상적이지 않은 방식의 번역어를 택한 경우 번역어 옆에 원문 표현을 덧붙이거나 역자주를 병기하였다. 예를 들어 international communication research의 경우 현재 언론학에서는 '국제 커뮤니케이션 연구'로 번역하는 것이 보통이지만, 본서에서는 '해외 커뮤니케이션 연구'라고 번역하였다. 왜냐하면 본서에서 의미하는 '국제 커뮤니케이션 연구'는 소위 '저개발국(under-developed country)'에서 실시된 연구를 의미하며, 이는 현대의 국제 커뮤니케이션 연구와 다르기 때문이다.

창조적 논문을 쓰는 것과 번역하는 것, 현대 국내 사회과학 분야에서는 둘 중에 전자를 더 높이 평가해준다. 학부와 대학원을 다니면서 가장 아쉬웠던 부분은 바로 좋은 번역서가 없다는 점이었다. 지금은 상황이 많이 나아졌다고 하지만 번역되는 대부분의 책은 인문학 고전 및 교양서(소위 문·사·철에 해당되는)나 사회과학 사상서에 머물고 있으며, 사회과학 연구에 직접 도움이 되는 실증적 연구들은 여전히 부족하지 않나 생각한다. 이번에 출간하는 역자들의 번역서가 언론학을 전공하는 학생들, 더 나아가 커뮤니케이션 현상에 관심이 있는 다른 분과의 학부생이나 대학원생들에게 도움이 되길 바란다. 아울러 어려운 출판환경 속에서 번역의 가치에 적극 동감해 주신 한나래출판사에 진심으로 감사드린다.

2020년 가을

역자들을 대표하여

백영민

■ 역자 서문에서 언급한 참고문헌


Glickman, L. B. (2006). "The Consumer and the Citizen in Personal Influence: Scholarship and Entrepreneurship." *The Annals of the American Academy of Political and Social Science, 608*(1), pp. 205-212. https://doi.org/10.1177/0002716206292366.

McCormack, T. (2006). As Time Goes by··· *The Annals of the American Academy of Political and Social Science, 608*(1), pp. 179-192. https://doi.org/10.1177/000271620629.

Moldovan, S., Muller, E., Richter, Y., & Yom-Tov, E. (2017). "Opinion Leadership in Small Groups." *International Journal of Research in Marketing, 34*(2), pp. 536-552. https://doi.org/10.1016/j.ijresmar.2016.11.004

Morrison, D. E. (2006). "The Influences Influencing Personal Influence: Scholarship and Enterpreneurship." *The Annals of the American Academy of Political and Social Science, 608*(1), pp. 51-75. https://doi.org/10.1177/0002716206293413.

Peters, J. D. (2006). "The Part Played by Gentiles in the Flow of Mass Communications: On the Ethnic Utopia of Personal Influence." *The Annals of the American Academy of Political and Social Science, 608*(1), pp. 97-114. https://doi.org/10.1177/0002716206292425.

Reichstein, T., & Brusch, I. (2019). "The Decision-Making Process in Viral Marketing: A Review and Suggestions For Further Research." *Psychology & Marketing, 36*(11), pp. 1062-1081. https://doi.org/10.1002/mar.21256

Scannell, P. (2006). "Personal Influence and the End of the Masses. *The Annals of the American Academy of Political and Social Science, 608*(1), pp. 115-129. https://doi.org/10.1177/0002716206292528

Schudson, M. (2006). "The Troubling Equivalence of Citizen and Consumer." *The Annals of the American Academy of Political and Social Science, 608*(1), pp. 193-204. https://doi.org/10.1177/0002716206292527.

Simonson, P. (2006). "Introduction." *The Annals of the American Academy of Political and Social Science, 608*(1), pp. 6-24. https://doi.org/10.1177/0002716206291967.

Summers, J. H. (2006). "Perpetual Revelations: C. Wright Mills and Paul Lazarsfeld." *The Annals of the American Academy of Political and Social Science, 608*(1), pp. 25-40. https://doi.org/10.1177/0002716206292374.

Watts, D. J., & Dodds, P. S. (2007). "Influentials, Networks, and Public Opinion Formation." *Journal of Consumer Research, 34*(4), pp. 441-458. https://doi.org/10.1086/518527

본서 Part 2에 보고된 현장연구는 여러 협력자들로부터 큰 도움을 받았다. 저자들은 이들 기여의 중요성에 대해 순위를 매기고 싶지는 않다. 데이터의 수집과 분석에 쏟아준 협력자들의 관심과 에너지에 감사드리고 싶다. 또한 특정 주제에 관한 구체적인 아이디어를 제공하거나 유용한 초안을 마련해주는 방식으로 기여한 협력자들에게도 감사드리고 싶다. 저자들은 저자의 동료들을 본 연구의 각 단계별로 참여한 순서에 따라 언급하고자 한다.

연구대상 도시의 선정과 도시 내에서의 표본 표집과 관련한 통계적 작업은 버나드 베럴슨(Bernard R. Berelson)의 지도하에 이루어졌다.

본 연구의 현장조사 준비는 찰스 라이트 밀즈(C. Wright Mills)◆가 담당했다. 현장조사 관련 자료는 이와 밀접히 연관된 다양한 주제에 대해 일련의 보고서를 작성한 분석가들이 먼저 정독해주었다. 헬렌 다이너맨(Helen Dinerman)과 셀마 앤더슨(Thelma Anderson)의 여러 기여가 특히 유익했다. 레일라 서스맨(Leila A. Sussmann)과 패트리샤 켄달(Patricia L. Kendall)은 일상소비 분야 및 영화관람 데이터 초기 분석에 도움을 주었다.

출판 원고 초안 작성은 여러 동료들이 본문 구성 부분들을 담당하였다. 특히 아래 동료들에게 가장 큰 신세를 졌다:

데이비드 글레이처(David B. Gleicher)

피터 로씨(Peter H. Rossi)

레오 스롤(Leo Srole)

스롤과 글레이처는 의견지도자의 특성에 대한 부분의 초안을 준비했으며, 로씨

---

◆ 찰스 라이트 밀즈(1916-1962)는 미국의 사회학자로 본서의 두 번째 저자인 폴 라자스펠드와 여러 측면에서 대립·반대되는 모습을 보였다. 사회현상에 대한 객관적 분석을 강조하고, 정부·기업 등과의 협력이 중요하다고 본 라자스펠드와 달리, 밀즈는 지식인의 사회적 의무를 앞세우고 비판적 지성의 중요성을 강조하였으며, 미국 사회의 계층구조에 대해 비판하며 시민사회에 대한 정부·기업의 억압과 통제를 폭로하는 것을 사회학자의 임무로 보았다. 《화이트칼라》(1951), 《파워엘리트》(1956), 《사회학적 상상력》(1959) 등의 저작들로 유명하다.

는 주로 대인관계 영향력의 효과와 관련된 부분을 맡았다.

분석과 집필의 모든 국면에서 찰스 라이트 밀즈의 조언은 대단히 유익했으며, 종종 데이터에 대한 완전히 새로운 관점을 제공했다.

에드먼드 브루너(Edmund deS. Brunner), 데이비드 리스먼(David Riesman), 그리고 브루스터 스미스(M. Brewster Smith)는 Part 1의 원고 초안을 읽고 유용한 제안을 해주었다. 패트리샤 켄달(Patricia Kendall)은 Part 2의 각 장의 초안 내용에 대해 공감하면서 그러나 동시에 비판적으로 논평하였으며, 최종 교정에 이르기까지의 과정에 명확성, 주의성, 날카로운 감각을 제공해주었다.

'찾아보기'는 알버타 커티스 라트레이(Alberta Curtis Rattray)의 도움으로 만들어졌다. 그림은 시모우 하워드(Seymour Howard)가 제작했다. 최종 원고의 타이핑은 상당 부분 로버트 위트(Robert Witt)가 담당했다. 컬럼비아 대학교 응용사회조사국 지원부서는 까다로운 코딩과 표 작성을 평소처럼 효율적으로 해주었다.

후원자, 출판사, 친구로부터 기대할 수 있는 수준을 훨씬 뛰어넘는 인내심을 보여준 맥파든 출판사(Macfadden Publications)◆의 에버렛 스미스(Everett R. Smith)와 프리프레스(The Free Press) 출판사의 제레미아 카플란(Jeremiah Kaplan)에게 감사의 마음을 전한다.

◆ 맥파든 출판사는 본서의 연구 프로젝트 진행을 위한 연구자금을 지원하였다. 당시 맥파든 출판사는 여성 독자들을 타깃으로 하는 로맨스 잡지를 출간하고 있었다. 본서의 응답자들이 디케이터 지역에 거주하는 '여성들'인 이유는 바로 이 때문이기도 하다.

# 재출간본 저자 서문[트랜스액션(Transaction) 출판사 판 서문]

## 라자스펠드의 유산(legacy): 제한 효과의 영향력(the power of limited effects)[1]

I.

에밀 뒤르켐(Emile Durkheim)과 가브리엘 타르드(Gabriel Tarde)의 유명한 논쟁(Clark, 1969)에서 뒤르켐은 사회학이 사회규범의 강제력을 다루는 학문이라고 주장한 반면, 표면상 패배자였던 타르드는 사람에서 사람으로 전달되는 커뮤니케이션이 사회규범의 형성에 어떤 영향을 끼치는지를 집산(集算, aggregation)하는 연구가 더 중요하다고 주장했다. 폴 라자스펠드(Paul Lazarsfeld)는 타르드의 입장에서 본서의 '디케이터 연구(The Decatur Study)'를 설계하였다. 라자스펠드는 여론 형성과정에서 대화의 역할에 관한 타르드의 훌륭한 연구(Tarde, 1898)에 감탄했다. "누구도 대화를 나누지 않는다면 신문은 아무 소용이 없는 것처럼 보일 것이다. … 왜냐하면 신문은 누구의 마음에도 깊은 영향을 미치지 않은 것이기 때문이다."라는 타르드의 관찰은 라자스펠드의 '커뮤니케이션의 2단계 흐름(two-step flow of communication)' 이론의 고전적 전조(precursor)다.

투표 결정에 대하여 라자스펠드가 1940년에 실시한 연구인 《국민의 선택(*The People's Choice*)》에서 소개한 우연한 발견을 경험적으로 검증한 연구가 '디케이터 연구'이다. 라자스펠드는 미디어로부터의 메시지가 비공식적인 '의견지도자들(opinion leaders)'—자신이 보고 들은 것에 개입하고, 해석하며, 이것을 자신이 속한 대인 네트워크로 확산시키는 사람들—에 의해 추가로 중개될 수 있음을 발견했다. 미디어 메시지에의 노출 그리고 메시지의 지각 및 회상에서 '선택성(selectivity)' 개념과 함께, 커뮤니케이션의 2단계 흐름 이론은—적어도 단기간의 설득에 관한 한— 미디어와 수용자 사이의 힘의 균형을 변화시킨 것이다. 커뮤니케이션의 2단계 흐름 이론은

1 저틴 아트레(Jatin Atre), 제프 풀리(Jeff Pooley), 피터 사이먼슨(Peter Simonson)의 조언과 어빙 루이스 호로위츠(Irving Louis Horowitz), 마이클 델리 카르피니(Michael Delli Carpini), 피터 베어맨(Peter Bearman)의 격려에 감사를 표한다.

'제한 효과(limited effects)'에 대한 논의와 '적극적 수용자(active audience)' 개념을 예견한 것이기도 하다. 또한, 미디어의 효과성은 대인관계 영향력에 의해 어느 정도 '보완(supplementation)'된다는 것을 시사한다(Lazarsfeld and Merton, 1948; Katz and Popescu, 2004).

커뮤니케이션의 2단계 흐름 이론은 다양한 관심을 불러일으켰다. 디케이터 연구 외에도 컬럼비아 대학교 응용사회조사국에서는 많은 후속 연구를 실시했다. 그중 주목할 만한 연구를 예로 들면 '코스모폴리탄(cosmopolitan)' 의견지도자들이 어떻게 시사주간지의 내용을 사람들에게 전달했는지에 대한 로버트 머튼(Robert Merton)의 연구(1949), 1940년 투표 연구의 속편인 버나드 베럴슨과 동료들의 연구(1954), 근대화 과정에서의 의견지도자를 파악하고자 한 다니엘 러너(Daniel Lerner)의 연구(1958) 등을 꼽을 수 있다. 커뮤니케이션의 2단계 흐름 이론에 대한 반박이 제기되기도 했다. 기틀린(Gitlin, 1978)과 같이 격정적인 '강효과' 지지자들은 의견지도자 개념이 미디어의 직접 효과를 숨기기 위한 것에 불과하다고 주장하기도 하였다. 또한, 미디어의 영향력은 투표 또는 구매 행동에 영향을 미치는 단기적인 '캠페인'이 아니라, 변화의 둔화나 '장기적' 효과에 있는 것이라고 주장한 랑(Lang, 1981), 아도르노(Adorno, 1969), 맥루언(McLuhan, 1964)과 같은 연구자들로부터도 반대 의견이 개진되었다.

## II.

디케이터 연구의 개념적 기초는 라자스펠드와 찰스 라이트 밀즈(C. Wright Mills)의 협력에서 시작했다(Sterne, 2005). 그러나 얼마 지나지 않아 두 사람은 헤어지기로 동의했다. 방법론적으로 디케이터 연구는 순전히 라자스펠드의 것이며, 라자스펠드는 투표 연구에 적용한 자신의 혁신적인 연구설계를 다른 의사결정 분야들로 확장시켰다. 표본 내 **동일**응답자를 반복적으로 인터뷰하는 '패널조사방법'을 통해, 라자스펠드는 일상적인 의사결정 과정에서 매스 미디어 효과와 대인관계 영향력이 어떠한 상호작용을 보이는지 관찰할 수 있었다. 투표 연구를 한 단계 뛰어넘어, 디케이터 연구는 원래 표본의 구성원으로부터 시작해 이들이 자신들의 결정에 연루시킨 사람들까지 조사를 확장시키는 '눈덩이(snowballing)' 표집 방법을 통해 영향력 전파자–영향력 수용자 쌍(dyad)을 구성했다. 이는 사회관계측정 방법(sociometric methods)을 대규모 의견 연구에 접목시킨 첫 번째 사례였다. 또한, 미디어 효과 연구는 반응에서 자극으로, 말하자면 '커뮤니케이션 흐름을 역행하여(backward)'◆ 진행하는 것이 '커뮤니케이션 흐름 방향대로(forward)' 진행하는 것보다 더 도움이 될 수 있다는 라자스펠드의 생각 역시 주목할 만하다.

앞서 소개한 내용들은 라자스펠드가 커뮤니케이션 연구에 얼마나 기여했는가를 보여줄 뿐만 아니라 어떤 기여를 했는지도 잘 보여준다. 주목할 만한 것들은 다음과 같다: (1) 이론적 설명 및 기본 가정에 대해 예리한 질문을 던진 점, (2) 미디어 효과를 실험실 밖의 실제 생활에서 검증하려 노력한 점, (3) 연구들 사이의 연속성과 연구성과 축적에 헌신한 점, (4) 대규모 설문조사 연구를 위한 방법론적 수월성과 연구설계의 혁신성, 마지막으로, (5) 이러한 연구 수행을 위한 대학연구소 혹은 실험실의 건립(Barton, 2001)이다. 아울러 여기에 (6) 정부나 기업의 의뢰로 수행되는 응용연구가 학문적 유용성과 고결함이 떨어질 이유가 없다는 그의 신념 또한 덧붙일 수 있을 것이다. 라자스펠드(Lazarsfeld, 1941)는 프랑크푸르트 학파(the Frankfurt School)의 이상에 동의하며 '행정적' 연구와 '비판적' 연구를 구분하였고, 행정적 연구는 고객의 관점에서 문제를 개념화하는 반면, 비판적 연구는 '고객' 자체를 문제의 핵심적인 부분으로 간주한다는 것을 인정했다. 라자스펠드는 컬럼비아 대학 소속 연구자들의 미디어 영향력에 대한 과소평가(downgrading)가 미디어의 사회적 책임 회피를 가능케 했다고 비판하는 연구자들에게 단기간의 설득에 관한 연구는 그저 전체 연구의 한쪽 모퉁이를 차지할 뿐이며, 미디어 효과에 대한 자신의 전체 지도(map)를 참조하라고 했을지도 모른다(Klapper, 1960; Katz, 2001). 그렇지만 제한효과 연구가 라자스펠드가 가장 활발히 활동했던 모퉁이였다는 점은 사실이다.

디케이터 연구에서 잘 드러나듯, 이 정도 규모의 연구는 결코 혼자 진행할 수 없다. 밀즈(Mills)가 연구 초반부를 기획하고 현장 연구를 정교하게 감독한 것 외에도, 피터 로씨(Peter Rossi), 데이비드 글레이처(David Gleicher), 그리고 레오 스롤(Leo Srole)이 자료분석에 큰 공헌을 했다. 그들의 노력은 감사의 글과 본문의 관련 부분들에 언급되어 있긴 하지만, 축소되어 서술되어 있다. 현장 연구가 끝난 지 거의 10년이 지

◆ 여기서 언급한 연구의 방향성은 실험연구(experimental study)가 아닌, 흔히 관측연구(observational study)라고 불리는 대부분의 연구 분야에서 널리 사용되고 있다. 원인을 확정한 후 원인 변화에 따른 결과를 예측하는 것이 '방향대로(forward)' 연구를 진행하는 것인 반면, 결과를 일으키는 원인을 추적하는 것이 '역행하여(backward)' 연구를 진행하는 것이다.

난 후에도 라자스펠드는 프로젝트가 여전히 마무리되지 않았다고 생각했고, 1954년에 저자에게 프로젝트를 정리해보지 않겠느냐고 제안했다. 또한 저자는 커뮤니케이션 2단계 흐름의 관점에서 볼 때 소집단 연구가 매스 커뮤니케이션 연구와 어느 정도 관련되어 있다는, 당시로서는 예상 밖으로 들릴 가능성을 탐구하는 소논문(essay) 준비에 착수했다. 이 소논문은 박사 논문이 되었고, 본서의 Part 1이기도 하다.

## III.

커뮤니케이션 연구에 대한 라자스펠드의 중요성은 디케이터 연구를 훨씬 뛰어넘으며, 심지어 이 분야에서의 그의 업적을 합친 것보다 크다. 실로 라자스펠드의 중요성은 라자스펠드 자신도 예상하지 못했던 방식으로 그의 생애를 초월하였다. 라자스펠드는 커뮤니케이션 분야가 나아갈 방식, 그리고 어쩌면 심지어 무너지게 될 방식까지 미리 보여주었다.

앞서 언급한 대로, 컬럼비아 그룹의 경험적 연구는 라디오 도입 초기의 토론과는 대조적으로, 대중설득(mass persuasion) 과정에서 미디어가 '제한 효과'만을 갖는다는 결론을 도출했다. 이러한 결론은 비교적 단기간에 의견, 태도, 행동을 바꾸려는 집중적 시도가 유효한지 평가하는 여러 반복적 연구결과들을 기반으로 얻은 것이었다. 미디어의 강력한 효과가 존재하지 않는다는 것을 설명하기 위해, 컬럼비아 대학 소속의 연구자들은 미디어와 수용자 사이에 존재하는 여러 가지 '중개변수(intervening variables)'를 살펴보았다.

여러 중개변수들 중 두 가지 변수에 주목할 필요가 있다. 하나는 사람들이 자신의 의견과 일치하지 않는(dissonant) 메시지들의 도전으로부터 기존의 인지 구조를 '보호하기' 위해 사용하는 노출 및 지각의 '선택성(selectivity)'이다. 다른 하나는 '대인관계(interpersonal relations)'로—이 역시 일종의 선택성의 결과지만, 집단 수준의 선택성 결과다—, 메시지는 소셜 네트워크를 통해서 걸러지고, 집단규범에 비추어 점검된다. 이 두 가지 중개변수, 그리고 이들의 미디어-대화-의견의 '2단계 흐름'에서의 확장은 1950년대와 1960년대 이후 커뮤니케이션 연구가 어떻게 진보하였는지를 보여주며, 이는 필연적으로(not incidentally) 라자스펠드가 커뮤니케이션 연구에 어떤 기여를 했는지 보여준다.

라자스펠드의 세 가지 기여를 차례대로 생각해보자. 첫째, 수용자에게 자율권을 부여한(empowered) 선택성이 '이용과 충족(uses and gratifications)' 연구와 어떻게 융합됐는지, 그리고 나아가 현재 유행하는 수용(reception) 연구와 어떻게 융합됐는지 살펴볼 것이다. 둘째, 메시지와 의견 사이를 중개하는 영향력 전파자(influentials) 개념이 어떻게 소셜 네트워크 연구와 혁신의 확산(diffusion of innovation) 연구로 이어졌는지 제시할 것이다. 셋째, '2단계 흐름'의 기저에 존재하는, 참여민주주의의 공론장(public sphere)에 관한 최신 이론들과의 연결고리(nexus), 즉 타르드(Tarde), 라자스펠드(Lazarsfeld), 하버마스(Habermas)의 재결합(reunion)과의 연결고리를 추적해볼 것이다. 커뮤니케이션 효과를 전체적으로 조망한 라자스펠드의 연구 지도(map)에는 커뮤니케이션 연구가 진행되어온 이들 각각의 경로 및 다른 경로들 또한 표시되어 있다.

먼저, 두 가지 중개변수에 관해 이야기해보자.

1. **선택성**. 선택성 개념을 설득 패러다임에 도입함으로써 미디어 캠페인이 왜 그렇게 기대에 못 미치는지를 설명할 수 있게 되었다. 설득 캠페인 메시지에 동의하지 않는 사람들이 캠페인 메시지를 외면하거나 잘못 해석하기 때문에 (기존 태도를) 전환시키기(convert)보다 강화시킬(reinforce) 가능성이 더 크다는 발견은, 방어성(defensiveness)뿐만 아니라 관심사와 역할 의무(role-obligations)에 근거한 다른 형태의 자기 선택(self-selection)에 대한 깊은 관심으로 이어졌다. 이러한 발견은 '이용과 충족' 연구라는 또 다른 컬럼비아 전통과 융합되었다. 이용과 충족 연구는 직접 효과의 문제("미디어가 사람들에게 무엇을 하는가?")에서 "사람들이 미디어를 이용해 무엇을 하는가?"의 문제로 관심을 이동시켰다. 허르타 허르조그(Herta Herzog)는 일찍부터 라디오 청취자들이 연속극과 퀴즈쇼에서 무엇을 얻어가는지 질문했고(Herzog, 1941), 마틸다 라일리(Matilda Riley)와 잭 라일리(Jack Riley)는 고립된 아이들과 통합된 아이들이 액션-어드벤처 프로그램을 이용하는 방식을 비교했으며(Riley and Riley, 1951), 에드워드 서치만(Edward Suchman)은 어떤 라디오 청취자들이 클래식 음악에 매력을 느끼는지 발견했다(Suchman, 1941). 마찬가지로, 디케이터 연구의 여성응답자들은 자신의 역할에 따라 일상소비, 패션, 혹은 정치에 대한 조언을 요청받은 여성들이 이들이 영향을 미친 여성들보다 해당 분야에 대해 아는 것이 더 많았다.

미국보다 유럽에서 더 많이 이루어진 지식 격차(knowledge-gap) 연구에서도 마찬가지로 기존의 인지 구조나 관심 정도가 특정 주제에 대한 추가 정보를 흡수할 가능성에 선택적으로 영향을 미친다고 주장했다(Tichenor, 1970). 따라서 많은 정보를 아는 사람과 적은 정보만 아는 사람 사이의 차이를 **줄이기** 위해 고안된 정보 캠페인은 종종 정반대의 결과를 얻는다. 모든 사람이 무언가를 배울 때조차, 이미 더 많이 알고 있는 상태에서 정보 캠페인을 접한 사람들은 그렇지 않은 사람보다 더 많은 것을 얻어갈 것이다.

그러나 선택성 개념이 궁극적으로 번성하게 된 이유는 서로 다른 '독자'들이 '같은' 텍스트를 어떻게 해독하는지에 주목하는 현재의 수용(reception) 연구 관행에서 찾을 수 있다. 이 연구 중 일부는 해독의 다양성에 초점을 맞춘 반면, 다른 연구들은 텍스트의 '예정 독자(implied reader)'와 '실제 독자(real reader)'◆ 사이의 일치(match)를 고려한다. 보다 사회학적 연구(예: Liebes and Katz, 1990)에서는 독자(readers) 유형과 글(readings) 유형 사이의 관계를 발견하는 것을 목표로 한다. 충족(gratifications) 연구와 마찬가지로, 이 연구는 독자의 상대적 자율성, 즉 독자의 힘을 전제로 한다. 여러 포스트모더니즘 연구 분야에서—그저 마지못해 충족 연구를 인정하지만— 이 방향의 연구를 채택해왔다. 리빙스톤(Livingstone, 2003)의 말을 따르자면, 충족 연구와 수용 연구의 차이는 충족 연구가 '이용(uses)'을 다루는 반면, 수용 연구는 '의미(meanings)'에 관심이 있다고 요약할 수 있다. 소위 문화연구(cultural studies)에 입각한 수용 연구자들이 미디어 이용 개념을 포기한 것은 역설적이다. 제임스 커런(James Curran)은 이 점을 바로잡으려고 노력해왔다(Curran, 1990). 수용 연구의 또 다른 역설은 미디어와의 점진적 단절이다. 연애편지에서 베를린 장벽에 이르기까지 모든 것은 텍스트이며, 미디어는 단지 또 하나의 텍스트 공급자일 뿐이다. 어떤 이론가들은 심지어 텍스트는 존재하지 않으며, 독자 자신이 작가라고 상정한다. 침착함을 잃지 않은 이론가들은 독서를 텍스트와의 교섭적인(negotiated) 상호작용이라고 기술한다. 미디어가 선택성의 덤불에서 길을 잃고 있지만, 수용 이론은 미디어를 찾는 데 별 관심이 없다고 말하는 것이 타당해 보인다. 그러나 최근 수용 이론 연구자들(receptionists)이 수용의 '맥락(context)'에 대한 연구를 위해 커뮤니케이션 민족지학(ethnography)을 요구하는 것은 소집단과 매스 미디어 모두를 재도입할 기회처럼 들린다. 한번 지켜볼 일이다.

---

◆ 예정 독자는 저자가 텍스트를 작성할 때 염두에 둔 독자를 의미한다. 반면 실제 독자는 저자가 작성한 텍스트를 실제로 접한 독자를 말한다. 예를 들어 역자들은 이 책을 언론학 전공자들이 읽을 것으로 예정하고 있지만(즉, 예정 독자), 실제로 이 책을 읽는 독자들(즉, 실제 독자) 중 일부는 언론학과 무관한 전공자도 있을 것이다.

2. **대인관계**. 설득과정에서 또 하나의 주요 장애물 역시 위와 같은 종류의 '기원(origins)과의 연락이 끊어진 것'이라는 특징을 갖는다고 할 수 있다. 소집단과 매스 커뮤니케이션의 (예상 밖의) 관련성은 1940년 투표 연구에서 처음 인지되었다. 1940년 투표 연구에서는 친구와 가족의 정치 성향이 매우 동질적임을 발견했으며, 이러한 일차집단이 구성원들의 투표 결정에 규범적 압력을 행사함을 관찰했다. 그 후 미디어와 대인관계 네트워크를 연결하는 접속점(node)에 미디어 연구를 재집중시킨 의견지도자 아이디어가 등장했다. 이러한 과정을 통해 일차집단의 규범과 네트워크가 이 연구를 포함한 컬럼비아 대학의 매스 커뮤니케이션 연구에 천천히 스며들었다.

《국민의 선택》에서 디케이터 연구로 이어진 제한 효과 패러다임은 '신약확산 연구(The Drug Study)'에서 다시 확인되었다. 이 연구는 새로운 항생제가 판매원, 광고, 의학 학술지, 대인적 영향을 통해 4개 소도시(town) 의사들 사이에서 어떻게 전파되었는지를 추적하였다(Coleman, Katz, and Menzel, 1966). 이것은 빈(Vienna)에서 뉴욕(New York)으로 이동하면서 언제나 라자스펠드가 전념했던 '의사결정(decision)'에 관한 연구라기보다, 흐름(flow) 혹은 '확산(diffusion)', 다시 말해 의사결정으로 나아가는 순차적 확산(cascading sequence of decisions)에 관한 연구였다.

신약확산 연구는 메시지의 수용과 효과가 동시에 일어난다는 가정에 도전함으로써 (1) 수용자의 비선택적 노출(the everybody audience), (2) 수용의 동시성, (3) 발신자와 수신자 사이의 중개되지 않은(unmediated) 접촉이라는 가정들을 기반으로 한 강효과 패러다임이 (1) 수용자의 선택성, (2) 시간에 따른 연속적인 채택(adoption), (3) 영향력 전파자와 소셜 네트워크의 중개(mediation)라는 가정들을 기반으로 한 패러다임과 다르다는 것을 보여주었다. 따라서 '의사결정' 연구가 선택성과 개인 네트워크를 발견했다면, '확산' 연구는 시간적 순차성을 발견했다(물론 투표 연구의 패널 방법 및 표심 변경 연구에서도 시간적 순차성의 발견 직전까지는 도달했다).

'의사결정'과 '확산' 개념 사이에는 중요한 차이점이 있다. 결정 모형에서는—적어도 디케이터 연구에서는— 시간을 고려하지 않으며, 변화의 대상 역시도 고려하지 않는다(A씨는 패션 x를 패션 y로 변경할 수 있고, B씨는 패션 y에서 패션 x로 바꿀 수 있다). 결정 모형의 주된 관심사는 '왜', 즉 어떤 아이템의 내재적(intrinsic) 매력, 그것을 추천한 외적(extrinsic) 영향력의 정보원, 그리고 채택 사실에 있다. 아울러, 이 모형은 영향력 흐름의 방향을 도식화하는 데 필요한 영향력 쌍(dyad)에서 '영향을 미친 사람(who)'과 '영향을 받은 사람(whom)'이 각각 누구인지, 각각의 정체성은 어떠한지 밝히고자 한다.

확산 모형 또한 채택에 관심이 있다. 하지만 이 모형은 어떤 확산 아이템이 시간이 지남에 따라 채택 순위를 이동해가며 보이는, 집합 차원에서의 채택의 누적 성장에 관심을 둔다. 예를 들어, 의사들 사이의 관계에 대한 사회관계측정 분석(sociometric mapping)은 새로운 항생제가 의사들의 대인관계 네트워크를 통해 확산해가는 과정을 추적할 수 있게 해주었고, 이를 통해 각 시점의 항생제 채택률의 변화를 확인할 수 있었다. 확산 연구는 '언제'라는 질문을 제기하는데, 개인의 결정에 영향을 미치는 정보원(sources)이 무엇인지, 또는 이들 정보원의 역할이 시간이 지남에 따라 어떻게 변화해가는지 추측하는 것 이상을 할 수 없다. 의사결정 모형과 달리 확산 모형은 채택자의 기억 능력과 관계없이 '객관적으로' 혁신의 채택 데이터를 얻으려고 시도한다.

'의사결정'과 '확산'을 비교해보면 둘 사이에는 훨씬 더 크고 흥미로운 차이점이 존재한다는 것을 알 수 있다. 응답자들의 회상(introspective) 능력에 기초한 의사결정 연구에는 영향력 전파자와 영향력 수용자 모두 영향력이 실제로 집행되었음을 확인할 수 있는 '설득(persuasion)'이라는 개념이 존재한다. 물론 설득만이 영향력의 유일한 형태는 아니다. 사실 설득 외에 각각 '모방(imitation)', '조작(manipulation)', '전염(contagion)'이라 명명할 수 있는, 적어도 세 가지의 영향력 유형이 존재한다. 전염은 확산 연구를 가장 잘 규정한다. 예컨대 홍역의 확산에서 볼 수 있듯이, A와 B가 모두 모르는 상태에서 A가 B에게 영향을 줄 수 있으며, 이때 확산되는 것은 교섭되는 것이 아니라 단지 전달된 것이기 때문이다. 마찬가지로, 당사자 중 한 사람만 영향력이 오갔음을 인지하는 상황도 있다. '조작'에서는 영향력 전파자가 이를 인지하는 사람이며, 이 사람의 피해자는 영향력을 받은 것을 인지하지 못한다. 패션 분야의 경우와 같이, '모방'에서는 그 반대 상황이 발생한다. 즉, 영향력 수용자는 영향받고 있음을 인지하는 반면, 영향력 전파자는 자신이 인지하지 못한 채 영향력을 주었다는 사실을 전혀 알지 못할 수도 있다. 사실 네 가지 유형의 영향력이 확산 패러다임에서는 각각 하나씩 자리를 잡은 반면, 의사결정에서의 대인관계 영향력에 관한 라자스펠드의 연구에서는 오직 '설득'(그리고 아마도 '모방')만이 적용된다.

신약확산 연구는 대인관계 네트워크와 미디어 사이의 접촉 지점을 확정하는 것이 얼마나 어려운지 분명히 보여주었다. 의학 학술지와 제약회사 영업사원들은 의사들의 의사결정 및 의사들 사이의 대화내용에 영향을 끼친 것이 확실했지만, 이러한 외부의 영향을 체계적으로 살펴보는 것은 쉽지 않았다. 이 문제는 확산 연구를 대중화시킨 글래드웰(Gladwell, 2000)의 책에서도 잘 드러난다. 글래드웰 책의 색인에 텔레비전이 등장하지 않다는 점을 고려할 때, 글래드웰은 마치 대인관계 네트워크 자체만으로도 혁신이 시작되고 확산될 수 있다고 생각하는 것처럼 보인다. 방법론적으로 의사결정 모형과 확산 모형의 새로운 조합만이 이 문제를 극복할 것으로 생각한다.

현재 소셜 네트워크에 관한 연구 분야가 번창하고 있다(Watts, 2003). 소셜 네트워크 분야는 부분적으로 컬럼비아 전통의 영감을 받았다(Kadushin, 1976; Burt, 1999). 확산 연구가 이 분야에 적용될 수 있는 분야 중 하나지만, 수용 연구와 마찬가지로 미디어를 다시 들여오려는 노력을 찾아보기 어렵다. 미디어가 어떻게 연구자들의 관심에서 거의 사라지게 되었는지 다시 한 번 주목해본다면 흥미로울 것이다. 선택성에서 충족 그리고 수신까지의 진화 과정과 대인관계에서 시작해 확산 그리고 소셜 네트워크로 이어지는 과정을 비교해보라.

## IV.

이제 공론장에 대한 《퍼스널 인플루언스(*Personal Influence*)》의 영향을 살펴보자. '커뮤니케이션의 2단계 흐름'은 대중설득과정에 대인관계가 개입한다는 주장 이상의 의미가 있다. 라자스펠드의 이론은 커뮤니케이션 연구를 메시지와 응답의 심리적 환원주의(psychologism)에서 구출하였다. 라자스펠드의 이론은 보다 넓은 의미에서 미디어를 사회적 맥락에 위치시켜 놓았고, 전송과 수용 과정에서 사회를 고려하였다. 고전적 사회 이론을 기반으로 표현하자면, 라자스펠드의 가설은 사회 자체를 하나의 커뮤니케이션 시스템으로 보았다. 커뮤니케이션의 2단계 흐름은 '의견지도자'의 역할을 제안함으로써 미디어 시스템과 사회 시스템 간의 관계를 어떻게 개념화할 것인가 하는 보다 큰 문제를 제기했다.

디케이터 연구에서는 '공공이슈 의견지도자들'은 다른 분야의 영향력 전파자들과 마찬가지로 정치 공동체 내에서 자신의 개인 네트워크에 속한 다른 구성원들의 지지를 얻는 것으로 나타났다. 예를 들어, 1940년대에는 남편이 아내의 투표 결정에 분명히 영향을 미쳤고, 남편이 아내보다 미디어에서 정치 문제에 주목하고 있을 가능성이 더 높았다. 정치는 영향력이 사회계급을 넘나드는 유일한 분야이고, 대인관계 영향력의 위계(hierarchy)가 포착된 분야였다.

숙의민주주의의 공론장은 개인의 의사결정을 훨씬 뛰어넘는 '2단계 흐름'을 위한 자리를 마련하고 있다. 타르드(Tarde, 1898)와 하버마스(Habermas, 1989) 모두 미디어-대화-결정-행동 순서를 바탕으로 공론장을 이론화했다. 타르드의 이론 체계에서 미디어는 정치 이슈의 메뉴를 식당과 커피숍과 살롱에 전달한다. 이러한 이슈에 대한 논의는 '숙고된 의견(considered opinions)'으로 스며든다. 이러한 의견들은 카페에서 카페로 순환하다가 정부, 미디어, 그리고 개인의 의사결정에 되보내지는 여론(Public Opinion)◆으로 구체화된다. 앞서 논의한 바와 같이, 미디어에서 대화를 거쳐 의견으로 이어지는 '2단계 흐름'이 이러한 이론에서 주요 입지를 차지하고 있는 것은 분명하다. 숙의민주주의 연구자 사이에서도 미디어의 역할은 간과되거나 과소평가되는 경우가 많다. 예를 들어, 퍼트남(Putnam, 2001)은 정보 중개인으로서의 미디어 역할에 대해 별 희망을 갖지 않는다. 퍼트남이 보기에 미디어는 사람들을 집 안에 머물게 함으로써 상황을 더 심각하게 만든다.◆◆ 퍼트남에 따르자면 공적 사안(civic affairs)은 텔레비전 효과에서 벗어난 사람들(escapees)에게 달려 있다. 다른 이들, 이를테면 머츠(Mutz, 1998)는 퍼트남의 생각에 동의하지 않는다. 머츠에 따르면 숙의민주주의는 반대편 의견에 대한 지식을 필요로 하지만, 정치적 대화는 생각이 비슷한 사람들 사이에서만 일어난다고 한다. 그러므로 미디어는 다른 사람들이 무슨 생각을 하는지 파악하기 위해 우리가 의지할 수 있는 유일한 정보원이다. 셧슨(Schudson, 1997) 역시 정치적 대화의 유용성이 별로 없다고 본다.

라자스펠드가 계속 정치 커뮤니케이션 분야에 머물러 있었다면, 어쩌면 그는 관심을 개인유권자(또는 쇼핑객이나 영화관람객)가 직접 접해 있는 분야에서 사회적·정치적 개별자들(molecules)이 배태되어 있는 더 큰 공론장으로 돌렸을지도 모른다. 의사결정과 확산 방법론의 결합은 미디어가 참여하는 숙의(deliberation)와 집산(aggregation)의 동학, 그리고 구속력 있는 사회규범이 부상하는 과정을 설명하는 데 도움이 될 것이다.

---

◆ 여기서 카츠는 '여론'의 표기에 의도적으로 대문자를 사용하여 Public Opinion으로 표기하였다. 이는 여기서 말하는 '여론'이 개인의 의견과 구분되는 전체 사회 집단의 의견이라는 점을 강조하고자 하는 목적이다.

◆◆ 퍼트남의 연구에서 채택한 미디어 효과이론은 조지 거브너(George Gerbner)의 배양효과이론(cultivation theory)이었다.

V.

'수용', '네트워크', '공공 분야'에 관한 이론과 연구가 개인, 미디어, 대인적 영향의 상대적 영향력(power)을 두고 여전히 고군분투하고 있는 것은 역설적이다(Chaffee and Mutz, 1988). 광고가 '입소문(buzz)'의 영향력과 대비되는 일상소비와 패션 분야에서도 역시 마찬가지다.

이제 우리는 단기간의 설득에 관한 한 미디어가 제한적인 효과만을 가진다는 것을 **알고 있다**. 심지어 (이러한 사실을 잘 숨기고 있는) 광고 연구에서도 이 사실은 확인된다. 적어도 플라톤 이후, 대인관계 영향력이 설득력이 있다는 것을 우리는 이미 알고 있다. 우리는 또한 어떤 매체(medium)가 더 중요한지 묻는 것이 별로 유용하지 않다는 것을 배웠다. 왜냐하면, 각각의 매체는 서로 다른 시간에 서로 다른 기능을 수행하기 때문이다.

이제 우리는 매스 미디어와 대인적 영향력이 개인 수준의 의사결정, 집단 수준의 확산 등과 어떻게 상호작용하는지 물어보아야 한다. 《퍼스널 인플루언스》는 라자스펠드가 빈에서 실시했던 초창기 연구 이후 지속적으로 연구했던 의사결정 패러다임을 확산 패러다임과 연결시키기 위한 첫 번째 시도였다. 이는 개인 네트워크와 흐름의 방향('누가 누구에게')을 추가함으로써 성취되었다. 이로써 확산 모형은 의사결정 모형을 대체하는 것이 아니라 결정 모형과 결합해야 한다는 점이 명확해졌다. 대인적 영향력과 미디어의 상호작용은 양자 모두에게 중심적이다.

VI.

누군가의 어깨 위에 서 있으면 좀 더 멀리 볼 수 있다.

1. '의견지도자(opinion leaders)'의 지도력(leadership)을 표기할 때는 소문자 'l'을 사용한다. 의견지도자들은 일상적인 영향력 전파자로서 어디에나 존재한다. 그들을 하나씩 가려내는 것이 별로 유용하지 않다는 점은 이미 증명되었다. 의견지도자를 찾는 비결은 세부 분야별로 집단의 다른 구성원들에게 영향을 미치는 사람들이 누구인지 찾는 것이다. 예컨대, 만약 여전히 남편이 아내의 투표에 영향을 미치는 것이 사실이고 당신이 남편에게 도달하는 법을 알고 있다면, 한 번의 노력으로 두 사람에게 영향력을 행사할 수 있다.

2. 어떤 분야에서 수평적 영향력이 만연한 것처럼 보일 때도 성별, 계층, 민족성(ethnicity), 나이 등의 경계를 가로지르는 수직적 흐름의 증거들에 주시하라.

3. 의견지도자들은 서로 다른 기능을 수행한다. 어떤 경우 의견지도자들은 단지 정보나 의견의 전달자에 지나지 않는다. 어떤 경우 의견지도자들은 정보를 선택하거나, 특정하게 해석하거나, 혹은 옹호한다. 어떤 경우 의견지도자들은 다른 사람의 결정을 추종한다.

4. 의견지도자를 발견한 곳에서는 반드시 정치, 패션, 일상소비, 영화, 교육, 스포츠 등에 관한 대화를 발견하게 될 것이다. 단순히 의견지도자와 추종자를 지명하는 것보다 대화를 연구하는 것이 설득을 이해하는 더 좋은 방법이다.

5. 사람들의 대화에 미디어가 언급되는 지점을 확인하기 위해 노력하라.

6. 대인적 영향력은 두 사람 이상의 더 긴 대인 간 연결관계에서 발생한다.

7. "당신이 말한 정보원(sources) 중 무엇이 당신의 결정에 가장 큰 영향을 미쳤는가?"라고 묻지 마라. 서로 다른 정보원은—대인적 또는 매개된 정보원— 의사결정 과정의 다양한 단계에서 서로 다른 기능을 수행한다. 서로 다른 정보원들 사이에 나타나는 일반적 상호작용 패턴을 고찰하라.

8. 표본 내의 의사결정자로부터 '눈덩이' 표집 방법을 이용해 영향력 전파자를 찾지 말고, 먼저 표본 내 각 개별구성원 주위의 사회적 관계가 어떠한지를 파악하라. 이를 통해 표본의 대표성 확보와 개인 네트워크의 사회관계측정(sociometry) 모두를 알 수 있다.

9. 영향력의 흐름은 설득에만 국한되지 않는다. 설득, 모방, 조작, 전염 등을 구별하라.

10. 집산(aggregation) 과정을 고려해보라. 즉 의견이 어떻게 확산되는지, 그리고 어떻게 개별 의견들이 여론(Public Opinion)으로 합산되는지 추적해보라.

라자스펠드는 마치 예언자처럼 정치, 패션, 일상소비 등의 조직이 커뮤니케이션 시스템으로 개념화될 것이라고 예견했다. 라자스펠드는 우리를 힐끗 바라본 후, 앞으로 나아가라는 말과 함께 작별했다. 디케이터 연구가 남긴 유산은 커뮤니케이션과 확산을 다루는 사회학적 연구에 내포된 안정과 변화의 원동력으로 미디어를 다시 살펴보아야 한다는 것이다.

2005년 2월

필라델피아와 예루살렘에서

엘리후 카츠(Elihu Katz)

■ 저자 서문에서 언급한 참고문헌


Adorno, T. (1969). "Scientific Experiences ofa European Scholar in America." in D. Fleming and B. Baylin (eds.), *The Intellectual Migration: Europe and America 1930-1960*. Cambridge: Harvard University Press.

Barton, A. (2001). "Paul Lazarsfeld as Institutional Inventor." *International Journal of Public Opinion Research, 13*, pp.245–269.

Berelson, B., Lazarsfeld, P., and McPhee, W. (1954). *Voting: A Study of Opinion Formation in a Presidential Campaign*. Chicago: University of Chicago Press.

Burt, R. S. (1999). "The Social Capital of Opinion Leaders." *Annals of the American Academy of Political and Social Science, 566*, pp.37–54.

Chaffee, S. and Mutz, D. (1988). "Comparing Mediated and Interpersonal Communication Data." in R. P. Hawkins, J.M. Wiemann, S. Pingree (eds.), *Advancing Communication Science: Merging Mass Media and Interpersonal Processes*. Newbury Park, Cal.: Sage Publications.

Clark, T. (ed.) (1969). *Gabriel Tarde on Communication and Social Influence*. Chicago, University of Chicago Press.

Coleman, J., Katz, E., and Menzel, H. (1966). *Medical Innovation: A Diffusion Study*. Indianapolis: Bobbs–Merrill.

Curran, J. (1990). "The New Revisionism in Mass Communication Research: A Reappraisal." *European Journal of Communication, 5* (2–3), pp.135–164.

Gitlin, T. (1978). "Media Sociology: The Dominant Paradigm." *Theory and Society, 6*, pp.205–253.

Gladwell, M. (2000). *The Tipping Point: How Little Things Can Make a Big Difference*. Boston: Little, Brown and Company.

Habermas, J. (1989). *The Structural Transformation of the Public Sphere: An Inquiry into a Category of Bourgeois Society*. Cambridge: MIT Press.

Herzog, H. (1941). "On Borrowed Experience: An Analysis of Listening to Daytime Sketches." *Studies in Philosophy and Social Science, 9(1)*, pp.65–95.

Kadushin, C. (1976). "Networks and Circles in the Production of Culture." *American Behavioral Scientist, 19*, pp.769–784.

Katz, E. (2001). "Lazarsfeld's Map of Media Effects." *International Journal of Public Opinion Research, 13*, pp.270–279.

Katz, E. and Popescu, M. (2004). "Narrowcasting: On Communicator Control of the Conditions of Reception." in P. Golding and I. Bondebjerg (eds.), *European Culture and the Media*. Bristol: Intellect.

Klapper, J. (1960). *The Effects of Mass Communication*. New York: The Free Press.

Lang, G. and Lang, K. (1981). "Mass Communications and Public Opinion: Strategies for Research." in M. Rosenberg and R.H. Turner (eds.), *Social Psychology: Sociological Perspectives*. New York: Basic Books.

Lazarsfeld, P. ( 1941 ). "Administrative and Critical Communications Research." *Studies in Philosophy and Social Science, 9*, pp. 2–16.

Lazarsfeld, P., Berelson, B., and Gaudet, H. (1944). *The People's Choice: How the Voter Makes Up His Mind in a Presidential Campaign*. Columbia University Press: New York.

Lazarsfeld, P. and Merton, R. (1948). "Mass Communication, Popular Taste and Organized Social Action." *The Communication of Ideas*. New York: Institute for Religious and Social Studies.

Lerner, D. (1958). *The Passing of Traditional Society: Modernizing the Middle East*. Glencoe: Free Press.

Liebes, T. and Katz, E. (1990). *The Export of Meaning: Cross-Cultural Readings of "Dallas."* New York: Oxford University Press.

Livingstone, S. (2003). "The Changing Nature of Audiences: From the Mass Audience to the Interactive Media User." in A. Valdivia (ed.), *The Blackwell Companion to Media Research*. Oxford: Blackwell.

McLuhan, M. (1964). *Understanding Media: The Extensions of Man*. Toronto: McGraw-Hill.

Merton, R. (1949, 1968). "Patterns of Influence: Local and Cosmopolitan Influentials." *Social Structure and Social Theory*. New York: Free Press.

Mutz, Diana C. (1998). *Impersonal Influence: How Perceptions of Mass Collectives Affect Political Attitudes*. Cambridge: Cambridge University Press.

Putnam, R. (2001). *Bowling Alone: The Collapse and Revival of American Community*. New York: Simon & Schuster.

Riley, M. and Riley, J. (1951). "A Sociological Approach to Communication Research." *Public Opinion Quarterly, 15*, pp. 445–460.

Schudson, M. (1997). "Why Conversation is Not the Soul of Democracy." *Critical Studies in Mass Communication, 14*, pp. 297–309.

Sterne, J. (2005). "C. Wright Mills, the Bureau for Applied Social Research, and the Meaning of Critical Scholarship." *Cultural Studies/Critical Methodologies, 5(1)*, pp. 65–94.

Suchman, E. (1941). "An Invitation to Music." in Lazarsfeld and Stanton (eds.), *Radio Research 1941*. New York: Duell, Sloan and Pearce.

Tarde, G. (1898, 1989). *L'opinion et la Foute*. Paris: Presses Universitaires de France.

Tichenor, P. et al. (1970). "Mass Media Flow and Differential Growth in Knowledge." *Public Opinion Quarterly, 34*, pp. 159–170.

Watts, D. (2003). *Six Degrees: The Science of a Connected Age*. New York: W.W. Norton & Co.

# 엘모 로퍼(Elmo Roper)의 서문◆

지난 20여 년간 미국인들의 취향, 선호, 행동 패턴에 대해 꽤 많은 연구들이 진행되었으며, 사람들이 어떻게 이 패턴들을 바꾸는지와 관련하여 많은 지식들이 축적되고 있다. 비유하자면, 이전 연구들이 가만히 정지된 인물의 초상화를 그리는 것이었다면 최근의 연구들은 애니메이션을 그리기 시작하고 있다.◆◆

최근의 연구 성과들에도 불구하고 사람들의 근본적 태도 형성에 미치는, 그리고 이러한 태도를 변화시키는 원인요인들(forces)이 무엇인지를 전반적으로 조망하는 연구결과는 부족한 상황이다. 심지어 다양한 원인요인들이 어느 정도나 영향력을 행사하는지에 대해서도 잘 알지 못하는 상황이다. 인간 행동이라는 중요한 지식 분야를 탐구하기 위한 첫 번째 단계는 태도와 의견이 어떻게 전파되는지를 알아내는 것, 즉 커뮤니케이션 현상을 연구하는 것이다.

커뮤니케이션 현상을 연구한다고 할 때, 우리는 즉각적으로 사상들(ideas)의 전파과정이 무엇인지 살펴볼 수밖에 없다. 과거 우리는 주로 인쇄물의 기능, 혹은 라디오와 텔레비전 등 매스 미디어의 중요성을 부각하면서 사상들이 전파되는 과정이 공식적인 미디어 콘텐츠를 선별하여 내보내는 매스 미디어의 기능이라고 간주하였다. 어쩌면 지금까지 우리들은 사상들이 어떻게 공식적인 전달통로로 전파되는지에 대해서만 지나치게 강조하거나, 그렇지 않더라도 최소한 사상들이 어떤 수준에서 작동하는지를 이해하지 못하고 있다.

나는 사람들의 태도변화가 쉽게 일어나지 않는다는 연구결과를 토대로 사상들이

---

◆ 엘모 로퍼(1900-1971)는 근대적 시장조사 및 여론조사의 토대를 마련한 미국의 여론조사 전문가(pollster)다. 프랭클린 D 루즈벨트 행정부의 공공정책 실행과 관련된 일련의 여론조사 업무를 실행하였으며, 제2차 세계대전 중에는 OWI(Office of War Information)에서 일하면서 본서의 저자인 라자스펠드를 비롯 1940-50년대 미국 학계를 주름잡던 사회과학자들과 함께 활동하였다. 제2차 세계대전이 끝난 후 코네티컷 대학에서 로퍼여론연구소(Roper Center for Public Opinion Research)를 창립하였다[로퍼 사후 2015년 로퍼여론연구소는 코넬 대학(Cornell University)으로 이전하여 현재까지 계속 운영되고 있다].

◆◆ 여기서 '초상화'란 횡단 조사(cross-sectional study)를 비유하고, '애니메이션'이란 시계열 패널 조사(longitudinal panel study)를 비유한다. 시계열 패널 조사에 대해서는 본문에서 보다 자세히 설명할 것이다.

사회 전반으로 확산되는 과정이 매우 느리게 진행되며, 무엇보다 매스 미디어가 큰 영향력을 발휘하지 않는다고 하더라도 매스 미디어의 메시지는 종종 이웃사람들 사이에 전파된다고 잠정 결론을 내렸다.

이런 잠정적 결론을 조금 더 자세히 살펴보자. 나는 다른 곳[1]에서 사상의 전파과정과 관련하여 전체 미국인들을 총 여섯 개 집단으로 계층화시킬 수 있다는 가설을 제시한 바 있다. 가장 핵심에 속하는 집단은 가장 소수이며, 나는 이들 집단에 '위대한 선각자(Great Thinkers)'라는 이름을 붙였다. 위대한 선각자들은 여러 분야에 존재할 것이다. 그러나 어떤 시기든 세상에 존재하는 위대한 선각자는 아마 대여섯 명(half a dozen)을 넘지 않을 것이며, 이들이 위대한 선각자라는 사실을 완전하게 인식하고 파악하려면 역사적으로 상당한 시간이 필요할 것이다. 위대한 선각자들은 동시대 사람들에게 반드시 널리 인정되지 않는다. 오히려 반대로 위대한 선각자들은 당대의 사람들에게 거의 알려지지 않는 경우가 더 많다.

실례로 몇몇 위대한 선각자들의 이름을 꼽아보자(현재에도 위대한 선각자들이 존재한다는 점은 의심할 여지가 없지만 논란을 피하기 위해 단 한 명을 제외하고는 모두 세상을 떠난 위대한 선각자들만 언급하기로 하자). 경제학 분야의 위대한 선각자들로는 아담 스미스(Adam Smith)와 칼 마르크스(Karl Marx)를 언급할 수 있다. 정치 분야에서 위대한 선각자를 꼽으라면 플라톤(Plato)과 토마스 제퍼슨(Thomas Jefferson)◆이 의심의 여지없이 손꼽힐 것이다(위대한 선각자들이 언제나 '좋은' 철학을 제안한 것은 아니다).

모든 위대한 선각자들에게 공통된 점은 이들 모두가 중요한 철학 혹은 주요 이론을 정립하여 역사적으로 어떤 시점에서 광범위하게 인정받았다는 사실이다. 현재 생존해 있는 위대한 선각자의 사례로 나는 과학 분야의 아인슈타인(Einstein)을 언급하고 싶다. 아인슈타인을 위대한 선각자 사례로 언급한 이유는 아인슈타인이 과학 분야에서는 위대한 선각자이지만 상대적으로 다른 분야에서는 초보자에 불과할 수 있기 때문이다. 아인슈타인은 자연과학에서 엄청난 업적들을 얻었으나, 정치학 분야에

---

1 《새터데이 리뷰(*Saturday Review*)》, 1954년 7월.

◆ 토마스 제퍼슨(1743-1826)은 미국 독립혁명의 주역이며 독립선언서의 초안을 잡은 정치인으로, 제3대 미국대통령을 역임하였으며, 버지니아 대학(University of Virginia)을 창립했다. 역자의 관점에서 볼 때, 미국 정부의 정치철학과 정치 제도의 근본을 형성한 사람이라는 점에서 중요한 인물임은 부정할 수 없지만, 세계사적 관점에서 '위대한 선각자'인지에 대해서는 다소 동의하기 어렵다. 단, 미국 사회에 한정한다면 엘모 로퍼의 평가는 타당할지 모른다.

서는 상대적으로 초보자에 불과하다.

위대한 사상가 다음 집단은 '위대한 사도(Great Disciples)'라고 불릴 수 있는 집단이다. 어떤 시기의 어떤 국가든 위대한 사도들은 대략 10명 남짓(a dozen) 존재한다. 위대한 사도들은 위대한 이론이나 철학을 구상한 사람들은 아니지만, 위대한 사상가들의 사상과 철학을 이해하고 이들에 대한 가장 효과적인 옹호자, 대변자 노릇을 할 수 있는 사람들이다. 예를 들어 기독교의 성 바울(St. Paul)이 위대한 사도에 해당한다. 철학의 경우, 스피노자(Spinoza)◆를 위대한 사도의 예로 들 수 있다. 자연과학의 경우 토마스 헉슬리(Thomas Huxley)◆◆를, 정치 분야의 경우 에이브라함 링컨(Abraham Lincoln)◆◆◆을 위대한 사도라고 예시할 수 있다. 위대한 사도들의 공통점은 '위대한 사상가들'이 제시한 이론의 사회적 파급력을 이해하는 지성과 아울러 위대한 사도들의 사상을 잘 표현하고 공론장(forum)으로 이끌어내는 데 성공했다는 점이다.

사상들이 등장하고 전파되는 중심부로부터 한 단계 아래에 있는 세 번째 집단은 '위대한 전파자(Great Disseminators)' 집단이다. 오늘날 미국에는 최대 1,000명, 최소 250명 정도 규모의 위대한 전파자들이 존재한다. 위대한 전파자 집단을 보여주는 현대 미국 사례들을 살펴보자. 위대한 전파자들은 국내적 혹은 국제적인 중요 공론장에서 활동하며 많은 사람들에게 존경받고 주목받는 사람이다. 미국 상원은 이러한 중요 공론장의 사례이며, 랄프 플랜더스(Ralph Flanders)◆◆◆◆ 상원의원과 조셉 매카

---

◆ 바뤼흐 스피노자(Baruch Spinoza, 1632-1677)를 지칭하는 듯하다. 어떤 점에서 스피노자를 '위대한 사도' 라고 분류하였는지는 불명확하다.

◆◆ 토마스 헉슬리(Thomas Huxley, 1825-1895)는 영국의 생물학자로 찰스 다윈의 '진화론'에 깊은 영향을 받아 진화론을 쉽게 설명하고 알렸다. 진화론에 비판적인 당대 종교학자들과 적극적으로 논쟁을 벌여 '다윈의 불독(Darwin's Bulldog)'이라는 별명을 얻기도 했다. 《멋진 신세계(Brave New World)》의 작가로 유명한 알더스 헉슬리(Aldus Huxley, 1894-1963)는 토마스 헉슬리의 손자다.

◆◆◆ 에이브라함 링컨(Abraham Lincoln, 1861-1865)은 미국의 16번째 대통령이다. 남북전쟁 당시 북군의 통수권자였으며, 미국 연방이 유지되는 데 큰 업적을 남겼다. 엘모 로퍼가 링컨 대통령을 '위대한 사도' 로 분류한 이유는 명확하지 않지만, 아마도 미국 독립 후 '연방주의'라는 가치를 미국 전역에 확산시키고 정착시켰다는 점을 강조하려 했던 것 같다.

◆◆◆◆ 랄프 플랜더스(Ralph Flanders, 1880-1970)는 공학자 출신의 사업가로 경력을 쌓은 후, 미국 버몬트 주의 상원의원으로 활동했다. 미국에서 매카시즘 열풍이 불었을 때, 플랜더스 상원의원은 매카시의 거짓말을 상원의원 회의장에서 폭로하였다.

시 상원의원은 사상의 전파과정이라는 관점에서 모두 '위대한 전파자'로 분류될 수 있다. 산업노조회의(CIO, Congress of Industrial Organizations)◆ 의장으로 능력을 발휘한 월터 루더(Walter Reuther)◆◆도 위대한 전파자라고 불릴 수 있다. 전국적으로 많은 독자와 청중들을 확보하고 있다는 점에서, 엘머 데이비스(Elmer Davis),◆◆◆ 로버트 셔우드(Robert Sherwood),◆◆◆◆ 월터 리프만(Walter Lippmann),◆◆◆◆◆ 웨스트브룩 페글러(Westbrook Pegler),◆◆◆◆◆◆ 조지 소콜스키(George Sokolsky)◆◆◆◆◆◆◆ 등도 위대한 전파자로 분류될 수 있다. 유명 잡지사를 소유하고 있다는 점에서 헨리 루스(Henry Luce)◆◆◆◆◆◆◆◆ 역시 위대한 전파자라고 할 수 있다. 과학기술 분야의 경우 에디슨(Edison)과 마르코니(Marconi)를 위대한 전파자로 부를 수 있다. 때때로 위대한 전파자들은 '유익한' 사상을 전파하기도 하지만, '해로운' 사상을 전파하기도 한다. 그러나 위대한 전파자들

---

◆ 미국의 노조협회이며, 나중에 미국노동연맹(AFL, American Federation of Labor)과 통합된 후 흔히 AFL-CIO라고 약칭된다. 미국 최대 노조협회다.

◆◆ 월터 루더(Walter Reuther, 1907-1970)는 미국의 노동운동가이자 인권운동가이다. 미국자동차노동자협회(UAW, United Automobile Workers)를 창립하였다. 본문에서 언급한 월터 루더가 CIO의 의장이 된 배경에 대해 조금 설명할 필요가 있다. 러시아 혁명 후 미국의 노동운동 내부에는 사회주의·공산주의를 추종하는 세력들이 존재했는데, 월터 루더는 이들의 주장이나 활동에 매우 부정적이었다. 결국 월터 루더는 이들을 CIO에서 축출한 후 자신이 리더십을 발휘하였으며, 이후 미국 노동운동에서 사회주의적 색채는 엷어지거나 사라지게 되었다.

◆◆◆ 엘머 데이비스(Elmer Davis, 1890-1958)는 미국의 유명한 언론인이자 작가다. 제2차 세계대전 동안 전시정보국(Office of War Information)에서 활동하였다.

◆◆◆◆ 로버트 셔우드(Robert Sherwood, 1896-1955)는 미국의 극작가, 언론인, 시나리오 작가이며, 제2차 세계대전 당시 OWI에서도 활동하였다.

◆◆◆◆◆ 월터 리프만(Walter Lippmann, 1889-1974)은 미국의 언론인이며 사상가다. 냉전시대의 도래를 예측하였으며, 민주주의적 의사결정 시스템에 내재된 문제점을 날카롭게 지적하고 어떻게 이 문제를 공산주의 독재 혹은 권위주의적 독재가 아닌 방법으로 해소할 수 있을지에 대한 심각하고 진지한 고민을 남겼다. 리프만의 《여론(*Public Opinion*)》(1922)은 언론학의 고전 중 하나로, 특히 믿기 어려운 정보들이 범람하는 현재의 미디어 환경에서 벌어지는 사회적 논란을 정확하게 예측하고 있다는 점에서 우리가 당면한 문제를 이해하는 데도 매우 유익한 책이다.

◆◆◆◆◆◆ 웨스트브룩 페글러(Westbrook Pegler, 1894-1969)는 미국의 언론인이며 극작가다. 1930년대와 1940년대 격변기에 공화당과 민주당 소속 주요 정치인들을 신랄하게 비판하였으며, 이로 인해 수많은 명예훼손 논쟁에 휩싸이기도 했다. 미국의 포퓰리즘(populism) 선동 언론인으로도 종종 언급된다.

◆◆◆◆◆◆◆ 조지 소콜스키(George Sokolsky, 1893-1962)는 미국의 언론인이며, 냉전시대 '반공주의자'로 이름을 떨쳤다.

◆◆◆◆◆◆◆◆ 헨리 루스(Henry Luce, 1898-1967)는 미국의 출판업자다. 〈타임〉, 〈포춘〉, 〈라이프〉 등의 유명 잡지를 창간한 인물이다.

의 역할을 정의할 때 도덕적 판단은 배제하고자 한다. 위대한 전파자를 판가름하는 유일한 기준은 이들의 말에 정기적으로 귀를 기울이며, 어느 정도 이들로부터 영향을 받는 다수의 사람들이 있는지 여부다.

네 번째 집단은 '소박한 전파자(Lesser Disseminators)'라고 부를 수 있는 사람들이다. 현재 미국에는 적어도 1만 5,000명, 많게는 5만 명가량의 소박한 전파자들이 존재한다. 이들 역시도 공론장에서 자신의 말에 귀를 기울이는 청중들을 확보하고 있으나, 이들의 공론장은 상대적으로 협소한 편이다. 예를 들어 전국적 규모의 노조 지도자가 위대한 전파자 역할을 한다면 지역적 규모의 노조 지도자는 추종자들을 확보하지만 특정 지역에 국한되어 있다는 점에서 소박한 전파자 역할을 한다고 볼 수 있다. 또 다른 사례들로 작은 마을에서 활동하는 목회자, 소도시 주간지 편집자, 혹은 지역의 라디오 방송 진행자 등을 언급할 수 있다.

중심부에서 한 걸음 더 나간 외곽에는 '참여시민'이라고 부를 수 있는 다섯 번째 집단이 있다. 현재 미국의 경우 약 1,000만 명에서 2,500만 명 정도의 참여시민들이 존재한다. 이들은 정기적으로 투표에 참여하고, 지역 단위 혹은 전국 단위 캠페인에 기부를 하며, 시민·공공 분야의 조직들에 가입되어 있고, 현재의 공공이슈들과 현안들에 대한 논의에 적극 참여한다. 이들은 미국 전역에 촘촘하게 존재하는 여러 조직들의 구성원이기도 하다. 또한 이들은 자신들의 목소리를 더 잘 반영하기 위해 투표에 참여하고 다른 사람들을 조직에 가입시키는 등 민주주의 체제가 작동하기 위한 기본적 기능을 수행함으로써 사회에 기여하는 열성적 시민들이다. 일반적으로 참여시민들은 다른 사람들에 비해 더 잘 조직되어 있으며, 교육수준도 높고 공공이슈들에 더 많은 관심을 갖고 있다.

참여시민 중 상당수는 다음에 소개할 여섯 번째 집단에 속하는 사람들이 정치적·경제적·사회적으로 유익한(혹은 해로운) 생각을 받아들일 수 있도록 조언을 해주는 '전문가'들이다. 참여시민은 50여 명이 채 못 되는 집단의 의견지도자로, 예를 들어 미들빌(Middleville)◆ 지역에 새로운 학교를 세워야 하는지 등에 대해 조언을 해주는 존재다. 또 다른 예로는 주변의 100여 명의 사람들을 대상으로 한국에 파병하는

---

◆ 미들빌은 미시건주의 도시 이름이다. 아마도 엘모 로퍼는 미국의 일반적인 소도시의 사례로 중간 크기(Middle) 마을(ville)이라는 이름을 갖는 도시를 언급한 것 같다.

것이 좋은 것◆인지에 대해 의견을 설파하는 사람이다. 다시 말해, 사상의 전파과정 맨 끝에 위치한 사람들은 참여시민들과 참여시민들의 의견에 귀 기울인다.

여섯 번째 집단은 '무관심주의자(Politically Inert)'◆◆라고 불릴 수 있는 집단이다. 이들은 사상의 전파과정에서 가장 멀리 떨어져 존재하는 사람들이다(최소한 최초로 제안된 사상이 원형 혹은 희석되지 않은 상태로 제시되는 시점에서). 이들은 자신이 거주하는 마을 공동체 활동에도 소극적이며, 어떠한 주제에 대해서도 별반 의사를 표현하지 않고, 자신이 믿고 있는 것에 대해 침묵을 지킨다. 그러나 무관심주의자들은 매우 중요한 존재다. 왜냐하면 이들은 미국에서 가장 큰 규모의 집단이기 때문이다(최소한 750만 명은 넘을 것이다). 또한 이들이 의식을 갖추고(aroused) 의사결정에 참여하기만 하면 근본적으로 미래의 정치·경제·사회적 지평을 바꿀 수 있다. 마지막으로, 비록 이들은 자신의 견해를 잘 드러내지 않지만, 실제로는 수많은 사상에 대해 조용히 평가하는 사람들이다. 이런 점에서 이들은 사상들의 전파과정에서 최종 목표이며, 최소한 이 과정의 최극단에 존재하는 가장 규모가 큰 수용자라고 할 수 있다.

지금까지 소개한 여섯 집단은 대략적으로 정의한 집단들이다. 이 집단들은 상호배타적이지 않다. 즉 어떤 분야에서 위대한 전파자가 다른 분야에서는 무관심주의자일 수 있다. 내가 세운 가설은 본서에서 어느 정도 지지되었다. 이 가설에 따르면 어떤 사상들이 전파되기 위한 가장 효과적인 방법은 앞서 소개한 순서, 즉 위대한 사상가에서 위대한 사도, 위대한 전파자, 소박한 전파자, 참여시민, 무관심주의자의 순서를 따라야 하며, 당연히 이 과정에서 특정 집단이나 집단들이 걸림돌로 작용할 수 있다.

사상들이 매스 미디어를 경유하여 무관심주의자들에게 전달되기도 한다는 결과들이 보고되기도 했다. 그러나 나는 무관심주의자들은 이웃하고 있는 참여시민들로부터 사상을 받아들이며, 참여시민들은 이웃하고 있는 소박한 전파자들에게서 사상들을 전달받고, 소박한 전파자들은 위대한 전파자들과 위대한 사도들로부터 사상들

---

◆ 본서는 1940년대 후반부터 1950년대 초반에 집필되었으며, 6·25 전쟁[국제적으로는 '한국전쟁(the Korean War)'이라는 명칭을 사용]은 1950년에 발발하여 1953년에 휴전하였다. 당시 미국은 공산주의 확산을 막아야 한다는 한국전쟁 참전파와 미국 전통의 고립주의 외교철학에 따른 한국전쟁 반대파가 대립하였다.

◆◆ 여기에 '정치적으로(Politically)'라는 부사가 붙은 것은 상당히 이상하다. 왜냐하면 엘모 로퍼가 말한 위대한 사상가, 위대한 사도들의 경우 정치가 아닌 분야에도 존재하기 때문이다(이를테면 아인슈타인). 이에 번역문에서는 '정치적으로'라는 부사를 생략하여 번역하였다.

을 전수받는다고 가정하는 연구가 훨씬 더 가치 있다고 생각한다.

본서는 근본적인 사상적, 철학적 개념을 담고 있는 사상들의 전파과정에서 위대한 사도 혹은 위대한 전파자가 담당하고 있는 역할과 사람들의 선호 식품, 패션, 영화관람 등과 같은 '일상적인 소재들'에 대한 의견에 의견지도자가 어떤 역할을 맡으며, 이 두 역할 사이에 어떤 차이가 있는지와 관련된 흥미로운 질문을 제기한다. 본서는 단순히 연구문제를 제기하는 데서 그치지 않고 이 연구문제에 대한 확실한 경험적 증거를 상세하게 전달한다. 언급한 일상적인 소재들과 관련하여, 저자들은 '소박한 개념(lesser concepts)' 혹은 '일상적 삶(everyday life)'과 관련된 사상들은 수직적 과정보다 수평적 과정을 통해 전파된다는 매우 믿을 만한 근거들을 제시한다.

본서를 통해 카츠와 라자스펠드는 유용하면서도 동시에 새로운 주장들을 제시한다. 현장에서 진행된 많은 자료를 세심하게 분석한 후(이러한 절차는 실증연구자들에게 유용한 정보를 제시하며 체계적 방식으로 연구를 진행하는 데 필수적인 정보를 담고 있다), 인간의 태도와 행동패턴에 관련한 지식 발전에 새롭고 긍정적인 기여를 하고 있다. 흔히 책을 접하게 되는 독자들은 그 책이 관련 분야의 문헌들에 어떤 기여를 하고 있는지 평가하기 어려워 책에 대해 불만을 가지기 쉽다. 그러나 이 책은 적합한 방식으로 여러 가지 눈여겨볼 만한 주장들을 제시한다.

디케이터(Decatur) 지역에서 진행된 이 연구는 사상들의 전파과정을 다룬 동시에 대인관계 영향력을 실증한 가장 중요한 업적이다. 이 연구는 여러 분야에 매우 새롭게 접근하고 있다. 기존 연구들은 정치 분야에만 주로 관심을 가진 반면, 본서의 저자들은 패션, 영화관람, 사회적·정치적 이슈들과 같은 다양한 분야들을 다룬다. 또한 저자들은 서로 다른 분야들 사이에 영향력과 비공식적 커뮤니케이션이 어떻게 교류되는지를 이해하는 데 큰 기여를 하였다. 본서는 내가 오래전부터 제기한 주장, 즉 소위 '실무(practical)' 종사자들이 '학계(academic)' 연구자로부터 많은 것을 배울 수 있으며, 그 반대 역시도 가능하다는 주장을 매우 잘 보여주는 사례다.

라자스펠드가 패널 조사기법(panel technique)을 개척한 후, 이를 통해 새로운 분야의 조사분석이 가능해졌다. 매스 미디어가 사람들에게 미치는 효과에 대한 보다 섬세한 연구가 가능해졌으며, 아울러 매스 미디어 효과와 사람들 사이의 커뮤니케이션 효과를 통합한 새로운 데이터 분석 또한 가능해졌다.

카츠와 라자스펠드의 이 책은 참여시민들과 무관심주의자들에게 어떻게 새로운 사상들이 전파되는지를 탐색한 기념비적인 연구다. 이 연구는 앞서 내가 소개한 사상의 전파과정에 대한 일반이론이라는 보다 큰 이론적 틀의 일부를 구성하고 있다. 본서는 선구적인 실증연구로 향후 많은 연구의 출발점이 될 것이다. 나는 앞서 설명했던 분야의 가설과 관련하여 이 연구를 통해 새로운 분야의 사회과학 연구가 시작되기를 희망한다. 또한 이를 통해 인간 행동, 특히 사상의 전파와 관련하여 우리의 이해를 향상시킬 수 있기를 희망한다. 이러한 연구는 모든 사회과학 연구의 목표이며, 사회과학에 몸담고 있는 사람들에게 줄 수 있는 실질적 혜택이기도 하다.

1955년 1월
뉴욕주, 뉴욕시에서
엘모 로퍼

매스 커뮤니케이션 연구는 최근에 시작되었지만, 이미 "누가 무엇을 누구에게 말하여 어떤 효과가 발생했는가?(Who says what to whom and with what effect?)"라는 널리 알려진 공식으로 표현할 수 있는 구체적인 구조하에 진행되고 있다. 매스 커뮤니케이션 연구 분야에 집중한 첫 번째 연구 분야는 폴 F. 라자스펠드(Paul F. Lazarsfeld)와 버나드 베럴슨(Bernard Berelson)이 주도한 내용분석(content analysis)이었다. 다른 분야로는 커뮤니케이션 산업구조와 매스 미디어가 현재 미국인의 삶과 관련된 다양한 분야에 어떤 영향을 미치는가에 대한 수용자 연구(audience research)를 언급할 수 있다. 매스 커뮤니케이션 연구자들에게는 이런 분야들이 익숙할 것이다. 그러나 최근에는 보다 넓은 맥락에서 앞서 소개한 공식을 해석하고 있다. 라스웰(Lasswell)이 최초로 표현한 이 공식은 라디오 방송국이나 신문을 메시지를 전달하는 사람에 비유할 수 있다는 의미였다. 그러나 최근 들어 대인 커뮤니케이션에 대한 관심이 높아지고 있으며, 어떤 정보를 접한 후 그 정보를 다른 사람들과 이야기 나눈 사람을 단순히 신문이나 잡지와 같은 사회적 조직의 대리인으로 간주할 수 없다는 사실이 명확해지고 있다. 이러한 사람은 유능한 메시지 발신자(communicator)로서, 또한 동시에 매스 커뮤니케이션 네트워크에서의 전달지점(relay point)으로서 연구될 필요가 있다. 따라서 매스 커뮤니케이션 연구에서는 대인관계에 따른 영향력에 대한 연구도 필요하다.

대인관계 영향력은 상당히 새로운 연구 분야이기 때문에 어떤 단일한 연구방법을 적용하기도 어렵다. 본서는 Part 1과 Part 2로 구성되었다. Part 1에서는 사회심리학자들이 진행한 여러 연구에 대해 대인관계 영향력 분석과 어떠한 연관을 갖는지를 중심으로 정리하였다. Part 2에서는 일리노이주 디케이터(Decatur, Illinois) 지역에서 진행된 연구의 주요 결과들을 소개하였다. 저자들의 현장연구(field study)에 대해 간략하게 살펴보면 Part 1과 Part 2가 어떻게 서로 연결되는지 이해할 수 있다.

제2차 세계대전 종전 직전 전국단위의 뉴스잡지 임원들로부터 학자들에게도 익숙한 연구 내용과 관련 있는 언급을 들을 수 있었다. 이 임원들은 은행가, 변호사, 산업가들과 같이 산업계의 주요 지위에 있는 사람들이 자신들이 발간한 뉴스 잡지를 읽는다는 점을 반복해서 강조하였다. 그러나 이런 중요 위치의 사람들이 다른 사람들에게 영향력을 행사한다면, 과연 어떻게 영향력을 행사할까? 다른 사람들에게 직접 조언을 해주는 방식으로? 아니면 직접 말은 하지 않아도 다른 사람들이 이들을 보고 따라 하는 방식으로? 이런 가능성들을 연구하기 위한 절차를 논의하는 과정에서 저자 중 한 명이 다음과 같은 연구설계를 제안하였다. 중간 정도 규모의 마을 사람들 표본을 구한 후, 이들에게 여러 분야에서 영향력을 행사한 사람들이 누군지 설문조사를 실시한다. 이후 최초 표집 단계에서 영향력 제공자로 종종 지명된 사람들이 읽는 잡지가 무엇인지 조사한다.

언급한 것처럼 이러한 제안에는 두 가지 연구 아이디어들이 통합되어 있다. 첫 번째 아이디어는 여러 마을 구성원들의 상대적 지위는 현재 이 구성원들이 맺고 있는 상호관계의 유형들을 파악함으로써 확인할 수 있다는 것으로, 이는 사회연결측정(sociometry) 분야에서 비롯된 것이다. 사회연결측정 연구자들은 정확하게 이러한 방법으로 개인의 특성을 탐구한다. 사회연결측정 연구자들은 특정 집단구성원들을 대상으로 이들이 어떤 사람과 이야기를 나누고 일을 하는지 조사한 후, 이 정보를 기반으로 어떤 사람이 집단내에서 고립되어 있는지 그리고 다른 사람들에게 인기 있는 사람은 누구인지를 조사한다. 그러나 여기서 말하는 사회연결측정 방식은 추상적이거나 인위적인 것이 아니다. 사회연결측정 방식으로 얻은 결과는 기존에 존재하던 사람들의 선택 결과다. 즉 사회연결측정 연구는 표집된 사람들이 이미 내린 실제 의사결정 사항들과 의사결정 과정과 연관된 사람들이 경험한 영향력들을 탐구하는 방식으로, 어떤 사람이 영향력 제공자인지는 구체적으로 이 사람이 다른 사람들의 의사결정에 어느 정도로 영향력을 발휘하였는가에 따라 결정된다.[1]

1 이러한 방식의 시범적 연구가 로버트 머튼(Robert K. Merton)의 감독하에 진행된 바 있다. 이 연구에서는 공공이슈 분야에서 다른 사람들이 영향력 제공자라고 지목한 사람들을 그 영향력이 발휘된 분야가 '지역 문제(local)'인지 아니면 '코스모폴리탄 문제(cosmopolitan)'인지에 따라 분류한 바 있다. '코스모폴리탄 문제'와 관련된 영향력 제공자들은 실제로 전국단위 뉴스잡지를 구독하는 비율이 매우 높게 나타났다. 이와 관련하여 라자스펠드와 스탠튼(Stanton)이 편집한 《커뮤니케이션 연구(*Communications Research*) 1948–1949》(New York: Harper and Brothers, 1949)에 수록된 머튼의 "영향력 패턴: 지역 공동체 내의 대인관계 영향력과 커뮤니케이션 행동에 관한 연구(Patterns of Influence: A Study of Interpersonal Influence and of Communications Behavior in a Local Community)"를 참조하라. 보다 앞선 탐색적 연구로는 프랭크 스튜어트(Frank Stewart)가 《사회연결측정(*Sociometry*)》을 통해 발표한 "남부지역 도시 내 영향력 교류에 대한 사회연결측정 연구(A Sociometric Study of Influence in South-town)"라는 논문(Vol. 10, pp. 11–31, 273–286)을 참조하라.

또한 다른 연구[2]에서는 주변 사람들에게는 영향력을 발휘하지만 전체 마을 공동체 내에서는 반드시 저명한 존재로 간주되지는 않는 '세부 분야의 의견지도자(molecular leaders)'라고 표현한 사람들을 연구하기도 했다. 이러한 유형의 의견지도자들이 중요하다는 사실이 밝혀진 것은 거의 우연에 가까웠다. 본서의 저자 중 한 명은 오하이오주의 한 마을을 대상으로 1940년도 대통령 선거캠페인 기간 동안 라디오와 인쇄 미디어가 유권자들의 투표에 어떤 영향을 끼쳤는지 조사하였다. 연구결과 매스 미디어의 영향력은 대인관계 영향력에 비해 작은 것으로 나타났다. 선거가 다가올수록 유권자들은 자기 주변 사람들의 정치적 분위기(political climate)에 동조하는 방식으로 표심(票心)을 결정하는 것으로 나타났다. 또한 유권자들은 자신이 살면서 만나는 사람들의 조언과 제안에 매우 크게 영향을 받는다는 무수한 사례들을 접할 수 있었다. 이러한 결과를 바탕으로, 사회 곳곳에는 주변 사람들의 의견 형성에 영향을 미칠 가능성이 특히 높은 사람들이 존재한다는 결론을 도출했다.

맥파든 출판사(Macfadden Publications, Inc.)의 연구소장인 에버렛 R. 스미스 씨(Mr. Everett R. Smith)는 이러한 연구결과에 주목했다. 스미스 씨는 이 연구결과가 자신의 출판사 영업, 즉 임금노동자 계층 독자들에게 자신들의 출판물을 어떻게 전달할 것인가와 관련하여 중요한 함의를 던져준다고 생각했다. 이전까지만 하더라도 지역공동체의 엘리트가 생각한 의견이 지역공동체의 수직적 사회조직을 따라 다음 단계로 계속 내려가면서 모든 사람들의 의견이 피라미드 형태의 지역공동체 꼭대기에 있는 엘리트가 지도하는 대로 흘러갈 것으로 생각했다. 그러나 1940년 선거캠페인에 대한 분석결과에 따르면 수직적인 의견지도력과 함께 수평적 형태의 의견지도력도 공존하는 것으로 나타났다. 각각의 사회계층은 자신들만의 의견지도자들(주변의 동료들에게 영향력을 행사할 가능성이 높은 사람들)을 보유하고 있다. 또한 1940년 선거캠페인 연구결과 매스 미디어 효과는 2단계 흐름(two-step flow)을 갖는다는 것이 드러났다. 각각의 사회계층 내부에는 이렇듯 '촘촘하게(molecular)' 의견지도자들이 배치되어 있으며, 바로 이들이 해당 계층의 교육수준과 관심에 잘 부합할 수 있는 잡지와 라디오 방송 내용을 접하는 것으로 나타났다. 즉 매스 미디어의 영향력은 의견지도자와의 접촉을 통해 발생하며, 이후 이들을 통해 다른 사람들에게 전달된다. 이와 관련

---

**2** 라자스펠드, 베럴슨(Berelson), 고뎃(Gaudet), 《국민의 선택(*The People's Choice*)》(4th ed.; New York: Columbia University Press, 1954)

해 제기될 수 있는 한 가지 명백한 질문은 과연 이러한 발견이 대인관계 영향력 문제에 더욱 주의 깊게 집중하는 또 다른 연구에서도 증명될 수 있는지 여부였다.

본 연구는 여성들을 대상으로 한 횡단(cross-section) 설문으로 시작한 후, 설문응답자들의 일상 활동들과 관련하여 영향력을 행사한 사람들이 누구인지 확인할 수 있도록 설계하였다. 다음과 같이 총 네 개의 행동 분야들이 구체적 연구대상으로 선정되었다. 첫째, 일상적 가정 내 소비를 뜻하는 일상소비활동. 둘째, 의상, 화장법, 다양한 미용기법들로 대표되는 패션 분야. 셋째, 영화관람 분야. 넷째, 연구가 진행되던 시점 발생한 지역 공공이슈들에 대한 의견 형성. 이들 네 가지 행동 분야에서 최근 무엇을 바꾸었는지 혹은 어떤 다른 결정을 내렸는지에 대해 각 응답자를 대상으로 설문조사를 실시하였다. 만약 응답자의 의사결정에 변화가 있었던 경우, 저자들은 이들에게 변화된 의사결정에 어떤 미디어, 그리고 누가 영향력을 행사했는지를 밝힐 수 있는 여러 질문을 제시하였다. 또한 응답자들이 밝힌 것처럼 실제로 주변 사람들이 이들에게 조언을 제시하였는지 또한 여러 가지 기준을 근거로 확인하였다.

여러 객관적 지수를 기준으로 연구대상 지역을 선정하였다. 총인구수가 대략 6만 명인 미국 내 도시들을 대상으로, 확보할 수 있는 모든 인구총조사(census) 정보들을 수집하였다. 미국의 평균적 특징들을 전형적으로 반영하는 몇 개의 도시들을 최종 후보로 선택하였고, 이후 추가적인 기준들을 고려하여 일리노이주 디케이터(Decatur, Illinois) 시를 가장 적합한 연구대상 지역으로 선정하였다. 연구대상 지역 선택과정에 대해서는 별첨을 참조하기 바란다.

본 연구를 통해 알아보고자 한 주요 연구문제들은 다섯 가지이며, 본서 Part 1에 소개되어 있다. 또한 본서의 Part 2에서는 디케이터 시에서 수집한 데이터들을 제시하고 정리하였다. 본서의 독자들을 위해 다섯 가지 연구문제들을 다음과 같이 간략하게 소개하고자 한다.

1. 대인관계 영향력이라는 개념은 명망, 설득 등과 같은 유사 개념들과 어떻게 연관되는가? (머튼이 실시한 선행연구에서는 다양한 개념들을 주의 깊게 분석한 바 있다. 본 연구의 경우 비교를 위해 이들 중 일부 개념들을 측정하였다.)

2. 6만 명 규모의 도시를 대상으로 사회연결측정 연구기법을 적용해보았다. 지금까지의 사회연결측정 연구에서의 상호 간 선택(mutual choices) 측정은 학교 내의 학급 혹은 보이스카우트 집단과 같은 소집단 맥락에 한정되었다. 이들 소집단 연구들에서는 모든 구성원을 대상으로 인터뷰를 실시하였으며, 인터뷰 대상자들은 모두 동

일한 집단에 소속된 사람들이었다. 그러나 본 연구에서는 전체 시민 중에서 일부만을 대상으로 설문조사를 실시하였다. (본 연구에서는 영향력 제공자라고 부른) 설문응답자가 지명한 사람들은 대부분 표본에 포함되지 않았다. 이에 따라 영향력 제공자들을 확정한 후 별도의 추적 인터뷰(follow-up interview)를 통해 이들을 조사하였다. 최초 표본에 포함된 영향력 제공자들을 골라내기 위해, 저자들은 응답자에게 영향력을 행사한 사람이 누구인지를 답하도록 하는 자기지명(self-designation) 기법을 사용하였다. 본 연구에서는 다양한 연구방법이 사용되었으며, 이에 따라 다양한 기법들로 얻은 결과를 상호 교차검증하였다.

3. 영향력 제공자들을 확정한 후(본 연구에서는 영향력 제공자에게 의견지도자라는 이름을 붙였다. 이들 대부분은 자기지명 과정을 통해 확보되었다), 이들이 어떤 유형의 사람인지 확인하고자 하였다. 이 작업은 영향력 제공자들의 사회적 특성과 인구통계학적 특성, 연구대상 분야에 대한 관심 정도, 그리고 매스 커뮤니케이션 이용수준 등을 살펴보는 방식으로 진행하였다. 또한 저자들은 최초 표본응답자가 자신이 영향력 제공자로 지목한 사람과 어떻게 연관되어 있는지(이를테면 누가 더 나이가 많은지, 누가 더 부유한지, 두 사람이 같은 가족 구성원인지, 친구인지, 이웃인지 아니면 직장동료인지 등등) 살펴보았다.

4. 모든 응답자를 대상으로 의사결정을 내릴 때 다른 사람들이 어떻게 영향력을 행사하며, 또한 매스 미디어를 통해 어떤 영향을 받았는지를 분석하였다. 이 분석이 본서의 핵심이다. 본서에서는 저자들이 '효과분석(impact analysis)'이라고 부른 이 분석에 대해 자세하게 소개하였다. 적절하게 설문이 진행되었다고 할 때, 광고나 다른 사람의 조언과 같은 외부적 요인들이 특정 설문응답자가 내린 의사결정에 영향력을 발휘했는지 여부를 분석하는 것이 효과분석의 핵심이다. 본서의 저자들은 이 문제와 관련하여 과거 여러 연구를 진행한 바 있다. 그러나 아마도 본서가 이와 관련된 구체적인 분석과정을 소개한 최초의 연구일 것이다.[3]

5. 연구를 시작하였을 때, 저자들은 영향력 제공자들을 대상으로 2차 연쇄 이상의 과정을 갖는 추적 인터뷰를 진행하여, 특정인에게서 다른 사람으로 연결되는 영

---

3 이와 관련한 보다 구체적인 논의로는 라자스펠드와 로젠버그(Rosenberg)가 편집한 《사회과학연구방법(*The Language of Social Research*)》(Glencoe: The Free Press, 1955)의 5부(Section 5), 피터 로씨(Peter Rossi)가 저술한 논문을 참조하라. 피터 로씨는 필라델피아의 주거 유동성(residential mobility)을 분석하였는데, 여기서 수행한 '효과분석'은 본서의 디케이터 지역의 연구를 개선·확장한 것이다.

향력의 연쇄과정을 추적할 수 있을 것으로 기대하였다. 그러나 연구 예산의 한계로 인해 주요 인물들 중 일부만을 대상으로 한 데이터만을 수집할 수 있었다. 하지만 본서에 제시된 데이터만으로도 향후 진행될 연구에 대한 충분한 정보를 제시하고 있다.

독자들이 본서의 후반부를 읽어본다면, 사람들의 여러 일상생활 분야에서 수평적 의견지도력이 명확하게 존재한다는 것을 발견하게 될 것이다. 물론 이러한 발견은 항상 비슷한 사람들끼리만 영향력을 주고받는다는 것을 의미하지는 않는다. 본서에서도 수직적 의견지도력이 중요한 역할을 담당하고 있으며 수직적 의견지도력이 존재하지 않는 분야는 없다는 것을 발견하였다. 즉 물어보아야 할 것은 상이한 유형의 대인관계 영향력이 교차하는 방식이다. 어떤 영화를 볼 것인가에 대한 문제에서는 젊은 사람이 나이 든 사람에게 영향력을 행사할 수 있다. 조그마한 가정용품을 사는 경우에는 나이 많은 기혼자가 젊은 사람에게 영향력을 행사할 수 있다. 계층적 연대감을 갖고 있는 임금노동자가 대통령 선거에서 내리는 의사결정은 자신보다 사회적 지위가 매우 낮거나 높은 다른 사람들이 어떤 선택을 하는가와 무관하게 자신이 속한 사회계층 내부의 분위기에 더 영향을 받을 것이다. 반면 지역 문제와 같이 정당별 차이가 그다지 중요하지 않으며 해당 이슈와 관련된 구체적 정보가 중요한 상황의 경우, 동일한 임금노동자라고 하더라도 교육수준이 더 높은 화이트칼라에게서 조언을 듣고 싶어 할 수도 있다. 본 연구의 후원자는 수평적 의견지도력이 소규모 일상소비 분야에서 가장 명확하게 나타났다는 결과에 흐뭇할지도 모른다. 일상소비 분야의 경우 동일한 사회계층 내부에서 영향력이 교류되었으며, 특정 계층이 다른 계층에게 영향력을 행사하는 경우는 매우 드물었다. 이러한 결과의 유익성과 유용성에도 불구하고, 이 결과는 본 연구의 복잡하지만 흥미로운 연구주제에 대한 최종 해답이기보다 새로운 출발점으로 간주되어야 한다.

여기서 가끔 사회과학자들 내부에서 논란이 되는 이슈를 하나 제기해보자. 많은 사회과학자들은 학술연구의 주제를 품위 있는(dignified) 것과 품위 없는(undignified) 것으로 구분한다. 예를 들어 '대학생들이 데이트 상대를 어떻게 고르는가'라는 연구주제는 품위 있는 박사학위 논문주제로 간주된다. '광고가 제품 구매에 어떤 영향을 미치는가'에 대한 연구의 경우, 이보다 더 체계적으로 연구할 수 있는 보다 좋은 연구대상을 선택하기가 쉽지 않음에도 불구하고 눈살을 찌푸리게 만드는 품위 없는 연구주제로 간주된다. 본서의 저자 중 한 명은 다른 지면에서 이 문제와 관련하여 보다 자세한 논의를 한 바 있다.[4] 따라서 저자 서문에서 이 논의를 다시 제기할 필요는 없을 것이다. 왜냐하면 본서에서 밝히고 있는 결과들은 그 자체로 소비자들의 행동분석과 관련된 상업적 함의만 내포하는 것을 넘어, 인간 행동 일반의 문제를 다루고 있기 때문이다.[5]

저자들은 1944년 가을부터 본 연구를 준비하였으며, 유럽에서 제2차 세계대전이 끝난 직후인 1945년 봄부터 현장조사를 시작하였다. 수집된 대용량의 설문 데이터에 대한 분석은 진척이 매우 느렸다. 왜냐하면 제2차 세계대전이 끝나고 징집이 해제된 몇 년 동안 대학의 업무들이 폭증했기 때문이었다. 감사의 글에서 이미 밝혔지만, 초기 단계부터 본 연구에 몸담았던 상당수의 동료 학자들은 다른 곳으로 직장을 바꾸어 결국 본 연구의 공저자가 되지 못하였다. 본 연구의 결과물들을 출간할 때쯤, 저자들의 연구방법과 관련될 수 있는 사회과학 연구의 새로운 중요 경향들이 널리 확산된 상황이다. 이 부분에 대해 조금 시간을 내어 살펴보자.

수많은 학문적 원천들을 기반으로 소집단 연구 분야는 거의 독립적인 학문분과의 지위를 얻었다. 여러 방면에서 빠르게 축적된 소집단 관련 연구결과들은 저자들의 최초 연구문제와 연결될 수 있는 부분이 많았다. 예를 들어 단순히 통계처리 과정에서 가정하듯 개인을 고립된 존재 혹은 단순한 구성요소로 간주한다면, 중요한 무언가를 놓치게 된다. 매스 미디어의 영향력은 사람의 영향력과 비슷하게 취급될 수 있을 뿐만 아니라, 최종 소비자의 주변 사람들이 어떤 사람들인가에 따라 달라질 수도 있다. 또한 어떤 사람이 다른 사람에게 영향력을 행사하는가는 둘 사이의 상호작용에 달려 있을 뿐만 아니라, 두 사람이 어떤 관계를 맺고 있는지, 이를테면 친구 사이인지, 친척 사이인지, 혹은 동료직원 사이인지에 따라 달라진다. 비록 저자들은 이러한 관점에서 새롭게 접근하면서 대용량의 데이터를 수집했지만, 데이터를 모을 때만하더라도 '집단역학(group dynamics)'이라는 핵심이론을 염두에 두지는 못하였다.

또한 저자들은 소집단의 역할이 무엇인지 밝히는 연구결과들이 증가하고 있음에도 불구하고, 소집단 연구가 놓치고 있는 점들도 존재한다는 것을 확인할 수 있었다.

---

4 앞서 인용한 《사회과학연구방법》을 참조하라.

5 실제로 본서의 전체 내용은 사회과학 연구자들의 관심 분야에 잘 부합하기 때문에 인간사회 전반을 설명하는 데 있어 유용함을 강조하는 것이 현명해 보인다. 엘모 로퍼 선생은 친절하게도 자신의 서문에서 사상의 전파과정에 대한 보다 일반적인 자신의 관점을 밝히면서 이 점을 역설했다. 이러한 논의는 이 분야에서 보다 많은 실증적 연구들이 필요함을 다시 한 번 강조한다.

우선 소집단 연구자들은 소집단 연구주제와 연관될 수도 있는 매스 미디어 관련 방대한 지식에 대해 그다지 큰 관심을 기울이지 않았다. 또한 이들은 소집단 연구의 실험결과가 대규모의 현장 설문조사결과와 어떻게 연결될 수 있는지에 대해 크게 고민하지 않았다. 마찬가지로, 일상에서 사람들이 다른 사람들의 영향을 받는 과정을 추적하는 설문조사기법들과의 관련성에 대해서도 별로 주목하지 않았다. 이에 저자들은 소집단 연구결과들을 본 연구의 필연적이고 필수적인 보완재로 보았다. 실험을 기반으로 한 소집단 연구와 대규모 설문조사 기법을 기반으로 한 매스 미디어 및 대인관계 영향력 연구는 모두 최근에 빠르게 성장하는 분야들이다. 그러나 저자들은 이 둘을 개별 분야로 취급하지 말아야 한다고 생각하였고, 본 연구를 통해 체계적인 통합을 시도하였다.◆

본 저자들 중 한 명이 두 가지 분야를 통합하는 역할을 맡았다. 이와 같은 새로운 이론적 통합이 발간물의 형태로 나오기까지 총 2년이 소요되었다. 본서에서는 '소집단 연구'가 여러 사회과학 분야에서 동시다발적으로 진행되면서 발전하는 과정을 간략하게 정리하였다. 저자들은 본 연구와 관련된 소집단 연구결과들을 다음의 두 가지 유목(類目)으로 정리하였다. 첫째, 소집단 내의 영향력 흐름을 추적한 연구와 둘째, 소집단에 영향을 미치는 외부 요인들에 대한 연구이다.

우선, 현재까지 진행된 소집단 연구들의 연구결과들 중 '집단**내** 커뮤니케이션(communication *within* the group)'과 관련된 연구결과들은 크게 다음의 두 가지로 분류할 수 있다.

(a) 완전하게 개인적인 의견 및 태도는 가족, 친구, 동료 등과 같은 소규모의 친밀한 집단 환경에서 생성 및 강화된다. 만약 개인이 집단과 같은 의견을 공유할 경우, 개인의 의견은 잘 변하지 않는다. 또한 외부 '캠페인' 상황의 경우, 사람들의 의견변화는 개인단위가 아닌 집단단위로 이루어진다.

(b) 가족, 친구, 동료집단 내부에는 영향력이 규칙적 방식(patterned ways)에 따라 전파되는 대인관계 커뮤니케이션 네트워크가 존재한다. 집단의 의견지도자는 집단의견 형성과정에서 전략적 위치를 점유하고 있는 존재다. 의견지도자는 다른 집단 구성원들이 어떤 생각을 갖고 있는지 더 잘 알고 있으며, 집단 구성원들을 중재하면

◆ 이 단락의 마지막 세 문장은 역자가 의역한 것이다. 원문은 관계대명사와 콜론을 이용하여 한 문장으로 이어진 복문이었다.

서 '전형적인' 집단사고(group-mind)라고 부를 수 있는 의견을 대표한다.

다음으로 '집단**대상** 커뮤니케이션(communication *to* the group)', 즉 집단이 외부세계와 어떻게 대응해야 하는지, 그리고 집단이 어떻게 외부세계에서 밀려들어오는 영향력에 대처해야 하는지와 관련된 소집단 연구결과들을 살펴보자. 두 번째 유목에 해당되는 소집단 연구문제와 관련하여 매스 미디어의 영향력과 대인관계 영향력이 서로 얽혀서 존재한다는 점은 명백해 보인다. 그러나 이와 관련된 소집단 연구결과는 유용성이 높지 못한데, 그 이유는 대부분의 소집단 연구들이 미디어 환경이 의도적으로 배제된 실험실 환경에서 진행되었기 때문이다. 만약 이 부분을 현재의 소집단 연구를 통해 알 수 없다면 다른 분야의 사회과학 연구를 통해 이 부분을 보완할 수 있다. 예를 들어, 서구 사회에 비해 저개발 지역들(underdeveloped areas)에서는 대인접촉이 더 중요한 역할을 할 것이다. 현대적 매스 미디어가 중동과 극동 아시아 국가들에 점차 전파되면서, 저자들의 관심사에 대한 연구환경이 보다 좋아졌다. 실제로 저자들은 본 연구의 관점에서 주의 깊게 살펴볼 필요가 있는 수많은 연구문헌들이 존재한다는 것을 깨닫게 되었다. 매스 미디어와 대인접촉이 어떻게 상호작용하는지에 대해 현장조사를 진행한 인류학적 연구들이 빠르게 증가하고 있다. 심지어 현대 미국 사회의 경우도 매스 미디어와 대인접촉의 상호작용은 재평가될 필요가 있다. 예를 들어 라디오와 정부 팸플릿을 통해 얻은 농업 자료를 해석해주는 농부와 농촌활동가(agricultural agent)의 역할을 떠올려보라.

현재 독자들에게 제시된 본서 내용에는 언급되지 않았지만 본 연구를 시작할 때 고려했던 부분들도 여럿 존재한다. 최초에 본서를 계획하였을 때, 저자들은 세 번째 유형의 대인관계 영향력을 언급하려고 계획했다. 본서에서는 언급하지 않았지만, 대인관계 영향력의 총체적 모습을 보여준다는 점에서 독자들에게 최소한 간단하게라도 언급하고자 한다. 사람들끼리 서로 영향력을 발휘하는 것은 사람들이 속한 일차집단(primary groups)에서는 물론, 보다 거시적으로 미국 사회의 제도적 환경에서도 나타난다. 제도적 환경에서 행사되는 대인관계 영향력의 사례로 압력집단(pressure groups)을 언급할 수 있다. 최근 압력집단은 여러 방면에서 대인관계 영향력을 발휘하고 있다. 의회를 대상으로 하는 로비 활동은 물론이고 더 나아가 의원들에게 영향을 미치는 사회 여론에 대해서도 대인관계 영향력을 발휘한다. 이들은 의원들은 물론 최종 소비자들의 행동과 태도에도 영향을 끼치려고 한다. 이와 관련하여 광고업자와 홍보대행사 등과 같은 전혀 새로운 직종들이 계속 생겨나고 있다. 그러나 본 연구주제와 관련하여 이러한 유형의 목적지향적 대인관계 영향력만이 존재하는 것은 아니다. 상품판매가 주된 목적인 미용실, 레코드 가게, 백화점 등은 상품판매를 통해 소비자들의 라이프스타일과 사고방식에 영향력을 행사한다. 데이비드 리스먼(David Riesman)과 같은 몇몇 사회이론가들은 현대 산업사회의 전반적인 지적 분위기(intellectual climate)가 '광고업계의 사고방식(advertising spirit)'에 의해 잠식당하고 있다고 우려한다. 현장조사과정에서 저자들은 대인관계(이를테면 미용사, 디케이터 지역신문에 기고하는 칼럼니스트, 변호사, 지역 사업가, 정치인 등과의 관계)에서 파생되는 영향력을 형성하는 보다 제도적인 요인들이 존재한다는 적지 않은 인터뷰 결과와 데이터를 수집할 수 있었다. 그러나 이러한 데이터로는 대략적인 윤곽을 그려낼 수 있을 뿐, 확실한 결과를 제시하기는 어려웠다. 이에 세 번째 부분은 본서에 포함하지 않았다.

본서에 포함된 실증 데이터를 확보하는 과정에서 저자들이 어떤 결정을 내렸는가에 대해 마지막으로 한마디 덧붙이고자 한다. 별첨자료에 수록된 설문문항을 통해 독자들은 본 저자들이 애초 계획했던 연구에 얼마나 많은 연구주제가 포함되었는지 파악할 수 있을 것이다. 예를 들어 독자들은 설문응답자들이 얼마나 많은 주제에 대해 응답했는지, 몇 차례나 설문에 응했는지 등을 알 수 있을 것이다. 원래 계획은 현재 패널 설문기법(panel technique)이라고 알려진 설문기법을 통해 응답자들의 커뮤니케이션 행동변화를 분석하는 것이었다.[6] 그러나 최근 들어 보다 방대한 패널 데이터를 이용할 수 있게 되면서, 과거와 별반 다를 것 없는 연구결과를 출간할 필요는 없어지게 되었다. 독자들은 별첨자료를 통해 저자들이 응답자들에게 신문 읽기 및 라디오 청취 습관을 상세하게 측정할 수 있는 다수의 설문문항들을 제시하였음을 확인할 수 있을 것이다. 그러나 이들 문항과 관련한 분석결과를 현 시점에서 또다시 언급할 필요는 없을 듯하다.

그러나 저자들은 보다 중요한 연구주제로 발전 가능한 결과들의 경우 통계적으로 인상적인 결과가 아니라고 하더라도 본서에서 보고하였다. 예를 들어 저자들은 두 명의 대화상대(조언 제공자와 조언 수용자)의 대화내용에 대한 데이터를 수집하였

---

**6** 최근 사회과학연구위원회(Social Science Research Council)의 지원을 받은 컬럼비아 대학(Columbia University)의 응용사회조사국(Bureau of Applied Social Research)에서는 패널 설문기법에 대한 보고서를 작성하였다. 이 보고서는 조만간 프리프레스(Free Press)에서 출간될 예정이다.

다. 본서에서 몇 차례 언급하겠지만, 여러 가지 이유로 인해 데이터의 사례 수는 적은 편이었다. 그러나 데이터가 수집된 시점을 기준으로 할 때, 이와 같은 데이터는 새로운 시도였으며, 적어도 저자들이 인지하는 범위에서는 다른 연구들에서 아직 시도되지 않은 분석이었다. 이에 저자들은 본 연구에서 보고된 분석결과를 접한 동료학자들이 보다 대규모의 연구를 통해 다시 이러한 데이터를 수집할 만한 가치가 있다고 판단하길 소망한다.[7] 본 연구의 분석결과에 단점이 있거나 향후 연구될 가치가 있는 경우를 위해 상당히 자세한 기술적 별첨자료(technical appendix)를 제시하여 최선을 다해 해당 사항들을 언급하였다.

커뮤니케이션 연구 목록에서 본서가 어떤 의미를 갖는지는 다음과 같이 요약할 수 있다. 저자들은 인간이 어떤 역할을 수행하는가를 집중적으로 탐구함으로써 전통적인 커뮤니케이션 연구범위를 확장하고자 한 실증연구결과를 제시하였다. 본 연구에서는 인간(특히 의견지도자)을 잡지, 신문, 라디오 등과 같은 매스 커뮤니케이션 미디어의 일종으로 간주하였다. 저자들은 커뮤니케이션 과정에서 인간과 미디어의 '범위', 이들의 영향력, 그리고 이들에 어떤 내용(content)이 담겨 있는지를 연구하였다.[8]

---

7 본서에서 보고된 내용에 대한 예비보고서를 기반으로, 본서에 소개된 여러 연구주제를 탐구하기 위한 다양한 연구들이 이미 진행 중이다. 저자들의 초기 데이터 분석과정에 큰 공헌을 한 피터 H. 로씨(Peter H. Rossi)는 매사추세츠주의 지역공동체를 대상으로 한 자신의 연구에 이와 같은 연구주제를 반영하였다. 로버트 D. 리(Robert D. Leigh)와 마틴 A. 트로(Martin A. Trow)는 버몬트주 베닝턴(Bennington) 지역민들의 공공이슈 분야에 대한 의견에 미디어와 대인관계가 어떤 영향력을 행사하는지에 대한 방대한 연구를 계획하고 있다. 이들 연구는 아직 출판 단계에 이르지는 못한 상황이다. '의견지도력'이라는 연구주제를 명시적으로 다룬 다른 연구로는 마틸다 라일리(Matilda Riley)와 존 라일리(John Riley)의 논문 "커뮤니케이션 연구에 대한 사회학적 접근(A Sociological Approach to Communication Research)" (*Public Opinion Quarterly*, Vol. 15, Fall, 1951); S. N. 아이젠스타트(S. N. Eisenstadt)의 논문 "이스라엘 이민자들에게서 나타난 커뮤니케이션 과정(Communications Processes Among Immigrants in Israel)"(*Public Opinion Quarterly*, Vol. 16, Spring, 1952); 데이비드 리스먼의 책, 《외로운 군중(*The Lonely Crowd*)》(New Haven: Yale University Press, 1950); 레오 A. 핸델(Leo A. Handel)의 책, 《헐리우드 수용자 연구(*Holloywood Looks at Its Audience*)》(Urbana: University of Illinois Press, 1950); 베렐슨(Berelson), 라자스펠드(Lazarsfeld), 맥피(McPhee)의 책 《투표(*Voting*)》(Chicago: University of Chicago Press, 1954); 러너(Lerner), 버크만(Berkman), 페브스너(Pevsner)의 책 《중동지역의 근대화(*Modernizing the Middle East*)》(근간) 등을 언급할 수 있다.

8 인간은 대화라는 커뮤니케이션 방식을 통해 '커뮤니케이션 내용(content)'을 주고받는다. 저자들은 1948년 대통령 선거를 대상으로 한 연구에서 이를테면 '대화를 시작하는 사람은 누구인가, 대화참여자들의 상대적인 사회적 지위는 어떠한가, 대화를 하는 동안 사실정보나 의견을 얼마나 교환하는가' 등의 대화 관련 데이터를 수집할 수 있었다. 이에 대해서는 앞서 인용한 베렐슨, 라자스펠드, 맥피의 《투표》를 참조하라.

디케이터 지역에서 실시된 연구를 통해 이를 지지하는 실증결과를 얻을 수 있었다. 그러나 이렇게만 결과를 바라보는 것은 너무 협소한 해석이었다. 개별 인간(영향력 제공자이든 아니면 영향력 수용자이든)은 그 사람이 속해 있는 일차집단의 맥락 속에서 연구되어야만 한다. 소집단 연구라는 새롭게 등장한 학문 분야의 성과를 기반으로 저자들은 디케이터 지역 연구결과를 보다 넓은 맥락에서 재조직하고 재해석할 수 있었다. 저자들이 수집한 자료에 대한 2차분석(secondary analysis) 결과 역시 본서에 제시되어 있다. 보다 포괄적 맥락의 사회적 분석에 관심 있는 연구자들의 경우 자신이 원하는 부분을 본서에서 찾을 수 있을 것이다. 현재로서는 이와 관련된 향후 연구를 기다릴 수밖에 없다.

1955년 5월<br>
일리노이주 시카고와 캘리포니아주 팔로알토에서<br>
엘리후 카츠<br>
폴 F. 라자스펠드

1부 매스 커뮤니케이션 과정을 어떻게 볼 것인가?

2부 설득과정에서 사회규범과 네트워크의 역할: 매스 미디어 연구에서 소집단 연구의 함의

# Part 1

# 미디어 효과발생 과정에서 인간의 역할

# 1부

## 매스 커뮤니케이션 과정을 어떻게 볼 것인가?

1장

# 미디어와 대중의 관계

매스 미디어 효과를 둘러싸고 사람들은 두 가지 상반된 해석을 내놓는다.◆ 첫 번째 해석을 따르는 상당수의 사회 평론가들은 매스 미디어를 일종의 '타운미팅(town meeting)', 즉 식견 있는 여론이 재창조될 수 있는 공간이라고 바라보았다. 즉 매스 미디어를 통해 시민들은 그들의 결정을 필요로 하는 사안들과 관련된 친숙하고 직접 경험할 수 있는 주장들에 평등하게 접근할 수 있게 되었다는 것이다. 이 해석을 따르자면 사람들은 사회와의 유대를 잃어버리고 있으나, 매스 미디어를 통해 유대를 회

◆ 새로운 미디어가 등장할 때마다 비현실적인 낙관론과 비관론이 공존한다. 2020년 현재에도 SNS를 둘러싼 논란은 여전히 진행 중이며, 인공지능(AI) 도입이 불러올 사회변화에 대한 과도한 불안함과 낙관론 역시 마찬가지다.

복하게 될 것이다.[1◆]

두 번째 해석을 추구하는 사람들은 사태를 매우 다르게 바라본다. 여기서는 매스 미디어를 민주주의 사회의 완전한 파괴를 노리는 악의 세력(agents of evil)으로 간주한다. 처음에는 신문을, 그다음에는 라디오를 무력한 독자들이나 청취자들의 마음을 주무를 수 있는 강력한 무기로 간주하여 두려워하였다. 1920년대에는 신문이 정치선전을 통해 '미국인을 전쟁의 구렁텅이로 몰아넣었다'는 믿음이 널리 퍼져 있었고, 1930년대 루즈벨트 후보의 선거캠페인은 라디오를 통해 흘러나온 '마법의 목소리(golden voice)'가 사람들의 마음을 좌지우지했다는 '증거(proof)'라고 본 사람이 매우 많았다.[2]

어찌 보면 이렇듯 매스 미디어의 기능을 대조적으로 바라보는 두 관점은 서로 상반되는 것 같다. 그러나 다른 시각에서 본다면 이 두 관점은 서로 크게 다르지 않다. 왜냐하면 매스 미디어를 새로운 민주주의의 시작을 위한 도구로 파악하는 관점과 악

---

1 초창기 미국 사회학자이자 전직 언론인이었던 로버트 파크(Robert E. Park)는 1925년 자신의 글에서 다음과 같은 주장을 제시한 바 있다. "의식하든, 의식하지 않든 학자들과 언론기관에서는 서로서로 잘 알고 지냈던 과거 마을에서 나타난 인간적 삶의 양상들을 가급적 도시에서 재탄생시키려 하고 있다. … 과거 마을의 경우 소문과 여론이 사회질서를 유지하는 주요 원천이었다." 비슷하게 쿨리(C. H. Cooley)도 1909년에 출간된 고전(古典)인 《사회조직(*Social Organization*)》에서 열정적 어조로 비슷한 주장을 제시하고 있다. "… 전반적으로 [19세기 이후 커뮤니케이션 및 사회체제 전반에서 나타난] 변화들은 인간 본성의 확장, 즉 사회 속에서 스스로를 표현할 수 있는 힘을 증진시켰다. 커뮤니케이션과 사회체제 전반의 변화들을 통해 보다 많은 사람들이 조직될 수 있었으며, 사회는 권위, 계급질서(caste), 관례 등에 비해 인간지성과 동정심을 기반으로 조직되었다. 19세기의 변화는 자유, 낙관적 미래, 무제한의 가능성을 의미했다. 새로운 변화로 인해 가능해진 사회개선안의 논의를 기반으로 성립된 공적 의식(public consciousness)은 지역 집단(local groups)을 넘어 국가 전체로, 그리고 결국에는 전 세계로 확장되고 있으며, 결국에는 살아 있는 단일 집단정신(a lively mental whole)이 될 것이다." [파크(Park, 1949, p. 11), 쿨리(Cooley, 1950, p. 148)]

2 베럴슨(Berelson, 1950, p. 451)

◆ 로버트 파크(Robert E. Park, 1864-1944)는 미국의 사회학자다. '시카고 사회학파'의 거두로 1900년대 초반 미국의 도시화, 인종갈등, 이민자의 사회동화과정 등을 연구하였다. 파크는 인종집단 간 사회갈등을 해결하기 위한 방안으로 '신문'에 주목하였으며, 1887년 대학을 졸업한 후 1898년까지 뉴욕, 시카고, 디트로이트, 덴버, 미네아폴리스 등지에서 언론인으로 활동하기도 했다. 언론인 경험을 통해 농촌을 떠나 도시에 정착한 이민자들이 어떻게 언론을 이용하는지, 그리고 이러한 언론이용이 미국 사회 정착에 어떻게 도움을 주었는지에 대한 참여관찰연구를 진행한 바 있다.

찰스 호튼 쿨리(Charles Horton Cooley, 1864-1929)는 초창기 미국의 사회학, 경제학, 심리학 발전에 크게 기여하였다. 쿨리는 개인의 자아, 사회·경제적 가치, 공동체 등이 모두 사회적 상호작용을 통해 이루어진다고 보았으며, 사회를 구성하고 유지하는 과정에서 커뮤니케이션의 중요성을 강조하였다. 사회적 상호작용과 타자에 대한 인식을 통해 개인의 자아가 형성된다는 '거울자아(looking glass self)' 이론으로 유명하다.

의 세력으로 바라보는 관점은 모두 매스 커뮤니케이션 **과정**을 동일하게 파악하고 있기 때문이다. 첫째, 두 관점 모두 메시지를 받아들일 만반의 준비가 된 독자, 청취자, 영화관람자 등으로 원자화된 대중을 상정하고 있다. 둘째, 두 관점 모두 메시지라는 직접적이고 강력한 자극을 통해 즉각적인 반응으로 이어지는 행동이 일어날 것으로 가정하고 있다. 두 관점 모두 단순한 신경전달 체제 관점에서 논의를 진행하고 있다. 즉, 두 관점 모두 커뮤니케이션 미디어가 형식적 제약이 없는 사회조직과 인간관계를 고려하지 않는 사회 속에서 모든 사람들에게 도달할 수 있는 새로운 형식의 획일화 설득기제(unifying force)라고 간주하고 있다.[3]

이러한 사회와 커뮤니케이션 과정에 대한 모형화 작업은 1920년대 라디오가 처음으로 등장하였을 때 매스 미디어 연구자들이 어떤 생각을 갖고 있었는지를 잘 보여준다. 사회화 과정과 커뮤니케이션 과정에 대한 이러한 모형은 대중들이 바라보는 매스 미디어 효과에 대한 이미지에서 어느 정도 비롯된 것이기도 하다. 동시에 이 모형은 특정 사회학·심리학 학파의 사고방식과도 맞아떨어졌다. 19세기 후반 유럽의 고전적 사회학자들은 도시화·산업화된 사회에서 대인관계가 붕괴하고 있다는 점을 강조했으며, 지역을 벗어난 탈인격적 방식의 새로운 사회적 통제가 등장한다는 점을 강조하였다.[4] 이후 무작위 표집기법, 개인의 의견과 태도 측정기법, '대표성 있는(representative)' 표본을 기반으로 한 연구방법이 등장하면서 응용심리학과 융합된 커뮤니케이션 연구가 등장하였다.

---

**3** 여기에 제시된 방식의 관점비교와 수용자 대중에 대한 전통적 이미지와 관련된 문헌으로는 워스(Wirth, 1949)를 참조하라. 본서에서 저자들이 제시한 두 가지 유형의 매스 미디어 효과에 대해 워스는 '조작적(manipulative)' 효과와 '민주적(democratic)' 효과라는 이름을 붙였으며, 미디어에는 이 두 가지 효과가 내재되어 있다고 주장하였다. 비슷한 주장으로 블루머(Blumer, 1946)도 참조하라.

**4** "일차집단 연구(The Study of Primary Group)"라는 논문에서 쉴즈(Shils, 1951)는 이러한 19세기 유럽 사회학에 대해 다음과 같이 논평한 바 있다. "전통적으로 사람들의 생각과 행동을 규제했던 비공식적이고 인간적 친근함을 기반으로 한 관계는 … 과거 농업사회나 수공업 위주의 소규모 사회에서 유래된 유습이다." 쉴즈는 초기 미국 사회학에서는 연구주제로 일차집단에 대해 상대적으로 보다 큰 관심을 갖고 있었다고 술회한 바 있다. 그러나 쉴즈에 따르면 쿨리의 영향을 받은 미국 사회학자들의 자발적 모임, 압력집단 등에 관심과 W. I. 토마스, 파크와 동료학자들 등이 주목했던 도시사회의 일차집단의 소멸에 대한 관심이 경쟁적으로 공존하고 있었다고 지적한 바 있다. 쉴즈의 탁월한 견해는 1장을 포함 본서의 다른 곳에서도 포괄적으로 적용되었다.

## 매스 미디어 연구: '캠페인' 효과분석

매스 미디어 연구를 태동시킨 몇 가지 이론적 기원들을 언급할 수 있다. 매스 미디어 연구의 발전과 함께 커뮤니케이션 연구 분야는 보통 크게 세 가지로 구분한다. 첫 번째 분야는 어떤 커뮤니케이션 메시지 혹은 미디어에 어떤 사람들이 얼마나 주목했는가를 분석하는 수용자 연구(audience research)다. 역사적 관점에서 수용자 연구는 가장 초창기 매스 미디어 연구지만, 여전히 활발하게 진행되고 있다. 두 번째 분야는 커뮤니케이션 메시지의 언어, 구성논리, 표현방식들에 대한 연구인 내용분석(content analysis)이다. 세 번째 분야는 효과분석(effect analysis)으로 매스 커뮤니케이션의 효과에 대한 연구다.

이러한 세 가지 분야 구분은 어떤 면에서는 유용하다. 그러나 다른 측면에서, 특히 모든 커뮤니케이션 연구는 본질적으로 커뮤니케이션 효과를 연구한다는 사실을 은폐시킨다는 점에서는 부적절하다. 비록 언제나 명백하게 제시되지는 않았다고 하더라도 매스 미디어에 대한 가장 초창기 이론화 작업부터 가장 최근의 실증연구에 이르기까지 모든 커뮤니케이션 연구는 본질적으로 오직 하나의 연구문제, 즉 '미디어는 무슨 일을 하는가?'를 다룬다. 이 문제는 앞서 살펴본 '연구모형'은 물론이고, 매스 미디어 연구의 '의뢰인들(clients)'도 궁금해하는 것이다. 예를 들어 광고주, 라디오 프로그램 기획자, 선전담당자(propagandist),◆ 교육자 입장에 서보자. 매스 미디어 연구의 의뢰인들은 자신들의 메시지가 대중들에게 어떤 효과를 낳을지 알고 싶어 한다. 또한 만약 그들이 마주하고 있는 수용자의 특성이나 자신들의 메시지 내용에 대한 분석을 의뢰했다 하더라도, 그러한 연구의뢰 이유는 어떤 방식으로든 효과에 대한 관심 때문이라고 가정할 수 있다.

게다가 연구의뢰인과 의뢰인들의 연구의뢰 동기에 대해 조금만 더 생각해본다면 커뮤니케이션 효과의 의미를 정교화할 수 있다. 지금까지 저자들은 커뮤니케이션 효과라는 개념을 마치 단순한 것처럼 이야기했다. 그러나 실제로 매스 미디어가 사회에 미치는 효과들은 여러 형태로 존재하고, 이 효과들은 몇 가지 방식으로 유형화할

◆ 현대 한국어에서 '선전(propaganda)'이라는 용어는 매우 부정적으로 사용된다. 그러나 선전이라는 용어가 부정적으로 사용되기 시작한 것은 냉전이 본격화된 이후부터이며, 그 이전까지는 가치중립적 용어(value-neutral term)로 사용되었다.

수 있다.[5] 본서는 지금까지 확인되거나 유형화된 다양한 효과유형 중에서 대부분의 매스 미디어 연구에 내재된 연구의뢰인들이 거의 유일하게 관심을 보인 '캠페인' 효과유형에 대해 이야기할 것이다. 거의 대부분의 매스 미디어 연구는 단기적으로 매스 미디어가 사람의 의견과 태도에 얼마나 영향을 미치는지, 보통은 이들의 변화에 얼마나 영향을 미치는지에 대한 연구였다. 매스 미디어 캠페인 효과연구, 즉 캠페인이 표심(票心), 비누 판매, 편견(prejudice) 등에 어떤 영향을 미치는지를 밝히려는 시도가 아마도 가장 전형적인 사례가 될 것이다. 연구가치가 충분하지만 아직 밝혀지지 않은 여러 다양한 매스 미디어의 효과가 존재한다는 것을 인정하면서,[6] 본서에서 초점을 맞추는 매스 미디어 연구는 다음과 같이 보다 구체적으로 서술할 수 있다. 매스 미디어 연구의 목적은 (구체적이며 단기간에 걸쳐 진행된) 매스 미디어 '캠페인'이 사람들의 의견과 태도에 어떻게 영향을 미치는지, 그리고 어떤 조건에서 영향을 미치는지를 이해하는 것이다.

---

**5** 예를 들어 라자스펠드(Lazarsfeld, 1948)는 네 종류의 매스 미디어 '자극(stimulus)'과 네 종류의 '반응(response)'을 교차시켜 총 16개의 상이한 효과유형을 구분하기도 하였다. 네 종류의 반응들은 시간을 기준으로 즉각적 반응, 단기적 반응, 장기적 반응, 제도적 변화로 거칠게 구분하였다. 예를 들어《톰 아저씨의 오두막(*Uncle Tom's Cabin*)》이 남북전쟁 발발에 미친 효과연구, 인쇄술이 서구 문명에 미친 효과연구, 지하철 포스터를 이용한 캠페인이 시민들의 편견에 미친 효과연구는 각각에 맞는 특별한 개념과 연구방법이 필요하다. 이 사실은 이러한 구분을 통해 잘 드러난다. 본서에서 제시하는 매스 미디어 연구결과에 대한 구체적인 서술방법은 라자스펠드(Lazarsfeld, 1948)와 클래퍼(Klapper, 1950)의 연구를 기반으로 하였다.

**6** 저자주 5에 제시한 라자스펠드(Lazarsfeld, 1948)의 분류를 따르자면, 정교하게 계획된 매스 미디어 '캠페인'에 대한 '즉각적' 혹은 '단기적' 반응은 여러 다양한 미디어 효과 중 하나에 불과하다. 또한 라자스펠드의 분류에 잘 맞아떨어지지 않는 다른 매스 미디어 효과들 역시도 존재한다. 이들은 대부분 장기적인 효과에 속하며 경험적 검증이 가능한 사례들은 맥피(McPhee, 1953)나 카츠(E. Katz, 1953)의 별첨 자료에서 찾을 수 있다. 이러한 장기적 효과들 중 몇몇은 그다지 연구되지 않고 있으나, '캠페인' 효과연구보다 더 중요한 매스 미디어 효과의 가능성을 보여준다는 점에서 주목할 필요가 있다. 캠페인 효과의 크기는 매스 미디어 효과가 사회적·정치적(즉, 일상소비 분야가 아닌) 분야에서의 설득에 있어서는 그다지 효과적이지 않다는 인상을 준다. 왜 다른 분야보다 일상소비 분야의 효과가 더 효과적인가에 대해서는 위브(Weibe, 1951)의 연구와 라자스펠드와 머튼(Lazarsfeld and Merton, 1949)의 연구에서 제안된 "연결수로 형성(canalization)" 부분을 참조하라. 위브의 논문은 본서에서도 언급되었다. 또한 카트라이트(Cartwright, 1949)도 참조하라.

## 중개변수◆와 효과연구

매스 미디어 연구의 핵심이 캠페인 효과연구라는 본서의 주장에 동의한다면, 수용자 연구, 내용분석 등과 같은 여러 연구들이 개별적 분야를 갖는 것이 아니라 캠페인 효과연구라는 큰 맥락 속에 존재하는 분야라는 것을 잘 이해할 수 있다. 예를 들어 매스 미디어 연구 중 가장 활성화된 수용자 연구에 대해 생각해보자. 만약 수용자 연구를 독자적인 연구 분야로 평가한다면, 수용자 연구는 수치를 모으고 기록하는 것에 한정된다. 그러나 저자들은 수용자의 규모와 특성, 그리고 선호 등을 조사하는 것이 어떤 미디어 혹은 메시지가 어떤 잠재적 효과를 갖는지를 파악하고자 한다는 점에서 수용자 연구를 효과연구의 한 분야로 간주한다. 다시 말해 만약 매스 미디어 연구를 통해 밝히고자 하는 최종 문제가 무엇인지 명확히 인식하지 못한다면, 수용자 연구는 어중간한 상태에 놓일 뿐이다.

이는 매스 미디어 연구의 다른 주요 분야에서도 마찬가지다. 어떤 사람은 매스 미디어 연구를 수용자, 미디어 내용 등의 분절된 연구 분야들이 연속적으로 결합된 것으로 이해하는 것이 최선이라고 생각한다. 이는 본질적으로 각 연구 분야에서 나타난 개개의 효과발생요인들에 대한 분석을 통해 미디어 효과를 **추정**하자는 주장이다.

그러나 개개의 효과발생요인들은 미디어 효과를 간접적으로 추정한 것이거나 예상 추정된 효과일 뿐이며, 복잡한 매스 커뮤니케이션 과정 중 일부를 보여줄 뿐이다. 즉 매스 미디어 자극물과 반응 사이의 중개과정에 대한 연구가 없이는 매스 미디어 캠페인 효과, 즉 자극물과 반응 사이에 존재하는 다양한 사건 및 원인요인들을 이해하기 어렵다. 중개과정 연구가 없다고 가정해보자.◆◆ 어떤 새로운 연구 분야가 등장할 때, 이 분야에 대한 미디어 효과연구에는 메시지를 전달하는 무소불위의 미디어에 대한 연구, 그리고 미디어를 소비하면서 메시지를 받아들이는 역할을 하는 원자

---

◆ 저자주 7에서도 언급되지만, 본서에서 말하는 '중개변수(intervening variable)'는 사회과학연구 방법론에서 흔히 등장하는 '매개변수(mediator)'와 아무 관계가 없다. 저자들이 말하는 중개변수는 송신자-수신자를 양끝으로 하는 캠페인 커뮤니케이션 과정에 영향을 미칠 수 있는 변수를 의미하며, 사회과학연구 방법론에서 말하는 매개변수는 원인변수(독립변수)와 결과변수(종속변수)의 관계를 매개하는 변수를 의미한다. 관련하여 저자주 7을 참조하라.

◆◆ 원문에는 존재하지 않는 문장이지만 내용의 흐름을 매끄럽게 하기 위해 번역자가 삽입하였다.

화된 대중에 대한 연구만 존재할 뿐,◆ 이 두 가지를 연결시켜줄 연구는 존재하지 않게 될 것이다.

이제 중개과정 연구의 필요성에 대해 조금 더 주의 깊게 살펴보자. 미디어와 대중 사이에 어떤 커뮤니케이션 효과가 나타나는지를 살펴보기 위한 네 가지 중개변수를 생각해볼 수 있다. 네 가지 중개변수는 노출(exposure), 미디어 종류(medium), 내용(content), 선유경향(predisposition) 등이다. 각각은 수용자 연구, 비교언론학 연구, 내용분석, 태도 연구의 핵심 변수이며, 복잡다단한 매스 커뮤니케이션 캠페인을 이해하기 위해 필수적인 변수다. 본서에서는 이 네 변수들에 (가장 최근에 탐구되기 시작한) 또 다른 변수, 즉 대인관계라는 변수를 투입시켜 이를 집중적으로 다루었다.

## 매스 커뮤니케이션 과정의 네 가지 중개변수

상황에 따라 언급한 네 가지 중개변수의 수준에 따라 미디어와 대중 사이의 커뮤니케이션 흐름이 촉진되기도 하고, 지체되기도 한다.◆◆ 즉 미디어와 대중 사이의 커뮤니케이션 과정이라는 점에서 본서에서는 '중개'변수라는 용어를 사용하였다.[7]

첫째, 수용자 연구에서는 [맥락에 따라 '접속(access)' 혹은 '관심(attention)'이라고도

7 여기서 말하는 중개변수라는 용어는 조사방법론에서 말하는 '매개변수(intervening variable)', 즉 두 변수들과 연결되고 그 사이의 상관관계를 '해석(interpret)'할 수 있게 만드는 변수와 혼동하지 말아야 한다. 매개변수에 대해서는 라자스펠드와 켄달(Lazarsfeld and Kendall, 1950)을 참조하라. 또한 매개변수를 자주 사용하는 심리학에서의 설명방식에 대해서는 톨먼(Tolman, 1951, pp.281-285)을 참조하라.

◆ 번역된 문장이 다소 복잡하지만 원문의 뜻을 풀어 쓰면 다음과 같다: 만약 매스 커뮤니케이션 중개과정에 대한 연구가 제안되지 않는 상황에서 향후 새로운 미디어가 등장할 경우, 미디어 자체에 대한 연구(즉, 송신자 연구)와 미디어 수용자에 대한 연구(즉, 수신자 연구) 두 가지만을 반복하여 수행할 뿐이다. 미디어 수용자가 미디어 혹은 미디어 메시지를 받아들이는 중개과정에 대해 이해하기 위해서는 중개과정에 관한 연구가 필수적이다.

◆◆ 여기서 말하는 커뮤니케이션은 정보의 확산(diffusion)을 의미한다. 문화연구 혹은 이데올로기 비판에서 말하는 커뮤니케이션과는 개념적으로 구분해야 한다.

불리는] '노출' 변수를 다룬다.[8] 수용자 연구결과에 따르면 최초의 매스 커뮤니케이션 '모형'은 타당하지 않다. 왜냐하면 사람들은 애초에 모형에서 가정하는 것처럼 특정한 미디어 자극물에 빈번하게, 쉽게, 무작위로 노출되지 않기 때문이다. 미디어 자극물에 대한 노출 여부는 기술요인(예를 들어, 산업시대 이전 상태의 국가에서 TV를 볼 수 없듯),[9] 정치요인(예를 들어, 전체주의 국가에서 특정 자극물만 제공되는 경우), 경제요인(예를 들어, TV 수상기를 구매할 여력이 없는 경우), 그리고 무엇보다 개인의 자발성 요인(예를 들어, 단순히 TV를 켜지 않는 경우)에 따라 결정된다. 특히 미국의 경우 특정한 커뮤니케이션 메시지를 접하는 수용자가 누구인지를 설명할 때 개인의 자발성 요인이 매우 중요하다. 아마도 수용자 연구에서 가장 널리 인정되는 연구결과 중 하나는, 커뮤니케이션 메시지는 종종 타깃 대상 수용자 집단에게 가장 노출되지 않는다는 사실일 것이다(적어도 효과적 설득과정의 관점에서). 다시 말해, 교육수준이 낮은 사람들에게는 교육적 커뮤니케이션 프로그램이 도달되지 않고, 편견 교정을 위한 프로그램은 다른 집단에 대해 편견을 갖는 집단에게 노출되지 않는다.[10] 이런 점에서 저자들은 노출 그 자체를 매스 커뮤니케이션 과정에서 중요한 중개변수로 고려하였다.

둘째, 매스 미디어 연구는 미디어 그 자체의 상이한 성격에 대해 초기부터 집중적으로 연구되었다. 이러한 연구들에서 제시하는 일반 연구문제를 요약하면 다음과 같다. 동일한 메시지 X가 A, B, C 미디어를 통해 전송될 때 메시지 X의 효과는 어떻게 달라지는가? 칸트릴(Cantril)과 알포트(Allport)가 저술한 《라디오의 심리학(*The Psychology of Radio*)》(1935)이라는 책에서는 이러한 '미디어 비교' 실험 전반에 대해 소개한 바 있다. 이들 연구결과들에서 나타나듯 설득과정이 메시지를 전달하는 채널

---

8 라디오, 신문, 영화, 텔레비전 등의 미디어수용자 연구의 주요 연구결과들에 대해서는 라자스펠드와 켄달(Lazarsfeld and Kendall, 1948), 미네소타(Minnesota, 1949), 슈람과 화이트(Schramm and White, 1949), 핸델(Handel, 1950), 메이어슨(Meyersohn, 1953), 라자스펠드(Lazarsfeld, 1948) 등을 참조하라. 본서에서 다루고 있는 분야 외에도 수용자 연구결과는 다른 고유한 가치를 갖고 있으며, 수용자 연구가 단순히 미디어 효과를 추정하기 위한 것에 국한되지 않음은 두말할 나위가 없다. 수용자가 선호하는 것이 무엇이며 선호하지 않는 것이 무엇인가에 대한 연구는 수용자들이 원하는 방향으로 매스 미디어 캠페인을 진행하려는 목적, 혹은 개별 미디어에 대해 미디어 수용자가 원하는 '취향(taste)'이 무엇인지에 대한 연구가설을 테스트하기 위한 목적으로 진행되었다.

9 국가 간 기술적 지원과 새로운 기술관련 정보전달 프로그램의 전파를 가로막는 요인들에 대해서는 휴스(Huth, 1952)를 참조하라.

10 이러한 현상에 대한 유사 사례들에 대해서는 라자스펠드(Lazarsfeld, 1948)와 클래퍼(Klapper, 1950)를 참조하라.

에 따라 달라진다면, 미디어 유형을 중개변수라고 볼 수 있다.[11]

셋째, 형식, 제시방법, 언어 측면에서 '내용'도 중개변수다. 커뮤니케이션 내용분석의 목적이 다채로운 것은 사실이지만, 대체로 매스 미디어 연구 분야의 주요 관심은 내용이 바뀔 때 효과가 달라지는지를 설명하고 예측하는 것이다. 보다 정확히 말해, 매스 미디어 연구 중 대부분은 내용 변화가 나타날 때 효과의 변화, 즉 심리적 중개과정이 어떠한지 추정하는 것이다.[12] 예를 들어, 내용분석을 통해 반복, 권위에의 호소, 부화뇌동(附和雷同, bandwagon)과 같은 심리적 설득기법들 중에 어떤 것이 가장 효과적인지, '의견(opinions)'과 '사실(facts)' 및 '실제 사건(events)' 중 어느 쪽이 더 큰 효과를 갖는지, '따지지 않는 것(don't argue)'이 최상인지, 논쟁이 되는 사안에 대해서는 '양쪽'을 다 제시하는 방법과 '한쪽'을 지지하고 다른 쪽은 반박하는 방법 중 어느 것이 나은지, 내용을 제시하는 방식이 '다큐멘터리(documentary) 방식'과 '논평(commentator) 방식' 중 어느 쪽이 더 나은지, 질문에 대해 '동문서답(cross-purposes)'했을 때 어떤 부정적 결과가 나타나는지 등에 대한 지식을 얻을 수 있다. 중요한 설득기법들이 현실에서 개발되어 사용되었으며, 이들 다양한 커뮤니케이션 제시방법과 내용들의 효과를 직접 확인하기 위해 통제된 실험기법(controlled experiment)이 이용되었다. 이러한 연구들의 목적은 명확하다. 이들 연구들은 '실험자극(stimulus)'에 집중하며, 실험자극과 효과, 즉 체계적으로 변화된 내용의 제시방법에 노출된 실제 '반응(response)'이라는 심리적 변수와의 관계를 통해 실험자극의 효과성에 대해 판단한다.

넷째, 커뮤니케이션 캠페인 연구에서는 캠페인의 성공 여부와 관련된 미디어 수용자의 태도 및 심리적 선유경향이라는 중개변수를 다룬다. 이 분야에 속하는 매스

---

**11** 《라디오의 심리학》 후반부의 "대인관계 영향력의 결과(The Impact of Personal Influence)"(2부 1절)에서는 라디오, 신문, 잡지 등의 효과 대비 대인관계의 효과가 어떤지 살펴보고 있다. 이와 관련해서는 라자스펠드, 베럴슨, 고뎃(Lazarsfeld, Berelson, and Gaudet, 1948)의 14장과 16장도 참조하라.

**12** 내용분석기법과 이 기법을 사용하는 여러 방법들을 소개하는 권위 있는 교재로는 베럴슨(Berelson, 1951)을 꼽을 수 있다. 이 책에는 내용분석과 관련된 참고문헌들이 포괄적으로 제시되어 있다. 내용을 통해 미디어 효과를 **추정**하지 않고 **실험**을 통해 변화된 내용에 따라 어떻게 효과가 바뀌는지를 직접적으로 다룬 가장 좋은 최근 연구로는 호블랜드, 룸스데인, 쉐필드(Hovland, Lumsdain and Sheffield, 1949)를 보라. 효과적인 선전 '원리(principles)'에 대한 연구로는 프로파간다분석연구소(Institute for Propaganda Analysis)에서 출간한 리와 리(Lee and Lee, 1939)의 편저를 참고하고, '원리'에 대한 심도 있는 논의로는 크레치와 크러치필드(Krech and Crutchfield, 1948)의 9장을 참조하라.

미디어 연구는 사회심리학자들이 실험실에서 확인한 것(개인의 태도나 선유경향에 따라 주어진 메시지의 의미를 다르게 혹은 때로는 완전히 왜곡하여 인식)을 매우 설득력 있게 확립하였다. 예를 들어 외집단(out-group)에 대해 편견을 갖고 있는 사람은 자신의 견해가 확고하기 때문에 사회적 관용을 설파하는 메시지를 사회적 편견을 옹호하고 있다고 잘못 판단하거나 혹은 편견과는 완전히 무관한 메시지라고 취급함으로써 메시지 수용에 대해 적극적으로 저항한다.[13]

커뮤니케이션 효과를 조절하는 심리적 선유경향의 역할을 이해하기 위해서는 이슈에 대한 수용자 태도는 물론이고 미디어 그 자체에 대한 수용자 태도 역시 고려해야 한다. 이때 수용자 선유경향에 대한 연구는 미디어 유형비교 연구와 결합된다. 어떤 사람들은 대부분 신문보다 라디오를 더 신뢰하지만, 다른 사람들은 반대로 평가하기도 한다. 마찬가지로 정치적 갈등이 심한 여러 외국들의 경우, 사람들이 매체 자체에 대해서는 불신하지만 개별 신문이나 개별 라디오 방송국에 대해서는 신뢰하기도 한다.[14◆] '명망암시(prestige suggestion)'[◆◆]를 다루는 수많은 연구들 역시 여기에 해당된다.[15]

언급하였듯이 지금까지 노출, 메시지 수용자의 선유경향, 미디어 유형 차이, 메시지 송신자의 내용 차이의 총 네 가지 중개요인을 살펴보았다. 각 중개요인은 미디어와 대중 사이에서 무슨 일이 벌어지며 이에 따라 커뮤니케이션 효과가 어떻게 변

---

**13** 수용자의 동기에 따라 논점을 벗어난 방식으로 메시지를 이해하는 현상에 대해서는 쿠퍼와 재호다(Cooper and Jahoda, 1947)를 참조하라. 이슈에 대해 원래 호의적이지 않은 태도를 보유하는 수용자에게 호의적 내용의 정보를 제공할 경우 전혀 효과가 발생하지 않는다는 국제관계 뉴스에 대한 연구사례로는 히만과 쉬츨리(Hyman and Sheatsley, 1952)를 참조하라. 이와 관련 순수한 이론적 논의로는 카츠(D. Katz, 1949)를 보라.

**14** 미디어 신뢰에 대한 비교연구에 대해서는 사회과학연구위원회(Social Science Research Council, 1947)의 연구나 응용사회연구소(Bureau of Applied Social Research, 1951)가 실시한 근동 및 중동(Near and Middle East) 지역에서의 커뮤니케이션 연구들을 참조하라.

**15** 명망암시 관련 연구들에 대해서는 애쉬(Asch, 1952B)를 참조하라.

◆ 이러한 현상은 현대 사회에서도 여전히 나타난다(어쩌면 더 심하게 나타나고 있다). 전 세계적으로 미디어 신뢰도는 하락하고 있으나 미디어 수용자가 선택한 개별 미디어에 대한 신뢰도는 크게 달라지지 않고 있다.

◆◆ 동일한 메시지라고 하더라도 메시지를 전달하는 사람의 사회적 명망이 달라지면서 메시지의 설득효과가 바뀌는 현상을 의미한다. 본서의 맥락에서 예를 들자면, 동일한 보도기사라고 하더라도 〈뉴욕타임즈〉와 같이 명망 높은 신문사가 보도했을 때와 연예인 스캔들 기사를 주로 보도하는 타블로이드 신문사가 보도했을 때 설득효과가 달라지는 현상을 뜻한다.

하는지를 보다 잘 이해하는 데 도움이 된다.[16] 즉 커뮤니케이션 효과과정에 새로운 중개요인이 투입될 때마다 복잡한 대중설득과정이 조금씩 더 개선되며, 커뮤니케이션 메시지가 효과를 발휘하기 위해서는 요인들을 어느 정도까지 고려해야만 하는지를 알 수 있다. 따라서 새로운 중개변수가 발견될 때마다 연구자가 상정하는 매스 커뮤니케이션 과정에서 나타나는 미디어의 효과는 보다 더 정교해진다.

본서에서는 새로운 중요 중개변수로 대인관계에 초점을 맞추었다. 나중에 살펴보겠지만 여러 중요 커뮤니케이션 연구들 가운데, 매스 미디어 연구와 관련된 소집단 연구결과를 고려해볼 때, 기존 커뮤니케이션 연구들에서는 개인이 다른 사람들과 맺고 있는 사회적 관계의 폭과 다른 사람들과 공유하고 있는 의견과 행동이 매스 미디어에 대한 반응에 미치는 효과를 거의 고려하지 못했다. 다시 말해 본서는 개인의 커뮤니케이션 캠페인에 대한 반응은 그 개인이 처한 사회적 환경과 그 개인의 대인관계의 특성을 고려해야 한다고 제안한다. 사회적 환경과 대인관계는 앞서 언급했던 중개변수들의 관계의 핵심 연결변수이며 동시에 사회과학 연구의 두 분야, 즉 거시적 매스 커뮤니케이션 연구와 미시적 사회연결 연구의 융합을 촉진시킬 수 있다는 점에서 본서에서 가장 주목하는 부분이다.

## 대인관계: '인간'의 발견

본서의 연구문제는 다음과 같다. 일상적이며 표면적으로 볼 때 커뮤니케이션 효과와는 무관한 사회적 연결관계가 어떻게 개인이 보고 듣는 매스 미디어 효과에 영향을 미치는 것일까? 저자들은 이 연구문제에 대해 다음과 같이 답하고자 한다. **첫째**, 저자들은 대인관계가 매스 커뮤니케이션 과정과 관련되어 있다는 것을 보여주는 여러 사례연구들(case studies)을 소개할 것이다. **둘째**, 한편에는 원자화된 개인을, 다른 한

16 앞서 언급했듯, 새로운 중개요인들을 고려할 경우 매스 커뮤니케이션 연구의 정확성과 예측력이 개선되는 것과 아울러, 매스 미디어의 영향력에 대한 회의감도 점차 커진다. 연구가 진척될수록 실제 매스 미디어 효과가 캠페인을 계획한 사람의 기대와 많이 다르다는 것을 보여주는 것은 매우 쉽다(특히 일상소비 분야가 아닐 경우). 이런 현상은 시민사회와 정치 분야에서의 설득시도에서 매우 잘 알려져 있다. 그러나 만약 이와 같은 연구에서 발견된 직접적이며 단기적인 효과를 보다 간접적이며 보다 장기적인 효과를 개념화하고 연구할 경우 나타날 수 있는 미디어의 영향력으로 일반화한다면, 이는 심각한 오류다.

편에는 매스 미디어를 단순하게 가정한 연구가 어떻게 진행되었는지 살펴봄으로써 왜 대인관계를 고려할 필요가 있는지를 보여주고자 한다. **셋째**, 대인관계의 중요성을 '재발견(rediscovered)'한 최근 다른 사회과학 분과의 연구결과들 중 몇 가지를 살펴볼 것이다. 1장의 나머지 부분과 2장의 내용은 이 세 가지를 다루게 될 것이다. 또한 2부에서도 정확하게 동일한 연구문제, 즉 매스 커뮤니케이션 과정을 적합하게 이해하기 위해서는 대인관계를 반드시 고려해야 한다는 점에 집중하며, 본서의 접근방법이 어떻게 다른지 소개할 것이다.

첫 번째로, 종종 연구자가 의도한 바는 아니지만, 지난 몇 년간 커뮤니케이션 연구에서 나타난 대인관계의 중요성을 보여주는 몇몇 연구사례들을 살펴보자.

(1) 유아들의 매스 미디어 이용과 다른 유아들과의 집단에 얼마나 잘 동화되는지에 대한 연구는 본서에서 주장하는 바를 매우 잘 보여준다. 마틸다 라일리와 존 라일리(Riley and Riley, 1951)의 연구는 대인관계가 매스 커뮤니케이션 과정을 설명하는 필수적 중개변수 중 하나라는 점을 매우 잘 보여준다.[17◆] 라일리 부부의 연구에서 소개된 사례들 중 하나를 살펴보자. 다른 유아들과 느슨한 사회적 관계를 맺고 있는 유아들은 다른 유아들과 잘 지내는 유아들에 비해 라디오에서 방송되는 액션 및 폭력적인 프로그램을 좋아하는 것으로 나타났다. 이 같은 내용의 발견도 흥미로울 수 있지만, 라일리 부부의 연구결과는 좀 더 세부적으로 살펴보아야 한다. 액션 및 폭력적 프로그램을 매우 좋아하는 모든 유아들을 분석한 결과, 이들 프로그램에서 동료집단에 잘 융합된 유아들('구성원들')이 좋아하는 것은 동료집단에 잘 융합되지 못한 유아들('비구성원들')이 좋아하는 것과 매우 달랐다. '비구성원들'의 경우 액션 및 폭력적 프로그램의 '오싹하고(creepy)', '기억에서 지워지지 않는(hard-to-get-out-of-your-mind)' 내용을 즐겼던 반면, '구성원들'은 동일한 프로그램을 유아집단 내부의 게임,

---

**17** 이 연구는(이와 관련 본서에서 인용하는 다른 연구들도 포함) 실제 '캠페인' 효과를 다루지 않는다. 이 연구는 예를 들면, 맥피(McPee, 1953)와 카츠(E. Katz, 1953)에서 언급한 '이용(uses)'이나 '충족(gratifications)'을 다룬다. 매스 미디어 효과 연구에서 대인관계를 고려한 연구들은 그리 많지 않다. 본서에서는 가급적 관련 선행연구들 중 가장 흥미로운 것들을 소개하였다. 본서에서 다루고자 하는 유형의 미디어 효과 연구와 관련하여 본서에서 소개된 연구들의 이론적 함의는 명백하다.

◆ 저자주 17에서 언급된 내용은 훗날 '이용과 충족 연구(uses and gratifications research)'라는 이름의 언론학 이론으로 정착되었다. '이용과 충족 연구'라는 이름은 본서의 첫 번째 저자인 카츠가 블럼러, 귀레비치와 공저한 1973년 논문에 처음 등장하였다[Katz, E., Blumler, J. G., and Gurevitch, M. (1973). Uses and gratifications research. *The public opinion quarterly, 37*(4), 509–523.].

예를 들어 친구들과 '카우보이와 인디언(Cowboys and Indians)' 역할게임과 같은 새로운 게임을 할 목적으로 즐기는 것으로 나타났다. 라일리 부부는 '구성원들'은 그들 자신의 사회적 삶을 풍요롭게 할 수 있는 방식으로 미디어를 사용하는 반면, '비구성원'들은 공상과 도피 목적으로 미디어를 이용한다고 주장하였다. 커뮤니케이션 내용이 동일하다 하더라도 유아에게 미치는 커뮤니케이션 효과는 유아가 같은 또래 유아들과 어떤 관계를 맺고 있는가에 따라 달라진다는 점은 명백하다.[18] 이러한 유아들이 어떤 방식의 대인관계 맥락에 놓여 있는가를 고려하지 않고서는 이 같은 상이한 커뮤니케이션 효과를 이해할 수 없다는 사실에 주목해야 한다.

(2) 대인관계가 매스 커뮤니케이션에 미치는 효과에서 친구를 사귀고 있는지 여부가 전부는 아니다. (일반적 행동을 포함하여) 커뮤니케이션 행동과 함께 중요하게 고려해야 할 것은 개인의 대인관계를 구성하는 **특별한** 친구와 가족의 의견, 태도, 가치관, 규범 등이다. 즉 어떤 두 개인이 개별 집단에 통합된 **수준**이 같다고 해도, 각 집단의 규범은 상이할 수 있다. 라디오가 클래식 음악감상에 미치는 효과에 대한 서치만의 연구에 따르면 타인의 의견은 미디어 이용행동에 영향을 미치는 것으로 나타났다.[19] 서치만은 라디오 청취를 통해 클래식 음악감상 취향을 갖게 된 사람들과 라디오와 무관하게 클래식 음악감상 취향을 형성한 후 라디오를 듣기 시작한 사람들을 비교하였다. 서치만은 "귀하께서는 어떻게 최초로 클래식 음악에 관심을 갖게 되셨는지 말씀해주실 수 있을까요?"라는 질문에 대한 각 집단의 응답내용을 분석하였다. 분석결과 클래식 음악청취 취향을 형성할 때 라디오가 가장 중요한 역할을 했다고 응답한 사람 중 약 절반 이상이 '친구'를 통해 클래식 음악을 처음 접했다고 응답한 반면, 라디오가 아닌 다른 요인들이 클래식 음악 취향 형성의 핵심요인이라고 응답한 사람들의 경우 단 26%만이 '친구'를 통해 클래식 음악을 처음 접하게 되었다고 답하였다.

---

**18** 따라서 미디어 수용자 집단과의 관계는 커뮤니케이션에의 노출, 선호, 효과 등과 관련되어 있다. W. S. 로빈슨(Robinson, 1941)은 "농부, 라디오를 접하다(Radio Comes to the Farmer)"라는 제목의 연구에서 비슷한 연구결과를 보고한 바 있다. 로빈슨의 분석에 따르면 라디오에서 송출되는 무게감 있는(serious) 프로그램을 청취하는 농촌 여성들은 농촌여성 클럽모임에 더 열심히 참여하는 경향이 있다고 한다.'클럽모임에 참여하는 절반 이상의 여성들이 클럽활동을 위해 라디오를 이용한다고 밝혔다'는 점에서 라디오 프로그램 청취의 '이용(use)' 가치가 무엇인지 명확하게 드러난다.

**19** 서치만(Suchman, 1941)

이러한 연구결과는 사회적 압박(social pressures)이 사람들의 커뮤니케이션 노출과 커뮤니케이션 효과발생에 중요하다는 점을 암시한다.[20] 만약 어떤 커뮤니케이션 노출이 주변 친구들에게 인정받는 데 도움이 된다고 생각하는 사람에게는 그 커뮤니케이션의 '효과'가 발생된다는 것이다. 예를 들어, 새롭고, 보다 '교양 있는(cultured)' 집단에 소속되고 싶은 사람의 경우, 음악감상과 관련된 집단규범을 따르기 위해 라디오에서 클래식 음악을 들으려 할 것이다. 서치만의 결론은 다음과 같다. "개인적 취향 형성이 아니라, 취향과는 거리가 먼 사회적 영향력을 추종하도록 만드는 효과를 발휘한다는 점에서 라디오는 중요한 미디어다."

(3) 다른 사례를 살펴보자. 어떠한 경험적 증거도 보고된 바 없으나, 라디오 방송은 고립된 개인을 대상으로 할 때보다 조직된 청취자 집단을 대상으로 할 때 설득효과가 더 크다고 볼 수 있는 근거들을 지난 10여 년간 관찰한 바 있다. 예를 들어 코플린 신부(Father Coughlin)◆의 라디오 방송은 집단청취 덕분에 성공할 수 있었다.[21] 또한 소련(Soviet Russia)의 커뮤니케이션에 대한 최근 연구에서는 소련의 커뮤니케이션이 특정 개인에서 조직된 집단으로 움직이며, 매스 커뮤니케이션은 대인 간 연결

---

**20** 이 연구결과는 대인관계가 커뮤니케이션 효과발생은 물론 커뮤니케이션 노출 가능성에도 중요하다는 것을 보여준다. 아동의 미디어 이용습관에 대한 프레이드슨(Freidson, 1953B)의 연구는 대인관계가 커뮤니케이션 노출에 중요하다는 것을 보여주는 또 다른 흥미로운 연구결과를 보고한 바 있다. 프레이드슨의 연구에 따르면, 연령대에 따라 아동들이 선호하는 사회적 환경이 변하기 때문에 아동들의 미디어 이용습관이 변하는 것일 수도 있다. 즉 어린 아동들의 경우 친구들과 있는 것보다 가족들과 있는 것을 선호하기 때문에 가족들과 함께 즐길 수 있는 텔레비전을 선호하는 반면, 청소년기에 접어든 아동은 가족보다 친구들과 있는 것을 선호하기 때문에 동료들과 함께 즐길 수 있는 영화관람을 텔레비전 시청보다 더 선호한다는 것이다.

**21** 이에 대한 논의로는 라자스펠드(Lazarsfeld, 1941)를 참조하라. 또한 보다 심도 있는 논의로는 라자스펠드(Lazarsfeld, 1942)를 참조하라.

◆ 찰스 코플린(Charles E. Coughlin, 1891-1979)은 캐나다에서 태어나 미국에서 활동한 가톨릭 신부이며, 사회활동가, 정치인이다. 미국의 산업화 및 경제대공황 당시 빈민층을 위한 사회사업과 경제정책을 부르짖어 미국 대중들에게 인기를 누렸으며, 흔히 미국 포퓰리즘 운동을 상징하는 인물들 중 하나로 언급된다. 경제적으로는 루즈벨트 대통령의 뉴딜(New Deal) 정책을 적극 옹호하였지만, 공공연하게 반유대주의적 주장을 펼쳤으며, 고립주의 외교정책을 강조하면서 히틀러나 무솔리니 등의 파시즘에 우호적인 모습을 보였다. 본서의 저자들은 코플린 신부가 라디오를 이용하여 사회적 불만세력을 규합시킨 포퓰리스트 사회운동가였다는 점을 부각하였다.

경제적으로는 좌파적이지만 사회문화적으로는 온정주의적·인종주의적·우파적인 모습을 보였다는 점에서 최근 전 세계를 휩쓸고 있는 우파 포퓰리즘 운동과 상당히 흡사하다. 또한 라디오를 적극 활용했던 코플린 신부의 모습은 SNS를 적극 활용하여 지지자를 규합하는 현대 포퓰리즘 운동가들과 크게 다르지 않다.

망을 기반으로 전파된다고 보고하고 있다.[22] 이와 관련하여 제2차 세계대전 기간 동안 독일군에 대한 연합군의 선전활동을 연구한 쉴즈와 재노위츠(Shils and Janowitz, 1948)의 연구에서 보고되었듯, 군인들은 다른 전우들로부터 자신을 분리시키려는 커뮤니케이션 메시지에는 거부반응을 보였다.

(4) 국가비교 커뮤니케이션 연구가 태동하면서 한 대의 라디오만 보급되었던 마을, 혹은 신문이 전혀 보급되지 않은 지역과 같은 원시적 상태의 사회에서의 커뮤니케이션 현상에 대한 지식이 축적되고 있다. 원시적 사회 상황에서 뉴스확산과 커뮤니케이션 효과에 대한 연구는 산업사회 이전 공동체의 커뮤니케이션에 대해 알려주었다. 또한 대인관계와 매스 미디어 효과 사이의 관계에 대한 본서의 연구문제와 관련하여 현재 우리가 살고 있는 매스 미디어 사회의 커뮤니케이션 과정에서도 **인간**의 역할이 존재한다는 것을 보여준다. 주목할 만한 국가비교 커뮤니케이션 연구들에 대해서는 앞으로 보다 자세히 언급하도록 하겠다.

(5) G. D. 위브(Weibe)는 최근 출간된 두 편의 연구를 통해 '왜 매스 미디어는 훌륭한 시민의식과 민주적 행동을 '판매할(merchandising)'◆ 때보다 상품을 '판매할' 때 더 효과적인가'라는 여러 차례 논의된 문제에 대한 설득력 있는 의견을 제시한 바 있다.[23] 위브의 지적처럼, 성공적인 상품판매 광고는 상품구매의사가 있는 사람들에게 마지막 자극을 던져준 후, 이들에게 상품구매동기를 발현시킬 수 있는 적절한 '사회적 기제(social mechanism)'(예를 들어, 상품을 구매할 수 있는 소매점)를 알려주는 방식을 택한다. 이러한 '사회적 기제'는 물리적 그리고 심리적으로 '가까운 곳'에 있어야 하며, 소비자의 특정 수요를 충족시켜줄 수 있어야만 한다. 위브는 바로 이 사회적 행동 가능성 모형을 기반으로 성공하거나 실패한 여러 매스 미디어 캠페인을 살펴보았다. 위브에 따르면, 예를 들어, 청취자들에게 청소년 범죄에 대항하기 위해 이웃들과 위원회를 구성할 것을 설득하는 라디오 다큐멘터리 프로그램은 실제로 청취자들에게 어떤 청사진도 제공하지 않은 채 스스로의 힘으로 '사회적 기제'를 만들라고 요

22 이와 관련해서는 인켈스(Inkeles, 1950), 특히 8장 "웅변을 통한 선동과 소련의 커뮤니케이션 시스템(Oral Agitation and the Soviet System)"을 참조하라.

23 위브(Wiebe, 1951, 1952)를 참조하라.

◆ 시민의식이나 민주주의에 대해 '판매'라는 표현을 사용한 것에 대해 적지 않은 사회과학자들이 본서의 저자들을 비판한 바 있다.

구하는 것과 다를 바 없다.[24]

이와 유사한 사례들은 그리 많지 않다. 그러나 함의는 명백하다. 다음의 다섯 가지 상황에 따라 커뮤니케이션 전파결과는 달라진다. 첫째, 동료들과의 단순 교류빈도, 둘째, 특정한 관습이나 기준을 공유하는 사람들과의 관계, 셋째, 매스 미디어 메시지를 보완하고 강화해줄 수 있는 집단에의 소속 여부, 넷째, 매스 미디어 및 대인 커뮤니케이션 체계를 연결시킬 수 있는 사회적 집단에의 소속 여부, 끝으로 자신이 동기를 부여한 사회적 행동이 구현될 수 있는 적절한 사회적 배출구에 충분히 '근접' 해 있는지 여부이다.

종합하면, 언급한 연구들은 매스 커뮤니케이션 과정의 중개변수로 대인관계가 충분히 중요한 요인이라는 것을 보여주는 몇 안 되는 연구들이다. 물론 모든 연구들이 이러한 주장을 명시적으로 밝히기 위해 계획된 연구들은 아니다. 실제로 몇몇 연구결과들은 사후 추정 혹은 저자들의 추정일 뿐이다. 하지만 이 결과들은 최소한 아직 밝히지 못한 최초의 '발견'을 어느 정도는 가능하도록 저자들을 북돋워준 연구결과들이기도 하다.

24 위브의 주장은 이렇게 명시적인 것은 아니다. 그럼에도 불구하고, 위브는 자신의 사례연구들을 통해 유사한 가치를 공유하는 다른 사람들과의 인간관계는 개인과 '사회적 기제'의 거리를 극복하여 행동을 구현하는 데 도움이 되며, 실제로 먼저 '사회적 기제'를 형성하는 것이 행동의 선행요건임을 보여준다.

# 2장

# 인간의 역할

1940년 대통령 선거캠페인을 연구하는 과정에서 특정 사람들이 매스 커뮤니케이션을 통해 유통되는 선거 정보와 영향력을 중개하는 역할을 한다는 점, 그리고 이러한 사람들이 공동체 내 모든 층위에 존재하는 점이 분명하게 확인된 바 있다.[1]

매스 커뮤니케이션 과정에서 인간의 역할에 대한 '발견'은 라디오와 인쇄매체가 실제 투표 결정에 무시해도 좋을 정도의 작은 영향만을 미치며, 투표 결정 **변화**에 미치는 효과는 특히나 작다는 연구결과로부터 시작되었다. 즉, 매스 미디어 효과가 마법처럼 강력하다는 생각이 적절하지 않다는 것을 보여주는 또 하나의 연구결과였다. 하지만 이 연구의 저자들은 미처 예상치 못했던 이 결과를 보고하는 것만으로 만족하지 않았다. 그들은 사람들이 어떻게 투표 결정을 내리는지, 그리고 그 결정을 왜 바꾸는지에 대해 관심을 가졌으며, 나아가 만약 매스 미디어가 개인의 투표 결정을 좌우하는 주요한 요인이 아니라면, 과연 무엇이 주요 결정요인으로 작용하는 것인지에 대해 질문을 던졌다.[2]

---

1 라자스펠드, 베럴슨, 고뎃(Lazarsfeld, Berelson and Gaudet, 1948).

2 저자들이 이 질문을 제기할 수 있었던 이유는 라자스펠드·베럴슨·고뎃이 보통의 커뮤니케이션 연구보다 더 많은 학술적 장치를 갖추고 있었기 때문이다. 라자스펠드·베럴슨·고뎃은 매스 커뮤니케이션 효과와 '의사결정'이라 부를 수 있는 것, 두 가지 모두를 연구할 준비가 되어 있었다. 이들 두 접근 사이에는 흥미로운 차이점이 존재한다. 커뮤니케이션 연구는 커뮤니케이션에서 시작해 그것이 미치는 영향을 찾아내고자 하는 반면, 의사결정 연구는 그 반대편 끝에 해당하는 '효과', 즉 직업, 이사, 일상소비, 의복구매 등에 관한 결정에서 시작해 그게 무엇이든 그 결정에 영향을 미치는 모든 요인을 밝혀내려 한다. 지금 논의하고 있는 연구는 바로 《국민의 선택(*The People's Choice*)》으로, 이는 매스 미디어 연구와 의사결정 연구라는 사회연구의 두 전통을 학술적으로 타당하게 결합한 최초의 연구라 할 수 있을 것이다.

## 의견지도자 개념과 커뮤니케이션의 2단계 흐름

이 문제를 연구하기 위해 선거캠페인 과정에서 표심을 바꾼 사람들에 특히 주목했다. 이들에게 무엇이 그들의 결정에 기여했는지 질문했을 때, 그들은 다른 사람들이라고 답했다. 표심 형성과정을 결정지은 다른 모든 요인보다 훨씬 더 중요하게 작용한 것으로 보이는 영향력의 근원은 바로 대인관계 영향력이었다. 유권자들 자신의 증언에서 나온 이 단서를 바탕으로 다른 데이터와 가설들을 나란히 살펴봤다. 사람들은 부부, 동호회, 동료직원 등 자신과 연관된 사람 내지는 집단과 비슷하게 투표하는 경향이 있는 것 같다. 나아가, 이런 방식으로 분석한 데이터는 (비록 이 새로운 목적에 완전히 적합하지는 않았지만) 다른 사람들의 표심에 불균형하게 큰 영향력을 행사하는 사람들이 있음을 암시했다. 그리고 이들 '의견지도자'라 불린 사람들은 전통적으로 영향력이 있다고 여겨지는 사람들과 전혀 동일하지 않았다. 의견지도자들은 모든 직업집단, 그리고 모든 사회경제적 계층에 걸쳐 존재하는 것으로 보였다.

다음으로 던져야 할 질문은 명백했다. 누가, 혹은 무엇이 이러한 영향력 전파자들(influentials)에게 영향을 미치는가? 바로 이 지점에서 매스 미디어가 다시 등장한다. 매스 미디어가 자신들에게 영향력이 있었다는 응답이 비의견지도자들보다 의견지도자들 사이에서 훨씬 많았기 때문이다. 이상의 내용을 종합한 결과, '커뮤니케이션의 2단계 흐름'이라는 새로운 개념이 부상했다. 기본적인 내용은 다음과 같다. 아이디어는 종종 라디오와 인쇄물에서 나와 의견지도자에게 흘러간 후, 의견지도자로부터 적극성이 보다 낮은 다른 사회구성원에게 흘러간다.

본서의 주요 부분을 이루는 연구는 바로 이러한 발상을 검증하고 확장하려는 시도다. 이와 유사한 시도를 한 다른 연구들, 그리고 이들이 서로 어떻게 연관되어 있는지는 서문에서 간략하게 제시한 바 있다.

이 연구들은 모두 어떤 식으로든 의견지도자 개념의 타당성을 입증하는 경향을 보인다. 또한, 대중설득과정에 대한 전통적인 이미지 속에 미디어 콘텐츠, 그리고 그 결과로 영향을 받는 의견·결정·행동 사이에 '사람'이라는 중개요인을 위한 공간을 반드시 마련해야 함을 매우 명확히 한다. 이 연구들은 사람이라는 새로운 중개요인의 타당성을 확인하는 것뿐만 아니라, 의견지도자 개념을 더 풍부하게 만드는 데에도 기여하고 있다. 의견지도자에 관한 연구와 이론적 고찰의 결과 매스 커뮤니케이션 연구는 이제 지난 몇 년 동안 일차집단(primary group)을 '재발견'해온 사회연구 분야들에 합류했다고 말할 수 있을 것이다.[3] 그리고 만약 저자들이 옳다면, 이러한 '재발견'은 두 단계를 거쳐 이뤄진 듯하다. 먼저, 의견지도력(opinion leadership)이라는 현상이 발견되었다. 하지만 그 후 의견지도자의 광범위한 분포에 관한 연구, 그리고 의견지도자들과 이들이 영향력을 미치는 사람들 관계의 성격에 대한 분석은 곧이어 두 번째 아이디어로 이어졌다. 이는 곧 의견지도자들은 남들과 구별되는 어떤 집단이 아니라는 것, 그리고 의견지도력이 어떤 사람들은 가지고 있고 다른 사람들은 가지고 있지 않은 특성이 아니라 일상적 대인관계에서 나타나는 상호작용의 필수적 부분이라는 것이었다. 다시 말해, 모든 대인관계는 잠재적인 커뮤니케이션 네트워크이며, 의견지도자는 여기에서 핵심적인 커뮤니케이션 역할을 담당하는 구성원으로 보는 것이 가장 적절하다는 것이다. 이처럼 의견지도자들을 그들이 소통하는 특정 사람들과 결부 짓는 정교화를 통해 일차집단의 '재발견'이 완성되었다.[4]

만약 본 연구의 모형이 진실에 가깝다면, 이러한 일차집단의 '재발견'은 지난 30년 동안의 사회과학 연구들과 일련의 유사점을 지닌다. 물론 대인관계라는 개념을 고려하지 못하거나 기껏해야 대인관계와 커뮤니케이션 효과가 무관하다고 가정해왔던 커뮤니케이션 연구가 우연한 계기로 소집단을 발견했다는 내용의 최근 연구 동향에 마지막으로 합류하게 되었다는 점은, 어찌보면 이상한 일은 아닐 것이다.

이제 저자들은 매스 커뮤니케이션에 대한 관심에서 다소 벗어나, 바로 이와 같은 일차집단의 '재발견' 패턴이 서로 완전히 다른 여러 학문 분야에서 발생한다는 점에 주목하고자 한다. 이번 장의 나머지 부분에서는 이 주제를 집중적으로 다룰 것이다.

---

**3** 일차집단의 '재발견'은 지금 시점에서는 널리 인정되는 용어이다. 많은 학문 분야의 연구자들이 종전에는 순전히 공식적이고 원자론적인(atomistic) 것으로 개념화된 상황에서의 비공식적 대인관계의 중요성을 뒤늦게 인식한 것을 지칭한다. 일차집단이 미국의 선구적인 사회학자들과 사회심리학자들의 연구에서 매우 명시적으로 다루어졌다가, 이후에 몇 차례의 극적인 '재발견들'이 이루어지기 전까지 경험적 사회연구에서 체계적으로 간과되어왔다는 점에서 '재발견'이라 할 수 있다. 머튼(Merton, 1948B)이 지적하듯이(pp. 66–67), 그리고 아래에서 보여주듯이, '재발견된' 것은 근본적으로 일차집단의 '잠재적 기능들'이다. 일차집단에 관한 초기 학문적 관심에 대한 설명, 그리고 재발견 및 오늘날 연구에 관한 몇 가지 이야기들은 앞서 언급한 쉴즈(Shils, 1951)의 논문을 참조하라.

**4** 매스 커뮤니케이션 과정 모형에서 수용자를 더는 완전히 원자화된 존재로 상정하지 말아야 한다는 견해는 본서와 전적으로 무관하게 이루어진 프리드슨(Freidson, 1953A)의 매스 커뮤니케이션에서의 '매스(대중, mass)' 개념에 관한 연구에서도 비슷한 방식으로 논의된다. 저자들의 리뷰와 프리드슨의 리뷰가 수렴한다는 점이 주목할 만하다.

## 일차집단의 재발견: 중개변수 연구사례들

일차집단의 '재발견'은 경험적 사회과학의 성과 중 하나이다. 지금까지 어느 한 학문 분야에서의 '재발견'에 대해 이야기하고, 연구자들이 일차 대인관계가 매스 커뮤니케이션 과정에서 중요한 중개변수가 될 수 있다는 아이디어에 어떻게 도달하게 되었는지, 그리고 그 아이디어가 어떻게 적용되기 시작했는지를 논의했다. 다른 주요 사회탐구 분야에서도 비슷한 이야기를 할 수 있으며, 그 의미를 설명하기 위해 그중 일부를 재현하고자 한다. 본서에서는 이 사례연구들을 살펴봄으로써 연구자들이 경험연구결과에 따라 일차집단 관계의 중개역할을 위한 여지를 만들기 위해 연구자 자신이 속한 분야의 이미지를 어느 정도 수정할 수밖에 없었다는 점을 보여주고자 한다.◆

먼저, 매우 잘 알려진 광범위한 함의를 가지는 사건을 바탕으로 개략적으로 검토하는 것으로 산업사회학에서 소집단이 어떻게 '재발견'되었는지 이야기하고자 한다. '재발견'의 두 번째 사례로 《미군(*The American Soldier*)》에◆◆ 보고된 전시 연구를 살펴볼 것이다. 그리고 세 번째 사례로 워너(W. L. Warner)가◆◆◆ 그의 《양키 시티(*Yankee City*) 시리즈 연구》◆◆◆◆의 첫 편에서 제공한 공동체 맥락에서의 소집단에 대한 설명을 고려할 것이다.

이 세 가지 맥락, 즉 공장, 군대, 도시 공동체 맥락 모두에서 가장 흥미로운 것은 바로 소집단 개념이 재발견되는 **패턴**이다. 저자들은 각 사례에서 일차집단이 유의미

---

◆ 이 표현을 이해하기 위해서는 당시의 언론학 연구에서는 일차집단, 소집단 등의 개념이 배제되었다는 점을 다시 떠올릴 필요가 있다. 이 문장을 통해 저자들은 자신들이 새로이 도입하고자 하는 '대인관계'를 매스 커뮤니케이션 연구에 포함시키기 위해서는 매스 커뮤니케이션 연구에 대한 당대의 사고방식을 어느 정도는 바꾸어야 한다는 점을 강조하고자 한 것이다.

◆◆ 근대전쟁의 심리전 효과 및 정훈교육의 지침을 제공한 기념비적 저술이다. 초창기 사회과학 여론조사를 주도한 사무엘 A. 스토퍼(Samuel A. Stouffer, 1900-1960)의 역작으로 총 4권으로 구성되어 있다. 제2차 세계대전에 참전한 약 50만 명의 미군을 대상으로 실험, 설문조사, 인터뷰 등의 기법을 통해 신병들의 군대적응, 사기양양, 전투 후 정신건강 등에 대한 방대한 연구 성과를 기록하였다. 현대식 군대 정훈교육의 뼈대를 이룬 연구라고 할 수 있다.

◆◆◆ 윌리엄 로이드 워너(William Lloyd Warner, 1898-1970)는 미국의 인류학자, 사회학자다. 초창기 인류학적인 연구방법, 즉 원시부족과의 공동생활을 통해 원시부족사회의 구성방식과 사고방식을 살펴보는 연구방법을 이용해 미국의 공동체를 연구하였다.

◆◆◆◆ 워너와 그가 이끄는 팀원들이 미국 매사추세츠주의 뉴버리포트(Newburyport)라는 공동체에 거주하면서 실시한 현장연구를 토대로 한 총 5편의 연구들을 일컫는다. 양키(Yankee)는 북부 거주 유럽계 이주민들을 의미하는 비속어다.

한 요인이라고 **어떻게** 생각하게 되었는지, 그리고 그렇게 중요한 요인인 일차집단이 어떤 과정으로 처음에는 간과되었는지 밝히고자 한다. 본서에서는 매스 미디어 연구에서 다루는 사람들의 경험을 설명하면서 이 점을 지적하고자 하였으며, 본 연구를 포함한 4개 사례에 대한 비교는 일차집단의 재발견이 하나의 특정한 패턴을 가지고 있음을 보여준다. 아래에서 보게 될 것처럼, 우선 각 사례연구들은 너무 단순한 '모형'에서 시작되었다. 그다음 어떤 시점에 이르러 해당 '모형'은 무슨 일이 일어나고 있는지 제대로 설명하지 못했다. 일반적으로 바로 이 시점에서 일차집단을 가리키는 단서가 발견되었고, 마침내 대인관계의 관련성이 '재발견'되었다. 이러한 패턴의 공통요소에 대해 아래에서 보다 자세히 설명하겠지만, 우선 다음의 세 가지 사례들을 고려해보자.

(A) 산업 맥락에서의 집단: 호손 연구

대중사회에서 무시할 수 없는 요인으로서의 일차집단에 대한 고전적인 재발견은 산업사회학의 가장 잘 알려진 학문적 기여라 할 수 있는 호손(Hawthorne) 연구의 중심 주제다.[5◆] 조명, 임금 제도, 휴식 기간, 근무 시간 등 근무 조건의 변화가 생산성에 미치는 효과에 대한 분석으로 시작한 이 연구는, **근무 조건을 어떻게 변화시키든 관계없이**('더 나은' 상태로 바꾸든, '더 나쁜' 상태로 바꾸든) 실험 집단의 생산성이 향상되었다는 결과를 발견했다. 수년간의 연구를 거치면서 이 수수께끼는 더 커졌고, 노동자들의 응답이 실험처치 변수가 아니라 다른 어떤 요인과 관련이 있음이 분명해졌다. 그리고 그 숨겨진 요인을 탐색하는 과정에서 하나의 해답을 찾게 되었다.

사실, 실험 집단 소녀들의 진술이 실마리를 제공했다. 그들은 '실험이 재미있었다'고 말했는데, 이를 통해 자신들이 쾌활한 친밀집단을 형성했음을 말하려는 것처럼 보였다. 즉, 그들은 서로에게 좋은 친구가 되었고, 실험이 시작되자마자 경영진과 연구자들로부터 받기 시작한 빗발치듯 쏟아지는 관심에 감사하면서 실험 처치에 반

---

**5** 뢰스리스버거와 딕슨(Roethlisberger and Dickson, 1939). 여기에서 저자들이 주목하고 있는 측면에서의 호손 연구에 대한 설명은 호만스(Homans, 1952)의 리뷰를 바탕으로 할 것이다.

◆ 조지 호만스(George C. Homans, 1910-1989)는 미국의 고전사회학자로 사회교환이론(social exchange theory)의 창시자로 유명하다. 인간관계, 사회관계, 국제관계를 유지시키기 위해서는 무엇인가를 교환해야 하며, 물건·서비스·언어·감정의 교환이 공정하지 못하다고 인지될 경우 사회적 갈등이 발생한다고 주장했다. 사회교환이론은 사회적 협력 및 갈등에 대한 고전적 사회학 이론으로 유명하다.

응했음을 의미하는 것처럼 보였다. 근무 조건을 개선하든 악화시키든 간에 실험 처치가 도입될 때마다 소녀 집단은 생산을 증가시킴으로써 의기충천하고 실험 과제에 깊이 열중하는 모습을 보였다. 그러나 아직 이것이 요점은 아니다.

인공적으로 만들어진 실험 조건에서의 경험은 연구자들이 혹시 이러한 비공식 집단이 더 큰 공장 내부에서 **자연스럽게** 발생할 가능성은 없는지(즉, 고립된 실험 조건, 그리고 이와 관련하여 첫 번째 실험 집단이 가졌던 특별한 인식 없이), 만약 가능하다면 그러한 집단 형성 역시 생산성에 영향을 미칠 수 있지 않은지 자문하게 될 만큼 강한 자극이 되었다. 이번에 연구자들은 일부 노동자들을 상당히 자연스러운 상태에서 관찰했고, 노동자들이 그와 같은 비공식 집단을 실제로 구성하고 있다는 것을 쉽사리 알아챘다. 또한 연구자들은 이러한 비공식 집단이 생산에 결정적인 영향을 미친다는 것을 발견했다. 첫 번째 집단(실험 집단)의 경우 생산을 **증가**시키는 방향으로 영향을 미쳤으나, 여기에서는 생산성을 **감소**시키는 집단규범을 확인했다. 노동자들은, 말하자면 '성과급' 제도의 만연으로 대표되는, 생산성 향상을 위한 경영진의 개인주의적 장려책에 저항하기 위해 자신들을 조직화했다. 아주 간단한 방식, 즉 노동자들은 하루 평균 생산량이 얼마나 되어야 하는지에 대해 자신들이 생각하는 만큼(경영진이 광범위하게 수용할 수 있는 한도 내에서) 실행에 옮기기로 했으며, 이것이 바로 자신들이 서로 준수하기로 한 생산 규범이었다.

이를 통해 저자들이 말하고자 하는◆ 요지는 다음과 같다: 매스 커뮤니케이션과 표심의 관계에 대한 연구가 연구계획 단계에서 대인관계의 관련 가능성을 전혀 눈치채지 못했던 것과 마찬가지로, 산업사회의 핵심이라 할 수 있는 대량생산 공장에 관한 연구에서도 애초 상정했던 '모형'이 틀렸다는, 그야말로 새로운 **발견**을 통해, 노동자들 사이의 일차적 관계가 작동하고 있었고 이것이 **생산성과 관련 있음**을 보여줄 수 있었다.

(B) 군대 맥락에서의 집단: 《미군》 연구

훨씬 더 최근에 이루어진 연구들에서는 거대하고 공식적으로 조직된 사회 구조의 틀 내에서 일차집단의 영향력이 예상치 못하게 발생하는 사례들을 보여준다. 이 중 가장 잘 알려진 연구 중 하나는 제2차 세계대전 당시 미 육군 군인들의 태도를 연

---

◆ 해당 표현은 글의 흐름을 매끄럽게 하기 위해 역자가 삽입한 것이다.

구한 《미군》이다.[6] 이 연구는 여러 부분에서 일차집단 애착이라는 개념을 주요 설명 변수로 사용했다.

검토할 만한 흥미로운 한 가지 사례는 전투 의지의 근간을 이루는 동기에 주목한 연구결과다. 《미군》의 저자들은 전투 동기가 비공식 집단에 대한 애착과 관련이 있다는 결과를 보고한 바 있다. 예를 들어 전우의 보호 혹은 일차집단의 기대에 순응하고자 하는 욕구가 전투에 뛰어들려는 의지의 가장 중요한 이유로 제시되는 경우가 많았다. 이 연구에서도 다시 한 번 대인관계와 관련된 동기가 적에 대한 증오, 전쟁의 정치적·이데올로기적 목표, 혹은 규율 및 상부로부터의 명령의 강제와 관련된 동기보다 더 중요한 동기로 작동했다는 것은 놀라운 결과인 듯하다. 앞서 살펴보았던 일차집단의 발견패턴이 반복된다. 이 연구에서도 역시 연구를 시작할 때 일차집단을 **중요** 요인으로 상정하지 않았다.[7]

호손 연구의 데이터는 대부분 관찰에 기반을 두었으며, 개인의 **상호작용**에 쉽게 초점을 맞출 수 있었다. 그러나 《미군》 연구의 데이터는 각 군인이 개별적으로 응답한 횡단 설문조사를 통해 수집됐다. 바로 이런 점에서 《미군》은 앞서 언급한 연구 중 공장 연구보다 커뮤니케이션 효과연구에 더 가깝다. 커뮤니케이션 연구에서 일차집단을 우연히 발견한 분석에 사용된 데이터는 《미군》 데이터, 즉 하나의 횡단표본 내 개인들이 서로 고립된 상태에서 응답한 설문조사 데이터와 매우 흡사했다. 이 두 연구 모두에서 일차집단은, 말하자면 연구가 진행되며 새로 얻게 된(imputed)◆ 개념이다.[8]

---

**6** 스토퍼와 동료들(Stouffer et al., 1949). 여기에서의 저자들의 논의는 '전투와 그 여파'라는 제목의 이 책의 II권, 그리고 I권과 II권 중 일차집단 관련 부분에 대한 쉴즈(Shils, 1950)의 요약과 분석을 바탕으로 한다.

**7** 쉴즈(Shils, 1950, p. 17). 덧붙여, 군 생활에 관한 이 같은 연구결과와 기타 관련된 사회과학 연구결과들을 군대에서 실제로 적용하려 한 듯한 점이 흥미롭다. 1953년 7월 5일(일요일) 뉴욕타임스는 "군, 병사들에게 생활과 전투를 함께 할 4인 팀 '동료'를 선택하게 하다."라는 표제의 기사를 1면에 게재했다. 하지만 군이 후속 발표를 통해 이 정책을 일부 수정한 것으로 보도했다.

**8** 그러나 산업과 군대에서의 일차집단 발견이 제기하는 핵심적인 이론적 문제, 즉 일차집단이 공식적으로 규정된 단체의 목표와 관련해 어떻게 기능하고 있는가 하는 문제는 서로 유사하다. 다른 공식 단체들에 관한 연구에서 또한 대인관계의 중요성을 발견했다. 특히, 쉴즈(Shils, 1951)가 인용한 연구들을 참조하라. 저자들은 이 논문에 대한 고마움을 다시 한 번 표하고자 한다.

◆ 명확한 의미 부여를 위하여 imputed를 '연구가 진행되며 새로 얻게 된'으로 의역하였다.

(C) 공동체 맥락에서의 집단: 양키 시티 시리즈 연구

비공식 집단이 고려할 가치가 있다는 생각에 뒤늦게 도달한 또 다른 광범위한 연구 분야가 있다. 이러한 연구들의 관심사, 즉 도시 공동체는 매스 커뮤니케이션 연구가 특히 활발한 분야이기도 하다.

이 중 본서에서 가장 중요하게 주목한 것은 워너(Warner)와 동료들이 수행한 양키 시티 시리즈 연구다.[9] 워너 역시 연구 처음부터 일차집단을 공동체의 중요한 요소로 여기지 않았다는 점은 매우 분명하다. 심지어 워너는 일차집단의 '발견'◆이라는 표현까지 사용했다. 워너의 연구에서 이런 언급이 있다. "파벌(clique)의 **발견**, 그리고 사회적·구조적 메커니즘으로서 파벌이 갖는 중요성의 확인은 양키 시티에서의 현장조사에서 다소 늦게 이루어졌다. … 우리는 결국 집단을 사회적으로 만드는 데 파벌이 가족 다음으로 중요하다고 확신하게 되었다." 양키 시티 시리즈 연구에서도 일차집단을 발견하게 된 단서는 다름 아닌 연구대상자들에게서 나온 것 같다. 이와 관련하여 워너는 다음과 같이 말한다.

> … "우리 무리", "우리 떼거리", "존스 패거리", "우리 연합", "우리 서클"과 같은 호칭의 중요성을 오래전부터 알고 있었지만, 특별한 유형의 사회관계에 관한 기술로서 그러한 용어의 이론적 함의에 대해서는 주목하지 않았다. 그러나 곧 "저 무리들 지독하게 오만하군", "그녀가 X 무리들과 어울리는 걸 보니 그렇게 매력 있는 건 아닌가 보다", 또는 "그는 Y 패거리와 논다고 자기가 잘나간다고 생각한다" 등과 같은 발언, 그리고 특정 파벌을 가리키는 조롱 또는 찬미의 평가들이 도시의 위계질서에서 사람들이 실제로 어떤 사회적 지위에 배치되는지를 보여주는 가장 중요한 사실임이 명백해졌다. … [10]

---

**9** 워너와 룬트(Warner and Lunt, 1941).

**10** 워너와 룬트(Warner and Lunt, 1941, p. 110).

◆ 원문에는 '일차집단의'라는 표현이 존재하지 않는다. 문장의 의미를 명확하게 하기 위해 추가로 삽입한 표현이다.

양키 시티 시리즈 연구에서 대인관계가 '재발견'되는 것을 다시 확인할 수 있다. 물론 이 사례는 앞서 소개한 두 사례와 여러 측면에서 다르다. 하지만 대인관계가 사회연구에서 다루는 문제를 이해하는 데 관련이 있다는 발견은 앞서 소개한 두 사례들, 그리고 매스 미디어 연구와도 공유하는 부분이다. 양키 시티 시리즈 연구에서 주목하는 연구문제는, 한 공동체 내의 지위 체계가 작동하는 방식, 그리고 사람들이 서로에게, 또한 자기 자신에게 위신을 부여하는 기준이 무엇인지를 어떻게 이해할 것인가에 관한 것이다. 이와 관련해 워너와 동료들이 애초에 생각했던 요인들은 소득, 거주지역, 가족 등이었다. 연구 초기에 이들은 비공식적인 친구 파벌이 지위를 부여하는 기본적인 요소일 수 있고 '이동성'이 한 파벌에서 다른 파벌로 이동하는 행위로 이해될 수 있을 것이라는 생각을 하지는 못했다. 그래서 워너의 말대로 파벌은 발견되었다. 즉 저자들의 관점에서 말하자면 파벌은 '재발견'된 것이다.

## 패턴의 공통요소

'재발견'의 네 가지 사례들을 살펴보았다. 저자들이 실시했던 매스 커뮤니케이션 과정에 대한 연구, 공장의 예시, 군대, 그리고 도시 공동체가 그 사례들이다. 각 사례에서 저자들은 기존 연구들이 어떠한 단계를 거쳐 대인관계—즉, 일차집단—가 공장에서의 생산, 군대에서의 전투 동기, 도시 공동체에서의 사회적 이동성, 그리고 매스 미디어의 영향에 대한 반응과 관련해 '중개변수(intervening variable)'로 기능한다는 인식에 도달하게 되었는지 추적하고자 했다. 각 연구들이 서로 매우 다른 분야에서 이루어진 것임에도 불구하고, 이러한 '재발견' 패턴에 **공통요소들**이 존재하는 것은 매우 분명해 보인다. 이 패턴은 대략 다음과 같다.

(1) 첫째, 각 사례에서 관련 있을 것으로 예상했던 요소들에 대한 가정을 재구성할 수 있다. 바꿔 말하면, 현상이 어떻게 작동할지에 대한 '모형'—연구를 진행할 때 연구자가 머릿속에 담고 있는 생각—을 구체화할 수 있게 된다. 산업현장의 경우 생산성에 영향을 미치는 요소, 군대의 경우 군인들의 사기를 결정짓는 결정요인에 대해 연구자들은 무엇이 중요하고 무엇이 중요하지 않은지 구체적인 예상을 하고 있었다. 그런데 각각의 경우, 연구자들은 일차집단 내지는 대인관계를 생산성이나 전투의지와 **관련된** 요소로 고려하지 않았다.

대인관계가 이 패턴의 첫 번째 요소다. 왜 이렇게 되는지에 대해 잠시 생각해보자. 왜 대인관계라는 요소(결국에 매우 중요한 요소로 판명되었던)가 이렇게 체계적으로 간과된 것인가? 앞서 언급한 사례들을 바탕으로 이 질문에 대한 답을 찾아보면, 이번에도 마찬가지로 공통된 근원을 가지고 있는 듯하다. 도시에서의 **대량**(*mass*)생산, **매스**(*mass*) 커뮤니케이션, **대중**(*mass*)사회라는 개념에서 연상되는 이미지를 떠올려보자. 각각의 경우, 대중이라는 개념은 새롭게 등장한 '독립적'이고 개인화된 현대 산업시대의 시민과 연관되어 있다. 또한, 동시에 사람들은 바로 자신의 개인주의로 인해, 자기 자신과 '조직화되지 않은' 자신의 수많은 동료는 스스로에게서 멀리 떨어져 있다고 생각하는 기관들의 원격 통제를 받고 있다. 여기서 머릿속에 떠오르는 유형의 개인—그리고 앞서 언급한 연구를 수행한 사람들도 염두에 두고 있었을 것으로 생각되는 그런 개인—은 이윤 극대화를 위한 경쟁 속에서 개인주의적인 경제적 인센티브에 몰두하는 노동자, 익명의 개인(anonymous Joneses)을 '따라잡기' 위해 노력하는 익명의 도시 거주자, 외부세계의 소식을 라디오를 통해 자급자족으로 받으며 방에 틀어박혀 있는 청취자들이다.[11] 이런 이미지들은 모두 친밀한 대인관계가 시대착오적이라고 여겨지는 사회 분야에서의 개인 행동을 보여주는 전형적 이미지들이다. 물론 이러한 이미지들이 완전히 틀린 것은 아니다. 하지만 이들 이미지들의 가정들은 현실에 맞지 않아 경험적 연구를 구성하기에 적절하지 않다고 간주하기 충분하다.

(2) '재발견' 패턴의 두 번째 단계 역시 마찬가지로 전형적이다. 각 연구가 어떤 시점에 최소한 상징적인 의미에서 중단된 이유는, 고려했던 변수들이 여전히 현상의 너무 많은 부분을 설명하지 못했기 때문이었다. 이는 어쩌면 관련된 요인들로 만든 '모형'에 문제가 있는 게 아닌가 하는 의심을 낳았다. 산업현장 사례의 경우, 물리적·경제적 변수들이 분명 생산성을 결정짓는 요인의 전부가 아니었으며, 군대 사례의 경우 규율과 전쟁의 목표가 전투 동기를 완전히 설명하지 못했다. 도시 사례의 경우, 사회적 이동성이 단순한 경제적 발전 이상의 무언가로 보였으며, 매스 커뮤니케이션의 경우, 미디어에 대한 직접 노출이 관찰된 표심의 변화를 완전히 설명하지 못했다.

---

**11** 군대 사례는 분명 이들과 다소 다르다. 군대 연구에서 연구자들이 가졌던 가정은 군의 규율, 국가목표에의 동일시, 적에 대한 적개심 등과 관련된다. 하지만 여기에서도 다른 연구들과 유사한 점들 역시 분명히 발견된다. 병사는 보통 군 조직과 목표의 공식적이고 비인격적인(impersonal) 통제에 대해 반응하며 작동하는 사회적 원자(social atom)로 상정된다.

이러한 상황들을 인식하게 되면서, 연구자들은 관련된 요인들에 대한 **새로운** 아이디어들을 받아들이기 시작했다. 즉, 연구자들은 다른 어떠한 요인이 작동하고 있을지 모른다는 가능성에 민감하게 반응하였다.

(3) 연구대상자들이 연구자에게 핵심 단서를 직접 제공했다는 점은 주목할 만하다. 각각의 경우, 관련 요인에 대한 예측이 빗나가자 연구자들은 연구 참가자들에게 지금 일어나고 있는 일을 어떻게 설명할 수 있는지 사실상 직접적으로 **물어보았다**. 공장 연구의 경우, 말 그대로 이와 같은 방식으로 진행됐다. 첫 번째 실험실의 소녀들은 팀원들 사이에 자라난 뛰어난 **집단의식**(*esprit de corps*)에 대해서 이야기했고, 어떻게 생산량을 즐겁게 꾸준히 늘렸는지 말했다. 도시 공동체에서는 사회적 지위와 파벌 구성원 자격의 관계를 암시하는 꾸준한 언급이 연구자들의 관심을 끌었다. 군대에서는 병사들의 전투 사기와 관련된 주관식 질문에 대한 대답으로 일차집단에 대한 충성과 지지의 역할에 대한 언급이 현저하게 많이 언급되었다. 반면 적에 대한 증오, 애국적인 목표에의 동일시, 징계에 대한 두려움 등의 효과는 그리 많이 언급되지 않았다. 마지막으로 대통령 선거에서의 매스 커뮤니케이션의 효과에 대한 설문조사 연구에서는, 선거운동 기간에 표심을 바꾼 사람들에게 자신에게 영향을 미친 것이 무엇이었는지 지목해달라고 요청했다. 이에 대해, 그들은 매스 미디어의 영향력보다 대인관계 영향력을 훨씬 더 많이 언급했다.

(4) 이러한 과정을 거친 후 '재발견'이 완성되었다. 앞서 언급한 모든 사례에서 일차집단이, 즉 대인관계가 **중요**할지도 모른다는 방향으로 관심이 향했다. 왜냐하면 단순히 일차집단이 **존재한다**는 사실만 발견된 것이 아니라, 일차집단이 각 분야의 작동방식을 이해하는 데 **중요하다**는 사실이 명백히 발견되었기 때문이다. 따라서 단지 노동자들이 공장에서 우정을 쌓는다는 사실, 군인들이 전우들과 친밀한 관계를 발전시킨다는 사실, 도시 거주자들이 파벌에 속한다는 사실, 또는 라디오 청취자들에게 가족이 있다는 사실을 발견한 것이 전부가 아니었다. 보다 중요한 것은 사람들 사이의 연결(alliances)이 이전에 생각해왔던 것과는 달리, 대량 생산, 전투 사기, 계급

과 이동성, 그리고 커뮤니케이션 행동에 있어 **중요한** 역할을 한다는 사실을 발견했다는 것이다.[12]

12 여기에서 저자들은 몇 년 전에 소집단을 '재발견'했을 뿐 아니라 관련된 다른 사회적 요소들과 함께 커뮤니케이션 프로그램을 연구하고 운영하기 위한 기반으로 활용한 두 가지 사회과학 전통에 대한 문헌들을 의도적으로 생략했다! 생략된 두 연구는 새로운 농법의 확산 및 수용에 관한 농촌사회학 연구, 그리고 식민지 통치와 기술지원에 관한 응용인류학 연구다. 이들 두 연구의 전통의 개념적 틀과 경험적 연구결과들은 이 장과 다음 장에서 다루는 커뮤니케이션 연구 관심사와 가장 분명한 관련성을 갖는다. 아래에서 저자들은 인류학자들의 연구 분야와 밀접한 해외 커뮤니케이션 분야의 몇몇 연구들을 언급할 것이지만, 명시적 연관성을 만들지는 않으려 한다. 이 문제를 본격적으로 다루는 별도의 연구가 제시되어 있다고 생각하기 때문이다. 그러한 연구는 현재의 노력과 더불어 매스 미디어 연구, 소집단 연구, 응용인류학(그리고 농촌사회학)의 커뮤니케이션 주제의 융합을 목표로 해야 한다. 후자 연구 분야에서 커뮤니케이션 분야를 다룬 최근 사례들은, 가령 브루너(Bruner, 1945)와 미드(Mead, 1953)의 연구, 그리고 〈농촌사회학(*Rural Sociology*)〉, 〈인간조직(*Human Organization*)〉, 〈경제발전과 문화변화(*Economic Development and Cultural Change*)〉 등의 학술지에서 찾을 수 있다.

# 2부

# 설득과정에서 사회규범과 네트워크의 역할: 매스 미디어 연구에서 소집단 연구의 함의

3장

# 소집단 연구와 매스 미디어 연구의 융합은 왜 필요한가?

지금까지의 본서 내용은 다음의 두 가지로 요약될 수 있다. 첫째, 현재까지의 커뮤니케이션 연구는 단기적 매스 미디어 **효과**를 다루었다. 둘째, 매스 미디어와 수용자 사이에서 매스 미디어 효과에 영향을 미치는 **중개**요인들을 하나하나 살펴본 것이 매스 미디어 연구라고 파악할 수 있다. 즉 대인관계를 새로운 중개변수로 투입해야 한다는 것이 1부의 핵심주장이었다.

본서에서는 2부에서 제시될 네 개의 장들을 통해 사회관계의 어떤 요소들이 커뮤니케이션 효과와 관련되어 있는지를 살펴봄으로써 '대인관계'를 해부해보고자 한다. 바꿔 말하면 비공식적 일차집단에 속하는 대인관계, 즉 매스 커뮤니케이션 과정에서 '적극적 역할을 하는 대인관계'가 무엇인지 살펴볼 것이다.

물론 본서의 목적은 매스 미디어를 통한 대중설득과정을 연구하는 방법, 특히 매스 미디어 연구를 수행할 때 대인관계를 어떻게 포함시켜야 할지에 대한 방법을 제시하는 것이다. 매스 미디어 효과를 파악하는 데 필요한 사람들 사이의 상호작용의 요인들이 무엇인지를 정확하게 파악하며, 이러한 요인들이 어떤 역할을 하는지 밝힌 사회과학 연구들을 살펴봄으로써 본서에서는 보다 복잡한 (그러나 보다 현실적인) 대중설득 캠페인 연구 '모형'을 수립하고자 한다.

앞서 소개한 몇몇 매스 미디어 연구들과 의견지도자 개념을 제안한 사조(思潮)와 이를 정착시킨 연구들을 먼저 살펴보자. 이러한 연구들을 성찰해보고 대인관계가 커뮤니케이션 캠페인에 대한 개인의 반응에 영향을 끼치는 구체적 방식을 고려할 때, 본서의 연구문제의 핵심이 되는 다음과 같은 대인관계 특성 두 가지를 도출할 수 있다.

1. 대인관계는 **개인의 의견, 태도, 습관, 가치관 등의 '준거점**(*anchorage points*)**' 이다.** 즉 서로 교류하는 개인들은 어느 한편이 일방적으로 굴복하거나 혹은 변경하

기 어려운 공통된 사고방식과 행동패턴을 집단적·연속적으로 **생성**하고 **유지**시킨다. 만약 이런 상황에서 매스 미디어 캠페인을 통해 변화시키고자 하는 개인들의 의견과 태도의 상당수 혹은 대다수가 개인이 교류하고 있는 집단에 뿌리박고 있다면, 이런 관점에서 개인과 집단의 관계가 캠페인 효과와 어떤 관련을 갖고 있는지 살펴볼 가치가 충분하다.

2. 대인관계는 **대인 커뮤니케이션 네트워크**를 의미하며, 따라서 대인관계는 다양한 방식으로 캠페인 효과와 연결되어 있다고 볼 수 있다. 우선 '2단계 흐름(two-step flow)' 가설에서는 상대적으로 미디어 노출이 더 많은 사람이 자신이 매스 미디어를 통해 보고 듣고 읽은 것을 미디어 노출이 적은 다른 사람에게 전달하는 방식으로 대인 간 네트워크와 매스 미디어 네트워크가 연결되어 있다고 가정한다. 다시 말해 일차집단은 매스 미디어 정보가 흘러가는 통로 역할을 한다. 이런 점에서 대인관계는 **전달기능**(*relay function*)을 수행한다고 볼 수 있다. 둘째, 2단계 흐름 가설에서 암시하듯 대인관계 영향력은 매스 미디어 메시지와 연결되어 있으며, 메시지의 효과를 감쇄시키거나 강화시킨다. 이를 대인관계의 **강화기능**(*reinforcement function*)이라고 부를 수 있으며, 만약 대인관계가 양(+)의 강화효과를 나타낼 경우 연구자가 다루는 커뮤니케이션이 매우 효과적일 것이라고 생각해볼 수 있다.[1]

소규모의 친밀한 집단은 첫째, 집단 구성원들 사이의 **의견 및 태도 공유**(본서에서는 이를 '집단규범'이라고 이름 붙였다), 둘째, 집단 구성원들 사이의 **커뮤니케이션 네트워크**라는 두 가지 특징을 갖는다. 이 두 가지 특징은 매스 커뮤니케이션 과정에서 대인관계의 중개역할을 온전히 이해하기 위한 핵심요인이다.

좁게는 2단계 흐름 가설에 대한 지지 근거로 삼기 위해, 넓게는 사회관계가 매스 커뮤니케이션 효과와 관련되어 있다는 것을 보다 잘 이해하기 위해 최근 사회과학 연구를 살펴보자. 여러 분과의 사회과학 연구에 익숙한 사람이라면 정립된 이론들과 아울러 본서에서 다루고 있는 연구문제를 보다 근본적으로 이해하는 데 도움을 주는 일련의 실험연구결과들이 이미 제시되어 있다는 것을 알고 있을 것이다. 그것은 바로 '소집단 연구(small group research)'라고 불리는 분과다. 소집단 연구는 동일한 현상에 대해 사회과학 학문분과들의 연구관심이 어떻게 다르게 분화되는지를 잘 보여준다는 점에서 자주 주목받는 (종종 논란이 있기도 하지만) 연구분과다. 왜냐하

---

1 라자스펠드(Lazarsfeld, 1942)는 이 기능에 대해 '보충(supplementation)' 기능이라는 이름을 붙였다.

면 몇몇 사회학자들이 비공식적 집단의 영향력이 어디서나 존재한다는 것을 발견하였듯,◆ 다른 사회과학자들[특히 실험 사회심리학자들(experimental social psychologists)] 역시도 '타인'이 개인의 행동에 미치는 효과에 대한 다양한 연구를 수행하였기 때문이다.[2] ◆◆ 달리 표현하자면, 사회학자들이 제도적 질서가 대중사회에 미치는 효과를 대인관계가 매개한다는 사실에 주목하는 반면, 사회심리학자들은 대인관계가 일상적인 심리적 과정[이를테면 지각(perception)이나 판단(judgment)]과 일상행동(예를 들어, 개인의 테스트 점수) 등에 큰 영향을 미친다는 것을 발견했다. 사회학자들과 심리학

2 사회심리학은 개인이 환경의 산물이라는 가정에 근거한 심리학을 거부하면서 등장하였다. 그러나 이러한 사회심리학 내부에서도 일차집단의 '발견'은 점차 주목받아왔다. 일차집단 연구유형은 다음의 두 가지다. 첫 번째 유형에 속하는 실험실 심리학자 집단의 경우 [익명의 '타인(others)'의 존재 여부로 상징되는] '사회적' 환경을 만들어내기 위한 시도를 통해 소규모 비공식 집단에 관심을 보였다. 실험실 심리학자들은 일차집단의 '발견'을 통해 소집단이 규칙적인 상호작용과 감정공유를 통해 상호 유대를 형성하는 자연적 단위의 사회구조 그 자체로서의 가치가 있음을 확인하였다. 쿠르트 레빈(Kurt Lewin)과 동료들은 두 번째 유형에 속하는 실험실 심리학자들로, 이들 역시 처음부터 대인적 상호작용과 감정공유에 관심을 가졌다. 하지만 이들의 소집단에 대한 관심은 거시적 사회구조의 특성을 이해하기 위한 소규모 모형 개발에 대한 관심으로 보였다. 만약 그렇다면, 후기에 레빈과 동료들이 (거시적 사회를 축소해놓은 모형으로서가 아닌) 소집단 자체에 흥미를 갖게된 것은 연구관심의 재조정이며, 본서에서 말하는 일차집단의 '발견'과 유사하다고 볼 수 있다. 이와 관련된 자료로는 소집단 그 자체에 대한 연구 현황들, 소집단에 대한 연구관심의 특성에 대해 뉴콤과 하틀리(Newcomb and Hartley, 1947)가 저술한 책과 이의 증보판인 스완슨, 뉴콤, 하틀리(Swanson, Newcomb, and Hartley, 1952)를 참조하라. 레빈과 동료들이 소집단을 어떻게 바라보았는가와 관련된 저자들의 주장은 레빈(Lewin, 1951, p. 164)에서도 확인할 수 있다.

◆ 원문에서는 두 개의 절(節)을 '역접'으로 연결시켰으나, 번역문에서는 '순접'으로 연결시켰다. 아마도 원문에서는 거시적 관점의 사회학 연구와 미시적 관점의 심리학 연구를 대조시키고자 '역접' 표현을 사용한 듯하다.

◆◆ 쿠르트 레빈(Kurt Lewin, 1890-1947)은 독일계 유대인으로 나치의 박해를 피해 미국에 정착한 사회심리학자다. 집단역학(group dynamics)이라고 불리는 분야에서 탁월한 업적을 남겼다. 집단의 리더와 구성원들 사이의 커뮤니케이션에 큰 업적을 남겼으며, 이에 윌버 슈람은 쿠르트 레빈을, 해롤드 라스웰, 폴 라자스펠드, 칼 호블랜드와 함께 커뮤니케이션 연구의 4대 비조(鼻祖)에 포함시키기도 하였다.

시어도어 뉴콤(Theodore Newcomb, 1903-1984)은 미국의 사회심리학자다. 인간관계, 우정, 사랑 등의 관계에서 상대와의 근접성(proximity), 유사성(similarity) 등이 중요한 역할을 한다는 것을 최초로 체계화시켰다.

자들의 관심사가 융합되어 나타난 것이 소집단 연구다.[3◆]

본서의 목적은 매스 미디어 연구 발전을 위해 소집단 연구결과들을 통합할 수 있는 연구설계를 제안하는 것이다. 물론 본서에서 모든 소집단 연구들을 다루지는 않았다. 그렇다고 매스 미디어 캠페인에 직접 관련을 갖는 연구만을 선택하여 다룬 것도 아니다. 도리어 본서에서는 커뮤니케이션 효과연구와 관련하여 소집단 연구들을 통해 확인된 원칙들 및 결론들 중 상당한 수준의 관련성과 적용가능성을 보여주는 연구들을 소개하였다.

2부는 다음과 같이 구성되었다.

4장에서는 소집단들이 개인의 의견, 태도, 가치관의 준거점이라는 본서의 연구가설을 뒷받침하는 근거가 무엇인지 소개하였다. 또한 이를 토대로 공유된 규범이 개인이 일차집단 외부의 다른 존재(즉 매스 미디어, 혹은 매스 미디어가 아닌 다른 정보원)로부터 받은 효과에 어떤 영향력을 행사하였는지 살펴보았다. 즉, 4장은 집단 공유규범이 존재하는지, 존재한다면 어떻게 존재하는지, 그리고 공유규범이 개인에게 영향력을 발휘하는 이유와 발휘 과정을 다룰 것이다. 5장에서는 집단 공유규범이 효과적 커뮤니케이션 과정을 이해하기 위해 왜 필요한지를 살펴볼 것이다.

6장에서는 사람들 사이의 커뮤니케이션 전파과정과 관련된 소집단 연구결과를 소개하였다. 또한, 대인 커뮤니케이션의 효과가 나타나는 (혹은 효과가 나타나지 않는) 조건이 무엇인지 살펴보았으며, 대인접촉을 하고 있는 사람들이 서로에게 실질적으로 어떤 효과를 미치는지에 대한 설명요인들은 무엇인지 살펴보았다. 그리고 다른 사람에게 영향력을 행사하는 유력자는 누구이고, 어떤 조건에서 대인관계 영향력이

---

**3** 소집단 연구의 활성화 및 등장에 영향을 미친 요인들이 무엇인지를 정리한 연구로는 쉴즈(Shils, 1951)를 참고하라. 쉴즈는 소집단 연구분과의 개척·정립에 기여한 세 명의 대가들로 메이요[Mayo, 산업현장에서 "인간관계(human relations)"에 대한 연구], 모레노[Moreno, 대인관계에서 호감 및 비호감 패턴을 파악하고 분석하는 사회관계측정(sociometry) 연구], 레빈[Lewin, "집단역학(group dynamics)" 전통]을 꼽았다.

◆ 엘튼 메이요(Elton Mayo, 1880-1949)는 오스트리아에서 출생한 미국의 산업심리학, 조직심리학자다. 앞서 소개한 1920년대 미국 캘리포니아주 호손시의 공장노동자들을 대상으로 진행된 '호손 연구(Hawthorne study)'로 유명하다. 조직의 생산성과 조직구성원의 태도와 상호작용 등의 관계에 대한 체계적 연구를 실시하였다.

제이콥 모레노(Jacob L. Moreno, 1889-1974)는 루마이나에서 출생한 미국의 임상심리학자, 사회심리학자다. 사이코드라마(psychodrama)라고 알려진 심리치료 기법을 제안한 사람으로 유명하며, 그가 제안한 사회관계분석(소시오메트리, sociometry) 기법은 데이터과학의 주요 연구기법 중 하나인 네트워크 분석기법에도 크게 기여하였다.

강하게 나타날 것으로 예상되는지 살펴보았다.

7장에서는 **집단내**(*within the group*) 영향력(influence)의 흐름에 대한 연구에서 한발 더 나아가, 집단내 커뮤니케이션 네트워크가 집단외부의 세계와 어떻게 연관되어 있는지 살펴보았다. 구체적으로는 소집단 네트워크와 매스 미디어의 연결관계에 대한 가설을 지지하는 선행연구결과가 존재하는지 살펴보았다. 본서에서는 이러한 두 번째 단계의 커뮤니케이션에 대해 **집단대상**(*to the group*) 커뮤니케이션(communication)이라는 이름을 붙였다.

만약 이러한 저자들의 시도가 타당하다면, 본서를 통해 매스 커뮤니케이션 과정에 대한 보다 나은 설명을 제시하는 것은 물론 현재까지 융합되지 않은 두 분야의 연구결과와 연구방법을 어떻게 융합할 수 있는지도 보여줄 수 있을 것이다. 현재 두 가지 양극단의 연구, 즉 미디어는 원자화된 사회의 모든 개인들에게 메시지를 전달할 수 있다고 가정한 매스 커뮤니케이션 연구와 임상심리 혹은 이론심리학적 관심에서 시작한 소집단 연구는 상호 혜택을 입을 수 있다. 향후 제시될 장들에서는 두 연구의 융합이 어떤 성과를 보여줄 수 있을지 설명할 것이다.

4장

# 규범과 소집단: 의견과 태도의 공유

본서는 일차집단(primary group)에 초점을 맞추고자 한다. 구체적으로, 개인이 서로 호감을 느껴서 맺는 사회연결(sociometric) 관계로 이루어진 모든 집단을 살펴볼 것이다. 여기에는 가족, 친구, 비공식적인 업무팀뿐만 아니라 상대적으로 더 공식적인 클럽이나 단체 등의 집단도 해당한다. 이러한 집단은 대체로 규모가 작고, 상대적으로 지속성이 높고, 비공식적이고, 다양한 대면 접촉을 포함하며, 불특정한 목적을 지닌다는 특징을 갖는다.[1] 본서에서는 일차집단에 대한 엄밀한 정의를 내리려고 하기보다는, 일차집단, 소집단, 친밀한 사회적 유대관계, 대인관계, 때로는 '타자(others)'를 상호 교환적인 개념으로 사용하고자 한다. 이번 장의 목표는 대인관계에 관한 기존 연구가 현대 사회 매스 미디어 영향력의 흐름(flow) 속에서 **인간**의 역할이 무엇인지 살펴보는 데에 도움이 되는지 확인해보는 것이다.

본서의 주된 관심사는 집단이 개인의 의견, 태도, 행동에 적극적으로 영향을 미치고 또한 지지한다는 가설을 확인하는 것이다. 이에 대한 경험적 증거는 아직 그다지 풍부하지 않지만, 몇몇 현존하는 근거는 꽤 설득력이 있다. 예를 들어, 몇몇 연구를 통해 한 가족의 구성원들이 아주 예외적인 상황을 제외하고는 정치, 종교 등에 대해 비슷한 태도를 공유한다는 것이 알려져 있다. 대부분의 교우관계와 관련해서도

---

1 이는 쿨리(Cooley, 1909)의 고전적 정의에서 가져온 것이다. 이차집단(secondary groups)과의 비교를 위해서는 데이비스(Davis, 1949)의 11장을 참조하라.

같은 현상이 확인된 바 있다.[2] 또한, 일련의 선구적 연구들[이 연구들은 이제 '준거집단 이론(reference group theory)'의 핵심 문헌이다]을 통해 사람들이 자신의 의견을 보고할 때 종종 특정 집단을 '떠올리면서' 답한다는 점 또한 알려져 있다.[3] 이러한 결과는 어떤 한 개인의 의견은 그 사람과 그 주위 사람들의 의견이 공유되는 방식으로 생성되고 유지된다는 것을 시사한다.

상호작용하는 개인들이 서로 영향을 끼친다거나, 새로운 집단에 가입한 개인이 그 집단의 사고 습관을 받아들인다는 사실을 증명하기는 쉽지 않다. 이 사실을 증명하기 위해서는 비슷한 상황에 놓인 개인들이 같은 외부 자극에 대해 개별적으로(independently) 대응한다는 대안 가설을 **반증**해야만 하기 때문이다.[4]

비록 사람들의 의견, 태도, 결정이나 행동에 대한 설명을 상대적으로 작은 집단에서 찾을 수 있다는 **사실**을 보여줄 통계적 근거가 아직 많지 않지만, 정밀하게 진행된 몇몇 사례연구들을 통해 이 가설이 **왜** 타당한지를 보여주는 근거들을 확인할 수

---

**2** 가족 구성원 사이의 의견 동질성에 대한 경험적 근거는 뉴콤과 스베흘라(Newcomb and Svehla, 1937)가 실시한 부모와 아이들의 태도에 관한 연구, 라자스펠드, 베렐슨, 고뎃의 연구(Lazarsfeld, Berelson and Gaudet, 1948, pp. 140–145)에서 확인할 수 있다. 친구들 사이의 정치적 의견의 동질성에 대한 근거는 베렐슨, 라자스펠드, 맥피의 연구(Berelson, Lazarsfeld, and McPhee, 1954)에 보고되어 있다. 피셔(Fisher, 1948)의 연구결과와 참고문헌 목록 또한 참조하라. 일차집단으로서의 가족에 대한 지식은 저자들이 알고 있는 다른 어떤 일차집단에 대한 지식보다 더 많이 축적되어 있지만, (비교적 이론에 집중했던 그 전 시대의 학자들에 비해) 오늘날 사회과학자들은 가족을 대상으로 얻은 연구결과를 다른 친밀집단으로 일반화시킬 수 있는지 살펴보려 하지 않는다는 점이 흥미롭다. 하지만 최근에 눈여겨볼 만한 예외로 호만스의 연구(Homans, 1950)가 있다. 이번 장에서는 가족과 다른 일차집단 간의 유사점을 비록 상세하게 설명하지는 못하더라도 암묵적으로 설명할 것이다. 예를 들어, 모든 집단에는 신규 구성원에게 집단의 규범을 교육시키고(indoctrinate), 일탈자들을 다시 집단의 규율로 포섭하는 체계가 갖추어져 있다. 또한, 개인은 주변 사람들이 그들을 묘사하는 것과 유사하게 자기 자신을 묘사한다. 그리고 모든 유형의 친밀집단은 집단 구성원의 사고와 행위에 대한 의견과 태도에 영향을 미치며, 이 범위는 해당 집단의 즉각적인 관심사를 훨씬 벗어나는 분야까지도 포함한다. 이 모든 것(그리고 더 많은 것)은 가족의 특징이기도 하다.

**3** 준거집단 이론에 대한 저작, 특히 머튼과 키트(Merton and Kitt, 1950), 그리고 뉴콤(Newcomb, 1952)을 참조하라.

**4** 예컨대, 어떤 한 연구에서 남부 지역 대학을 다니는 북부 출신 학생들이 학년이 올라갈수록 점차 흑인에 대한 편견을 보이는 경향(물론 남부 출신 학생들만큼의 편견을 보이지는 않는다)을 발견했다고 하더라도, 이 결과가 북부 학생들이 남부 출신 학생들의 태도를 수용한 것을 보여준다고 주장할 수는 없다. 왜냐하면, 이 결론이 성립하기 위해서는 남부 학생들이 흑인에 대한 편견을 갖게 된 어떤 원인이 북부 학생들에게는 직접적으로 작용하지 않음을 보여주어야 하는데, 이 연구의 데이터로는 이러한 분석이 불가능하기 때문이다. 심스와 패트릭(Sims and Patrick, 1947).

있다. 아래에서 소개할 사례연구들을 통해 꽤 설득력 있는 추론 근거를 찾을 수 있었기에 이 가설에 대해 평균 이상의 확신을 가질 수 있었다.

## 소집단의 도구적 기능: 동조(conformity)의 혜택

먼저 개인이 속하고자 하는 집단과 의견이나 태도를 공유함으로써 얻는 **도구적인 가치**—다시 말해 '이익'—가 무엇인지 생각해보자. 이를 위해 본서에서는 베닝턴 대학 여학생들의 정치적 태도를 연구한 뉴콤(Newcomb)의 유명한 연구를 예시로 언급하고자 한다.[5] 신입생 시절부터 대학 재학 4년 동안 이 학생들의 태도변화를 기록한 자료를 바탕으로, 뉴콤은 대학 공동체를 긍정적으로 생각하고, 공동체의 일원이 되거나 리더십을 얻고자 하는 학생들일수록 교내에 만연한 진보적 태도나 정서에 더 쉽게 동화됨을 발견했다. 이러한 경향은 이 학교 학생들이 대체로 매우 보수적인 가정환경에서 자랐음에도 불구하고 나타났다. 다른 한편으로, 뉴콤은 이처럼 교내에 널리 퍼져 있는 정치적 태도를 수용하지 않는 여학생들의 경우, 그 주요 요인이 가족과의 강한 동일시(identification) 때문임을 입증했다. 즉 한편으로는 가족이, 그리고 다른 한편으로는 소규모 대학 공동체가 각각 일부 여학생들의 변함없는 보수주의적 태도와 다수의 여학생 사이에 확산된 비보수주의적 태도에—각기 다른 강도의 '긍정적' 혹은 '부정적' 준거점으로 작용하면서— 관련된 것으로 보였다. 뉴콤의 표현을 빌면, 이 발견은 다음과 같은 함의를 가진다.

사람들은 자신이 소속되어 있는 집단이 특정 태도를 공인할 때(즉, 특정 태도를 다수가 지니고 있거나 집단의 리더가 뚜렷이 받아들이고 있을 때), 자신의 소속집단(특히, 집단의 리더와 지배적인 하위 집단)을 긍정적인 준거점(point of reference)으로 생각할 경우 그 공인된 태도를 수용한다.[6]

바꿔 말하면, 개인이 어떤 집단에 매력을 느끼고 그 집단의 일원이 되고자 한다면, 해당 집단의 관점을 수용하려는 동기를 의식적이든 무의식적이든 갖게 된다는 것이다.

---

**5** 뉴콤(Newcomb, 1952).

**6** 위의 책(Newcomb, 1952, p. 420).

일련의 다른 발견도 뉴콤의 연구결과를 깔끔하게 뒷받침한다. 《미군》[7] 연구에서 스토퍼(Stouffer)와 동료들은 전투 경험이 있는 사단에 투입된 전투 경험이 전무한 신병('green' soldiers)들과 신병들로만 이루어진 사단에 속한 군인들의 태도를 비교했다. 분석결과, 후자 집단의 신병들은 45%가 '전투 준비 태세' 태도를 형성했지만, 전자 집단의 신병들은 28%만이 그러한 태도를 지닌 것으로 나타났다. 이를 바탕으로 저자들은 다른 면에서는 구별되지 않는 이들 두 '신병' 집단 간의 차이는 그들이 배치된 서로 다른 사회적 맥락에서 비롯되었을 가능성을 제시한다. 전투 경험이 있는 사단에 투입된 군인들은 그들이 맞닥뜨린 전투 유경험자들의 전투에 대한 압도적으로 부정적인 반응(그들 중 단 15%가 전투를 위해 준비됐다고 응답함)의 영향을 강하게 받았다는 것이다. 연구자들은 신입 군인들은 새롭게 배치된 집단에 받아들여지고자 했고, 이에 따라 자신들의 의견을 집단의 태도에 맞춰 조정했다고 주장한다.

하지만 동조는 단지 '신규' 혹은 잠재적 구성원에게만 요구되는 것은 아니다. 오래된 구성원이라 하더라도 집단의 의견에서 너무 멀리 '일탈'한 경우 지위를 잃거나, 심지어는 구성원 자격까지 잃을 수도 있다. 최근의 몇몇 실험 연구는 이러한 일상적 사실을 잘 보여준다. 페스팅거, 샤크터, 백이 수행한 어느 한 주택 공동체에 관해 진행한 연구(앞으로 '웨스트게이트' 주택 개발 연구와 다른 연구를 이 연구자들과 그 동료들의 이름으로 호칭하겠다)에서 가까운 이웃들의 의견에 가장 동조하지 않았던 사람들은 이웃들에게 가장 친한 세 명으로 '선택되지 않는' 경향을 발견했다.[8] 이 연구팀에서 진행한 다른 한 연구에서도 동일한 현상을 확인할 수 있었다. 어느 동호회 구성원들을 대상으로 초기 일정 기간 논의 시간을 준 후 가장 탈퇴하기를 바라는 회원이 누구인지 물었을 때, 동호회 내 다른 구성원들이 가진 의견에서 극단적으로 벗어난 의견을 형성한 회원들(사실 이들은 연구자들이 실험을 위해 고용한 사람들이었다)이 가장 자주 언급되었다.[9]

---

**7** 스토퍼와 동료들(Stouffer et al., 1949)의 제2권, 244쪽. 쉴즈(Shils, 1950)가 이에 대해 요약하고 분석한 글과 같은 책에 있는 머튼과 키트(Merton and Kitt, 1950)의 논의 또한 참조하라.

**8** 즉, 그들이 다른 사람을 가장 친한 친구로 언급한 만큼 다른 사람에 의해서는 언급되지 않았다는 것이다. 이는 페스팅거, 샤크터와 백의 연구(Festinger, Schachter, and Back, 1950)에서 사용된 표준적인 사회관계측정(sociometric)방법의 하나였다.

**9** 샤크터(Schacter, 1951).

지금까지 살펴본 바에 따르면, 개인은 공동체에 동조함으로써 소속을 승인받고 친교를 얻는다. 또한, 집단의 **의견지도자**가 되기 위해서도 그 집단의 지배적인 의견과 태도를 공유해야 한다. 어린이 집단에서의 리더십에 대한 머레이(Merei)의 연구는 이 점을 매우 생생하게 보여준다.[10]

머레이의 연구에서는 먼저 주간 탁아시설에서 놀고 있는 아이들을 관찰해 리더십 자질을 보이는 아이들을 선발해 다른 아이들과 분리했다. 그런 다음 나머지 아이들을 나이·성별이 동질적인 3-6명씩으로 구성된 12개 집단으로 나누었다. 각 집단은 며칠 동안 집단별로 따로 만났는데, 이내 각자의 집단 '전통(traditions)'을 만들어갔다. 이 전통은 실험자들이 제시한 과제와 관련된 것이었다. 지정좌석제, 물건 분배 규칙(누가 무엇을 갖고 놀지), 게임 순서, 특정 활동에 대한 선호, 집단 고유의 특수 용어(jargon) 등의 '전통'이 형성되는 데에 3-6차례의 만남이 소요됐다(각 미팅은 35-40분). 그 후, 12개 집단에 포함되지 않았던 원래 리더 역할을 한 아이들이 다시 참여했다. 모든 집단에서 원래 리더 역할의 아이들이 새롭게 형성된 집단 '전통'에 반하는 행위를 시도할 때 집단은 아무런 호응을 보이지 않았다. 결국 원래 리더 역할을 하던 아이들은 다시 리더십을 차지하지 못했다. 리더십 재획득에 성공한 아이들은 새로운 '전통'을 완전히 받아들이고 거기에 동참한 후에야 다시 리더십을 가질 수 있었다.

요컨대, 이 모든 연구는 개인이 타인과 친밀한 관계를 형성 혹은 유지하기를 원하거나, 그룹 내에서, 또는 그룹을 통해 '어딘가에 도달하고자' 한다면, 다른 사람들의 의견과 가치에 자신을 완전히 동일시해야만 함을 시사하는 듯하다. 이것이 이러한 동일시가 합리적 계산하에 이루어짐을 의미하는 것은 아니다. 오히려 자신도 모르는 사이에 일어날 수 있다. 하지만 의식적이든 아니든 관계없이, 동조 혹은 비동조의 **결과**는 앞서 살펴본 바와 같을 것이다.

---

**10** 머레이(Merei, 1952). 사례연구의 실례를 통해 사회적 지위와 집단규범에 대한 순응의 정도 사이 관계를 확인하기 위해서는, '사회 서열과 규범'에 대한 호만스(Homans, 1950)의 논의를 참조하라.

따라서 '도구적' 관점에서 개인의 의견이 주변 사람들, 혹은 주변에 두고 싶어 하는 사람들의 의견에 상당히 큰 영향을 받을 것으로 예상할 수 있다.[11]

## 사회적 현실 제시

이제 개인들은 주위 사람들의 의견과 대체로 매우 공통된 의견을 형성한다는 주장에 대한 저자들의 확신을 뒷받침해주는 또 다른 이유를 고려해보자. 본서에서는 집단을 도구적 측면이 아니라(즉, 동조를 통해 얻는 '이득'이라는 관점이 아니라), 이해하기 힘든 상황의 **의미**를 알려주는 기능 측면을 중심으로 살펴보고자 한다. 집단이 지각에 미치는 효과를 탐구하는 사회심리학 실험연구자들,[12] 특히 고(故) 쿠르트 레빈(Kurt Lewin)과 그의 후학들이 이 현상을 연구해왔다. 레빈 학파(Lewinians)에서는 이러한 현상을 '사회적 현실(social reality)'이라고 부르며 다음과 같이 설명한 바 있다.

> 기억(memory)과 집단 압력(group pressure)이 개인에 미치는 영향에 대한 실험들에 따르면, 어느 한 개인에게 '현실'은 많은 경우 사회적으로 공인되는 현실에 의해 결정된다고 한다. 이러한 경향은 심지어 물리적 사실에 대해서도 마찬가지로 나타난다. 예컨대, 세상은 남양제도(南洋諸島) 거주민(South Sea Islanders)에게는 평평한

---

11 워너와 룬트(Warner and Lunt, 1941) 연구에서의 양키 시티(Yankee City) 지역 내 파벌(clique)의 '발견'은 공동체의 사회 지위 체계 내에서의 상향 이동성이란 각 지위 단계의 전형이 되는 소집단에 의해 받아들여지는 것(그리고 아마도 그에 맞게 집단에 순응하는 것)을 의미함을 보여준다. 머튼과 키트(Merton and Kitt, 1950)는 그들의 준거집단 연구에서 다양한 분야를 넘나드는 일련의 실례들을 제공한다. 그들은 《미군》 연구의 데이터를 사용해서 특정 시점에 다른 사병들보다 부사관들과 더 유사한 태도를 보이는 사병들이 이후 다음 특정 시점에 진급할 가능성이 더 높다는 것을 발견했다. 그들은 이 결과를 다음과 같이 일반화시켜 표현하였다. "군대에서 승진하기 위해 노력하는 사병은, 현지 주민 집단의 가치에 동화되는 이민자, 중상층 계급의 행동패턴에 동조하는 중하층 계급 시민, 길거리 갱단의 가치를 지향하는 빈민가 소년, 부모의 보수적 신념을 버리고 대학 동료들의 진보적 사상을 수용하는 베닝턴 대학생, 공화당 후보에게 투표함으로써 그의 내집단 패턴에서 멀어지는 하층 계급의 가톨릭 신자, 그리고 18세기에 혁명 집단과 뜻을 함께했던 프랑스 귀족과 비교할 때, 단지 좁고 피상적인 의미에서만 다른 행동을 취하고 있을 뿐이라 할 수 있다."

12 게슈탈트 심리학자들이 집단 과정이 지각, 판단, 동기 등에 미치는 영향에 관한 연구에 어떻게 기여했는지에 대한 흥미로운 서술은 카츠(D. Katz, 1951)를 참조하라.

것으로 인식되지만, 유럽인들에게는 둥근 것이라고 인식된다. 즉, '현실'이란 절대적인 것이 아니다. 그것은 개인이 어느 집단에 속해 있느냐에 따라 달라진다.[13]

사회적 현실이라는 개념은 본서에서 앞서 언급한 군인들의 태도에 대해 대안적인, 더 좋은, 혹은 보완적인 설명을 제공한다. 앞서 전투 경험 부대에 대체 인력으로 배치된 신병들의 경우 (신병들로만 이루어진 사단에 배치된 동기 신병들과 비교할 때) 전투에 대한 태도를 단지 전투 유경험자들의 승인을 얻기 위한 동기로 귀인시키는 모습을 보였다. 하지만 그보다 전투 경험의 '현실'이 전투 유경험자들과 일상적으로 교류한 이들과 그렇지 않은 이들 사이에서 달랐기 때문에 전투에 대한 태도의 차이가 나타난 것이라고 볼 수 있다. 이러한 가능성에 대해 웨스트게이트 연구 역시 다음과 같은 훌륭한 설명을 제시하고 있다.

> 다음과 같은 가설을 제시해볼 수 있겠다. 즉, 어떤 한 개인에게 있어 자신의 의견이나 태도를 뒷받침하는 '사회적 현실'이란 바로 그 의견 혹은 태도가 다른 사람들과 공유된다고 인식하는 정도라는 것이다. 일반적으로 같은 의견을 가진 다른 이들에 의해 강화되지 않는 의견이나 태도는 변하기 쉽다. '사실(facts)'이라 부를 수 있는 것과 달리, 대체로 사회적인 의견이나 태도에 관련해서는 옳고 그름을 명백하게 따지기 쉽지 않다. 동승자가 운전자에게 이 길은 막다른 길이라고 알려줬을 때, 이 정보의 진위는 운전자가 물리적 '현실'을 확인함으로써 쉽게 검증할 수 있다. … 사회적 태도와 의견의 옳고 그름을 판단해주는 '현실'이란, 곧 자신과 커뮤니케이션 중인 사람들이 자신의 의견과 태도를 공유한다고 생각하는 정도와 같다.[14]

바로 이것이 고정관념이 형성되는 방식이며, 이러한 이유로 종교나 정치에서 무엇이 진실인지에 대한 생각은 집단마다 다르다. 세상의 수많은 것들을 직접 관찰을 통해 경험하고 확인하기 어렵다는 점에서, 사람들은 세상을 이해하기 위해 계속 서로에게 의존해야만 한다. 이 사실은 몇몇 실험 연구를 통해 잘 드러나는데, 셰

---

**13** 레빈과 그래브(Lewin and Grabbe, 1945). '사회적 현실'이라는 개념은 해리 스택 설리번(Harry Stack Sullivan, 1953)의 '합의된 확인(consensual validation)'과 중요한 유사점을 갖는다.

**14** 페스팅거, 샤크터, 백(Festinger, Schachter and Back, 1950, p. 168).

리프(Sherif)의 고전적 연구를 언급할 수 있다. 셰리프의 연구는 지난 20년 남짓 축적된 사회심리학 실험결과를 검토하기에 소집단이 의견, 태도, 행동에 미치는 영향을 보여주는 아마도 가장 좋은 시작점일 것이다.[15] 셰리프는 어두운 방에서 아주 작은 지점에 빛을 비추었을 때 정지된 빛이 마치 움직이는 것처럼 보이는 '자동운동효과(autokinetic effect)'를 사용하는 실험을 고안했다. 그는 먼저 실험 참가자 개개인에게 빛이 '움직인' 거리가 몇 인치인지 물었다. 참가자들에게 각각 개별적인 '표준(norm)'—즉, 개인별로 가장 자주 응답한 거리(최빈값)—을 얻은 후, 실험 참가자들을 2-3명씩 한 그룹으로 묶어 같은 실험을 반복했다. 실험 참가자들은 처음 몇 번은 이전에 확립한 자신의 기준을 바탕으로 빛이 움직인 거리를 추정했지만, 그때마다 다른 참가자들의 이견에 부딪혔으며, 결국 모두 조금씩 양보함으로써 새로운 집단 기준을 확립했다. 셰리프는 각 참가자가 기존에 갖고 있던 기준을 알고 있었다. 따라서 이처럼 상이한 개인적 기준들의 수렴과 새로운 공통 표준의 출현에 다른 사람들의 판단이 어떤 영향을 미치는지 보여줄 수 있었다. 이 실험을 역순으로 실시하자—즉, 집단 상황 실험을 먼저 수행한 후 개인 상황 실험을 진행했을 때— 실험 참가자들은 집단 기준을 자신의 것으로 받아들여 이를 개인 상황에도 적용했다. 집단 표준이 각 구성원의 표준이 된 것이다. 대인적 교류는 '현실'이 무엇인지 정의했고, 여기에 참여한 모든 개개인은 이 공유된 현실을 계속 유지했다.

이와 같은 실험실 실험(laboratory experiment) 연구는 결과를 '실제' 상황으로 일반화하는 것이 위험하다는 비판을 종종 받기 마련이며, 이러한 비판이 종종 타당한 것은 사실이다. 그러나 많은 경우, 이와 같은 비판은 인간의 행동을 실험실에서 연구할 수 없다는 공허한 선언(pat pronouncements)에 지나지 않는다. 그렇다면, 잠시 주제를 벗어나서 방금 언급한 연구에 대해 제기할 수 있는 몇 가지 반론들(objections)을 고려해보자. 예를 들어 다음과 같은 주장들을 살펴보자. (1) 실험 참가자 누구도 빛이 전혀 움직이지 않았다는 것을 알 도리가 없었다는 점에서 실험 상황이 완전히 **비체계적**이었고 따라서 비현실적이었다. (2) 실험 참가자들이 실험자극에 대해 전혀 **정서적으로 관여하지 않았다**. 즉, 자기 판단의 타당성에 대해 크게 개의치 않았을 수 있다. (3) 실험 참가자들은 실험 상황에서의 인위적 요구에 대해 **강제로** 판단을 내려야 하는 상황이었다. 요컨대, 이 세 가지 반론들은 셰리프의 실험이 사람들이 (1) 강제로

---

**15** 셰리프(Sherif, 1952).

판단을 내려야 하는데, 그 판단의 내용을 (2) 그들이 전혀 모르고, (3) 또한 전혀 신경 쓰지 않는 상황에서만 타당하게 일반화될 수 있음을 시사한다. 실험실 연구를 비평하는 사람들은 너무 자주 이 지점에서 멈추지만 저자들은 논의를 계속 이어가보고자 한다. 지금까지 제시된 이의들이 타당하고 셰리프의 발견의 일반화 가능성을 제한한다고(아마 실제로 그럴 것이다) 가정해보자. 그렇다 하더라도 여전히 한 가지 의문이 남는다. 실험실 상황과 비슷한 실제 상황이 있을까? 이 질문에 대한 저자들의 대답은 '그렇다'이다. 다음의 예시를 생각해보자. 수많은 사람에게 대통령 선거 투표 상황은 사회적 압박으로 인해 (1) 그것이 없었으면 하지 않을 결정을 억지로 하게 되는데, (2) 이들이 누구인지 전혀 모르고, (3) 또한 전혀 신경 쓰지 않는 두 후보 사이에서 누구에게 투표할지 결정해야 한다. 이러한 상황에서는 비공식 집단이 해당 상황을 규정하고 결정을 내리는 과정에서 커다란 역할을 할 것이라고 예상할 수 있다. 그리고 덧붙이자면, 사람들이 의견을 가지고 있을 것으로 생각되는 대부분의 복잡한 이슈와 관련한 어떠한 사회적 상황이든 객관적으로 검증 가능하다는 과대망상은 그릇된 것이다.

## 상호작용: 의견과 태도의 수렴과정

아직 개인의 의견과 태도가 그들이 속한 사회에 뿌리내리고 있다는 점을 논리적으로 도출해내는 과정 중이라는 사실을 유념해두자. 이를 통해 셰리프의 연구에서 더 많은 시사점을 발견할 수 있을 것이다. 셰리프의 연구는 두 가지 근본적인 아이디어를 제시한다. 첫째, 사람들은 불확실한 상황에서 의견을 형성하거나 결정을 내려야 할 때 다른 사람들에게 의존한다—본서에서는 이를 집단의 '사회적 현실' 기능이라고 명명했다. 둘째, 사람들이 모두가 함께 관련된 특정 문제에 대해 상호작용을 하다 보면 그 문제에 대한 집단적 접근법을 고안하고, 이를 통해 이후 이들이 함께 공유하게 될 의견, 태도, 결정, 행동을 도출하게 된다.

그렇다면, 여기에 개인의 의견, 태도, 행동이 대인관계와 관련되어 있을 것이라는 주장에 확신을 가질 수 있는 또 다른 '이유'가 있다. 셰리프의 실험은 공유규범이 만들어지는 **과정**의 문제에 답하고자 하는 초기 시도로, 개인들이 공히 직면하고 있는 문제에 관해 상호작용할 때 그들이 같은 방식으로 사물을 '바라보기' 시작하고,

결과적으로 사회적 규범을 창출함을 보여준다. 개인이 타인에 동조함으로써 '혜택'을 얻으며, 집단이 개인에게 '사회적 현실'로 작동한다는 점이 **왜** 개인의 의견과 태도가 집단에 단단하게 뿌리내리고 있는지에 대한 답을 제공한다면, 개인 간 상호작용을 통해 사회적 규범이 발생하는 과정에 대한 관찰은 이것이 **어떻게** 이루어지는지에 대한 답을 준다고 할 수 있다. 본서에서는 개인들이 함께 상호작용하면서 세상을 바라보는 공유된 시각 내지는 공유된 행동 방식을 어떻게 **형성**해가는지 살펴볼 것이다.[16]

웨스트게이트 연구는 이스턴(Eastern) 대학교에서 공부하기 위해 이사 온 기혼 퇴역군인들을 위해 새로 형성된 주택 공동체라는 '실제' 맥락에서의 규범 생성을 관찰할 기회를 제공한다.[17]

이 공동체는 주거용 단지들로 구성되어 있었으며, 각 단지는 여러 개의 건물로, 각 건물은 여러 아파트로 구성되어 있었다. 거주민들은 아파트에 무작위로 배정됐고 이들 중 입주 전부터 서로 알았던 사람들은 없었던 것으로 보인다. 주택 공동체 건축 프로젝트가 마무리되고 주민들이 막 입주할 때 연구가 시작되었다. 연구자들은 친구관계(friendship)의 발전에 영향을 미치는 요인에 초점을 맞춰 연구를 시작했다. 초기 연구를 통해—최소한 이러한 동질적인 집단에서는[18]— 친구관계는 물리적 근접성과 기능적 근접성(매일 지나가는 경로가 누군가의 대문을 지나는 것과 같은 종류의 근접성)과 같은 요인과 직접 관련되어 있음이 밝혀졌다. 따라서 같은 단지나 건물에 사는 사람들 사이에서 형성된 친구관계가 가장 큰 비율을 차지했다. 저자들에 의하면 '이러한 생태학적 요인들은 특정 친구관계뿐만 아니라 집단 구성까지 결정'한다. 바꿔 말하면, 접촉 혹은 상호작용이 사회 집단 형성의 기반이었음이 분명해 보인다. 이제 규범이 어떻게 형성되었는지 살펴보자.

연구자들은 사회관계측정 설문(sociometric questionnaire)을 통해 친교관계와 비

---

16 '사회심리학 이론'에 관한 에세이에서 뉴콤(Newcomb, 1951)은 다음과 같이 말한다. "셰리프의 만고불변한 공헌은 바로 그가 (중략) 사회적 규범의 문제들을 인지적인 과정으로 표현했다는 점이다." 뉴콤에 의하면 '규범'이란 '사물을 인식하는 공유된 방법[또는, 더 정확히는 사물이 인식되는 공유된 준거틀(frames of reference)]'을 뜻한다.

17 페스팅거, 샤크터, 백(Festinger, Schachter and Back, 1950).

18 이들은 모두 비슷한 연령과 사회경제적 지위의 젊은 기혼 커플이었다. 남편들은 모두 제2차 세계대전 참전용사로, 이스턴 대학교 학생이었다.

공식 집단 현황을 파악했다. 이 설문조사에서 연구자들은 전체 공동체 구성원에게 '사회관계에서 가장 자주 만나는 사람' 세 명을 지목해달라고 요청했다. 조사 종료 후 어느 정도 시간이 지난 다음, 새롭게 구성된 세입자 협의회(Tenants' Council)에 대한 찬반 태도를 파악하기 위한 설문조사를 실시했다. 조사결과 대체로 어떤 한 개인의 태도는 거주 단지 주민들의 지배적인 태도와 일치했다. 게다가 대인접촉은 주로 주거단지 중심으로 이뤄졌고, 세입자 협의회에 대한 태도가 단지별로 상이했기 때문에 웨스트게이트 연구자들과 같은 결론을 도출할 수 있을 것이다. 즉, 각 단지 구성원들의 공통된 의견은 그들 사이의 상호 접촉과 상호작용에서 비롯되었다는 것이다.

또한, 사회관계측정 조사에서 사회교류 목적으로 가장 자주 만나는 사람을 묻는 문항에 대한 응답에서 같은 주거단지 구성원으로 한정되는 응답의 수준을 기반으로 단지별 집단 '응집력(cohesion)'을 분석했다. 거주 단지 내 집단 응집력이 높을수록(따라서 상호작용도 더 많을수록) 태도의 동일성(uniformity) 또한 높게 나타났다. 나아가 연구자들은 거주 단지 구성원들과 공통된 태도를 형성하지 **않은** 사람들의 사회관계측정 자료를 통해, 이들 비(非)동조자들은 친구들과 사회적 활동 영역이 현재 거주중인 단지 외부에 중점적으로 분포할 뿐만 아니라, 아예 자신의 주택 공동체 외부 분야에도 집중해 있음을 발견했다.

웨스트게이트 연구를 통해 주택 공동체에 무작위로 배정된 개인들이 빠른 속도로 친교 집단을 형성했고, 이렇게 형성된 친교 집단별로 사고 및 판단 방식을 공유하게 되었으며, 집단 구성원들은 이를 견지했음을 알 수 있다. 바로 이것이 겉으로는 사적인 것으로 보이는 개인의 의견과 태도가 실은 다른 사람들과의 상호작용을 통해 형성되고 유지되는 것일 경우가 많다는 본서의 주장을 뒷받침하는 실제 집단 사례이자 증거이다.[19]

---

**19** 5장에서는 대인관계 의사소통의 과정 중 일부를 더욱 자세히 탐구한다. 여기에서는 대인 커뮤니케이션 혹은 상호작용이 어떻게 해서든 공통된 의견과 태도를 낳는다는 점, 그리고 왜 이런 결과가 예상되는지를 다룬다. 물론 '어떻게' 이러한 결과가 나타나는지 역시 이번 장에서 다루었지만, 이에 대한 보다 자세한 논의는 이 책의 나머지 부분에서 이루어질 것이다.

## 공유 가치의 매력

지금까지 근접성과 동기화된 상호작용(motivated interaction)이 규범의 집단적 형성과정의 기반임을 논의했으므로, 이제 저자들은 한 개인의 의견이 주변 사람들의 의견과 비슷해지는 현상을 설명하는 데 도움이 될 또 다른 한 가지 요인을 제시하고자 한다. 이는 바로 사람들이 자신과 의견 및 가치관이 비슷한 이들을 **서로 찾아내어** 친교를 맺는 경향이다. 본서에서는 로버트 머튼(Robert K. Merton)◆이 곧 출간 예정인 연구에서 '동종가치선호(value homophily)'라고 이름 붙인 이 개념을 대인관계 연구의 핵심 개념으로 다룰 것이다.[20]

'동종가치선호', 또는 공유된 가치관에 기반을 둔 상호 간 끌림은 경험적인 연구를 통해 다루기 어려운 현상이다. 이를 제대로 연구하기 위해서는 사람들 사이의 공통 가치관이 상호작용보다 **선행한다는 것**을 입증해야 하기 때문이다. 따라서 다양한 가치관을 지닌 개인들이 서로 처음 만나게 되는 상황, 그리고 이를 통해 친교관계와 일차집단의 형성을 촉진하는 바로 그 상황에서부터 연구가 시작되어야 한다. 이와 관련하여 이 문제의 경계선에 해당하는 주제를 다루고 있는 최근 연구에 대해 언

---

**20** 머튼 등(Merton et al., 출간 예정). 머튼은 '동종지위선호', 즉, 사회 계급, 종교, 국적 등의 유사성을 기반으로 한 상호 간 끌림에 대해서도 다루고 있다. 하지만 여기서는 '동종가치선호'에 대해서만 논의할 것이다. 친교관계와 사고의 유사성 사이의 관계를 분석한 또 다른 연구로는 립셋, 트로우, 콜만(Lipset, Trow, and Coleman, 1955)의 인쇄 노동조합 연구가 있다.

◆ 로버트 머튼(Robert K. Merton, 1910–2003)은 초창기 미국 사회학을 정착시키는 데 큰 역할을 한 미국의 사회학자다. 자기충족적 예언(self-fulfilling prophesy), 역할 모델(role model), 준거집단(reference group) 등의 고전적 사회과학 개념의 창안자다. 또한 '부익부 빈익빈' 현상을 묘사할 때 주로 사용되는 마태효과(Matthew effect), 지나치게 추상적인 거대이론의 대안인 중범위 이론(theories of middle range), 특히 본서의 저자인 카츠와 함께 조직이나 사회 내에 혁신(innovation) 전파연구 등에서 큰 업적을 남겼다.

급할 필요가 있을 것 같다.[21] 비록 이 연구가 저자들이 주목하고 있는 문제의 해답을 내놓은 것도, 또한 그런 시도를 한 것도 아니지만, 그 방향으로 흥미로운 진전을 이룬 것은 사실이다.

사실 이 발견은 다른 문제의 해답을 찾는 과정에서 생성된 부산물이었다. 조셉 프레커(Joseph A. Precker)는 바드 대학(Bard College)의 학생과 교수진이 학생의 전반적인 교육 성취도를 평가하는 데 있어 핵심적으로 고려하는 기준이 무엇인지 파악해 달라는 요청을 받았다. 242명의 학생과 42명의 교수진(이들 모두는 바드 대학 소속이었다)은 그들이 중요하게 생각하는 약 1,300개의 기준을 제시했고, 3명의 심사위원이 그것을 39개의 범주로 분류했다. 그런 다음 다시 모든 응답자에게 각 기준의 상대적 중요성에 대한 개별 판단에 따라 39개 범주에 순위를 매겼다. 동시에 프레커는 각 학생에게 (1) 졸업 후 가장 연락하고 싶은 학생 세 명과 (2) 가장 지도교수로 선정하고 싶은 교수가 누구인지 질문했다. 이를 바탕으로 프레커는 순위 상관 계수를 이용해 각 응답자가 매긴 순위와 그가 선택한 세 학생의 순위를 비교했다. 또한, 비슷한 방식으로 각 응답자의 순위와 그가 선택한 교수진의 순위를 비교했다. 분석결과, 프레커는 학생들이 자신과 가치관(학생 평가 기준에서 알 수 있는 가치관)이 비슷한 사람들을 졸업 후 친구 그리고 지도교수로 지목하는 경향이 있음을 발견했다. 나아가 프레커는 졸업 후 가장 연락하고 싶은 친구로 서로서로 지목한 학생들 사이에서, 어느 한쪽이 다른 한쪽을 한 방향으로 지목한 학생들 사이에서보다 가치관의 유사성이 더 높게 나타남을 확인했다.

---

**21** 프레커(Precker, 1952). 유사한 가치관에 대한 상호 간의 끌림에 관한 연구가 이렇게 적게 진행된 것은 의아한 일이다. 이 문제의 경계선을 연구하는 프레커의 연구, 그리고 이 문제를 직접적으로 파헤치는 머튼과 립셋(Merton and Lipset)의 연구들을 제외하고, 저자들은 이 문제에 관한 다른 연구를 알지 못한다. 그러나 《사회 조직론(*Social Organization*)》(1909)에서 쿨리(C. H. Cooley)는 새로운 커뮤니케이션 미디어의 효과에 관한 두 가지 지배적이고 일반적인 생각 중 하나를 인용한다. "(전략) 서로 생각이 비슷한 소수의 사람이 문명 세계에 존재한다면, 그들이 의견이 서로 일치하고, 서로의 특성을 장려하기가 비교적 쉽다." 또한, 쿨리에 따르면, "현대 사회는 (중략) 한 개인의 삶을 어느 지역에 한정되고 우연적인 것으로 만들기보다는, 합리적이고 자유롭게 만들어주는 경향이 있다." 근접성보다는 상호 이익을 기반으로 형성되는 이익사회(gesellschaft)의 새로운 형태의 자발적 단체들 역시 몇 년 전 크게 주목받은 바 있다. 이에 대해서는 쉴즈(Shils, 1951)를 참조하라. 기딩스(Giddings, 1896)의 '동류의식(consciousness of kind)' 개념 역시 분명 이와 관련된다. 비록 이 개념의 사용은 오늘날 상호작용의 결과, 또는 선행요인을 뜻하지만 말이다. 이 두 가지 용법은 명백히 구분되어야 하며, 여기에서는 오직 후자만이 적절한 용법이다. 하지만 이 모든 것에도 불구하고 지금까지 관련 실증연구는 진행된 바 없다.

물론 이 결과에 대해 확고한 해석을 내리기는 쉽지 않다. 한편으로, 그저 이 연구결과가 앞서 본서에서 소개했던 몇몇 기존 연구결과, 즉 상호작용이 친교관계로, 이것이 다시 공유된 가치관의 형성과 친교관계를 지속하고자 하는 바람으로 이어진다는 연구결과와 다르지 않다고 말할 수도 있다. 프레커 자신도 이 결론을 뒷받침할 자료를 제시한다.[22] 그러나 다른 한편으로, 서로서로 친교관계 대상으로 선택한 사람들의 사례를 기반으로 한 이 관점은 왜 친교관계를 맺고 싶은 상대방을 일방적으로 지목한 사람들, 즉 상대방으로부터 지목받지 않은 사람은 왜 자신과 비슷한 가치관을 지닌 다른 사람들을 선택했는지를 설명하지 못한다. 따라서 상호적 친교관계가 형성되는 초기 단계에 '동종가치선호'를 기반으로 한 탐색(seeking-out) 과정이 진행된 것으로 보인다. 근접성 또는 상호의존성과 같은 다른 요인과 비교했을 때, 공통의 가치관이 어떤 조건에서 친교관계 형성에 영향을 미치는지에 대한 집중적인 연구가 필요하다.[23]

---

**22** 그는 4학년 학생들이 밝힌 자신들의 평가 기준의 중요도 순위와 이들의 실제 지도교수(그들이 사회관계측정 조사에서 선호한다고 응답한 교수와 동일 인물인지 아닌지와 관계없이)가 제시한 평가 기준 순위 사이의 일치도가 1학년 학생들과 이들의 실제 지도교수 사이의 평가 기준 중요도 순위 일치도보다 더 높음을 발견했다.

**23** 이 주제에 대한 초기 경험적 연구와 그에 대한 논쟁은 룬드버그와 비즐리(Lundberg and Beazley, 1948), 룬드버그, 허츨러와 딕슨(Lundberg, Hertzler, and Dickson, 1949), 그리고 메이손느웨브(Maisonneuve, 1952)에서 찾아볼 수 있다. 이들은 각각 작은 규모와 큰 규모의 대학, 그리고 프랑스의 기숙학교에 대한 연구를 바탕으로, 근접성과 '동종지위선호'의 여러 차원이 친교관계의 결정요인으로서 갖는 상대적 중요성을 비교했다. 또한, 로저스(Rogers, 1952)의 호만스(Homans, 1950)에 대한 논평을 참조하라. 이 논평은 인간관계에서 선택의 역할을 중시하며, '원거리(tele)'라는 다소 불가사의한 개념을 중시하는 계량사회학자들의 견해를 대변한다. 계량사회학자들의 이러한 입장은 근접성을 훨씬 더 강조하는 경향을 보이는 '상호작용주의자(interactionists)'의 그것과 상반된다. 또한, 머튼과 동료들(Merton et al. 출간 예정), 그리고 립셋, 트로우, 콜만(Lipset, Trow, and Coleman, 1955)의 연구들 역시 참조하라. 물론 이것은 양자택일의 상황은 아니다. 다만 여러 요인 중 어떤 한 요인이 다른 요인보다 영향을 미칠 가능성이 커지게 하는 구체적인 조건을 명시하는 작업이 필요하다.

## 상호의존적인 개인들과 이들 간의 동조

동조의 도구적 가치, 즉 동조의 '혜택' 개념은 사람들이 대체로 자신이 교류하고자 하는 이들의 의견, 태도, 습관에 부합하고자 하는 **욕구**를 가진다는 것을 가정한다. 집단생활의 '사회적 현실' 개념에 따르면 사람들은 서로의 인식에 영향을 미치기 때문에 세상을 '**바라보는**' 방식 자체가 자신의 사회관계에 의해 크게 제한될 수 있다. 이제 마지막 요소로 대인관계(interpersonal relations)에 대해 논의해보자. 어떤 의미에서 대인관계란 앞서 언급한 두 가지 요인에 대응되는 것으로, 상호작용하는 사람들이 사고와 행동에서 동질성을 보이는 '이유'를 제공한다. 그 이유는 바로 집단이 구성원들의 동조를 **요구**한다는 것이다.

집단 구성원들이 서로 동조를 요구하는 이유를 살펴볼 필요가 있다. 무엇보다 첫째, 사람들은 자신의 동료가 전통적인 '시각'을 벗어나는 것을 그리 선호하지 않는다. 사람들은 주위 사람 중 하나가 무언가를 새로운 방식으로 '바라볼' 것을 제안할 경우 매우 당혹스러워하기 마련이다. 예컨대, 마녀사냥을 집행하던 청교도 공동체에서 어느 한 구성원이 마녀들이 존재하지 않는다고 믿을 때 어떤 결과가 초래될지 생각해보자.

둘째, 집단은 자신의 정체성을 지키고 싶어 한다. 집단이 자신의 경계를 확고히 하는 주된 방법의 하나는 바로 그 구성원들에게 획일적인 행동을 요구하는 것이다.

셋째, 아마 가장 중요한 이유는 집단 또한 개인과 마찬가지로 목표를 가지고 있다는 사실이며, 이러한 집단의 목표는 종종 합의 없이는 달성될 수 없다는 점이다. 즉, 의견의 일치가 집단행동의 **필요조건**이라고 할 수 있다. 페스팅거(Festinger)에 따르면, 이와 관련해 집단 구성원들의 의견 또는 태도에 대한 '획일성 압력'은 "이와 같은 획일성이 집단이 어떤 목표를 향해 나아가기 위해 바람직하거나 필수적이기 때문에 발생할 수 있다."[24] 만약 사람들이 '무엇이 다음 단계가 되어야 하는지'에 대해

---

**24** 그는 이것을 '집단으로의 이동(group locomotion)'이라 부른다(Festinger, 1950).

동의할 수 없다면, 그들은 분명히 집단행동을 취할 수 없을 것이다.[25]

지금까지 본서에서는 사람들의 의견·태도·행동이 겉으로는 개인적인 것처럼 보이지만 실제로는 무엇보다도 사회적 특성을 갖게 되는 일련의 '이유'를 기존의 사회과학 이론과 연구를 바탕으로 살펴보았다. 저자들은 개인이 다른 사람의 의견에 동조함으로써 얻게 되는 '혜택'을 집단에 의한 수용과 원하는 지위의 성취에 따르는 만족 측면에서 언급했다. 다음으로, 저자들은 집단이 어떤 방식으로 구성원들에게 표준과 의미를 제공하는 기능을 수행하고, 이를 통해 결과적으로 개인이 '사회적 현실'이 무엇인지 이해하기 위해 집단에 의존하게 됨을 분석했다. 이러한 논의 과정을 통해 본서에서는 규범 형성과정의 핵심원리, 그리고 사람들 사이의 상호작용이 어떻게 판단, 의견 및 행동 방식의 공유된 표준을 만들어내는지를 살펴보았다.[26] 이어지는 논의에서 저자들은 유사한 가치관을 기반으로 한 이끌림이 종종 정기적인 상호작용에 **선행한다**는 점에서, 상호작용이 집단 구성원들이 대체로 공통의 사고 및 행동 방식을 갖게 되는 현상을 설명하는 유일한 요인은 아니라는 것을 보여주었다. 그리고 마지막으로 본서에서는 집단이 왜 의견의 획일성을 요구하게 되는지에 대한 몇 가지 이유를 제시했다.

저자들은 이로써 주로 기존의 소집단 연구 문헌을 바탕으로, 왜 비교적 작은 집단의 사람들을 연구하는 것이 개인의 의견과 행동의 내용과 집단역학(dynamics)을 이해하는 데 핵심적인지 명확히 설명하고자 하였다. 끝으로 저자들이 채택한 지나친 단순화와 관련한 주의사항을 독자에게 강조하고자 한다.

---

**25** 이 모든 논의는 개인이 집단과의 관계를 지속하기를 원한다는 가정에 뿌리를 두고 있다. 이러한 동기는 순전히 자발적인 것일 수도 있고, 위험한 환경에서 연대감에 대한 필요성에 의해 형성된 것일 수도 있으며, 혹은 집단행동이 요구되는 어떤 목표를 달성해야 할 필요의 결과로 형성된 것일 수 있다. 더 나아가 여기에서 집단이 동조를 강제하기 위해 취하는 강압이나 그 외 어떠한 종류의 '특별한' 조치보다, 집단생활에 암묵적으로 내재된 '자동적인' 통제에 더 주목하고 있음을 분명히 할 필요가 있다. 즉, 사람들은 동조의 '혜택'(수용, 친교관계, 리더십, 사적 목표의 달성 등)을 포기하고 싶지 않기 때문에, 또는 다른 사람들이 보지 않는 것을 '보게' 됨으로써 정신적 안정을 해치는 것을 원하지 않기 때문에 등과 같은 이유로 집단규범에서 벗어나지 않는다는 것이다. 저자들이 '자동적'이라고 이름 붙인 것은 바로 이를 의미한다. 이 점에 대해서는 '사회적 통제'에 관한 호만스(Homans, 1950)의 논의를 참조하라.

**26** 물론 지금까지의 논의에서 대인 영향력 및 커뮤니케이션의 **과정**에 대해서는 거의 다루어지지 않았다. 이 주제에 대한 보다 자세한 논의는 '대인관계 네트워크'에 대한 5장에 제시되어 있다.

## 지나친 단순화에 대한 몇 가지 단서조항들

현재 연구의 주요 초점이 '준거'집단이라는 것을 충분히 알고 있음에도, 본서에서는 때때로 사람들이 어느 한 집단에만 속한 것처럼 말하거나, 또는 개인이 **소속된** 집단만이 그의 의견에 영향을 미친다는 것처럼 암시하기도 한다. 또한, 본서에서는 가끔 사람들이 개인적으로 친분이 있는 사람들로부터만 생각과 행동의 기준(standards)을 취한다는 점을 마치 확립된 것처럼 논하기도 했다. 그들이 개인적으로 모르는 사람들, 혹은 매스 미디어의 영향은 절대 받지 않는 것처럼 말이다. 아울러 본서에서는 어떤 때는 비공식 집단을 제외한 다른 체계가 세상에 존재하지 않는 것처럼 말하고, 대인관계 영향과 배척 외에는 이 세상에 통제나 제재의 기제가 작동하지 않는 것처럼 말하기도 하였다. 본서에서는 꽤 자주 개인의 사고와 행동을 관장하는 모든 기준, 판단, 가치관 및 생각이 마치 그들이 '기반을 두고 있는'(지지받고 요구받는)[27] 소집단에서 **비롯되는** 것처럼 말하기도 했다. 저자들은 이 모든 경우가 지나친 단순화임을 인정한다.

본서에서는 또다시 강조하고 싶다. 저자들은 간혹 '집단'이라는 단어에 오해의 여지가 있는 함축적 의미가 있음을 인지하고 있다. 저자들은 커뮤니케이션 과정에서 **타인들**(*other people*)이 수행하는 역할에 주목하고 있으며, 본서에서는 '집단'이라는 단어를 종종 단지 개인이 관계를 맺고 있는 중요한 '타인들'을 암시하는 약칭으로 사용할 뿐이다. 비록 체계적인 방법을 통해서는 아니지만, 어떤 유형의 '타인들'이 중요한지 답하려고 노력하고 있다. 다양한 유형의 집단의 명확한 정의, 또는 실제 개인들의 삶에서 집단 간 벌어지는 상호작용에 대해 복잡한 추측에 파묻히는 것은 별 도움이 되지 않을 것이기 때문이다. 단지 현재 시점까지 저자들이 말할 수 있는 것은 명

27 이와 관련해, 준거집단 이론·연구와 소집단 이론·연구가 아직 개념적으로 통합되지 않았다는 점에 주목할 필요가 있다. 《미군》 연구 자료가 준거집단 이론에 대해 갖는 함의를 분석한 머튼과 키트(Merton and Kitt, 1950)는 설문조사 응답자의 소집단에 대한 지식이 준거집단 개념의 근간이 될 수 있음을 여러 차례 보여준다. 여기에서 저자들이 제기하는 몇몇 질문들은 머튼과 키트의 논의에서도 찾을 수 있다. 예를 들어, 사람들은 자기 자신을 개인적으로 아는 사람들에게만 연관 지어 생각하는가, 아니면 가령 '모든 징집면제 전시 노동자' 내지는 '상류사회'와 같이 특정 개인과 상관없는 지위 범주와도 연관 짓는가? 만약 후자의 경우 또한 사실이라면, 저자들은 즉시 사람들이 어떠한 기제를 통해 이러한 익명의 타인과 '접촉'하게 되는지 탐구하는 방향으로 향하게 될 것이다. 의견지도자 연구는 바로 이 지점에서 크게 기여할 수 있다.

확한 정의, 학습된 추측, 또는 어떠한 종류의 '답변'도 모든 전환점에서 나타나는— 그리고 계속해서 나타나게 될— 종류의 질문들을 해결하는 데 큰 도움이 되기 어렵다는 점이다.◆ 왜냐하면 이러한 질문들은 실증연구로 가는 길을 보여주기 때문이다.

마지막으로 '동조'라는 단어에 대해 논하고자 한다. 일탈의 결과와 동조의 '혜택'에 대한 본서의 논의는 친밀하게 상호작용하는 개인들 사이의 합의나 이견의 차원에서 이루어진 것이다. 즉, 이것은 현재 벌어지고 있는 미국 사상에서의 동조와 정통성에 대한 정치적 논의와는 상당히 다른 차원의 문제이다. 후자의 정치적 논의에 대해 본서가 갖는 유일한 함의는 다음과 같다. 더 넓은 사회 차원에서의 비(非)동조자는, 그와 생각이 비슷한 또 다른 비동조자와 동조하며 밀접한 관계를 맺고 있을 것이다.

이제 저자들의 입장을 해명했으니 이번 장을 마무리하도록 하자. 그러나 마무리하면서 다시금 강조하고 싶은 것은, 저자들은 일차집단에서의 상호작용에 참여하는 개인들이 자신들의 상호작용을 관장하는 규범을 만들어나간다는 점을 확립하려 하지 **않았다**는 사실이다. 이는 이미 잘 정립된 명제로, 이 장에서 보고된 연구들 역시 이를 확실히 지지한다. 본서에서 주장하고자 **한 것**은, 개인적인 것으로 보이는 의견과 태도조차도 사실 대인관계의 부산물일 수 있다는 점이다. 기존 연구들은 사람들의 의견과 태도는 다른 사람들의 의견과 태도와의 연관성 속에서 종종 유지되고, 때로 생성되며, 또한 때로는 단순히 요구된다는 점을 강력히 지지한다. 요컨대, 이번 장에서 저자들은 개인의 의견과 태도의 표현이 사실은 엄격히 개인적 차원의 문제가 아니라는 본서의 주장을 지지하는 근거들을 정리하고자 하였다.

◆ 번역문이 다소 추상적이다. 풀어서 설명하자면 다음과 같다. 연구를 진행하다보면 전혀 생각하지 못했던 결과를 발견하기 쉽고 이를 해결하는 과정에서 새로운 개념을 고안하게 된다(마치 커뮤니케이션 효과를 연구하다가 일차집단의 중요성을 발견한 본서와 마찬가지로). 이렇게 탄생한 새로운 개념을 현실에서 검증하는 과정이 바로 실증연구라는 것이 저자들의 주장이다.

5장

# 집단이 개인 의견 및 태도에 미치는 효과: 매스 미디어 연구에서의 함의

앞서 살펴보았듯 개인의 의견이나 태도의 **변화**는 겉으로 드러나는 것보다 더 많은 것을 의미한다. 개인의 의견과 태도가 타인과의 관계 속에서 형성·유지된다고 한다면, 의견과 태도의 변화 역시 순수하게 개인적 현상이 아니라 사회적 현상으로 이해되어야 한다.

이제 저자들이 소개하는 소집단 연구를 기반으로 개인 의견 및 태도 **변화**에 매스 미디어가 미치는 효과에 대해 살펴보자. 저자들은 사람들의 사고방식과 행동에 영향을 미치는 매스 미디어의 효과에 대해 살펴보고자 한다. 앞서 살펴본 것처럼 대중 설득 캠페인이 목표로 삼고 있는 개인의 의견이나 태도가 대인관계와 관련되어 있기 때문에 그 다음 단계는 명확하다. 앞서 보았듯 개인이 집단과 무관하게 변화하기 어렵다면, 개인 의견과 태도를 변화시키는 방법에 대한 소집단 연구의 결과는 무엇인지 살펴보아야 한다.

물론 앞서 살펴본 연구결과들을 개인 의견 및 태도변화 연구에 직접 적용할 수도 있을 것이다. 집단동조를 통해 얻을 수 있는 '혜택' 혹은 주변 사람들과 동일한 방식으로 사물을 '인식'하려는 개인들의 사례들은 개인이 집단규범의 방향성과 동일하게 자신의 의견이나 태도를 변화시키려는 경향이 있음을 명확하게 보여주고 있기 때문이다. 몇몇 선행연구들을 보다 자세히 살펴보도록 하자.

## 변화를 위한 매개체로서의 집단

첫째, 한 집단에서 다른 집단으로 소속을 변경하려는 사람들에게서 나타나는 의견, 태도, 가치관 등의 변화다. 즉 새로운 집단의 인정을 받고자 하는 사람은 새로운 집단에 맞도록 의견 및 태도를 바꾼다. 이는 재교육, 재활, 리더십 훈련, 편견 감소 등 다양한 분야에 적용되는 응용연구들에 활용되는 기본명제다. 전형적 연구로는 단주(斷酒)모임 신규 참여자가 모임에 동화되는 과정을 분석한 베일즈(Bales, 1945) 연구를 들 수 있다. 베일즈의 분석에 따르면, 알콜중독자 갱생을 목적으로 하는 단주모임 신규 가입자는 '과거 자신이 매우 숨기고 싶어 했던 생각들과 행동들을 고백하는 과정을 통해' 자신이 다른 구성원에게서 익숙하게 들었던 내용으로 자아비판을 실시함으로써 다른 사람들로부터 최초로 인정받고 구성원으로 받아들여진다. 이를 통해 신규 가입자는 자신이 술의 유혹에 저항할 능력이 있다는 것을 느끼기 시작한다. 이러한 고백 이후에 고백 단계보다 중요한 두 번째 단계를 밟게 된다. 신규 가입자는 다음에 참가할 신규 가입자를 위해 자신을 조언자, 교사, 단주모임의 규범에 충실한 수호자 역할을 맡는 방식으로 단주모임 프로그램 참여를 요청받는다. 베일즈에 따르면, 두 번째 단계까지 마친 이 신규 가입자는 자신이 술의 유혹에 저항할 수 있다고 느끼는 것은 물론 술에 대한 욕구 자체가 **자신에게서 사라졌다**고 느낀다고 한다. 단주모임은 단주모임 가입자가 원하는 목표 달성에 기여하는 것과 함께, 술을 끊으려는 동기를 실제 행동으로 변화시키는 **미디어** 역할도 수행한다. 신규 가입자를 교정치료 '공동체(communities)'에 소개시키는 유사한 방식의 최신 교정치료기법(이를테면 전쟁포로들이나 장기 실직자 등)은 영국의 사회과학자와 임상심리학자들에게 두드러지게 발견되고 있다.[1]

다시 말해, 새로운 집단에 소속되고 싶은 개인은 자신의 의견과 태도를 이 집단과 일치하게 바꾸려고 한다. 만약 앞서 소개한 결과와 관련하여 베닝톤 대학(Bennington College) 재학생에 대한 뉴콤(Newcomb)의 연구와 [신병('green')이 현직 병사의 태도에 동화되는] 《미군》에서 소개된 사례를 고려해본다면, 본서에서 언급한

1 예를 들어 윌슨 등(Wilson et al., 1952)과 존스(Jones, 1953)를 참조하라. 이와 비슷한 교정방식을 다룬 연구들은 로즈보로(Roseborough, 1953)를 참조하라.

내용이 명확하게 이해될 것이다.[2] 이러한 유형의 변화는 본서에서 동조성의 '혜택(benefits)' 혹은 도구적 기능과 비슷하다.

도구적 기능과 닮아 있는 다른 유형의 변화는 명망암시 관련 연구전통에 맞닿아 있는 연구들이다. 명망암시 연구들의 거의 대부분은 동조성의 '사회적 현실(social reality)' 측면을 다루고 있다. 명망암시 연구들의 기본모형을 잠시 생각해보면 어떤 면에서 명망암시 연구들이 동조성과 관련되어 있는지를 충분히 이해할 수 있다. 명망암시를 다루는 일반적인 실험은 사전에 표현되거나 당연하게 여겨지는 의견들을 명망이 있다고 여겨진 인사(人士)나 집단이 말하지 않았을 것 같은 의견으로 변화시키는 방식으로 진행된다. 이 실험의 핵심은 어떤 인사나 집단이 특정 의견을 암시하거나 암시하지 않았을 경우를 비교하는 방식으로 실험 참여자들에게 얼마나 '명망 있게' 받아들여지는가를 살펴보는 것이다.[3] 예를 들어 애쉬(Asch)◆의 최초 동조성 실험의 경우, 실험 참여자들은 집단내 의견이 불일치하고 있다는 정보를 들었을 때에 비해 집단내 의견이 일치하고 있다고 들었을 때 의견변화(실험의 경우, 여러 직업들의 중요도 순위)가 더 커지는 것으로 나타났다.[4] 명망암시는 단순한 부화뇌동 효과와 다르다. 인물이나 집단이 대상 주제에 대해 특별한 명망을 갖고 있는 경우에만 명망 있는 인물이나 집단에 대한 암시가 의견변화에 영향을 준다.

사람들의 의견변화와 의견변화 정도에 대한 연구들은 실험 참여자들이 명망암시

---

**2** 앞서 언급하였듯, 소개한 연구들은 준거집단 이론의 핵심연구들이다. 준거집단 연구에 명시된 원리들은 소집단 연구와 연결 가능하다. 왜냐하면 준거집단 이론과 관련된 연구는 특정시점에서 특정한 한 집단에 대해 한정되는 것이 보통이기 때문에, 소집단 연구에서 나타나는 사회심리학적인 접근을 적용하는 것은 매우 생산적인 일이다. 한 집단에서 다른 집단으로 '옮겨가는(moving)' 과정에 대한 연구는 소집단 연구와 준거집단 이론의 통합연구주제로 적당하다. 여기에 인용된 연구들은 뉴콤(Newcomb, 1952)과 머튼과 킷(Merton and Kitt, 1950)이다.

**3** 지난 10-15년간 진행된 연구들을 정리한 연구에 따르면 명망암시의 효과는 (a) 상황이 얼마나 명확한지, (b) 인물이나 집단의 명망이 얼마나 실제에 부합하는지에 따라 달라진다고 한다[이와 관련 베렌다(Berenda, 1950)의 1장 참조]. 또한 학습이론(learning theory) 관점에서 명망암시 실험결과를 분석한 연구로는 밀러와 돌라드(Miller and Dollard, 1941)를 참조하라. 또한 밀러와 돌라드는 사회적 과정으로서의 '모방(imitation)'에 대한 다양한 관점들을 통합하고 있다.

**4** 애쉬(Asch, 1940)의 실험은 베렌다(Berenda, 1950)의 1장에서 재인용하였다.

◆ 솔로몬 애쉬(Solomon Asch, 1907-1996)는 폴란드 출신의 미국 게슈탈트 심리학자다. 본서에서 소개되는 명망암시 연구는 물론 사회심리학 연구에서 빠지지 않고 소개되는 유명한 '동조성 실험'을 창안하고 실시했던 학자다. 동조성 실험의 절차와 결과는 본서에서도 자세히 논의되고 있다.

에 반응할 때 참여자들의 마음속에서 어떤 일이 벌어지는가를 탐구하는 게슈탈트 심리학이 등장하기 이전까지 전혀 주목받지 못하거나 매우 잘못 이해되어 왔다.[5] 본서에서는 **실제 집단상황**에서 명망암시 효과를 적용하는 연구와 관련되는 경우가 아니라면 명망암시에 대해서는 더 다루지 않을 것이다. 사회적 암시가 아동의 음식 선호에 미치는 효과를 살펴본 실험연구에서, 칼 덩커(Karl Duncker, 1938)는 실험에서 제시된 여러 가지 음식들 중에 원하는 음식을 선택할 때, 어른들의 음식 선호보다 다른 아동들의 음식 선호를 따라가는 경향이 더 강한 것을 발견하였다.[6] 구체적으로 어른들이 처음 고른 음식에 대해 17명 중 4명의 아동이 어른과 동일한 음식을 선택했던 반면, 다른 아동들이 고른 음식에 대해서는 20명 중 17명이 같은 음식을 선택했다. 다시 말해 아동들이 어른의 권위를 인정한다고 하더라도 권위만으로는 효과가 충분히 발휘되지 않는다. 아동들은 자신들이 동일시할 수 있는 동료 아동들의 영향을 받는다. 이 연구결과에서 가장 놀라운 점은 아동들이 서로 매우 높은 수준의 친분관계를 맺고 있으며, 아동들이 선택한 음식에 대해 매우 강한 합의를 보인다는 점이다.

베렌다(Berenda, 1950)의 최근 연구결과도 비슷하다. 애쉬(Asch)가 고안한 실험설계(이에 대해서는 조금 후에 소개할 것이다)를 기반으로 실시한 베렌다의 연구에 따르면 학생들에게 더 큰 영향을 미치는 존재는 교사가 아니라 동급생(classmate)인 것으로 나타났다. 이런 점에서 '권위'를 갖는 인물이 의견에 미치는 영향은 동료집단보다 약할 수도 있다고 예상할 수 있다.

이와 같은 연구경향을 선도하는 연구자는 솔로몬 애쉬(Solomon Asch)다. 애쉬(Asch, 1952)는 '집단이 사실과 다르다고 인식된 내용을 압박해올 때, 개인이 집단압박에 저항, 혹은 굴복할 수 있는 사회적 조건과 개인적 특성이 무엇인지 연구'하고자

---

**5** 실험 참여자들이 어떤 압박을 느꼈는지 조사한 인터뷰 결과, 실험 참여자들이 언급한 가장 첫 번째 압박은 명망 있어 보이는 실험 진행자에게서 느껴지는 일종의 '권위'와 다른 실험 참여자들도 상당히 명망이 있어 보인다는 생각이었다. 이를 통해 알 수 있는 것은 외면적으로는 명백해 보이는 태도변화라도 내면의 태도변화로 이어지지는 않는다는 점이다. 이에 대한 논의로는 루이스(Lewis, 1952)를 참조하라. 또한 인지구성(cognitive organization)과 관련된 이론적 논의로는 크레치와 크러치필드(Krech and Crutchfield, 1948)의 3장, 4장, 9장을 참조하라.

**6** 베렌다(Berenda, 1950)의 1장에서 재인용.

하였다.[7] 즉, 애쉬는 집단이 '옳은' 의견에서 '틀린' 의견으로 바꿀 것을 어디까지 강요할 수 있을지 연구하였다.

애쉬의 실험은 다음과 같이 진행되었다. 실험 참여자는 7명으로 구성된 집단(이 집단에 속하는 사람들은 실험의도를 알고 있는 실험 보조자들이었지만, 실험 참여자는 이를 알지 못한다)에 배치되었다. 집단구성원들에게 일정 길이를 갖는 선(線)을 보여준 후, 답지로 세 가지 선들을 제시한 후 먼저 보여준 선과 동일한 길이를 갖는 선이 무엇인지 선택하도록 요청하였다(제시된 세 가지 선들 중 동일한 길이를 갖는 선이 하나 존재하였다). 우선 7명의 실험 보조자들은 명백하게 잘못된 선이 동일한 선이라고 선택하였으며, 마지막으로 실험 참가자에게 어떤 선이 동일한지 질문하였다. 이렇듯 다수의 의도적 실수는 명백하게 나타났지만, 실험 참가자의 약 1/3은 절반 혹은 그 이상의 확률로 다수의 의도적 실수를 따라가는 것으로 나타났다. 반대로 실험조건과 무관한 통제집단의 경우 실수는 거의 나타나지 않았다. 집단내 다수의 왜곡된 판단이 미치는 효과에 대해 논의하면서, 애쉬는 '다수가 완전히 동일한 의견을 보이고 자신만이 외로운 소수자가 되는 실험집단에 배치된 실험 참가자는, 아마도 생애 최초로 자신이 본 것과 완전하게 배치된 의견을 갖는 집단 분위기를 경험해보았을 것'[8]이라고 지적하였다.

어쩌면 셰리프의 실험에서와 마찬가지로, 터무니없어 보이는 실험조건과 실제 환경이 같지 않다는 점에서 애쉬의 실험결과에 이의를 제기하고 싶은 사람들도 있을 것이다. 그러나 매스 커뮤니케이션 연구자인 저자들의 생각은 다르다. 왜냐하면 전체주의 국가에서 강한 커뮤니케이션 효과가 발생하는 가장 큰 이유 중 하나는 미디어 '독점(monopolization)'이기 때문이다. 다시 말해 반대 진영의 정치선전 혹은 명시적 반대 의사표시가 존재하지 않는 경우, 전체주의 국가의 정치선전이 (설사 그 내용

---

7 애쉬는 집단압박과 경험적으로 검증 가능한 연구 상황에서도 집단내에서 생성된 '사회적 현실'이 존재한다는 것을 보여주고자 했다. 즉 애쉬의 실험에서는 [앞서 소개한 셰리프(Sherif) 실험에서와 같은] 사회적 압박이 일어날 것이라고 기대되지만 조직의 구조가 다소 느슨하고 모호한 내적 실험 상황이 배제되었다.

8 애쉬에 따르면 집단의견에 굴복하는 실험 참여자들은 세 유형이라고 한다. 첫째, 다수의 판단을 따라 실제 현상 인식을 바꾸었으며, 이렇게 영향을 받았다는 사실에 심리적 불편함을 느끼지 않는 실험 참가자. 둘째, 자신의 현상 인식에 어딘가 문제가 있다고 생각해서 다수의 판단을 추종한, 즉 왜곡된 판단을 내린 실험 참가자. 셋째, 다수의 판단이 틀렸다고 생각했지만, '자신의 생각을 내세우면 자신이 다른 사람과 달라 보이거나 열등해 보일까봐' 혹은 '다른 사람의 잘못을 지적하고 싶지 않았기 때문에' 다수의 판단을 추종한 실험 참가자. 나머지 약 1/4의 실험 참가자들은 다수의 판단에 동조하지 않았다.

이 명백한 '날조'인 경우에도) 성공할 가능성이 매우 높기 때문이다.[9] 애쉬의 실험에서는 실험 상황을 조금만 변화시켜도 실험결과가 매우 크게 달라지는 현상이 나타났는데, 이는 여기서 언급한 전체주의 국가의 미디어 독점에 따른 커뮤니케이션 효과 사례와 매우 유사하다. 애쉬는 **단 한 명을 제외한 다른 모든 사람들**이 동일한 판단을 하도록 실험 상황을 바꾼 후 실험을 진행하였다. 또한 실험 상황을 모르는 실험 참가자를 추가로 배치하거나 다수의 판단과 다르게 올바른 판단을 하는 실험 보조자 한 명을 추가로 투입하는 방식으로 실험 상황을 바꾸어 실험을 진행하였다. 이렇게 실험 상황이 바뀌자 다수의 판단을 따라 잘못된 판단을 한 실험 참가자 수는 급격하게 감소하는 것으로 나타났다.

지금까지 저자들이 살펴본 모든 연구들은 어떻게 집단이 개인 의견, 태도, 습관 변화를 위한 매개체로 작동하는가를 잘 보여주고 있다. 만약 집단구성원 자격을 얻고자 하는 개인의 동기가 동조성에 대한 압박과 매우 밀접하게 연결되어 있다면, 집단 소속감을 가장 강하게 느끼는 사람이 의견과 태도에 미치는 집단압박을 가장 강하게 느낄 것이다. 바로 이 점이 여기서 집중적으로 살펴보고자 하는 연구(Back, 1952)의 핵심적 내용이다. 백(Back, 1952)은 집단 응집성(group cohesiveness)과 동조성의 관계를 살펴보았다. 현실에서 집단 응집성은 집단내 구성원들이 서로에 대해 느끼는 연결강도로 측정된다. 백은 상대에 대해 매력 수준을 다르게 느끼게 만드는 방식으로 집단 응집성 수준이 높거나 낮은 두 집단(각 집단내 구성원은 2명)을 설정하였다. 먼저 각 집단 구성원에게 몇 장의 그림들에 대한 해석을 적도록 한 후, 작성한 해석을 상대방이 개선할 수 있게 상의하도록 하였다. 실험 참가자는 알지 못하였으나 집단 구성원이 받은 그림들(실험 참가자가 그림을 본 후에는 다시 볼 수 없도록 회수하였다)은 상이한 해석이 가능하도록 약간 달랐다. 즉 상대방의 해석을 접한 집단 구성원은 상대방의 해석이 자신의 해석과 다르다는 것을 반드시 알 수 있었다. 집단 응집력이 낮은 집단의 경우 해석의 차이에 수동적으로 대응한 반면, 집단 응집력이 높은

9 반대 의견이 없는 정치선전은 상대적으로 더 큰 효과가 있다는 근거가 실제로 존재한다. 구체적 사례들로는 라자스펠드(Lazarsfeld, 1942)를 참조하라. 언급할 만한 명망암시와 관련하여 가장 잘 알려진 사례는 한스 크리스티앙 앤더슨(Hans Christian Anderson)이 예전에 출간한 《벌거벗은 임금님(*The Emperor's New Clothes*)》일 것이다. 과거 '오직 현명한 사람만'이 임금님이 자신의 행차용으로 택한 아름다운 새 옷을 볼 수 있다는 소문이 돌았다. 이에 임금님을 포함한 모든 사람들이 임금님 옷의 아름다움을 칭찬했지만, 실제로 옷은 존재하지 않았고 임금님은 벌거벗은 상태였다. 그러나 명망암시에 걸리지 않은 한 아이는 소위 현명하다는 사람들과는 달리 다수가 만들어낸 '사회적 현실'을 폭로하였던 것이다.

집단의 경우 해석의 차이를 해소하려는 시도를 보였다. 백은 집단 응집력에 따른 차이를 뚜렷하게 보여주기 위한 최종적 증거자료를 얻기 위해 집단 구성원 간 상호작용 도중에 어떤 일이 있었는지 조사하였다. "귀하께서 보시기에 귀하의 파트너가 얼마나 귀하에게 영향력을 행사하려 했다고 생각하시나요?"라는 질문에 대해 파트너의 영향력 행사 시도를 느꼈다고 답한 응답자는 집단 응집력이 낮은 집단에서는 절반 미만에 그친 반면, 집단 응집력이 높은 집단에서는 그 비율이 2/3 넘게 나타났다.

더구나 백의 연구에 따르면, 낮은 응집력 상황에 비해 높은 응집력 상황인 경우 파트너의 영향력이 훨씬 높았다(즉, 보다 효과적이었다). 이에 대해서는 잠시 후에 다시 논의할 것이다. 두 가지 상이한 연구전통(즉, '집단역학'과 '명망암시')에 뿌리를 두고 있는 여러 연구들을 통해 본서에서 제시하고자 하는 점은 대인관계는 집단내부의 의견, 태도, 행동 등이 어디쯤에서 공유되고 있는지 단순히 제시해주는 사회적 이정표(social signposts) 이상의 의미를 갖는다는 사실이다. 개인이 대인관계에 관심을 갖고 있는 한 대인관계는 지속적으로 집단규범을 유지시키고, 규범에서 벗어난 사람을 통제하며, 동조성을 만들어내도록 영향력을 행사하는 효과를 발휘한다는 것을 보여준다.

## 변화대상으로서의 집단[10]

지금까지 친밀한 관계를 맺고 있는 사람들은 상대에게 새로운 생각을 일깨워주며 기존 생각을 유지시켜주거나 변화시킬 수 있다는 점을 살펴보았다. 이제 본서의 목적상 집단내 인간관계의 효과에 대한 지식이 어떻게 집단외부 존재에 의한 영향력 연구에 적용 가능할지 살펴보도록 하자. 매스 미디어 연구에 적용하면, 연구문제를 다

---

**10** 카트라이트(Cartwright, 1951)가 제안한 구분방식을 제시 순서만 조금 바꾼 후, 이번 장의 내용을 구성하였다. 집단을 준거로 개인의 의견 및 태도의 변화와 관련된 몇몇 심리학 원리들을 검토한 후, 카트라이트는 관련 연구를 집단을 변화의 '매개체(medium)'로 간주하는 연구와 집단 자체가 변화의 '대상(target)'인 연구로 구분하였다. 두 가지 연구의 연구대상을 (집단이 아닌) 개인이라고 가정한다면, 집단을 '매개체'로 파악하는 연구는 집단**내부**에서의 변화 압박에 대한 연구로, 그리고 집단을 '대상'으로 파악하는 연구는 우선 집단에 영향을 끼친 후 집단에 속한 개인에 영향을 미치는 집단**외부**에 존재하는 변화 압박에 대한 연구로 이해할 수 있다. 다시 말해 집단을 '대상'으로 파악하는 연구는 집단이 효과적인 변화의 '매개체'라는 사실을 가정한 후 진행되는 연구다.

음과 같이 표현할 수 있을 것이다. "매스 미디어 캠페인이 개인에 미치는 효과를 대인관계가 조절한다고 볼 수 있는 근거는 존재하는가?"

아마도 지금까지 살펴본 본서의 내용에 따르자면 다음과 같이 암울한 결론을 내릴 수밖에 없을 것이다. 만약 어떤 개인의 의견이 자신과 연관된 다른 사람들과 공유하는 의견과 동일하다면, 그리고 다른 사람들이 전혀 변화를 따르려 하지 않는다면, 이러한 개인의 의견이나 태도를 변화시키려는 시도는 성공할 수 **없다**. 이러한 결론은 보이스카우트 집단에 대한 켈리와 볼카트(Kelly and Volkart, 1952)의 연구에서 명확히 나타난 바 있다.

켈리와 볼카트는 보이스카우트 대원들이 자신이 보이스카우트 대원이라는 점을 얼마나 중요하게 생각하는지에 대한 태도 측정문항을 기반으로 두 집단으로 구분하였다. 켈리와 볼카트는 스스로 보이스카우트 대원임을 중요하게 생각하는 대원들이 그렇지 않은 대원들에 비해 보이스카우트 대원으로서의 삶과 연관된 태도를 변화시키려는 시도에 대해 심리적으로 저항하는지를 테스트 검증하는 연구를 구상하였다. 이 가설을 테스트하기 위해 대원들에게 보이스카우트 활동 중 중요하게 생각되는 캠핑과 목공(木工) 활동을 은근히 비판하는 초대연사의 강연을 듣도록 하였다. 강연 시작 이전과 종료 이후, 두 가지 활동에 대한 태도변화 정도를 확인하기 위한 태도문항을 측정하였다. 켈리와 볼카트의 연구결과 가설은 지지되었다. 즉 보이스카우트 대원임을 덜 중요하게 생각할수록 보이스카우트 집단의 중심가치를 비판하는 강연에 더 큰 영향을 받는 것으로 나타났다(보이스카우트 집단의 중심가치로부터 벗어나는 정도가 컸다). 반대로, 보이스카우트 대원임을 중요하게 생각하는 대원의 경우 집단과 공유하는 의견을 비판하는 강연에 대해 더욱 강하게 심리적으로 반발하는 모습을 보였다.

커뮤니케이션 내용이 자신이 중요하게 생각하는 사람들과 공유하는 지배적인 의견, 태도, 습관 등을 비판하는 경우, 이를 접한 사람은 커뮤니케이션 내용에 저항하기 마련이다. 이는 대인관계가 어떻게 매스 커뮤니케이션 과정에 개입하여 커뮤니케이션 효과를 조절할 수 있는지를 보여주는 구체적 증거다.

마찬가지로 만약 어떤 사람이 제안받은 커뮤니케이션 메시지에서 제시하는 방향으로 행동을 변화하고자 할 때, 다른 사람들이 자신의 변화를 지지할 것으로 인지하고 있다면 자신에게 영향력을 행사하려는 커뮤니케이션 내용에 적극적으로 협조할 것이라는 가설을 세울 수 있다. 쿠르트 레빈과 동료들이 개척했던 '집단의사결정

(group decision)'과 관련된 일련의 유명한 실험들에서 이 가설을 다룬 바 있다.[11] 이 실험들은 개인의 행동변화를 다루고 있다. 변화 달성을 위한 집단토론의 효과를 테스트(토론 후 '집단의사결정'을 통해)하는 것이 실험의 목적이었다.

레빈과 동료들이 실시한 한 실험에서는 집단토론의 효과와 개인별로 제시된 지시사항의 효과를 비교한 바 있다.[12] 산부인과 병원에서는 퇴원하기 전 육아와 관련된 지시사항을 산모에게 전달한다. 일반적으로 지시사항은 산모 개개인에게 전달하는 것이 보통이다. 이 맥락에서 레빈과 동료들은 집단토론의 효과와 개별로 제시된 지침의 효과를 비교하기 위해 산모들을 두 집단으로 구분하였다. 한 집단의 산모들에게는 기존과 마찬가지로 개인별로 육아지침을 전달하였으며, 다른 집단의 산모들은 여섯 명씩 집단을 구성한 후 육아지침을 따를 것인지 여부에 대해 손을 들어 의사를 표현하도록 하는 방식으로 최종 '의사결정(decision)'을 내리는 집단토론을 실시하였다. 집단토론에 소요된 시간은 개별 육아지침을 전달하는 시간보다 더 길지 않았으며, 전달된 지침의 내용은 동일하였다. 퇴원 후 2주 후, 그리고 한 달 후에 실시된 사후 인터뷰 결과, 집단토론 조건의 실험 참여자들이 개별적으로 육아지침을 받은 참여자들에 비해 제시된 육아법을 보다 충실하게 따르는 것으로 나타났다.

레빈과 동료들의 다른 실험에서는 집단토론 및 집단의사결정 방식의 강의효과를 살펴보았다. 예를 들어 '인기 없는' 고기 부위를 구매하고 요리하자는 캠페인이 주부들에게 어떤 영향을 미치는지 살펴본 초기 실험을 보자.[13] 실험에는 총 여섯 개 주부모임이 참여하였다. 그중 세 주부모임은 영양학적이며 애국주의적 내용을 다루는 전시(戰時) 식품 캠페인과 관련된 식품영양 전문가의 강의만 들었으며, 다른 세 주부모임은 동일한 캠페인을 따르게 될 '실험 참여자와 비슷한 주부들'이 마주할 문제점과 어려움에 대한 집단토론을 하였다. 토론집단에 속한 주부들의 경우 캠페인에서 제시한 식품을 구매하여 요리할 것인지에 대한 의견을 거수(擧手) 형식으로 확인한 후 집계하는 방식으로 토론을 마무리하였다. 시간이 지나고 사후조사를 실시한 결과 강의

**11** 레빈과 동료들의 실험이 명확하게 정의된 가설을 제안한 후, 이를 엄밀한 방법으로 테스트하였다고 말하기는 어렵다. 본서에서도 언급하였지만, 레빈과 동료들의 실험은 가설이 명확하게 정의되지 않았으며, 실험 결과 역시 여러 가지로 해석될 가능성이 농후하다는 점에서 비판받기 때문이다.

**12** 레빈(Lewin, 1952, p.467)을 참조하라.

**13** 앞의 책(Lewin, 1952, p.463)을 참조하라.

만 들었던 주부들 중 오직 3%만이 인기 없는 고기 부위를 요리하고 있는 것으로 나타난 반면, 집단토론에 참여했던 주부들의 경우 32%가 해당 요리를 하고 있는 것으로 나타났다.

레빈과 동료들의 실험의 경우, 강사와 집단토론 리더는 서로 다른 사람이었으며, 강의 내용과 토론 내용을 맞추려는 시도는 없었다. 그러나 가정 내 우유소비를 증진시키는 메시지를 이용한 후속 실험을 실시할 때는 이러한 가외변수들을 고려하였다.[14] 같은 동네에 거주하는 여섯 집단의 가정주부들을 실험 참여자로 하는 실험에서 실험조건을 강의방식과 집단토론 두 가지로 구분하였다. 그러나 이번 실험의 경우 강사가 직접 토론 리더로 활동했으며, 두 가지 실험조건에서 전달된 내용은 비슷하게 통제하였다. 2주 후, 그리고 4주 후에 실시한 사후조사 결과, 강의제공 집단에 비해 집단토론을 실시하였던 집단에서 우유소비 증진효과(즉, 가정 식품소비습관의 변화)가 더 뚜렷하게 나타났다.

유사한 실험기법을 다른 지역으로 확장하여 적용한 최근 실험결과는 더욱 흥미롭다.[15] 이 실험에서는 총원 400명인 공장의 29명의 십장(什長, foremen)들을 강의제공 집단, 집단토론 집단, 통제집단의 세 집단으로 무작위 배치하였다. (통제집단을 뺀) 강의제공 집단과 집단토론 집단의 두 집단들을 대상으로 실험에 참여한 십장들이 관리하는 노동자들의 협력의사, 정확성, 근무시간의 능률 등의 성과에 대한 반기(半期, semi-annual) 단위 주관적 평가결과를 비교하였다. 주관적 평가결과 십장들이 보다 낮은 직급 노동자들에 비해, 보다 높은 직급 노동자들에게 후한 점수를 부여하는 것으로 나타났다. 경영자 입장에서 판단할 때, 이 결과는 보다 높은 직급과 연관되는 일종의 후광효과(halo effect)◆를 반영한다고 해석할 충분한 근거가 있다. 강의집단에 속한 십장들에게는 해당 분석결과와 함께, 직급과 무관하게 평가작업을 정확하고 동등하게 진행해달라고 요청하였다. 집단토론 집단에 속한 십장들은 해당 결과에 대해

---

**14** 앞의 책(Lewin, 1952, p.466)을 참조하라.

**15** 레빈과 버틀러(Levine and Butler, 1952)를 참조하라. 산업현장의 변화를 유도하는 방법의 효과를 살펴본 다른 연구들로는 매로우와 프렌취(Marrow and French, 1945), 코취와 프렌취(Coch and French, 1952)를 참조하라.

◆ 고전 심리학자인 에드워드 쏜다이크(Edward Thorndike, 1874-1949)가 발견한 후 이름붙인 효과다. 후광효과란 어떤 대상을 평가할 때 두드러지게 나타나는 긍정적·부정적 특성이 해당 대상에 대한 전반적 평가를 좌우하는 현상을 말한다.

(강의집단에 속한 십장들에게 전달한 것과 동일하게) 직급과 무관하게 평가를 진행하도록 하자는 집단내 만장일치의 '결정'에 도달하였다. 두 집단 모두 동일한 시간과 동일한 주제, 즉 '어떻게 해야 직급(job)이 아니라 노동자(man)를 평가할 수 있는가'를 논의하였다. 다음번 평가 작업에서 강의 집단에 비해 집단토론 집단에서 보다 큰 변화가 나타났다. 집단토론 집단에 속한 십장들은 기존 평가방식을 뚜렷하게 개선시킨 반면, 강의 집단과 통제집단에 속한 십장들의 경우 기존 평가방식을 거의 그대로 유지한 것으로 나타났다.

매스 커뮤니케이션 과정에서 대인관계의 역할을 살펴본 이러한 선행연구들의 중요성은 명확하다. 변화를 제시해주는 방식(즉 강의와 개별 지시사항 전달 상황과 같은 고립된 개인)에 비해 다른 사람들과 상호작용하는 방식이 뚜렷한 행동변화로 이어진다. 그러나 토론에서 정확히 어떤 요인(들)이 효과를 발생시키는지에 대해서는 명확하게 밝혀진 바 없다. 본서가 이렇게 결론 내린 이유는 다음의 두 가지다. 첫째, 안타깝게도 살펴본 모든 실험들에서 실험방법상의 문제점이 존재한다. 둘째, 보다 세심하게 실험을 통제했다고 가정하더라도 집단이 영향력 발생 원인에 대해 어떻게 협조하였는지에 대한 '수용(reception)' 과정을 설명하지 못하기 때문이다. 이 두 가지 문제점에 대해 조금 더 살펴보기로 하자.

(1) 이 선행연구들의 실험설계에는 문제가 많다. 어떤 연구는 강의된 내용과 토론된 내용이 서로 상이하며, 어떤 연구는 **시간**요인이 통제되었는지 알 수 없고, 어떤 연구는 토론 집단에는 사후조사가 진행될 것이라고 **사전고지**한 반면 강의 집단에는 관련 정보를 제공하지 않았다. 이런 문제들 외에도 여러 문제들이 존재한다. 그러나 이런 것들은 상대적으로 단순한 문제이며, (물론 다른 문제들이 남아 있기는 하지만) 최근 연구에서는 이런 문제점들이 대체로 통제되고 있다.

그러나 몇몇 핵심요소들(이를테면, 토론, 의사결정, 다른 사람들의 의견에 대한 인식 등)은 실험설계과정에서 잘 통제되지 않고 있다는 점이 중요하다.[16] 즉 실험을 통해 발견한 효과가 토론이라는 단순한 사실과 토론과정을 통한 보다 강렬한 '심리적 개입(involvement)'으로 설명될 수도 있지만, 어쩌면 이 효과가 단순히 '집단의사결정'

---

**16** 레빈(Lewin, 1952, p.465)에 따르면 중요한 것은 토론-의사결정 연계(combination discussion-decision)다. 만약 레빈의 추정이 맞다면, 왜 강의를 실시한 후 거수(擧手)를 통한 '의사결정'이라는 동일한 실험과정을 실험조건으로 투입하지 않았는지 의문이다.

을 내렸기 때문에 발생했다고 볼 수도 있다. 다시 말해, 실험과정에서 제안된 변화를 다른 사람들이 얼마나 따를 것으로 생각하는지가 핵심요인이라고 볼 수도 있다.

본서의 저자들은 제안된 행동변화를 다른 사람들이 얼마나 따를 것인지에 대한 요인이 가장 중요하다고 생각한다. 저자들의 생각의 근거는 사람들의 행동변화에 대한 실험연구를 통해 효과발생의 핵심요인이 '결정'과 '지각된 집단합의'임을 밝힌 베넷(Bennett, 1952)의 최근 박사논문에서 찾을 수 있다. 제안된 행동을 다른 사람도 따를 것이라는 지각의 중요성을 밝힌 베넷의 연구는 저자들의 해석을 지지한다. 베넷은 "집단의사결정과 결정 내용에 대한 지각된 집단합의라는 요인은 명시된 행동을 수행할 것인지를 유의미하게 설명하였다. 그러나 다른 조건들이 동일하다면(other things equal), 강의에 비해 집단토론이 효과적인 것도 아니며, 개인의 결정을 공표(公表)하는 것이 집단 간 차이를 설명하지도 못한다"라는 결론을 내렸다.

즉 사람들은 다른 사람이 제안을 따를 것이라고 지각할 때, 제안된 행동변화를 수용하고 실천하려는 모습을 보였다. 이런 점에서, 산모, 주부, 십장들은 다른 집단구성원들이 동일한 행동을 할 것이라는 확신이 섰을 때 자신들을 대상으로 제안된 영향력 발생 메시지를 수용하려는 의사가 더 강했던 것이다. 다시 말해, 강의를 듣거나 개별 지시사항을 받은 개인들은 집단토론에 참여한 개인들과 비슷한 수준으로 '동기부여(motivated)'된 상태였지만, 새로운 행동이 자신들이 알고 있던 사회적으로 용인되던 기존 방식과 다른 방식인 경우 이렇게 부여된 동기를 행동으로 옮기려 하지 않았을 가능성이 높다. 그러나 이러한 본서의 추정 내용이 실험을 통해 테스트된 바는 없다.

(2) 두 번째 문제점은 이번 장의 내용과 관련하여 중요한 함의를 던져주는 일련의 '집단의사결정' 실험들과 관련되어 있다. 구체적으로 토론집단에 속한 사람들이 자신들을 표적으로 하여 영향력을 발휘하려는 메시지를 마음속에서 어떻게 '수용(reception)'하는지에 관한 거의 어떠한 설명도 제안된 바 없다. 실제로 사람들은 자신들이 공유하는 행동방식들을 바꾸려는 시도에 매우 강하게 저항한다는 것(예를 들어 앞서 소개한 보이스카우트 대원들 대상 실험)을 확인한 바 있다. 그렇다면 집단규범에 배치되는 설득영향력에 대한 집단저항을 무력화시킬 수 있는 요인은 무엇인가? 즉 집단에 대해서는 어떤 방식을 통해 영향력을 행사할 수 있는가? 예를 들어 집단의 특정인이 먼저 변화한 후, 이 사람이 '집단내부(within)'의 다른 사람들에게 영향력을 행사할 수는 없을까? 사람들은 어떤 지점에서 집단의 기준이 변하기 시작했다는 것을

인지하는 것일까? 어떠한 유형의 변화를 받아들이는 집단은 어떤 유형인가? 다시 말해 집단내 동료들과 연결되어 있다면, 영향력의 내용이 어떠한 것이라고 집단내 개인들에게 전달될 수 있는 것일까? 이것이 아마 가장 중요한 것이겠지만, 지속적으로 친밀하게 상호작용하는 개인들로 구성된 집단인 경우와 특정한 메시지를 전달하기 위해 모였다가 나중에 흩어지는 개인들로 구성된 집단의 경우에 나타나는 영향력의 유형은 어떻게 다를까?[17]

과학적 연구에서는 어떤 효과가 '작동한다(works)'는 지식만으로는 충분하지 않기 때문에 이러한 연구문제들은 과학적으로 설명되어야 한다. 본서에서는 이러한 모든 문제들에 대한 포괄적인 설명을 제공할 수 없다. 왜냐하면 이에 대한 어떠한 연구결과도 존재하지 않기 때문이다. 그러나 관련된 분야의 선행연구들이나 행동변화와 관련된 심리학적 원리들에 대한 몇몇 잠정 결론들[18]을 살펴볼 때, 아래의 세 가지 일반원리들(generalizations)을 추출할 수 있다.

(a) 선행연구들에 따르면, 개인의 태도변화 혹은 행동방식 변화를 시도하는 영향력은 최소한 부분적으로나마 **집단규범의 일부이기도 한** 본원적 가치(deep-lying values)에 호소하는 방식으로 작동한다. 즉 태도변화나 행동변화는 겉으로 보이는 것처럼 단순히 어떤 사고방식이나 행동방식을 다른 사고방식이나 행동방식으로 바꾸는 것이 아니다. 이를테면, '인기 없는' 부위의 고기를 요리할 것을 제안할 때 주부들이 느끼게 될 심리적 저항이 성공적으로 극복되는 이유는 해당 행동이 해당 집단이 중요하게 생각하는 다른 규범(즉, 애국심이라는 집단규범)이라는 설명틀(framework)에 포함될 수 있다고 생각하기 때문이다. 제안된 행동이 기존의 가치와 부합할 때, 집단

---

**17** 예를 들어, 산부인과 병원의 산모 집단이 이 사례에 속한다. 본서에 인용된 다른 실험들의 경우 모임 이전에 구성원들이 서로서로 어느 정도는 알고 있었으며, 아마 향후 다시 만나게 될 것이라고 생각했을 것이다. 그러나 여기서 언급한 원칙들을 이해하기 위해서는 실험과정에서 이러한 요인들을 체계적으로 변화시켜야만 한다.

**18** 행동변화 연구들에서 얻을 수 있는 원리들을 명시적으로 정리한 몇몇 소수의 문헌들은 레빈과 레빈의 동료들의 연구들(Lewin and Grabbe, 1945; Cartwright, 1951; Festinger, 1950)을 통해 확인할 수 있다. 이들이 제시한 '연구결과(answers)'들 중 몇몇은 앞서 소개한 베넷의 연구(Bennett, 1952)와 일치한다.

은 새롭게 행동하게 된다.[19]◆

(b) 선행연구들에서 얻을 수 있는 두 번째 일반원리는 문제를 '객관화(objectification)' 시키는 것이다. 사실발견(fact-finding) 기법(예를 들자면, 전시상황에서 '우리와 같은 가정주부들'이 무엇을 할 수 있을지 논의하는 것 등)은 대척되는 집단규범의 존재에도 불구하고 집단이 변화될 수 있는 틈(wedge)을 만들어내는 시도라고 볼 수 있다. 이는 집단 내부의 강력한 심리적 저항을 불러올 수도 있는 설득시도 메시지를 '어떻게' 다루어야 하는지에 대한 연구와 크게 다르지 않다.

(3) 대부분의 선행연구들이 주목하는 요인은 '카타르시스(catharsis)'다. 집단토론이 기존의 태도나 사고방식으로부터의 감정적 단절(emotional insulation)을 배출하는 데 도움이 된다는 것은 명확하며, 기존 집단규범으로부터 벗어나 기존 규범의 영향력을 약화시킴으로써 기존 규범과 배치되는 내용 제안의 영향력이 증대된다.[20]

현재까지의 태도변화 연구들의 결과를 통해서 이와 같은 가능한 세 가지 일반원

---

**19** 이러한 태도변화 기법은 뉴콤(Newcomb, 1950)의 7장에 아주 잘 정리되어 있다. 미국적 신념(The American Creed)이라는 미국 사회의 근본가치에 호소함으로써 흑인에 대한 태도가 변할 수 있다고 낙관적으로 전망하였던 군나르 미르달(Gunnar Myrdal, 1944)의 주장과도 유사하다. 물론 두 연구 모두 **집단**을 구체적으로 언급하지는 않았다. 그렇다면 왜 변화시킬 내용이 **집단**규범이라는 설명틀에 녹아들어갈 때 의견과 태도가 더 효과적으로 바뀌는가? 본서의 저자들은 집단은 단순한 개인들의 모임과는 다르다고 생각한다. 즉 집단 구성원은 자신들이 중요하게 생각하는 타인들의 **사회적 지지**(social support)와 특히 중요 집단규범들을 고려하고 있을 때 서로 상호작용하는 개인들이 가지는 상대방에 대한 기대감의 **위력**(enforcement)을 느낀다. 이런 점에서 카트라이트(Cartwright, 1951)는 다음과 같이 주장한다. "태도, 가치, 행동을 변화시키려 할 때, 개인이 변화를 받아들여 집단내부에서 더 매력적으로 받아들여진다고 생각할수록, 집단은 개인에게 더욱 강한 영향력을 행사한다."

**20** 관련 논의로 케이건(Kagan, 1952)을 참조하라.

◆ 군나르 미르달(Gunnar Myrdal, 1898-1987)은 스웨덴의 경제학자로 1971년 노벨 경제학상을 수상했다. 그러나 미국의 사회과학자들에게는 노벨 경제학상 수상 경력보다 《미국의 딜레마: 흑인문제와 미국의 현대민주주의(*An American Dilemma: The Negro Problem and Modern Democracy*)》라는 책으로 더 큰 영향을 끼쳤다. 이 책은 미국식 민주주의의 정치적 신조와 흑인에 대한 차별이 결코 공존할 수 없으며, 이로 인해 미국 사회는 지속적인 갈등을 겪을 수밖에 없다고 주장하였고, 미국 사회가 발전하기 위해서는 결국 미국식 민주주의의 가치를 위해 인종주의를 철폐할 수밖에 없다는 주장을 제시하였다. 이러한 미르달의 주장은 미국의 대법원 판결에 인용되면서 일반 미국시민들에게도 전파되었다.

리들을 얻을 수 있다.[21] 아마도 다른 많은 원리들도 찾을 수 있을 것이다. 예를 들어 본서에서는 모든 유형의 집단에서 의견지도자(opinion leaders)와 같은 특정 집단 구성원이 다른 동료 구성원들에 비해 집단외부의 메시지에 더 관심을 가지며, 집단규범을 변화시키는 데 더 큰 영향력을 행사하는지 여부를 다룬다.

아무튼 본서의 연구문제와 관련하여 살펴본 선행연구결과들은 명확하다. 매스 커뮤니케이션 효과발생 과정, 특히 매스 미디어 '캠페인'을 통한 영향력의 전파 과정에서 대인관계는 '중개변수'이며, 소집단 연구결과에서 많은 것을 배울 수 있다. 본서의 5장에서는 대인관계가 집단내에 공유된 의견과 태도에 얽혀 있다는 사실에 주목하였다. 대인관계로 인해 사람들은 자신이 중요하게 생각하는 타인들과 공유하고 있는 생각에 반대되는 설득시도에 대해 심리적으로 **저항**(*resistance*)한다. 반대로 외부의 영향력 행사시도가 개인이 공유하는 집단규범과 조화되거나 기존 집단규범에 새롭게 제안된 변화방식을 녹여낼 수만 있다면, 대인관계는 변화의 **촉매제**(*facilitators*) 역할을 톡톡히 완수한다.

21 또 다른 일반원리로 응용사회연구소(Bureau of Applied Social Research)의 벤자민 B. 링거(Benjamin B. Ringer)가 제안한 것을 고려할 수 있다. 링거는 상당수의 선행연구들은 현실에 존재하는 집단이 아니라 특정한 기회로 인해 한자리에 모인 개인들을 대상으로 진행되었다고 지적한 후, 선행연구들에서 나타난 효과들과 실험집단이 자신들을 대상으로 영향력을 발휘하는 메시지에 '수용성(receptivity)'을 보인 이유는 새로운 모임을 통해 새로운 집단규범을 형성한 후, 이를 통해 개인들이 보유하고 있던 기존의 개인적 규범을 대체하였기 때문이라고 해석하였다. 실제로 링거가 제안한 해석을 따르자면, 현실의 집단(예를 들어, 전쟁 시에 진행된 식품소비 관련 실험)을 대상으로 진행된 실험이라도 (집단으로서 이들 집단이 식품에 대한 특별한 규범을 갖고 있지 않았기 때문에) 최초로 식품 관련 집단규범을 소개하는 방식으로 예전부터 집단에 뿌리내린 규범을 바꾸지 않을지도 모른다. 이런 점에서 영향력을 발휘하려는 설득시도가 실재하는 집단의 집단규범(이를테면 집단이 매우 중요하게 고려하는 어떤 관심사항과 관련된)을 변화시키려 한다면, 개인들은 이러한 설득시도에 매우 강하게 저항할 것이다.

6장

# 대인관계 네트워크: 집단내 커뮤니케이션

2부 서문(introduction)에서 저자들은 매스 커뮤니케이션 과정에서 대인관계가 수행하는 중개 역할을 설명해주는 두 가지 '활성화 요인(active ingredient)'을 언급했다. 5장에서는 그중 첫 번째 요인, 집단이 의견과 태도의 기준이 되는 현상을 다뤘다.

본서에서 주목하는 두 번째 '요인'은 대인 커뮤니케이션이다. 대인 커뮤니케이션은 상호작용의 또 다른 이름이다. 또한 커뮤니케이션은 그 정의상 당연히 모든 대인관계의 구성요소이기도 하다. 이제 수용자에게 영향을 미치고자 하는 매스 미디어의 성공(혹은 실패)을 비공식적 대인 커뮤니케이션을 통해 어떻게 설명할 수 있을지 탐구하기 위해 소집단 연구를 다시 살펴보도록 하자. 이에 대해 1부에서 논의한 매스 미디어 연구들과 앞서 장들에서 인용했던 몇몇 연구들을 기반으로 아래와 같은 점들을 제시하고자 한다.

1. 어떤 사람은 전달자(transmitter) 역할을 하는 것 같다. 이와 같은 전달자가 없다면 매스 미디어에서 발신되는 메시지에 직접 노출되지 않은 사람들에게 해당 메시지가 도달하지 않을 것이다. 이 점은 당연히 의견지도자 개념의 중요한 부분이다. 본서에서는 이를 대인관계의 **중계기능**(*relay function*)이라고 이름 붙였다.

2. 그리고 대인관계 영향력은 매우 효과적인 듯하다. 수용자에게 영향을 미치려 하는 매스 미디어의 시도가 대인 커뮤니케이션의 방향과 일치할 때, 성공할 가능성이 훨씬 더 커 보인다. 본서에서는 이를 **강화기능**(*reinforcement function*)이라고 명명하였다.

여기서 저자들은 서로 일차적 관계에 있는 개인들 사이의 커뮤니케이션 과정에 주목하고자 한다. 예컨대, 대인 커뮤니케이션에서 어떠한 획일성이 관찰되는지 파악하고, 누가 어떤 상황에서 다른 사람들에게 영향력을 행사하는지 살펴보고자 한다. 또한, 자신이 속한 집단에 메시지를 가져오는 사람들이 특별한 특징을 보이는지도 점검해볼 것이다. 아울러, 의견이나 태도 변화에 대한 제안이 받아들여질 거라는 조짐을 파악하기 위해서는 집단내 어디를 찾아봐야 하는지도 탐구하려 한다. 그리고 대인 커뮤니케이션의 특징과 대인관계 영향력의 네트워크에 대해 이해하게 되면, 이를 바탕으로 매스 미디어에서 비롯된 영향력이 대인 네트워크와 어떻게 연결되는지 살펴보고자 한다.

구체적으로 본서의 계획은 다음과 같다. 우선 집단내**에서** 상호작용하는 개인 커뮤니케이션의 다양한 측면을 다룬 연구들을 분석하는 데 이번 장의 상당 부분을 할애할 것이다. 그 다음 집단**을 대상으로** 커뮤니케이션하는 문제를 다룰 것이다. 이를 통해 매스 미디어 효과와 같은 집단외부로부터의 영향이 어떻게 대인 커뮤니케이션 네트워크를 거쳐 개인에게 효과적으로 도달하는지 밝혀보려 한다. 소집단 연구가 아직 비주류라는 점을 고려할 때, 외부에서 집단**으로의** 커뮤니케이션에 대한 논의에 필요한 자료는 매우 드문 반면, 집단**내** 커뮤니케이션에 관한 자료는 보다 더 풍부하다는 것을 쉽게 이해할 수 있다.

집단내, 혹은 대인 커뮤니케이션이라는 주제는 대략 두 분야로 나뉘는데, 저자들은 이 두 분야가 소집단 연구의 두 가지 핵심 접근법과 상응한다고 본다. 첫 번째 접근법에서는 대인 간 정보흐름의 **패턴**, 그리고 커뮤니케이션하는 개인들을 묶어주는 연결고리를 고려한다. 좀 더 탐색적인 성격을 갖는 또 다른 접근법에서는 집단내에서의 정보와 영향력의 흐름에서 커뮤니케이션이 어떤 핵심적인 역할—저자들은 이를 **전략적 지점**(*strategic points*)이라 부르고자 한다—을 하는지 파악하고자 한다. 즉, 첫 번째 접근법에서는 집단 전체 수준에서의 커뮤니케이션 패턴과 연결망을 강조하지만, 두 번째 접근 방식에서는 전략적 지점에 집중하여 집단의 의견지도자나 영향력 전파자(influential)와 같은 다양한 커뮤니케이션의 역할에 주목한다. 본 연구에서는 이러한 집단의 커뮤니케이션 패턴과 전략적 지점 모두가 다음과 같은 집단 관련 세 가지 핵심 요소들과 관련된다고 본다: (a) 집단의 **구조**, (b) 집단의 '문화' 내지 **분위기**, (c) 집단의 **상황**.

다시 정리해보자. 첫째, 본서에서는 대인 커뮤니케이션의 **패턴**에 관한 연구들을 다음의 세 가지로 나누어 논의할 것이다: 집단의 **구조**, 집단의 **분위기**, 집단이 처한 **상황**, 그리고 이 세 가지가 대인 커뮤니케이션 패턴에 미치는 효과. 둘째, 본서에서는

**전략적 지점**에 관한 연구들 역시 동일한 방식으로 논의할 것이다. 이렇게 집단**내** 커뮤니케이션의 두 측면을 고려한 후, 대인 간 네트워크가 매스 미디어 효과와 같이 '바깥세상(the world outside)'으로부터 유입된 영향력과 어떻게 연관되는지에 대한 근거를 제공하는 소수의 연구를 살펴보겠다. 즉 본서에서는 집단**으로의** 커뮤니케이션에서 인간이 담당하는 역할을 탐구하고자 한다.

## 정보흐름의 패턴

여기서 저자들은 무엇이 대인 커뮤니케이션 네트워크 내부의 사람들을 결속시켜주는지, 그리고 서로 다른 사회적 조건에 따라 커뮤니케이션 패턴이 어떻게 다양하게 나타나는지 살펴보고자 한다. 앞서 언급한 바와 같이, 저자들은 이를 세 가지 소주제로 나누어 살펴볼 것이다. 먼저, 첫 번째 소주제는 사람들 사이 사회적 연결의 구조가 대인 커뮤니케이션에 미치는 영향에 대한 것이다.

(A) 구조적 연결: 커뮤니케이션 흐름의 네트워크

사람들 사이에 존재하는 상호 간의 이끌림, 상호의존성, 지위의 차이 그리고 근접성 혹은 집단 크기와 같은 측면에서의 차이들은, 사람들 사이의 접촉과 커뮤니케이션의 정도, 나아가 종종은 커뮤니케이션 내용과 관련해서도 중요한 차이를 가져올 것이다. 이 요인들은 집단구조의 구성요소들 중 일부이며, 여러 선행연구들에서 이 요인들과 대인 커뮤니케이션이 어떤 관계를 갖는지 살펴본 바 있다.

예를 들어, 페스팅거와 동료들은 두 공동체에서 루머(rumor) 확산에 관한 연구를 통해 친교관계가 어떻게 커뮤니케이션 네트워크의 연결고리로 작동하는지 보여주었다.[1] '리전트 힐' 지역에서, 어떤 한 루머의 확산 정도를 분석한 결과, 친한 친구가 있는 사람의 경우 62%가, 지인만 있는 사람의 경우 42%가, 친구가 전혀 없는 사람의 경우 33%가 해당 루머를 접했던 것으로 나타났다. 학생 주택 개발과 관련한 웨스트게이트(Westgate) 연구의 경우 사회관계측정(sociometric) 조사에서 나타난 응답자들 사이의 친교관계 선택 결과가 루머의 전파방향을 거의 절반 가까이(14개 사례 중 6개)

1 페스팅거, 샤크터, 백(Festinger, Schachter and Back, 1950, 7장).

설명하는 것으로 나타났다. 모레노(Moreno, 1953)의 연구에서는 루머가 연구자 자신이 만든 '심리사회적 네트워크'의 예측과 매우 비슷한 경로를 따라 확산해 나갔음을 확인했다.[2] 페스팅거에 따르면, '두 사람 사이에 친교관계'가 있다는 것은 곧 '둘 사이에 활발한 커뮤니케이션 채널이 존재함을 암시한다.'[3]

사회관계측정 연구방법을 사용하면 객관적으로 서술할 수 있는 대인관계의 패턴으로서의 커뮤니케이션 흐름에 관한 연구를 수행할 수 있다. 즉 마치 의사가 형광 투시법 중에 인체에 투입된 백악질 액체의 흐름을 보는 것과 비슷하게, 어떤 메시지가 투입되었을 때 사회적 관계들이 밝혀진 집단에서 루머나 뉴스의 확산, 혹은 행동이 어떻게 나타나는지 관찰할 수 있다.

이런 방식으로 연구된 대인 커뮤니케이션 형식에는 루머가 아닌 다른 사례들도 존재한다. 예를 들어, 제닝스(Jennings, 1952)는 뉴욕 주립여성소년원(the New York State Training School for Girls)에서 선거에 출마한 소녀들에 대한 정보가 400명의 재소자 사이에서 어떻게 퍼져나갔는지를 추적했다. 제닝스는 자신의 연구를 다음과 같이 정리하였다. "만약 어떤 개인이 '사람들을 이끌고 있다'는 것을 인지하고 인정하는 사람들을 통해 이 개인의 유명세(publicity)가 다른 사람들에게 퍼지지 않았다고 가정해보자. 이런 상황이라면 누구도 자신과 아주 밀접한 상호적 대인관계를 넘어서는 사회적 범위의 의견지도자 지위를 획득할 수 없다."◆ 제닝스에 따르면 아주 가까운 친교 집단, 즉 '독특성이 인정되는 인격체로서의 개인들 사이의 대인관계 구조'[4]가 이런 종류의 유명세를 가능하게 하는 기제로 작용하고 있었다. 이와 같은 집단들이 많이 겹치면 —즉, 사람들이 이런 집단 한 개 이상에 속해 있으면— 공유되는 지식이 꽤 많을 것이다. 그러나 만약 이런 집단들이 잘 형성되어 있지 않다면, 지식 공

---

2 이들 네트워크, 그리고 이들 네트워크와 영향력의 흐름 및 개인·집단행동 사이의 관계에 대한 흥미로운 논의는 모레노(Moreno, 1953)의 서술(pp. 440-450)을 참조하라.

3 페스팅거, 샤크터, 백(Festinger, Schachter and Back, 1950, pp. 125-127).

4 제닝스는 이를 보다 크고 목표지향적이며 공식적으로 조직된 '사회 집단(socio group)'과 대비해 '정신 집단(psyche group)'이라 부른다. '정신 집단'은 저자들의 일차집단 개념과 대체로 일치하는 것으로 보인다.

◆ 번역문을 이해하기가 쉽지 않다. 예를 들어 설명하면 다음과 같다. 만약 예수의 제자들이 예수의 메시지를 일반 대중들에게 전달하지 않았다고 가정해보자. 이 경우 예수의 메시지는 예수의 제자들에게만 전파되었을 것이다. 다시 말해 현대 사회의 의견지도자들이 의견지도자가 될 수 있었던 이유는, 의견지도자와 친분을 맺고 있는 다른 사람들이 의견지도자를 개인적으로 알지 못하는 일반사람들에게 의견지도자의 생각과 의견을 전파했기 때문이다.

유는 제한적으로만 이루어질 것이다. 루머는 대체로 폐쇄된 파벌(clique) 구조 바깥으로는 퍼지지 않는다는 페스팅거의 연구결과 역시 제닝스의 관측과 동일하다.[5]

페스팅거와 동료들이 왕성하게 수행한 연구들에서는 소집단 구조의 **차이**, 그리고 이것이 커뮤니케이션 특성에 미치는 효과를 검증하는 접근법 또한 보여준다. 여기서 핵심 변수는 집단 응집력(cohesiveness) 수준이다. 응집력은 사회관계 구조를 강력하게 유지하는 접착제라고 할 수 있다. 앞서 언급한 바 있는 쿠르트 백(Kurt Back)의 실험(1952)에서는 사람들이 서로에게 더 애착을 가질수록 서로의 의견에 더 큰 영향을 행사하고, 더 나아가 그 영향이 더 효과적이라는 것을 확인한 바 있다. 집단의 응집력이 매우 강하면, 응집력이 약할 때에 비해서 상대방의 의견을 바꾸려는 시도의 횟수와 효과가 모두 높게 나타났다. 마찬가지로, 웨스트게이트 연구는 응집력이 가장 높은 주거단지에서 의견의 획일성이 가장 높다는 것을 발견했는데, 이는 해당 단지 거주민들 사이에서 더 잦은 그리고 더 효과적인 커뮤니케이션이 일어났다는 사실을 암시한다.[6] 이 연구에서 응집력 수준은 친교관계 선택 조사에서 자신의 거주단지 내 구성원을 얼마나 할당했는지를 바탕으로 추정하였다.

친교관계 채널 외에 다른 대인관계 채널들 또한 물론 존재한다. 예를 들어, 백과 동료들(Back et al., 1950)은 산업 조직에서의 루머 전파과정을 연구했다. 공장의 직급은 5개로 구성원은 총 55명이다. 연구자들은 공장 내에 존재하는 공식적·비공식적 구조에 대한 정보를 공장장을 비롯한 여러 사람으로부터 입수했다. 이 정보에 기초해 연구자들은 공장 내의 전략적으로 중요한 위치에 자리잡고 있던 소수의 '연구협력 관찰자(cooperating observers)'들을 모집했다. 연구협력 관찰자들은 그들이 연구에서 맡은 역할을 비밀에 부칠 것을 약속했고, 4개월 동안 그들이 전달받았거나 다른 사람에게 전달되는 것을 우연히 듣게 된 모든 루머의 내용과 전파 채널을 상세하게

5 페스팅거, 샤크터, 백(Festinger, Schachter and Back, 1950, p. 127).

6 페스팅거, 샤크터, 백(Festinger, Schachter and Back, 1950, p. 92).

기록하도록 지시받았다(이 루머들은 모두 연구자들이 하나씩 유포한 것이었다).[7] 이를 통해 공장 전체와 관련된 내용을 담고 있는 루머에 의해 발생한 17번의 커뮤니케이션 행위가 기록되었다. 커뮤니케이션 행위들 중 공장 내 위계 질서상 11번은 상향 전파였고, 4번은 같은 직위의 동료를 대상으로 한 전파였으며, 오직 2번만이 하향 전파로 나타났다.

백과 동료들의 연구는 매우 공식적인 조직에서 일어난 비공식 커뮤니케이션의 패턴을 다뤘다는 점을 다시 떠올릴 필요가 있다. 상향지향적인 비공식 커뮤니케이션 행위가 더욱 공식적으로 규정된 업무상의 상호작용 패턴을 반영하는 것인지, 승진 열망을 반영하는 것인지, 혹은 직위를 넘어선 친교관계의 패턴을 반영하는 것인지 추측해보는 것도 유익할 것이다. 그렇다면 대통령 선거나 월드시리즈 점수와 같이 조직과 직접적인 관련이 없는 주제에 관한 커뮤니케이션은 이와 어느 정도로 같은 방식으로 퍼지는가? 한 공동체 내의 사회 계급 간 커뮤니케이션, 또는 소집단 내부의 명성이 높고 낮은 구성원들 사이의 커뮤니케이션은 공장의 루머 전파경로와 어느 정도로 비슷한 방식으로 발생할까?[8]

본서의 저자들은 이 모든 질문에 대해 간단한 답을 갖고 있지 않다. 그러나 저자들은 비공식적으로 조직된 소집단의 커뮤니케이션에 특별한 관심이 있으므로, 아마

---

**7** 실험 완료 시점에 실시한 공장 구성원 전원에 대한 인터뷰를 통해, 저자들은 협력자들이 실제 일어난 커뮤니케이션의 22% 정도만을 기록하지 못했음을 확인할 수 있었다. 바꿔 말하면, 이 연구에서 사용한 방법을 통해 연구자들이 원하는 정보의 78%를 수집할 수 있었다.

전반적으로 이들 루머에 대한 커뮤니케이션은 그리 많이 일어나지 않았다. 저자들은 그 이유에 대해 논의하는데, 그중 하나는 사실 협력자들이 평소에는 중요한 루머 전달자인데 실험 상황에서는 루머를 전달하지 못했다는 점이다. 즉, 이 연구에서 협력자들은 이들이 공장 공동체 내에서 중요한 위치에 있다는 이유로 협력자로 선정된 것인데, 실험 과정에서는 연구목적상 자신들이 들은 소문을 전달하지 못하도록 했기 때문이라는 것이다. 루머 전파 연구에 사용되었거나 사용될 수 있는 몇몇 방법들의 장단점에 대한 백(Back)의 간략한 논의는 매우 유용하다.

**8** 이 질문들은 본서의 뒷부분에서 다시 제기된다. 구체적으로, 도시 공동체에서의 대인관계 영향력 전파는 비슷한 지위(혹은 연령 혹은 사교성)의 사람들 사이에서 일어나는 편인가, 아니면 다른 지위의 사람들 사이에서 일어나는 편인가? 그리고 어느 한 주제(예를 들어, 패션)에 대한 대인 커뮤니케이션 채널들이 다른 주제(예를 들어, 정치)에 관한 커뮤니케이션에 사용되는 채널들과 동일한가? 이에 대해서는 Part 2의 3부를 참조하라. 또한 이번 장의 뒷부분에서도 채널의 다양성에 관한 질문을 다룬다(141쪽과 그 이후, 그리고 147쪽과 그 이후 부분의 커뮤니케이션의 '상황적' 측면을 참조하라). 비공식적 조직에서의 상향적·하향적 커뮤니케이션의 내용 요인에 대한 논의는 예를 들어 호만스(Homans, 1950, 특히 p.461), 켈리(Kelley, 1950), 티보(Thibaut, 1950) 등을 참조하라. 끝에서 언급한 두 문헌은 위계적으로 조직된 집단 소속 여부, 그리고 커뮤니케이션 행동 빈도와 내용 사이의 관계에 관한 중요한 연구이다.

적어도 이 질문들을 소집단이라는 맥락에서 바라보려고 시도해야 할 것이다. 만약 소집단에서의 커뮤니케이션도 낮은 지위에서 높은 지위로 향하는 상향적 경향이 있는지 묻는다면, 정답은 '그렇다'인 듯하지만, 이 '그렇다'라는 대답은 상당히 자세한 설명을 요구한다. 예를 들어, 이 문제에 대한 호만스(Homans)의 분석에 따르면, 다음과 같이 정리할 수 있다. 첫째, "모든 개인은 자신의 동급자들(equals)과 가장 많은 상호작용을 한다."[9] 하지만 그와 동시에, 지위가 높아질수록 더 많은 사람이 그와의 커뮤니케이션을 추구할 것이다. 즉, 상층부 구성원들은 하층부 구성원들의 커뮤니케이션 대상이다. 호만스는 다시 상층부 사람들이 하층부 사람들보다 더 많은 수의 집단 구성원들을 향해 말을 거는 경향이 있다고 덧붙인다.[10] 베일즈(Bales)가 하버드에서 진행한 연구는—비록 토론집단과 문제 해결 회의에 대한 것이라는 점에서 연구결과를 어느 정도까지 친구, 이웃, 부부, 직장동료 등과 같은 관계에서 이루어지는 보다 비공식적인 영향력에까지 일반화할 수 있는지는 다소 분명치 않지만— 이러한 발견을 지지하는 것으로 보인다.[11] 베일즈는 상호작용을 기록하여 집단의 어떤 한 구성원이 다른 사람들에게 말을 거는 빈도의 순위를 매기는 방식을 통해, 이 순위가 다른 사람들이 그 구성원에게 말을 거는 빈도의 순위와 같다는 것을 보여줄 수 있었다. 흥미롭게도 다른 구성원들에게 빈번하게 말을 건넨 구성원은 집단 전체를 향해 말하는 경향이 있었다. 실제로 다른 사람들 역시 빈번하게 말을 건넨 구성원에게 말을 거는 경향이 있었지만, 빈번하게 말을 건넨 구성원 당사자의 말은 집단 전체에게 향하는 경우가 더 많았다. 게다가, 집단내 인기도 또한 말하는 빈도의 순위에 따라 분포하기 때문에, 빈번하게 말을 건넨 구성원은 동시에 가장 인기 있는 구성원이기도 했다는

---

9 호만스(Homans, 1950, p. 184).

10 호만스(Homans, 1950, pp. 182-183). 호만스는 다음과 같이 말한 바 있다: "어떤 사람의 사회적 지위가 높을수록, 더 많은 사람이 직접 혹은 간접적으로 그와의 상호작용을 시작한다. … (그리고) 그럴수록 그 사람 역시 더 많은 사람과의 상호작용을 직접 혹은 간접적으로 시작하게 된다." '상호작용'을 '커뮤니케이션'으로 대체할 수 있는 근거는 같은 책의 37쪽에서 찾을 수 있다.

11 베일즈(Bales, 1952)는 세 가지 종류의 획일성을 파악하려고 했던 본인 연구의 주요 결과를 다음과 같이 요약한다: (1) '윤곽(Profile)' - 응답 대비 질문 비율과 같은 토론 과정에서의 다양한 종류의 주요 행위들의 상대적 빈도; (2) '단계이동(Phase Movements)' - 토론의 세 가지 질적 분야, 즉 지향(이것은 무엇인가), 평가(이에 대해 어떻게 생각하는가), 그리고 통제(이에 대해 어떻게 할 것인가)에 대한 집단의 주목 시간의 분포; 그리고 (3) '누가-누구에게 행렬(Who-to-Whom Matrix)' - 누가 무엇을 누구에게 얼마나 자주 말했는가.

점 역시 중요하다. 따라서 여기에서 도출되는 결론은 다음과 같다. 개인 대 개인 메시지는 가장 인기 있는 집단 구성원을 대상으로 하기 때문에 집단내 위계 구조의 위쪽으로 이동하며, 한 사람에서 여러 사람으로 향하는 커뮤니케이션은 아래쪽으로 흐르는 경향이 있다.

베일즈는 이 같은 커뮤니케이션 흐름의 방향에 대한 분석에 커뮤니케이션 내용에 대한 분석을 추가하였다. 이를 통해 상층부에 속하는 사람들—즉, 가장 인기 있고 가장 말을 자주 하는 사람들—은 하층부 사람들과 다른 내용의 말을 하는 경향이 있다는 것이 명확하게 드러났다. 상층부의 사람들은 정보와 의견을 제공하는 경향을 보이는 반면, 하층부의 사람들은 일반적으로 정보와 의견을 요청하거나, 동의 혹은 반대를 표현한다. 바꿔 말하면, 말을 건넨 빈도가 낮은 구성원들은 커뮤니케이션을 '주도'하기보다는 '반응'하는 편인 반면, 자주 말을 건네는 구성원들은 다른 구성원들에게 영향력을 행사하려는 시도를 더 자주 표출하는 것으로 나타났다.

이러한 연구들을 통해 소규모의 비공식 집단에서든, 아니면 보다 공식적으로 조직된 집단에서든, 사회 계층화—지위와 계급—가 커뮤니케이션 흐름의 경로를 결정하는 데 중요한 역할을 한다는 것을 확인할 수 있다. 이제 공식적·비공식적인 위계질서와 상호 간의 이끌림(친교관계와 응집력)의 대인 커뮤니케이션 네트워크에 대한 효과를 살펴보았으니, 집단구조의 또 다른 중요한 차원인 집단규모가 커뮤니케이션 행위에 미치는 효과에 대해 생각해보자. 여기서 다시 한 번 베일즈의 연구를 참고할 필요가 있다. 베일즈에 따르면 집단이 커질수록(이 경우 3명에서 8명으로) 커뮤니케이션은 점점 더 집단 구성원 중 한 명(가장 자주 커뮤니케이션하는 사람)에게로 향하며, 전체 구성원 사이에 이뤄지는 상호적 교류의 상대적인 양이 감소하였다. 동시에, 이렇게 주목을 더 많이 받게 된 사람은 점차 집단 전체를 향해서 발언을 하게 되고, 그에 비례해 특정 개인에게는 더 적게 말하게 된다. 요컨대, 베일즈에 따르면, "커뮤니케이션 패턴은 '중앙집중화'되는 경향을 보인다. 즉, 대부분의 커뮤니케이션은 커뮤니케이션 흐름이 거쳐가는 의견지도자를 중심으로 중앙집중화된다."[12]

그러나 집단이 커질수록 커뮤니케이션이 한 개인에게 더욱 초점이 맞춰지는 경향이 있다고 해서 달성된 합의수준이 반드시 더 높아지지는 않는다. 이와 관련해 5인조와 12인조 토론집단을 비교한 한 실험연구에 따르면, 오히려 결과는 반대로 나타

---

**12** 베일즈(Bales, 1952, p. 155).

났다.[13] 토론자들은 다양한 캠핑 장비의 상대적 장점에 대한 의견 차이를 해소하기 위해 모인 보이스카우트 멤버들이었으며, 연구결과 5인조 집단이 12인조 집단보다 훨씬 더 큰 의견의 일치를 이룬 것으로 나타났다. 게다가 실험 참가자들의 설문조사 자료에 따르면 규모가 큰 집단 구성원들이 더 불만을 표시했다. 나아가 이러한 불만족은 시간제한으로 인해 규모가 큰 집단 구성원들의 참여도가 낮았기 때문이라는 근거 역시 발견했다. 이러한 결과를 바탕으로 연구자들은 참여도가 낮아질수록 의견 일치도가 낮아진다는 결론을 도출하였다.[14]

지금까지 집단의 다양한 구조적 '배열'이 어떻게 대인 커뮤니케이션 패턴에 영향을 미치는지를 보여주는 몇 가지 연구사례들을 살펴보았다. 커뮤니케이션의 전략적 지점에 대한 이후 논의에서 저자들은 커뮤니케이션 구조 내에서의 '위치'가 전략적 커뮤니케이션의 역할—특히 의견지도자들과 영향력 전파자들—연구의 핵심 중 하나를 차지한다는 점을 다시 고려할 것이다.

(B) 집단 분위기 비교: 집단문화와 커뮤니케이션

소집단 구성원들 사이의 연결고리를 다양화하면 커뮤니케이션 흐름의 패턴, 커뮤니케이션의 양과 내용에 현저한 변화를 초래할 수 있다는 생각은 여러 연구자들이 다양한 방식으로 제시한 것이다. 여기서 방금 논의한 선행연구들은 주로 집단의 구조에 관한 것이었다. 이제 개인들이 모인 집단의 '분위기' 또는 '문화'의 변화가 대인 커뮤니케이션에 미치는 영향을 살펴보고자 한다. 여기서 처음 언급할 연구는 쿠르트 레빈(Kurt Lewin)과 동료들의 유명한 연구이다.

---

**13** 헤어(Hare, 1952).

**14** 또한 이 연구는 규모가 큰 집단의 의견지도자들은 소집단 의견지도자들에 비해 집단의 의견에 더 작은 영향을 미침을 보여준다. 이 결과를 더 큰 집단의 의견지도자들이 집단내 커뮤니케이션 채널에서 '중심적 역할'을 한다는 베일즈의 연구결과와 마주 놓고 보면, 의견지도자가 중심적 위치를 차지할수록 영향력을 잃는다는 결론을 내려야 할 것으로 보인다. 나중에 살펴보게 되겠지만(157쪽과 그 이후), 사회적 '위치'와 영향력의 관계를 분석해보면, 꼭 그렇지는 않다. 직관적으로, 집단내에 존재하는 '획일성에의 압력'의 정도, 즉 구성원들이 문제 해결 내지는 목표 달성을 위해 서로에게 의존하는 정도가 중요한 변수라고 제안할 수 있을 것이다. 여기서 논의하는 실험에서 집단 투표는 필수였지만, 만장일치에 대한 요구는 없었다. 게다가(이것이 아래에서 살펴볼 사항이다), '대답'을 얻는 것과 관련해 집단 구성원들 간의 상호의존성 역시 요구되지 않았다. 따라서 저자들은 획일성을 향한 강력한 압력, 그리고(혹은) 상당한 상호의존성이 있을 때는 대집단 의견지도자들이 더 중심적인 역할을 할수록 영향력 역시 커지지만, 획일성에 대한 압력이 약할 때는 대집단 의견지도자들의 영향력이 감소한다고 추측한다.

로널드 리핏(Ronald Lippitt), 랄프 K. 화이트(Ralph K. White)와 함께 레빈은 아마도 자신이 실시했던 실험 중 가장 유명한 실험을 설계했다. 이들은 '실험적으로 만들어진 사회적 분위기'로 '민주주의', '권위주의' 그리고 '자유방임주의(laissez faire)'를 조성하였다.[15] 본서에서는 이 실험의 설계를 세부적으로 소개하지는 않을 것이다. 다만 다음 사항만을 언급하겠다. 11세 아이들로 구성된 4개의 동호회(동호회의 특성은 서로 비슷하도록 짝지워짐)를 각기 다른 순서로 앞서 말한 세 개의 사회적 '분위기'에 노출되도록 했다.◆ 그리고 성인 의견지도자(adult leader)가 집단의 '분위기'를 통제하였다. 이를 위해 면밀한 예행연습을 통해 성인 의견지도자를 훈련시켰다. 또한 이 성인 의견지도자의 개인 특성에 따른 차이를 통제하기 위해 각 의견지도자에게 둘 이상의 동호회를 할당하고, 둘 이상의 '분위기'를 조성하는 역할을 맡겼다. 각 동호회는 같은 공간에서 만났고, 같은 활동을 했다. 또한 하위집단 형성에 대한 분 단위의 기록, 성인 의견지도자의 행동과 집단의 모든 교류에 대한 실시간 양적 기록, 모든 대화에 대한 일련의 속기록 등 모든 종류의 기록을 보관했다.

비록 연구자들이 커뮤니케이션 관점에서 자신들의 연구를 설계한 것은 아니나, 이 연구결과의 상당 부분은 본서에 직접적으로 중요한 함의를 제시해주고 있다. 예를 들어, 집단 구성원들 사이의 대화량은 민주주의나 자유방임주의 상황보다 권위주의적인 분위기[16] 속에서 더 적었다.

그러나 더 흥미로운 커뮤니케이션 데이터는 조금 더 구체적인 용어로 설명해야 한다. 권위주의 집단에서는 비록 의견지도자와의 상호작용의 특성이 상대적으로 덜 신뢰할 만하고 덜 '개인적'임에도 불구하고 의견지도자의 관심을 끌기 위한 시도들이 더 많았다. 반면 민주주의, 그리고 자유방임주의 분위기에서의 구성원들은 권위주의적인 분위기에서의 구성원들에 비해 동료 구성원들에게 관심과 인정을 더 많이 요청하는 것으로 나타났다. 자유방임주의 집단은 다른 집단들에 비해 의견지도자에게 정보 요청을 훨씬 많이 한 반면, 민주주의 집단은 의견지도자에게 집단의 정책에

**15** 이 연구들에 대한 요약은 리핏과 화이트(Lippitt and White, 1952)를 참조하라.

**16** 사실 권위주의 집단들이 모두 똑같이 행동하지는 않았다. 어떤 집단들은 실험이 진행되는 동안 매우 공격적으로 행동했고, 또 다른 집단들은 냉담했다. 하지만 본서에서는 이와 같은 권위주의 집단내에서의 구분에 대한 보다 구체적인 논의는 하지 않으려 한다.

◆ 네 집단 중 세 집단이 실험집단이며, 언급되지 않은 나머지 한 집단은 통제집단이다.

대한 제안을 하는 데 있어서 가장 자유로운 것으로 나타났다.

이러한 결과는 민주주의 집단이 아마도 성인 의견지도자와 무관하게, 집단 '분위기'의 일부였던 의견 교환과 결정의 과정으로 인해 다른 집단들보다 훨씬 더 집단 자체적으로 행동 규범을 많이 제정했을 가능성을 암시한다. 다시 말해 민주적인 '분위기'에 의해 결정되는 커뮤니케이션 패턴은 오직 의견지도자에게만 집중되지 않았다. 이러한 해석은 이 실험의 '실험 에피소드' 중 한 결과에 의해 뒷받침될 수 있다. 해당 에피소드에서 집단 의견지도자는 예기치 않게 자신의 집단으로부터 소환되었고, 이와 같은 의견지도자의 갑작스러운 이탈에 대한 각 '분위기'별 반응을 관찰할 수 있었다. 연구자들에 따르면, 권위주의 집단에서 의견지도자가 떠났을 때, "일하는 시간은 최소한으로 줄었다. … 그리고 대부분의 일은 의견지도자가 방을 나간 직후의 몇 분 동안 진행되었다. … (하지만) 민주적 분위기에서는 의견지도자의 존재 여부는 실질적으로 아무런 영향을 미치지 않았다."[17] 무엇보다 이는 권위주의 집단들은 의견지도자의 지시에 전적으로 의존했으며 의견지도자가 참석했을 때를 제외하고는 어떠한 종류의 생산적인 진취성도 없었다는 증거다. 분명히 그 집단은 의견지도자에 의해 강제로 함께 결속되지 않는 한, 엄밀히 말해 집단—최소한 생산 집단—이라고 보기 어려웠다. 반면, 민주주의 집단은 성인 의견지도자 없이도 상호작용을 하는 목표 지향적인 단위의 기능을 발휘할 수 있는 것처럼 보였다. 이와 관련하여 민주적 분위기의 근간인 집단적 의사결정의 결과로 그 집단이 구성원들에게 집단의 특성이 된 일련의 공유된 '전통'들을 전수했고, 이 특성이 의견지도자가 부재할 때에도 유지되었다는 근거를 발견한 것으로 보였다.

실험 상황에서 만들어낸 또 다른 종류의 집단 분위기 차이는 '의견의 획일성에 대한 압력'의 효과에 관한 페스팅거와 티부아트(Festinger and Thibuat, 1952)의 연구에서 검증되었다. 예를 들어, 우리는 어떤 문화들은 다른 문화들보다 구성원에게 의견의 만장일치를 요구한다는 것을 알고 있다. 그리고 우리는 어느 한 문화의 한 집단 내에서도 의견의 동질성과 관련해서, 어떤 상황은 자유방임적으로, 또 다른 상황은 강압적으로 경험하기도 한다는 것 또한 알고 있다. 페스팅거와 티부아트는 세 가지 종류의 실험적인 '분위기'를 '조성'했다. 한 조(組)의 집단들은 실험자의 관심사가 '집단이 만장일치 결정을 내리는 과정'을 관찰하는 것이라고 안내받았다. 따라서 이

---

**17** 리핏과 와이트(Lippitt and White, 1952, p. 348).

집단들에서는 의견의 획일성을 향한 '높은' 압력이 유도되었다. 두 번째 조의 집단들은 일부 전문가들이 특정 문제에 대해 제안했던 해결책에 대한 설명을 들었고, '올바른' 해결책에 도달한 구성원 수에 따라 그 집단이 평가받을 것이라는 설명을 들었다. 이 지침은 획일성을 향한 '중간' 정도의 압력을 유도하기 위해 고안되었다. 세 번째 조의 집단들에게는 단지 실험자가 문제 해결 집단을 연구하기 원한다는 소식만을 들었다. 따라서 이들에게는 획일성을 향한 압력이 형성되지 않았다. 연구의 결과는 다음과 같은 저자들의 가설을 명확히 입증했다. "획일성에 대한 압력이 증가하면 커뮤니케이션에 대한 압력과 변화에 대한 준비성도 함께 증가한다. 이 두 가지 요소는 모두 변화에 도움이 되기 때문에 획일성에 대한 압력이 커짐에 따라 집단내 의견은 점점 획일적으로 변화할 것이다."

이상에서 논의한 연구들을 통해 저자들은 사람들이 속한 집단의 '분위기' 혹은 '문화'가 대인 커뮤니케이션의 패턴에 영향을 미친다는 것을 보여주고자 했다. 대인관계의 구조적 특성과 마찬가지로 상호작용하는 개인들 사이의 정보와 영향력의 흐름이 이루어지는 채널의 다양한 특성을 적절히 분석하기 위해서는 '분위기' 특성을 반드시 고려해야 한다.

(C) 상황: 커뮤니케이션 내용과 대인관계

현대 사회의 개인들은 대개 최소 한 개 이상 집단에 소속된 구성원이며, 다양한 상황에서 사회적 유대 관계를 맺는다. 그리고 집단에 속한 개인은 어떤 상황에서는 전체 집단 구성원들과 이해관계를 공유하기도 하고, 어떤 상황에서는 이해관계를 두고 경쟁하는 여러 하위집단들 중 하나에 소속되기도 한다. 따라서 동일한 집단에서도 이해관계와 상황이 달라지면 상당히 다른 커뮤니케이션 네트워크가 형성될 수 있다. 이런 상황—중심적인 접근에서는 다음과 같은 중요한 질문들을 제기할 수 있다. 사회적 상황이 달라지면 커뮤니케이션의 패턴은 어떻게 변하는가? 커뮤니케이션 내용이 달라지면 대인관계 네트워크를 통해 전파되는 정보의 유형이 달라지는가? 예를 들어, 정치적 의견이 만들어지고 전달되는 데 중요한 집단은 가정인가, 아니면 직장 동료 집단인가?— 그리고 어떤 사람들이 어떤 집단을 중요하게 여기는가?

소집단 연구는 대부분 실험실에서 이루어지기 때문에 실제 연구 보고서에는 이런 종류의 질문에 대한 해답을 얻기 어렵다. 그러나 저자들은 '자생적(natural)' 집단을 연구하기 위해 소집단 실험실의 테두리를 박차고 나온 연구자들이 남긴 선행연구

몇 가지를 참조할 수 있었다.

이 분야의 모든 연구들에서 도출 가능한 가장 중요한 원칙은 어떤 주어진 주제에 대해 사람들이 공유하는 관심이 커뮤니케이션의 대인관계 네트워크의 기반을 이룬다는 사실이다. 알포트와 포스트먼(Allport and Postman, 1947)이 자신들의 루머 연구에서 정리했듯, "관심사의 공동체가 있는 곳 어디든 루머 공중이 존재한다." 예를 들어, 금융 루머는 재정 상황의 변동에 영향을 받을 가능성이 높은 사람들 사이에서 유포되었다.[18] 페스팅거와 동료들(1950)은 주택 공동체 연구에서 이 원칙에 대한 몇 가지 사례를 소개하고 있다.[19] 유치원의 미래에 관한 루머가 돌았을 때, 공동체 구성원 중 유치원 연령대의 아이를 가진 사람들 중에서는 62%가 이 루머를 들었던 반면, 비슷한 연령대에서 아이가 없었던 사람들 중에서는 불과 28%만이 이 루머를 들었다. 웨스트게이트 연구에서 연구목적으로 세입자 협의회(Tenants' Council)에 대한 적대적 루머를 공동체 내에 '퍼뜨렸을(planted)' 때, 이 루머는 세입자 협의회와 관련된 사람들에게 더 잘 도달하는 경향이 있었으며, 루머를 들은 사람 중에서도 이를 다시 퍼뜨린 사람들은 세입자 협의회 활동에 적극적으로 참여하는 사람들, 혹은 이들의 가족들에 국한되는 것으로 나타났다. 반면 다른 사람들은 남들에게 이 루머를 전혀 전달하지 않았다. 이와 유사하게 산업 조직에 루머를 '퍼뜨린' 백과 동료들(Back et al., 1950)의 연구에 따르면, 어떤 루머가 특정한 소집단과 관련되었을 때, 루머는 그 집단 구성원들에게 매우 빠르게 퍼지는 경향이 있으며, 이들 구성원들에게 중요한 소수의 관련자들을 넘어서는 잘 퍼지지 않음을 발견했다.

즉 이 연구들에 따르면, 커뮤니케이션 네트워크는 친교관계 네트워크의 망(web)뿐만 아니라, 구성원 사이의 이익공유와 관심사의 망에도 존재하는 것처럼 보인다. 그러나 페스팅거와 동료들(1950)은 이러한 결론에 대한 몇 가지 중요한 수정사항을 제안하였다. 다만 이 수정 제안의 근거는 그리 결정적이지는 않다. 첫째, 웨스트게이트 세입자 협의회에 대한 태도 관련 페스팅거와 동료들의 연구에 따르면, 세입자 협의회에 유리한 정보는 세입자 협의회에 대해 비판적 태도를 갖는 거주민들로 구성된 주거단지보다 세입자 협의회에 우호적 태도를 갖는 구성원이 있는 단지에서 훨씬 더 적극적으로 전파되었다. 둘째, 페스팅거와 동료들의 연구에 따르면, 세입자 위원회

---

**18** 알포트와 포스트먼(Allport and Postman, 1947, p. 180).

**19** 페스팅거, 샤크터, 백(Festinger, Schachter and Back, 1950, 7장).

에 대한 우호적·비판적 태도를 가진 구성원들이 섞여 있는 주거단지에서는 구성원들 사이에 세입자 협의회와 관련된 문제에 대한 커뮤니케이션이 거의 또는 전혀 이루어지지 않은 것처럼 보였다. 이 연구결과를 보다 추상화시켜 정리하자면, (a) 특정 관심사에 대한 개별 관점이 공유될 때, (b) 구성원들 사이의 커뮤니케이션의 내용이 이렇게 공유된 관점에 대해 호의적인 태도를 보일 때, 집단의 구성원들은 특정 사안에 대해 공유된 관심사를 형성하게 된다는 일반화가 가능할 것 같다.[20]

대인 커뮤니케이션의 내용이 의견이나 태도와 조화를 이루는 경향이 있고, 또 비슷한 생각을 하는 사람들 사이에서 전파되는 경향이 있다는 점도 흥미롭다. 왜냐하면 이러한 경향은 사람들의 매스 미디어 이용습관에 대한 연구결과와 매우 일치하는 것이기 때문이다. 매스 커뮤니케이션 연구에 따르면 사람들은 자신의 선유경향과 충돌하는 커뮤니케이션에 스스로를 '노출'시키지 않는 대신 자신에게 우호적인 내용의 커뮤니케이션을 통해 자신의 의견과 태도에 대한 지지를 추구하는 경향이 있다. 이를 1장에 제시된 예시들을 통해 여러 차례 확인한 바 있다. 아울러 매스 미디어는 사람들의 의견과 태도를 '바꾸는 역할'이 아닌 '강화시키는 역할'을 한다는 증거들 또한 상당히 많이 발견되었다. 이제 저자들은 이것이 대인 커뮤니케이션에서도 마찬가지임을 알게 되었다.

여기에서 저자들은 다양한 상황에서 커뮤니케이션 네트워크의 구축기반으로 상호 이익(mutual interest)이 어떤 역할을 하는지에 대한 논의를 잠시 내려두고, 본서의 주제와 밀접하게 관련된 주제, 즉 개인이 속해 있는 복수의 네트워크와 각 네트워크에서의 다양한 커뮤니케이션 기능을 다루고자 한다. 계량사회학 연구들에 따르면, 예를 들어 '누구와 함께 일하고 싶은가?' 또는 '여가 시간을 누구와 함께 보내고 싶

**20** 페스팅거, 샤크터, 백(Festinger, Schachter, and Back, 1950, p. 129). 하지만 그렇다고 해서 이 연구가 세입자 협의회에 대해 비우호적인 커뮤니케이션 내용이 세입자 협의회에 대해 비우호적인 거주단지 내에서 더 활발히 확산했음을 보여주는 것 또한 아니다. 게다가 세입자 협의회에 대해 적대적인 커뮤니케이션 내용은 세입자 협의회에 적극적으로 참가하고 있는 사람들 대부분에게 가장 신속히 퍼졌는데, 이들은 대부분 세입자 협의회에 우호적이었다. 바로 이것이 페스팅거 등의 연구에서 보고한 결론에 대한 첫 번째 이의이다. 두 번째 이의는 루머가 세입자 협의회에 대해 우호적인 단지에서 비우호적인 단지로, 혹은 그 반대 방향으로 퍼지지 않았기 때문에, 따라서 서로 다른 기준을 형성하고 있는 두 집단 간의 커뮤니케이션이 제한적으로 발생했을 것이라는 추론에 기인한다. 그러나 이를 확실하게 입증할 수는 없다. 왜냐하면 서로 다른 기준을 가지고 있는 집단들은 또한 이에 상응하는 방식으로 서로 다른 친교관계 파벌을 형성하는 경향이 있기 때문이다. 따라서 앞서 살펴본 바와 같이 커뮤니케이션이 친교관계 채널에 의해 제한됨을 언급하는 것으로 충분해 보인다.

은가?'와 같은 방식으로 질문의 종류를 바꾸면 응답자들이 언급하는 이름이 달라진다고 한다.[21] 준거집단 연구들 역시, 사람들은 주제에 따라 서로 다른 집단을 준거점으로 사용한다고 주장한다.[22] 이와 같은 학문 전통에서 본다면 사람들이 개인 관심사별로 어떤 유형의 커뮤니케이션 네트워크를 선택하는지에 대한 경험적인 연구가 수행될 필요성이 보다 분명하게 드러난다.

저자들은 언급한 연구 방향성을 따라 본서 후반부의 내용을 전개하고자 한다.[23] 본서 후반부에는 경험적 분석결과를 기반으로 사람들은 사안의 종류에 따라 각기 다른 유형의 사람들에게 영향을 받는다는 점을 보여줄 것이다. 예를 들어, 일상소비 분야에 대한 조언은 패션 조언과는 다른 네트워크를 통해 전달되는데 이 두 채널 모두 정치적 영향력의 채널과 겹치지 않았다. 같은 사람이 각 영향력 네트워크에 관여할 수도, 관여하지 않을 수도 있지만, 상황에 따라 커뮤니케이션 흐름의 패턴은 상이한 형태를 취하는 것으로 나타났다. 어떤 한 사회에서 커뮤니케이션 흐름의 패턴을 기술하기 위한 첫 단계는 개인들이 네트워크에서 어떠한 위치를 갖는지 파악하고, 그 다음에 어떤 네트워크가 어떤 유형의 커뮤니케이션과 연관되는지를 결정하는 것이다.

또 중요한 것은 상황 변화가 개인의 네트워크 선택에 어떤 영향을 미칠 것인지, 그리고 상황 변화가 집단내 커뮤니케이션 패턴에 어떤 영향을 미칠 것인지에 대해 살펴보는 것이다. 예를 들어, 갑작스럽게 적대적인 환경에 놓이는 집단은 수직적 명령체계(chain of command)를 재빨리 공고히 하고, 종종 리더십과 커뮤니케이션 규칙을 완전히 바꾸기도 한다.[24] 훈련 상황과 이후의 전투 상황에서 같은 군인을 비교한

---

**21** 모레노(Moreno, 1953)에 따르면, 정신지체자들은 정상인에 비해 여러 활동에 대한 질문에 걸쳐 동일한 사람을 선택하는 경향이 있다. 모레노의 책《가정과 직장 집단 비교》(pp. 262-264)를 참조하라.

**22** 다중준거집단에 대한 논의는 머튼과 키트(Merton and Kitt, 1950, pp. 59-69)에 제시되어 있다. 다중집단소속은 뉴콤(Newcomb, 1950)의 15장, 하틀리(Hartley, 1951), 역할갈등(role conflict), '경계인(marginal men)', '사회적 자아(social self)' 등과 같은 개념에 대한 사회학 저술들에서 고려되고 있다.

**23** Part 2, 3부.

**24** 집단내에서의 '획일성 압력'에 관한 페스팅거와 티보(Festinger and Thibaut, 1952)의 연구(앞서 140쪽에서 논의한) 역시 분명히 관련된다. 즉, 획일성에 대한 압력은 서로 다른 집단 '분위기'의 산물일 뿐만 아니라, 어쩌면 더욱 빈번하게는 집단이 놓인 상황 변화의 산물이기도 할 것이다. 따라서 획일성에의 압력은 집단별로 달라질 수도 있고, 같은 집단이라도 상황에 따라 달라질 수 있다.

연구,[25] 내지는 재난 상황에서의 공동체 구조와 리더십에 관한 연구는 이를 매우 분명히 보여준다.[26]

저자들은 본서에서 살펴보려한 대인 커뮤니케이션에 관한 두 번째 핵심 접근법, 즉 집단내 커뮤니케이션 흐름에서 핵심적 역할을 담당하는 사람은 누구인지 파악하려는 논의를 시작하고자 한다. 우선 이 문제를 진단하고 접근하기 위한 개념을 소개하기 위해 고려할 첫 번째 주제는 집단 의견지도자의 커뮤니케이션 역할과 상황적인 요인들이 리더십에 미치는 영향이다.

## 정보흐름의 전략적 지점

본서에서는 두 번째 접근법을 진단 접근법이라고 이름 붙였다. 왜냐하면 이 접근법의 핵심이 커뮤니케이션 흐름에서 전략적 지점의 위치가 어디인지를 진단해보는 것이기 때문이다. 또한 두 번째 접근법을 '역할'이라는 단어를 이용하여 집단내 역할 접근이라고 부를 수도 있을 것이다. 왜냐하면 두 번째 접근법에서 진단하고자 하는 내용 대부분은 사람들이 동료들과 상호작용하면서 맡는 역할과 관련되어 있기 때문이다. 이처럼 역할의 관점에서 바라봐야만 집단내 커뮤니케이션의 출발점, 중계점, 그리고 종착점—다시 말해 전략적 지점들—을 찾는 게 가능해진다.

인간 집단은 결코 단순한 집합체가 아니라 서로 연결된 구성원의 역할과 상호의존성을 수반하는 체계다. 어느 정도 안정된 집단에서는 역할 그 자체가 집단규범의 본질적인 부분이다. 그 어떤 형식이나 목적이 결여된 비공식적 집단에서조차 활동량이 많은 구성원도, 활동량이 적은 구성원도 있으며, 다른 구성원에 의존적인 구성원, 권력을 보유한 구성원 등 다양한 구성원들이 존재한다. 집단의 상황에 따라 주목

---

**25** 샌포드(Sanford, 1952)는 병사들의 훈련 상황에서의 평가 점수와 실제 전투에서의 평가 점수에 간극이 존재함을 보여주는 2-3개의 연구를 인용한다. 여기에서 이 주제에 대해 더 깊이 살펴보지는 않을 것이다. 왜냐하면, 이 주제는 저자들의 분류에 따르면 이 장의 두 번째 파트 '리더십에서의 상황 요인' 논의에 더 적합하기 때문이다.

**26** 1953년 시카고 대학에서 열린 응용인류학회 학술대회는 재난에 대한 논문들로 이루어진 별도의 세션을 마련했는데, 여기에서 재난 국면에서의 리더십과 전통적인 리더십 사이의 차이가 반복적으로 제기되었다.

받는 구성원의 모습도 달라진다.◆ 논쟁과 분쟁을 해결해야 하는 집단에서는 평화주의자에게 힘을 실어줄지 모른다. 긴장 상황을 해소해야 하는 집단이라면 원만한 성격의 구성원(jokester)에게 더 의존하게 될 것이다. 한두 명의 구성원들이 집단 활동을 진척시킬 수도 있고, 가십거리를 집단 전체로 퍼뜨릴 수도 있다.[27] 항상 집단에는 그 집단내에서 의견지도자 혹은 영향력 전파자로 인식되는 한 명 이상의 사람들—이들의 기능은 달라질 수 있겠지만—이 존재한다.

저자들은 사실상 모든 집단에서 의견지도자를 식별할 수 있다고 꽤 확신하고 있다. 물론 여기에서 '의견지도자(leader)'는 적절한 용어가 아닐지도 모른다. 맥락에 따라 '영향력 전파자(influential)', '개시자(initiator)', 또는 '가장 인기 있는 사람(most popular)'이 더 적절한 용어일 수 있다. 하지만 본서에서는 이러한 다양한 의미들을 포함하는 '의견지도자'라는 용어를 선택하였다. 사회관계 지도(sociometric maps)로 나타낸 다양한 종류의 집단에 대한 기존 연구들에서는 일관되게 다른 사람들의 주목을 받는 개인들이 존재한다는 사실이 잘 드러난다. 집단의 경계를 사람들 사이의 상호작용 빈도로 파악하고자 하는 집단 연구자들에 따르면 집단 구성원들과 가장 많이 상호작용하는 사람, 가장 많은 활동을 개시하는 사람, 남들에게 가장 많이 인정받는 사람, 또는 남들이 가장 자주 모방하고자 하는 사람은 어느 집단에나 존재한다.

이처럼 집단내 영향력의 전달과정과 관련이 있다는 점에서 집단의 의견지도자나 영향력 전파자가 집단에서 수행하는 역할에 대해 살펴보는 것은 유익하다. 소집단의 의견지도자는 영향력이 구성원들 사이에 어떻게 전달되는지 이해하는 데 핵심적이다. 먼저 논의할 영향력 전파자는 집단의 필요에 가장 적합한 사람으로 그의 집단 구성원들에 의해 **지명된**(*nominated*) 의견지도자다. 최근 리더십 연구에서는 리더십은 어떤 사람들은 가지고 있고 다른 사람들은 갖지 못한 개인적 특성(trait)이 아니며, 주어진 상황에 함께 대처하는 사람들의 반응(response)이라는 점을 특히 강조하고 있다. 저자들은 지명된 의견지도자라는 개념이 저자들이 앞서 논의한 다양한 사회적 **상황**에서의 커뮤니케이션 네트워크와 밀접하게 연관되어 있다는 것을 보여줄 것이다.

---

**27** 소규모 비공식 집단에서의 다양한 전형적인 역할들에 대한 논의는, 예컨대 벤과 쉬츠(Benne and Sheats, 1948), 그리고 이 주제를 부분적으로 다루고 있는 헤인즈(H. W. Heyns)의 박사학위논문에 대한 뉴콤(Newcomb, 1950)의 언급을 참조하라. 더욱 최근의 훌륭한 논의는 슬레이터(Slater, 1955)에 제시되어 있다.

◆ 해당 문장은 원문에는 존재하지 않는다. 번역문의 의미를 명확하게 하기 위해 번역자가 삽입하였다.

그러나 한 사람이 의견지도자의 역할을 맡거나, 최소한 다른 구성원의 지명과정에서 유리한 시작점을 차지할 수 있는 여러 방법들이 있다. 한 가지 방법은, 원하는 목표와 관련하여 집단내부의 전략적인 장소를 점유하는 것이다. 본서에서는 이런 종류의 의견지도자를 **사회적 위치**(*social location*)를 기반으로 하는 의견지도자로 지칭하였다. 사회적 위치를 점유하고 있는 의견지도자는 집단의 커뮤니케이션 네트워크 구조의 산물이다. 사회적 위치를 기반으로 하는 의견지도자는 (이후 살펴보게 되겠지만) 앞서 논의한 바 있는 커뮤니케이션 패턴의 **구조적** 결정요인에 따라 등장한 의견지도자다.

또한 커뮤니케이션의 **분위기**에 대한 본서의 논의를 토대로 세 번째 종류의 의견지도자를 상정할 수 있다. 여기에 속하는 의견지도자는 이를테면 특정한 집단문화에서 영향력을 가질 '권리'가 부여되는 자리를 차지하고 있기 때문에—예컨대, 가부장적 가족 내에서의 아버지— 다른 사람들에게 영향을 미칠 수 있는, **문화적으로 공인된**(*culturally certified*) 의견지도자다.

종합하면, 집단 구성원들의 지명(nomination), 사회적 위치(location), 문화적 공인(certification)은 2부의 나머지 부분 전체에 걸쳐 말하고자 하는 대인관계 영향력의 전략적 지점을 가리키는 세 개의 진단적 실마리다. 이 세 가지는 앞서 살펴본 구조, 분위기, 상황이라는 대인 커뮤니케이션 **패턴**에 대한 세 가지 접근에 각각 상응한다. 본서에서는 순서를 조금 바꾸어 이번에는 상황—즉 구성원들이 지명한 의견지도자—에 대한 설명을 먼저 시작한 후, 그다음으로 구조적 요인과 문화적 요인을 논의하였다. 우선 리더십에 대한 상황적 접근을 잘 소개하기 위해서는 '지도자의 특성(trait)'을 강조하는 전통적인 리더십 연구를 어느 정도 탈피할 필요가 있다.

(A) 집단 구성원들의 지명: 영향력 흐름의 상황적 측면

지난 몇 년 동안 '지도자의 특성'을 기반으로 한 리더십 연구는 급격히 위축되었는데, 이는 주로 전시(wartime)에 이루어진 리더십 연구결과에 자극받은 결과다. 샌포드(Sanford, 1952)는 리더십을 연구한 초기 사회과학 문헌을 논의하면서, 다른 연구자들과 마찬가지로 기존 연구에서 일관되게 확인되는 리더의 기질적 특성이 존재하

지 않는다고 지적한 바 있다.[28] 11개의 연구에서는 리더의 특성으로 정서적 안정을 확인했다. 그러나 다른 5개의 연구에서는 리더가 그들의 추종자들에 비해 정서적 안정성이 상대적으로 낮은 것으로 나타났다. 이러한 연구결과의 불일치는 연령, 지배성, 그리고 다른 많은 변수들에서도 나타났다. 샌포드는 다음과 같은 결론을 내렸다: "리더에 대한 이런 연구들을 통해 … 우리는 다음과 같이 상당히 확실하게 결론 내릴 수 있다. (a) 리더의 일반적인 특성은 존재하지 않거나, 존재한다면 익숙한 심리학적 또는 상식적인 용어로 설명될 수 없으며, (b) 특정 상황에서 리더들은 분명 추종자와 구분되는 특징을 보일지 모르지만, **어떤** 특징이 **어떤** 리더를 **어떤** 추종자로부터 구별되게 하는지는 상황마다 다르게 나타날 것이다."[29]

카터와 닉슨(Carter and Nixon, 1949)의 연구는 여기에 꼭 들어맞는다. 이 연구에서는 100명의 남자 고등학생들을 소집단으로 구분한 후 사무직(clerical) 과제, 지적(intellectual) 과제, 기계적(mechanical) 과제를 번갈아 맡겼다. 이후 각 과제별 실험 참가 남학생에 대해 집단내 리더십 역할을 평가하였다. 연구결과 지적 과제 상황에서 리더십을 인정받은 남학생은 사무적인 과제에서도 리더십을 인정받는 경향이 있는 것으로 나타났지만, 지적 과제에서 리더십을 인정받거나 혹은 사무적 과제에서 리더십을 인정받은 남학생은 기계적 과제에 대한 리더십을 인정받지 못하는 것으로 나타났다.

다른 연구들에서도 변화된 상황에 대응하여 다른 리더가 부상하거나, 집단의 과업에 따라 각각에 명백히 적합한 리더가 추대되는 상황을 찾아볼 수 있다. 2부에서는 이와 관련된 선행연구 몇 가지를 살펴볼 것이다. 그러나 이에 앞서 저자들은 현재 리더십에 대한 연구들이 동일하게 내놓는 주요 결론을 재차 강조하고자 한다. 즉 '선천적인' 리더라든가, 절대적으로 확실한 리더십 특성은 없어 보이며, 비공식 집단이 어떠한 상황에 처해 있는가가 어떤 사람이 리더로 요청되는지를 좌우하는 주요 결정요인의 하나로 작용한다는 것이다.

---

**28** 샌포드(Sanford, 1952). 기존의 리더십 연구에 대한 또 다른 비판적 평가는 스톡딜(Stogdill, 1948), 깁(Gibb, 1947, 1950), 젠킨스(Jenkins, 1947)를 참조하라.

**29** 샌포드는 리더십 개념에 관심이 있는 사람들이 왜 그토록 리더의 개인적 특성에만 집중해왔는지에 대한 몇 가지 이유를 제시한다. "첫째, 우리는 개인의 특성을 파악할 수 있는 도구와 기술을 가지고 있다. … 둘째, 우리는 대체로 리더십을 리더의 함수로만 바라봤을 뿐 리더와 추종자 사이의 사회적 관계 측면은 간과해왔다. 셋째, 만약 리더의 특성을 분리해낼 수 있다면, 이 결과는 매우 유용하게 활용될 것이다."

만약 상황 변화에 따라 지명된 리더에 대한 리더십 평가가 달라진다는 사실을 받아들인다면, (1) 보다 추상적인 수준에서 이렇게 상황에 따라 다른 평가를 받는 리더들과 집단 사이의 관계에 영향을 끼치는 어떤 일반적인 특징이 존재하는지, (2) 리더들과 추종자들 사이의 영향력 흐름을 서술할 수 있는 일반적인 방법이 있는지 살펴볼 필요가 있다.

여러 선행연구에 따르면, 리더십을 인정받기 시작하는 리더와 그 리더가 이끄는 집단 사이의 가장 중요한 특징은 바로 해당 리더가 집단규범을 충실하게 따른다는 점이다. 앞서 언급한 머레이(Merei, 1952)의 연구는 바로 이 점을 강조한다. 머레이의 연구에 따르면 리더십을 발휘한다고 알려진 과거의 누군가를 집단의 리더로 다시 초대하더라도, 이 리더가 자신의 부재 중에 형성된 새로운 '전통들'을 따르지 않는 한 리더십을 발휘하기 어렵다고 한다.[30] 다른 연구들—사실 리더의 개인적 '특징'에 집중하는 전통적 리더십 연구방식에서 벗어난 거의 모든 연구들—에서도 머레이의 연구와 비슷한 결과가 발견되었다.[31] 앞서 저자들은 커뮤니케이션의 대인관계 네트워크가 개인들이 공유하는 이익과 가치관에 의해 제한되는 경향이 있음을 밝힌 바 있다. 다시 말해 개인들의 공유된 이익과 가치관이 리더십과 영향력의 일반적인 필수 요건이라고 말할 수 있다.

이와 관련하여 쵸우드리와 뉴콤(Chowdhry and Newcomb, 1952)의 연구결과는 흥미로운 함의를 던져준다. 쵸우드리와 뉴콤은 4개의 '자생적' 집단—종교 이익 단체, 정치 단체, 남성의사 동문회(medical fraternity), 여성의사 동문회(medical sorority)—에서 나타나는 리더십을 연구했다. 이들은 준(準)-사회관계측정(quasi-sociometric) 설문을 통해 응답자가 속한 집단의 구성원에게 다음과 같은 네 가지 기준으로 집단에서 의견지도자 역할을 하는 구성원을 지정하도록 요청했다. 집단대표(president)가 될 수 있는 세 명의 구성원은 누구인가? 외부회의에 참석할 대표로 위임하기에 제일 적합한 구성원은 누구인가? 집단의견에 가장 많은 영향을 미치는 구성원은 누구인가? 어떤 구성원과 가장 친해지고 싶은가? 쵸우드리와 뉴콤은 이 네 가지 리더십의 기준에 대한 응답들 사이에 높은 상관관계가 있음을 발견하였다. 쵸우드리와 뉴콤은 네 가지 기준을 모두 사용해서 집단 구성원을 (1) 의견지도자(총 선택빈도 기준 20% 이

**30** 머레이(Merei, 1952, p. 52).

**31** 이러한 연구들에 대한 논평은 깁(Gibb, 1950)을 참조하라.

상을 받는 사람), (2) 비지도자(20% 미만), 그리고 (3) 고립자(아무런 선택도 받지 못한 사람)의 세 유형으로 구분하였다.

리더십 관련 응답을 얻은 후 집단 구성원들을 대상으로 몇 가지 진술문을 제시한 후 이에 대한 동의수준을 측정하였으며 아울러 집단 전체가 해당 진술문들에 대해 어떤 관점을 취하고 있다고 생각하는지 측정하였다. 사용된 진술문들은 집단의 공식적 연관 분야(즉, 종교, 정치, 의학), 집단의 공식적 연관 분야와 전혀 상관없는 분야, 그리고 집단의 공식적 연관 분야와 일부 관련된 분야에 대한 내용이었다.

분석결과, 의견지도자로 지명된 구성원들은 다른 두 유형의 구성원들(비지도자와 고립자)에 비해 집단의 의견을 더 정확하게 파악하고 있는 것으로 나타났다. 그러나 이 결과는 의사 동호회에서의 의료, 정치 단체에서의 정치 등과 같이 해당 집단의 공식적 관심 분야와 관련된 사안에 국한된 것이었다. 쵸우드리와 뉴콤은 다음과 같은 결론을 내렸다. "집단 의견지도자들은 최소한 부분적으로는 집단의 다른 구성원들을 대상으로 집단 의견지도자가 보여준 '세심함'의 자질 덕분에 의견지도자로 지명받는다. … 이러한 집단 의견지도자의 자질은 어쩌면 보편적인 성질의 것일 수도 있고, 아닐 수도 있다. … 집단 의견지도자가 어떤 사안이든지 훌륭한 판단을 내릴 수 있는 존재라고 하더라도, 집단의 공식적 관심 분야에 대해서만 리더십을 발휘한다는 사실로 비추어 볼 때◆ 모든 방면으로 동일한 능력을 개발하고 싶어 하지는 않는 것처럼 보인다."[32]

집단의 지도자가 집단의 의견에 대해 더 나은 지식을 가지고 있다는 것은 리더십을 발휘하기 위해 집단의 규범과 '전통'을 수용해야 한다는 선행연구결과와 매우 잘 들어맞는다. 즉 집단의견에 대해 보여주는 집단 의견지도자의 '세심함'은 집단규범에 대한 철저한 동조라는 리더십의 특성과 어떤 식으로든 관련이 있음을 의미한다(본서에서는 이러한 연구방법론을 이용하면 개별 집단 구성원 한 명 한 명을 조사하지 않고서도 집단의 의견과 태도를 연구할 수 있다는 중요한 함의를 갖는다는 점도 덧붙이고자 한다).

그러나 비공식적인 친교 집단의 의견지도자 및 다른 구성원들에게 영향력을 행

---

**32** 깁(Gibb, 1950). 이 결과는 하이츠와 캠벨(Hites and Campbell, 1950)의 이전 연구에서는 다소 다른 결과를 발견했다는 점에서 잠정적인 것으로 간주하여야 한다.

◆ "집단의 공식적 관심 분야에 … 비추어 볼 때"까지의 표현은 원문에 존재하지 않는다. 문장의 의미를 명확하게 하기 위해 역자가 추가로 삽입하였다.

사하고 있는 집단 구성원들은 다른 구성원들이 자신을 의견지도자로 지목하고 있다는 것을 **인지하고** 있을까? 바꿔 말해, 집단 의견지도자들은 자신들이 집단을 '지도(leading)'하고 있다는 것을 알고 있을까? 연구결과들에 따르면 집단지도자들은 스스로의 모습이 어떠한지 잘 알고 있다. 이와 관련하여 특히 주목할 연구는 소위 '사회적 권력(social power)'에 대한 리핏, 폴란스키, 레들, 로젠 등의 연구(Lippitt, Polansky, Redl, and Rosen, 1952)다. "유아 집단내 사회적 영향력 현장연구(A Field Study of Social Influence in Group of Children)"라는 부제를 단 리핏과 동료들의 연구에 따르면, 유아 여름 캠프에 참여한 소년들을 대상으로 격투 능력, 운동 능력, 캠프 기술 등 특정한 특징들을 측정하는 것과 더불어 '하고 싶은 것이 있을 때 다른 사람에게 그것을 하도록 영향력을 가장 잘 행사하는 사람은 누구인가?'라는 포괄적인 질문을 제시한 후 응답 당사자인 소년은 물론 그들의 유아집단 동료(bunkmates)를 평가하도록 요청했다. 그 결과 가장 큰 '권력'을 가진 구성원, 즉 다른 사람에게 자신이 원하는 것을 수행하게끔 영향력을 행사하는 구성원에 대한 동일 유아집단에 속하는 소년들의 평가는 매우 높은 일관성을 보이는 것으로 나타났다. 또한 리핏과 동료들의 연구에 따르면, 각 소년이 스스로 추정한 자신의 지위는 다른 소년들이 평가한 해당 소년의 지위와 일치하는 경향이 매우 높게 나타났다. 이 사실은 물론 의견지도자 연구에 매우 중요하다. 의견지도자는 자신이 의견지도자라는 것을 **안다**. 더 나아가 리핏과 동료들의 연구에 따르면, 지명된 집단 의견지도자들이—선행 소집단 연구의 발견과 마찬가지로— 다른 집단 구성원들이 가장 선호하는 소년들이며, 또한 격투 능력과 캠프 기술 등에 대한 평가에서도 가장 높은 순위를 차지하고 있고, 주어진 상황에서 집단이 가장 높은 가치를 부여하는 일을 가장 능숙하게 하는 사람인 것으로 나타났다.

지금까지 지명받은 집단 의견지도자와 추종자의 관계에 대해 설명했다. 정리하자면, 집단 의견지도자는 (1) 집단의 규범을 가장 충실하게 준수하고, (2) 주요 사안에 대해 집단 구성원들의 지배적인 의견이 무엇인지 가장 잘 알고 있으며, (3) 자신이 의견지도자로 지명받고 있다는 것을 인지하고 있고, (4) 가장 인기가 많다는 것을 알 수 있다. 이제, 본서에서는 집단 의견지도자로 지명받은 사람들이 자신의 리더십을 어떻게 **발휘하는지**, 즉 집단 의견지도자가 다른 구성원들에게 어떻게 영향을 미치는지 분석하고자 한다. 이와 관련하여 본서에서 참고한 선구자적인 연구에서는 다음과 같은 두 가지를 측정한다. **행동의 전염**(즉, 영향력을 행사하는 사람은 다른 구성원들의 모방의 대상이 되지만, 영향력을 행사하는 사람 스스로는 영향력을 전파하려고 시도하지 않는 상황)과 **직접적 영향**(즉, 영향력을 행사하려는 명령, 제안, 요청 등으로 분명히 나타나는 상황)이다.

리핏과 동료들의 연구에 따르면 다른 구성원들에게 영향력을 미칠 수 있는 강한 '권력'을 가지고 있다고 여겨지는 사람들의 행동일수록 행동의 전염이 일어날 가능성이 더 크다고 한다. 달리 말해 남자아이들은 다른 사람으로부터 어떠한 영향력 행사 시도를 받지 않는 경우라도, 영향력을 가졌다고 여겨지는 사람들을 모방하는 경향이 있었다. 더욱이 영향력을 미치려는 시도가 명백히 드러났을 때, 강한 '권력'을 가지고 있다고 간주되는 사람들의 영향력 시도는, 강한 '권력'을 행사할 수 없는 사람들에 비해 타인을 설득시키는 데 보다 성공적인 것으로 나타났다. 이런 패턴은 특히 소년 개개인이 가장 영향력을 행사한다고 간주되는 소년들과 자신을 비교하고 있는 경우에 도드라지게 나타났다. 개별 구성원들은 개인적으로 가장 영향력 있다고 생각하는 다른 집단 구성원을 가까이 따른다는 것이 밝혀졌다. 게다가 평범한 수준의 소년은 '권력'이 많다고 간주되는 소년에게 공손하고 인정을 갈구하는 행위를 먼저 보이는 경향을 보였다.

그렇다면 다른 질문을 던져보자. 강한 '권력'을 부여받은 **대상**(*recipient*)은 어떤 모습을 보이는가? 다른 사람들에 의해 권력의 소유권을 부여받은 사람은 영향력을 행사하기 위해 자신의 권력을 이용하는가? 알려진 결과는 다음과 같다. 늘 그런 것은 아니다. 하지만 그 권력이 실제로 성공적으로 작동할 수 있을 만큼 충분히 자주는 이용한다. 리핏과 동료들의 연구에 따르면, '귀속권력(ascribed power)의 수여자는 다른 구성원들의 행동에 더 자주 영향력 행사를 시도할 것이며 … (또한 귀속권력의 수여자는) 다른 구성원들에게 지시를 내리는 방식으로 자신의 영향력을 발휘하려 할 것'이며, 살펴본 바와 같이, '이러한 시도를 통해 더욱 성공적으로 다른 구성원들에게 영향력을 행사할 것'이다.

따라서 리핏과 동료들의 연구를 통해 의견지도력에 대한 본서의 관심과 직접 관련된 매우 다양한 사안들에 대한 증거를 발견할 수 있다. 무엇보다도 먼저, 본서에서는 집단 구성원들이 누가 얼마나 많은 영향력을 가지고 있는지에 대해서 그들 사이에 높은 수준의 동의를 보인다는 사실을 확인할 수 있었다. 둘째로, 지위가 높은 집단 의견지도자일수록 자신의 위치에 대해서 비교적 정확히 인식하고 있다는 것을 확인할 수 있었다.[33] 셋째, 강한 '권력'을 가진 집단 의견지도자는 실제 자신에게 귀속된 권력, 즉 영향력을 미칠 수 있는 자격을 행사한다는 것을 확인할 수 있었다. 끝으로 강력한 '권력'을 가지고 있다고 간주되는 집단 의견지도자들은 성공적으로 다른 집단 구성원들에게 직접적 영향력을 행사할 수 있었으며, 또한 스스로 직접적인 영향력을 행사하려 하지 않는다고 하더라도 다른 집단 구성원들이 이들을 모방한다는 것을 확인할 수 있었다.

리핏과 동료들의 연구는 본서 Part 2에서 소개하는 의견지도력 연구의 소규모 모형이라고 해도 과언이 아니다. 리핏과 동료들의 연구 역시 본서의 연구설계와 유사하게, 첫째, 집단 구성원들에게 영향력 있다고 생각하는 사람이 누구인지 묻고, 그 다음에 응답자 본인의 영향력 추정치를 측정하였다. 둘째, 본서와 마찬가지로 사회관계 네트워크를 살펴봄으로써 실제 영향력의 흐름을 추적하려 시도하였다. 마지막으로, 본서와 마찬가지로 의견지도자가 어떤 특징들을 갖고 있는지를 정리하는 방식으로 의견지도자의 특징을 서술하였다.[34]

소년들의 캠프에 대한 리핏과 동료들의 연구에서 한 가지 결론만 더 소개해보자. 리핏과 동료들에 따르면, "집단생활을 거의 24시간 내내 하는 경우, 권력의 귀속은 상황이나 활동에 따라 달라지지 않는 경향이 있다. 즉, 귀속된 권력을 수여받은 소년이 보여준 초기의 탁월성은 특정한 종류의 활동이나 특징(이를테면 격투, 운동, 캠프 기술, 성인들로부터의 존중, 신체 규격)에서 비롯되었을 수 있지만, 이 소년의 동료들은 초기의 탁월성을 일반적 범위의 집단 활동과 상황들에 대해 일반화시키는 경향이 있다."

리핏과 동료들의 연구에서 보고하듯 초기의 탁월성을 다른 활동과 상황들에 일반화시키면서 나타나는 '영향력'은, 아마도 연구에서 분석했던 소년들로 구성된 캠핑 집단보다 더 공적인 통제와 더 다양한 책무들을 요구하는 사회적 집단에서 보다 특징적으로 나타날 수 있다. 예를 들어, 소집단 연구 분야의 두 고전적 연구인 노튼스

---

**33** '자기지명식(self-designated)' 의견지도력의 정확성과 관련하여 본서 Part 2의 2부에 제시된 저자들의 연구결과와 비교해보라.

**34** 물론 중요한 차이점도 존재한다. 리핏과 동료들의 연구는 아마도 공동체에서의 대인적 영향력의 흐름에 관한 연구가 어떠해야 하는지에 대한 거의 '이상적' 모습의 연구라고 해도 좋다. 물론 이러한 평가는 리핏과 동료들의 연구가 관심사의 다양성, 소속집단의 다원성, 미국 도시의 인구 규모 등의 측면에서 관리 가능한 정도로 도입 가능하다는 전제하에서 그러하다. 본서에서는 이하의 단락들에서 리핏과 동료들의 연구에서 나타난 이러한 중요한 한계점 하나를 언급하였다.

골목 모퉁이 사회 불량배 집단(Nortons street corner gang)에 대한 연구,◆ 웨스턴 일렉트릭 컴퍼니(Western Electric Company)의 호손(Hawthorne) 공장 내부의 뱅크와이어링룸(Bank Wiring Room)◆◆에서 근무하는 남성노동자들을 비교해보자.[35] 골목 모퉁이 사회의 불량배들은 상대적으로 '자율적인' 환경에 처해 있고, 리핏과 동료들의 연구에서 소개한 소년들의 캠프 집단과 마찬가지로 불량배 집단은 구성원들의 삶에 영향을 미치는 집단이다. 뱅크와이어링룸의 노동자 집단은 매우 합리화된 공장에서 면밀한 감독을 받는 직장동료들로 구성된 집단이다. 골목 모퉁이 불량배 집단의 의견지도자는 '닥(Doc)'이라는 이름을 갖는 인물이며, '테일러(Talyor)'는 호손 공장 뱅크와이어링룸이 개설된 후 처음으로 등장한 의견지도자의 이름이다. 이 두 사람은 중요한 인물이니 독자들은 이 이름을 기억해두기 바란다.

골목 모퉁이 불량배 집단의 의견지도자 '닥'을 살펴보자. 닥은 자신의 집단에 어떤 영향력을 행사하는가? 골목 모퉁이 불량배 집단 연구자 와이트(Whyte)에 따르면, 닥은 다른 집단 구성원이 아직 결정을 내리지 않은 사안에 대해 판단하고 행동하는 사람이다. 말하자면, 닥이 결정을 내리면 집단은 그 결정에 따른다. 물론 다른 집단 구성원이 개별 행동을 개시할 수 있으나, 어떤 행동이 집단행동이 되기 위해서는 닥이 나머지 구성원들을 대표해 행동을 개시해야 한다. 집단 구성원들은 닥이 없을 때

---

**35** 닥과 노튼스 골목 모퉁이에 대한 연구결과는 와이트(Whyte, 1943)의 연구에서, 테일러(Talylor)와 동료들에 관한 연구결과는 뢰슬리스버거와 딕슨(Roethlisberger and Dickson, 1939)의 연구에서 소개된 것이다. 본서에서 소개한 내용들은 이 두 고전적 연구들에 대한 호만스(Homans, 1950)의 멋진 요약과 창의적인 분석을 기반으로 하고 있다. 뱅크와이어링룸의 집단지도자에게 '테일러'라는 이름을 붙인 사람은 호만스이며, 뢰슬리스버거와 딕슨은 별도의 이름을 밝히지 않았다. 호만스가 사용한 '자율적(autonomous)'이라는 단어는 스펜스(R. Spence)와 로저스(M. Rogers)가 편집한 학술지 《자율집단회보(*The Autonomous Groups Bulletin*)》에서 가져온 것이다.

◆ 윌리엄 풋 와이트(William Foote Whyte, 1914-2000)가 수행한 고전적 연구. 와이트는 하버드 대학의 신진연구자(junior fellowship)로 보스턴 북부의 이탈리아 이민자 거주지역에서 4년간 실제 거주하면서 자신이 보고 듣고 겪은 내용을 바탕으로 *Street Corner Society: The Social Structure of an Italian Slum*라는 연구를 수행하였다. 이 연구는 참여관찰법(participatory observation)을 기반으로 진행되었으며, 이후 도시사회학(urban sociology)과 인류학(anthropology)의 고전적 저술로 자리 잡았다.

◆◆ 연구가 진행되던 당시를 기준으로 웨스턴 일렉트릭 컴퍼니는 통신과 관련된 여러 부품과 제품들의 제조사였다. 여기서 말하는 뱅크와이어링룸은 호손 연구를 진행한 연구자들이 노동자들의 행동을 관찰하기 위해 공장 내부에 따로 설치한 조립 현장이다. 뱅크와이어링룸에 배치받은 노동자들은 전화교환(telephone switching)에 필요한 부품들을 조립하였으며, 연구자들은 근무시간 중 벌어지는 노동자들의 모든 행동을 데이터로 남겼다.

뭔가가 빠진 듯한 느낌을 받았고, 어떤 활동을 시작하기 전에는 닥을 기다렸다.[36] 또한 닥은 정치나 이웃 간 사건에 대한 의견과 태도를 형성하는 데도 중요한 역할을 하였다. 골목 모퉁이 불량배 집단에서 닥의 지위는 어느 정도는 그가 다른 불량배 집단 의견지도자들과 지역 유력자들 사이에서 받는 경외심에서 비롯되었다.

뱅크와이어링룸의 노동자 집단의 경우는 상황이 사뭇 달랐다. 집단 구성원들의 삶은 집단이나 집단규범에 의해 완전히 통제된다고 결코 말할 수 없다. 집단 구성원들은 서로의 공장 외부 활동에 대해 상대적으로 약한 통제만을 할 수 있는데, 이는 각 구성원들이 모두 일련의 다른 역할과 책임을 지니기 때문이다. 집단규범이 비공식 활동의 규칙을 제한하며, 생산성에도 어느 정도 영향을 미치는 공장 내에서조차 공장의 공식적인 규칙들은 개별 구성원들의 행동을 규제하는 데 단연코 가장 큰 역할을 차지하고 있음이 분명했다.

테일러가 뱅크와이어링룸의 '지도자'로 등장했다는 호손 연구의 기록을 따라가다 보면, 테일러가 닥이나 (리핏과 동료들의 소년들 캠프 연구에서) '권력'을 가진 것으로 여겨졌던 소년들처럼, 집단규범에 가장 잘 동조하며, 집단 밖 상관들의 존중을 받고, 많은 사람의 호감을 받고 있다는 것을 알 수 있다. 그러나 어떤 의미에서 테일러를 '지도자'라고 볼 수 있는가? 기록의 어느 부분을 보아야 테일러가 영향력을 발휘하는 것이 무엇이고, 테일러가 어느 방향으로 어떤 영향력을 행사하는지 알 수 있는가? 본서의 저자들은 테일러가 이 핵심 위치에서 실제로 무엇을 **하는지** 살펴보았다. 보다 직접적으로 표현하자면, 테일러의 '사회적 권력'이나 영향력은 닥과 비교해서 어떠한가?

본서에서 주목했던 호손 연구결과들[37]에 의하면, 테일러는 매우 정보가 많은 사람이었으며, 언제나 논쟁할 준비가 되어 있었고 논쟁할 때 자주 이기는 모습을 보였다. 또한 본서에서는 테일러가 다른 노동자들에게 많은 충고를 해주었음에 주목하였다. 호만스(Homans)가 인용했던 아래 인용문은 이러한 테일러의 리더십이 두 가지 구성요소로 뒷받침되었음을 잘 요약하여 보여준다.

---

**36** 토키(Toki)는 일련의 흥미로운 실험연구를 통해 활동 시작과 집행에서의 어린이 집단의 또래 의견지도자에 대한 의존성을 검증했다. 이는 하틀리와 하틀리(Hartley and Hartley, 1952)에 보고되어 있다.

**37** 여기에서 '힌트'라고 한 것은, 이 연구가 구체적으로 리더십에 주목한 연구가 아니었고, 테일러가 이 연구가 종료된 시점까지 분명하게 의견지도자로 부상한 것도 아니었기 때문이다.

테일러는 야구, 경마, 영화배우들의 봉급, 우체국 예금 이자율, 달걀 한 다스(dozen)를 급행으로 100마일 배송하는 데 드는 비용 등 온갖 논쟁에서 좀처럼 지지 않았다. 테일러의 우월성은 논쟁에서 주로 이긴다는 사실뿐만 아니라 다른 노동자들에게 충고하고 주의를 주는 방식에서도 드러났다. 스타인하트(Steinhardt)가 웨스턴 전기회사의 자회사로 이직할 생각을 하고 있다고 말하자, 테일러는 그에게 그가 새로운 직장에서 잘 지내지 못할 경우를 대비해 현재의 직장에서 다시 일할 수 있을 가능성을 고려해야 한다고 말했다. 테일러는 케이펙(Capek)에게 경주에서 어떤 말에 돈을 걸어야 할지 알려줬다. 크루파(Krupaa)와 다른 몇몇 노동자들이 너무 시끄럽게 굴 때, 그들에게 조용히 하라는 경고를 준 사람도 테일러였다. 위니코프스키(Winikowski)와 스타인하트(Steinhardt)가 종교에 대해 논쟁을 벌일 때, 논쟁이 지나치다고 생각되면, 테일러는 그 논쟁을 중단시키려고도 했다.[38]

본서의 저자들은 뱅크와이어링룸의 노동자들이 노튼스 골목 모퉁이의 불량배 집단보다 현대 사회의 비공식적인 대인관계의 전형에 더 가깝다고 생각한다. 비공식적인 친교 집단, 이웃 집단, 직장 집단에 속한 이들은 모두 단 한 개의 집단에만 소속되어 있지 않으며 반드시 추구해야 하는 어떤 목표의 관점에서 조직되어 있지 않다는 공통점을 가지고 있다. 또한 노동자들의 주요 활동은 실질적으로 조직되거나 통제받지 않았다. 따라서 비록 집단 의견지도자가 상징적인 '기능'을 하거나, 혹은 집단이 이러한 활동을 통해 취득한 태도를 유지하기 위해 적극적으로 행동할 수는 있겠지만, 사실 의견지도자의 '영향력 행사'는 집단의 주요 활동과는 전혀 관련 없을 수도 있다. 대신 테일러의 영향력은 집단 전체 또는 집단내 구성원 개인과 관계된 모든 '작은', 그리고 가끔은 '큰' 사안들에 대해 발휘되었다. 그러므로 닥에 비해 테일러가 현대 사회에서 정보와 영향력을 전달하는 의견지도자의 이미지에 보다 잘 부합한다. 어쩌면 닥은 너무 큰 '권력'을 가지고 있는 존재다.

**38** 호만스(Homans, 1950)의 70쪽에서 인용.

(B) 사회적 위치: 영향력 흐름의 구조적 측면

지금까지 제시한 정보흐름의 전략적 지점을 어떻게 진단할 수 있는지에 대한 본서의 논의는 거의 배타적으로 영향력의 흐름에서 집단 의견지도자가 어떤 역할을 맡는지에 초점을 맞추었다. 본서에서 언급하는 집단의 의견지도자는 어떠한 주어진 상황에서 구성원들 사이의 상호작용 결과로 등장하는 유형의 사람이다. 즉 집단의 의견지도자는 집단 구성원들에 의해 **지명받은** 사람이다. 또한 일차집단에서 리더십을 행사한다는 말은 영향력을 발휘할 수 있는 권리와 힘을 갖는다는 의미다.

그러나 집단 구성원들의 지명 방식으로 등장하는 리더십은 정보흐름의 전략적 지점과 관련하여 본서에서 주목하고자 하는 대인관계 영향력의 핵심적 요소들 중 하나일 뿐이다. 다소 명확성이 떨어져 보일 수도 있겠지만, 상당히 중요한 다른 요소들로 최소한 두 가지를 더 생각해볼 수 있다. 우선 본서에서는 집단 구성원이 집단**구조** 내부에서 점유하고 있는 특정 **위치**에 따라 어떤 영향력을 발휘하는지 살펴보고자 한다.

이를 살펴보기 전에, 지금까지 본서에서 '의견지도자', '영향력 전파자' 등의 단어들을 사용함으로 인해 저자들이 집단 의견지도자의 정체와 커뮤니케이션 과정에서 그들의 핵심적 역할을 밝히는 데 관심이 있다는 점이 흐려질 수도 있음을 다시 언급하고 싶다. 즉, 본서의 저자들은 리더십이나 영향력 **그 자체**보다는 커뮤니케이션을 통해 정보와 영향력을 전달하는 사람들에 더 큰 관심을 갖고 있다. 또한 집단 의견지도자와 사뭇 다른 임무를 수행하는 다양한 집단 구성원들이 정보 전달과 영향력 행사과정에 관여할 수도 있다. **앞에서 소개한** 닥의 사례를 들어보자. 닥은 어떤 활동을 개시하고, 어떤 제안을 승인하고, 다른 제안에 대해 반대하고, 충고와 격려를 제공하는 등의 방식으로 불량배 집단 전체를 대상으로 영향력을 행사한다. 그러나 닥의 모든 명령들이 닥에게서 직접적으로 내려지는 것은 아니며, 이런 명령들은 종종 논의의 과정을 거쳐 두 명의 부두목(lieutenants)을 통해 불량배 집단들에게 전달된다. 이를 바탕으로 호만스는 집단 의견지도자를 한번에 많은 구성원들과 상호작용하는 사람으로 정의하지 않고, 구성원들 사이의 상호작용 채널에서 핵심적인 위치를 차지하는 사람으로 정의하는 것이 더 낫다는 결론을 내렸다.[39] 즉 집단에서 의견지도자는 방아쇠를 당길 수 있는 위치(trigger position)를 점유한 사람이라고도 할 수 있다. 커뮤

**39** 호만스(Homans, 1950, p. 183).

니케이션을 중심에 놓고 보았을 때, 본서의 저자들은 지도자(leader), 영향력 전파자(influential), 의견지도자(opinion leader) 등과 같이 다양한 종류의 역할을 포괄하는 하나의 개념어를 고려할 필요성을 느낀다. 즉 의견지도력은 어떤 계획이나 아이디어의 **발생** 지점, 아이디어의 **승인**, 아이디어의 **확산** 등을 통칭하는 것이라 할 수 있다. 만약 어떤 집단 구성원이 이 역할들 중 하나 또는 전부를 수행할 경우, 이 사람은 핵심적인 커뮤니케이터의 자격을 얻는다. 예를 들어, 언제나 그런 것은 아니지만 닥은 종종 새로운 아이디어를 고안하고, 다른 구성원이 제안한 아이디어를 지지 혹은 거부함으로써 다른 구성원들에게 영향력을 행사하며, 모든 집단 구성원들을 대상으로는 전송자 역할을 하고, 때로는 불량배 집단의 하층부로 특정한 생각을 전달하기도 했다.

호만스는 닥의 역할을 다음과 같이 묘사한다. "노튼스 골목 모퉁이 불량배 집단에서 루(Lou)가 집단을 위해 무엇을 해야 하는지에 대해 어떤 생각을 갖고 있다면, 이 생각은 직접적으로 또는 안젤로(Angelo)나 대니(Danny)를 통해 닥에게 전달됐다. 상호작용 흐름은 전달과정 중간에서 끝날 수 있다. 왜냐하면 닥이 그 생각을 받아들이지 않을 수도 있기 때문이다. 하지만 만약 닥이 새로운 생각을 받아들인다면 그는 부두목들과 상의한 후에 이 아이디어를 다시 조직 하층부로 전파시킬 것이며 불량배들은 행동을 개시하게 될 것이다. 또는 닥이 자신의 생각을 비슷한 방식으로 하층부로 전달할 수도 있다."[40] 또한 꼭 이러한 과정이 아니더라도, 이 집단에서 다른 방식의 중요한 커뮤니케이션 역할들이 존재한다는 것을 떠올리기는 어렵지 않다. 예를 들어, 어떤 구성원은 다른 구성원들에 비해 집단을 위한 계획이나 아이디어를 더 많이 제시하는 방식으로 닥에게 자신의 가치를 보여줄 수 있다.[41] 혹은, 특정 구성원은 다른 구성원들에 비해 닥에게 승인받은 의견과 정보를 전달하고 확산시키는 역할을 더 자주 맡을 수도 있다.

지금까지 본서에서 고려했던 대부분의 집단에서는 아이디어의 고안, 영향, 흐름의 기능들을 구분하기가 쉽지 않았다. 사실 소집단에서 집단 구성원들에게 지명받은

---

**40** 호만스(Homans, 1950, p. 182).

**41** 계량사회학자들은 집단 전체에게는 특별히 매력적이지 않지만, 집단 의견지도자의 특별한 주목을 받는 경우를 때때로 발견하곤 한다. 이러한 역할을 일컬어 '막후 실력자(the power behind the throne)'라고 한다. 여기에서 구분한 세 가지 역할과 더욱 정확히 상응하는 것은 공동체 내에서의 메시지 확산 연구에 대한 라르센과 드 플뢰르(Larsen and De Fleur, 1954)의 논의에서 찾을 수 있다.

의견지도자의 역할은 이론적으로는 구분 가능하지만 실질적으로는 병행되어 나타나는 것이 보통이다. 또한 상대적으로 비공식적이고 구조화되지 않은 뱅크와이어링룸 집단의 의견지도자인 테일러가 닥보다 훨씬 더 많이 의견지도자 개인 주도의 정보전파를 한다는 것도 흥미로운 점이다. 그러나 본서에서는 **지명된** 의견지도자의 커뮤니케이션 활동을 살펴본 후 의견지도자의 **위치**를 점검한다는 점에서, 집단 의견지도자의 활동과 위치를 왜 구분해야 하는지에 관한 잠재적 중요성에 주목하고자 한다. 예를 들어, 어떤 집단의 목표나 관심사와 관련해 전략적 위치를 점유하는 사람의 커뮤니케이션 역할을 보면, 영향력을 발휘한다기보다는 정보를 생성하거나 송신하는 경우가 더 많다. 그리고 이처럼 전략적 위치를 점유한 사람이 동시에 집단 구성원들에 의해 의견지도자로 추대된 게 아니라면, 새로이 생성된 정보 혹은 전파되고 있는 정보에 대한 승인(approval)은 다른 사람에 의해 이루어질 것이다.

사회적 위치를 설명하기 위해 본서의 저자들이 주목할 연구에서는 후자의 가능성◆이 허용되지 않지만, 그래도 독자들은 그 가능성을 염두에 두는 게 좋을 것이다.

본서의 저자들이 주목하는 연구는 바벨라스와 리빗(Bavelas and Leavitt)이 실시한 일련의 실험으로, 이들은 집단 조직의 다양한 패턴이 커뮤니케이션 행동에 어떠한 영향을 미치는지 분석하고자 하였다.[42] 바벨라스와 리빗은 집단이 여러 가지 구조를 갖도록 실험조작하였다. 그들은 집단 구성원들이 소통할 수 있는 '이웃'의 숫자가 다양하게 달라질 수 있도록 5인조 실험 집단의 좌석을 배치하는 방식으로 집단구조를 실험조작하였다. 몇 가지 예를 들어보면, 다섯 명의 개인들이 직선으로 앉아 끝에 있는 두 남자가 각각 한 명씩의 이웃을 갖고, 그 사이의 세 남자가 두 명의 이웃을 가지는 '체인' 패턴, 모든 사람이 두 명씩의 이웃을 갖는 '원' 패턴, 그리고 네 사람이 각각 직사각형의 네 꼭짓점에 위치하고 가운데에 있는 한 명과 바퀴살처럼 연결되는 '바퀴' 패턴 등이 있다. 참여자들은 다섯 종류의 색상으로 만들어진 칸막이로 구획된 장소에 배치되었고, 각각 연필과 색종이를 받았으며, 지정된 패턴에 따라서만 서로 접촉 가능한 방식으로 커뮤니케이션할 수 있는 자리에 배치되었다. 이를 통해 각 사람에게서 정보를 수집하고, 그것들을 대조하고, 결과적인 해결책을 모두에게 재분배

42 리빗(Leavitt, 1952)은 바벨라스의 최초의 아이디어를 일련의 훌륭한 실험을 통해 확장했다. 바벨라스의 이전 논의에 대해서는 바벨라스(Bavelas, 1951)를 참조하라.

◆ 집단 의견지도자가 전략적 위치를 점유하면서 동시에 영향력도 발휘하는 가능성을 뜻한다.

하는 것을 포함하는 표준화된 문제의 해결에 각 패턴이 어떤 방법으로 영향을 미치는지 분석할 수 있었다.

가장 꽉 짜인 집단구조인 '바퀴' 패턴의 경우 중간에 있는 사람이 유일한 연결고리 역할을 했으며, 처음 몇 번의 접촉이 이루어진 후 일련의 표준화된 커뮤니케이션 구조가 나타났다. 남은 15번의 접촉에서도 이 커뮤니케이션 구조는 그대로 유지되었다. 또한 바퀴 패턴에서 가장 빠르게 하나의 구조가 구축되었다. 이 커뮤니케이션 구조는 모든 정보를 수집하고 다시 전달하는 가운데 지점에 위치한 사람을 중심으로 운영되었다. 실험 후 설문지에서 그들 조직에 의견지도자가 있는지, 만약 있다면 그가 누구인지를 집단 구성원들에게 물어보았다. 설문결과 의견지도자가 있다고 응답했던 모든 사람은 가운데 지점에 위치한 사람이 의견지도자라는 데 동의했다. 집단구조에 대해 집단 구성원이 알고 있는 바를 설명해달라는 질문에 대해서, '바퀴' 패턴에 배치된 사람들은 다른 패턴에 배치된 사람들보다 자신이 속한 집단구조를 더 정확하게 인식하고 있었다. 하지만 집단에서 자신의 위치에 대한 만족도를 물어보자 '바퀴' 패턴에 배치된 구성원들의 상당수는 불만을 표시했다.

'바퀴' 패턴과 '원' 패턴을 비교해보자. 어느 누구나 객관적으로 모든 위치가 평등했던 '원' 패턴에서는 절차의 일관성도 나타나지 않았고, 구성원 또한 집단이 공간적으로 어떻게 조직되어 있는지에 대해 알지 못했다. 또한 '원' 패턴에 배치된 사람이 가장 많은 오류를 범하는 것으로 나타났다. '원' 패턴에 속한 사람들의 경우 절반 정도만 자기 집단에 의견지도자가 있다고 생각했으며, 심지어 의견지도자가 있다고 답한 사람들조차 그 의견지도자가 누구인지에 대해 서로 동의하지 않는 것으로 나타났다. 그러나 집단내 자신의 위치에 대한 만족도는 '원' 패턴에 배치된 구성원들에게서 가장 높게 나타났다.

리빗은 '중심성'이라는 이름의 지수를 고안하여 자신의 연구결과를 분석하였다. 중심성 지수는 집단 구성원이 집단내의 다른 모든 구성원에게 얼마나 접근 가능한지 측정한다. 예를 들어, '바퀴' 패턴의 중간에 있는 사람은 명백히 그 집단에서 가장 높은 '중심성' 값을 가진다. 모든 구성원이 비교적 비슷비슷한 '중심성' 값을 갖는 패턴에서는 집단 문제에 대한 구성원들의 영향력이 서로 엇비슷한 모습을 보였으나, 구조적으로 한 구성원에게만 높은 '중심성'이 할당되는 경우에는 해당 구성원이 집단을 장악할 가능성이 가장 높게 나타났다. '중심성'은 '바퀴' 패턴과 같은 구조에서 리더십 발휘를 결정짓는 주요 요인이었으며, 다른 구성원들은 이 핵심 위치를 차지하고 있는 구성원에 자신들이 의존하고 있다는 것을 인식하고 있었다. 가장 '중심적인' 위치를 차지했던 사람에게서 실험 과제에 대한 만족감이 가장 높게 나타났으며, 이 사람은 다른 사람들에 의해 가장 자주 '지도자'로 지명되었고, 집단의 실험 문제 해결에서 가장 중요한 역할을 맡았다.

본서의 주요 주제와 관련하여, 이러한 실험들은 몇 가지 흥미로운 함의를 지니고 있다. **첫째**, 이 연구들을 통해 주어진 임무나 과제에 관련된 모든 요소에 대해 이유를 불문하고 더 많은 접근 권한을 가진 사람들이 누구인지 찾는 것이 중요하다는 것을 알 수 있다. 이와 관련하여 본서에서는 임무나 과제에서 더 세부적인 정보, 누군가에게 의존해야만 알 수 있는 정보, 다른 사람들에게 존경받는 사람이 누구인지를 알아내고자 한다. 집단에서 감독자 역할을 하는 사람들이 공식적인 임무나 과제가 아닌 다른 분야에서도 여전히 영향력을 지니는지 살펴보는 것은 다른 차원의 질문이다. 본서의 저자들이 이 연구들을 통해 살펴본 바에 따르면 의견지도자는 집단의 과제에 대해 집단의 다른 사람들보다 더 잘 알고 있었다. 또한 저자들은 집단에서 '전문가'—즉 해답에 접근할 수 있는 사람—의 그림자를 어렴풋하게나마 확인할 수 있었다는 점을 가볍게 언급하고 싶다.

**둘째**, 이러한 실험결과는 **접촉**(*contact*)과 **이동성**(*mobility*)이 대인 커뮤니케이션 역할을 결정짓는 중요 요소일 수 있다는 점을 상기시킨다. 전쟁정보국(OWI)에서 실시한 전쟁 시기의 루머에 대한 알포트와 포스트먼(Allport and Postman)의 보고서(1947)에 따르면, "사회생활에 더 많이 참여하는 사람들이 고립된 사람들보다 루머 커뮤니케이션 과정에 더 쉽게 관여하는 것으로 밝혀졌다."[43] 예를 들어, 알포트와 포스트먼의 보고서에 따르면 일하는 여성들이 주부들보다 더 많은 이야기를 듣고 퍼뜨리는 것으로 나타났다. '사회적으로 활동적'이라고 평가된 사람 중 60%가 루머 전파에 참여했지만, 비교적 은둔 생활을 한 사람 중에서는 그 비율이 30%에 불과한 것으로 밝혀졌다. 본서의 저자들은 이런 종류의 단서를 바탕으로 사교적인 사람들의 커뮤니케이션 기능에 주목하였다. 이와 관련하여 본서 Part 2에서는 사교성과 의견지

**43** 리빗(Leavitt, 1952, p. 183).

도력 사이의 관계를 보다 자세하게 다루었다.[44] 그러나 영향력 전파가능성 측면에서 어떤 사람의 사교성 지수가 단순히 높다는 것보다 중요한 점은 이 사람의 **사교경로**(*itinerary*)다. 집단 구성원들을 대상으로 사회적 또는 지리적으로 구분되는 집단과 접촉하는 직업군이 무엇인지를 조사해보면 재미있는 결과가 나올 것이다. 예를 들어, 예전에는 음유시인들이 이러한 직업군에 해당되었고, 최근에는 방문 세일즈맨[45]이 그러한 직업군에 해당된다. 일반적으로 한 집단과 다른 집단의 관련된 환경—그게 다른 집단이든, 아니면 어떤 지식 체계든, 혹은 또 다른 형태이든 상관없이— 사이에서 오가는 사람들은 아마도 커뮤니케이션 과정에서 핵심적 역할을 수행할 것이다.

요컨대, 이러한 실험들은 **전략적인 사회적 위치**를 차지하는 집단 구성원이 중요한 커뮤니케이션 역할을 한다는 것을 보여준다. 따라서 지금까지 살펴본 연구로 미루어 볼 때, '중심성(centrality)'이 높은 위치가 가장 중요한 위치가 되는 경향이 있으며, 이는 집단 구성원들이 어떤 과제 해결을 위해 상호의존적이어야 하는 경우 더 강하게 나타난다. 그러나 상황에 따라 '주변성(peripherality)'이 높은 위치가 더 중요한 위치일 수도 있다. 이는 주변부 사람들이 때로는 중심부에 있는 사람들보다 외부 환경에 대해 더 좋은 위치에 있는 경우 성립한다.[46] 어느 경우든 대인 커뮤니케이션의 전략적 지점의 발견에 대한 중요한 단서는 집단구조 내의 위치와 연관된다.

---

**44** 본서 Part 2의 3부에서, 사교성은 의견지도자와 비지도자의 비교에 사용되는 한 가지 차원으로 분석된다. 이번 장의 마지막 절에서 오늘날 해외 커뮤니케이션 연구결과들을 인용할 때 역시 이와 관련해 중요한 문제들이 논의된다. 예를 들어, 뉴스와 의견을 전(前)산업사회 국가의 농촌 지역에 전파시키는 사람들은 도시와 촌락 사이를 물리적으로 통근하는 사람들이었다. 따라서 예컨대 버스기사들은 종종 뉴스의 전달자이며, 여름을 대도시에서 보내는 교사는 바깥세상을 대표하는 사람으로 여겨진다. 근동지역(Near Eastern) 작은 마을의 젊은이들이 마을 밖으로의 빈번한 이동, 그리고 이로 인한 도시의 매스 미디어와 도시인들과의 접촉으로 노인층의 전통적인 의견지도력을 잠식한다는 연구결과 또한 주목할 만하다.

**45** 여기가 바로 '의견지도력'과 '의견지도자' 용어를 다차원적으로 이용하고 있음을 상기하기에 좋은 지점이다. 예컨대, 여기에서 **정보흐름**이 반드시 **영향력**을 수반하는 것은 아님이 명백해진다.

**46** 예컨대, 소수자(minority) 집단이 그러하듯이 다음의 165-166쪽에 있는 저자들의 논의를 참조하라. 아래에서 인용될 해외 커뮤니케이션 연구들 또한 주변성을, 적어도 집단의 관심이 변하는 시기에 의견지도력을 구성하는 핵심요인으로 주목한다.

(C) 공인: 영향력 흐름의 문화적 측면

핵심적 커뮤니케이션 역할(그리고 집단내 위치와 마찬가지로, 개인이 집단 주도권을 얻기 위한 유리한 출발점을 갖게 되는 요인 중 하나)을 찾기 위해 본서에서 주목한 마지막 단서는 문화적 차이의 개념이다. 문화는 특정 집단의 특정 역할에 영향력을 행사하는 요소다. 따라서 상황에 따라 나타나는 활동이나 상호작용의 규칙성이 아니라, 문화가 행동에 어떠한 규칙성을 부여하는지를 살펴보기 위해서는 상대적으로 더 공식적인 집단들의 조직을 들여다보고, 문화가 '영향을 미치는 이유(the right to influence)'를 부여받은 역할들을 추려내야 한다. 프레드 스트로트벡(Fred Strodtbeck, 1951)의 잘 정돈된 연구는 이러한 **문화적 공인**(*cultural certification*) 개념을 매우 잘 예증한다.

스트로트벡은 세 개의 서로 다른 문화 그룹을 대표하는 부부 몇 쌍을 선정해 비밀리에 각 배우자에게 그들이 알고 있는 모든 측면에서 '최고'라고 평가할 수 있는 하나의 가족을 말하게 한 후, 그러한 선택의 근거가 되었던 기준을 열거해달라고 요청했다. 스트로트벡은 각 배우자에게 특정 가족과 관련 기준을 제시하도록 요청한 후, 다음으로 각 쌍의 부부들을 만나도록 하고 그들 내부의 의견 차이를 조정하여 하나의 가족과 한 집합의 기준들에 합의하도록 요청하였다. 이러한 논의를 분석하면서 스트로트벡은 문화적 차이점에 대해 어떤 배우자의 의견이 '주도적일' 가능성이 더 큰지—즉, 상대방이 앞서 발표한 의견을 바꾸도록 하는지—를 살펴보았다. 여성들이 상당히 독립적인—남자가 아내의 가족과 함께 살기 위해 장가를 오는—나바호족 참여자 부부의 경우, 아내가 남편들보다 더 많은 부분을 결정하는 데 '주도적' 역할을 보였다. 반면 남편이 최고 권력을 장악하는 몰몬교 참가자 중에서는 남편들이 더 자주 '주도적' 역할을 보였다. 평등주의적 규범을 가진 텍사스 장로교 부부 참가자 중에서는 아내가 남편과 비슷한 수준으로 '주도적' 역할을 보였다. 즉 적어도 세부적 분야들에서 문화적 우위를 가진 사람이 영향력이 클 가능성이 더 높았다. 스트로트벡은 다음과 같이 말한다. "이러한 사회·문화 조직에 관한 비교연구를 통해 우리는 연구대상 표본이 대표하는 모집단에서의 의사결정에서 누가 더 영향력이 큰지 예측할 수 있었다."[47]

---

**47** 이 지점에서 본서의 저자들이 이번 장에서의 논의를 진행하는 동안 가장 널리 알려진 일차집단인 가족을 충분히 강조하지 않았다는 점은 반성해야 할 부분이다.

본서 저자들은 문화가 특정 역할규정 방식에 영향을 미칠 뿐만 아니라 그 영향력이 발휘될 수 있는 구체적인 분야들 역시 규정한다고 추정한다. 따라서 스트로트벡의 연구에서 다룬 가정 내(domestic) 사안에 대해서는 남편과 아내 사이에 동등한 영향력이 있을 수 있지만, 다른 분야, 예를 들어, 정치학 연구 분야인 정치와 공공이슈 분야의 경우에는 남편의 영향력이 더 우세하게 나타날 수 있다.[48] 그리고 이러한 차이는 아마도 문화가 남편의 우위를 인정해주기 때문일 것이다. 배우자 중 누가 상대방의 투표에 더 영향을 미칠 가능성이 더 큰지는 의문의 여지가 없으며, 정치는 남성의 영향권이라는 데 대해서도 물론 폭넓은 합의가 있다.◆ 또한 시장조사 연구에 따르면, **아이들**은 특정 물품의 구매과정에 상당한 영향력을 행사하는 것으로 나타났다. 또한 물품의 종류에 따라 어떤 종류의 물품에서는 남편이, 다른 종류의 물품에서는 아내가 영향력을 발휘하기도 한다.[49]

지금까지 대인 커뮤니케이션 네트워크에서의 영향력이 어떻게 전파되는지를 탐구하기 위해 중요한 선행연구들을 살펴보았다. 영향력 흐름을 분석하는 연구를 본격적으로 시작하기에 앞서, 영향력이 행사되는 연구 분야들을 신중하게 선택해야 한다는 것이 분명하게 나타났다. 연구 분야들을 선별한 다음, 영향력이 전달되는 상황과 영향력이 전달되는 네트워크 지도를 그려야 한다. 이 네트워크 내에서 핵심적인 커뮤니케이션 역할들(개시자, 전송자, 영향력 전파자)을 확인할 수 있으며, 이러한 커뮤니케이션 역할들은 다시 집단 구성원들의 **지명**, 사회적 **위치**, 그리고 문화적 **공인**과 연관되어 있을 것으로 예상할 수 있다.

---

**48** 이에 대한 근거는 라자스펠드, 베렐슨, 고뎃의 연구(Lazarsfeld, Berelson, and Gaudet, 1948)에 제시되어 있다.

**49** 럿거스 대학의 마틸다 화이트 라일리(Matilda. White Riley)는 1953년 전미여론조사협회(Americal Association for Public Opinion Research) 학술대회 발표 논문에서 이에 대해 논의했다.

◆ 이 부분을 읽을 때는 본서가 작성된 시대적 상황을 반드시 염두해야 한다. 해당 연구가 진행된 시기는 제2차 세계대전 직후다. 1960년대 시민권 운동이 발생하기 이전의 미국의 경우 문화적으로 백인우월주의, 남성우월주의가 매우 팽배했다. 시민권 운동의 확산으로 사회문화적으로 평등주의가 정착되었다고는 하지만 미국 내 인종 간 불평등, 성별 불평등 문제가 해결되었다고 보기는 어렵다. 아울러 한국의 상황도 돌이켜볼 필요가 있다.

7장

# 집단과 외부세계: 매스 미디어 연구에서 집단 연구가 필요한 이유

지금까지 대인 커뮤니케이션 및 영향력의 역학(dynamics)에 대해 살펴보았다. 이번 장에서는 이런 연구들의 함의가 무엇인지 보다 구체적으로 살펴보자. 4장에서와 마찬가지로, 본서에서는 매스 미디어 효과연구와 관련성을 갖는 부분에 집중할 것이다.

앞서 본서의 저자들은 대인 간 전파과정은 매스 미디어 영향력에 노출된 사람과 그렇지 않은 사람을 연결하는 역할(의견지도자라는 개념이 바로 이것이다)을 한다는 가설을 세웠다. 대인관계 영향력은 매스 미디어 캠페인 효과를 강화시키는 역할을 할 것임을 암시한다. 그러나 이와 관련하여 본서에서는 매스 미디어가 자체적으로 대인 커뮤니케이션 네트워크에 영향을 미칠 수 있다고 **가정한다면**, 매스 미디어 영향력이 발생할 때 어떤 일이 발생할지 고려해보았다. 이런 이유로 저자들은 집단내 커뮤니케이션 패턴 및 전략적 지점이 무엇인지 살펴보았으며, 대인 커뮤니케이션이 나타나는 채널들이 무엇이며 영향력 전파과정에서 중요한 역할을 수행하는 사람들이 누구인지 확인할 수 있었다. **만약** 매스 커뮤니케이션 과정이 실제로 대인 간 네트워크와 연결되어 있다면, 매스 미디어 연구를 수행하고 효과적인 커뮤니케이션 과정을 보다 잘 이해하고자 할 때 이러한 선행연구 결과들을 통해 즉각적이며 명확한 함의를 얻을 수 있을 것이다.

## 집단과의 커뮤니케이션

2단계 공식을 따라 커뮤니케이션이 흐른다는 본서의 가설을 뒷받침할 증거는 무엇인가? 본서에서는 여러 분야에서 대인관계 영향력이 발생한다는 여러 경험적 증거들을 제시하였다. 하지만 이러한 영향력이 상당히 크다고 말하기는 어려우며, 연구범위 역시 광범위하다고 보기 어렵다. 본서 Part 2의 목적은 보다 다양한 연구범위를 살펴보는 것이기도 하다.[1] 그러나 본서의 가장 중요한 연구목적은 조직 외부에서 발생한 영향력이 어떻게 조직 내부의 생각과 행동에 성공적으로 영향을 미칠 수 있는지 탐구할 수 있는 방법을 살펴보는 것이다. 따라서 7장에서는 앞서 본서에서 살펴보았던 내용과 같은 집단내부 커뮤니케이션 체계와 '외부' 세계의 연결유형과 관련된 선행연구 결과들을 살펴보고자 한다. 만약 이러한 연결유형을 확인할 수 있다면, 매스 미디어 연구를 위해 대인 커뮤니케이션을 고려할 필요가 있는 이유가 보다 명확해질 것이다.

먼저 **상황**요인을 살펴보자. 상황을 규정한다는 의미는 관련된 환경을 구체화한다는 의미를 포함한다. 미국 내 소수인종 집단을 좋은 사례로 들 수 있다. 다수인종 집단이 주도하는 상황에 놓인 소수인종 집단의 경우, 소수인종 집단은 다수인종과 교섭할 수 있는 사람을 자신들의 대표자로 **지명**할 것이다. 만약 다수인종 집단이 그다지 중요하지 않은 시기이거나 상황이라면, 소수인종 집단은 자신들의 고유문화 혹은 '고국(old country)'과의 관계를 더 중요하게 바라볼 수 있다. 이렇듯 환경이 달라지면 정보의 전파 역할 역시 매우 상이하게 변한다. 소수인종 집단이 다수인종 집단과 어떤 관계를 맺고 싶은가에 따라 소수인종 집단과 다수인종 집단 사이의 연결 방식의 특징이 어떻게 변하는가에 대한 선행연구로는 미르달(Myrdal, 흑인 집단의 경우)과 레빈(Lewin, 유대인 집단의 경우) 등이 있다.[2] 작은 시골마을에서의 뉴스가 대인 커뮤니케이션을 통해 어떻게 전파되는가에 대한 머튼(Merton, 1949A)의 연구에서도 비슷한 결과가 발견되었다. 머튼은 마을 '지역 내' 뉴스를 전파하는 사람과 '국제(cosmopolitan)' 뉴스를 전파하는 사람이 다르다는 것을 발견하였다. 이 결과는 '외부(outside)' 뉴스의 유형에 따라 전파자가 다르다는 것을 암시한다.

---

**1** 이와 관련하여 본서 Part 2의 14장을 참조하라.

**2** 미르달(Myrdal, 1944)의 '배려의 리더십(accommodating leadership)'과 '자기증오(self-hatred)'에 대한 레빈(Lewin, 1948)의 글을 참조하라.

그렇다면 집단과 주변 환경을 연결시켜줄 수 있는 집단 구성원은 과연 어떤 사람일까? 이와 관련 구조적·문화적 요인들에 대해 살펴보았던 내용들은 매우 유용하다. 예를 들어 관련된 환경과 관련된 집단구조 내에서 전략적 위치를 점유하는 개인에게 부여된 커뮤니케이션 역할의 유형을 살펴보자. 예를 들어 사장의 비서는 다른 직장 노동자들에 비해 조직 내에서 전략적 위치를 점유하고 있다. 소수인종 집단의 경우 집단내 자신의 '위치(position)' 덕분에 다수인종 집단의 구성원과 사회적 관계를 맺고 있는 구성원도 비슷한 전략적 위치를 차지하고 있다. TV가 처음 보급되었을 때 TV를 구입했던 가족들의 경우도 마을 내부에서 영향력을 전파하는 중요한 구조적 위치를 점유하였다고 볼 수 있다.

끝으로 **문화적** 역할 덕분에 영향력을 전달하는 특정 역할을 맡는 사람들도 있다. 예를 들어 청소년들은 다른 가족들에게 최신 대중문화에 대한 뉴스를 제공하는 역할을 맡고 있다. 대중문화가 특정한 유형의 청소년 행동에 영향을 미친다는 바로 그 이유 때문에 최신 가요의 가사 내용이나 최근 개봉 영화 등과 관련된 소식은 청소년들을 통해 다른 가족 구성원으로 전파된다. 마찬가지로 특정 분야와 관련된 뉴스는 해당 분야에 관심이 있는 가족 구성원을 통해 다른 가족 구성원들의 관심사에 영향을 끼치는 경우가 적지 않다. 가족 구성원별로 자신이 좋아하는 일요판 신문의 특별 섹션이 있는 경우가 여기에 해당된다. 예를 들어, 월드시리즈(World Series)◆와 같이 대부분의 사람들이 관심을 갖는 스포츠 경기의 경우, 평상시 스포츠 섹션을 탐독했던 아버지가 가족 내 의견지도자가 될 가능성이 높다.

집단**내부** 커뮤니케이션 과정의 유형 및 과정들을 검토하면서 얻을 수 있었던 시사점들은 집단에 대한 커뮤니케이션에 대해서도 함의를 갖는다. 상황적, 구조적, 문화적 요인들은 집단내의 핵심 커뮤니케이터가 누구인지, 그리고 영향력 전파 유형에 영향을 미친다. 이러한 맥락에서 집단내 다른 사람들을 관련된 환경에 연계시키는 개인이 누구인지를 이해하는 데 매우 중요하다. 쿠르트 레빈(Kurt Lewin, 1952)은 대인 커뮤니케이션 네트워크를 '외부'와 연결시키는 이러한 사람들을 '게이트키퍼(gatekeeper)'라고 불렀다.[3]

---

**3** 레빈(Lewin, 1952, pp. 459–462)을 참조하라. 레빈의 '게이트키퍼' 개념은 본서의 '의견지도자' 개념과 매우 밀접한 관련을 갖는다.

◆ 미국의 메이저리그 야구 우승팀을 가리는 스포츠 행사다. 미식축구 최강자를 가리는 슈퍼볼(Superball)과 함께 대부분의 미국인이 즐기는 스포츠 행사다.

게이트키핑이란 채널(여기서 채널이란 상품의 유통과정일수도 있고, 뉴스나 사람들의 연결망을 의미할 수도 있다)의 전략적 위치를 점유하면서, 무엇이 채널을 통해 집단내부로 들어올 수 있는지를 결정할 수 있는 권한행사를 의미한다. 게이트키퍼에 대한 레빈의 최초 개념화는 식습관 형성에 대한 연구에서 비롯되었다. 식습관 변화를 위한 매스 미디어 캠페인 대상을 인구 전체로 하는 것이 좋을지, 아니면 자신의 식습관 변화를 통해 다른 사람들의 식습관을 변화시킬 수 있는 전략적 역할을 담당하고 있는 특정 인구집단으로 하는 것이 좋을지 고민하는 과정에서 등장한 것이 레빈의 게이트키퍼 개념이다. 레빈에 따르면, 가족 내 게이트키퍼는 장보기 활동을 통해 가족들에게 음식을 제공한다는 점을 고려할 때 어머니(상황에 따라 가정부)가 될 것이며, 정원에서 어떤 농작물을 기를 것인가를 결정한다는 점을 고려한다면 아버지가 될 것이다. 다시 말해, 캠페인의 분야에 따라 가족 내의 특정 게이트키퍼를 음식 캠페인의 주요 대상으로 선정해야 한다는 것이 레빈의 주장이었다. 레빈에 따르면 '집단내의 특정 커뮤니케이션 채널을 통한 뉴스 전파'[4] 역시 식습관 변화 캠페인과 마찬가지다.

앞서 집단내부의 정보전파에 대한 분석에서 제시한 구분은 집단에 대한 커뮤니케이션에서도 마찬가지로 유효하다. 어떤 아이디어의 최초 **창안자**(*originator*) 역할은 이 아이디어의 **전파자**(*transmitter*) 역할과 구분되며, 이 두 역할은 **영향력 전파자**(*influential*)의 역할과 구분된다. 마찬가지로 게이트키퍼는 어떤 집단에 특정한 아이디어를 소개하는 사람이라는 점에서 창안자이지만, 집단내부에서 전파자 혹은 영향력 전파자의 역할을 수행할 수도 혹은 수행하지 못할 수도 있다. 사실 게이트키퍼가 영향력 전파자가 될 수 있는가 여부는 중요한 연구문제이며, 이 문제는 앞으로 다루도록 하겠다.

이와 관련된 몇몇 선행연구들을 살펴보자. 가장 중요한 연구로는 보다 거시적 맥

---

**4** 레빈(Lewin, 1952, p.461)을 참조하라. 현실적으로 관련된 여러 문제들이 존재한다. 이를테면, 가족 내 아버지를 정원에서 재배할 농작물을 결정할 게이트키퍼로 가정한다고 하더라도, 아버지의 결정은 가족들을 전혀 고려하지 않고 단독으로 내려진 것은 아니다. 또한 설혹 정원에서 재배할 농작물을 아버지가 단독으로 결정했다고 하더라도, 아버지가 재배한 농작물을 다른 가족 구성원들이 꼭 먹는다고 볼 수도 없다. 당연히 식습관은 식품들이 얼마나 다양한가에 따라, 그리고 어떤 부분을 먹고 어떤 부분은 버리는지에 대한 당시 사람들의 태도 등에 따라 달라진다. 마찬가지로 편집자는 어떤 이야기를 출판할지 결정할 수 있지만, 이러한 편집자의 편집결정이 독자들이 편집자가 출판한 글을 읽고 믿을지를 자동적으로 결정짓는 것은 아니다. 이와 유사하게 패션을 주도하는 여성이 매년 파리로 여행을 떠난다고 해도, 주변 사람들이 그녀를 따라하지는 않을 것이다.

락에서 대인관계를 다룬 연구들을 들 수 있다. 이를 통해 어떻게 소규모 집단과 거시적 맥락이 연결될 수 있는지를 살펴보자. 설명 사례들의 제시 순서는 다음과 같다. 우선 제2차 세계대전 기간 공장, 일본인 수용소(Japanese relocation center),◆ 소련 등 다양한 상황에서 진행된 연구들을 소개할 것이다. 다음으로 최근 대인 커뮤니케이션 연구를 통해 재조명되고 있는 새로운 정보원에 대한 연구에 집중할 것이다. 본서에서는 사회변화가 막 시작되기 시작한 중동지역의 전통적인 농촌 공동체 내에서 뉴스가 어떻게 전달되는가를 이해하기 위해 의견지도자 개념을 적용한 몇몇 최근 연구들에 특히 관심을 갖고 있다.

## 조직맥락 속에서의 집단

계급질서가 존재하는 공동체나 위계적 제도 내부의 사회적 통제에 대한 최근 사회학적 연구들의 핵심결과 중 하나는 조직 상층부에서 시작된 커뮤니케이션 내용은 조직 내의 모든 수준에서 존재하고 있는 자생적 집단의 비공식 의견지도자들(informal leaders)을 통해 커뮤니케이션될 때, 가장 성공가능성이 높다는 사실이다.

"일차집단 연구"라는 제목의 논문에서 쉴즈(Shils, 1951)는 이와 관련된 4-5개의 연구들을 인용하고 있다. 쉴즈가 인용한 모든 연구에서는 집단에서 정상적으로 선택된 의견지도자들이 동료 구성원들과 조직 상층부의 커뮤니케이션 내용을 매개할 때만 커뮤니케이션이 목표를 달성할 수 있다고 결론짓는다. 쉴즈가 인용한 연구들 중 하나인 제2차 세계대전 당시 미국 내 일본인 수용소에 대한 라이톤(Leighton, 1945)의 보고서에서 소개하는 사례는 매우 인상적이다. 수용소 내부의 환경이 열악해지자 일본계 미국인 수용자들 내부의 긴장이 증폭되기 시작했고, 미국 정부에서 임명한 행

◆ 일본 제국주의가 미국의 진주만을 침공한 후, 미국 내에서는 일본계 미국인들의 반란, 스파이 행위 등에 대한 우려의 목소리가 커졌다. 이에 미국 정부에서는 일본계 이주민이나 일본계 미국인들을 한곳에 소집한 후 관리하였다. 수용소들은 아리조나, 아칸소 등 내륙 산간지역에 위치하였으며, 미국 정부는 다른 미국인들과의 접촉을 막기 위해 수용소 출입을 통제하였다. 미국 정부가 독일계 미국인이나 이탈리아계 미국인의 경우와 달리 일본계 미국인들에게만 이런 행동을 취한 것이 아시아계 인종에 대한 차별행위라는 의견도 존재한다(물론 일본과 달리 독일이나 이탈리아는 진주만 공습과 같이 미국에 직접적인 공격을 취하지 않았다는 점도 고려할 필요가 있다).

정관으로는 이 사태를 해결할 수 없을 것이라는 것이 명확해 보였다. 보고서에 따르면 수용소 조직의 결함 중 하나는 수용자 집단의 참된 대표자라고 볼 수 없는 사람들이 위원회 임원으로 장기 재임하고 있다는 사실이었다. 수용자들이 수용자 대표 위원회를 점점 더 불신하게 되자, 이들을 통한 정보와 영향력이 전파될 가능성은 점점 더 낮아졌다. 라이톤은 정보가 어떻게든 '퍼질 것'이라는 가정은 적용되지 않을 것이라고 경고하였다. 라이톤 보고서에 따르면, "미국 정부가 임용한 관리자들은 정보는 전파되기 마련이라는 일종의 미신적인 믿음을 갖고 있었다. 이들은 정보를 전파하면 정보가 '포도덩굴(grapevine)'과 같이 상호연계된 사람들에게 퍼질 것이라고 믿었다. 즉 관리자들은 한 명의 수용자에게 어떤 정보를 전달하면, 모든 수용자들에게 이 정보가 전달될 것이라고 가정했다."[5]

수용소 내부의 긴장으로 위기가 발생하자 수용소 거주단위를 중심으로 상호 이해관계를 기반으로 형성된 자생적인 비공식 일차집단은 자신들의 의견지도자를 대표자로 파견하였다. 이후 민주적 선거절차를 통해 이 대표자들로 구성된 새로운 위원회를 꾸렸으며, 일차집단 내 이들의 위상 덕택에 빠르게 양방향 커뮤니케이션이 회복되었다. 수용소 관리와 관련한 이 사례의 함의는 명확하다. 수용소 관리자는 개인들을 관리하는 것은 물론 비공식적으로 조직된 집단들도 관리하여야 하며, 수용소에서 자생적으로 발생하는 독특한 방식의 리더십 역시 고려해야 한다는 것이다.

제2차 세계대전이 끝난 후, 수용소 내부에는 실제로는 하나가 아닌 두 개의 리더십이 존재했다는 사실이 밝혀졌는데, 이는 매우 흥미로운 사례다. 미국에서 교육받은 젊은 일본인의 경우 대표자가 '대중적 선거를 통해, 계획을 수립하고 이를 수행할 수 있는 책임감을 갖고 있는 열정적인 사람이어야 한다'고 강조하였다.[6] 반면 나이가 지긋한 일본인들은 가족의 장로들과 가장들에게 의견지도자 자격을 부여해야 한다고 생각하였다. 여기서 영향력의 결정방식에 문화적 차이가 존재한다는 것을 알 수 있다. 미국 문화의 경우 다양한 유형의 사람들로 구성된 다양한 후보자들 중에서 대표자를 선출하는 것을 강조하는 반면, 일본의 문화는 연장자에게 의견지도자 자격을 부여하였다.

누구든 외부로부터 집단에 대한 통합적 영향력을 가져오려는 사람은 사람들 사

---

5 라이톤(Leighton, 1945, pp. 331-332)

6 라이톤(Leighton, 1945, p. 293)

이의 리더십의 패턴을(어떤 것이든) 반드시 고려해야 한다는 사실은 여러 다양한 맥락에서 이루어진 다른 연구들에서도 잘 드러난다. 윌리엄 풋 와이트(William Foote Whyte, 1945)가 출간한 골목 모퉁이 사회(Street Corner Society)의 불량배들을 연구했던 코너빌(Cornerville)이라는 지역 공동체 환경에서 사회복지관(settlement house)의 역할에 대한 연구를 사례로 들어보자. 와이트는 사회복지관이 노튼스(Nortons) 지역 혹은 다른 골목의 불량배들을 선도하는 데 실패한 이유로 사회복지관 직원들이 코너빌 지역의 가치관 및 행동방식과는 매우 다른 사람들이었다는 점과 그들이 불량배들을 개인들로 간주하였을 뿐 리더십이 존재하는 하나의 조직화된 전체로 간주하지 않았다는 사실을 언급하였다.

여론과 커뮤니케이션에 대한 소비에트 이론과 실천방식을 잘 정리한 알렉스 인켈스(Alex Inkeles, 1952)◆의 책에서 볼 수 있듯, 소련 공산주의자들은 사람들 사이의 연결관계가 얼마나 중요한지 잘 인식하고 있었다. 인켈스의 책에는 소련 공산당이 공산당의 공식적 정책이 효과를 발휘할 수 있도록 비공식적 영향력 전파자들의 힘을 세심하게 활용했다는 증거자료들이 제시되어 있다. 인켈스에 따르면 1930년대 초거대 규모의 선동(煽動, agitation)은 소규모의 선동 전문가들로 인해 발생하였다. 소규모 선동가들로 선발된 사람들이 어떤 사람인지 충분히 음미할 가치가 있다. 인켈스는 이 과정을 다음과 같이 소개하였다.

> 훌륭한 선동가란 자신이 포섭하고자 하는 사람이 어떤 일을 하는지는 물론, 어떻게 살고 있고, 가족 구성원은 어떠하며, 생활수준은 어떤지, 개인적 문제가 생겼을 때 누군가에게 조언을 구하는지 여부에 대해 잘 알고 있는 사람을 의미한다. 소련 공산당은 '선동가가 대중들과 긴밀한 연관관계를 맺고 있는 경우에만' 권위와 존경을 얻을 수 있다는 점을 선동가에게 강조한다. …
>
> 언제나 가장 중요한 점은 선동가가 자신이 포섭한 집단의 구성원들과 사회적 유대관계를 형성해야 한다는 점이다. 즉 선동가에게 개인적 도움을 받은 사람은 포섭된 조직의 일원으로 등록되며, 선동가는 선동가에게 포섭된 사람들의 집단이 상호 간의

◆ 알렉스 인켈스(Alex Inkeles, 1920–2010)는 미국의 사회학자다. 국가 간 사회구조와 국민성(national character)을 비교분석하는 일련의 연구들로 유명하다. 본서에서도 소개된 러시아의 선전·선동에 대한 연구(*Public Opinion in Soviet Russia: A Study in Mass Persuasion*)는 공산주의 선동기법 연구자들에게 매우 큰 영향을 끼쳤다.

친밀한 관계를 토대로 각자 조직에 대해 책임감을 느끼도록 하는 일종의 가족이라는 느낌을 갖도록 해야 한다. 집단농장이나 일반 대중들, 특히 가정주부들을 대상으로 활동했던 선동가의 개인적 경험에 대한 보고서에 따르면, 선동가들은 자신을 따르는 사람들과 앞서 말한 방식의 인간관계를 형성하는 것으로 성공을 거두었다고 밝혔다.[7]

물론 본서의 목적은 커뮤니케이션 이론을 개발하는 것이지, 성공적인 선동이론을 개발하는 것이 아니다. 그러나 상황에 따라 커뮤니케이션 이론은 모든 커뮤니케이션 채널들을 엄격히 통제하고, 사상의 자유시장을 억압하며, 반복과 감시, 비공식적 의견지도력의 가치를 중요시하는 체계적인 일련의 커뮤니케이션을 포함하기도 한다.[8]

그러나 커뮤니케이션 관리자들이 반드시 '게이트키퍼'를 염두에 두어야 한다는 이야기는 의견지도자 개념의 한 측면만을 살펴본 것에 불과하다. 의견지도자 개념이 중요한 또 다른 측면은 비공식 집단이 커뮤니케이션 관리자 입장이든 아니든 상관없이 집단 대표자[비유하자면 대사(大使, ambassador)]를 경유하는 메커니즘을 통해 자신들과 자신들에게 중요한 커뮤니케이션 맥락을 연결시키는 **가장 첫 번째** 존재라는 사실이다. 28명의 노동자들로 구성된 어느 신발공장을 배경으로 실시된 호르폴과 아렌스버그(Horfall and Arensberg, 1949)의 연구를 살펴보자.[9] 경영진이 고안한 생산계획에서는 노동자 28명을 한 집단에 7명씩 배치하여 총 4개 집단으로 구성하였으며, 각 집단들이 어떤 관계를 맺는가에 따라 공식적·비공식적 관계의 전체 구조가 결정되도록 하였다. 생산라인의 각 집단 입장에서 볼 때, 다른 세 집단은 자신들이 어떻게 연관되어 있는지를 보여주는 중요한 맥락이다. 이런 관점에서 공장 노동자들이 의견지도자라고 부른 사람들이 누구인지 분석한 결과, **다른 집단과의 접촉**(*inter-team contact*) 수준이 다른 조직구성원과 의견지도자를 구분하는 주요 특성 중 하나로 나타났다. 다른 집단과의 접촉이 리더십의 구성요인이라는 사실은 앞서 소개한 골목 모

---

7 인켈스(Inkeles, 1950, pp. 88-89)

8 전체주의 국가의 정치선전이 왜 효과적인지에 대해 라자스펠드와 머튼(Lazarsfeld and Merton, 1949)은 미디어의 '독점'과 면대면 접촉의 영향력, 두 가지를 이유로 꼽았다.

9 특히 호르폴과 아렌스버그(Horfall and Arensberg, 1949, pp. 24-25)를 참조하라.

퉁이 사회(Street Corner Society) 연구에서도 똑같이 명확하게 발견된다. 와이트의 연구에 따르면 불량배들 리더의 위상 중 일부는 정치인들, 사기꾼들(racketeers), 다른 불량배 집단들의 리더들과 같은 조직 외부와의 접촉빈도에 의해 결정된다고 한다.

이러한 선행연구 사례들을 통해 비록 게이트키핑과 집단내부에 미치는 영향력이 반드시 같이 나타날 필요는 없다고 하더라도, 이 둘은 종종 관련되어 있다는 사실을 알 수 있다. 그러나 게이트키핑과 집단내부에 미치는 영향력이 어떤 조건에서 서로 연관되는지 살펴본 후, 정말 두 가지가 인과관계를 맺고 있는지 질문을 던져보자. 다시 말해 '둘 중 무엇이 원인인가?' 즉 집단내부에서 리더십을 행사하는 사람이 게이트키퍼의 역할을 맡는가, 아니면 집단에게 중요한 외부 상황과 집단을 연결시키는 게이트키핑 능력이 있는 사람이 영향력을 행사하는 위치를 차지하는가? 물론 안타깝게도 집단내부에 미치는 영향력이 원인인 상황도 있고, 게이트키핑이 원인인 상황도 있을 것이다. 본서의 목적은 둘 사이의 인과관계 문제를 추상적 차원에서 다루는 것이 아니다. 하지만 본서에서는 게이트키핑 역할을 통해 집단내부에 미치는 영향력이 발생하는 흥미로운 사례들을 점검함으로써 집단과 외부세계의 연결방식에 대한 많은 지식을 얻을 수 있는 분야를 살펴보고자 한다.

## 전통적 공동체: 해외 커뮤니케이션 연구사례들

최근 해외지역 커뮤니케이션과 관련하여 활발히 진행된 정책프로그램들을 기반으로 하는 새로운 연구 분야가 등장하고 있다. 그것은 바로 여러 다른 연구 성과들 가운데 고전적 사회학 연구들과 인류학 연구들에서 자주 등장하는, 서구 연구자들이 집착하고 있는 근대사회와 일종의 민속 공동체(folk community)의 비교연구다. 1950년대에 들어서면서 이들 민속 공동체들은 새로운 문제에 봉착하고 있다. 외부세계의 뉴스는 어떤 채널을 통해 마을 공동체에 유입되는가? 그리고 뉴스가 유입되었다면, 해외 소식들과 외부세계의 상황에 대한 마을 공동체 구성원의 태도는 어떠하며, 이런 태도는 어떻게 형성되는가?

칼로스(Kalos)라는 이름의 그리스의 작은 마을에 해외 뉴스가 어떻게 유입되었는지에 대한 연구를 살펴보자. 이 마을 주민 거의 대부분은 완전한 문맹이었다. 이 연구에서는 여러 종류의 커뮤니케이션 역할들을 소개하고 있다.[10]◆ 이 연구에는 마을의 의견지도자인 교사(마을 내에서 글을 읽을 줄 아는 두 사람 중 한 명)가 신문을 통해 뉴스를 접한 후에 자신이 생각했을 때 뉴스에 관심을 보일 만한 마을 사람들에게 뉴스의 일부를 전달하는 과정이 묘사되어 있다.

이 연구에서는 언급한 교사와 같은 사람들을 '의견 전달자(opinion carriers)'라고 지칭하였다. 의견 전달자들은 뉴스 그 자체를 원하기도 하고(그리스 문화권에서는 지식을 중요하게 생각한다), 마을 구성원들에게 뉴스를 전달하는 역할을 함으로써 다른 사람들에게 존경을 얻는 수단으로 뉴스를 간주하기도 한다.

이 마을의 교사는 비유하자면 마을 공동체와 외부세계를 연결해주는 유일한 연결고리다. 또한 실제로 이 교사는 학기가 끝나면 대도시로 매년 여행을 다녀온다는 점에서 마을 밖의 소식과 관련된 유일한 정보원 역할을 수행한다. 이런 점에서 본서의 용어를 사용하자면 이 교사는 마을 공동체의 게이트키퍼다.

게이트키퍼이자 영향력 전파자로서 이 교사의 역할을 마을에 존재하는 라디오 주파수를 조정할 수 있는 공식적 권리를 갖고 있는 여관주인의 게이트키핑 역할과 비교해볼 필요가 있다. 여관주인의 역할은 흔히 '정보 통제관(information controller)'이라고 불린다. 여관주인과 같이 문맹이면서 사회적 지위가 낮은 사람들은 다른 마을 사람과 비교해도 특별하게 박학다식하지 않고 영향력도 높지 않은 것이 보통이다. "이들은 자신의 직업 덕택에 라디오 커뮤니케이션의 물리적 유통과정에서 전략적 위치를 점유하게 된 사람들이다."

---

**10** 스타이코스(Stycos, 1952)를 참조하라. 스타이코스의 연구와 조금 후에 본서에서 소개할 레바논 지역연구는 그리스와 레바논 지역의 커뮤니케이션 패턴들에 대한 광범위한 조사보고서의 일부이며, 또한 컬럼비아 대학의 응용사회연구국(The Bureau of Applied Social Research, Columbia University)에서 최근 실시한 근동 및 중동지역의 해외 커뮤니케이션 연구들의 일부이기도 하다. 이러한 일련의 연구들의 핵심 발견들을 정리한 책은 조만간 출간 예정이다[러너, 버크만, 베브스너(Lerner, Berkman, Pevsner, 근간)를 참조하라]. 연구 프로그램의 이론적 측면들에 대한 논의로는 글록(Glock, 1953)을 참조하라. 또한 다양한 측면에서 해외 커뮤니케이션 연구에 대해 논의한 연구들로는 1952-1953년 *Public Opinion Quarterly*의 제16권 4호(겨울호)를 참조하라.

◆ 다니엘 러너(Daniel Lerner, 1917-1980)는 미국의 사회학자로 매스 미디어를 통한 전통사회의 근대화 과정에 대한 연구에 큰 업적을 남겼다. 다니엘 러너의 근대화 이론(modernization theory)은 터키 지역을 대상으로 진행된 연구였으나, 급속한 근대화와 산업화를 달성하고자 하는 정치인과 정책연구자들에게 큰 영감을 준 이론이기도 하다. 매스 미디어를 통해 근대화를 이해하고 이를 열망하도록 함으로써 사회·경제·문화적 발전을 이룩할 수 있다고 주장하였다. 특히 6·25전쟁 이후 미국의 영향력 아래에서 남한의 근대화를 주도하는 정책의 사회과학적 근거가 되었다는 점에서 한국인이라면 가볍게 지나치기 어려운 이론이다.

매우 독특한 상황을 다루었으나 해외 커뮤니케이션 연구 프로그램에서 나타난 대부분의 문제속성들을 공유하는 최근 연구를 살펴보자. 이 연구에서도 마찬가지로 반(半)-공식적(semi-formal) 형태로 제도화되기는 하였지만 여전히 인간에 의존하는 커뮤니케이션을 다루고 있다. 아이젠스타트(Eisenstadt, 1952)의 연구는 매우 다양한 문화권에서 살고 있던 유대인들이 새로 건국된 이스라엘로 이주하는 전례 없는 상황을 다루고 있다. 아이젠스타트는 문화적 차이들이 새로 건국된 국가로의 통합과 융합에 어떠한 영향을 미치는지 집중적으로 살펴보았다.

커뮤니케이션 유형을 살펴보기 위해, 아이젠스타트는 중동지역 국가들과 같이 산업사회 이전 상황에서 이스라엘로 이주한 매우 전통적 유대인들과 전통의 속박에서 상당히 벗어난 유럽지역에서 이주한 유대인들을 비교하였다. 중동지역 출신 유대인 집단의 커뮤니케이션 유형은 '전통적 방식에 따라 커뮤니케이션의 핵심구조를 규정한 후' 예전에 살고 있던 지역의 방식을 이스라엘에 와서도 계속 적용하였다. 따라서 이들의 공동체는 여전히 유대교회당(synagogue)의 안식일 모임, 중재위원회(arbitration court), 유대전통학교 모임 등에서 전통적 종교지도자들의 말씀을 듣기 위해 모이는 것이 전부였다. 이런 유대인들의 경우, 커뮤니케이션 과정을 통한 주요 대인접촉들이 전통적인 상황에 국한되는 것으로 나타났다. 이 유대인 집단들의 경우 자생적이고 비공식적인 대인접촉은 의견지도자와 추종자들 사이의 관계보다 동료들 사이의 관계에서 주로 나타났으며, 집단내 영향력 흐름이라는 점에서 볼 때, 비공식적인 대인접촉의 효과는 공식적인 모임보다 약한 것으로 나타났다. 그러나 서유럽 출신의 유대인들은 중동지역 출신 유대인과 달랐으며, 이는 근대적 공동체의 의견지도자에 대한 연구와 관련하여 흥미를 자아낸다. 서유럽 출신의 유대인들에게서는 비공식적 정보전파 비율이 높았으며, 다양한 유형의 주제별로 다양한 의견지도자들이 존재하였고,[11] 중요 문제를 논의할 때 집단의 일반 구성원들이 광범위하게 참여하는 것으로 나타났다.

본서 저자들의 관점에서 볼 때 아이젠스타트 연구에서 나타난 커뮤니케이션 양상들 중 가장 중요한 발견은 유대인 집단들이 상황에 따라 다른 유형의 의견지도자를 선택한다는 사실이다. 아이젠스타트는 의견지도자 연구를 기반으로 의견지도자

**11** 아이젠스타트는 이러한 두 유형의 유대인들이 '코스모폴리탄(cosmopolitans)'과 '지역거주자(locals)'라는 머튼(Merton, 1949A)의 구분과 상당히 유사하다고 밝혔다.

들이 집단 구성원들이 이해하고 만족할 수 있는 방식으로 외부의 사회시스템과 구성원들을 연결시키지 못할 경우, 집단 구성원들의 요구를 만족시킬 수 있는 새로운 의견지도자가 등장한다고 주장하였다. 아이젠스타트 연구에 따르면, 중동지역에서 이주한 유대인 집단에서 전통적 리더십을 추구하는 의견지도자가 영향력을 유지하려면 바로 이 커뮤니케이션 조건들을 충족시켜야만 한다. 이런 조건들에는 의견지도자가 속한 집단이 처한 새로운 환경(즉 보다 상위의 외부세계)에서 집단 구성원들이 적절한 지위를 가질 수 있도록 도움을 주는 것, 새로 건국된 국가의 가치관과 의무사항들을 전달하는 것, 국가조직이나 작동방식을 이해하도록 커뮤니케이션하는 것 등등이 포함된다. 또한 아이젠스타트의 연구에 따르면, 전통적인 의견지도자가 이런 기능들을 충족시키지 못하거나 충족시킬 수 없을 것 같다면, 게이트키퍼로서 그리고 영향력 전파자로서 새로운 의견지도자가 등장하여 전통적인 의견지도자의 역할을 잠식한다.[12]

아이젠스타트 연구에서 나타난 상황 변화로 인한 여론지도력의 변화라는 역동적 측면은 (그리스 지역 연구와 마찬가지로 응용사회조사국의 해외 라디오 연구 프로젝트의 일환으로 진행되었던) "레바논의 라디오 수용자(The Radio Audience of Lebanon)"[13] 연구에서도 비슷하게 나타난다. 이 연구결과 역시 이스라엘 지역에 대한 연구결과와 잘 부합된다. 본서의 저자들은 이 연구에서 문맹이며 라디오를 청취하지 않는 레바논 농촌 마을 거주자들에게서 나타나는 커뮤니케이션 과정에 대한 가설 설정 섹션에 주

---

12 아이젠스타트(Eisenstadt, 1952, pp. 52-53)는 누가 기존의 의견지도자에게 등을 돌리고 새롭게 등장한 게이트키퍼와 영향력 전파자들을 반기는지에 대한 분석결과를 제시한다. 제시된 설명들 중 주요한 것들만 유형화한 결과는 다음과 같다.

(1) 기존 의견지도자가 새로운 사회체제에서 집단 구성원이 누릴 수 있는 여러 가지 편의와 권리들을 확보할 능력에 대한 회의감이 증가한다.

(2) 새로운 사회체제 내에서 전통적 의견지도자의 명망이 유지될 수 없을 것이라는 의구심이 생긴다.

(3) 새로운 사회체제와 새로운 가치체제가 이주 유대인들에게 어떤 의미를 갖는지를 전통적 의견지도자가 제대로 해석할 수 있을지에 대한 회의감이 증가한다.

(4) 전통적 의견지도자의 리더십이 새로운 사회에서 집단 구성원이 온전한 지위를 누리는 데 방해가 된다는 생각이 점차 퍼진다.

(5) 전통적 리더십에 집착한 결과 새로운 사회체제에 참여하고 소속감을 느낄 기회가 사라진다고 생각한다.

13 맥피와 메이어슨(McPhee and Meyersohn, 1951)을 참조하라.

목했다. 이 섹션에서 소개된 거주자 사례는 매우 적고,[14] 따라서 해당 연구의 저자들 역시 제시된 결과를 잠정적—비록 개별 응답자에게서 얻은 데이터는 매우 방대하며 포괄적이었지만— 결과로 받아들여야 한다고 밝히고 있다. 비록 가설 수준에 머물고 있으나 이 연구에서 제시된 결과는 매우 흥미롭다.

레바논 마을의 전통적인 삶은 느리지만 확실히 외부세계에 의해 잠식당하고 있었다. 또한 전통적 의견지도자(특히 장로들)의 영향력 범위가 줄어들어 처음으로 청년들이 리더십을 발휘하는 데 더 적절한 환경으로 변화하면서, 리더십은 점차 젊은이들의 역할로 결정되고 사람들은 전통적 의견지도자가 부적절하다고 생각하기 시작했다. 이 연구에 따르면 새로운 의견지도자들은 젊은이였다. 외부세계의 뉴스를 농촌 공동체에 소개할 수 있는 사람들이 바로 젊은이들이었기 때문이다.

그러나 새로운 의견지도자 역할이 젊은이에게 부여된 이유는 나이 때문은 아니다. 첫째, 의견지도자가 된 사람은 어느 정도 교육을 받은 젊은이, 구체적으로 가족들이나 글을 모르는 이웃들과 지속적으로 접촉하는 교육받은 젊은이였다. 둘째, 다른 사람들과 구분되는 새로운 유형의 영향력 전파자의 특징은 '유동성(mobility)', 즉 '도시로 떠나본 경험'이었다. 왜냐하면 이 연구에 따르면 공식적 미디어(마을 내부에서도 미디어에 간혹 접근하는 것이 가능했지만, 이것 역시 마을 상층부에만 국한되었다)에 대한 접속은 주로 도시 방문을 통해 가능했기 때문이다. 교육을 통해 글을 읽을 줄 알고 뉴스와 라디오 방송을 이해할 수 있는 젊은이들이 문맹인 사람들과 접촉하고 이곳저곳을 다니게 되면서, 이들은 근동 농업지역의 '코스모폴리탄', 즉 새로운 의견지도자로 등장하였다. 레바논 지역 연구자들은 이렇게 말했다. "우리의 연구결과를 볼 때, '외부세계'가 마을에 유입될 때는 과거 마을에서 영향력을 행사하던 전통적 의견지도자들을 우회하는 경향이 나타난다는 가설을 제시할 수 있다."

이러한 사회변동상의 단계는 —의견지도력 과정에 나타난 바와 같은— 아이젠스타트가 관찰한 전통적 의견지도자가 영향력을 잃는 단계보다 한발 앞서 벌어지는 것으로 보인다. 혹은, 의견지도력에서 일시적으로 일어날 수 있는 전문화(specialization)의 시작으로 볼 수도 있을 것이다. 즉 새롭게 등장한 '코스모폴리탄'

14 중동지역의 경우 문맹자이며 농촌에 거주하는 소작농이 대다수를 차지한다. 그러나 이 연구에서 수집된 표본은 라디오 청취자와 신문구독자를 과대표집하였기 때문에 문맹인 농촌 소작농의 사례는 소수에 불과하다.

의견지도자들이 마을과 외부세계를 이어준다고 하더라도, 과거의 의견지도자들은 여전히 '지역'과 전통적인 의견 및 행동 분야에서 영향력을 행사하는 것으로도 볼 수 있다.

그러나 새롭게 등장한 의견지도자들이 뉴스 유통 분야에서뿐만이 아니라 뉴스에 대한 **해석**에도 적극적 모습을 보인다는 증거가 존재하며, 이는 지역 내부로 고립된 분야에서의 전통적 의견지도력에는 위험신호이다. 이를 뒷받침하는 여러 인용문들 중 하나를 살펴보자.

> 저는 신문을 읽는 사람들을 매우 좋아합니다. 왜냐하면 이 사람들은 제게 알려줄 수 있는 중요한 그 무엇을 갖고 있기 때문입니다. 이 사람들은 저보다 많은 것을 알고 있고, 어려운 뉴스와 소식들을 우리가 받아들이기 쉽도록 바꿀 능력을 갖고 있어요. 이 사람들은 지금 정부에서 어떤 일이 벌어지고 있는지와 다마스쿠스(Damascus)나 트리폴리(Tripoli)에서 일어나는 일을 이해하고 있습니다. 저 같은 사람들은 신문을 읽을 줄 모르기 때문에 다른 마을이나 도시에서 벌어지는 일들을 알기 쉽고 재미있게 전달해줄 사람이 필요합니다. 신문을 읽을 줄 아는 제 친구는 저 같은 사람들에게 놀랍고 신기한 이야기를 전달해주는데 … 이 친구에 따르면 이런 이야기들을 신문에서 읽었다고 말하더군요.[15]

만약 마을의 장로들이 외부세계에서 '유통되고 있는 뉴스들'을 접한 후 마을구성원들에게 뉴스들을 해석해주며 영향력을 행사한다면, 전통적인 리더십의 영향력은 보존될 것이다. 이런 점에서 다음과 같은 일반명제를 도출할 수도 있을 것이다. 만약 기존의 의견지도자들이 새로운 변화에 적응하여 바뀐 환경에 맞추어 자신을 따르는 사람들의 욕구에 부응할 수 있다면, 이들은 새로운 상황에서도 영향력을 유지하게 될 것이다. 하지만 전통적 의견지도자들이 이러한 방식에 따라 스스로 변화하지

---

**15** 맥피와 메이어슨(McPhee and Meyersohn, 1951)에서 인용하였으며, 강조 표시는 원저자가 한 것이다.

않는 경우, 새로운 유형의 의견지도자가 등장할 것이다.[16]

앞서 소개한 두 연구를 통해 집단 구성원이 스스로를 새롭게 인식되는 사회적 상황에 연결시킬 필요성을 느끼지만 기존 의견지도자들이 변화된 환경의 게이트키퍼 역할을 제대로 수행하지 못할 때, 새로운 게이트키퍼들이 등장하여 집단 구성원에게 영향력을 행사한다는 것을 확인할 수 있었다. 이를 통해 '무엇이 먼저인가'라는 질문에 대해 한 가지 해답을 얻을 수 있다. 본서의 저자들은 게이트키핑이 먼저 발생한 후, 영향력은 그 다음에 발생한다고 본다. 새로운 게이트키퍼는 과연 어떤 사람일까? 본서의 저자들은 최소한 레바논 지역에 대한 연구에서 확인할 수 있듯, 집단과 새로운 공동체의 연결통로를 장악할 수 있는 사회적 지위를 가진 사람이라고 생각한다.[17]

이상으로 집단에 대한 커뮤니케이션 관련 내용 및 영향력 전파에 대한 잠정적 이론 수립을 위한 선행연구 검토 내용을 마무리 짓고자 한다. 논의의 마지막 몇 페이지

---

16 이 발견은 소집단 연구의 몇몇 명제들이 서로 만나면서 나타나는 흥미로운 딜레마 상황을 이해할 수 있는 열쇠가 된다. 첫째, 상황이나 집단의 활동유형이 바뀌면 집단의 리더십도 바뀐다는 가장 일반적인 원칙명제를 언급할 수 있다. 둘째, 호만스(Homans, 1950)가 잘 정리하였듯, 집단을 정상적으로 유지하는 과정에서는 새로운 활동이 지속적으로 발생한다(이와 관련하여 Homans, 1950, pp. 108-110을 참조하라). 이 두 가지를 통합하면 다음과 같은 딜레마 상황에 맞닥뜨린다. 만약 집단이 유지되면서 집단의 활동이 지속적으로 변한다면, 해당 집단의 리더십은 매우 불안정하게 된다. 그러나 집단이 안정된 상태라면 리더십도 상당히 안정된 상태라는 것을 알 수 있다.

이러한 형식논리상의 딜레마를 통해 흥미로운 가설을 하나 세울 수 있다. 집단의 행동유형이 바뀔 때 리더십이 바뀌지 않는 이유는 집단의 리더가 활동들의 일부를 취사 선택하기 때문이다. 예를 들어 볼링을 주로 하던 동호회가 다른 스포츠로 종목을 바꾸고자 할 때, 동호회의 리더가 새로운 스포츠 종목을 자신이 선택하는 방식으로(물론 자신이 남들보다 잘하는 종목을 선택하는 방식으로) 영향력을 유지할 수 있다. 즉 **오직 리더가 상황을 주도하지 못하는 상황에서만 리더의 위치가 위협받는다**. 야구를 중심으로 모인 소년들의 집단을 생각해보자. 만약 소년들이 청소년이 되면서 야구보다는 이성에 더 많은 관심을 갖게 되었을 때, 과거 야구경기를 주선하는 데 능숙했던 기존의 리더라도 이성들과의 교제모임을 주선하는 데 능숙하지 못하다면 결국 리더십은 붕괴될 것이다. 마찬가지로 이유가 무엇이든 외부세계의 변화가 근동지역 마을에 영향을 끼치는 상황에서 전통적 의견지도자가 마을 구성원들이 새로운 환경변화에 어떻게 대처해야 할지 잘 모르는 상태라면, 전통적인 의견지도력은 사라지기 시작할 것이다.

17 여기서 다른 구성원들로부터 거리껴지거나 따돌림 당하는 사람과 같은 '고립자(isolates)'의 혁신적 역할에 대해 살펴볼 필요가 있다. 이러한 고립자들은 사회적 지위가 낮은 구성원들에게 외부세계에서 유입된 사상(ideas)을 전달하는 사람이 될 가능성이 매우 높다는 연구결과들이 존재한다. (구성원 전체가 새롭게 유입된 사상을 받아들일 것인가는 별도의 문제다.) 여러 기술지원 기관들(technical assistance agencies)에 따르면 공동체 주변부에 존재하는 사람들은 새롭게 유입된 혁신을 전파하는 데 큰 도움을 주지만, 바로 이로 인해 공동체의 다른 구성원들이 혁신을 수용하는 데 주저하게 만든다고 한다(이와 관련하여 다음을 보라. Public Administration Clearing House, 1954). 여기서 언급한 사안 및 이와 관련된 다른 여러 사안들에 대한 논의로는 바넷(Barnett, 1953)의 4부 "혐오(disaffection)" 부분을 참조하라(pp. 389-401).

에서 언급하였듯, 저자들은 '외부세계'에서 집단으로 유입되는 메시지를 전달·강화·통제하는 의견지도자의 핵심 역할이 의견지도자의 사회적 위치는 물론 의견지도자에 대한 다른 구성원의 인증과 지명 역할에 달려있다는 점을 강조하였다.

## 요약

2부의 네 장들을 통해 매스 미디어 영향력의 효과와 관련된 개인과 타자의 연계성(individual's relatedness-to-others)을 설명할 수 있는 대인관계의 두 요인을 살펴보았다.

첫 번째로 점검했던 요인은 집단규범이다. 표면적으로 사적인 것으로 보이는 개인의 의견과 태도는 이 개인이 교류하고자 하는 소수의 타인들과 밀접하게 관련을 맺는다고 볼 수 있는 충분한 근거가 존재한다. 따라서 커뮤니케이션 메시지가 개인의 의견이나 태도를 변화시킬지는 개인이 속한 집단 구성원이 커뮤니케이션 메시지에서 제시된 변화를 거리낄지 아니면 지지할지에 따라 달라진다.

두 번째로 점검한 요인은 대인 간 전파(person-to-person transmission)다. 집단과 '외부세계' 사이에는 정형화된 커뮤니케이션 채널들이 존재하며 집단내부에도 정형화된 커뮤니케이션 채널들이 존재한다. 이러한 커뮤니케이션 채널에서 중요한 역할을 맡고 있는 사람들은 어떤 정보를 유통시킬지 여부와 집단 구성원들이 이 정보를 긍정적으로 받아들일지 여부에 매우 결정적 역할을 담당한다. 대인관계의 두 요소들이 특정 개인들을 대상으로 하는 매스 미디어의 설득시도를 막을 수 있는 가능성 몇 가지를 잠시 생각해보자. 예를 들어 (1) 매스 미디어의 설득시도가 부적절한 게이트키퍼에 의해 전달되는 경우, (2) 영향력 전파자가 매스 미디어의 설득시도를 인정하지 않는 경우, (3) 매스 미디어의 설득시도를 접한 개인이 설득시도가 자신이 중요하게 생각하는 타인과 공유하고 있는 규범에 배치된다고 인식한 경우를 생각해보자.

반대로 매스 미디어가 제안한 변화가 개인이 소중하게 생각하는 집단규범과 일치하거나, 자신이 가입하고자 하는 집단규범의 지지를 받거나, 적합한 영향력 전파자나 대인접촉을 통한 전달자의 지지를 받거나 집단 구성원들에게 전달되기 위해 적절한 게이트키퍼를 거친다면 설득이 성공할 가능성이 높아진다.

바로 이것이 매스 커뮤니케이션 과정에서 나타나는 대인관계의 중개효과이며, 단기적 매스 미디어 효과에 대한 커뮤니케이션 연구에서 개인과 타인의 관계성을 체계적인 방식으로 고려해야 하는 이유이기도 하다. 함의는 명백하다. 매스 미디어 연구는 설문응답자로 집단에서 고립된 개인을 대상으로 한 무작위 표집에만 더 이상 안주해서는 안 된다. 응답자가 소속된 집단 혹은 '마음에 두고 있는(in mind)' 집단 맥락에서 이 집단이 개인의 의견, 태도, 의사결정 및 매스 미디어의 설득시도를 용인할지와 관련하여 응답자 스스로가 어떠한 영향력을 행사하는지 연구해야만 한다.

본서의 핵심주제는 의견지도력을 통해 소집단과 매스 미디어의 연결관계를 탐구하는 것이다. 이를 통해 본 연구의 가정들, 핵심주장들, 관련된 주변 주제들과 직·간접적으로 관련된 몇 가지 사안들을 여기서 살펴보도록 하자. '후속연구(further research)'의 주제로 다음과 같은 새로운 연구 관심사 몇 가지를 제시해보도록 하겠다.

(1) 만약 매스 미디어의 영향력이 대인관계에 따라 달라진다면, 개인들 사이의 사회적 연결관계가 실제로 어떻게 분포되었는지 더 살펴보아야 할 것이다. 이러한 질문들을 제기해볼 수 있다. 사회의 여러 분야에서 '고립(isolation)' 상태의 범위는 어떠하며, 고립된 사람들은 과연 누구인가? 어떤 유형의 사람들이 이웃이나 직장 범위를 넘는 교우관계를 추구하려 하는가? 또 어떤 유형의 사람들이 지리적으로 가까운 사람들을 친구로 삼는가? 모든 미국인은 동호회에 가입되어 있는가? 아니면 계층에 따라 동호회 가입이 달라지는가? 대인관계는 연령이나 사회계층 등에 따라 동질적인가, 아니면 이질적인가? 일차집단의 기준인 생식가족(family of procreation)◆은 미국의 성인에게 얼마나 중요성을 가지며, 누가 더 중요하게 생각하는가? 매스 미디어 연구는 이러한 분야에서 진행된 연구들을 정리한 후,[18] 보다 포괄적인 연구를 진행해야만 한다.

---

**18** 중요한 분야의 연구들에 대한 핵심 개념들로는 '지인(知人, acquaintance)', '협회(association)', '이웃' 등을 언급할 수 있다. 이와 관련하여 린드와 린드(Lynd and Lynd, 1928, 1937), 워너와 룬트(Warner and Lunt, 1941), 도슨(Dotson, 1951), 코마로프스키(Komarovsky, 1946), 골드헤이머(Goldhamer, 1942), 부시(Bushee, 1945), 스미스, 폼과 스톤(Smith, Form, and Stone, 1954) 등을 참조하라. 사람들의 참여(participation)를 다룬 최근 연구들을 정리한 문헌으로는 포스켓(Foskett, 1955)을 참조하라.

◆ 생식가족이란 배우자와의 혼인, 즉 생물학적 생식활동을 통해 생성된 가족을 의미한다. 예를 들어 어떤 여성이 어떤 남성과 혼인한 후 딸을 낳았을 경우 이 여성의 입장에서 본인, 남편, 딸로 구성된 가족이 생식가족이다. 반대로 딸의 입장에서 보았을 때, 이 가족은 근원가족(family of orientation)이라고 불린다.

(2) 마찬가지로 집단의 유형에 따라 어떤 유형의 집단규범이 '생성'되는지 알아보는 것도 중요하다. 연구에 따라 직장이나 가족, 레저 집단 등을 중요한 집단으로 언급하고 있다. 연구주제에 따라 그리고 연구대상이 되는 사람의 유형에 따라 가입집단 역시 달라질 것이다.

(3) 영향력이 발생하는 다양한 분야별 의견지도자 유형에 대한 정보수집이 필요하다. 상이한 유형의 규범 준거점(즉 규범이 '생성'되는 공간)인 집단의 유형을 파악한 후에는 이들 집단의 영향력 전파자들이 어떤 유형의 사람들인지를 확인할 필요가 있다. 본서의 Part 2는 이에 대한 최초 연구결과다.

(4) 다음으로는 개인의 의견들 중 무엇이 진짜로 대인관계에 뿌리를 두지 않는 개인의 것인지(다시 말해 대인관계를 통해 생성되거나 혹은 유지된 것이 아닌)를 확인해야 한다. 집단 구성원들이 공유하고 있는 의견은 무엇이며, 집단 구성원에 따라 달라지는 의견은 무엇인가? 예를 하나 들어보자. 특정 담배 브랜드에 대한 선호는 완전히 개인적 현상인가 아니면 상호 교류하는 개인들에게서 동시에 나타나지만 우연이라고 보기는 어려운 현상인가?

(5) 또한 반대로 대부분의 집단규범, 의견, 태도 등의 **내용**이 소집단에 따라 다를 것이라고 가정하지도 말아야 한다. 실제로 개별 규범을 **생성**하는 소집단의 역할과 보다 넓은 사회적 범주(이를테면 사회계층 같은)에 따라 **전파**되고 유지되는 소집단의 역할을 구분해야만 한다.

(6) 또한 개인이 다른 사람들과 의견과 태도를 공유하는 수준은 그 자체로 연령에 따라, 그리고 문화권에 따라 다른 **문화적** 변수일 가능성을 간과하지 말아야 한다. 일례로 리스먼(Riesman, 1950)◆의 주장이 은근히 암시하듯, 근대 미국인의 주류 성격(personality)은 '내부지향형(inner-directed)'에서 '타자지향형(other-directed)'으로 변

---

◆ 데이비드 리스먼(David Riesman, 1909-2002)은 미국의 사회학자이며, 《고독한 군중(The Lonely Crowd)》이라는 책의 저자로 유명하다. 리스먼은 인간의 성격 유형을 '전통지향형', '내부지향형', '타자지향형'의 세 가지로 구분하였다. 전통지향형의 사람은 전통이나 관습을 따르는 사람을 의미하며, 내부지향형 사람은 스스로 설정한 가치관을 지키고 이를 실현시키는 사람을 뜻하고, 타자지향형 사람은 사회주류의 여론이나 유행 등을 추종하는 사람을 말한다. 리스먼이 보았을 때, 제2차 세계대전 이후의 미국인의 성향은 전통지향형 성격이 사라지고 내부지향형 성격이 대세를 이루었으나, 향후 타자지향형 성격이 내부지향형 성격을 대체할 것으로 예상하였다. 유행에 민감하고 여론에 쉽게 흔들리는 미국문화의 특성을 설명할 때 흔히 등장한다.

하고 있다.[19] '내부지향형' 성격의 개인은 다른 사람들의 승인이나 의견, 취향보다는 자신이 설정한 목표를 기반으로 이를 추구하는 사람이다. 반면 '타자지향형' 성격의 개인은 다른 사람들이 어떻게 생각하는지에 온통 관심이 있는 사람이다.

2부의 네 장들을 관통하는 핵심주제는 개인의 인간관계라는 환경을 알아야 이 사람이 매스 미디어에 노출될지, 그리고 어떤 반응을 보일지 이해할 수 있다는 것이다. 따라서 매스 미디어의 단기적 효과[20]◆를 살펴보는 연구를 계획할 경우, 첫째, 사람들에 영향을 미치는 일상적 과정에 대한 체계적인 조사가 필요하며, 둘째, 이러한 일상적 과정에서의 대인접촉과 매스 미디어 사이의 관계에 대한 조사를 포함해야 한다. 일상적인 영향력의 발생 원인, 즉 대인관계에 대한 선행연구를 통해 얻을 수 있는 함의를 명확히 밝히는 것이 2부의 네 장의 목적이었다.

---

**19** 물론 '내부지향형' 개성이 주류였던 시기에도 개인의 추구 목표가 순전히 개인에 의해 결정되지는 않았으며, 당시의 문화적 규범과 대인 간 정보전파 및 강화 과정의 부산물이었다. 그러나 이러한 추구 목표를 달성하는 제도적 수단은 개인주의적이었으며, '타자지향형' 개성을 갖는 사람들이 일차적으로 관심을 보이는 변화무쌍한 유행이나 여론 등에는 별 영향을 받지 않았다.

**20** 본서 초반에서 밝혔던 바를 다시 언급할 필요가 있다. 지금까지의 매스 미디어 연구는 오직 한 가지 유형의 효과(캠페인과 같이 단기적 효과발생 시도를 통한 사람들의 의견과 태도변화)에 대해서만 진행되었다. 2부의 네 장들의 목표는 이러한 매스 미디어의 영향력이 전달되고 수용되는 과정에 대한 개요를 제시하는 것이다. 그러나 본서에서는 지금껏 주로 연구되지 못했던 다른 유형의 매스 미디어 효과(이를테면 매스 미디어가 사회 전반에 미치는 효과)를 다루지는 못했다. 매스 미디어는 모든 유형의 심리적 충족(psychological gratifications)과 사회적 '이용(uses)'과 관련되어 있으며, 다양한 문화적·정치적 활동에 대한 개인적 '참여(participation)'의 성격에 가시적인 효과를 끼치며, 문화적 가치의 주요 전파기관으로 흔히 인정된다. 2부의 내용은 (주로 장기적인) 미디어 효과를 명확하게 다루지는 못했다. 그러나 매스 미디어 메시지가 개인에게 전달될 때 대인관계 맥락을 반드시 고려해야 한다는 본서의 주장은 지금까지의 커뮤니케이션 연구에서는 명확하게 드러나지는 않았다. 만약 후속연구에서 매스 커뮤니케이션 효과가 강력한지를 살펴보고자 하더라도 대인관계가 중요하다는 본서의 주장은 여전히 유효할 것이다.

◆ 명확한 의미 전달을 위해 저자주 20의 마지막 문장은 의역하였다.

1부 대인관계 영향력

2부 대인관계 영향력의 효과

3부 대인관계 영향력의 흐름

4부 기술적 분석내용 별첨자료 및 연구과정에 대한 보충설명

# Part 2

# 미 중서부 지역공동체를 통해 본 일상의 영향력 흐름

# 1부

# 대인관계 영향력

# 1장

# 영향력의 기준

여기서 소개하는 디케이터(Decatur) 연구는 미국의 한 중형 도시의 몇 가지 일상적 문제와 관련된 영향력의 흐름을 파악하기 위해 저자들이 실시한 연구에서 태동한 것이다. 저자들의 주요 관심사는 대인관계 영향력 흐름에서 핵심 지점을 찾는 것이었다. 저자들은 사람들의 의견 형성에 영향력을 발휘하는 의견지도자를 뽑아내고 싶었다. 그러나 대중적인 이미지는 많은 종류의 의견지도자들—이를테면 공식적인 혹은 비공식적인 집단 의견지도자들, 소집단과 국가의 의견지도자들, 조직자들, 선동가들, 의미를 명확하게 전달하는 사람들, 전문적 의견지도자들, 다양한 생활 분야 의견지도자들—을 포함한다.

공식적인 의견지도자들은 그들이 차지하고 있는 직위에 부여된 권한으로 공식적으로 조직된 기관들에 기여한다. 그중에는 기업, 노조와 정부의 정상들도 있다. 비공식적인 의견지도자들은 권위 있는 직책의 도움 없이 지도한다. 비공식적 의견지도자들에는 작업반의 숙련공들(Key Men), 세일즈맨 집회의 주역들(Sparkplugs), 공원 벤치에 앉아 신문 취재진과 대화하는 원로 정치가들(Elder Statesmen)이 여기에 해당된다. 예를 들어, 클럽 회장들과 같은 어떤 의견지도자들은, 모든 회원이 자주 대면으로 접촉하는 작은 집단들만 상대한다. 반면, 라디오 설교자와 같은 다른 의견지도자들은 서로 절대 만날 일이 없는 회원들로 이루어진 청중을 이끈다. 선동가들과 조직자들은 사람들을 움직여 대중 운동에 동참하게 만드는 한편, 의미를 명확하게 전달하는 사람들과 언어 전문가들은 비활성화된 목표를 재활성화시켜 침묵하는 추종자들의 생각을 변화시킨다. 다리 설계 전문가와 같은 전문화된 의견지도자들은 특정한 분야에 국한되어 활동한다. 독재자와 같은 전천후 의견지도자들은 사람들의 삶의 모든 분야에 총체적으로 영향력을 행사한다.

본서에서 관심을 갖는 지도자의 유형은—본서에서 의견지도자라고 부르는 지도자 유형은— 공식적인 집단보다는 비공식적인 집단을 지도하며, 광범위한 집단보다는 서로 대면하는 집단을 이끈다. 이들 의견지도자들은 직접적으로 구성원들의 행동을 이끌기보다는 구성원들의 의견을, 혹은 구성원들의 기존 의견의 변화를 이끈다.

본서에서 의견지도력—만약 그것을 지도력이라고 부를 수 있다면—이라고 부르는 것은 지도력의 가장 단순한 형태로 친구, 가족, 이웃들의 가장 작은 집단에서 무심코 행사되고, 때로는 자신도 모르는 새에 영향력을 발휘한다. 그것은 처칠(Churchill)처럼 높은 수준의 지도력도 아니고, 지역 정치인의 지도력도 아니며, 심지어 지역 사회 엘리트의 지도력조차 아니다. 이것은 평범하고 친밀한, 비공식적이고 일상적인 접촉의 사람 대 사람 차원의, 거의 보이지 않고 확실히 눈에 띄지 않는 반대편 극단에 있는 지도력이다. 본 연구는 이러한 일상적인 영향력 전파자들(influentials)의 위치를 찾고 그들에 대해 배우려는 시도다.

본 연구는 중서부의 중간 규모 도시인 일리노이주 디케이터에서 횡단표본 800여 명의 여성들을 인터뷰하는 것으로 시작했다.[1] 저자들은 네 가지 일상적인 결정 분야에 관해 물었다. 네 가지 분야는 일상소비, 패션, 공공이슈, 영화관람이었다. 그리고 각 분야와 관련하여 응답자에게 스스로의 행동뿐만 아니라 자신과 관련된 다른 사람들에 대해서도 물었다. 즉 응답자 자신에게 영향을 미친 사람들과 응답자가 영향력을 행사하는 사람들에 대해 질문했다.

연구절차, 연구과정에서의 장애물, 그리고 연구과정에서 나타났던 실수는 연구결과들과 함께 모두 밝힐 것이다. 어쨌든 본 연구가 어떻게 계획된 것인지에 대해 설명하기 위해서는 네 분야들 중 한 분야에 대해 먼저 소개해야 할 것이다. 하지만 네 분야들을 순서대로 처음부터 시작하지 않고, 네 분야 중 하나인 공공이슈 분야부터 어떻게 영향력이 흐르는지 살펴보자.

공공이슈와 정치 생활에 대한 판단 및 의견 형성과 관련하여, 본 연구에서는 응답자에게 영향력을 행사한 사람들을 다음의 세 가지 유형으로 나누어 물어보았다. 본 연구에서는 응답자들에게 (1) 응답자가 생각했을 때 공공의 관심사에 대해 잘 알고 신뢰할 수 있는 사람들, (2) 현재 관심사와 관련된 사안에 대한 응답자의 의견에 영향력을 행사했던 사람들, (3) 응답자가 라디오에서 듣거나 신문에서 읽은 것과 관련하여 가장 빈번하게 논의를 한 사람들이 누구인지 알려달라고 부탁했다. 또한, 표본의

---

1 도시 선정 기준에 대한 자세한 내용은 별첨A를 참조하라.

각 응답자에게서 응답자 자신이 누군가에게 영향력을 행사했던 최근의 특정 사안을 밝혀줄 것을 요청함과 동시에, 응답자가 타인에게 미치는 자신의 영향력에 대한 자기평가를 포함하는 광범위한 데이터를 모았다.

이번 장의 다음 세 섹션에서는 이러한 영향력 흐름 탐색을 위한 자료들을 하나씩 고려하면서 각 자료에서 위치가 파악된 사람과, 그 사람을 지명한 본 연구의 표본 내 여성응답자들 사이의 관계를 간략하게 설명하고자 한다. 다시 말해, 본 연구에서는 이 세 가지 유형 각각에 지명된 영향력 전파자들의 영향력이 실제로 어느 정도인지, 영향력 전파자들이 표본 내 여성응답자들과 실제로 얼마나 밀접하게 접촉하고 있는지 조사하고자 한다. 비록 이러한 수치는 불명확하지만, 비공식적인 영향력을 연구하기 위한 이 세 가지 측정 방법이 어느 정도는 대략적 척도가 될 수 있음을 알 수 있었다.

이렇게 지명된 영향력 전파자들은 잠시 제쳐두고, 이제 스스로 영향력 전파자라고 생각한 응답자의 자기평가 측정치를 살펴보자. 다시 말해 여기서는 의견지도력 측정을 위한 자기평가 방식 추정의 적합성을 분석하고자 한다. 끝으로 본서에서는 의견지도력 연구 관련 다양한 접근법의 기반으로 네 가지 측정치 각각의 의미와 유용성을 고려해보고자 한다.

다시금 강조하자면, 이번 장의 나머지 부분에서는 정치와 공공이슈 분야에서 얻은 자료들만 다룰 것이다. 물론 추후 장들에서 일상소비, 패션, 영화관람 분야에서의 영향력도 다룰 것이다.

## 전반적 영향력 전파자들

영향을 받는 사람의 입장에서 볼 때, 본서의 어떤 맥락에서는 '전반적 영향력 전파자'라고 부르고 또 어떤 맥락에서는 '전문가'라고 불리는 의견지도자는, 자신의 의견에 자신감을 갖고 있으며 다른 사람들이 이 사람의 견해를 존경하는 사람을 말한다. 본 연구에서는 직접적으로 '전반적 영향력 전파자'를 찾기 위해 응답자에게 "주변에 뉴스 소식을 따라가며, 무슨 일이 일어나고 있는지 귀하에게 알려줄 수 있는, 귀하께서 신뢰하는 사람을 알고 계신가요?"라고 물었다. 본 연구에서는 인터뷰 진행자들에게 단지 도시의 공적 사회(public life)에서 유명해서 알고 있는 사람이 아닌, 응답자가 실제로 어떤 방식으로든 대면 접촉을 했던 사람만 지명하도록 안내하였다.

설문에 응답한 모든 여성응답자들이 본서에서 질문하고자 했던 사람들을 알고 있던 것은 아니었다. 사실 응답자들 중 절반 정도는 공공이슈와 관련해서 '현실에서 실제로 일어나는 일이 무엇인지'를 알려줄 수 있을 정도로 신뢰하고 능력을 인정할 정도의 사람을 지인들 중에서 지명할 수 없었거나, 또는 지명하는 것을 꺼렸다. 이런 여성응답자들은 공공이슈에 관심이 낮았고 지식도 매우 낮았다. 따라서 공공이슈에 대한 지식수준이 가장 낮았던 여성응답자들 중에 전반적 영향력 전파자를 지명한 비율은 3분의 1에 그친 반면, 지식수준이 가장 높았던 여성응답자들의 경우 그 비율이 거의 3분의 2에 달하는 것으로 나타났다. 교육수준, 그리고 교육수준과 관련된 연령이 공공이슈에 관한 관심 및 지식과 연관되어 있었다는 점에서 그러한 사람의 이름을 지명할 수 있었던 사람들은 젊고, 무엇보다 교육수준이 높은 여성응답자들이었다. 고등학교를 마치지 못한 고연령층의 여성응답자들 중 40%만이 전반적 영향력 전파자를 지명한 반면, 고등학교를 마친 젊은 여성응답자들의 경우 전반적 영향력 전파자를 지명한 사람들은 64%에 달했다.◆ 즉 전반적 영향력 전파자에 대한 인식은 부분적으로는 자기선택적(self-selective)인 것으로 나타났다. 많은 여성응답자들은 공공이슈 분야에 그다지 관심이 없는 것으로 나타났다. 여성응답자들은 이 분야에서의 대인관계 영향력의 흐름에 그다지 영향을 받지 않는다.

여성응답자가 전반적 영향력을 행사하는 '전문가'를 알고 있다고 응답할 때마다 인터뷰 진행자는 그 전문가의 이름과 여성응답자와의 관계에 대한 정보를 기록했다. 여성응답자와의 관계들은 다음과 같았다. 공공이슈와 관련해서 유능하고 신뢰할 수 있다고 여겨지는 사람 중 약 절반은 응답자의 가족이었다. 나머지 절반가량은 이웃, 친구 또는 직장동료들이었다. 기혼 여성의 경우 다른 어떤 관계보다 남편이 큰 비중을 차지했다. 그러나 남편이라는 관계의 접근성을 고려할 때, 이웃 역시 기혼 여성의 명단에서 남편 못지않게 큰 비중을 차지하고 있었다. 미혼 여성들의 경우 단일 집단으로 부모님이 전반적 영향력 전파자의 가장 큰 비중을 차지하고 있었다. 다른 여성

◆ 당시 미국 사회의 전반적 교육수준에서 고등학교를 졸업한 사람은 상당히 학력이 높은 사람이었다. 본 연구 데이터가 수집되었던 시점, 즉 1940년 전미인구조사(US Census)에 따르면, 4년제 대학교를 졸업할 수 있었던 미국인은 단 4.6%, 4년제 미만의 대학 졸업자는 5.4%였으며 고등학교 졸업자는 전체의 14.1%에 불과했다. 다시 말해 고등학교 졸업 이상의 학력을 가진 사람은 전체 인구 중 1/4에 불과했으며, 여성의 경우 이보다 훨씬 더 낮은 수준이었을 것이다.

들에 비해 미혼 여성들은 전반적으로 나이가 어리며, 따라서 이들이 부모에 의존하는 것은 부모가 최소한 부분적으로 가장 접근성이 높은 주변 성인이기 때문인 것으로 보인다. 한 번 결혼했던 여성들(별거녀, 이혼녀, 과부)의 경우 가족관계가 아닌 사람을 가족관계인 사람보다 더 많이 언급했다. 이 여성들은 결혼한 사람이나 독신자보다 가족관계로부터 더 자유로운 것으로 나타났다. 실제로 이들의 경우 가족 접촉률이 낮았는데, 이는 대부분 가족관계의 비접근성을 반영한 것이다.

그러나 기혼이든, 미혼이든, 아니면 별거 중이든, 여성응답자들은 공적인 사안과 관련된 분야의 경우 남성들에게 의존하는 것으로 나타났다. 여성응답자의 혼인 상태와 상관없이, 여성들이 지명한 전반적 영향력 전파자의 2/3가량은 남성이었다. 물론 지명된 대부분 남성들은 응답자의 가족 구성원이었고, 가족 범위 바깥의 사람들은 단지 1/3에 불과했다. 반면, 지명된 사람이 여성인 경우, 친척보다는 친구나 이웃일 가능성이 더 높았다. 이 차이는 꽤 두드러지게 나타났다. 이 차이에 대한 가장 명쾌한 설명은 전반적 영향력 전파자가 가족인지 여부에 따라 대면하는 전반적 영향력 전파자의 성별이 달라진다는 것이다. 달리 표현하자면, 여성들이 알고 있는 가족 외부의 전반적 영향력 전파자들은 남성보다 여성이 더 많았다. 또한 여성들은 남성인 친구들보다 남성인 친족을 더 신뢰할 수 있고 유능하다고 여기는 것으로 나타났다.

## 구체적 영향력 전파자

방금 설명한 종류의 영향력을 가진 사람들이 누구인지는 응답자가 누군가로부터의 영향을 수용하고자 하는지에 대한 전반적 의향에 관한 질문을 통해 확인되었다. 만일 실질적인 영향—그게 주장된 것이든 아니면 실제로 일어난 것이든—을 살펴보고자 한다면, 구체적 사안에 대한 의견변화에 영향력을 미친 사람과의 구체적 접촉의 사례들에 초점을 맞추어야 한다. 그래서 본 연구에서는 6월 인터뷰(두 번의 인터뷰 중 첫 번째)에서 표본 내 여성응답자들에게 시사 이슈에 대한 의견과 관련된 9개의 문항들을 제시하였고, 8월에도 동일한 응답자에게 동일한 질문을 다시 제시하였다. 두 번째 설문의 경우 인터뷰 진행자들은 첫 번째 설문응답을 갖고 있었으며, 두 번째 설문에서 새로운 응답을 한 응답자에게는 특별히 설계된 일련의 질문들을 제시했다. 본 연구에서는 이러한 방식을 통해 새로운 응답을 한 여성응답자가 왜 이전과 다른 의견을 냈는지 알아내고자 했다. 의견변화를 살펴보기 위한 질문들에서는 이 응답자가 이슈에 대해 누구와 이야기를 했는지, 그리고 이야기를 나누었던 사람이 이 응답자의 의견변화에 어떤 역할을 했는지에 특히 관심을 집중하였다.

따라서 구체적인 의견변화를 따로 분리한 후, 이 변화를 발생시킨 것으로 추정되는 요인을 살펴봄으로써, 각 경우에 의견의 변화를 야기한—최소 본 연구와 관련해서— 특정인을 찾고자 노력했다. 그 결과 총 619건의 공공이슈 관련 의견의 변화를 발견할 수 있었다. 한 가지 이상의 구체적인 이슈에 대한 의견변화를 연구하고 있었다는 점에서, 한 응답자가 1회 이상의 의견변화를 겪었을 수도 있다. 실제로 여성응답자들은 한 가지 이상의 이슈에 대해 의견을 바꾼 것으로 나타났다. 그러나 한 사람당 3회 이상 의견을 바꾼 경우는 드물었다.

의견변화가 나타났다고 해서 반드시 개인들 사이에 접촉이 발생했던 것은 아니다. 전체 변화(여기서는 변화한 **사람**들의 수가 아닌 변화의 **횟수**를 뜻한다) 중 58%는 응답자가 기억하는 개인적인 접촉 없이 변화된 것으로 대중매체에 의존한 경우가 매우 많았다. 그러나 약 260건의 의견 변경 사례에 해당하는 40%는 응답자들이 자신의 의견변화에 기여한—기여했다고 주장하는— 다른 사람과의 구체적인 대화를 떠올릴 수 있었다.[2]

특히 기혼 여성들의 경우 이런 '구체적 영향력 전파자(specific influentials)'는 가족 구성원인 것으로 나타났다. 기혼 여성들이 응답한 구체적 영향력 전파자의 64%는 가족 내에서 영향을 주고받는 관계들이었다. 가족 구성원들 중 기혼 여성의 의견변화에 가장 중요한 사람들은 남편으로 나타났다. 미혼 여성의 경우, 부모들이 가장 중요한 구체적 영향력 전파자들이었다. 가족관계 이외의 사람들 중에서는, 특히 독신 여성들에게는 친구가 가장 중요했다. 본 연구에서 전반적 영향력 전파자들을 대상으로 얻은 결과처럼, 구체적 영향력 전파자의 경우도 전반적으로 비슷하게 나타났다. 다시 말해 남성 영향력 전파자들은 대부분 가족 구성원이지만, 여성 영향력 전파자들은 대부분 가족 구성원이 아니었다.

---

**2** 이번 장과 다음 장에서 연구하는 대인관계 영향력 접촉의 탐지는 응답자들의 '회상' 능력에 달려 있다. 응답자가 의식하지 못한 상태에서 작동했을 수 있는 접촉은 당연히 이 논의에서 제외되어야 한다. 이 문제는 2부에서 보다 자세히 논의할 것이다.

## 일상적 접촉자

비공식적이고 일상적인 상황에서 접촉한 사람들 중 영향력을 발휘하는 사람에 대해 더 잘 이해하기 위한 노력의 일환으로, 본 연구에서는 응답자들에게 다음과 같은 질문을 제시하였다. "귀하께서는 라디오에서 무언가를 듣거나 신문에서 무언가를 읽을 때, 그 내용에 관한 확고한 생각을 갖기 전에 다른 사람과 상의하시는지요? 만약 상의하신다면, 그분은 누구인가요?" 표본 내 모든 여성응답자들은 자신이 읽거나 들은 것과 관련하여 누군가와 논의를 한 적 없다고 답했다. 여기서 절반 정도의 응답자들은 그렇게 할 마음이 없다고 대답했다.[3] 그러나 종종 남들과 논의한다고 답한 응답자들을 통해 본 연구에서는 이러한 응답자들의 '일상적 접촉자(everyday contacts)'에 대한 정보를 얻을 수 있었다.

공공이슈와 관련한 의견을 나누는 대화는 대부분 가족관계 내에서 이뤄졌다. 가족과 관계가 끊긴 여성응답자들을 제외하고, 이웃이나 친구들과 그런 이야기를 나누는 여성응답자들은 많지 않았다. 주로 기혼 여성은 남편에게, 미혼 여성은 부모에게 의존하는 것으로 나타났다.

---

**3** 본 연구에서는 이 질문을 통해 공공이슈와 관련하여 이야기를 나누는 상대를 어느 정도 가늠할 수 있을 것으로 기대했다. 그러나 응답을 명확하게 해석하는 것은 쉽지 않았다. 이 질문은 응답자에게 '결정을 내리기 전에' 누군가와 상의를 할 의사가 있는지 물어보았다. 독립성이 강한 응답자라면 본인 스스로 마음을 정하기에 공공이슈에 대해 자신이 충분한 식견을 갖고 있다고 판단하여 상의할 의사가 없다고 응답했을 수 있다. 엄밀히 말해 이 질문은 아래와 같은 두 질문으로 구성되어 있다:

1) 읽거나 들은 정보에 대해 상의할 의사가 있는가?

2) 최종결정을 내리기 전에 상의할 의사가 있는가?

'그렇다'라는 응답이 그리 모호하다고는 할 수 없지만, '아니다'라는 응답은 응답자가 이러한 정보에 대해 상의할 의사가 없다는 의미일 수도, 혹은 응답자가 정보에 대해 상의할 수 있지만 굳이 상의하지 않아도 스스로 결정을 내릴 수 있을 수준이라고 판단한다는 의미일 수도 있다. '그렇다'라고 응답한 여성들은 여성응답자 집단에서 나타나는 특정한 유형으로, 이들은 본인이 읽고 듣는 것에 대해 상의할 정도로 공공이슈에 충분히 관심이 있지만, 혼자 결정을 내리는 것에 대해 최소한 어느 정도는 불안감을 느끼는 사람들이다.

## 비교분석과 잠정결과

구체적 영향력 전파자의 특징과 전반적 영향력 전파자의 특징을 곧바로 비교하기는 힘들다. 왜냐하면 전반적 영향력 전파자를 보고한 모든 여성응답자들은 다른 사람이 자신의 구체적 의견변화에 영향을 미치지 않았다고 답했기 때문이다. 즉 엄밀한 비교는 세 가지 유형의 영향력 전파자 모두를 지명한 여성응답자들에 대해서만 가능했다. 따라서 본 연구의 분석은 일상적 접촉자, 구체적 영향력 전파자, 전반적 영향력 전파자를 모두 지명한 136명의 여성응답자들로 제한했다.

이러한 데이터의 특징을 고려했을 때, 가족관계에 따라 가장 적절하게 세 가지 유형의 접촉자를 비교한 결과는 아래와 같다.

[표1] 세 가지 유형의 영향력 전파자와 응답자의 관계

| 관계 | 일상적 접촉자 | 구체적 영향력 전파자 | 전반적 영향력 전파자 |
|---|---|---|---|
| 가족 외 | 15% | 34% | 51% |
| 가족 | 84 | 64 | 48 |
| 부모 | 21 | 17 | 18 |
| 남편 | 53 | 32 | 18 |
| 기타 가족 | 10 | 15 | 12 |
| 무응답 | 1 | 2 | 1 |
| 총합(=100%) | (136) | (136) | (136) |

한 가지 주목할 점은 전반적 영향력 전파자로 지명된 사람들 중 상당수는 가족이 아닌 사람이었으나(51%), 구체적 영향력 전파자의 경우 가족이 아닌 사람이 세 유형의 접촉자들 중 중간(34%) 정도를 차지했다는 점이다. 일상적인 접촉자가 가족 외부인일 가능성은 가장 낮았다(15%).

질문과 응답의 특징을 모두 고려했을 때, 이 세 가지 질문에 대해 얻은 순위는 두 가지 다른 차원을 다루고 있다고 해석할 수 있었다. 한편으로는, (응답자들이 허락하는 선에서) 확인되는 접촉 유형들의 **빈도**라는 차원이 있다(일상적 접촉자들이 가장 잦았고, 전반적 영향력 전파자들이 가장 뜸했다). 또 다른 차원에서는 이 공공이슈 조언자들에 대한 전반적인 능력 및 신뢰성 **평가**라는 차원이 있다(전반적 영향력 평가자들이 가장 높은 평가를 받았고, 일상적 접촉자들이 가장 낮은 평가를 받았다).

남편의 역할을 고려해보자. 여성응답자들의 18%는 자신의 남편을 '실제 무슨 일이 일어나고 있는지 알려줄 것이라고 믿을 수 있는' 사람으로 언급했다(전반적으로 영향력이 있는 사람). 여성응답자들 중 32%는 자신의 남편이 어떤 특정 사안에 대한 자신의 의견을 변화시킨 사람이었다고 보고했으며(구체적 영향력 전파자), 53%는 공적으로 전달된 사안과 관련하여 자신의 남편과 논의하고자 했다(일상적 접촉자). 다르게 표현하면, 응답자들은 남편과 일상적인 공공이슈 관련 대화를 하면서도, 특정 사안에 대한 의견에 미치는 구체적 영향력을 보고할 때는 남편이 가족 외 접촉자만큼 중요하지 않다고 응답했으며, 전반적으로 유능하고 신뢰할 수 있는 공공이슈 관련 조언자를 지명할 때는 남편을 언급하는 경향이 더욱 줄어들었다. 다시 말해, 접촉은 영향력과 동의어가 아니었던 것이다.

접촉하는 '다른 사람들'에 대한 각각의 세 질문은 대인관계 환경의 상이한 측면을 보여준다. 한 극단에 놓인 전반적 영향력 전파자들은 여성응답자들이 알고 있고 여성응답자들의 접촉 네트워크에서 특별한 위치를 차지하고 있는 사람들이다. 이들이 끼치는 영향력은 쉽게 받아들여지는 것으로 보인다. 그러나 공공이슈 사안에 대해 조언해줄 수 있는 이들 '전문가'는 친구, 이웃, 직장동료들처럼 여성응답자들에게서 어느 정도 멀리 떨어진 존재일 것으로 추측하는 것도 타당해 보인다. 왜냐하면 본 연구의 표본 내 여성응답자들은 뉴스를 통해 '세상에서 무슨 일이 벌어지고 있는지'에 대한 지속적인 관심을 갖고 있다고 보기 어렵기 때문이다.◆

반대편 극단에는 일상적 접촉자들이 존재한다. 일상적 접촉자들과의 만남은 전반적인 영향력을 미치지 않는다고 가정해도 무방할 것이다. 따라서 일상적 접촉자로 남편을 지명한 여성응답자들은 남편이 그들에게 말해주는 것을 반드시 영향력 행사로 간주하지는 않는다. 오히려 이 여성응답자들은 이러한 대화를 동등한 사이의 대화로 생각할 수 있다—아마도 이는 사실일 것이다.

응답자들이 밝힌 자신들의 어떤 특정 의견변화에 영향을 미쳤다고 지명한 사람들은 이 두 극단 사이에 놓여 있다. 구체적 영향력 전파자들 중 가족 일원의 비중은 일상적 접촉자보다 적었으나, 전반적 영향력 전파자들보다 많았다.

◆ 이 부분은 반드시 본서의 데이터가 수집된 시기(1940년대 중반)를 고려한 후 해석해야 한다. 미국에서 여성 참정권이 인정된 것은 1920년부터이며, 본서의 데이터가 수집된 시기는 1940년대 중반이었다. 즉 정치를 남성의 전유물로 간주하는 것이 당시의 고정관념이었다.

세 가지 유형의 영향력에 대해 질문한 방식은 공공이슈 분야가 아닌 다른 분야 연구목적에는 적합할 수 있다. 그러나 일상소비, 패션, 영화관람, 공공이슈 네 분야에서, 이 중 어떤 방식이 평상시 영향력의 흐름을 추적하는 데에 가장 유용할까? 아마도 가장 쉽게 사용할 수 있는 것은 영향력 전파자의 능력과 신뢰성에 대한 평가와 관련된 질문일 것이다. 그러나 이 질문으로 얻은 응답으로는 여성응답자들이 접촉한 빈도수 외의 정보를 얻을 수 없다는 단점을 지닌다. 게다가 이 방법을 사용할 경우 여성응답자들이 조금밖에 알지 못하는 명성 있는 사람들이 과도하게 언급될 수 있다. 또한 이 방법은 응답자들의 기억에 더 많이 의존하는데, 기억의 왜곡 가능성은 매우 잘 알려진 문제다. 그렇다고 접촉의 빈도수를 지나치게 강조하면 습관적인 접촉들에 과도하게 의미를 부여하게 될 수도 있다. 아무리 자주 일어나고 정확하게 기억되더라도 이런 습관적인 접촉들은 의견변화에 미치는 영향과 중요도가 떨어진다고 할 수 있다.

본서의 선택은 중도에 가깝다. 저자들은 최근 영향력을 교환한, 회상 가능한 사례와 관련된 질문들이 의견지도력을 연구할 때 가장 유망한 방향이라고 생각한다. 이러한 생각은 본서 저자들의 추측을 기반으로 했다는 문제가 있지만, 접촉한 사람에 대한 높은 평가와 용이한 접근성 사이의 절충안에서 실제 영향력이 발생한다고 생각할 수 있다. 접촉한 사람의 능력과 신뢰도에 대한 높은 평가는 접촉자의 영향력을 행사할 가능성을 높이지만, 동시에 그런 사람들은 종종 접근하기 어렵기 때문에 접촉자의 영향력, 잠재력이 완전히 실현되지 않을 수 있다. 따라서 물리적으로 아주 가까이 있는 환경에서 더 쉽게 접근할 수 있는 사람들이 변화가 일어나기 적합한 순간에 접촉할 수 있다는 그 이유만으로 영향력을 발휘할 수도 있다. 만약 저자들의 생각이 타당하다면, 구체적인 영향력 유형의 질문이 의견지도력의 기준으로 더욱 적절해 보인다.

## 자기지명 방식으로 확인된 의견지도자

언급하였듯 구체적인 영향력에 관한 질문으로 지명된 의견지도자들에 대해 분석하기로 하자. 그러나 그런 사람들을 실제로 찾아내는 방법과 인터뷰하는 과정에 대해서는 아직 논의를 마무리 짓지 못했다.

기본적으로 두 가지 방법이 있다. 한 가지 방법은 지금까지 암묵적으로 가정해왔던 방법이다. 즉, 응답자에게 영향을 주었다고 밝힌 응답자의 말을 기반으로 구체적 영향력을 행사한 사람들을 찾아내는 것이다. 이 방법은 응답자들에게 영향을 받은 개인들을 **묘사**해 달라고 요청하거나(이게 지금까지 사용해왔던 유형의 증거자료였다), 또는 **지명**하고 그들의 주소를 알려달라고 함으로써 본 연구진이 얻은 정보를 가지고 연구를 진행하는 방법이다.

하지만 다른 방법도 있다. 표본 내 응답자들에게 어떤 특정 사건에서 다른 사람의 영향을 받았는지 물어볼 수 있듯이, 동일한 방식으로 응답자 본인이 최근 다른 사람에게 영향을 미쳤는지 물어볼 수도 있다. 다시 말해서, **자신**의 영향력에 대해 각 응답자에게 인터뷰할 수도 있는 것이다. 그리고 본 연구의 관심사는 **구체적 영향력**이기 때문에, 응답자가 영향력을 행사했다고 주장한 상황과 관련된 대상의 이름, 날짜, 대화주제 등을 요청할 수 있다. 표본을 이용해 표본 바깥의 개인들을 찾아내는 것보다 원래 표본 **내에서** 영향력을 행사하는 사람을 찾아내는 것이 실무적 관점에서 더 편리하다는 것은 명확하다. 또한 이 방법은 본서의 대부분의 분석과정에서 채택한 방법이다.

구체적으로, 본 연구에서는 이 문제를 이렇게 해결했다. 첫 번째 인터뷰에서 한 번, 그리고 두 번째 인터뷰에서 또 한 번, 인터뷰 진행자들이 각 여성응답자에게 "최근에 다른 사람이 귀하께 (특정 분야)◆에 대해 조언을 구한 적이 있나요?"라고 물었다. 답변이 '예'인 경우, 대화주제, 조언받은 사람의 이름, 조언받은 사람과의 관계 등 영향력 교환과 관련된 정보를 수집했다. 이 구체적 영향력 관련 질문은 본 연구가 주목하고 있는 네 가지 분야, 즉 일상소비, 패션, 영화관람, 그리고 공공이슈 각각에 대해 반복했다. 두 번째 인터뷰에서는 여성응답자에게 각각의 분야에 대해서 다음의 추가질문을 제시하였다: "귀하의 친구 모임에 속하는 다른 여성들과 비교했을 때, 귀하는 조언을 요청받을 가능성이 더 큰가요, 아니면 더 작은가요?"

질문에 대한 응답을 통해 본 연구에서는 각 분야에서 응답자들의 의견과 영향력의 사용 여부를 토대로 영향력 전파자들을 구별해낼 수 있는 지수를 구성했다. 본 연구에서는 (1) 응답자가 어떤 특정 분야에서 두 번 자문해주었다고 말하거나(즉, 6월과 8월의 인터뷰 모두에서), 또는 (2) 응답자가 한 번 조언해주었으며 자신이 전반적으로

◆ 원문에는 '…'으로 표기되어 있다. 의미의 명확함을 위해 '(특정 분야)'를 삽입하였다.

자신의 친구들에 비해 특정 분야에 대한 자문을 요청받게 될 '가능성이 더 크다'라고 응답한 경우 이 여성응답자를 의견지도자로 간주하기로 했다. 따라서 본 연구의 정의에 따르면, 이 두 가지 유형에 해당되는 응답자는 의견지도자이고, 다른 여성들은 의견지도자가 아닌 것이다.

이 접근 방식은 여러 가지 '자기지명 방식(self-detecting)' 질문을 토대로 하고 있다. 여기에는 최근의, 특정한, 기록된 자문 제공의 사례들과 함께 응답자가 아는 다른 여성들이 이 응답자에게 특정 분야에 대해 조언을 구할 가능성에 대한 응답자 본인의 자기평가 응답이 포함된다.

이 방법이 가장 편리하다는 가정을 받아들인다면, 이 방법의 신뢰도는 어떨까? 스스로 영향력을 행사했다고 말하는 응답자가 실제로 이러한 영향력을 성공적으로 행사했다는 것을 어떻게 알 수 있을까? 응답자가 영향력을 행사했다고 보고된 대상, 응답자가 이야기를 나누었다고 인터뷰 진행자들에게 보고한 주제들이 허상이 아니라는 것을 어떻게 알 수 있을까?

본 연구에서는 이 부분을 조사해보았다. 본 연구에서는 영향을 받은 대상으로 지목된 사람들을 찾아가 이들 영향력 수용자들(influencees)이 응답자(즉 영향력 전파자)가 말해준 이야기를 지지해줄 수 있을지 확인했다. 다음 장에서는 자기지명 방식으로 의견지도자를 확인하는 방식이 얼마나 적절했는지를 살펴볼 것이다. 또한 '추적(follow-up)'인터뷰 기법의 전체 내용을 논하기 위해 이번 장에서 논의한 현재 분석 결과 시점보다 조금 더 앞선 시점에서 논의를 진행할 것이다.

2장

# 연구방법

대인접촉의 영향력과 관련된 대부분의 정보는 설문조사에 포함되지 않은 다른 사람들에 대한 설문응답자의 진술들을 토대로 얻은 것이다. 의식적이든 무의식적이든 몇몇 응답자들은 자신의 사회적 지위가 높다는 것을 보여주기 위해 실제보다 훨씬 더 자주 다른 사람들로부터 조언을 요청받았다고 응답했을 가능성이 있다. 혹은 어떤 응답자들은 자신이 의견을 바꾼 핑계를 대기 위해 실제로는 일어난 적이 없었던, 사회적 위신이 높은 사람들과 대화하였다고 자신의 응답을 꾸며냈을 수도 있다. 따라서 설문응답이 믿을 만하다는 것을 보여주려면 연구방법을 통해 설문응답의 타당성을 확정해야 한다.◆

## 추적 인터뷰

본 연구에서는 여성응답자들에게 누구에게 조언을 해주었는지 혹은 누구에게 조언을 받았는지에 대한 여러 설문문항들을 제시하였다. 응답 타당성을 확인하는 가장 직접적 방법은 언급된 사람과 인터뷰를 실시한 후, 응답자의 응답과 응답자가 언급한 사람의 응답을 비교해보는 것이다.◆◆ 이 방법은 겉으로 보이는 것보다 훨씬 더 복잡하다. 이 방법을 어떻게 진행하였는지 독자들에게 명확하게 전달하기 위해 본 연구에서는 다음의 네 가지 용어들을 사용하였다.

---

◆ 2장은 흔히 사회과학연구 방법론에서 '측정의 타당성(measurement validity)'이라는 이름으로 검토되는 분야다.

◆◆ 이 방법은 흔히 교차검증(cross-check)이라고 불리기도 한다.

'지명(designation)'과 관련하여, '지명자(designator)'란 설문에 참여한 여성응답자를 의미하며, '피지명자(designatee)'란 조언을 교환했다고 응답한 사람을 의미한다. 조언을 제공한 '피지명자'는 '영향력 전파자(influential)'라고 명명하였으며, 조언을 받은 '피지명자'는 '영향력 수용자(influencee)'라고 이름 붙였다.

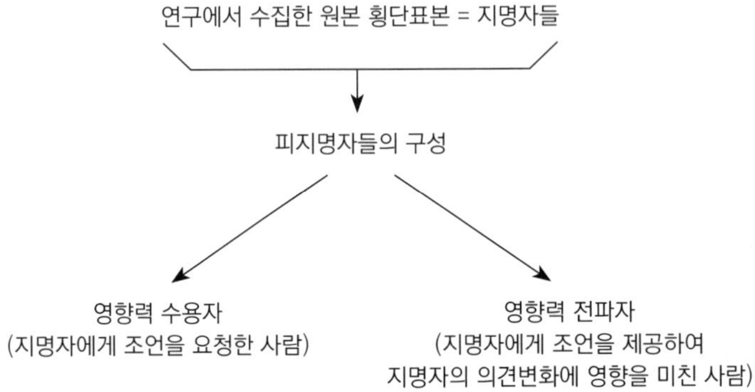


어떠한 지명이 타당한지 여부는 양측(즉, 지명자와 피지명자)이 실제 있었던 조언 교환에 대해 합의를 보였는지 여부에 따라 결정하였다. 본 연구의 관심은 응답의 정확성이었기 때문에 피지명자가 설문응답자의 말에 동의하였는지 확인하는 방식으로 응답의 정확성을 테스트하였다.

본 연구에서는 응답자에게 영향을 행사한 사람, 즉 영향력 전파자들에게 접근하여 응답자가 의견이나 태도를 바꾼 이유를 물어보았다. 설문문항에서 다루는 토픽에 대해 다른 누군가가 '이야기한 것'을 들어본 적이 있는지를 설문응답자에게 물어보았다.[◆] 예를 들어 어떤 응답자가 최근 립스틱 색깔을 바꾼 적이 있다고 밝혔다면, 립스틱 색을 바꾸기 전에 누가 새로운 립스틱에 대해 이야기를 한 적이 있는지 물어보았다. 지명된 영향력 전파자를 통해 본 연구에서 확인하고자 한 것은 응답자가 말한 대화가 실제로 있었는지, 그리고 언급된 토픽에 대해 실제로 조언을 제공한 적이 있었는지 여부였다.

영향력 수용자(응답자가 조언을 해주었다고 밝힌 사람)의 경우, 피지명자에서 얻은 정보는 좀 더 복잡했다. 본 연구에서는 설문응답자들에게 최근 조언을 해준 사람이

◆ 이러한 질문은 흔히 조건부질문(contingency question) 혹은 필터문항(filter question)이라고 불린다.

있는지 여부를 물어보았다. 몇몇 응답자들이 조언을 해준 적이 있다고 답했으며, 본 연구의 인터뷰 진행자들에게 자신이 조언해주었다고 말한 사람의 이름을 알려주었다. 예를 들어 설문응답자가 영향력 수용자에게 어떤 세탁비누가 가장 좋은 비누인지 알려주었다고 응답했다면, 본 연구에서는 영향력 수용자가 실제로 세탁비누에 대한 조언을 얻기 위해 응답자에게 접근한 적이 있는지 확인해보았다. 이를 통해 설문응답자가 밝힌 영향력 수용자를 통해 실제 커뮤니케이션이 진행된 적이 있는지 여부는 물론 커뮤니케이션 내용과 영향력이 흘러간 방향성도 확인해보았다.

피지명자에게서 얻은 데이터는 다음과 같다.

| 영향력 전파자와 관련 | 영향력 수용자와 관련 |
|---|---|
| 설문응답자가 밝힌 대화내용과 관련 설문응답자가 조언해준 사람의 이름 | 설문응답자에게 조언을 제공한 사람의 이름 |

지명관계가 맞는지 확인하기 위해 피지명자로부터 얻은 데이터는 다음과 같다.

| 영향력 전파자로부터 | 영향력 수용자로부터 |
|---|---|
| 설문응답자가 밝힌 것처럼 대화주제와 관련된 내용을 설문응답자에게 말해주었는지 여부 | 설문응답자가 밝힌 것처럼 영향력 수용자가 설문응답자에게 조언을 구한 적이 있었는지 여부 |

조언을 해주었거나 조언을 받은 사람의 이름과 주소를 묻는 질문은 설문조사가 진행되는 중간중간 적절하게 배치하였다. 이름과 주소를 알려달라는 질문의 경우 설문응답자가 질문의 목적에 대해 특별하게 되묻는 경우에만 조사하는 이유를 알려주었으며, 그렇지 않은 경우 조사 이유를 설명하지는 않았다. 설문응답자들은 몇몇 극소수의 사례를 제외하고는 피지명자의 이름과 주소를 알려달라는 요청에 특별한 거부반응을 보이지는 않았다.

총 1,549명의 피지명자 정보를 확보하였다. 그러나 이들을 모두 인터뷰하지는 않았다. 일부 피지명자들은 인터뷰가 불가능할 정도로 먼 도시나 마을에 살고 있는 사람들이었고, 몇몇 피지명자들은 조사기간 중 마을을 떠나 있었으며, 몇몇 소수의 피지명자들은 조사협조를 거부하여 피지명자 전원을 조사하고자 했던 애초의 계획은 실현되지 못하였다. 일반적으로 인터뷰가 불가능한 모든 사례들은 사전설계 표집

계획을 충족시키지 못하기 때문에 조사연구를 왜곡시키는 것이며, 특히 이중 몇몇 사례들은 본 연구에만 독특하게 나타나는 문제였다. 최종적으로 설문참여자가 언급한 피지명자들 중 총 634명에 대해 인터뷰를 진행하였다.[1]

본 연구에서는 이들 피지명자들에 대한 인터뷰에 대해 '추적 인터뷰(follow-up interview)'라는 이름을 붙였다. 왜냐하면 설문 표본응답자의 시작점들을 기반으로 영향력 네트워크의 연결관계를 갖는 지점들을 추적하여 인터뷰하였기 때문이다.

영향력 전파자(설문응답자에게 조언을 해준 사람)에 대한 추적 인터뷰에서는 설문응답자에게 구체적으로 어떤 변화를 초래했는지, 영향력 전파자와 설문응답자는 어떤 관계(이를테면 친구, 친척 등)인지 등에 관한 정보를 지명된 응답자에게 얻어내었다. 본 연구에서는 이미 설문응답자가 지명한 영향력 전파자가 설문응답자가 언급한 주제와 관련하여 이야기를 나누었던 사람이며, 동시에 영향력 전파자와의 대화가 설문응답자의 의견이나 행동에 어떤 영향을 끼쳤다고 언급된 사람이라는 정보를 알고 있었다. 본 연구의 인터뷰 진행자들은 현장에서 인터뷰를 진행하는 사람에게 관련된 모든 정보를 알려주었다.

영향력 수용자의 경우 많은 정보를 확보하지는 못한 상황이었다. 그러나 연구진은 설문응답자를 통해 영향력 수용자가 설문응답자에게 조언을 받았다는 점과 설문응답자가 말한 대화의 전반적 내용이 무엇인지 이미 알고 있었다.

추적 인터뷰는 상당히 까다로운 작업으로 현장 인터뷰 진행자들 중 정예요원들을 선발한 후, 충분한 훈련과 세밀한 통제를 거쳐 진행하였다. 추적 인터뷰의 질문은 단도직입적 방식으로 진행되지 않았다. 추적 인터뷰를 실시할 때 가급적 자연스러운 방식을 따라 인터뷰 대상자를 지정한 사람의 이름을 언급하였다. 상황에 맞도록 유연하게 설문지와 설문과정을 적용하였고, 인터뷰를 효율적으로 진행하기 위해 애초의 연구표본을 수집할 때 사용했던 설문문항을 약간만 수정한 후, 추적 인터뷰 진행자에게 상당한 재량권을 부여하였다. 이후 친숙한 방식으로 지명자의 이름을 언급한 후, 추적 인터뷰 설문을 실시하였다. 먼저 지명자와 피지명자가 서로 아는 관계인지 확인하고 지명자가 언급한 대화주제를 소개한 후, 피지명자가 지명자와 해당 주제로

1 인터뷰 진행과정 중 중요 내용에 대한 설명은 별첨C에 제시되었다. 별첨C에는 추적 인터뷰 진행과정에 대한 상세한 설명도 제시되어 있다.

이야기를 나누었는지, 대화를 주도한 사람은 누구였는지, 그리고 끝으로 피지명자와 지명자 중 누가 누구에게 조언을 했는지 물어보았다.[2]

## 설문응답자가 언급한 접촉경험 확인방법

추적 인터뷰가 진행된 634명의 지정자들 중 3명을 제외한 모든 지명자들이 자신을 지명한 사람을 알고 있다고 답했다. 제외된 3명의 지명자들의 경우 주소를 파악하는 과정에서 인터뷰 진행자의 실수가 발생한 듯하다. 그러나 구체적인 대화내용에 대한 인식은 상이했다. 인터뷰 진행자들은 피지명자들에게 "귀하께서는 (피지명자)와 (매니큐어, 가격통제 등과 같은 지명된 주제)에 대해 이야기했던 것을 기억하시나요?"라는 질문을 제시하였다. 조언을 해주거나 조언을 받은 사람들 중 일부는 구체적 대화 사실을 떠올리지 못했고, 몇몇은 그러한 대화가 있었는지 기억하지 못했으며, 극히 소수이지만 몇몇 피지명자는 언급된 주제에 대해 지명자와 이야기를 나눈 사실이 없었다고 답하였다. 그러나 접촉사례들 중 약 2/3가량에서 대인접촉 사실과 대화내용을 확인할 수 있었다. 게다가 확인되지 않은 1/3의 접촉사례들의 경우 9%라는 아주 적은 사례들에서만 대화를 나눈 사실이 없었다고 부정되었을 뿐이었다. 인터뷰 진행자들은 "(지명자)와 대화를 나눈 사실은 기억합니다만, 대화내용은 매니큐어가 아니라 가구에 관한 것이었어요." 혹은 "(지명자)와 그런 소재로 이야기를 한 적이 없는데요."와 같은 응답들을 완전거부(complete denials)로 분류하였다.

약 24%의 나머지 사례들의 경우, 피지명자들이 해당 대화가 발생했는지 기억하지 못하였다. 예를 들어 "F씨(지명자)와 저는 언제나 옷에 대한 이야기를 나눕니다만, 그때 나누었던 이야기가 짧은 치마에 대한 것이었는지는 잘 모르겠네요."와 같이 지명자가 언급한 내용이 있었는지 없었는지 명확하게 확인하지 못하였다. 이러한 범주에 속하는 응답은 지명자가 말한 대화가 존재했을 수도 있었을 가능성을 보여준다. 대화가 있었는지를 떠올리지 못한 것은 대화내용이 피지명자보다 지명자에게 더 중

---

**2** 설문응답자가 말한 대화가 실제로 존재했는가라는 단순 사실과 함께, 직접 제안하는 형태로 조언을 해주었는지, 아니면 조언자의 적극적 역할 없이 어느 정도 소극적 형태로 제안했는지 등과 같은 다른 질문들도 제시하였다. 질문의 구체적 형태와 관련하여 별첨C를 참조하라.

요했다는 사실을 뜻한다. 즉 피지명자에게 해당 대화는 전반적 내용의 일상적인 대화 중 하나였던 반면, 지명자에게는 보다 중요한 순간이었던 것이다.

아래의 표에서 볼 수 있듯, 비록 영향력 전파자가 다소 높은 비율로 대화내용의 존재를 확인했음에도 불구하고, 영향력 전파자와 영향력 수용자 사이의 확인비율에서 뚜렷하게 큰 차이가 나타나지 않았다.

[표2] 영향력 전파자와 영향력 수용자 대상 추적 인터뷰

| | 영향력 전파자로 지명 | 영향력 수용자로 지명 |
|---|---|---|
| 존재한 것으로 확인 | 69% | 64% |
| 존재하지 않은 것으로 부정 | 9 | 10 |
| 기억나지 않음 | 22 | 26 |
| 총합(=100%) | (337) | (297) |

그렇다면 영향력의 흐름이 존재하였다고 확인된 2/3의 사례들은 설문에서 사용한 지명기법(designation technique)을 통해 얻은 응답의 타당성을 확보했다고 볼 수 있을까? 이에 대한 확정된 기준은 존재하지 않는다. 또한 저자들이 알고 있는 범위에서 이 연구결과와 비교할 수 있는 다른 선행연구들도 존재하지 않는다. 그러나 추적 인터뷰 대상자들 중, 대화가 존재했다고 확인된 사례가 2/3에 달하는 반면, 지명자가 밝힌 대화가 존재하지 않았다고 부정한 사례는 고작 1/10에 불과하다는 사실에 주목할 필요가 있다. 대화내용을 확인도 부정도 하지 않은 나머지 사례들은 일종의 회색지대에 속한다고 볼 수 있다.

'기억하지 못함'이라는 회색지대에 속하는 응답은 공공이슈 분야 관련 질문에서 가장 높았고(35%), 그 다음은 패션 분야 관련 질문이었으며(22%), 일상소비 분야 관련 질문에서 가장 낮았다(18%). 대화내용이 존재하지 않았다는 부정응답은 분야들에 따라 거의 일정하게 나타났다.

## 응답자가 언급한 자신의 역할 확인방법

지금까지는 대인접촉과 의견 및 행동관련 주제에 대한 대화의 존재 여부를 어떻게 확인했는지 살펴보았다. 이제부터는 대화 당사자들이 맡았던 역할이 제대로 지명되었는지 확인해보자. 본서에서는 영향력 수용자로 지명된 사람이 자신을 지명한 설문응답자에게 조언을 구한 적이 있었는지, 그리고 영향력 전파자로 지명받은 사람이 설문응답자가 말하는 그런 역할을 수행했다고 기억하고 인정하는지 여부를 살펴보고자 한다. 이를 통해 본서는 이러한 일상적 대화에서 대인접촉을 통한 영향력이 어떻게 작동하는지에 대한 보다 심도 있는 통찰을 얻고자 하였다.

단일문항이 아닌 여러 문항들을 통해 응답자 자신의 역할에 대한 피지명자의 생각을 평가하고자 하였다. 즉 대화를 주도한 사람이 설문응답자(지명자)인지 아니면 피지명자인지 확인하였다. 또한 영향력 수용자에 대한 추적 인터뷰의 경우, 영향력 수용자가 설문응답자에게 조언을 구했는지 아니면 설문응답자가 자발적으로 조언을 제공했는지를 확인하였다. 추적 인터뷰의 질문들은 대화주제의 분야에 따라 달랐으며, 인터뷰 당일 상황에 맞게 수정되었다. 가급적 자연스런 상황에서 추적 인터뷰를 진행하기 위해 설문순서와 내용을 기계적으로 준수하지 않아도 되게끔 인터뷰 진행자에게 재량권을 부여하였다.

따라서 추적 인터뷰를 통해 얻은 응답 데이터는 제각각이었다. 즉 단순히 특정 문항에 대한 응답을 분류하는 방식으로는 대화 도중에 피지명자가 자신의 역할을 어떻게 생각했는지 평가할 수 없었다. 대신 개별 인터뷰의 전체 내용을 세심하게 분석한 후, 이들을 다음의 네 가지 범주들 중 하나로 분류하였다.

I. '역할인증(Role Acknowledged)' 범주는 피지명자가 수행한 역할이 지명자가 주장한 역할과 동일하다고 인증된 사례들을 뜻한다. 영향력 전파자로 지명된 사람이 지명자에게 어떤 변화를 암시한 경우, 그리고 영향력 수용자로 지명된 사람이 자신을 지명한 사람에게 조언을 부탁하였다고 확인한 경우가 여기에 해당된다.

II. '반대역할(Role Reversed)' 범주는 피지명자가 자신이 수행했던 역할이 지명자가 주장한 역할과 정확하게 반대되는 역할이었다고 주장한 사례들을 의미한다. 영향력 전파자로 지명된 사람이 지명자에게 조언을 구했다고 답한 경우, 그리고 영향력 수용자로 지명된 사람이 지명자에게 조언을 받은 것이 아니라 조언을 제공해주었다고 답한 경우가 여기에 해당된다.

III. '상호역할(Mutual Role)' 범주는 피지명자가 자신과 자신을 지명한 사람 모두 주도적으로 조언을 제공하는 위치에 있지 않았으며, 영향력의 경우에도 자신과 지명자가 동등한 입장이었다고 주장한 사례들을 뜻한다.

IV. '역할불명(Not Ascertainable)' 범주는 잔여범주(residual category)로 위의 세 가지 범주로 분류되지 않은 사례들을 의미한다. 피지명자의 답변이 너무 빈약하고 불분명한 경우가 여기에 포함된다.

지명자와 피지명자 사이에 대화가 존재했다고 모두 인정한 사례들만을 선별한 후, 범주별로 구분하였다. 분석결과는 아래와 같다.

[표3] 피지명자가 응답한 역할 인식(대화 존재가 확인된 사례에만 한정)

| | |
|---|---|
| 역할인증 | 77% |
| 반대역할 | 8 |
| 상호역할 | 14 |
| 역할불명 | 1 |
| 총합(=100%) | (442) |

피지명자들이 밝힌 역할과 자신을 지명한 설문응답자가 밝힌 역할이 동일한 사례는 전체의 약 77%를 차지했다. 반면 지명자와 피지명자의 말이 정면으로 충돌하는 사례는 8%에 머물렀다. 두 번째로 큰 범주(14%)는 지명자는 일방향적 영향력 전달로 보았으나 어느 한 당사자가 다른 당사자에게 영향력을 행사했다고 볼 수 없었던 '상호역할'이었다. 본서 저자들은 역할인증 범주의 비율이 상당히 높다고 생각한다. 왜냐하면 지명자와 피지명자 모두 동의한 경우는 10개 사례 중 약 8개에 육박하지만, 양쪽이 동의하지 못한 경우는 1개에도 못 미치기 때문이다.

피지명자의 역할이 영향력 전파자인지 영향력 수용자인지에 따라 결과는 다르게 나타났다. 추적 인터뷰의 두 유형에 대한 역할평가 분석결과는 아래와 같다.

[표4] 피지명자들 중 영향력 전파자와 영향력 수용자에 따른 역할 인식(대화 존재가 확인된 사례에만 한정)

| | 영향력 전파자 | 영향력 수용자 |
|---|---|---|
| 역할인증 | 86% | 82% |
| 반대역할 | 3 | 11 |
| 상호역할 | 10 | 6 |
| 역할불명 | 1 | 1 |
| 총합(=100%) | (232) | (144) |

역할인증 범주와 관련 영향력 전파자의 경우 86%, 영향력 수용자의 경우 82%가 대화에서 지명자가 말한 역할을 수행했다고 응답한다는 점에서 두 유형의 피지명자들은 크게 다르지 않았다. 그러나 '반대역할'과 '상호역할' 두 범주의 경우 두 유형의 피지명자 집단에 따라 상당히 큰 응답차이를 확인할 수 있었다. 역할이 바뀌었다고 응답한 피지명자의 경우 영향력 전파자는 3%에만 그친 반면, 영향력 수용자의 경우 11%에 달하는 것으로 나타났다. 또한 영향력 측면에서 동등한 관계였다고 주장한 비율은 영향력 수용자(6%)에 비해 영향력 전달자(10%)들에게서 더 높았다. 피지명자 집단에 따른 차이는 통계적으로 유의미한 결과였다. 다시 말해 여기서 생각해볼 수 있는 여러 가지 해석들 중 하나는 다음과 같다. 조언을 제공했다고 말한 지명자는 피지명자가 얼마나 진지하게 조언을 요청했는지, 즉 단순히 '대화를 나눈 것'인지, 의향을 타진한 것인지, 아니면 도움을 갈구한 것인지를 정확하게 알지 못하고 있다. 조언을 구했다고 생각되었지만 실제 목적은 상당히 달랐던 몇몇 영향력 수용자들에게서 얻은 자료를 통해 이렇게 해석할 가능성을 찾을 수 있다. 예를 들어 어떤 영향력 수용자는 다음과 같이 말했다. "전 그녀가 사용하는 립스틱 브랜드가 뭔지 궁금했고, 그녀에게 브랜드를 알려줄 수 있냐고 물어보았죠. 하지만 그 브랜드를 사용하고 싶은 생각은 추호도 없었어요. 왜냐하면 제게는 어울리지 않는 립스틱이었거든요." 공공이슈 분야에서 '영향력 수용자'로 지정되었던 사람은 조언을 구하는 행동을 자신의 관점을 전달하기 위한 수단으로 사용한다면서, 명시적으로 자신의 대화방식을 '바보 같은 대화술(boob technique)'이라고 부르며 인터뷰 진행자에게 다음과 같이 말하기도 했다. "저는 언제나 다른 사람의 생각을 먼저 물어본 후, 상대가 관심을 보인 후에야 제가 하고 싶은 말을 해요."

반대역할의 비율과 그 실체를 살펴본 후, 저자들의 방법이 영향력을 확인하는 초보기술에 불과하다는 것을 깨달았다. 하지만 어떤 일이든 처음으로 일하는 사람은 초보자이며, 본 연구가 이 문제를 해결하기 위한 보다 고차원의 명확한 확증방법 개발로 나아가기 위한 시작점이 될 수 있으리라 믿는다.

## 연구방법의 타당성

설문응답자에게 자신의 영향력 수준을 물어보는 방법이 믿을 만한지 여부는 결국 설문응답자가 밝힌 내용에 대해 영향력 수용자로 지명된 사람이 얼마나 동의하는가에 따라 판가름날 것이다. 본 연구에서는 두 가지 기준을 사용하였다.◆ 첫째, 피지명자는 반드시 자신을 지명한 설문응답자가 밝힌 토픽에 대해 이야기를 나누었다는 데 동의하는 것은 물론, 둘째, 설문응답자에게 조언을 들었다는 점도 인정해야 한다. 추적 인터뷰를 진행한 지명된 모든 영향력 수용자들 중 두 가지 기준을 모두 통과한 비율은 아래와 같다.

[표5] 지명된 영향력 수용자들에 대한 추적 인터뷰 분석결과

| | | |
|---|---|---|
| 역할인증 | 54% | |
| 반대역할 | 7 | |
| 상호역할 | 4 | |
| 역할불명 | * | |
| 확인된 대인접촉(총합) | | 65% |
| | | |
| 대인접촉이 없었다 | 14% | |
| 대인접촉을 했는지 기억나지 않는다 | 21 | |
| 확인되지 않은 대인접촉(총합) | | 35% |
| 총합(=100%) | | (221) |

* 1% 미만의 값을 의미함

◆ 보다 원활한 글의 전개를 위해 역자가 추가한 문장으로 원문에는 존재하지 않는다.

모든 영향력 수용자들의 전반적 타당성을 살펴보기 위하여 위의 표와 같은 방식으로 추적 인터뷰의 전체 결과를 제시하였다. 지명된 어떤 접촉경험(즉, 언급된 대화주제와 관련된 대화가 실제로 존재했는가)이 존재했는지 여부, 그리고 해당 대화에서 지명자가 언급한 역할이 확인되었는지 여부를 통해 본 연구에서 사용한 지정방식의 타당성을 확인할 수 있다. 두 가지 테스트를 모두 적용할 때, 전체 사례들 중 54%의 응답이 타당했음을 확인할 수 있다. 물론 여기서 말하는 54%란 지정자가 설문에서 언급했던 사례들 중에서 명확하게 확인된 사례들로 계산된 비율이다.

본 연구의 연구방법이 타당한지 확인하는 또 다른 방법은 지정자(즉, 설문응답자)가 밝힌 내용과 어긋나는 사례들의 비율을 살펴보는 것이다. 피지정자가 대화가 존재한 적이 없었다고 거부했을 경우, 혹은 지정자가 말했던 대화의 주제와 피지정자가 기억하는 대화의 주제가 다를 경우가 여기에 해당되며, 이는 전체 사례들 중 14%를 차지한다(표5에서 '대인접촉이 없었다'로 분류된 항목). 또한 피지정자가 생각하는 역할이 지정자가 주장하는 역할과 정반대인 경우도 여기에 속하며, 이 비율은 전체 사례의 7%에 해당된다. 끝으로 피지정자가 상호 간에 동등하게 영향력을 주고받았다고 답한 경우도 여기에 속하며, 이는 전체의 4%에 해당된다. 이 세 응답범주들을 합하면 전체 사례 중 25%를 차지한다. 즉 전체 응답의 1/4가량은 설문응답자의 응답내용과 맞지 않았다. 이렇게 파악한다면 명백하게 확인된 사례들만 고려할 때와 비교하여 영향력의 흐름을 확인하는 저자들의 연구방법의 타당성을 보다 높게 평가할 수 있다.◆ 물론 가장 중요한 것은 타당성의 기준을 엄정하게 세우는 것이다.

지명자가 말한 대화가 실제로 있었던 비율은 일상소비 분야, 패션 분야, 공공이슈 분야의 순서로 높게 나타났으며, 지명자가 말한 역할이 맞았던 비율 역시 유사한 패턴을 보였다. 일상소비 분야와 패션 분야의 경우 큰 차이는 없었으나, 공공이슈 분야는 나머지 두 분야들과 다른 것으로 나타났다.

---

◆ 쉽게 말해, 맞다고 확인된 사례들의 비율인 50%만 보면 그다지 높다고 볼 수 없을지도 모르지만, 반대로 틀리다고 확인된 사례들만 보면 25%로 그다지 높지 않다고 볼 수 있다.

[표6] 지명된 영향력 수용자들의 추적 인터뷰 결과: 영향력의 세 분야별 비교

| | 일상소비 분야 영향력 수용자 | 패션 분야 영향력 수용자 | 공공이슈 분야 영향력 수용자 |
|---|---|---|---|
| 역할인증 | 57% | 56% | 38% |
| 반대역할 | 10 | 6 | 6 |
| 상호역할 | 3 | 4 | 6 |
| 역할불명 | – | 1 | – |
| 확인된 대인접촉(총합) | 70% | 67% | 50% |
| 대인접촉이 없었다 | 13% | 12% | 25% |
| 대인접촉을 했는지 기억나지 않는다 | 17 | 22 | 25 |
| 확인되지 않은 대인접촉(총합) | 30% | 34% | 50% |
| 총합(=100%) | (69) | (120) | (32) |

공공이슈 분야에서의 지명이 가장 타당도가 낮다는 사실은 영향력 수용자에서든 영향력 전파자에서든 모두 뚜렷하게 나타났다. 영향력 전파자로 지명된 경우의 분석 결과는 아래와 같다. 영향력 수용자에게서 확인되었던 동일한 경향이 여기서도 마찬가지로 잘 드러난다.

[표7] 지명된 영향력 전파자들의 추적 인터뷰 결과: 영향력의 세 분야별 비교

| | 일상소비 분야 영향력 수용자 | 패션 분야 영향력 수용자 | 공공이슈 분야 영향력 수용자 |
|---|---|---|---|
| 역할인증 | 71% | 61% | 37% |
| 반대역할 | 2 | 2 | 3 |
| 상호역할 | 3 | 5 | 19 |
| 역할불명 | – | 1 | – |
| 확인된 대인접촉(총합) | 76% | 69% | 59% |
| 대인접촉이 없었다 | 7% | 9% | 7% |
| 대인접촉을 했는지 기억나지 않는다 | 17 | 22 | 34 |
| 확인되지 않은 대인접촉(총합) | 24% | 31% | 41% |
| 총합(=100%) | (107) | (162) | (68) |

공공이슈 분야에서 대인접촉 및 대인접촉에서의 역할이 확인된 비율이 특히 낮았다는 점은 명확하다. 이에 대해 인간관계가 더 평범하고 일상적일수록 응답이 더 타당하다고 설명할 수 있다. 공공이슈 분야의 경우 남성들이 영향력을 행사하는 중요한 역할을 맡고 있다는 현실에 어느 정도 그 원인이 있다고 설명할 수도 있다. 남성들의 경우 여성들에게 영향을 받았다는 사실을 인정하지 않으려는 것이 보통이다. 혹은 남성들은 양방향 '토론(discussion)'이라는 위상을 부여할 정도로 여성들과의 대화를 진지하게 받아들이지 않기 때문에, 여성과 공공이슈에 대해 이야기했다는 사실을 인정하지 않기도 한다.[3] 그러나 아마도 더 중요한 사실은 정치적 이슈가 다른 이슈에 비해 누군가에게 물어보기 까다로운 이슈이며 이는 특히 논란이 되는 이슈에 대해 누가 무슨 말을 했는지 떠올릴 때 더 심하게 나타난다는 점이다. 예를 들어 공산주의자들에 대해 누가 무슨 말을 했는지보다 새로운 복숭아 통조림 브랜드에 대한 대인관계 영향력을 확인해주는 편이 훨씬 더 쉽다.◆ 또 다른 이유로는 단 한 번의 대인접촉을 통해서는 정치 분야보다 일상소비 분야에서의 태도변화 가능성이 더 높다는 것을 언급할 수 있다. 즉 공공이슈의 경우 대화당사자가 서로 다른 생각을 하고 있으며, 따라서 어느 당사자가 다른 당사자에 비해 대화를 보다 더 잘 기억하고 있을 가능성이 있다. 이를 밝히기 위해서는 추후연구가 반드시 진행되어야 할 것이다. 그러나 저자들은 이러한 분석결과를 통해 '의견지도자' 개념을 서술하고 분석하기 위한 본 연구의 시도, 즉 자기지명식 문항이 타당하다는 것을 확인하기에 충분했다고 믿는다.

---

**3** 대통령 선거캠페인 기간 동안의 투표행위에 대한 연구에 따르면, 부인들은 남편과 빈번하게 선거캠페인에 대해 이야기했다고 응답한 반면, 부인과 선거에 대한 이야기를 나누었다고 응답한 남편들은 거의 없었다. 즉 남편은 자신의 부인과 정치에 대해 '토론'했다고 느끼지 않고, 부인에게 정치에 대해 설명했다고 생각했던 것이다. 이에 대해서는 라자스펠드, 베럴슨, 고뎃(Lazarsfeld, Berelson, and Gaudet, 1948, p.141)을 참조하라.

◆ 데이터가 수집되었던 1940년대 중반과 본서가 출간된 1950년대 미국은 공산주의에 대해 자유롭게 말하기 어려운 시대였다(특히 제2차 세계대전이 끝난 후에는 매카시즘 열풍이 불기도 했다).

## 결론

1부의 1장과 2장을 통해 본서에서 살펴보고자 한 주요 주제들의 윤곽을 제시하고 정당화하였다. 본서의 연구관심은 영향력이 발생한 구체적 사건, 그리고 영향력 전파자, 두 가지다. 일반적으로 본서에서는 '의사결정(decisions)'(일상소비 분야의 식품 브랜드, 패션, 정치적 의견, 관람하고 싶은 영화 등을 바꾸겠다는 결정)을 영향력이 발생한 구체적 사건으로, '의견지도자'를 영향력 전파자로, 그리고 의견지도자와 만나는 것을 대인접촉(personal contact) 혹은 대인관계 영향력(personal influence)으로 이름 붙였다. 2부에서는 '의사결정', 특히 대인관계 영향력이 의사결정에 미치는 역할에 대해 소개할 것이다. 끝으로 3부에서는 1부의 내용을 기반으로 '의견지도자'가 어떤 유형의 사람인지 설명하고, 의견지도자가 의견지도자를 따르는 사람과 어떻게 다른지 설명하였다.

# 2부

# 대인관계 영향력의 효과

3장

# 영향력 연구에서 효과분석의 위치

본 연구는 사람들이 어떻게 의사결정을 하는지를 밝히는 데 기여하고자 한다. 그리고 1부에서 제안했듯이, 본서의 주된 관심사는 구체적 사안에 대한 의사결정 사례들에서 나타난 사람의 영향력의 역할을 살펴보는 것이다. 2부에서는 '의견지도자'와 매스 미디어에서부터 도래되는 대인접촉의 영향력 빈도수, 그리고 두 가지 효과를 어떻게 대조할 수 있는지에 대한 방법을 제시하고자 한다.

본 연구의 초점을 구체적이고 일상적인 결정들로 좁혔기 때문에 본서에서 살펴보는 종류의 대인관계 영향력도 꽤 제한적이다. 예를 들어, 어린 시절 부모님이 자녀에게 말한 것은 이후 자녀가 모든 상황에 접근할 때 동원하는 믿음, 편견, 습관, 두려움의 측면에서 자녀가 성인이 된 이후의 삶에도 영구적인 영향을 미친다는 사실에는 의심의 여지가 없다. 따라서 생각해볼 수 있는 한 가지 형태의 연구는 성인들의 태도를 추적해서 그들이 삶의 초기에 받았던 개인적인 영향을 찾아내는 것이다. 그러나 본서에서는 일반 성인들의 태도는 주어진 것으로 수용하였다.◆ 대신 의견과 태도 형성이라는 기본적인 주제의 아주 작은 부분만—비교적 짧은 시간에 걸쳐 진행되는—다루고자 한다. 그러므로 어떤 사람이 오랫동안 공화당의 의견에 동조해왔다고 하더라도 본서에서는 그 이유에 주목하지 않을 것이다. 대신 본서에서 주목하는 것은 이 사람이 공화당에 대한 태도를 바꾸는 시점이다. 마찬가지로 본서에서는 여성응답자

---

◎ 피터 로씨(Peter H. Rossi)가 2장의 논의와 데이터 분석에 크게 기여했음을 밝힌다.

◆ 현재 관점에서 보면 이 부분은 잘 이해되지 않는다. 그러나 당시의 인문·사회과학의 주요 사조를 생각해보면 왜 이런 표현이 들어갔는지를 이해할 수 있다. 본서가 집필된 당시 사람의 태도나 정신세계를 설명하는 가장 유명한 심리학적 패러다임은 프로이트의 정신분석학이었다. 즉 유아기·아동기의 경험이 성년의 정신세계와 태도에 지울 수 없는 영향을 끼친다는 당대의 주류 사고방식에 대한 저자들의 조심스러운 반론이라고 볼 수 있다.

의 패션습관이나 구매한 식품 브랜드에 대한 비교적 **최근 변화**에 대해 살펴보고자 한다. 영화 분야에서 보면, 만일 어떤 사람이 정기적으로 영화를 보러 가거나 미스터리 영화보다 서부영화를 선호하는 경향이 있다는 것을 알게 되더라도 그런 정보는 본 연구의 데이터가 되지 못한다. 그러나 **최근 변화**가 생겼다면, 예를 들어, 서부영화에서 미스터리 영화로 취향이 바뀌었다거나, 또는 두 가지 서부영화 중에서 특정 서부영화를 선택하여 관람하였다면 본 연구에서는 이 구체적인 선택이 어떻게 내려졌는지 살펴보고자 한다. 바로 이 지점이 본 연구가 관심을 갖는 부분이다.

본 연구에서 최근 발생한 특정한 선택 또는 변화들만 고려하겠다는 점은 1부에서도 암시된 바 있다. 1부에서는 '의견지도자'라는 용어를 '구체적 영향력 전파자'에 적용했었다. 어느 마을에 있는 강력한 밀주판매업자 집단이 금주법◆에 대한 국민투표를 방해하기 위해서 사람들을 고용했다고 가정해보자. 만약 본 연구의 인터뷰 진행자가 응답자에게 금주법이 결코 효과가 없을 거라고 설득한 밀주판매업자 집단이 고용한 어떤 사람에 대한 말을 들었다면, 본 연구에서는 이 사람을 의견지도자라고 부를 것이다. 비록 본 연구의 응답자에게 영향을 미친 이 사람 또한, 훨씬 더 강력한 행위자의 영향을 받았을 수도 있다는 점을 아주 잘 알고 있지만 말이다. 그러나 본서에서는 대인접촉 영향력에 주목한다. 본서의 저자들은 앞으로 사회에 스며들어 있는 전반적 영향력 사슬의 연결고리에 대해 보다 더 많은 연구가 진행되기를 바란다. 사실 더 포괄적인 접근법을 활용한 일부 연구들은 이미 시작된 바 있다. 독자들은 저자들의 현재 프로젝트에 관한 겸손한 태도를 더 개괄적이고 복잡한 문제에 대한 열렬한 의지와 혼동하지 않았으면 한다. 만약 현재 본서의 시도와 같은 매우 구체적인 조사를 완료하지 못하면, 앞서 언급한 더 복잡한 문제들에 영원히 답하지 못할지도 모르기 때문이다.

이런 점에서 본 연구의 범위를 단기적인 변화와 대인접촉 영향에만 제한하겠다는 결정은 당연하다. 그러나 현재 시점에서조차, 최소한 세 가지 주요 접근법이 구분되어야 한다. 여기서는 이 세 가지를 집단 접근법, 사람 접근법, 사건 접근법이라고

---

◆ 1919-1933년까지 미국에서 실시된 법이다. 금주법 기간 동안 밀주판매업자들은 엄청난 돈을 벌었으며, 공무원과 정치인 매수, 마피아 조직과의 연계 등 셀 수 없는 사회적 부작용이 발생했다. 유명한 미국소설 《위대한 개츠비(*The Great Gatsby*)》의 주인공인 개츠비도 밀주사업으로 돈을 번 것으로 묘사되어 있을 정도로 당시 밀주사업은 '황금알을 낳는 거위'로 유명했다. 금주법은 도덕적 목적달성을 위한 정책이 어떻게 비도덕적 결과를 낳는가를 보여주는 정책실패 사례로 언급되기도 한다.

부르기로 하자.

**집단 접근법**의 예시로 마가렛 미드(Margaret Mead, 1937)의 연구를 언급할 수 있다. 미드는 원시 부족들이 결정을 내리는 방법에 세 가지 주요 방법이 있다고 보고한다. 아라페시(Arapesh) 부족은 일종의 무정부주의적인 방식으로 결정을 내린다. 부족과 관련된 어떤 문제가 제기되면, 부족 구성원들은 자신이 의견을 말할 자격이 있다고 느낀다. 그리고 부족 구성원이 제안하는 결정의 방향은 논의가 진행될 당시 구성원들의 기분에 따라 결정된다. 야트물(Yatmul) 부족은 구체적인 역할에 적절한 반응을 하는 경향이 있다. 어떤 경우 야트물 부족 구성원들은 가장이 앞장서서 결정을 내릴 때까지 기다렸다가 모두 뒤따른다. 하지만 다른 어떤 경우, 젊은 야트물 구성원들은 전통적으로 있어왔던 세대 간 적대감의 측면에서 결정되어야 하는 사안들이 존재한다고 느낀다. 이 경우 부족의 장로들이 어떤 결정을 내리면 젊은 야트물 구성원들은 정확히 반대되는 행위를 하고 싶어 한다. 마지막으로, 발리(Balinese) 부족이 따르는 스타일이 있다. 마가렛 미드에 따르면, 발리 부족은 즉석에서 떠오른 의견으로 사안이 결정되어서는 안 된다고 느낀다. 발리 부족 구성원들은 선례를 찾고, 부족의 현자들에게 이와 같은 상황에서 법과 전통이 무엇을 요구하는지 묻는다. 이처럼 주어진 상황에서 요구되는 것에 대해서는 부족 간 이견이 있을 수 있다. 하지만 '질서(the order)' 유지를 위한 조건들이 수행되어야 하며, 새로운 의견이—그것이 아라페시 부족에서처럼 개인적인 결정이든, 또는 야트물 부족처럼 집단의 구성원들이 비슷하게 행동해야 한다는 것이든— 반드시 형성될 필요는 없다는 데에는 의견이 일치한다.

본서에서 살펴볼 분야에서도 유사한 연구가 진행될 수 있다. 도시사회의 대부분은 의견 형성이 이루어지는 집단(circle)과 파벌(clique)로 이루어져 있다. 예를 들어, 본서에서 소개한 선행연구와 몇몇 연구결과들로부터 적어도 공공이슈 분야에서는 일반적으로 남편이 '아내에게 영향력을 행사'한다는 것을 알고 있다. 이에 대해서는 다음 장들에서 더 논의할 예정이다. 예를 들어, 뛰어난 미술 감식가로 지역에서 명성이 높은 한 남성의 주변에서도 이와 유사한 구조를 발견할 수 있을 것이다. 혹은 상호교류를 통해 의견이 형성될 가능성이 더 큰 술집 고객들 사이에서는 좀 더 민주적인 파벌을 발견할 수 있을지도 모른다. 본서에서 집단 접근법이라고 부르는 것의 가장 큰 규모는 다양한 국가의 정부에 관한 연구일 것이다. 가장 작은 규모는 다양한 유형의 의견—형성(opinion-forming) 집단에 대한 세부적인 묘사로—얼마나 많은 집단이 있는지, 이 집단들이 어떤 종류의 사람들로 구성되어 있는지, 집단들이 그들의 구성원들에게 어떻게 영향을 미치는지, 집단들의 집단적 의지가 어떻게 형성되는지, 그리고 집단들이 전체적인 사회적 과정에 어떻게 들어맞는지 등- 구성될 것이다. 본서 Part 1에서 이 접근 방식을 고려한 바 있지만, 집단 접근법은 본 연구에서 중심적이지 않았다.

**사람 접근법**(*the person approach*)에 대한 결과는 3부에서 제시될 것이다. 3부에서 저자들은 다음과 같은 질문을 할 것이다. 대면 접촉을 통해 다른 사람에게 영향을 미치는 사람들은 누구인가? 이 질문은 다양한 방법으로 이해할 수 있으며 답변도 수많은 방법으로 얻을 수 있다. 지금까지 진행한 방식은 충분히 논의되었기 때문에 이 이상 언급하는 것은 단순한 반복에 지나지 않는다. 본 연구에서 얻은 조사결과는 집단 접근법을 통해 얻을 수 있는 것과는 매우 다른 특성을 보일 것이다. 본서에서는 집단의 유형을 기술하거나, 집단의 빈도를 세거나, 집단이 집단 구성원의 의사결정에 미치는 영향이 어떤지에 대해서는 언급하지 않을 것이다. 대신 어떤 사람들이 다른 사람들에게 다양한 주제에 있어서 영향을 미칠 것 같은지 보여주기 위해 노력할 것이다.

2부에서는, 세 번째 접근 방식, 즉 **사건 접근법**(*the incident approach*)에 주목하였다. 여기서 주목하고자 하는 것은 집단도, 사람도 아닌 개인 간 접촉 그 자체다. 본 연구에서는 특히 라디오나 신문과 같은 매스 미디어의 영향과 비교되는 개인 간 접촉의 중요성에 대해 알고자 한다. 이 질문에 답하기 위해서는 명백하게 역사 속으로 깊이 거슬러 올라가야만 한다. 예를 들어, 인쇄기가 발명된 초기였던 종교개혁 기간, 즉 목사들이 처음으로 팸플릿과 경쟁해야 했던 때를 살펴볼 수도 있겠다. 이 변화는 종교 선전가들◆에게 어떠한 문제를 발생시켰으며, 이 문제들은 어떻게 해결되었는가? 여러 인구집단의 반응은 어땠는가? 19세기 프랑스 사회는 당시 부상하던 신문의 영향, 그리고 살롱의 영향을 비교할 수 있는 흥미로운 사례다.[1] 그리고 근대 성인교육에서 라디오의 역할을 토론집단이나 공부모임과 같은 오래된 형태와 비교하는 것도 대

---

**1** 이 주제에 관한 시사적인 자료는 타르드(Tarde, 1901)와 스피어(Speier, 1950)를 참조하라.

◆ 현재 선전(propaganda)은 정치적 오정보(misinformation) 혹은 역정보(disinformation)를 전달하는 과정이라고 이해되지만, 애초의 선전은 종교적 메시지를 전달하는 활동이었다. 여기서 말하는 '종교 선전가들'은 종교개혁 이후 기독교 종파들이 자기 종파의 우수성을 알리고 다른 종파를 비난하는 활동을 수행하던 사람들을 말한다.

인관계 영향력과 미디어 영향력 사이의 경쟁과 상호작용의 예시에 해당한다.[2]

본 연구에서 적용하는 보다 미시적인 기법에 충실하기 위해, 저자들은 역사적 사건이 아닌 특정한 사건들을 연구하기로 선택했다. Part 2의 2부에서 보고하는 절차들을 설명하기 위한 용어로서 '사건 접근법'을 제안하는 이유이다. 본서에서는 응답자들이 내린 구체적 결정들에 대한 다양한 보고사례들을 수집했다. 그런 다음, 표준화된 인터뷰를 통해 매스 미디어와 개인적 접촉의 효과를 비교 분석하고자 했다. 이러한 효과분석(impact analysis)에 대해 이제 명확하게 설명하고자 한다. 본서는 다음과 같이 진행하였다.

4장에서는 **인터뷰** 문항이 다루는 개념과 개념에서 유래된 설문의 유형에 대해 논의할 것이다. 그리고 이후 **평가**과정을 다룰 것이다. 평가과정은 응답자가 보고한 결정을 내리는 과정에서 개인적 접촉이나 특정한 매스 미디어의 역할을 각각의 단일 사례에서 어떻게 결정할지에 대한 것이다. 이 절차를 통해 모든 정보가 요약되어 있는 효과평가를 생성할 것이다. 따라서 4장의 말미에서 주요 **통계결과**를 점검하고 해석하는 데 필요한 도구를 갖추게 될 것이다. 통계분석 자체는 그 다음 장인 5장에서 진행될 것이다. 거기에서 효과평가의 분포와 함께 이 첫 번째 조사결과의 해석을 정립할 것이다. 그러나 5장이 끝날 때쯤 독자들은 본서에서 보고한 통계적 분석결과의 성격에 대한 많은 의구심, 혹은 최소한 많은 질문이 생길 것이다. 따라서 6장에서는 효과연구의 전반적인 문제들을 더 자세히 검토할 것이다. 6장에서는 4장에 언급되지 않았거나 매듭짓지 않았던 몇 가지 요점을 더 명확하게 다루려고 노력하겠다.

이후 2부의 마지막 장에서 다시 데이터에 대해 논하고자 한다. 다양한 방법을 통해 영향력의 근원으로서의 '인간'이 매스 미디어보다 더 효과적인 혹은 덜 효과적인 여러 조건들을 살펴보겠다.

---

**2** 라자스펠드(Lazarsfeld, 1941)는 교육 방송에서 수용자 형성과 관련한 몇 가지 문제와 토론집단 세팅에 미디어를 소개함으로 인해 생기는 효과성의 혼합 문제에 대해 논의한다.

4장

# 다양한 영향력 발생과정에 대한 탐색 및 평가

4장에서 다루려는 전반적인 연구문제는 그 자체만 보면 상당히 간단한다. 세 가지 유형의 일상적 의사결정에 미치는 다양한 영향력들의 상이한 역할을 점검하고자 하였으며, 이를 위해 본 연구에서는 일상적 의사결정을 내린 경험이 있는 여성에 대한 대표성 있는 표본을 수집하였다. 예를 들어 본서에서는 생활용품을 바꾸었거나 혹은 식품 브랜드를 바꾼 응답자에게 무엇으로 인해 생활용품이나 식품 브랜드를 바꾸었는지, 가장 최근에 본 영화를 선택하게 된 계기가 무엇인지, 누구로 인해 최근 머리모양, 옷, 화장을 바꾸게 되었는지 등을 질문하였다. 이와 같은 방법으로 진행된 인터뷰를 통해 응답자들이 밝힌 영향력 원인요인은 무엇인지 그리고 어떤 요인이 더 중요한지 등을 가장 잘 규명할 수 있었다. 인터뷰 기법에 대해 잠시 자세히 살펴보자.

## 효과원인 설문방법

총 네 가지 유형의 질문을 이용해 연구문제에 답하고자 하였다. 한 가지 질문은 가장 일반적인 질문으로 "귀하께서는 무엇으로 인해 의사결정을 바꾸셨나요?"였다. 이 질문은 응답자에게 전 과정 중에서 자신이 집중하고 싶은 요인을 하나 선택할 수 있도록 허가해준다는 장점이 있다. 이 질문을 통해 얻은 답변으로 최종 분석결과를 얻을 수 없겠지만,[1] 만약 시간이 충분하다면 인터뷰를 부드럽게 시작하고자 할 때 유용하게 사용할 수 있는 질문이다. 이 질문방식의 가장 큰 난점은 본 연구의 주요 관심

---

1 이 단점을 보다 충분하게 논의한 문헌으로는 라자스펠드와 로젠버그(Lazarsfeld and Rosenberg, 1955)를 참조하라.

사인 영향력에 대해 응답자가 전혀 이해하지 못한다는 점이다. 예를 들어 "귀하께서는 무엇으로 인해 의사결정을 바꾸셨나요?"라는 질문에 어떤 응답자는 새로운 브랜드의 커피가 가지는 장점에 대해 자세한 답변을 건네줄지 모르며, 이는 본 연구에서 밝히고자 하는 내용, 즉 그 커피 브랜드를 어떻게 알게 되었는지(이를테면 잡지의 가정생활 관련 기사를 통해 접했다는 등의)에 대한 답은 아닐 수도 있다. 또 어떤 응답자는 어떤 영화에 대해 왜 자신이 관심을 갖게 되었는지는 이야기해주지만, 신문에서 해당 영화평을 읽었다고 응답하지 않을 수도 있다. 물론 응답자가 자신에게 맞는 방식에 따라 자신의 경험에 대해 말하는 것은 당연한 일이다. 따라서 본 연구에서는 우선 응답자의 이야기를 먼저 들어준 후, "귀하께서는 그 브랜드의 커피를 사용하시기 전에 그 브랜드의 장점들을 어떻게 알게 되셨는지요?"와 같은 몇 가지 후속 질문들을 제시하였고, 이로써 응답자가 정보의 유통채널이나 영향력 발생요인 등을 떠올릴 수 있도록 유도하였다.

본 연구에서는 매우 다양한 주제들이 탐구되었기 때문에 아래와 같이 다소 직접적 형태의 질문들로 설문을 진행하기도 하였다. 본 연구에서 사용한 질문들은 다음과 같다.

귀하께서 관람하신 그 영화를 어떻게 **선택**하시게 되었나요?

귀하께서는 어떤 계기로 그 새로운 브랜드의 식품을 **사용하기 시작**하게 되었나요?

귀하께서는 그 브랜드를 어떤 경로로 **알게** 되셨나요?

귀하께서 새로운 패션으로 **바꾸게 된 계기**는 무엇인가요?

귀하께서 패션을 바꾸게 된 계기는 **누구 혹은 무엇** 때문인가요?

위에서 소개한 모든 설문문항들은 응답자가 받아들인 어떤 영화, 새로운 브랜드의 상품, 새로운 유행에 관심을 갖도록 만든 것, 즉 **정보원**(*source*)이 무엇인지를 밝혀달라는 의미를 전달하고 있다. "귀하께서는 **어떻게** 결정하셨나요?", "귀하께서 결정을 바꾸게 된 **계기**는 무엇인가요?" 등에서 나타나듯 설문문항에서 묻고자 하는 핵심은 의사결정 과정이다. 연구 분야에 적합한 유형의 좋은 설문문항을 개발하기 위해서는 연구결과를 누적시킬 필요가 있다. 또한 설문문항에 사용된 특정 표현이 어떤 커뮤니케이션 채널을 선택하도록 암시해서도 안 된다. 예를 들어 "귀하께서는 그 내용을 어떻게 **배우셨나요**?"라는 질문은 대인관계 영향력 보다 공식적 미디어를 암시하는 표현이 들어 있다. "귀하께서는 그 내용을 어떻게 **접하셨나요**?"라는 질문은 인쇄 미디어보다 라디오에 명백하게 치우쳐 있다. 이런 난관들이 존재하지만, 영향력이 전파되는 채널에 관한 최대한의 정보를 이끌어 낼 수 있도록 설문문항을 구성해야 한다. 흔히 권장되는 방법은 동일한 대상을 다양한 문항들을 사용하여 물어보는 것이다. 이 방식을 통해 응답자는 짧은 설문인터뷰 시간 동안 관련된 경험들을 주의 깊게 되돌아볼 수 있다. 또한 설문응답자들은 종종 설문문항을 곧이곧대로 받아들이기도 한다. 예를 들어 설문응답자들은 광고를 통해 무엇인가를 찾는 데 '도움을 받았다'고 말하지만, 광고를 통해 자신이 '조언'을 들었다고 느끼지는 않는다. 설문응답자들은 "귀하께서는 그것에 대해 누군가 이야기하는 것을 들은 적이 있으신가요?"라는 질문에 '그렇다'고 답하는 경향이 있지만, "귀하께 그렇게 바꿀 것을 제안한 사람은 누구인가요?"라는 질문에 대해서는 자발적으로 응답하지 않는 경향이 있다.

앞에서 그랬듯, 이러한 설문문항에 **구체적 영향력** 설문문항(specific influence questions)이라는 이름을 붙여보자. 구체적 영향력 설문문항은 설문응답자의 회상을 통해 본 연구에서 궁금해하는 구체적 의사결정으로 마무리되는 전체 과정에서 조금이라도 영향력을 발휘하는 대인접촉, 광고, 기사 등의 모든 사례들에 대한 응답을 이끌어내는 것이 목적이다. 구체적 영향력 설문문항들은 명확하게 구별되는 두 가지 유형으로 구분된다. 첫째는 **노출**(*exposure*) 문항이며, 둘째는 **평가**(*assessment*) 문항이다. 이 두 유형의 문항들에 대해 논의하기에 앞서, 효과연구(impact studies)를 조금 더 깊이 살펴보자.

## 효과평가

본 연구의 주요 목적은 개인의 여러 행동들의 수행에 대한 대인관계 영향력의 효과가 어느 정도인지 가늠하는 것이다. 분석을 시작할 때, 연구자는 연구결과의 두 가지 측면을 기대한다. 첫 번째 측면은 통계적인 것이다. 비록 행동별로 개별 분석을 실시할 수밖에 없지만, 본 연구에서 추구하는 것은 전체 의사결정으로 확대적용 가능한 결과다. 둘째, **상대적**(*relative*) 결과라고 해도 본 연구는 충분하다고 본다. 본 연구는 어떤 절대적 연구결과를 도출하고자 하지 않는다. 본 연구에서는 대인접촉 및 신문,

라디오 등의 매스 미디어 효과들이 상대적으로 어떠한지, 즉 정보원별로 영향력을 비교하고자 한다.[2]

이 문제가 얼마나 복잡할 수 있는지 어떤 영화를 관람하기로 결정한 사람에게 나타날 수 있는 여러 가지 경우를 생각해보자. A부인은 B부인과 다과회장에서 차를 마시며 이야기를 하고 있다. B부인은 자신이 어제 보았던 멋진 영화에 대해 말했다. B부인이 즐겁게 본 영화에 대한 묘사는 너무 생생했고, 그 영화에 대해 들어본 적 없었던 A부인은 다과회가 끝나기 전에 다과회를 떠난 후 바로 그 영화를 보러 갔다. 만약 A부인의 응답에 거짓이 없고 인터뷰 진행자가 인터뷰를 잘 진행했다면, 영화를 보러가기로 한 A부인의 결정에 B부인의 대인관계 영향력이 결정적이라고 결론 내릴 수 있을 것이다. A부인이 말한 내용이 정말로 무엇을 뜻하는지를 이해하기 위해서는 상황을 더 들여다볼 필요가 있겠지만, 저자들의 이러한 해석에 대해 본서의 독자들도 어렵지 않게 이해할 수 있고 별다른 이의를 제기하지 않을 것이다.

다른 사례를 생각해보자. C부인은 예상보다 쇼핑을 더 일찍 끝마쳤다. C부인은 아직 다운타운에 있으며 초대받은 다과회가 시작할 때까지 몇 시간의 여유가 있는 상황이다. 남은 시간 동안 영화를 볼 생각이 떠올랐다. C부인은 현재 자기 위치에서 몇 블록 떨어진 영화관에서 네 편의 영화가 상영 중이라는 신문을 보게 되었다. 자신이 예전부터 좋아했던 유명 배우가 이 중 한 편의 영화에 출연한다는 것을 발견하고는 영화를 보기로 결정하였다. 인터뷰에서 C부인이 말한 응답을 살펴볼 때, 대인관계 영향력에 대한 언급, 즉 다른 사람에 대한 언급이 전혀 없다는 사실은 명확해 보인다.[3] 그러나 본 연구의 목적상 C부인의 의사결정에서 다른 측면도 고려해야 한다. 그렇다면 C부인은 신문에 영향을 받았을까? 영화에 대한 관심이 B부인에 의해 '초래된(created)' A부인의 경우 신문의 영향을 받지 않은 것이 확실하다. 물론 C부인이 신문을 읽고 난 후 예전에 없었던 영화에 대한 욕구나 의도가 발생했다고 생각할 수 있다. 그러나 C부인의 경우 어떤 영화배우에 대한 선호가 쇼핑을 시작하기 전부터 지속되고 있었다. 신문을 통해 C부인이 알 수 있었던 것은 영화가 상영 중이라는 사실이었다. 즉 인터뷰 상황에서 C부인과 인터뷰 진행자 모두 신문이 영향력을 발휘하지

---

**2** 5장에서 살펴보겠지만, 정보원별 영향력을 비교하는 과정이 꼭 필요한 것은 아니다. 그러나 이렇게 표현할 때 4장의 논의를 더 간단하게 제시할 수 있으며, 현재의 데이터를 더 적절하게 설명할 수 있다.

**3** 이 '사례'는 5장에서 다시 살펴볼 것이다.

않았다고 생각했을 것이며, 특히 C부인이 쇼핑했던 곳에서 시간을 때울 수 있었던 다른 여러 방법들이 무엇이었는지 추가로 질문했다면 둘 다 신문이 특별한 영향력을 발휘했다고 생각하지 않았을 것이다. 즉 신문은 정보를 제공하는 역할을 했을 뿐 의사결정에 영향력을 발휘하는 역할을 하지 않았을 것이며, 신문의 정보 제공 역할은 다른 정보원들에 동등하게 접근할 수 있던 상황 속에서 진행되었다.

분류의 문제는 D부인의 경우 더 복잡해진다. D부인은 '모든 일로부터 자유로워지고 싶어서' 한적한 농장에서 휴가를 보내고 있다. 농장 주변에서는 신문을 구할 수 없었기 때문에 D부인은 몇 주 동안 신문을 읽은 적이 없다. 어느 날 D부인은 어떤 여행자에게 지역신문을 건네받았다. D부인은 지역신문을 통해 해당 지역 하계 극장에서 옛날 학교친구가 공연을 한다는 것을 발견하였다. D부인은 30마일 거리를 운전하여 옛 친구의 공연을 관람하였다. D부인 사례의 경우, 상당히 희귀한 상황에서 접하게 된 신문을 통해 공연에 관심을 가지게 되었으며, 따라서 D부인의 의사결정에 지역신문은 '부가적(contributory)' 영향력을 발휘했다고 볼 수 있다.

본 연구에서 주요 영향력과 부가적 영향력을 자세히 구분하지는 않을 것이다. 본서에서는 연구목적상 다음과 같은 방법으로 영향력을 단순 구분할 것이다. 설문응답자가 생각했을 때, 자신의 결정(아침식사로 어떤 식품을 샀는지, 어떤 영화를 봤는지, 혹은 어떤 화장품으로 바꾸었는지 등)에 가장 중요한 영향을 끼쳤다고 생각하는 영향력을 주요 영향력으로 간주할 것이다. 응답자들이 다음과 같은 유형의 질문을 받았을 때 별다른 어려움 없이 응답했다는 점은 특기할 만하다.

> 지금까지의 내용을 정리해볼 때, 귀하께서 그 영화를 관람하기로 선택하게 만든 가장 중요한 요인은 무엇이라고 생각하시나요?
>
> 지금까지의 내용을 정리해볼 때, 귀하께서 (언급하신 새로운 브랜드의) 상품을 구매하기로 생각을 바꾸게 만든 가장 중요한 요인은 무엇이라고 생각하시나요?
>
> 지금까지의 내용을 정리해볼 때, 귀하께서 (말씀하신 패션)을 따르게 만든 가장 중요한 요인은 무엇이라고 생각하시나요?

인터뷰 진행자들은 전체 의사결정 과정과 관련하여 꽤 상세한 인터뷰를 진행한 후 응답자에게 위에서 소개한 질문들을 제시하였다. 응답자들은 인터뷰 동안 이미 상황에 대해 매우 자세히 생각해보았기 때문에 자신이 생각하는 주요 영향력 발생요인에 대해 전적으로 형식적으로 답할 수는 없었다.

이렇게 단순한 방법을 선택한 데는 다음과 같은 이유들이 있다. 첫째, 관련 선행 연구에서 나타나듯, 매스 미디어와 대인접촉의 영향력에 대한 연구는 그렇게 어렵지 않다.[4] 일반적으로 각 영향력은 개별적으로 발생하며, 심리적 과정 역시도 그렇게 복잡한 편이 아니다. [물론 본 연구에서 사용한 기법은 선행연구로, 예를 들어 학생들이 논문 주제를 선택할 때 직업적 질시(嫉視, professional jealousy)[◆]와 경쟁상황이 어떤 역할을 하는지 살펴본 선행연구에서 사용한 기법과 다르다.] 둘째, 본서에서 살펴보고자 하는 것은 영향력 발생요인들 사이의 상대적 효과일 뿐이다. 본서에서 살펴보고자 하는 분야의 의사결정에 다양한 매스 미디어 및 대인접촉의 영향력들을 응답자가 스스로 판단하여 비교하는 것은 응답자에게 그렇게 어려운 일이 아니라는 것이 저자들의 판단이다. (이러한 저자들의 가정이 타당한지는 추상적 수준의 연구문제이며 특별한 연구, 아마도 실험연구를 통해 점검해볼 대상이다) 중요성이 낮은 것은 아니지만 마지막으로 언급할 것은 본 연구가 처한 실제 상황이다. 본 연구의 보조원들은 현지 상황에 적합하도록 훈련되었으며, 따라서 이들에게 너무 과도하거나 어려운 인터뷰 직무를 강요하는 것이 불가능했다.

그러나 이론적 관점에서 보았을 때 주요 영향력 요인을 파악하기 위해 본서에서 사용한 방법이 다른 어떤 방법보다 더 낫다고 주장하기는 어렵다. 또한 응답자가 스스로 주요 영향력이 무엇인지 평가하도록 해야만 할 불가피한 이유도 없다. 어떤 연구인가에 따라 응답자가 아닌 연구자가 평가를 하는 것이 보다 더 나을 수도 있다. 만약 나쁜 친구가 청소년 탈선에 미치는 영향이나 실직이 노동자의 결혼생활에 미치는

---

**4** 이와 관련하여 라자스펠드와 로젠버그(Lazarsfeld and Rosenberg, 1955)의 5장에서 제시한 사례들을 살펴보라.

◆ 같은 분야에서 일하는 사람들 사이에 존재하는 질시, 시샘, 질투 등의 감정을 의미한다. 예를 들어 직업적 질시의 사례들은 다음과 같다. 같은 연구실에 속한 학생들이 어떤 연구 프로젝트를 같이 수행했는데, 지도교수가 다른 학생에게 더 많은 칭찬과 격려를 했을 때 이 학생에 대해 질투와 시기심을 느꼈다면 이것이 직업적 질시다. 혹은 비슷한 전공의 두 연구자가 비슷한 주제의 책을 출간했는데, 어떤 연구자의 책이 학계에서 더 주목을 받을 때, 상대적으로 주목받지 못한 연구자가 더 주목받은 연구자에게 느끼는 질투심이 바로 직업적 질시에 해당된다. 상황에 따라 직업적 질시를 느낀 학생은 특정 전공을 회피하는 모습을 보이기도 한다.

영향에 대해 연구한다면, 분석방법은 훨씬 더 구체적이어야 한다고 본서의 저자들도 생각한다.[5◆]

## 효과지수

앞서 언급하였듯, 본서에서 영향력을 평가하기 위해 사용한 문항들은 첫째, 의사결정에 효과를 미친 영향력 발생요인에 대한 묘사를 요청하는 문항과 둘째, 언급된 영향력 발생요인에 대한 평가를 요청하는 문항으로 크게 두 가지다. 이 문항들을 통해 저자들은 의사결정에 매스 미디어와 대인관계 영향력이 어떻게 영향을 미쳤는가에 대한 응답을 기준으로 전체 응답자를 두 집단으로 나누었다. 첫 번째 집단은 매스 미디어 영향력(영향을 끼친 미디어는 하나 혹은 그 이상일 수도 있다)이나 대인관계 영향력이 서로 엇비슷해서 어느 하나가 특별하게 큰 영향력을 행사하지 않았다고 답한 응답자들이다. 두 번째 집단은 매스 미디어 영향력과 대인관계 영향력 중 어느 하나가 결정적 영향을 미쳤다고 답한 응답자들이다. 본 연구에서는 각 영향력 발생요인에 대한 평가를 기준으로 응답자의 의사결정에 미친 영향력 발생요인의 유형을 **효과발생** 영향력(*effective* influence)과 **부가적** 영향력(*contributory* influence)으로 구분하였다. 본서에서는 영향력 발생요인에 대해 부여한 가중치를 효과지수(impact ratings)라 명명하였다.

영향력 발생요인에 대한 묘사 문항과 평가문항, 아울러 본 연구에서 노출문항(exposure questions)이라 부르는 세 번째 유형의 문항들도 설문에 포함하였다. 응답자

---

5 예를 들어 버트(Burt, 1938), 코마로프스키(Komarovsky, 1940)의 '구분(Discerning)'과 관련된 별첨, 그리고 앞서 소개했던 라자스펠드와 로젠버그(Lazarfeld and Rosenberg, 1955)를 참조하라. 이와 관련하여 본서에서 기술적 용어를 어떻게 사용하고 있는지 살펴보도록 하자. 이들 연구에서 말하는 **구분**(*discerning*)이라는 단어는 본서에서 논의하고 있는 효과요인별 인과적 가중치(causal weights)에 대해 묘사하는 용어다. 본서에서는 **평가**(*assessment*)라는 표현을 사용하였는데, 이는 맥키버(MacIver)의 《사회적 인과성(*Social Causation*, 1942)》에서 말하고자 하는 내용과 직접적 연관을 갖는다.

◆ 로버트 M. 맥키버(Robert M. MacIver, 1882-1970)는 미국의 사회학자다. 저자주 5에 소개된 맥키버의 책에서는 사회과학적 인과성이 자연과학적 인과성과 개념적으로 구분되는 것은 물론 방법론적으로도 구분되어야 한다고 주장하였다. 맥키버는 사회는 개인들의 단순한 합산으로 볼 수 없기 때문에 개별 변수의 효과 역시도 단순히 구분되기보다 개별적으로 평가해야(assess) 한다고 주장하였다.

로부터 영향력 발생요인에 대한 묘사와 특정한 의사결정에 미친 다양한 영향력 발생요인의 역할에 대한 평가 응답을 얻는 동안에는 응답자에게 특정 미디어에 대해 별도의 언급을 하지 않았다. 그러나 두 가지 문항에 대한 응답이 끝난 후 응답자들에게 연구주제에 맞게 변형된 아래와 같은 유형의 질문들을 제시하고, 각 채널에 대한 노출 여부를 체크하도록 요청하였다.

> 귀하께서는 아까 말씀하신 것에 대해 누군가 이야기하는 것을 들어본 적이 있으신가요?
> 귀하께서는 아까 말씀하신 것을 입고 있거나 사용하고 있는 것을 보신 적이 있으신가요?
> 외판원이나 화장품판매원이 아까 말씀하신 것을 귀하께 권한 적이 있나요?
> 귀하께서 극장을 지나가실 때, 아까 말씀하신 영화가 상영 중인 것을 보셨나요?
> 귀하께서는 아까 말씀하신 것을 라디오를 통해 들으셨나요?
> 귀하께서는 아까 말씀하신 것을 잡지를 통해 보셨나요?
> 귀하께서는 아까 말씀하신 것을 뉴스를 통해 보셨나요?
> 귀하께서는 아까 말씀하신 것을 영화에서 보셨나요?◆

이러한 유형의 질문을 통해 세 번째 유형의 응답자를 추출할 수 있었다. 본서에서는 세 번째 유형의 응답자를 노출된(exposed) 응답자라고 불렀다. 노출된 응답자는 위에서 제시된 문항들의 일부에 대해 그렇다고 답했지만, 해당 미디어 채널이 자신의 의사결정에 영향력을 행사하였다고 답하지 않은 사람들을 의미한다.

여기서 설문 상황을 살펴보고 본서에서 사용한 용어의 사용방식을 다시 정립해 보자. 각 응답자는 여러 커뮤니케이션 채널들을 평가하였다. 즉, 어떤 의사결정 상황에서 응답자들은 대인접촉의 역할과 몇몇 매스 미디어의 역할을 평가하였다. 응답자가 언급한 각 영향력 발생요인에 대한 효과측정치(다시 말해, **효과지수**)가 바로 응답자

◆ 여기서 말하는 '영화'는 영화 본편이 아니라, 영화 시작 전 혹은 영화 중간시간에 함께 상영되던 뉴스릴(newsreel) 필름을 말한다. 라디오, TV 등의 매스 미디어가 본격적으로 보급되기 이전의 많은 사람들은 영화관에서 상영되던 뉴스릴 필름을 통해 연방정부 소식이나 해외 소식을 접했다(특히 1차·2차 세계대전의 경우). 우리나라의 경우도 영화관에서 '대한뉴스(시대에 따라 대한늬우스, 대한뉴우스 등으로 표기되기도 함)'가 1994년까지 영화 시작 전까지 상영된 바 있다. 대부분의 뉴스릴 필름은 국민들을 대상으로 한 국내용 정치선전 혹은 체제선전 성격이 강하다.

의 평가결과이다.

이제 대인접촉 혹은 신문과 같은 어떤 영향력 발생요인의 효과지수가 전체 응답자 집단에서 어떠한 통계적 분포를 갖는지 살펴볼 수 있다. 이와 같은 통계적 분포는 다양한 방식으로 표현 가능하다. 예를 들어 응답자들이 '가장 중요한' 미디어로 응답한 미디어의 분포를 계산할 수 있다. 혹은 의사결정에 대한 영향력 행사 여부와 무관하게 응답자들이 어떤 미디어에 얼마나 노출되었는지 계산할 수도 있다. 전체 응답자들에서 수집된 특정 채널의 영향력과 관련된 효과지수를 계산한 결과는 해당 채널의 영향력 **감정**(鑑定, *evaluation*) 결과라고 불릴 수 있다. 즉 개별 사례에 대해 적용된 것이 평가결과이며, 전체 응답자에 대해 적용된 것이 감정결과이다.◆ 그러나 평가결과와 감정결과 모두, 라디오, 잡지, 대인접촉 등과 같이 특정 시점에서 나타난 특정 유형의 영향력 발생요인에 대한 분석결과라는 공통점을 갖는다.

앞서 설명하였듯, 효과지수의 통계적 분포는 다양한 방식으로 제시될 수 있다. 한 가지 중요한 척도로 언급할 수 있는 것이 **효과성 지수**(*effectiveness index*)다. 효과성 지수는 어떤 영향력 발생요인에 노출된 응답자들 중에서 해당 발생요인이 의사결정에 가장 중요한 영향력을 행사했다고 응답한 사람들의 비율을 뜻한다. 이를 통해 어떤 미디어에 단순히 노출된 경우와 노출된 미디어 중 의사결정에 효과를 발휘한 경우를 구분할 수 있다.

독자들은 여기까지의 내용들을 숙지하여 주기 바란다. 앞으로는 실제 데이터 분석결과를 소개할 것이다. 여기서 소개한 내용들은 효과지수의 정확한 의미가 무엇인지 이해하는 데 도움을 줄 것이다. 본서의 설명용어에 대해 한 가지만 덧붙이고 4장을 마무리하고자 한다. 지금까지 언급된 용어들에 해당되는 사례가 아니라면, 가급적 단조로운 용어 사용을 피하고자 한다. 예를 들어, 앞으로 저자들은 대인접촉이나 라디오 광고와 같은 미디어를 요인, 영향력 발생요인, 노출요인, 정보원 등으로 다양하게 언급할 것이다. 또한 효과(impact), 효과성(effectiveness), 영향력(influence) 등의 용어들도 별다른 차이를 두지 않을 것이다. 만약 용어의 정확성이 필요하다면, 본서에서 사용하는 다양한 지수들을 통해 의미하는 바가 무엇인지 명확히 표현할 것이

---

◆ 저자들의 구분에도 불구하고, 이후의 번역문에서는 한국어 번역문의 어감을 위해 rating과 evaluation의 두 용어를 특별하게 구분할 필요가 없는 이상 '평가'로 통일하여 사용하였다.

다. 그러나 그런 부분이 아니라면 분석결과를 독자 스스로의 상상력을 근거로 해석하는 것이 더 나을 것이며, 이를 위해 본서에서는 용어들을 다채롭게 사용하였다.◆

◆ 사실 이 부분은 현대 사회과학 글쓰기 방법과는 전혀 맞지 않는다. 논란의 여지는 있지만, 주류 사회과학의 철학적 배경은 논리실증주의(logical positivism)이며, 현상별로 이에 해당되는 개별 개념어를 상정할 것을 강조한다. 그러나 일반 독자를 대상으로 한 일반적인 영어 글쓰기의 경우, 글의 생동감과 리듬감을 위해 하나의 현상을 다양한 용어로 묘사할 것을 권장한다. 본서에서 설정한 절충주의적 입장(즉, 특별하게 구분할 필요가 있지 않는 한 개념어의 세세한 차이를 고려하지 않음)은 본서가 과학적 글쓰기에 익숙한 전문가는 물론 일반인을 대상 독자로 삼고 있기 때문이다.

5장

# 다양한 영향력의 효과평가

본서의 주된 관심사는 대인접촉의 역할이다. 그러나 대인접촉의 역할을 이해하고 쉽게 평가하기 위해서는 비교대상이 필요하다. 매스 커뮤니케이션의 공식적인 미디어가 바로 비교대상이 될 수 있다. 작은 소비재의 경우, 라디오나 신문 광고가 제일 좋은 비교대상이 될 수 있으며, 잡지나 판매원들도 일정 수준의 빈도를 나타내고 있기 때문에 고려할 수 있다. 영화의 경우, 대인접촉의 역할을 이해하기 위해 비교되는 대상은 잡지와 신문이다.

본 연구의 연구 분야 중 하나인 패션 분야의 아이템을 고려하게 되면 상황이 더욱 복잡해진다. 대인접촉 밖에서 잡지는 그 어떤 역할도 하지 않는다. 그러나 동시에 패션 관련 논의에서는 대인접촉이 훨씬 더 다양해지므로 대인접촉을 세 가지 종류로 구분하는 게 바람직해 보인다. 세 가지 종류의 대인접촉은 판매원의 영향, 친구들과 지인들의 개인적인 구두(verbal) 조언, 끝으로 다른 사람의 머리 스타일이나 옷의 관찰 등이다.

## 일상소비: 식품 및 생활용품

본 연구에서 도출한 정보의 유형은 [그림1]◆에 잘 정리되어 있다. 이는 신문, 라디오, 잡지, 판매원, 비공식적 대인접촉들이 한 식품 브랜드에서 다른 브랜드로 바꾸는, 어느 클렌징 대리점에서 다른 대리점으로 바꾸는 결정에 미치는 상대적 역할을 분석한 결과를 보여준다.

◆ 원서의 경우 표에는 정수(1, 2, 3, …)를, 그림에는 로마자(I, II, III, …)를 붙였다. 그러나 본서에서는 그림번호 역시 정수로 통일하였다.

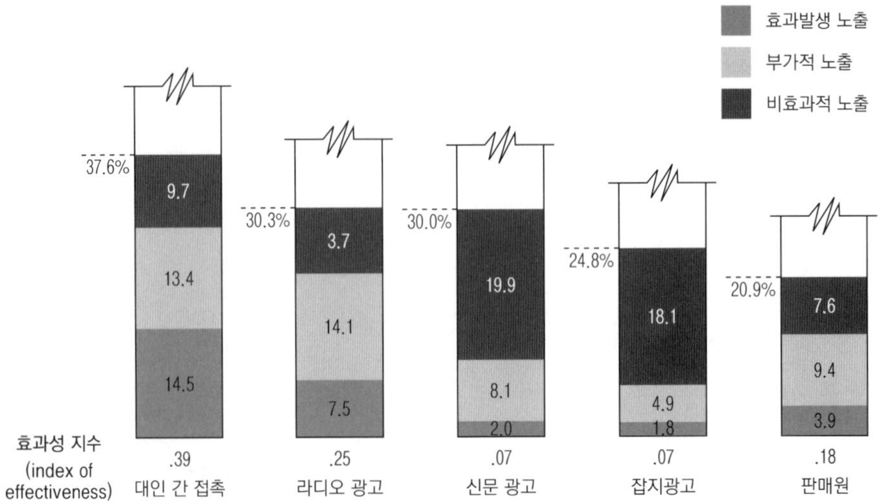


**[그림1] 일상소비 분야에서 변화 평가결과[1]**
**(브랜드 혹은 제품을 변경한 사람 386명 = 100%)**

예를 들어 첫 번째 막대는 다음과 같이 해석할 수 있다. 특정 브랜드 혹은 제품을 새로 바꾸어 구매한 사람들 중 37.6%는 세 가지 방식들 중 하나에 해당하는 대인접촉을 경험하였다. 이 (막대 왼쪽 상단에 제시된) 퍼센트 수치는 (막대 오른쪽 아래부터 제시된 순서에 따라) 다음과 같은 방식으로 분류된다: 새로운 브랜드나 제품으로 바꾸어 구매한 사람들 중 14.5%는 자신의 의사결정에 '효과발생 방식으로 노출된(effectively exposed)' 대인접촉을 경험하였으며, 13.4%의 대인접촉은 '부가적 노출(contributory exposure)'이며, 9.7%가 겪은 대인접촉은 '효과를 발생시키지 않는 방식으로 노출된(ineffectively exposed)' 것이다. 100%에서 37.6%를 뺀 나머지(62.4%)는 구매 브랜드나 상품을 바꾸는 데 대인접촉을 전혀 언급하지 않은 사람들의 퍼센트다.

두 번째 막대의 경우 구매하던 브랜드 혹은 제품을 바꾼 사람들 중 30.3%가 어떤 방식으로든 라디오 광고에 노출되었다는 의미이며, 이 중 7.5%의 사람들은 라디오 광고 노출이 효과적이었다고 응답했다는 것을 의미한다. 여기서 각 막대의 총합은 동일하다. 다시 말해 각 막대는 최근 특정 브랜드 혹은 제품을 새로 바꾸어 구매했다고 응답한 총 386명의 응답자들을 나타낸다.

제시된 모든 막대들의 '노출'을 합치면 100%가 넘는데, 이는 새로 특정 물품이나 브랜드를 구매할 때 영향력을 행사한 요인들이 1개 이상이라고 응답한 사람들이 있기 때문이다.

---

**1** 일상소비 분야에서의 변화 유형

| | |
|---|---|
| 소량 식품 | 49% |
| 비누 및 세정제 | 37 |
| 생활용품(포트, 다리미 등) | 11 |
| 잡화 | 3 |
| 총합(=100%) | (386) |

이러한 변화를 기록하기 위해 두 가지 질문을 이용했다. 응답자들은 우선 '최근 한 달여간 평소 사지 않았던 새로운 브랜드나 제품을 구매한 경험(유일한 선택지였기에 구매해야 했던 제품 제외)'에 대한 질문을 받았다. 이 질문에 해당 경험이 없는 응답자들의 경우, "귀하께서는 아침 시리얼, 커피, 비누나 과자 중 최근에 새로운 브랜드 제품으로 바꾸어 구매한 적이 있나요?"라는 질문을 받았다. 첫 번째 질문에 해당 경험이 있다고 응답한 응답자들에 대해서는 두 번째 질문을 하지 않았다.

[그림1]의 각 막대는 특정 유형의 채널 영향력을 다루고 있으며, 막대 내부에 나뉘어 있는 노출의 네 가지 유형은 4장에서 논의한 바를 바탕으로 쉽게 설명될 수 있다. '효과발생 노출(Effective Exposure)'은 어떤 정보원을 언급하며 이 정보원의 구체적인 역할(예컨대 이 정보원으로 인해 응답자가 무엇을 배웠다거나, 어떤 방향으로 행동하게 되었다는 역할)을 응답한 것이며, 더 나아가 이 정보원이 응답자의 결정에 가장 중요한 요소였다고 진술한 응답자들을 의미한다. '부가적 노출(Contributory Exposure)'은 처음 두 가지 요소만 해당하는 사례들을 가리킨다. 즉, 이 사람들은 어떤 정보원에 대한 노출과 그 정보원의 어떠한 구체적인 역할은 언급하지만, 이 정보원을 가장 중요하다고 여기지는 않는다. '비효과적 노출(Ineffective Exposure)'은 누군가와 논의했거나, 구입한 제품에 대한 매스 미디어의 광고(이를테면 라디오 광고)를 들었다고만 언급한 응답자들을 의미한다. 여기에 해당되는 응답자들은 그 정보원이 자신의 의사결정에 어떤 역할을 했다고 인정하지 않았다. 이는 응답자가 어떤 정보원과의 접촉을 부인하는 경우와는 명백하게 다르다. 후자의 경우 [그림1]에 보고되지는 않았지만, 세 집단을 모두 포함하는 각 막대의 왼쪽에 제공된 총합을 통해 그 비율을 쉽게 추론할 수 있다. 즉, 100%에서 '총 노출(total exposure)'을 뺀 수치가 바로 정보원과의 접촉을 전혀 보고하지 않은 사람의 수를 의미한다. 다섯 개 막대의 분모는 모두 같다. 각 막대에서 최근 일상소비 관련된 변화를 보고한 응답자들을 모두 합치면 100%가 된다.

이제 [그림1]의 의미를 이해할 수 있게 되었으니 [그림1]의 결과를 살펴보자. [그림1]에서 가장 두드러지는 점은 '효과발생 노출'이 대인접촉자들에게 노출된 사람 중에서 가장 많이 발견된다는 사실이다. 이와 함께, 브랜드와 제품을 바꾼 사람들이 그 어떤 매스 미디어보다 대인접촉을 더 많이 했다는 점을 고려하면, 대인접촉 역할의 중요성은 더욱 크게 다가온다.

대인접촉 다음으로 중요한 노출은 라디오 광고 노출이었다. 라디오에 노출된 총 응답자 수는 신문에 노출된 총 응답자 수를 넘어서지는 않았으나, 소형 소비재의 변화와 관련하여 두 미디어의 효과를 비교해보면, 라디오가 더 자주 '효과발생 노출' 혹은 '보조적 노출'로 이어지는 미디어임을 알 수 있다.

잡지의 경우 전반적인 노출에 대해서는 신문과 비슷했지만, '효과발생 노출' 면에서 신문보다 높지는 않았다.

판매원들도 어느 정도 언급되었다. 판매원과 같은 전문적인 유형의 대인접촉에 대한 전반적인 노출사례는 몇몇 매스 미디어에 대한 노출사례보다 적었지만, 이 노출의 상대적 효과는 거의 라디오만큼 높았다. 의심의 여지없이, 현재와 같은 '슈퍼마켓' 시대에 **판매원**으로서의 식료품점 점원의 역할은 빠르게 변하고 있다. 하지만 어떤 사람이 판매원에게 조언을 **구하는** 경우—즉, '노출'이 발생하는 경우— 판매원은 여전히 상당한 영향력을 행사한다.

영향력을 행사하는 정보원별 노출 총량이 다르기 때문에 본서에서는 상대적인 효과에 집중하였다. 왜냐하면 특정 미디어가 다른 미디어보다 더 큰 효과를 갖는 이유는 어쩌면 이 미디어가 다른 미디어보다 더 많이 보급된 것을 반영할 수도 있기 때문이다. 즉 미디어의 보급률을 고려해 노출량과 무관하게 다양한 미디어의 상대적 효과를 비교할 수 있게 해주는 상대적 측정치가 필요하다. 이런 상대적 효과성을 보여주는 단순한 지수는 특정 미디어에 대한 총 노출 대비 해당 미디어에 대한 효과발생 노출의 비율로 구할 수 있다. 이 효과성 지수(index of effectiveness)는 [그림1]의 각 막대 아래에 제시되어 있다

일상소비 분야의 경우 비공식적으로 전달된 대인 간 조언의 영향이 매스 미디어를 통한 광고의 영향보다 더 컸다. 그리고 이는 본서에서 살펴본 두 가지 측면 모두에서 사실이었다. 첫째, 응답자들은 광고보다 사람에게서 얻은 조언에 더 많이 노출되었다고 보고했다. 둘째, 각 정보원에 노출된 응답자들은 종종 자신에게 '가장 중요한 영향'을 끼친 정보원으로 공식적인 광고보다 사람들을 언급했다. 이런 결과는 충분히 기대할 만한 것이었다. 이전에 실시된 투표 연구에서도, 사람들은 투표를 결정할 때 라디오 연설이나 팸플릿과 같은 공식적인 정당 선전보다 다른 사람들에게서 더 큰 영향을 받는 것으로 나타났다.[2] 그러나 이전에 실시된 연구의 경우 연구결과를 뒷받침할 수 있는 정량적인 통계치를 얻지는 못했다. 본 연구의 일상소비 분야의 경우, 정보원들 간 영향력의 비교 측정을 시도하기 위해 제한적이나마 첫걸음을 내딛었다. 그리고 '대인관계 영향력'은 저자들의 기대대로 강력하게 나타났다.

---

**2** 라자스펠드, 베럴슨, 고뎃(Lazarsfeld, Berelson and Gaudet, 1948, 16장).

## 영화관람

이제 응답자들의 영화관람에 미치는 영향에 대해 논의해보자. 응답자들이 가장 최근에 관람한 영화의 경우, 응답자의 영화관람이라는 의사결정에 영향을 끼친 정보원은 무엇이라고 응답하였을까? 응답자들은 여러 요인들의 경중을 어떻게 따졌을까? 이 결과는 [그림2]에 보고되어 있으며, [그림1]과의 비교를 통해 더 잘 이해할 수 있다.

[그림2]에서 나타나는 영화관람에서 신문의 역할은 매우 독특하다. 이는 일반인들의 보편적인 경험에 비추어 봤을 때 그리 놀라운 일이 아니다. 거의 모든 사람들은 영화를 보러 가기 전에 몇 가지 세부 사항을 확인하기 위해 신문을 참고하지만, 최종적으로 영화를 보기로 결정을 내릴 때는 신문에서 얻은 정보의 효과에 특별한 무게를 두지 않는다. 저자들은 4장에서 이와 관련한 몇 가지 특이사항들을 언급한 바 있다.

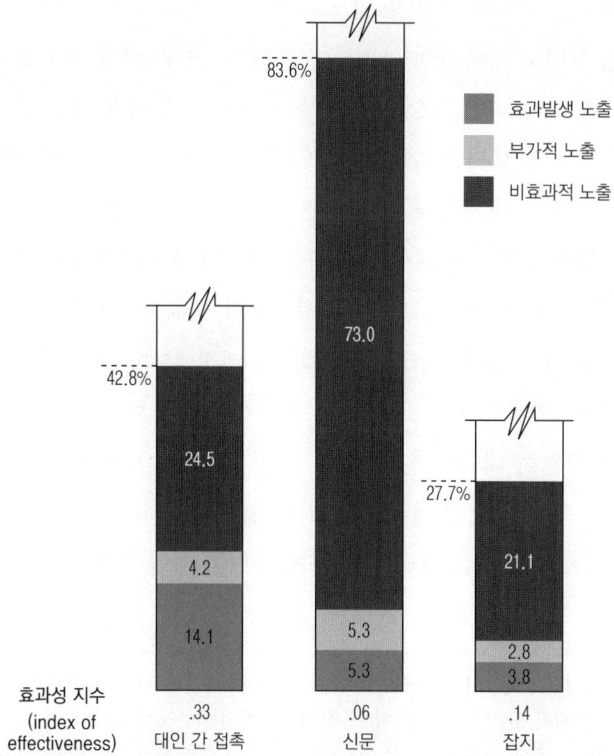


[그림2] 영화관람 평가결과
(전체 표본 중 영화관람 응답자, 584명=100%)

또 한 번 대인접촉은 다른 어떤 미디어보다 상당히 큰 효과를 보였다. 다른 사람의 의견에 대한 총 노출량은 [그림1]과 거의 비슷하게 나타났다. 그러나 [그림2]에서 나타나듯 영화관람의 경우 영화관람 전 발생한 대화의 빈도수는 [그림1]에 비해 의심의 여지가 없을 정도로 낮게 나타났다. 또한 영화관람에 미치는 잡지의 중요성의 경우 몇 가지 중요조건들이 언급되어야 한다. 이 두 가지 점에 대해서는 다음 장들에서 어느 정도 다루게 될 것이다.[3]

## 패션변화

본 연구에서는 일상소비 분야에서의 의사결정의 경우, 라디오, 신문, 잡지의 역할을 대인접촉의 역할과 비교했다. 영화관람 분야에서의 의사결정의 경우, 잡지와 신문 미디어를 살펴보았다. 응답자의 패션변화와 관련해서는 세 가지 미디어 중에 잡지만이 통계적 유의성을 확보할 수 있을 정도로 언급되었다. 다른 한편으로, 대인관계 영향력은 세 가지 형태로 구분하여 살펴보아야 한다. 첫째, 판매원의 상업적인 지위를 고려해야 한다. 앞서 논의한 일상소비 분야, 영화관람 분야와 달리 패션변화에서 판매원이 더 자주 언급된 이유로 두 가지를 언급할 수 있다. 먼저 패션 분야의 경우 뷰티 전문가라는, 개인의 몸치장에 대한 조언을 전문적으로 전달하는 사람이 있다. 반면 식품이나 영화관람 분야에는 이와 유사한 직종이 존재하지 않는다. 게다가, 향수 판매대나 옷가게의 판매원은 식료품점의 점원보다 구매를 유도하는 데에 더 큰 역할을 하는 것으로 알려져 있다(일반적으로 영화관람 과정에서는 판매원과 비슷한 역할을 수행하는 사람이 존재하지 않는다).

다음으로 비상업적 대인관계 영향력에는 두 가지 종류가 있는데, 이들의 역할은 놀라울 정도로 비슷하다. 앞서 언급한 바와 같이, 사람은 다른 사람의 행동과 말에 영향을 받을 수 있다. [그림3]은 이러한 세 가지 유형의 대인적 영향력과 잡지의 효과를

3 본서 270-272쪽과 3부 13장, 14장을 참조하라. 핸델(Handel, 1950)에서는 영화 배급이 대인관계 영향력에 미치는 강력한 역할을 엿볼 수 있는 흥미로운 사례들을 살펴볼 수 있다: 나쁜 영화는 빠른 포화를 목표로 배급한다. 이는 많은 극장이 영화를 동시상영한다는 뜻이다. 좋은 영화의 경우 배급을 느리게 진행한다. 빠른 포화 패턴은 입소문의 영향을 최소화하고 광고의 영향을 극대화하는 반면, 느린 배급 패턴은 입소문 효과를 최대한 활용한다.

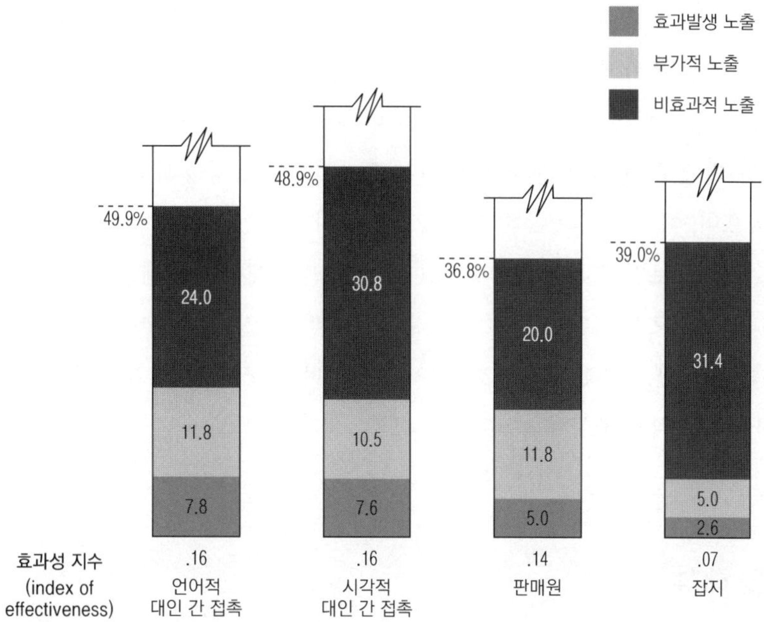


[그림3] 패션변화 평가결과[4]
(전체 표본 중 패션을 바꾸었다는 응답자, 502명=100%)

보여준다.

모든 지수에서 다른 사람의 행동과 말이라는 비상업적 대인관계 영향력은 판매원이라는 상업적인 출처보다 더 큰 영향을 미친다. 첫 번째 막대와 두 번째 막대를 세 번째, 네 번째 막대들과 비교해보면, '효과발생 노출'과 효과성 지수 둘 다 처음 두 막대에서 더 크다는 것을 알 수 있다. 효과성 지수에 관한 한 판매원은 비상업적 대인 간 영향과 잡지 둘 사이의 어느 중간에 존재한다. 역시나 [그림3]은 패션변화에서 판매원이 맡은 역할에 대한 본서 저자들의 추측을 입증해주는 경향을 보인다.

[그림3]은 최종적 평가결과를 제시하고 있다. 관련 미디어 하나하나의 (효과성 지

**4** 패션변화 502건의 구체적 분포는 다음과 같다.

| 패션변화 유형 | |
|---|---|
| 헤어(hairdo) 스타일 | 32% |
| 화장기법이나 화장품 (make-up technique or cosmetic) | 38 |
| 의류 스타일 | 29 |
| 총합(=100%) | (502) |

수로 측정된) 낮은 효과성은 패션 분야의 독특한 현상으로 보인다. 이러한 결과는 응답자들이 패션 분야에서 일종의 시행착오를 거치는 행동습관을 반영할 가능성도 있다. 여성들 입장에서 패션에서의 변화는 아마도 식품구매나 영화관람에 비해 자아 관여도가 더 높은 분야일 가능성이 높다. 결과적으로 결정을 내리기 더 어려운 분야일 수 있으며, 여성들은 더 많은 정보를 수집하지만 행동으로 옮길 때 특정 정보를 무시하는 모습을 보일 수 있다. 이와 같은 사실로 인해 패션 분야에서 최종 의사결정을 내리기까지 더 오랜 시간이 걸릴 것이라고 기대할 수 있다. 그러나 안타깝게도 본 연구에서는 이러한 추측을 뒷받침할 데이터가 없다. 하지만 이는 향후 연구에서 고려해야 하는 추가적인 분석차원이다.

## 요약 및 해석

이 장에서 소개한 세 장의 그림은 여러 가지로 전반적인 추세를 확인할 수 있는 수치들을 제시해줄 뿐이다. 따라서 조사결과를 보다 질적인 형태로, 그리고 실제 통계적 수치에 최소한으로 의존하는 형태로 요약하는 게 중요하다. 이를 위한 가장 좋은 방법은 특정 영향력에 대한 노출을 두 종류로 구분하는 것이다. 저자들은 저자들의 임의판단을 근거로 (해당 분야에서 총 변화의) 1/3 이상과 관련된 노출을 고노출(H)로, 그보다 적은 경우는 저노출(L)로 나누었다. 같은 방식으로, 효과성 지수가 0.20 이상일 경우 고효과성(H), 0.20보다 작은 경우 저효과성(L)이라고 판단하였다. 따라서 모든 영향력 요인들을 네 개의 집단으로 분류할 수 있다. 고노출-고효과성(HH) 집단은 노출이 자주 발생하며, 아울러 발생한 노출은 보고된 의사결정에 상당한 역할을 한 사례를 포함하는 집단이다. 저노출-저효과성(LL)은 특정 요인이 발생 빈도 또는 실제 영향의 측면 모두에서 그리 큰 역할을 하지 않았던 사례들을 가리킨다. 남은 두 집단은 총 노출, 또는 효과성 지수 중 하나는 높지만 다른 하나는 낮은 사례들을 가리킨다. 이렇게 분류하면 위 세 개의 그림을 다음과 같이 요약할 수 있다.

| | | 노출: 고노출 | 노출: 저노출 |
|---|---|---|---|
| 효과성 | 고효과성 | 일상소비: 대인 간 노출<br>영화관람: 대인 간 노출 | 일상소비: 라디오 |
| | 저효과성 | 패션변화: 네 가지 모든 요인들<br>영화관람: 신문 | 일상소비: 신문, 잡지, 판매원<br>영화관람: 잡지 |

* 이후 제시될 2부의 장들에서 이 영향력 발생요인들에 대해 논의할 것이다.

대인접촉이 지배적 역할을 하고 있다는 것은 아주 명확하게 확인된다. 두 가지 분야(일상소비와 영화관람)에서는 대인접촉의 노출빈도와 효과성 모두 평균 이상을 기록하였다. 패션 분야의 경우 대인접촉의 노출빈도수가 높았으며, 다른 분야들에 비해 다른 미디어들의 빈도수도 상대적으로 더 높게 나타났다. 그러나 효과성 지수는 뚜렷하게 높지 않았다. 이것만이 본 연구에서 내린 전반적인 결론, 즉, 대인접촉의 영향이 다른 정보원보다 더 크다는 전반적 결론에 대한 유일한 예외 사례다. 이제 이런 결과를 어떻게 해석해야 할지에 대해 살펴보자.

모든 분석은 구체적이고 실질적인 목적달성을 위해 수용 가능한 특정 개념들에서부터 시작되어야 한다. 본서에서는 사람들이 특정한 목표를 향해 나아가도록 유도하거나 활성화될 수 있는 네 가지 주요 방법들을 구분하는 방식을 통해 구체적이고 실질적인 목적달성에 기여하고자 한다. 첫 번째 방법은 **물리력**(*force*)이다. 골을 향해 걷어차인 축구공이나 어머니에 의해 재워진 아이가 그 예다. 물리학자나 생리학자는 이 과정을 훨씬 상세하게 분석할 수 있을 것이다. 이것은 방향-제시의 기본적인 형태 중 하나지만 본서에서 살펴본 분야들에서는 나타나지 않았다.

두 번째 유형은 **즉각적 유혹**(*immediate attraction*)이라고 부를 수 있다. 촛불에 매료된 나방이나 여자에게 거부할 수 없이 매료당한 남성과 같은 표현은 다소 시적인 형태의 예시이다. 하지만 또한, 눈앞의 치즈를 먹고 싶어 하는 생쥐, 또는 사탕을 맞닥뜨린 아이 등도 여기에 포함된다. 사실 여기에는 원하는 물체가 바로 존재하지 않더라도 이전의 경험에 대한 기억이 그것을 찾도록 유도하는 경우도 포함될 수 있다. 이에 적절한 사례는 배고픈 사람이 음식을 찾으러 아이스박스로 가는 것이다. 이런 즉각적 유혹은 본 연구의 일부분에 적용 가능하다. 즉 다른 여성의 머리 스타일에 깊은 인상을 받아서 이를 모방하기로 결심하는 여성이 여기에 해당된다. 이런 사례 외에는 두 번째 유형 또한 본 연구의 분석에서 중요한 역할을 차지하지 못한다. 그러나 심리학자에게 이러한 즉각적 유혹은 결코 당연하게 여겨지는 것이 아닌 복잡한 분석의 대상이 될 것이다.

세 번째 유형은 **간접적 또는 묘사된 유혹**(*indirect or represented attraction*)이라고 불린다. 사과가 비록 가까이 있지 않더라도, 만약 누군가 사과를 열렬하게 묘사한다면 사람들은 나가서 사과를 찾고자 할지도 모른다. 어떤 대상이 매력적으로 비춰지거나, 또는 이 매력적인 사물을 생생하게 떠올리게 하는 **커뮤니케이션**(*communication*)은 인간의 행동을 조정하는 데 결정적인 역할을 한다. 이 커뮤니케이션은 구두로, 지면으로, 이미지로 전달될 수 있다. 본 연구에 포함되는 여러 사례들은 명확하게 세 번째 유형에 해당된다. 어떤 사례들은 두 번째 혹은 세 번째 유형의 중간 즈음에 존재해 어느 유형에 해당되는지 말하기 어렵다. 종이 울릴 때 먹이를 찾도록 길들여진 개를 생각해보자. 개에게 종소리는 즉각적 유혹인가, 아니면 간접적 유혹인가? 하지만 본 연구에서 다루는 자료의 경우 두 번째와 세 번째 유형의 경계선에 있는 사례가 나타날 가능성이 적다.

마지막으로, **통제**(*control*)라고 불리는 활성화 방법을 언급할 수 있다. 통제에 해당하는 모든 사례들은 한 가지 공통점을 지닌다. 즉, 어떤 명령은 대부분 그 내용과 관계없이 수행된다. 명령의 내용이 갖는 필수 요소는 지시가 내려진 **정보원**이다. 이 요소는 몇 가지로 변형될 수 있다. 최면 상태에서 받은 명령을 실행하는 것, 공포에 질린 상태에서 복종하는 것, 사랑하는 사람의 기대에 순응하는 것, 조언자에 대한 광범위한 믿음으로 조언을 따르는 것, 부모에 대한 아이의 전통적인 복종 등이 있을 수 있다. 일반적으로 세 번째 유형과 네 번째 유형을 구분하는 것은 어렵지 않다. 세 번째 유형에서는 정보원이 사람에게 전달하고 있는 내용 때문에 사람은 무언가를 하게 된다. 반면 네 번째 유형에서는 정보원 그 자체를 위해 사람들은 행동을 취한다. 이러한 구분에 대해 논리학과 심리학 관점에서 수많은 문제들이 제기될 수 있다. 그러나 대략적인 방향을 제시한다는 점에서 네 번째 유형이 큰 문제가 된다고는 생각하지 않는다. 저자들은 독자들이 네 번째 유형을 개인적인 경험에서 식별하는 데에는 큰 어려움이 없을 것이라고 생각한다.

네 가지 활성화 방법들의 구분에 대한 설명을 토대로 저자들은 암묵적으로 '영향력'이라는 용어가 간접적 유혹과 통제 상황에 해당된다고 간주한다는 점을 밝힐 수 있다. 어떤 잡지가 새 드레스를 매우 매력적으로 묘사해서 어떤 여성이 그것을 꼭 가지고 싶다고 느끼게 만드는 상황을 가정해보자. 만약 직장상사가 누군가에게 어떤 사진을 보라고 권유하면, 이 사람은 다음날 아침에 직장상사가 그 사진을 보았는지 물어볼 때 민망하지 않기 위해서 그 사진을 봐둘 것이다. 저자들은 이런 상황에 대해 **영향력**이라는 용어를 사용하는 것이 적절하다고 생각한다. 저자들은 사실상 두 가지 유형의 영향력을 다루고 있다는 것을 인지하고 있다. 이를 염두에 두고 상식적인 경험에 근거하여 다음과 같이 해석할 수 있다. 공식적인 미디어는 주로 상징적 혹은 간접적 유혹을 이용해서 영향력을 발휘할 것이다. 즉, 그들은 **말하는 것**으로 영향을 미친다. 그러나 대인접촉으로는 간접적 유혹을 통한 방식과 함께 **통제**라는 방식까지 두 가지 모두를 사용해서 사람들의 의사결정에 영향을 미칠 수 있다. 사람들은 대인관계를 이용해 서로에게 다양한 행동을 유도할 수 있다. 따라서 인간의 영향력은 커뮤니케이션의 내용을 훨씬 넘어서 발휘된다.

이것이 아마 공식적인 미디어의 효과보다 대인접촉의 효과가 더 크다는 것을 발견한 가장 중요한 이유일 것이다. 물론 예외도 존재한다. 어떤 사람들은 그들이 가장 좋아하는 잡지를 지나치게 신뢰한 나머지 구매에 대한 고민 없이 잡지에 광고된 제품들을 살지도 모른다. 아니면, 간혹 프로그램 진행자에게 마음을 빼앗겨 프로그램 진행자가 말하는 대로 지시를 따를 준비가 되어 있는 텔레비전 청취자들도 종종 찾아 볼 수 있을 것이다. 또 나중에 본서에서 밝히겠지만 의견지도자들은 의견지도자가 아닌 사람들보다 미디어에서 유래한 영향력을 더 잘 수용하기도 한다. 따라서 때로는 공식적인 미디어의 영향이 네 번째 유형에 해당할 수도 있다. 그러나 대체로 대인접촉은 **두 가지** 방면에서 영향을 미치는 반면, 라디오나 인쇄물과 같은 공식적인 매스 미디어는 한 가지 방면에서만 영향을 미친다고 말하는 것이 타당하다. 이제 본 연구의 발견에 대한 예비적 설명에서부터 이 결과가 어떻게 발견되었는지 더 자세히 논의해보자.

# 6장
# 다양한 영향력의 역할과 그 결과

효과연구(impact studies)의 목적은 어떤 미디어가 전체 사회에 미치는 영향력을 평가하는 것이다.◆ 효과연구는 특정 선전 캠페인이 성공이었는지 여부, 어떤 제도변화가 필요한지 여부 등을 알아보고자 할 때 사용된다. 물론 효과연구가 이 목적을 달성하기 위한 유일한 방법은 아니다. 종종 실험이나 반복설문조사(repeated surveys)가 더 효과적일 수도 있다.◆◆ 실제로 '사람들은 왜 자신이 그렇게 행동했는지 스스로 모르고 있다'◆◆◆는 이유로 본서의 연구방법에 상당한 문제가 있다고 생각하는 연구자들도 존재할 것이다. 그러나 이러한 비판은 자기기만(self-deception)이라는 개념을 오해한 데에서 부분적으로 비롯된다.

앞서 밝혔듯, 사람들은 여러 분야들에서 자신이 왜 그렇게 행동했는지 알지 못하는 것이 사실이다. 효과분석이 적절한지 아니면 무의미한지를 구분하는 것은 연구자의 임무다. 본서에서는 효과연구가 언제나 타당하다는 것이 아니라, 특정 요인이 전체 사회에서 어떤 영향력을 발휘하는지 적절하게 평가할 수 있는 경우가 종종 발견된다는 입장을 취하였다.

사회과학자들은 스스로에게 가능한 모든 방법들 중 최선의 방식을 '사용할 수 있

---

◆ 원문의 표현은 impact studies serve the purpose of evaluation이다. 4장에서 언급하였듯, 저자들이 사용하는 감정(evaluation)이란 용어는 특정 미디어에 노출된 사람들 중 의사결정에 영향을 받은 사람들의 비중을 계산할 때 사용된다. 일반적 한국어 어감에서 '감정'보다는 '평가'라는 표현이 더 적합하기 때문에 '전체 사회에 미치는 영향력을'이라는 표현을 부가적으로 명기한 후 '평가'라는 용어를 사용하였다.

◆◆ 현대 사회과학연구 방법론의 용어로 설명하자면, 본 연구의 연구방법은 내적 타당도를 완전히 확보하였다고 보기 어렵다. 하지만 연구상황의 현실성이라는 측면에서 본다면 실험이나 반복측정설문조사에 비해 적용가능성이 더 높다고 볼 수 있다.

◆◆◆ 당시에 널리 퍼진 프로이드 심리학 개념인 '무의식'을 추종한 연구자들의 반응이다. 이러한 주장은 설문조사와 같은 자기응답 데이터를 사용하는 현대 사회과학에서는 받아들여지지 않는다.

다'고 느끼지 않는 한 응답자의 자기기만이 발생하지 않았다고 주장할 수 있다. 예를 들어보자. 약학에서는 엄밀한 실험설계를 적용하여 약물이 두통을 완화시켰는지 여부를 쉽게 테스트할 수 있다. 사회적 관계나 행정조직 내의 활동들에 대한 연구에서도 엄밀한 실험설계를 적용하는 것이 논리적으로는 가능할 수 있으나, 이러한 연구 수행에는 매우 큰 비용이 들며, 무엇보다 현실에서 적용하는 것이 거의 불가능하다. 현실적 관점에서 가장 이상적인 연구방법을 '사용하는 것'이 쉽지 않다면, 어떻게든 사용할 수 있는 연구방법을 사용하지 않을 이유가 무엇인가? 약을 먹은 사람은 왜 두통이 사라졌는지 그 이유를 말할 수 없을 것이다. 어떤 동물이 왼쪽 길을 선택했다고 해도 그 동물이 왜 왼쪽 길을 선택했는지 사람들에게 말해줄 수는 없을 것이다. 그러나 사람들은 수많은 요인들이 자신에게 어떤 영향력을 발휘하고 있는지 경험한 것을 묘사해줄 수 있으며, 종종 자신이 어떻게 행동할지 계획을 세웠거나 어떻게 행동을 바꾸었는지 알고 있다. 물론 응답자의 보고를 토대로 얻은 이러한 지식이 과학적으로 얼마나 유용할지에 대한 예단(豫斷)은 금물이다. 본서에서 다루는 유형의 행동들과 관련하여 응답자가 회상한 응답을 체계적으로 수집·분석한 결과를 살펴본 이후에야 그 가치가 명확하게 드러날 것이다. 저자들은 본서의 분석결과를, 상세한 추론을 도출할 수 있는 정량분석결과를 명시적으로 보고하는 것이라기보다는, 주로 커뮤니케이션 효과발생 과정의◆ 일반적 경향성들을 뒷받침하는 근거로 간주하는 이유를 제시하고자 한다. 효과분석의 주요 단계들에 대한 요약과정을 살펴보면, 저자들이 택한 분석방법이 어떤 문제점들에서 자유롭지 못한지 명확하게 나타날 것이다. 디케이터 지역 여성응답자들에서 나타난 대인관계 영향력 효과에 대한 분석결과를 주의 깊게 살펴보지 않는다면, 현재 본 연구에서 사용할 수 있는 연구방법이 얼마나 적절한지 파악할 수 없을 것이다. 저자들이 논의한 바는 현재 미디어연구 분야를 연구하는데 얼마나 부족한 점이 많은지를 명확하게 보여준다.

◆ 의미 전달을 명확하게 하기 위해 "커뮤니케이션 효과발생 과정의"라는 표현을 새로 삽입하였다.

## 효과분석의 다섯 가지 핵심요소

본 연구를 진행할 때 저자들이 염두에 두었던 고려사항들은 무엇이고, 저자들이 맞닥뜨린 난관들은 무엇인지 간략히 정리해보자. 효율적 설명을 위해 효과분석을 5단계로 구분하면 다음과 같다.

1단계. 설명모형 개발
2단계. 응답자 집단들을 구분한 후, 본 연구에 적합한 집단을 선정
3단계. 필요 정보를 수집할 수 있는 적절한 인터뷰 과정 고안
4단계. 설명모형에서 가정하는 각 요인이 개별 응답자에서 어떻게 나타나는지 평가
5단계. 통계적 분석을 진행한 후 해석

3단계와 4단계는 5장에서 부분적으로 소개한 바 있지만, 여기서 몇 가지 추가 설명을 제시할 것이다. 6장에서는 1단계를 설명하였으며, 7장에서는 2-5단계를 설명하였다.

## 설명모형

본 연구는 범죄 및 사고의 발생 '원인(causes)' 및 자살과 투표행위의 '이유(reasons)' 등에 대한 연구들과 비슷하다.◆ 관련된 모든 연구에서는 인간의 최종 행동을 설명하기 위해 행동발생 이전 시점에서 발생한 '원인', '이유', '결정요인(determining factors)'을 선별하는 것이 목적이었다. 따라서 연구를 계획하는 시점부터 연구자

◆ 명확하게 언급되지는 않았지만, 범죄 및 자살 등에 대한 연구들은 사회통계분석기법의 주요 분석대상이었다. '평균인(average man)'이라는 용어를 창안했던 아돌프 케틀레(Adolphe Quetelet, 1796-1874)나 고전사회학자이며 《자살론(*Le suicide*)》의 저자인 에밀 뒤르켐(Emile Durkheim, 1858-1917) 등에서 천착된 연구주제는 거의 대부분 사회적 병리현상이었다. 또한 투표행위에 대한 최초의 체계적 연구결과는 제2저자인 라자스펠드(Paul F. Lazarsfeld)가 주도한 《국민의 선택: 대통령 선거캠페인 기간에 유권자는 지지 후보를 어떻게 결정하는가(*The People's Choice: How The Voter Makes Up His Mind in a Presidential Campaign*)》에서도 논의된 바 있다.

의 자의성(arbitrariness)이 어쩔 수 없이 개입된다. 예를 들어 범죄를 저지른 사람, 혹은 특정 브랜드의 커피를 구매한 사람을 가정해보자. 두 가지 경우 모두 범죄나 구매행위 이전에 겪었던 사건이 이런 행동에 영향을 미쳤을 것이다. 만약 이 사람이 원인으로 추정된 사건이 발생하였을 때 태어나지 않았다면, 만약 지난주에 어떤 도로를 지나가지 않았다면, 만약 행동이 일어난 날 날씨가 달랐다면, 범죄 혹은 구매행동은 일어나지 않았을 수도 있다.◆ 이런 관점에서 응답자에게 "**왜 그런 행동을 하셨나요**?(*why?*)"라는 추상적 질문을 던지는 것은 합당한 방법이 아니다. 행동발생의 원인을 탐구하기 위해서는 구체적으로 규정된 요인들이 효과발생에 중요한 역할을 담당하고 있는지 여부를 확인하기 위한 구체적인 일련의 질문들을 제시하여야 한다. 본 연구의 목적 및 연구대상의 일반적 성격을 근거로 어떤 요인들을 탐구해야 하는지 결정하였다.◆◆

예를 들어 왜 사람들이 특정 국가에서 미국으로 이민을 떠나는지를 연구한다고 가정해보자. 우선 연구자는 이민자들이 떠나고 싶은 나라에 대해 느끼는 불편함과 미국에 대해 느끼는 매력이 무엇인지를 알아야 한다. 만약 이 연구자가 미상업회의소(Chamber of Commerce)◆◆◆에서 만든 선전물의 효과를 평가하고자 한다면, 미국이라는 새로운 국가를 왜 이민자들이 매력적이라고 느끼는지는 물론, 그들이 어떤 방법으로 미국이라는 국가를 알게 되었는지도 살펴보아야 한다. 이제 이민을 고려하는 사람의 심리적 측면에 중점을 두어보자. 이때 '압박(push)'은 이민을 가도록 압박하는 기존 국가의 부정적 측면과 더 이상은 상황을 참을 수 없다는 '촉발사건(trigger

---

◆ 이러한 방식의 가정법적 표현(coditional expression)을 흔히 역사실적 추론(counterfactual reasoning; counterfactual thinking)이라고 부른다. 인과성을 확립하기 위한 추론기법으로 널리 사용된다. 예를 들어 실험연구설계에서 실험집단(treatment group)과 통제집단(control group)을 나누는 이유도 역사실적 추론의 경험적 근거를 확보하기 위해서다. 원인 X가 없었을 때를 기준으로(즉, 통제집단을 기준으로), 원인 X가 존재할 때(즉, 실험집단일 때) 결과 Y의 값이 어느 정도 바뀌는지를 테스트하는 실험설계에는 역사실적 추론이라는 철학이 깊게 깔려있다. 물론 역사실적 추론이 언제나 성립되는 것은 아니다. 흔히 우리는 '역사에는 가정이 없다'라는 표현을 쓰는데, 이 말은 역사적 사건은 일회성이기 때문에 만약 X가 없었다면(혹은 만약 X가 있었다면) 현재의 결과는 달라졌을 것이라는 역사실적 추론은 절대 성립할 수 없다는 의미다.

◆◆ 연구목적에 따라 설정된 원인변수를 흔히 독립변수(independent variable) 혹은 예측변수(predictor variable)라고 부르며, 연구의 주요 관심사는 아니지만 연구대상의 일반적 특성을 반영한 변수를 통제변수(control variable)라고 부른다.

◆◆◆ 1912년에 창립된 미국 민간상업자들의 자율조정기관이다. 본서에서는 초창기 미국의 노동력이 부족했을 당시 노동력 확보를 위해 미국 이민을 장려하는 해외홍보활동을 언급하고 있다.

event)' 두 가지로 구분할 수 있다.

이와 마찬가지로 본 연구에서 저자들이 다루는 일련의 요인들을 조직화한 것이 바로 설명모형이다. 본서에서 살펴보고 있는 모든 구체적 사례들을 포괄할 수 있는 근본모형(primitive model)은 앞서 언급한 요인들로 구성되어 있다. 설명모형을 풀어서 표현하면 다음과 같다. 어떤 사람이 이민을 떠난다고 할 때, 이전 국가를 떠나고자 하는 '압박요인(push)'과 새로운 국가로 이주하고자 하는 '유인요인(pull)'이 존재하며, 따라서 최소한 한 가지 이상의 압박요인과 유인요인에 대한 정보를 수집해야 한다. 이때 각 설명요인은 두 가지 요소들로 구성되어 있다. 즉 어떤 사람이 이민을 간다고 할 때, (1) 압박요인, (2) 압박요인을 '활성화(activate)'시키는 촉발사건, (3) 유인요인, (4) 유인요인에 매력을 느끼도록 유도하는 채널의 네 가지 요소들이 존재해야 한다. 다시 말해 설명모형에는 이들 네 가지 요소들이 존재하며, 따라서 이들이 반영된 설문인터뷰는 보다 복잡해지게 된다.

저렴한 물건구매는 상당히 간단한 인간행동에 속하며, 따라서 정교한 설명모형을 동원할 필요는 없다. 비록 대인접촉이나 광고와 같은 몇 가지 영향력 생성요인들의 역할을 평가하는 것이 연구목적이라고 하더라도, 몇 가지 적절한 설명모형들을 어렵지 않게 생각해볼 수 있다. 예를 들어 연구목표가 다음과 같은 연구문제들에 대한 해답을 찾는 것이라고 가정해보자. 어떤 유형의 영향력 발생요인들이 사람들의 **흥미**(*interest*)를 일깨우는가? 사람들은 **정보**(*information*)를 얻기 위해서 어떤 정보원에 의지하는가? 어떤 영향력 발생요인들이 최종 **행동**(*action*)으로 이어지는가? 이 경우의 설명모형에는 (1) 행동을 촉발시키는 영향력 발생요인들, (2) 의사결정 이전에 행위자가 관심을 보인 정보원들, (3) 의사결정의 촉발요인들이라는 최소 세 가지 요소가 포함되어야 한다. 설명모형이 얼마나 정교해야 하는가와 관련하여 저자들이 강조하고 싶은 것은 어떠한 효과연구라고 하더라도 어떤 설명모형을 설정했는지 명확하게 밝힐 필요가 있다는 것이다. 연구자들은 원인요인이 무엇이며, 어떠한 단계로 효과발생 과정을 연구하기로 사전계획을 세웠는지를 밝혀야 한다.

본 연구의 목적상 매우 정교한 설명모형이 필요하지는 않지만, 설명모형은 효과연구의 기본요건이기 때문에 설명모형을 보다 자세히 소개할 필요가 있다. 본서의 연구모형은 다음과 같은 요소들로 구성되어 있다. 본서에서는 영화를 관람하겠다는, 혹은 특정 브랜드의 식품을 구매하겠다는 의사결정은 행동에 대한 관심 혹은 행동을 하려는 욕구가 형성되는 1단계, 욕구가 '촉발(clinched)'되어 실제 행동으로 구현되는 2단계를 거친다고 가정하였다. 본 연구 설명모형의 각 단계는 다음과 같은 두 가지 방법을 통해 측정하였다. (1) 설문에서는 '무엇에 대한 학습(learning about something)'과 '의사결정(making up one's mind)' 두 가지를 구분하였으며, (2) 설문 인터뷰에서 정보원에 대한 노출 이후의 단계들을 구분하였다.[1] 즉 본서에서 다루는 분야(일상소비, 패션, 영화관람, 공공이슈)에 따라, '변화요인들(changers)'을 다음의 설문들을 통해 측정하였다. "귀하께서는 (새로운 식품, 새로운 패션, 영화 등)을 선택하게 끔 관심을 갖게 만든 다양한 요인들에 대해 말씀해주셨습니다. 그렇다면 첫 번째 분야인 …, 두 번째 분야인 …, 세 번째 분야인 …, 네 번째 분야인 …에서 관심을 갖게 끔 영향을 미친 요인은 각각 무엇이었는지 말씀해주시겠습니까?"

설명모형에 대한 일반적인 소개는 이것으로 마무리하고, 본 연구의 설명모형이 반영된 설문지 응답결과를 살펴보자.

## 다양한 영향력들의 범위와 위계

우선 영화관람 관련 의사결정을 살펴보자. 전체 응답자들 중 약 1/3은 단 하나의 정보원에만 노출되었으며, 약 2/3는 여러 정보원을 통해 영화 관련 소식을 듣거나 읽은 것으로 나타났다. 결과는 다음과 같다.

[표8] 영화관람 관련 정보원 노출

| | | |
|---|---|---|
| 하나의 정보원에만 노출 | | 36% |
| 두 개 이상의 정보원에 노출: | | 64% |
| 세부 구분: | | |
| 두 개의 정보원에 노출 | 32 | |
| 세 개의 정보원에 노출 | 20 | |
| 네 개 이상의 정보원에 노출 | 12 | |
| 총합(=100%) | | (584) |

1 사실 여기서 언급한 2단계는 설명의 편의를 위해 앞에서 제시한 결과표들에서 구별하지 않은 채 통합된 형태로 제시하였다. 그러나 지금부터 연구결과를 제시할 때는 영향력 발생과정의 순차적 단계들을 구분할 것이다.

본 연구에서는 둘 이상의 영향력 발생요인에 노출된 응답자들에게 어떤 순서로 각 요인에 노출되었는지 질문하였다. 예를 들어 어떤 응답자가 자신이 관람한 영화에 대한 정보를 잡지에서 읽었으며 또한 친구가 이야기하는 것을 들었다고 응답한 경우, 둘 중 무엇을 먼저 접했는지 질문하였다. 이때 어떤 요인을 먼저 접했는지 기억하지 못하는 응답자들이 종종 있었다. 실제로 14%의 응답자들은 어떤 것이 먼저인지 기억해내지 못하였는데, 이는 응답자가 그 순서를 기억해내는 것이 어려웠음을 보여준다.[2]

첫 번째 연구문제는 다음과 같이 표현할 수 있다. 상이한 영향력들의 순서는 어떠한가? 이 순서에서 각각의 미디어는 미디어별로 독특한 역할을 발휘하는가? 일단 효과평가지수(impact ratings)◆를 산출하지는 않았다. 하지만 아래에서 볼 수 있듯, 본 연구에서는 먼저 발생한 영향력 발생요인이 나중에 발생한 영향력 발생요인에 비해 보다 효과적인지 여부를 확인하고자 하였다.

여기서 저자들은 영향력 발생요인에 대한 노출만을 다루었기 때문에 응답자 규모가 큰 편이다. 즉 효과평가지수 관련 분석결과가 보고된 5장에서 분석대상이 되지

---

**2** 노출순서를 기억하여 떠올리는 것과 노출된 정보원의 개수가 몇 개인지 기억하여 떠올리는 것 사이에는 단순 선형관계가 있어 보이지만, 아래에서 볼 수 있듯 그렇지 않다.

| | 기억하고 있는 영향력 발생요인 노출횟수 | | |
|---|---|---|---|
| | 2개 노출 | 3개 노출 | 4개 이상 노출 |
| 순서를 기억 못하는 응답자 비율(%) | 18% | 8% | 16% |
| 총합(=100%) | (318) | (146) | (57) |

2개의 영향력 발생요인들에 노출된 응답자들에게서 순서를 기억하지 못하는 비율이 가장 높았으며, 3개의 영향력 발생요인들에 노출된 응답자들에게서 순서를 기억하지 못하는 비율이 가장 낮았다. 그러나 4개 이상의 영향력 발생요인에 노출된 응답자들의 경우 2개의 영향력 발생요인에 노출된 응답자들과 거의 비슷한 수준으로 순서를 기억하지 못하는 것으로 나타났다. 만약 두 가지의 상반된 효과가 교차하고 있다면 이러한 결과를 설명하는 것이 다소는 복잡할지 모르나 가능하다. 적어도 부분적으로는 영향력 발생요인 노출횟수는 회상능력에 따라 증가할 것이다. 즉 영향력 발생요인을 더 많이 떠올린 응답자일수록 회상능력이 좋을 가능성이 있으며, 따라서 영향력 발생요인들의 발생순서 역시 더 잘 기억하고 있는 것이다. 이러한 경향이 존재한다면, 왜 노출된 영향력 발생요인이 2개인 응답자들에 비해 3개인 응답자들에서 회상 실패확률이 낮은지가 설명된다. 이러한 경향과 반대로, 일반적 회상능력과 무관하게 노출된 영향력 발생요인들의 수가 증가하면 이들의 순서를 기억하는 것이 어려워지는 경향도 존재한다. 노출된 영향력 발생요인이 3개인 응답자들과 4개 이상인 응답자들에게서 왜 차이가 나타났는지는 이 두 번째 경향으로 설명된다. 물론 이러한 설명이 다소 부실한 것은 사실이나, 나중에 쉽게 테스트될 수 있다는 장점이 있으며, 따라서 어느 정도의 근거는 존재한다고 볼 수 있다.

◆ 효과성지수(index of effectiveness)를 다른 용어로 표현한 것이다.

못했던 빈번하게 등장하지 않은 미디어들도 여기서는 분석되었다. 본서에서 주로 다루었던 영화관람 사례를 살펴보자. 이때 앞서 살펴본 영향력 발생요인들과 함께, 책, 영화평, 극장의 안내천막(theater marquees) 등의 발생요인들을 추가해보자. 영화관람과 관련하여 사용된 노출 설문유형들은 4장에서 예를 들어 소개한 바 있다.

다양한 미디어들이 어떻게 다른 역할을 수행하는가에 대해 고민해보면 영향력 발생의 시간순서가 어떤 특성을 갖는지 알 수 있다. 예를 들어, 신문의 경우 영화관람자에게 선택 가능한 영화 목록을 제시하거나 영화관람자가 보고 싶어하는 영화가 어디서 상영하고 있는지와 관련된 '사실제공(fact-feeding)' 기능을 수행한다. 이후의 단계에서 신문은 다른 영향력 발생요인들에 비해 후순위로 밀릴 것이다. 어떤 영화를 관람하는 긍정적 선유경향을 이끌어내는 주요 영향력 발생요인은 대인접촉이라고 생각하였다. 만약 저자들의 생각대로라면 신문보다는 대인접촉이 우선적으로 의사결정에 영향력을 발휘할 것이다. 또한 잡지는 영향력 발생요인 순서상 가장 첫 번째로 등장할 것이다. 왜냐하면 영화에 대한 잡지기사는 어떤 도시에 해당 영화가 개봉하기 전에 발행되기 때문이다. 또한 영화 대본의 기초가 되는 책의 경우 영향력 발생요인의 노출단계상 앞부분에 등장할 것이다.

이와 같은 저자들의 예상은 전반적으로 분석결과와 일치한다. 3단계의 시간순서에서 각각의 영향력 발생요인이 어떤 빈도로 등장했는가에 대한 결과는 다음과 같다.

[표9] 영화관람 영향력 발생순서별 각 영향력 발생요인 빈도[3] ◆

| | 대인접촉 | 영화관 안내천막 | 영화평 | 신문 | 잡지 | 책 |
|---|---|---|---|---|---|---|
| 첫 번째 | 44% | 12% | 48% | 22% | 52% | 64% |
| 두 번째 | 37 | 29 | 29 | 51 | 26 | 3 |
| 세 번째 이후 | 19 | 59 | 23 | 27 | 22 | 33 |
| 총합(=100%) | (190) | (61) | (114) | (295) | (139) | (36) |

표의 결과 중, 우선 대인접촉과 책을 비교해보자. 두 요인 모두, 특히 책이 첫 번째로 등장하는 경우가 많다. 그러나 첫 번째 단계에서 대인접촉과 책은 상이한 역할을 담당했을 가능성이 높다. 영화가 개봉한 후, 영화를 본 어떤 사람이 응답자에게 영화에 대해 말해주었을 것이다. 그러나 책을 언급한 응답자의 경우 영화가 개봉하기 오래전에 그 책을 보았을 것이며, 영화가 개봉되었을 때 책의 존재를 **기억**해내었을 것이다. 대인관계 영향력은 주로 '개시(initiate)', '알림(inform)', '촉발(clinch)'의 세 가지로 구분된다. 또한 영향력 발생순서에서 책은 상대적으로 나중에 등장한다. 그러나 책이 발생순서 중간에 등장하는 경우는 거의 없다. 여기서 다음과 같은 한 가지 흥미로운 추정이 가능하다. 책을 읽고 마음에 들었기 때문에 영화를 보러갈 수도 있다. 하지만 어떤 사람들은 상영된 영화의 줄거리를 알고 있기 때문에 책을 읽기 시작

3 표에 제시된 수치는 세로줄에 표시된 전체 영향력 발생빈도를 기준으로 가로줄인 발생시간별 퍼센트를 의미한다. 각 세로줄별 총합은 언급된 복수의 영향력 발생요인들 중 각각의 영향력 발생요인의 등장횟수를 의미한다.

[표9]는 개별 영향력 발생요인이 다른 영향력 발생요인과 얼마나 관련되는지를 고려하지 않은 결과라는 점에 주목해야 한다. 이를테면 신문은 다른 두 영향력 발생요인들과 같이 등장할 가능성이 더 높은 반면, 대인접촉의 경우 다른 한 가지 영향력 발생요인과 결합될 가능성이 더 높을 수도 있다. 만약 이런 경우라면 신문이 세 번째 이후로 등장한 영향력 발생요인이 될 가능성이 (대인접촉에 비해) 높아 보이는 것은 허위관계일 수도 있다.

◆ 표를 보는 것이 어려울 수도 있다. 우선 마지막 가로줄의 괄호 속 숫자는 순서에 상관없이 각 영향력 발생요인(즉 미디어나 대인접촉)을 언급한 응답자들의 수다. 예를 들어 영화관람에 영향을 미친 영향력 발생요인으로 대인접촉을 언급한 사람이 총 190명인데, 이 중 44%는 대인접촉이 첫 번째로 영향력을 발휘한 요인이라고 응답했음을 의미한다. 표에서 알 수 있듯, 영화를 관람해야 하겠다고 첫 번째로 영향력을 발휘한 요인은 대인접촉, 영화평, 잡지, 책 등이며, 영화에 대해 들어보게 된 계기(즉 영향력 발생요인)는 영화관의 안내천막이나 신문, 영화평 등이다.

하거나 다시 읽으려 할지도 모른다.◆ 책을 기반으로 한 영화가 상영되면 어떤 책의 판매량이 증가한다는 것은 이미 잘 알려진 사실이다. 이러한 추정은 영화관람 결과가 책읽기라는 것을 암시한다. 그러나 [표9]의 내용은 책읽기가 영화관람에 **선행한다**(*precede*)는 것을 함의한다.

잡지는 책과 대인접촉 두 가지의 사이쯤에 해당되지만, 영향력의 역할이라는 점에서 책보다는 대인접촉에 보다 가깝다. 이야기는 잡지에서 주기적으로 소개되기 때문에, 책과 마찬가지로 잡지는 영화관람을 예비하는 역할을 한다. 그러나 잡지는 영화와 영화에 등장하는 배우들을 소개하거나, 영화에 대한 광고를 제시하고 평론을 제시하는 역할을 하는 것이 보통이다. 안타깝게도 현재 저자들이 수집한 데이터로는 이러한 잡지의 역할들을 구분하는 것이 불가능하다.

영화평 역시 대인관계 영향력과 크게 다르지 않은 결과를 보여주는데, 어떤 면에서 이 결과는 놀라울 수 있다. 영화평은 의사결정에 미치는 영향력 발생단계에서 첫 번째 단계에 등장하는 것이 보통이다. 그러나 네 번 중 한 번꼴로 영화평은 마지막 단계에서 영향력을 발휘하며 영화를 보러가겠다고 결심한 사람이 이전부터 이미 알고 있던 내용을 강화시키는 역할을 맡기도 한다. 아마 이렇게 응답한 사람은 영화를 자주 보는 사람일 가능성이 높다.

신문은 영화를 보러가겠다는 결정을 내린 후 세부적 정보를 원할 때 정보원으로 사용되는 경우가 많다. 신문노출이 가장 최종 단계에서 빈번할 것으로 예상하였지만, 실제 결과는 그렇지 않았다. 대개의 경우 신문은 두 번째 순서로 등장하였다. 이 결과는 사람들이 최종 의사결정을 내리기 전에 마음속으로 갈등을 겪는 와중에 다른 정보원들을 살펴보기 위하여 신문을 일종의 안내서로 간주하고 있음을 암시한다. 많은 경우, 신문을 살펴보는 것으로 충분히 만족하지 못하기 때문에, 다른 정보원 혹은 다른 사람의 조언을 구하는 것이 보통이다. 영향력 발생과정에서 나중으로 갈수록 극장의 안내천막에 대한 노출을 언급한 빈도가 높게 나타났다. 응답자들은 극장에 펼쳐진 안내천막에 노출된 이후 영화를 관람하겠다는 의사결정을 내린 듯하다. 아마도 극장의 안내천막이 담당하는 역할은 다른 영향력 발생요인들의 효과를 촉발시키거나, 영화를 관람하겠다는 의사결정을 고민하다가 극장에 걸린 안내천막을 보고 의

◆ 원문에는 이 두 문장의 순서가 바뀌어 제시되어 있다. 독자들의 이해를 돕기 위해 두 문장의 순서를 바꾸어 번역하였다.

사결정을 내리도록 하는 일일 것이다.

유행과 관련해서도 유사한 분석이 진행되었다. 유행과 관련된 분석결과는 기본적으로 앞서 제시한 결과와 동일하였기 때문에 별도의 결과제시를 하지 않았다. 그러나 일상소비 분야의 경우, 영화관람 분야에서 실시한 것과 동일한 분석을 수행하는 것이 불가능했다. 일상소비 관련 의사결정은 매우 짧은 시간 동안 이루어진 것이 보통이었기 때문에 영향력 발생요인들의 순서를 통해 분석결과의 유용성을 찾기 어려웠다.

## 각 영향력의 발생순서와 효과

영향력 발생요인의 순서는 해당요인의 효과와 어떤 관련을 맺고 있는가? 영향력 발생요인 순서에서 응답자가 가장 마지막으로 응답한 요인은 행동을 촉발시킨 것으로 가장 효과적인 요인이라고 볼 수도 있다. 그러나 반대로 생각해볼 수도 있다. 어쩌면 첫 번째 노출된 영향력 발생요인이 가장 중요한 요인일 수 있다. 물론 영향력 발생요인에 대한 노출순서와 응답자가 해당 요인에 얼마나 중요성을 부여하는지 사이에서는 별다른 연관성을 발견하지 못하였다. [그림4]의 결과는 상당히 명확하다. 첫 번째로 노출된 영향력 발생요인은 가장 영향력이 큰 요인으로 나타났다. 예외에 속하는 개별 사례들이 적지 않았으나 통계적인 연관성은 상당히 강하게 나타났다. 처음에 노출된 영향력 발생요인이 보통은 가장 중요한 요인으로 인식되는 경향은 영화관람 분야는 물론 패션 분야에서도 확인되었다.[4]

이 결과를 잠시 살펴보도록 하자. 이 결과는 다양한 방식으로 설명할 수 있지만 아마도 가장 그럴 듯한 설명은 다음과 같다. 몇 가지 영향력 발생요인들에 노출된 후

---

**4** [그림4]의 결과는 분석대상으로 고려하는 영향력 발생요인에 노출되었다고 응답한 사람들만 나타내었다. 각 막대는 해당되는 전체 응답자를 100%로 고려한 것이다. 앞서 제시한 그림들의 경우 '비노출(unexposed)'이라는 최종 범주를 고려한 것이지만, [그림4]에서는 비노출 응답사례들을 특별히 고려하지 않으면서 문제가 발생했다고 볼 수 있다. 영향력 발생요인들에 얼마나 노출되었는지 고려하지 않은 채 전체 응답자를 분석한 결과를 그림으로 나타내는 것이 과연 타당한가와 관련하여 문제가 제기될 수도 있다. 보다 큰 표본을 이용하여 노출된 영향력 발생요인이 하나, 둘, 셋 이상인 응답자로 각각 구분한 후 [그림4]와 비슷한 결과를 계산해볼 필요가 있다. 나중에 다시 언급하겠지만, 이렇게 할 경우 보다 정교한 결과를 얻을 수 있겠으나 전반적인 연관관계가 달라지지는 않는다.

어떤 사람이 특정 영화를 보기로 했거나 혹은 특정한 유행에 따라 헤어스타일을 바꾸려고 마음먹는다. 이렇게 마음먹은 후, 이 사람은 광고를 살펴본다든지 보다 많은 사람들과 이야기를 나눈다든지 하는 방식으로 다른 영향력 발생요인들에 자신을 의식적으로 노출시킨다. 그러나 다른 영향력 발생요인들에 자신을 이렇게 노출시키는 것은 자신의 결정에 확신을 얻거나 관련된 세부 내용을 알아보기 위한 행동이다. 이런 사례들의 경우 비효과적 노출이 효과발생 노출 다음 순서에 주로 나타났을 것이라고 볼 수 있다.

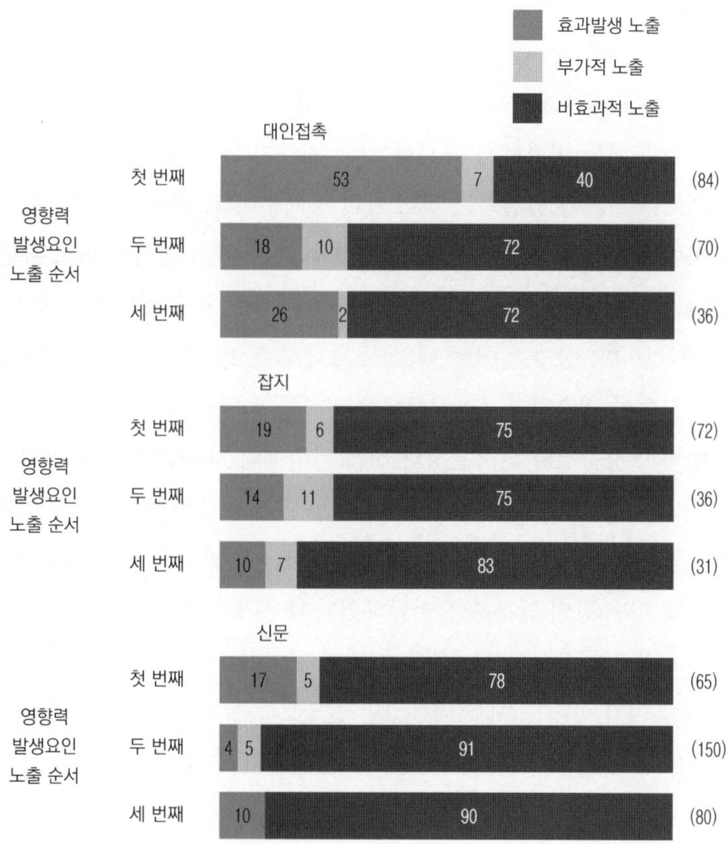


**[그림4] 영화관람에 미치는 영향력 발생순서별 각 미디어의 효과**

그림의 개별 막대 내부 수치들의 합은 100%이며, 이는 해당 영향력 발생요인별 순서에서 노출되었다는 응답자의 수와 동일하다. 예를 들어 첫 번째 막대는 다음과 같이 해석할 수 있다. 대인접촉이 영화관람 의사결정의 첫 번째 영향력 발생요인이라고 답한 응답자들 중 53%는 대인접촉에 대한 노출이 '효과발생 노출'이라고 답했으며, 7%는 '부가적 노출'이라고 답했으며, 40%는 '비효과적 노출'이라고 답하였다.

그러나 반드시 이러한 해석만 가능하다고 볼 수 없다. 어떤 응답자들은 조언을 얻기 위하여 쇼핑을 하고 엄청나게 많은 광고들을 살펴본 후, 별다른 망설임 없이 의사결정을 내리기도 한다. 이러한 응답자들은 [그림4]에서 세 번째 막대기, 즉 세 번째 이후에 발생한 영향력 발생요인 노출이 가장 큰 영향력을 발휘한다고 응답한 사람들에게서 확인할 수 있다.

그러나 영향력 발생요인별로 결과는 매우 다르게 나타난다. 대인접촉의 경우, 첫 번째 혹은 마지막 순간에 노출된 경우 효과평가가 보다 높게 나타나, 거의 양봉(兩峯, binomial) 분포에 가깝다고 볼 수 있다. 두 번째 순서로 대인접촉에 노출된 사람들은 대인접촉이 의사결정에 그다지 중요하지 않았다고 응답했다(위에서 두 번째 막대를 참조). 반면, 신문의 경우 오직 첫 번째로 노출된 경우에만 효과발생 노출로 평가되었고, 나중에 노출된 경우는 별다른 영향력을 발휘하지 않았다(7번째 막대에서 9번째 막대로 바뀌면서 효과발생 노출 응답비율은 급격하게 감소하는 것을 참조).

이 내용은 문제를 명확하게 제시한 것에 지나지 않는다. 왜냐하면 저자들이 제시한 해석으로는 문제가 해결되는 것이 아니기 때문이다. 영향력 발생요인의 효과와 시간순서 사이의 관계는 상당히 중요한 문제다. 보다 자세한 사례분석, 혹은 의사결정을 고민하는 동일한 응답자에 대한 반복조사를 통해 이 문제를 보다 심도 있게 이해할 수 있을 것이다. 상황이 어찌 되었든, 보다 많은 변수들을 고려할 수 있는 보다 정교한 설명모형이 필요하다. [그림4]에서 저자들이 얻을 수 있었던 변수들은 영향력 발생요인의 발생순서와 의사결정의 전체 과정에서 나타난 해당 요인의 평균적인 효과평가 두 가지였다. 이를 통해 저자들은 다양한 영향력 발생요인들이 **어떤 유형의 역할**을 수행하는지 살펴보고자 하였다. 그러나 이를 위해서는 보다 체계적인 설문조사를 기반으로 이번 장의 앞부분에 언급하였던 내용과 **직접** 관련된 정보를 확보해야만 한다. 보다 정교한 분석이 필수적인 수많은 복잡한 인간행동들이 존재한다. 현재의 연구목적상 여기서 다룬 매우 기본적인 설명모형은 대인접촉의 중요하고 다양한 기능들에 대한 후속작업이 무엇인지 잘 보여준다고 할 수 있다.

# 추가적인 기술적 문제들

7장

6장 시작 부분에서 저자들은 효과연구의 다섯 가지 주요 단계를 개략적으로 설명했다. 첫 번째 부분인 연구의 계획은 이미 논의되었다. 두 번째 단계는 첫 번째와 밀접하게 관련되어 있다.

## 응답자 사전분류

영화관람 분야 사례들 중에 어떤 영화가 상영되고 있든 상관없이 몇 년 동안 매주 화요일 밤에 동일한 영화관에 영화를 보러가는 여성응답자가 있었다. 이 응답자에게 제일 최근에 본 특정한 영화를 왜 보기로 결정했는지 묻는 것은 당연히 큰 의미가 없다. 이렇게 습관적인 단골손님형 응답자에게는 어떻게 이 습관을 체득하게 되었는지—비록 알아내는 것이 쉬운 일은 아니겠지만— 물어볼 수도 있다. 게다가 이런 응답사례들이 많다면 이들을 특별한 집단으로 취급해야 할지도 모른다. 다른 한편으로, 여러 대안 중에서 실제 선택을 내리는 사람들의 경우 그들의 최근 결정이 무엇인지에 대해 연구할 수 있는 것은 분명하다. 따라서 저자들은 이러한 다양한 사례의 사전분류를 통해 두 집단을 위한 다른 연구 계획, 다른 인터뷰 기법, 다른 분석 절차를 구성할 수도 있다. 혹은 응답자의 사전분류를 통해 표본의 특정 부분을 전혀 연구하지 않는 결정을 내릴 수도 있다.

본 연구에서 응답자 사전분류가 어떤 함의를 갖는지 살펴보자. 즉, 응답자에 대한 사전분류가 영화관람, 패션, 일상소비에 대해 갖는 함의이다. 만일 자발적인 변화와 관련된 의사결정을 연구한다면, 먼저 '공급'을 고려해봐야 할 것이다. 즉, **변화**대상에 대한 접근 가능한 정도, 상황에 의해 변화가 요구된 정도, 어떤 변화의 선택지들이 실제로 이용된 정도 등을 알아야 한다. 예를 들어, 영화의 경우 배급체계의 특성상 일주일에 한두 번 상영 영화가 바뀐다. 따라서 위에서 언급된 특별한 경우들을 제외하고, 각 영화관람에는 새로운 결정이 수반된다는 것을 꽤 확신할 수 있다. 그러나 만약 사람들이 피우는 담배 브랜드에 대해 인터뷰한다면, 영화관람 상황과는 많이 다를 것이다. 이제 막 특정 브랜드의 담배를 새로 선택한 흡연자, 여러 해 동안 같은 브랜드 담배를 피운 흡연자, 그때그때 아무 브랜드의 담배를 선택하는 흡연자는 매우 다른 세 가지 유형의 흡연자다. 이 세 흡연자에 대해서는 같은 방식으로 인터뷰할 수 없으며, 동일한 통계적 분류에 해당하는 구성원이라고 가정할 수 없다. 다시 말해, 만일 '공급'의 구조 자체상 대부분의 사람이 최근에 결정을 내렸다는 것을 보장하지 못한다면, 연구설계에서부터 다양한 유형의 사례들을 예측하고 구분할 수 있어야 한다. 이를 위한 한 가지 방법은 사람들에게 그들이 최근에 변화를 시도했는지 물어보는 것이다. 이것이 바로 패션 분야를 조사할 때 본 연구가 택한 방법이다. 본 연구에서는 다음과 같이 질문했다. "귀하께서는 최근에 머리 스타일, 옷 종류, 화장품, 화장 스타일, 또는 다른 어떤 것이든 유행에 따라 바꾼 것이 있으신가요?"[1] 502명의 여성들(본 연구의 6월 표본의 응답자들 중 절반이 넘는 여성들)이 새로운 변화를 추구했다고 응답했다.

영화관람 분야 응답자들의 경우, 본 연구에서는 몇몇 열정적[◆] 영화 팬들의 것을 제외하고는 응답자가 밝힌 영화관람의 모든 이유를 살펴보았다. 패션의 경우는 회고문항(retrospective question)을 통해 보고된 응답들을 기반으로 나타난 변화만 분석했다.

저자들은 식품과 생활용품의 일상소비에서 나타난 변화에도 집중했지만, 저자들이 볼 때 이러한 변화에는 몇 가지 다른 유형들이 섞여 있었다. 일부 변화들은 구매 당시 원하는 브랜드에 접근이 불가했기 때문에 응답자에게 강요된 것이었다. 다른 변화들의 경우에는 가족 내 다른 누군가에 의해 구매가 이루어졌다. 또 집에서 정기적으로 식품을 구매하는 사람들이 응답자가 아닌 경우도 있었다. 본 연구의 영향력 평가 방법으로는 여러 브랜드 간의 자유로운 선택을 반영하는 변화들만 연구할

**1** 응답자가 두 가지 이상의 변화를 언급한 경우, 먼저 언급한 변화에 대해서만 평가 인터뷰에서 추적했다. 502건의 변경사항은 개별 응답자 502명에 해당하며 각 변경사항은 각 응답자 한 명을 나타낸다.

◆ 본문의 원래 표현은 '영화관람에 중독된'에 가깝다.

수 있다. 응답자에게 개방된 선택이 없었거나, 또는 응답자가 개인적으로 선택을 하지 않았다면 저자들의 설명모형상으로는 어떤 영향력도 작동하지 않았다.[2]

마지막 사례는 효과연구의 과정에서 조사의 일부 측면에 대한 정의를 명확하게 할 필요성을 매우 분명하게 보여준다. 비록 본 연구가 느슨한 정의에 해당되는 일상소비행위 변화에 대한 연구에서 시작했지만, 궁극적으로는 응답자의 자발적이고 개인적인 결정과 관련된 변화만을 연구하게 되었다. 이외의 다른 모든 사례들은 연구에서 고려되지 않았다. 그러나 만약 상황이 달랐다면 저자들도 다르게 행동했을지도 모른다. 예를 들어 주거 이동성(residential mobility)에 대한 연구가 있었다고 가정해 보자. 이런 연구에서 저자들은 응답자 사전분류를 통해 응답자를 두 가지 주요 유형, 즉 자신의 자유 의지로 이사한 사람과 여러 가지 이유로 이사를 갈 수밖에 없었던 사람들—예컨대 아파트가 너무 낡아서 더 이상 살 수 없거나, 또는 집주인이 임대계약을 해지한 사람들 등등—을 구분할 가능성이 상당히 높다. 그러나 두 개의 집단을 따로 분석하긴 하겠지만, 두 번째 집단에 대한 자료를 폐기(여기서 일상소비의 경우에 그러하듯이)하지는 않을 것이다. 첫 번째 집단에서 무엇이 그들을 이사하게 만들었는지, 예전 집에 대해서 무엇이 마음에 들지 않았는지, 그리고 그들이 어떻게 새로운 집을 선택했는지에 관심이 있을 것이다. 강제 이사를 당한 두 번째 집단은 예전 집에서 '밀려나간(pushes)' 것으로 이들의 이사 이유는 심리학적 가치가 없는 정보다. 그러나 새 집에 '이끌린(pulls)' 사람에게서는 자발적으로 이사한 사람들에서만큼 조사할 가치가 있는 정보를 얻을 수 있다. 저자들의 요점은 응답자들을 사전분류하는 것이 종종 체계적인 영향 연구의 필수적인 부분이라는 점이다. 왜냐하면 사례집단이 달라지면 다른 설명모형을 채택해야 하기 때문이다.

---

**2** 더 나아가 본 연구에서는 일상소비 분야에서 응답자 본인의 최근 일상소비행동의 변화에 대한 회상뿐 아니라 '객관적인' 변화 사례도 수집했다. 따라서 6월 인터뷰에서 각 여성에게 해당 시점에 주방 선반에 있는 커피와 시리얼에 대해 질문했고, 8월에 모든 응답자에게 같은 질문을 다시 했다. 이러한 방식으로 총 439개의 브랜드 변경을 '객관적'으로 발견했는데, 이 중 142개는 커피, 297개는 아침 식사용 시리얼이었으며, 이 중 29%는 추후 '비자발적인' 변경사항(타 브랜드가 부재하여 이루어진 변화 등)으로 분류되었다. 이러한 '패널' 변경에 대한 평가 데이터는 본문에 기록되지 않았다. 일반적으로 이 데이터는 여기에 보고된(더 많은 수집사례를 보이는) '회상' 데이터와 비슷했으며, 10장의 후반부에 두 가지 유형의 데이터 사이의 차이점이 언급되어 있다.

## 인터뷰 과정에서의 문제점들

4장에서 저자들은 적절한 인터뷰 기법에 대해 논의한 바 있다. 저자들이 언급한 바와 같이, '이유를 묻는 기술(art of asking why)'에 대한 몇몇 선행연구들이 존재한다. 앞서 설명한 것을 여기서 다시 반복하는 것은 적절하지 않을 것이다. 본 연구의 설문지와 현장조사는 수집된 정보가 당면한 목적에 가장 적합하게 설계되었다고만 말해두겠다. 만일 응답자가 영향력을 언급하지는 않았지만 영향력이 행사되었을 가능성이 있는 상황에 대해 말했다면 후속 질문을 통해 이를 분명히 확인하였다. 본 연구에서는 응답자가 설문을 자신이 원하는 대로 해석하도록 내버려두지 않았다. 본 연구에서는 응답자가 묵시적으로 갖고 있는 가정을 확인하고, 인터뷰 진행자와 응답자 사이에 질문의 목적에 대한 합당한 이해를 도출하기 위해 노력했다. 응답자가 밝힌 사건의 세부적인 사항들을 기억해내는 것을 돕기 위한 규정을 만들어 인터뷰 진행자를 교육했으며, 주저하고 당황하는 응답자가 있을 경우 다른 사람의 영향을 받는 것이 수치스러운 일이 아니며, 인터뷰를 통해 발설된 정보는 과학적 목적을 위해서만 사용될 것이라고 응답자를 안심시켰다. 가능한 경우, 비록 본 연구의 관심사와 관련이 없을지라도 응답자 경험의 구체적인 구조를 고려하기 위해서 응답자에게 가장 현저하게 기억되는 지점에서부터 응답자의 이야기를 시작할 수 있도록 했다. 인터뷰 진행자들은 가장 '자연스럽게' 보이는 방식으로 응답자들의 응답을 이끌어내고자 노력했다.

그럼에도 불구하고, 본 연구가 여러 가지 실수와 불운으로 인해 응답자에게서 얻을 있는 상당한 양의 정보를 놓쳤음에는 의심의 여지가 없다. 본 연구를 진행하면서 겪은 어려움들은 다음과 같이 네 가지 유형으로 구분할 수 있다.

(1) **설문지의 '적합성**(fit)': 연구대상인 응답자의 행위의 사회적 또는 심리적 구조에 적합하지 않아서 설문지의 전체 구성이 잘못 설계되었을 수도 있다. 이런 사고를 피하기 위해 예비 조사를 실시하기도 했지만, 종종 이런 문제는 최종 분석과정에서야 비로소 드러나기도 한다.

예를 들어, 저자들은 응답자들 사이에 다음과 같은 반응이 있었다는 것을 뒤늦게 알게 되었다. 사람들에게 영화에 대해서 다른 사람과 논의한 적이 있냐고 물어보면 그들은 흔히 그런 적이 없다고 답했다. 하지만 인터뷰를 진행하면서 그들이 영화를 함께 보러 간 동반자와 올바른 선택지에 대해서 논의했다는 사실이 명백하게 드러났다. 많은 사람이 영화에 동행한 사람과 '다른 사람'을 구분하는 것 같다. 물건을 산 다음 구매행위에 관해 대화하는 모든 사람은 '다른 사람'이지만, 영화를 보러 갈 때의 동행자는 다른 사람이 아니라고 생각한다. 따라서 사람들은 나중에 자신의 동반자와 긴 대화를 나누었다고 언급하면서도 꽤 일관적으로 다른 사람과 영화에 관한 대화를 하지 않았다고 답했다.

따라서 5장의 [그림2]의 결과는 어쩌면 모호한 것일 수 있다. 저자들이 대인접촉이라는 용어를 넓은 의미로 사용했다면, [그림2]에 제시된 것보다 더 많은 응답자들이 대인접촉의 영향을 받았을 것이라는 점은 의심의 여지가 없다. 만약 본 연구에서 더 나은 연구방법을 계획했었더라면 이런 종류의 어려움을 피할 수 있었을 것이다. 이전 사례의 경우에도 좀 더 철저한 연구방법을 사용했다면 아마 영향력의 개시(initiating)와 영향력의 촉발(clinching)을 구별할 수 있었을 것이라고 언급한 바 있다. 여기서 알게 된 것은, 본 연구의 대상이 영화관람 분야인 경우 두 가지 종류의 개인적 접촉을 구별했어야 했다는 사실이다. '내적' 접촉은 영화를 함께 본 일차집단과 관련된 사람들과의 접촉이고, '외적' 접촉은 일차집단이 아닌 다른 사람들을 뜻한다.

(2) **특정 설문문항의 표현방식**: 때로는 특정하게 표현된 어떤 방식의 질문이 문제를 일으키기도 한다. 인터뷰의 끝자락에 응답자들에게 다음과 같은 질문을 제시하였다. "귀하께서 … 하게 만든 가장 중요한 요인은 무엇이었습니까?"

이 질문 앞에는 다른 많은 질문이 있었는데, 모두 대인접촉, 광고, 독서 등의 영향을 지속적으로 강조하는 문항들이었다. 따라서 이쯤이면 응답자들이 위 질문을 다음과 같이 해석할 것으로 생각했다. "귀하께서 보시기에 지금까지 논의한 영향력 중 어떤 게 제일 중요했습니까?" 그러나 많은 응답자들은 이 질문을 저자들과 다르게 해석했다. 이 질문이 제시된 인터뷰 시점에서 응답자들은 '이탈'하는 모습을 보였다. 갑자기 영향력에 관한 대화의 초점을 버리고 영화배우나 커피 브랜드의 특별한 맛을 가장 중요한 요인으로 언급한 경우가 수없이 많았다. 달리 말하자면, 그들은 선택한 물품의 **속성**을 언급한 것이다. 저자들이 질문에서 의도했던 바는, 이 특성들이 효과적으로 전달된 채널이었는데 말이다. 여전히 질문을 적절하게 가다듬기 위해서는 상당한 예비 조사가 필요하다. 그러나 채널(channel), 정보원(source), 영향력(influence) 등과 같은 의미를 쉽게 포괄할 수 있고, 통용되는 보편적인 용어는 아마도 없을 것이다. '무엇(thing)'보다는 덜 모호하면서도 방금 언급한 용어들보다 덜 구체적인 용어를 찾아야 할 것이다.

(3) **응답자의 오해**: 세 번째 종류의 문제점은 인터뷰 진행과정에서의 오류다. 질문이 바르게 표현되어 있더라도 응답자들은 종종 질문을 오해했다. 예를 들어, 영화관람과 관련된 질문은 질문의 표현상 꽤 명백하게 영화선택에 관한 내용을 묻는 것이었다. 그럼에도 불구하고 상당수의 응답자들은 이 질문이 특정한 날에 영화를 보러 간 이유에 대해 묻는다고 생각했다. 아주 잘 훈련된 면접관들은 응답자의 대답을 수용하고 바로 이어서 질문을 재차 묻곤 했다. "아, 그러시군요, 그렇다면 귀하께서 그렇게 피곤하셨는데도 그날 저녁에 영화 X를 선택한 가장 중요한 이유는 무엇이었나요?" 이 질문의 마지막 표현은 설문지에 인쇄된 그대로이다. 때로는 현장에서 나타난 응답자들의 오해로 인한 응답을 통해 이전 질문들에서 얻지 못한 정보의 일부가 자동으로 복구되기도 했다. 예를 들어, 어떤 경우 인터뷰 진행자들은 응답자들에게 영화에 대해 알게 된 경위, 그리고 비슷한 질문을 던진 후 본 연구에서 파악하고 했던 구체적 영향력의 종류에 접근할 수 있었다. 하지만 그럼에도 여전히 인터뷰 진행자들을 충분히 훈련시키지 못했기 때문에 통계분석을 하기에 충분한 결과를 얻지 못하였다.

(4) **효과연구의 한계**: 네 번째 오류는 현재와 같은 형태의 효과연구에 존재하는 일반적 한계와 관련된다. 응답자들로부터 적절한 응답을 받는 데에는 본질적인 어려움이 있다. 약 15건 중 한 건의 비율로 응답자들은 자신들이 특정 정보를 어디서 들었는지, 어떤 정보원을 통해 자신의 결정에 영향력을 행사한 정보를 얻었는지 전혀 기억할 수 없다고 응답했다. 이런 점에서 여기서 논의되는 세 가지 주제는 아마 비교적 조사하기 쉬웠다는 것을 기억해야 할 것이다. 다음과 같은 종류의 질문을 한다고 가정해보자. "지난 인터뷰 이후로 귀하께서는 지역 경찰서장이 임무를 잘 수행하고 있는지에 대한 생각을 바꾸셨나요? 만약 그렇다면, 귀하의 새로운 의견은 무엇에 근거하고 있나요? 그 정보는 어디에서 얻으셨습니까?" 만약 이 시기에 지방 관리의 성과가 열띤 토론의 주제가 되곤 했다면, 이러한 심경의 변화를 결정지었던 몇몇 주요 요소를 가려내는 데에 상당한 기술이 필요할 것이다. 이 절에서 예시로 들었던 형태의 효과연구를 수행할 생각조차 할 수 없을 정도로 변화가 천천히 일어나거나, 또는 거의 감지할 수 없는 단위로 일어나는 주제도 있을 것이다. 본 연구의 주제에서는 사소한 통계분석의 어려움을 낳을 수 있는 사안이, 다른 주제에 관해서는 완전히 다른 종류의 연구설계를 고민해야 하는 주요 이유가 될 수도 있을 것이다.

마지막으로 언급할 한 가지는 인터뷰에서 제시된 질문의 순서에 관한 것이다. 논리적인 관점에서 보면, 그 순서는 다음과 같아야 한다. "(짧은 대화라도) 귀하께서는 누구와 대화를 나누셨나요?" "비록 사소하더라도 그 정보가 귀하의 결정에 기여를 했나요?" "귀하의 대인접촉이 중요요인이었나요?" 그러나 심리적 관점에서, 이러한 문항 순서는 완전히 잘못되었을 가능성이 매우 크다. 만약 사람들에게 그들이 누구와 대화했는지, 혹은 그 이슈에 대해서 읽은 바 있는지를 물어보는 것으로 인터뷰를 시작한다면, 이것은 추후 다른 요인들의 영향에 관한 판단에 영향을 미칠 수 있다. 그렇게 되면, 인터뷰에서 구체적으로 제공되지 않은 미디어나 영향력의 역할을 응답자가 보고하지 않을 수 있다. 그러므로 심리적 관점에서, 질문을 다음과 같은 역순으로 물어봐야 한다. "귀하께서 결정을 내리는 데 가장 중요한 요소는 무엇이었습니까?" "귀하의 결정에 어떤 다른 요인들이 작용했습니까?" "귀하께서는 누구와 대화를 나누셨습니까?"

그러나 논리적으로 최선인 순서와 심리적으로 최선인 순서 사이에 이러한 모순은 통계적 분석의 어려움을 초래할 수 있다. 누군가는 첫 번째 질문—심리적인 순서의 첫 번째 질문—에 대해서 X부인과의 대화가 자신에게 매우 강하게 영향을 미쳤다고 보고할 수도 있다. 1분 후에 그녀에게 그 사안에 대해 누구와 이야기를 나누었는지 물어본다고 가정해보자. 많은 응답자들은 X부인과 대화했다는 것을 반복하는 게 어리석어 보인다고 생각할 것이다. 그들은 후자의 질문을 다음과 같이 해석할 것이다. "귀하께서는 X부인 외에 또 다른 사람과 이야기한 적이 있으신가요?" 그 결과 본 연구에서는 종종 다음 같은 유형의 사례들을 발견할 수 있었다. 라디오 광고를 주된 영향력 행사요인으로 언급한 응답자라도, "귀하께서는 라디오를 통해 이 제품에 대해 들어보신 적이 있으신가요?"라는 질문에 대해서는 그렇지 않다고 대답할 수 있다. 이것은 결과를 적절하게 편집하지 않으면 처리할 수 없는 통계적인 모순으로 이어진다. 예를 들어 본 연구의 자료를 수집한 절차는 다음 규칙으로 잘 드러날 것 같다. 만약 어떤 응답자가 어떤 요인이 자신에게 영향력을 미쳤다고 언급했다면, 이 응답자가 명시적으로 이 노출을 언급했는가와 무관하게 본 연구에서는 자동적으로 이 응답자가 해당 요인에 노출되었을 것이라고 가정할 것이다.

저자들은 위에서 소개한 몇 가지 사례들로 이런 종류의 영향 연구에서 나타나는 인터뷰의 모든 문제를 포괄적으로 다뤘으리라고는 생각하지 않는다. 그러나 독자는 본 연구의 모든 단계에서 고려되어야 하는 주의사항들에 대한 대략적인 아이디어를 얻을 수 있을 것이다.

## 평가의 문제

효과지수는 의사결정 과정에서 원인의 역할에 따라 다양한 요소에 가중치를 부여한 측정치다. 이러한 요소들을 상대적으로만 평가하더라도 효과지수 산출 논리는 매우 복잡하다. 4장에서 설명한 것보다 더 자세히 제시하는 것은 매우 어려운 일이다. 여기서는 이 어려움의 일부만을 다시 한 번 강조할 수 있을 뿐이다.

모든 평가 뒤에는 항상 중요한 질문이 숨어 있다. 만약 특정 영향력이 응답자에게 발휘되지 않았다면, 응답자가 영화를 보러 가거나, 머리 스타일을 바꾸거나, 새로운 식품 브랜드를 구매했을까? 이 질문에 대한 답은 항상 다음과 같은 다양한 추가적인 고려사항에 따라 달라진다. 동일한 방향의 다른 영향력이 이 영향력을 대신했을 가능성은 얼마나 될까? 이 행위에 대해서 응답자는 얼마나 단호한 태도를 취했을까? 응답자가 결단을 내리는 데 상황은 얼마나 영향을 끼쳤을까? 물론, 저자들이 이 질문들에 관한 판단을 내리기에는 절대로 정보가 충분하지 못하다. 통계적인 분석이 매우 중요하게 작용하는 부분이 바로 여기이다. 본 연구에서는 각각의 경우에 많은 실수를 했다. 때때로 특정 요인의 영향을 과대평가하기도, 과소평가하기도 했다. 그러나 본 연구에서는 많은 경우 그 실수들이 서로 상쇄되기를 바란다. 사람들이 다른 어떤 정보원보다 타인에게 더 많은 영향을 받는다고 말할 때, 비록 본 연구의 개별적인 평가의 많은 부분이 정당화되지 않더라도 본 연구의 결과가 통계적으로 옳다고 가정한다. 따라서 단일 사례에 대한 **평가**(*assessment*), 그리고 이런 개별적인 평가들을 통괄하는 통계적 **감정**(*evaluation*)을 구분하는 것은 매우 중요하다. 5장의 [그림1], [그림2], [그림3]은 이러한 효과분석에 대한 통계적 감정의 전형적 예시다. 오류가 통계적으로 상쇄될 것이라는 가정이 어느 정도까지 정당화될 수 있는지는 여기서 다루기에 너무 복잡한 사안이다. 저자들이 다루는 내용에 따라, 통계적 감정결과에 대한 저자들의 확신은 상이하게 평가될 것이라는 점은 분명하다.

본 연구의 효과지수가 정확한 결과로 이어질 것이라고 어떻게 증명할 수 있을까? 여기서 독자들은 다시 한 번 개별적 발견과 통계적 발견을 구분하는 것이 중요함을 상기하기 바란다. 개별적 사례의 경우, 아마도 효과평가를 결코 증명할 수 없을 것이다. 단지 저자들의 주장과 소개된 배경 정보에 비추어봤을 때 더, 또는 덜 그럴듯하게 만들 수 있을 뿐이다. 그러나 이 통계결과에 대한 일종의 검증은 가능할 것 같다. 다음과 같은 종류의 연구를 설계하는 것은 그리 어렵지 않을 것이다. 예를 들어, 한 집단의 사람들을 어떤 상업적인 제품의 광고에 노출시키고, 다른 집단을 노출시키지 않을 수 있다. 광고에 노출된 집단의 사람들이 제품을 더 많이 산다고 가정해보자. 그리고 그 차이를 10%라고 가정해보자. 이제 광고에 노출되어 제품을 구매한 사람들을 인터뷰해보자. 만약 그중 10%가 광고 때문에 제품을 샀다고 말한다면, 저자들의 평가 절차가 옳았다고 결론 내릴 수 있다.

이런 종류의 검증과 비슷한 연구결과를 보고한 선행연구도 존재한다. 예를 들어, 어떤 연구에서는 실제로 사람들이 많이 몰려 있을수록, 응답자 자신이 다른 장소로 이동한 이유로 과밀도(over-crowding)를 제시할 경향이 더 높다는 것이 밝혀졌다.[3] 혹은, 비슷한 연구로 사람들이 백화점에서 멀리 살수록 백화점에서 물건을 구매하지 않는 이유로 거리가 멀기 때문이라고 제시할 가능성이 더 커진다는 결과도 있었다. 영국의 범죄학자 시릴 버트(Cyril Burt)◆는 다음과 같은 두 종류의 자료를 상세히 비교했다. 한편으로 그는 비행 청소년들의 개별 사례를 분석해서 범죄에서 빈곤의 역할을 평가했다. 동시에, 그는 부유한 집단에 비해 빈곤한 집단에서 범죄율이 얼마나 더 높은지 통계적으로 연구했다. 이 두 가지 분석 사이의 합당한 정도의 일치도는 시릴 버트의 평가 절차에 대해 자신감을 심어줬다. 그러나 이런 비교 연구는 여전히 매우 드물다. 이와 관련된 더 많은 연구가 수행될 필요가 있다. 현재의 연구에서는 이런 고비용의 검증 방법을 도입하는 것이 불가능했다.

마지막으로 제기해야 할 한 가지 질문이 있다. 정보원의 영향력에 대해 논의하는 게 타당한가? 정보원을 통해 응답자에게 영향을 미치는 것은 결국 항상 조언자나 광고의 **주장** 아닌가? 이러한 의문은 의심할 여지없이 사실이다. 여기에서 저자들은 다소 모호한 표현을 사용하겠다. 대인 커뮤니케이션이 광고, 혹은 공식 미디어의 다른 정보보다 더 큰 영향력을 행사한다고 말할 때, 저자들의 의도는 그 출처와 내용의 조합을 뜻하고자 했다. 분석을 통해 어떤 미디어가 다른 미디어보다 더 큰 영향을 지닌

---

**3** 로씨(Rossi, 1955)를 참조하라. 이와 이후 사례들은 라자스펠드와 로젠버그(Lazarsfeld and Rosenberg, 1955)의 5절에서도 논의된다.

◆ 시릴 버트(Cyril Burt, 1883-1971)는 영국의 범죄심리학자이며 우생학자다. 시릴 버트는 인간의 IQ가 유전된다는 연구로 일약 명성을 얻었으나, 그의 사후 데이터는 조작된 것으로 밝혀졌고, IQ가 유전된다는 시릴 버트의 주장은 완전히 부정되었다. 시릴 버트는 허위 데이터가 얼마나 사회적으로 불필요한 논쟁을 야기할 수 있는지를 보여주는 좋은 예이며, 데이터 조작(data fabrication) 관련 연구윤리 관련 사례로 종종 등장한다.

다는 것을 발견했다고 가정해보자. 이것은 그 두 정보원 사이에 있는 여러 차이들의 결과일 수 있다. 예를 들어, 두 미디어 모두 사람에게 도달하면 동등하게 효과적이지만, 어떤 미디어가 다른 미디어보다 더 넓은 **보급률**을 갖고 있을 수 있다. 혹은 이 두 미디어가 같은 보급률을 가지지만, 그중 하나가 더 강력한 효과를 갖고 있을지도 모른다. 예컨대 더 설득력 있는 주장을 사용하거나, 대중을 움직이는 다른 방법을 더 성공적으로 사용할 수도 있다. 아마도 이 전체 사안을 일종의 공식으로 표현할 수 있을지도 모른다. 영향력은 보급률과 효과성의 곱과 같다.

따라서 본 연구에서는 응답자가 채널을 찾은 특정한 조건에서 채널과 채널에서 전달된 정보의 영향력을 연구하였다. 이러한 본 연구의 목적은 모든 평가 연구의 특징이기도 하다. 본 연구에서는 다음 같은 문제를 제기하지는 않을 것이다. 미디어를 잘 활용할 수 있다면 다양한 미디어들로 무엇을 할 수 **있는가**?◆ 이런 조사는 전에도 실시된 적이 있다. 이전의 두 연구에서 저자들은 읽기와 듣기[4]의 특성을 비교하고 대인관계 영향력의 특성을 조사한 바 있다.[5] 그러나 현재 연구는 선행연구들과 목적이 다르며, 다른 연구기법을 필요로 한다.

---

**4** 라자스펠드(Lazarsfeld, 1940, 5장).

**5** 라자스펠드, 베럴슨, 고뎃(Lazarsfeld, Berelson and Gaudet, 1948, 14장).

◆ 이 질문은 정치선전 혹은 캠페인을 진행하려는 사람들, 즉 정보제공자 입장에서 중요한 질문이다. 본서의 경우 사람들이 자신의 의사결정을 내릴 때 어떤 채널(대인 간 채널 혹은 미디어 채널)을 활용하는지, 즉 정보수신자 입장에서 연구를 진행하고 있으며, 따라서 정보제공자 입장에서 제기할 수 있는 질문에 대해서는 관심을 갖지 않는다고 밝힌 것이다.

8장

# 효과의 유형

앞서 디케이터 지역의 전체 응답자 표본을 대상으로 효과평가(impact ratings) 결과를 보고한 바 있다. 그러나 이 표본 내부의 개인차이가 존재할 것이라고 예상할 수 있다. 다시 말해, 응답자가 처해 있는 상황에 따라 영향력 발생요인의 효과가 다를 수도 있고 응답자의 개인적 특성에 따라 응답자에게 영향을 주는 정보원의 유형이 다를 수도 있다. 이를 확인하기 위해 4장 앞부분에서 소개하였던 5단계 중 마지막 단계인 통계적 분석을 실시하였다.

본서에서 제시된 그림들은 실제 상황을 단순히 묘사한 것에 불과하다. 예를 들어, 연구가 진행되던 시점에 라디오를 통해 많은 광고들이 송출되었다면, 라디오의 효과평가 지수는 당연히 높게 나타나기 마련이다. 즉 이렇게 얻은 결과를 다른 상황으로 일반화시키기 어렵다. 보다 일반적인 상황에도 타당하게 적용할 수 있는 결과를 얻기 위해서는 추가 정보가 필요하다. 이를 통해 다시 두 가지 방향으로 진행할 수 있다. 먼저, 응답자의 태도와 특성을 고려할 수 있다. 다음으로, 미디어의 효과를 고립된 상태에서가 아니라 미디어들 사이의 관계 속에서 연구할 수 있다. 여기에서 저자들은 주로 첫 번째 방향을 정교하게 살펴볼 것이다.

## 불만의 역할

본 연구의 설문조사를 진행할 때, 응답자가 의사결정을 내릴 때의 심리적 맥락을 밝힐 수 있는 문항들도 포함되었다. 행동변화의 유형들 중에서 저자들이 초점을 맞춘 것은 의사결정을 내리기 이전 상황에 대한 불만으로 인한 행동변화와 실험적 시행착오(experimental trial-and-error), 즉 변화를 위한 변화(change for change's sake)의 목적을 갖는 행동변화의 두 가지 유형이었다. 두 가지 유형의 행동변화를 살펴보기 위해 특정 브랜드나 상품 소비를 바꾼 응답자들에게 다음과 같은 설문문항을 제시하였다.

> "말씀하셨던 브랜드(혹은 상품)으로 바꾸셨을 때, 귀하께서는 이전에 사용하던 브랜드(혹은 상품)에 대해 불만을 갖고 계셨나요? 아니면 그냥 한번 바꾸어보길 원하셨나요?"

기존 패션습관을 바꾸었다는 응답자들에게도 마찬가지 질문을 제시하였다. 질문에 대한 응답을 중심으로, 의사결정을 바꾼 응답자들을 **불만상태**(*dissatisfied*) 변경자와 **만족상태**(*satisfied*) 변경자로 구분하였다. 독자들은 여기서 '불만(dissatisfaction)'이라는 용어는 의사결정을 바꾸기 이전이 아닌 의사결정을 바꾼 이후의 대상에 대한 태도라는 점을 반드시 유념하기 바란다.

효과연구를 진행할 때 태도 혹은 심리적 경향성을 묻는 질문의 본질을 이해하는 것이 중요하다. 응답자는 기존 대상에 대해 불만을 갖고 있다는 이유만으로 의사결정을 바꾸지 않는다. 상당수의 응답자들이 기존 대상에 대해 불만을 느껴도 의사결정을 바꾸지 않으며, 또한 많은 수의 응답자들은 기존 대상에 대해 상당히 만족하지만 의사결정을 바꾸기도 한다.

영향력을 논의하면서 효과발생 노출과 비효과적 노출을 구분하였듯, 기분상태(mood) 혹은 태도변화에 대한 '노출(exposure)'의 경우도 효과를 발생시키는 것과 효과를 발생시키지 않는 것을 구분해야 한다는 것은 명확하다. 즉 사람들이 '느끼는' 기분상태는 다양하지만, 이 중 행동을 유도하는 것은 오직 하나일 뿐이다. 영향력 발생요인의 효과와는 무관하지만, 이와 관련된 좋은 실례로 현거주지에 대한 불만이 거주 유동성(residential mobility)에 미치는 효과를 체계적 방식으로 분석한 선행연구를 살펴보자.[1◆] 세입자가 임대주택의 소음에 불만을 갖는 것과 소음에 대한 불만 때문에 새로 임대주택을 구하려는 것은 명확하게 다르다. 물론 소음으로 인한 불만에

---

**1** 로씨(Rossi, 1955)를 참조하라.

◆ 원서에서는 이 저자주 번호를 5번으로 표시하고 있으며, 이다음 각주부터 1, 2, 3…으로 번호를 부여하고 있다. 원서를 편집하면서 나타난 실수인 듯하다. 이에 본서에서는 제시된 저자주의 순서대로 1, 2, 3…으로 순차적으로 번호를 부여하였다.

대해 단순노출과 유효한 노출이라는 차이는 앞서 5장의 그림들에서 제시된 결과와 동일한 형태를 갖는다. 그러나 본 연구에서는 다양한 형태의 불만에 대한 노출을 구분하지는 않을 것이다. 다시 말해 불만이 존재하는 한 효과와 무관하게 노출을 다루고자 한다. 본서에서 살펴보고자 하는 것은 대인접촉과 공식적 미디어의 효과가 의사결정을 변경하기 이전의 대상에 대해 만족하고 있었던 응답자와 만족하지 못했던 응답자 사이에 차이가 발생하는지를 테스트하는 것이다. 본서에서 말하는 만족상태 응답자와 불만상태 응답자의 차이란 바로 이 뜻이다.◆

전반적 분석결과를 살펴보기 위해 효과성 지수(effectiveness index)에 집중해보자. 예를 들어, 패션습관을 바꾸었다고 밝힌 만족상태 응답자와 불만상태 응답자가 언급한 주요 영향력 발생요인의 효과성 지수는 아래와 같다.

[표10] 만족상태 응답자와 불만상태 응답자의 패션변화에 영향을 미친 다양한 영향력 발생요인의 효과[2]

| | 효과성 지수[3] | |
|---|---|---|
| 영향력 발생요인 | 만족상태 응답자 | 불만상태 응답자 |
| 언어적(Verbal) 대인접촉 | .09 | .20 |
| 시각적(Visual) 대인접촉 | .13 | .18 |
| 판매원(Salesperson) | .08 | .13 |
| 잡지 | .04 | .08 |

위의 표에서 알 수 있듯, 영향력 발생요인의 효과는 그 종류와 무관하게 불만상태의 응답자에게서 더 크게 나타났다. 패션에서 나타난 결과는 다른 분야에서도 비

2 패션습관 변경과 관련, 거의 절반가량의 응답자들이 변경 이전의 패션에 대해 불만을 느끼지 않은 채 패션을 바꾸었다고 응답하였으며, 나머지 절반가량은 변경 이전의 패션에 대해 불만을 느낀다고 답하였다. 일상소비 분야 관련 연구의 경우, 약 1/3가량의 응답자들이 변경 이전 브랜드에 대해 별 불만을 느끼지 못하였다고 답하였고, 나머지 2/3가량의 응답자들은 변경 이전 브랜드에 대해 불만을 느꼈다고 응답하였다.

3 효과성 지수에 대해서는 5장에서 이미 설명하였다.

◆ 사회과학연구 방법론의 용어로 다시 쓰자면, 저자들은 '조절효과 테스트'를 실시하고자 한다. 예를 들어 대인접촉을 X라고 하고, 의사결정 변경 여부를 Y라고 하고, 예전에 사용하던 상품에 대한 불만 여부를 Z라고 가정해보자. 저자들이 테스트하고자 하는 것은 결국 X → Y의 관계가 Z의 수준에 따라 달라지는지 여부를 살펴보는 것이다. 이를 다이어그램으로 나타내면 아래와 같다.

$$X \xrightarrow{\;Z\downarrow\;} Y$$

슷하게 나타났다. 불만상태 응답자들이 다른 사람으로부터 조언을 듣거나 정보를 접한 경우, 행동을 취할 가능성이 더 높게 나타났다. 물론 이 결과는 생각만큼 명확하게 나타난 것은 아니다. 아마도 불만상태 응답자들은 의사결정을 바꾸는 것에 대해 조심스러울 것이다. 즉 불만상태의 사람은 외부의 조언이나 안내를 더 받고자 하지만, 외부의 영향력의 효과는 그리 크지 않았다. 불만상태의 응답자는 보다 다양하고 풍부한 외부의견을 듣고자 하며, 의사결정을 내리는 과정도 보다 조심스럽다. 즉 불만상태의 응답자는 변경한 결정결과에 대해 또다시 불만을 느끼고 싶지 않은 것이다.

이러한 상황이 발생할 경우 [표10]에서 나타났던 변경 이전 대상에 대한 불만족 여부와 효과성 지수의 관계는 역전될 수 있다. 실제로 여기서 저자들이 제시한 결과는 여러 패턴들이 통합되어 나타난 결과로 보다 더 자세한 분석이 필요하다. [표10]의 결과는 여러 수많은 가능성들이 합산되어 나타난 결과일 뿐이다.

[표10]의 결과는 응답자의 의사결정에 영향력을 발휘한 개별 미디어에 대해 노출된 비율이 얼마인지를 보여주고 있다. 그러나 이에 대해 두 응답자 집단에서 만족상태에 따라 미디어 **노출량**(*amounts of exposure*)이 서로 다를 수도 있다는 의문이 제시될 수 있다. 미디어 노출량의 경우 분야에 따라 결과가 다르게 나타났다. 일상소비 분야의 경우, 불만상태 응답자들이 대인접촉과 라디오 광고 모두에서 노출량이 더 높았다. 또한 의사결정 이전 대상에 대한 불만은 의사결정에 참고할 가용한 정보원을 더 많이 알고 있으며, 이들 정보원으로부터 더 크게 영향을 받을 수 있다는 두 가지 결과로 이어진다고 볼 수 있다.

패션 분야의 경우, 불만상태 응답자와 만족상태 응답자 두 집단 사이에 미디어 노출량의 차이가 발견되지 않았다. 즉 패션 분야의 경우 불만상태 응답자들은 만족상태 응답자에 비해 **노출의 효과성**(*effectiveness of exposure*)은 높게 나타났지만, 노출량은 별반 다르지 않았다. 이 결과가 무엇을 의미하는지를 해석하는 것은 쉽지 않다. 어쩌면 응답자들은 패션 분야에 대해서는 언제나 주의 깊게 의사결정을 내리려 하는 반면, 상품소비와 관련해서는 변경 이전 대상에 대한 불만을 통해 상황을 보다 날카롭게 인식(awareness)하는 것일지도 모른다. 그러나 현재 결과에 대해 보다 심도 있는 해석을 제시하기보다, 현재 나타난 미미한 결과들을 심층적으로 파헤칠 수 있는 후속 연구를 기다리는 것이 더 나을 듯하다. 그러나 최소한 [표10]은 만족상태 응답자와 불만상태 응답자들에게서 나타난 통계적 차이는 비슷하다는 것을 잘 보여주고 있다.

## 추가적 상황요인

앞서 논의하였던 의사결정 이전 대상에 대한 불만과 유사한 응답자의 기질적 요인(dispositional factor)을 살펴보았다. 영화관람 분야와 관련 응답자들에게 아래와 같은 질문을 제기하였다.

> "귀하께서는 특정 영화를 보기 위해 영화관에 가셨나요? 아니면 그냥 영화를 보기 위해 극장에 가셨나요?"

위의 설문문항을 제시한 이유는 명확하다. 특정한 영화를 보기 위해 영화관에 간 사람에게 영향을 미친 요인과 느긋하게 휴식을 취하기 위해 영화관에 간 사람에게 영향을 미친 요인은 다를 것이기 때문이다. 따라서 이 설문에 대한 응답을 기준으로 차별적(discriminating) 영화관람객과 무차별적 영화관람객(non-discriminating movie-goers)을 구분하였다. 본 연구에서 말하는 차별적 영화관람객은 연구에 포함된 특정 영화를 관람한 사람들에 한정된다. 그러나 어떤 특정 시점에서 영화를 선별하는 성향이 있는 사람들은 다른 시점에서도 영화를 선별하여 시청하는 경향이 높다는 본 연구결과에 따르면, 본 연구의 영화관람객 구분방법은 큰 문제가 없다고 생각한다.

저자들은 차별적 영화관람객일수록 다양한 영향력 결정요인들에 대한 노출량이 더 높다는 결과를 얻었는데, 사실 이 결과가 그다지 놀라운 것은 아니다. 결국 어떤 영화를 볼지 더 많이 신경 쓰는 사람일수록 더 많은 가능성들을 탐색하고자 할 것이다. 이는 [표11]에서 잘 나타난다.

[표11] 차별적 영화관람객 집단과 무차별적 영화관람객 집단에 대한 다양한 정보원의 효과[4]

| 정보원 및 측정치 | 차별적 영화관람객 집단 | 무차별적 영화관람객 집단 |
|---|---|---|
| 대인접촉 | | |
| 노출된 응답자 비율 | 50% | 37% |
| 효과성 지수 | .36 | .27 |
| 신문 | | |
| 노출된 응답자 비율 | 86% | 75% |
| 효과성 지수 | .06 | .07 |
| 잡지 | | |
| 노출된 응답자 비율 | 31% | 17% |
| 효과성 지수 | .14 | .10 |

대인접촉과 잡지의 경우, 무차별적 영화관람객 집단에 비해 차별적 영화관람객 집단에게서 효과성 지수가 상대적으로 더 높게 나타났다. 신문의 경우 별 차이가 나타나지 않았다. 앞선 분석결과에서도 나타났듯 표본 전반에서 신문에 노출된 응답자가 가장 높지만, 신문에 대한 노출을 효과발생 노출로 꼽은 사람은 가장 적었다.[5] [표11]의 결과에서도 나타나듯, 무차별적 영화관람객들에 비해 차별적 영화관람객들은 신문을 통해 정보를 찾으려는 비중이 높았으나, 신문을 통해 얻은 단순한 사실정보에 의해 영향을 받은 비율은 비슷하게 낮게 나타났다.

[표10]과 [표11]의 결과를 통합해볼 때, 다음과 같은 일반화된 결론을 얻을 수 있다. 현재까지 사용하고 있는 무엇인가에 대해 불만을 느끼는 사람과 특정한 영화를 관람하고자 하는 사람은 추상적 태도를 의사결정이 일어나는 사례에 구체적으로 적용한 사람이다. 즉 이런 사람들은 자신이 직면한 문제에 대한 구체적 해결책을 원하는 사람이다. 이들은 기존에 사용하던 것보다 더 나은 것을 구하고자 원하는 사람들이거나, 자신이 특별하게 관심을 보이는 대상을 찾고자 하는 사람들이다. 이런 사람들의 마음가짐(mental set)은 구체적이다. 이들은 구체적인 목표의식을 갖고 주변 환

4 '차별적 영화관람객'은 주로 '특정 영화'를 관람할 목적으로 영화관에 간다고 응답한 사람을 의미한다. '무차별적 영화관람객'은 주로 '그냥 영화를 보기 위해' 영화관에 간다고 응답한 사람이다.

5 [그림2]를 참조하라.

경을 탐색한다. 이런 마음가짐을 가진 사람들은 외부의 영향력 발생요인들(그것이 대인접촉이든 공식적 미디어이든)의 설득시도에 자주 노출되기 마련이다. 비록 본 연구에서 확보한 데이터는 매우 적지만, 분석결과를 통해 다음과 같은 추가적 해석을 내릴 수 있다. '무엇인가를 찾고자 하는 사람(people on the lookout)'은 외부의 설득시도에 보다 자주 노출되는 것은 물론이며, 어떠한 상황에서도 대인접촉이 가장 유효한 정보원이라는 사실이다. [표10]과 [표11]의 결과를 통해 만족상태 응답자 및 무차별적 영화관람객에 비해 불만상태 응답자 및 차별적 영화관람객에게서 대인접촉의 효과가 어떠한 공식적 미디어의 효과보다 더 크게 나타나는 것을 확인할 수 있었다.

## 대인관계 영향력의 효과 차이

여기서 한 가지 발견을 더 추가하고자 한다. 물론 여기서 보여주고자 하는 결과를 설문에서 얻은 응답자의 태도 및 일반적인 개인 특성들을 통해 얻은 결과를 통해 일반화하는 것은 불가능하다. 하지만 그럼에도 불구하고 현재 본서의 연구방법을 보다 정교하게 적용하였다면 여기서 보여주는 결과를 얻을 수 있었을 것이다. 여기의 결과를 통해 본서에서는 '대인접촉'이나 매스 미디어의 영향력에 대해 언급하고자 한다. 물론 대인접촉의 영향력은 여러 유형들이 존재한다(이를테면 정도의 차이는 있겠지만, 가족으로부터 듣게 된 조언은 모르는 이방인으로부터의 조언보다 더 중요한 역할을 수행할 것이다). 이와 관련하여 앞서 본서에서는 매우 전형적인 사례를 언급한 바 있다. 남편이 있는 여성들은 공공이슈와 관련하여 다른 사람들보다 남편과 많은 대화를 나누지만, 공공이슈에 대한 남편의 지식에 대해서는 그다지 큰 믿음을 갖지 않는다. 즉 남편이 주부에게 미치는 영향력에는 이 두 가지 경향이 섞여 있는 것이다. 효과평가 분석을 통해 대인접촉의 영향력을 증폭시킬 수 있는 세 가지 요인들을 추가할 수 있다. 본서의 여성응답자들의 경우,

1. 가족 구성원(특히 자녀들)은 가족 구성원이 아닌 사람들에 비해 여성응답자들의 식품구매에 더 큰 영향력을 행사한다.[6]

2. 어떤 분야의 전문가로 인식되는 사람들의 조언은 해당 분야의 일반인들의 조언보다 더 큰 영향력을 행사한다.

3. 대인접촉을 통해 구체적 조언이 제공될수록 조언을 들은 사람이 조언을 따를 가능성이 더 커진다.

## 구체적 조언의 역할

관련 주제의 구체성 수준에 따라 대인관계 영향력은 물론 개별 미디어 영향력들 역시 세분화하였다.

예를 들어, 영화에 대한 관심이라는 점에서 잡지들을 여러 가지로 나눌 수 있다. 어떤 잡지들은 헐리우드 영화들만을 전적으로 다루는 반면, 어떤 잡지들은 영화를 주기적으로만 다루거나 심지어 전혀 다루지 않는 경우도 있다. 본 연구에서는 여러 다른 유형의 잡지들이 어떻게 영화를 다루고 있으며, 잡지가 영화관람에 미치는 영향력이 어떻게 다른지를 비교해보고자 한다.

만약 어떤 응답자가 자신이 본 영화에 대한 내용을 잡지를 통해 읽었다고 답했을 경우, 어떤 잡지를 읽었는지 역시 추가로 질문하였다. 응답된 모든 잡지들은 영화만을 다루는 '영화잡지(movie magazines)', 여성 관객들을 위한 여성적 토픽들을 주로 다루는 '여성지(women's magazines)', 이외의 다른 주간지들에 해당되는 '일반잡지

6 8장에서 다룰 일상소비 분야의 영향력에 대해 논의할 때, '남편'과 '자녀'들은 여성응답자의 대인접촉 대상자의 범주에서 제외하였다. 물론 본 연구에서 수집한 데이터에서 남편과 자녀는 중요한 역할을 수행하는 것으로 나타났다. 본 연구에서는 '요청(requests)'과 '영향력(influences)'을 명확하게 구분하기 위해 가족 내 대인접촉을 제외하였다. 예를 들어 "A브랜드의 커피를 사다 줘요"라고 남편이 아내에게 말했다면, 이는 남편의 '요청'에 대해 아내가 단순한 일종의 구매 대행자 역할을 수행한 것으로 볼 수 있다. 이러한 '요청'은 암시를 주거나, 조언을 건네거나, 구매경험을 이야기해주는 것 등과 같은 '영향력'과는 명확하게 다르다(물론 집안 내에서도 영향력이 전달될 수도 있다). 가족 내부의 대인접촉 데이터를 분석한 결과 '영향력'보다는 '요청'이 더 빈번하게 나타났기 때문에 여기서는 가족 구성원 내부의 대인접촉 데이터는 모두 배제하였다. 이를 통해 저자들은 일상소비 분야에서의 '대인관계 영향력'(즉, 대인접촉의 빈도와 효과성)이 어떤 역할을 하는지 명확하게 이해할 수 있었다. (10장에서 다시 언급하겠지만, 남편과 자녀들은 커피와 시리얼이라는 두 가지 구체적 일상소비 분야에서 중요한 대인접촉으로 나타났다.)

(general magazines)' 총 세 가지 범주로 분류하였다.

응답자가 언급한 잡지들 중 41%는 '영화잡지', 32%는 '일반잡지', 14%는 '여성잡지', 나머지 13%는 분류가 불가능하거나 이름이 확인되지 않은 잡지였다. 잡지 유형별 효과평가 결과는 아래와 같다.

[표12] 잡지유형과 영화선택에 미치는 효과[7]

| | 잡지유형 | | |
|---|---|---|---|
| | 영화잡지 | 일반잡지 | 여성지 |
| 효과발생 노출 | 16% | 12% | 9% |
| 보조적 노출 | 7 | 17 | 13 |
| 비효과적 노출 | 77 | 71 | 78 |
| 효과성 지수 | .20 | .17 | .11 |
| 총합(=100%) | (68) | (52) | (23) |

분석결과 영화잡지 노출이 가장 유효하였고(16%), 일반잡지 노출이 12%로 두 번째로 유효하였으며, 여성지 노출이 9%로 가장 낮았다. 상식적으로 각 잡지유형별 내용분석결과는 영화잡지가 영화를 소개한 지면이 가장 많았을 것이며, 일반잡지가 그 다음을, 그리고 여성지에서 가장 적게 영화를 다루었을 것으로 추측할 수 있다. 즉 각 유형의 잡지 노출이 영화선택에 미친 효과는 각 잡지유형별 내용분석결과와 비슷한 것을 알 수 있다.◆

특정한 잡지를 언급한 응답자들 중 절반 이상(55%)이 영화에 대한 영화평이나 영화관련 기사를 언급하였으며, 25%의 응답자들은 광고를 언급하였으며, 20%의 응답자들은 자신이 접한 잡지기사가 무엇인지 기억하지 못한다고 답하였다. 영화평이나 영화관련 기사들을 접한 사람들의 경우 15%는 잡지노출을 효과발생 노출로,

---

7 [표12]는 잡지노출만을 대상으로 하고 있다. 세로줄의 총합은 응답자가 언급한 잡지유형별 노출빈도를 의미한다.

◆ 원문은 하나의 문장으로 이루어져 있으며, '상식적으로'라는 표현이 없다(실제 분석결과가 제시되지 않은 것을 감안할 때, 잡지유형별 내용분석결과는 저자들이 추정한 것이다). 원문의 의미를 잘 살리기 위해 한 문장으로 된 복문을 여러 문장으로 나누고, 내용분석결과가 실제 데이터 분석결과를 기반으로 하지 않았음을 명확히 제시하기 위해 '상식적으로'라는 표현을 추가하였다.

16%는 보조적 노출로 분류하였다. 광고를 접한 사람들의 경우 12%는 잡지노출을 효과발생 노출로, 2%에 불과한 사람들이 보조적 노출이라고 응답하였다. 즉 영화평이나 영화관련 기사들이 광고에 비해 영화선택에 더 크게 영향력을 발휘하는 것으로 나타났다.

## 소결

지금까지 수집한 데이터를 통해 최대한 어떻게 해석할 수 있는지 살펴보았다. 제시된 연구결과는 향후 커뮤니케이션 연구에서 효과연구가 어떤 역할을 할 수 있는지를 보여주고 있다. 이제 어떤 추가 연구문제를 생각해볼 수 있는지 잠시 살펴보기로 하자. 사회적으로 다수파에 속한 사람들은 소수파에 해당되는 사람들과 다른데, 둘 중 어떤 사람들이 주변의 조언이나 선전물에 더 쉽게 설득될까? 또한 만약 특정 분야에서 다양한 경험을 한 사람들과 상당히 동질적인 방식으로 행동해왔던 사람들 중 누가 더 잘 설득될지 비교해보면 어떤 결과를 얻을 수 있을까? 성격에 따른 차이, 즉 다른 사람들에 비해 더 쉽게 영향을 받는 어떤 개인적 특징들이 존재할까? 이와 같은 유형의 연구문제들을 통해 저자들은 왜 저자들이 예상했던 결과를 얻지 못하였는지 생각해볼 기회를 제공해준다. 여기서 저자들은 어떤 의사결정을 내릴 때 영향력 발생요인이 미치는 효과가 교육수준에 따라 달라지는지, 나이가 많은 사람에게는 대인접촉이, 젊은 사람에게는 매스 미디어가 더 큰 영향력을 발휘하는지 여부를 살펴보았다. 물론 이에 대한 적절한 경험적 해답을 얻기 위해서는 본서에서 살펴보고 있는 각 유형의 의사결정 분야들에 따른 특이성을 감소시킬 수 있도록 대규모의 연구를 진행할 필요가 있다는 점에 저자들도 동의한다. 그러나 현재 본 연구에서 확보한 데이터의 경우 오로지 단 하나의 발견만이 일관되게 나타났다.◆ 그것은 바로 의견지도력(opinion leadership)에 대한 효과분석이다. 물론 앞서 설명하였듯 본서에서 다룬 의

---

◆ 여기서 저자들은 인간행동의 분야가 달라져도 자신들이 제시하는 이론적 인과관계(즉 의견지도력이 의사결정에 미치는 효과)는 일관되게 유지된다는 점을 강조하고 있다. 현대 사회과학연구 방법론에서는 연구자가 주장하는 인과관계가 맥락 변화에 상관없이 일정하게 나타날 경우 '외적타당도(external validity)'가 확보되었다고 표현한다.

사결정 분야들에 한정된다는 한계가 있으나, 다양한 영향력 발생요인에 대한 의견지도자가 노출된 결과와 일반인이 노출된 결과를 비교해볼 수 있다.[8]

본서에서는 효과평가 관련 다음의 세 가지 방식의 통계적 점검과정을 진행하였다. 첫째,[◆] 정보원의 효과는 응답자가 본 연구에서 관심을 가지고 행동을 취하는 전체 과정과 연관된 여러 기질적 요인이나 태도 등에 따라 달라졌다. 이에 본서에서는 의사결정을 내리기 이전 대상에 대해 응답자가 느끼는 불만과 의사결정 대상에 대한 응답자의 차별적 태도에 따라[◆◆] 영향별 발생요인의 효과가 어떻게 달라지는지 보여주는 사례들을 제시하였다. 둘째, 정보원 그 자체도 세부적으로 분류하였다. 예를 들어 대인접촉 및 잡지의 유형에 따라 효과평가가 어떻게 달라지는지 살펴보았다. 셋째, 응답자 유형에 따라 다양한 정보원들의 효과가 달라질 수도 있지만, 본 연구의 데이터에서는 정보원의 효과가 들쑥날쑥하게 달라지지 않았다. 이들 세 가지 통계적 점검과정을 마무리하기 위해, 네 번째 유형의 분석을 진행하였다(네 번째 유형의 분석에 딱 들어맞는 구체적인 응답자 사례는 본 연구의 데이터에서는 발견하지는 못했다).

우선 보다 일반적인 사례로 시작해보자. 만약 약물중독(drug addiction)에 대해 다음과 같이 두 가지 요소들로 구성된 설명모형으로 연구를 진행한다고 가정해보자. 연구모형을 통해 (1) 청소년은 어떻게 약물을 처음으로 접하게 되며, (2) 약물을 계속 사용하면서 어떤 유형의 만족을 얻는지 연구해보고자 한다. 즉 어떤 행동을 시작하게 만드는 요인과 지속하게 만드는 요인을 구분하는 것이 목적이다. 어떤 청소년들은 불량배 조직에 가입하고 싶어 약물을 시작할 수도 있으며, 마찬가지 이유로 약물을 계속 사용할 수도 있다. 그러나 어떤 상황적 요인으로 약물을 최초로 접하게 된 청소년이 비슷한 이유로 약물을 계속 사용할지 여부는 불명확하다. 주변 환경에 쉽게 영향을 받는 청소년이라면 사회적 요인이 약물의 시작과 지속적 사용 모두에 결정적인 역할을 수행할 것이다. 그러나 대개의 경우 각 단계별로 효과를 미치는 요인은 다를 것이다. 주변 친구들의 권유로 약물을 처음 접한 청소년들은 '심리적 저항력이 약한(weak resistance)' 성격일 것이다. 따라서 사회적 영향력이 사라져버린 이후에도 약

---

**8** 본서 후반부에 제시될 14장 '커뮤니케이션의 2단계 흐름'을 참조하라.

◆ 원문에는 첫째, 둘째, 셋째라는 표현 구분이 존재하지 않는다. 명확한 의미 전달을 위해 번역문에는 서수사를 삽입하였다.

◆◆ 원문에서는 "the roles of dissatisfaction and discrimination"으로 간략하게 표현되었다. 개념어를 단순하게 번역할 때 발생할 수 있는 혼동을 막기 위해 본문의 내용에 맞도록 배경정보를 넣어 의역하였다.

물에 의지하려는 습관을 잘 버리지 못할 것이다. 다시 말해, 어떤 행동을 시작하도록 만드는 이유와 그 행동을 유지하도록 만드는 이유가 서로 양(positive)의 관계를 가질지, 음(negative)의 관계를 가질지, 아니면 무관한 관계일지를 미리 예단할 수 없으며, 이는 다른 맥락에서도 마찬가지다. 예를 들어, 어떤 이유로 고향을 떠난 사람들의 경우, 애초에 고향을 등지게 된 이유와 전혀 상관없는 이유들로 새로운 정착지를 선택할 수도 있다. 무엇인가를 등지게 만드는 이유와 무엇인가에 매력을 느끼게 만드는 이유 사이의 통계적 관계는 경험적 관찰을 통해 확인할 수 있을 뿐이다. 두 가지 이유 사이의 관계는 연구를 수행하기 이전에는 짐작할 수 없고, 몇몇 소수의 사례들을 세심하게 살펴본 연구들을 기반으로 일반화시키는 것도 불가능하다.

의사결정에 이르는 여러 과정들 혹은 단계들[이를테면, 압박(push)과 유인(pull), 행동 개시(initiation)와 지속(continuation)]이 존재한다는 것을 이해한다면, 다양한 미디어가 의사결정의 여러 단계에 따라 작동방식과 효과가 달라지는지 여부에 대한 연구가 필요하다는 결론을 내릴 수 있다. 이러한 방식의 분석, 즉 영향력의 발생과정에서 영향력 발생원인이 어떻게 달라지는가에 대한 검토는 본서 11장에 이미 제시되었다. 이런 분석을 통해 저자들은 광고가 소비자에게 미치는 효과는 상품이나 브랜드를 새롭게 시도하도록 만들기보다 이미 사용하고 있는 상품이나 브랜드를 계속 사용하도록 암시한다는 것을 알 수 있다. 이와 같은 가능성은 본서에서 소개한 '이유분석(reason analysis)'과 관련한 컬럼비아 대학 응용사회연구소의 최근 연구를 통해 더 신빙성을 얻고 있다.[9] 본서에서 채택하고 있는 과도하게 단순한 연구모형으로는 앞에서 언급한 것과 같은 세부적인 정보를 제시하는 것이 불가능하다. 그러나 여기서 말하고자 하는 것은 다음과 같다. 보다 정교한 설명모형이 존재한다면 앞에서 서술한 분석이 가능하겠지만, 어떠한 설명모형도 없다면 저자들이 보여주고자 했던 기초적인 주장을 제시하는 것조차 불가능하다는 점이다.◆

---

**9** 이와 관련하여 식음료(食飮料) 선택에 대한 에니스(Ennis, 1954)의 미출간 연구와 내과의사들의 새로 출시된 신약 채택 여부에 대한 카츠와 멘젤(E. Katz and Menzel, 1954)의 미출간 연구를 참조하라.

◆ 표현이 다소 복잡하지만 저자들이 말하고자 하는 바는 명확하다. 즉 자신들의 연구가 완벽하다고는 볼 수 없으나, 어떠한 연구도 없는 것보다는 낫다는 것이다. 학문적 겸손함의 표현으로 볼 수도 있다.

# 3부

# 대인관계 영향력의 흐름◎

9장

# 영향력 흐름의 기술

본 연구에서 주목하고 있는 영향의 종류와 영향력 전파자의 유형은 1부에서 설명한 바 있다. 1부에서 저자들은 본 연구의 관심사가 일상소비, 패션, 공공이슈, 그리고 영화관람 분야에서 발생하는 비공식적인 대인적 영향의 구체적인 사례들이라고 분명히 밝히고자 노력했다. 2부에서는 영향력 요인의 유형별 발생빈도수, 그리고 이 네 가지 분야에서의 효과성과 매스 미디어 영향력의 빈도수와 효과성을 비교하였다. 3부에서는 공식적 미디어와 비교할 때 영향력 전달자인 개인들의 구별되는 특성, 즉 '의견지도자'에 주목할 것이다.

본 연구에서 다룰 대부분의 논의에서는 '자기지명(self-detected)'으로 확인된 의견지도자를 다룰 것이다. 이러한 의견지도자들은 일상소비, 패션, 공공이슈, 영화관람과 관련된 특정 사안에 대해서 최근 누군가에게 조언을 준 경험이 있다고 말한 여성들이다. 이렇게 의견지도자를 찾는 방법의 장단점과 신뢰도는 앞서 논의된 바 있다. 따라서 9장에서는 곧바로 "이 의견지도자들은 누구이며 영향을 미치는 대상은 누구인가?"라는 질문으로 시작하겠다.

만일 본 연구가 공장이나 병원처럼 보다 공적 사회 구조에 관심이 있었다면, 의견지도자 연구가 더 쉬웠을 것이다. 즉, 아마 의견지도자와 영향력의 흐름을 비교적 잘 정의된 지위의 관점에서 묘사할 수 있었을 것이다. 따라서 평균적으로 노조 간부들이 다른 근로자들에게 조언을 해준다거나, 숙련 노동자들이 미숙련 노동자들의 의견지도자 역할을 한다거나, 또는 병원 환경에서 의술 행위의 혁신이 전문의에서부터

◎ 레오 스롤(Leo Srole)과 데이비드 글레이처(David B. Gleicher)가 3부의 논의와 데이터 분석에 크게 기여했음을 밝힌다.

일반의로 전달되는 현상을 발견할 수 있었을 것이다.[1]

그러나 본 연구가 다루는 환경에서는 이렇게 명확하게 의견지도자를 확인하기 어렵다. 우선, 본 연구가 다루는 사회구조는 뚜렷하게 정의되어 있지 않다. 본 연구에서는 이를 공동체라고 부르며, 본 연구의 기본단위는 주로 공동체를 이루고 있는 작고 상대적으로 비공식적인 네트워크이다. 두 번째 어려움은 관련된 개인들을 부를 수 있는 편리한 명칭들이 제공되는 공장이나 병원(예를 들면, 인턴, 간호사, 전문의, 일반의와 같은 명칭)과 달리, 본 연구 단위의 구성원들은—가족 구성원들을 제외하고— 쉽게 구별되지 않는다. 따라서 영향력의 흐름을 기술하는 것이 훨씬 더 어렵다. 이웃에게 영향력을 미치는 여성들은 영향력을 받는 여성들과 다른 모습을 하고 있는가? 영향력 있는 사람들과 없는 사람들을 식별하는 데에 사용할 수 있는 명칭이 존재하는가?

## 의견지도력 관련 세 차원

이런 문제들이 바로 이번 장에서 맞닥뜨리게 된 문제들이다. 이 문제에 대해 본 연구에서는 표본의 구성원을 식별하고, 아울러 대인관계 영향력의 흐름을 묘사하는 틀이 되는 세 가지 요인을 채택하였다. 이 세 가지 요인은, '생애주기'에서의 위치, 공동체의 사회·경제적 구조에서의 위치, 그리고 사교성 또는 사회적 접촉의 범위이다.

(1) **생애주기**: 여성응답자가 몇 살인지, 결혼은 했는지, 자녀가 몇 명인지, 자녀들은 몇 살인지 등등의 정보는 표본의 구성원들을 식별하는 데 기초가 된다. 본 연구에서는 가족생활과 자녀 양육의 다양한 단계를 '생애주기'라고 부를 것이다. 저자들은 생애주기 단계들이 표본응답자들을 분류하는 데 도움이 될 뿐만 아니라, 다른 주제들에 대해 다양한 영향력을 발휘하는 의견지도력과 연관되어 있을 것으로 기대하였다. 다시 말해, 특정 생애주기에 놓인 응답자는 다른 단계의 생애주기에 있는 응답자에 비해 특정 분야에 더 많은 관심을 기울이며, 본서에서 살펴보고 있는 여러 분야에서 영향력을 발휘하는 의견지도자가 될 것으로 예상할 수 있다.

**1** 카츠와 멘젤(E. Katz and Menzel, 1954)은 의료 전문가 사이에서의 과학적 정보의 흐름에 대한 예비 연구를 수행했으며, 현재 더 큰 규모로 연구를 수행하는 중이다.

본서에서는 표본 구성원들의 생애주기 분포를 고려해서 의견지도자들이 특정 단계의 생애주기 지점에 집중되는 경향이 있는지, 아니면 어느 정도 고르게 분포하는지를 확인할 계획이다. 그다음, 생애주기를 관통하는 규칙적인 커뮤니케이션의 흐름이 존재하는지 확인하고자 한다. 예를 들어 나이 든 여성들은 젊은 여성들에게 영향을 미치는가? 만일 그렇다면 어떤 사안에 대해서 그러한가? 대가족을 가진 여성들은 소규모 가족의 부인들에게 의견지도자 역할을 하는 경향이 있는가? 만일 그렇다면 어떤 사안에 대해서 그러한가?

(2) **사회경제적 지위**: 수직적 구조 내 응답자의 사회경제적 지위(position on the ladder of social and economic status)는 의견지도자와 영향력의 흐름을 설명하는 데 도움이 될 수 있는 또 다른 요인이다. 전통적으로 높은 사회경제적 지위는 지역 사회에서 갖는 영향력의 거의 유일한 결정요인이라고 평가되어 왔다. 다시 말해 영향력은 수직적 구조에서 상층부를 차지한 사람들의 '권력'으로 인해, 혹은 아랫사람들의 모방 동기로 인해 위에서 아래로 흐른다고 생각되어왔다. 일반적으로 영향력 흐름에 대한 대부분의 가설은 수직적인 흐름에 주목하고 있는 것으로 보인다. 그러나 일반적으로는 수직적 구조에서 영향력이 위에서 아래로 흐르는 것처럼 보이더라도, 반드시 사회경제적 지위 각 단계에 위치한 모든 사람이 더 높은 사람으로부터 개별적으로 영향을 받는다는 것을 의미하지는 않는다. 만일 영향력이 위에서 아래로 흐른다고 가정하더라도 최소 몇몇 소수의 핵심 지점에서는 지위 경계를 가로질러 영향력이 전달된다고 생각해볼 수 있을 것이다. 예컨대 집단대표자들(ambassadors) 사이에 영향력 전파를 탐색해보자. 본서에서 주목하는 유형의 영향력 전파 행위의 대부분은 같은 지위의 사람들 사이에서 진행되는 것이다.[2]

어느 경우든, 저자들은 수직적 영향력 흐름 가설과 함께, **수평적 영향력** 흐름 가설을 나란히 제시할 것을 제안한다. 그리고 생애주기와 마찬가지로, 이 가설과 관련된 두 가지 유형의 증거를 살펴보고자 한다. 첫째, 본 연구에서 살펴본 네 가지 분야 각각과 관련하여 영향력 전파자들이 높은 지위 계급에 집중되는 경향이 있는지, 아

2 영향력의 종류 중 여럿은 사회적 지위 구조 위에서 **아래로** 흐르는 것이 아니라, 각 지위수준 내에서만 머무르며 다른 수준을 침범하지 않을 가능성이 있다. 예컨대 재즈와 같이 영향력이 아래에서 위로 **올라갈** 가능성 또한 있다.

니면 모든 지위수준에 상당히 고르게 분포되는 경향이 있는지를 살펴보아야 한다. 예를 들어, 만약 영향력 전파자가 모든 지위에 비교적 균등하게 분포되어 있다면, 영향력 흐름이 대체로 수평적, 다시 말해 각 지위수준에 해당하는 사람들은 비슷한 지위에 있는 의견지도자를 따른다고 가정해볼 수 있을 것이다. 반면, 만약 의견지도자들이 한 지위에 불균형적으로 집중되어 있고 다른 지위에는 없다면 영향력이 특정 집단에서 다른 집단으로 흘러간다고 생각할 수 있다.

본 연구에서 확보한 두 번째 유형의 분석결과는 더욱 직접적인 관련성을 지닌다(아래에 설명하겠지만, 아쉽게도 이 분석결과로는 '제안' 이상의 것을 다룰 수 없다). 표본 일부에 대해 영향력 전파자와 영향력 수용자에 대한 정보를 수집했다. 이 정보를 검토함으로써 영향력 교환의 '주체(who)'와 '객체(whom)' 두 가지를 모두 살펴볼 수 있을 것이다. 만약 평균적으로 영향력 전파자가 영향력 수용자보다 더 높은 지위에 있음을 발견한다면, 본서에서 살펴보는 일상적 영향력의 전파 상황에서도 영향력의 주된 흐름이 수직적이라고 생각할 수 있겠다. 그러나 지위가 다른 사람들 사이에서보다 동등한 사람들 사이에서 영향력이 더 자주 이동한다는 것이 발견된다면, 수평적 영향의 가설이 사실에 더 가깝다고 결론을 내릴 것이다.

(3) **사교성**: 의견지도자들을 묘사하기 위해 사용할 세 번째 요소는 사교성, 즉 다른 사람들과의 접촉수준이다. 의견지도자들의 특성이 무엇이든, 의견지도자들은 다른 사람들과 접촉할 수 있어야만 한다. 저자들은 이런 사교성이라는 요소가 여성들이 의견지도력을 얻는 데 유리한 고지를 제공하는지 살펴볼 것이다. 물론 사교성의 정도는 여성이 누릴 수 있는 자유 시간의 양에 따라 어느 정도 결정될 것이며, 자유 시간은 다시 생애주기에서의 위치(미혼 여성과 어린 자녀 셋을 둔 여성을 비교해보라)와 사회적 지위(가정부의 도움을 받는 부유한 여성과 가난한 여성을 비교해보라)와 같은 요인들과 관련되어 있다. 따라서 의견지도력을 얻는 데에 사교성이 기여하는 부분을 평가하려면 비슷한 수준의 생애주기나 지위를 가진 여성들끼리 비교해야 한다.

## 세 차원별 응답자 분포

먼저 앞서 소개한 세 차원 요인 각각에 대한 지수를 만들어야 한다. 이를 통해 본 연구에서는 의견지도자들이 분포된 위치를 찾아내고, 일상소비, 패션, 공공이슈와 영화관람에서 영향력의 흐름을 추적하는 데 각 요인이 얼마나 효과적인지 확인하고 싶다. 저자들은 다음과 같이 세 차원의 지수를 구성하였다.

(1) **생애주기 유형**: 응답자들의 생애주기 지점을 설명하기 위해서 전형적인 여성의 삶의 변화과정에 있는 주요 전환점들—소녀 시기부터 결혼, 어머니, 그리고 중년 부인까지—을 고려하는 유형들을 개발해야 한다.

미혼 여성 또는 '소녀(girl)'는 여성의 생애주기에서 출발위치를 나타낸다. 일반적으로 미혼 여성의 주요 관심사는 다음 단계인 결혼이며, 미혼 여성의 많은 활동과 관심사는 다음 단계를 지향한다. 가족 구성에서 미혼 여성의 지위는 전형적으로 거의 성인에 가까운 피부양가족(dependent)이지만, 직업을 갖고 있을 수도 있으며, 가계 소득에 임금이나 급여를 보태고 있을 수도 있다. 그러나 미혼 여성은 집안일과 집안 결정에 별 책임을 갖고 있지 않으며, 미혼 여성의 활동 범위와 관심사는 이러한 자유를 반영한다. 본 연구의 표본에는 101명의 미혼 여성들이 포함되어 있으며, 그중 80%는 35세 미만이다. 35세 이상의 미혼 여성들은 대개 결혼시장 바깥에 있으며, 35세 이상 미혼 여성들의 여러 활동과 관심사는 젊은 미혼 여성들과 다를 수 있다. 본 연구에서는 미혼 여성 유형을 어느 정도는 동질적인 사람들로 분류하기 위해 35세 이상의 응답자는 '미혼 여성' 범주에서 제외하였다.

꽤 명확하게 구분 가능한 유형인 미혼 여성과 달리, 아내 집단에는 15세 여성부터 80세 여성, 6명 아이의 어머니, 영유아의 어머니, 그리고 성인 자녀의 어머니 등 다양한 여성들이 포함된다. 이러한 다양성은 응답자의 연령과 어머니 역할의 책임 차이를 보여준다. 저자들은 이러한 변수들이 집단내에서 다소 동질적일 수 있도록 아내 집단을 세부적으로 분류하는 것이다.

첫째, 표본 내 아내 응답자들을 두 개의 기본적인 연령 집단으로 구분하였다. 즉 45세를 경계선으로 젊은 아내들과 나이 든 아내들로 나눌 것이다. 이 분류를 통해 여성들의 관심사와 활동에 대략 상응하는 생물학적 전환점을 제공했다. 동시에, 이 분류를 적용하면 여성응답자들의 자녀의 연령 역시 명확하게 분류된다. 따라서 젊은 아내(45세 미만)들의 자녀 중 80%가 15세 미만이고, 나이 든 아내(45세 이상)의 자녀 중 91%가 15세보다 나이가 많았다.

본서에서는 나이 든 아내들, 즉 45세 이상의 기혼 여성들은 '중년 부인'이라고 명명하겠다. 그러나 저자들이 볼 때 비교적 명확한 범주에 도달하기 위해서는 45세 미만의 여성들을 또다시 세부 분류해야 한다.

이 두 번째 하위분류는 가족의 규모에 따라서 구분하려고 한다. 2명 이상의 자녀가 있는 가족은 대가족으로, 1명 또는 자녀가 없는 가족은 소가족으로 정의하기로 한다. 저자들이 택한 이 기준은 젊은 아내들의 평균 자녀 수가 한 명에서 두 명 사이였기 때문이다. 이상적으로, 아이가 없는 아내 집단을 아이가 있는 아내 집단에서 구분하고 싶었지만, 이들의 표본 수는 너무 적었다. 350명의 젊은 아내(45세 미만) 중 55명만이 자녀가 없었다.

이렇게 45세 미만의 기혼 여성들을 '대가족 아내'와 '소가족 아내'로 다시 구분함으로써 여성들의 생애주기에서의 네 가지 기본 유형을 서술했다. 본 연구의 표본에서 각 유형에 해당하는 응답자 비율은 다음과 같다.

[표13] 표본 내 생애주기별 응답자 분포

| | |
|---|---|
| 미혼 여성 (35세 미만의 미혼 여성) | 12% |
| 소가족 아내 (자녀가 0-1인인 45세 미만의 기혼 여성) | 26 |
| 대가족 아내 (자녀가 2인 이상인 45세 미만의 기혼 여성) | 25 |
| 중년 부인 (대부분의 자녀가 15세 이상인 45세 이상의 기혼 여성) | 37 |
| 총합(=100%) | (693) |

이 분류 체계에서는 응답자들을 사회 구조의 일환인 가족으로 분류하였다. 여기서 가족은 연령, 결혼 여부, 어머니라는 생애주기의 요인들로 정의된 사회 구조이다. 이와 같은 분류는 일상소비, 패션, 공공이슈와 영화관람 분야에서의 관심사 및 활동과 관련되어 있다고 생각한다. 따라서 생애주기는 각 분야에서 의견지도력을 발휘할 가능성과도 관련이 있을 것이다.

그러나 가족 내에서의 여성의 지위에 상관없이, 가족 자체의 지위도 여성이 다른 사람들에게 영향을 미칠 수 있는 역량이나 의견지도력을 차지할 가능성과 관련이 있을 수 있다. 이는 사회적, 경제적 지위의 구조와 관련이 있다.

(2) **사회경제적 지위**: 한 사회에서 사회적·경제적 기회를 다르게 받은 사람들 사이에서 생각과 행위의 중요한 차이가 나타난다는 것은 이미 확인된 사실이다. 하지만 지위의 구조를 3개, 4개, 아니면 6개로 구분해야 할지에 대해서는 합의가 이뤄지지 않았다.[3] 따라서 응답자 분류가 세부화의 수준을 결정하는 주된 요인이 되어야 할 것이다. 본 연구에서는 계급 차이를 매우 거칠게 측정하였다. 즉, 본 연구에서는 응답자들의 사회경제적 지위를 상, 중, 하로 나누는 개략적인 분류방식을 채택하였다. 물론 이 분류의 효용성은 이를 통해 본 연구에서 무엇을 확인할 수 있는지 살펴볼 때만 판단할 수 있을 것이다.

응답자들을 개략적으로 정의된 이 세 가지 계급 집단으로 나누기 위해 저자들은 임대료와 교육이라는 두 가지 변수를 선택한 후 이들을 결합해서 사회경제적 지위를 나타내는 지수를 만들었다. 이를 위해 각 변수에 대해서 표본의 절반이 한쪽에, 다른 절반은 반대쪽에 놓이는 분할 지점을 찾아냄으로써 집단을 구분하였다.[◆] 교육의 경우에는 고등학교 졸업 여부가 분할점으로 나타났다. 즉, 표본의 약 절반은 고등학교를 졸업했거나 그 이상의 교육을, 나머지 절반은 고등학교를 재학했거나 그 이하의 교육을 받았다. 임대료의 경우, 분할점은 월 40달러[◆◆]였다.[4] 두 변수 모두 사회경제적 지위 지수를 구성할 때 거의 동등한 중요성을 갖는다고 가정해보자. 높은 교육수준과 높은 임대료 지출을 높은 지위의 표식으로, 낮은 교육수준과 낮은 임대료 지출을 낮은 지위의 표식으로 받아들이고, 둘 중 하나만 높을 경우 중간 지위를 나타낸다고 간주해보자. 이러한 범주를 사용하면 응답자의 35%는 낮은 지위(낮은 교육수준과 낮은 임대료), 37%는 중간 지위(낮은 교육수준과 높은 임대료, 또는 높은 교육수준과 낮은

---

**3** 엄밀히 말해 사회적 지위는 경제적 지위와는 별개로 고려되어야 한다. 즉, 소득과 명성을 구분하는 것이 종종 유용하다는 것을 나타내는 연구결과들이 있다. 시장조사의 장점 측면에서 이 문제에 대해 논의한 워너의 연구(Warner, 1949)를 기반으로 한 스미스(Smith, 1952)를 참조하라. 안타깝게도 본 연구에서는 여기에서 계층화의 두 가지 측면을 개별적으로 다루지 못했다.

**4** 주택소유자들에게는 "귀하께서 만약 임대료를 내게 된다면 (귀하의 집) 임대료는 얼마나 된다고 생각하시나요?"라는 질문을 했다. 주택소유자들의 답변은 실제로 임대료를 지불하는 응답자들과 같은 방식으로 처리했다. 이 자료들은 1945년에 수집되었다는 점을 상기해야 한다.

◆ 이는 흔히 중간값 분할(median-split)이라고 불리는 방식이다. 최근에는 그다지 많이 사용되는 방법은 아니다.

◆◆ 데이터가 수집된 1945년 기준으로 40달러는 2020년 가치로 환산할 때 약 600달러 정도에 해당된다(출처: https://www.dolloartimes.com). 현재 일리노이 디케이터 시의 월 주택임대료(방이 1-3개인 주택 기준)는 약 500-1,100달러 수준이다(출처: apartments.com).

임대료), 그리고 나머지 28%는 높은 지위(높은 교육수준과 높은 임대료)로 분류되었다. 각 지위의 범주에 표본의 3분의 1이 해당되었다.

(3) **사교성**: 생애주기와 수직구조의 사회적 지위에서의 위치는 본서에서 살펴본 네 가지 분야의 의견지도자를 찾는 데 유용할 수도 있고, 유용하지 않을 수도 있다. 예컨대, 어떤 분야에서 의견지도력은 특정 생애주기에 있는 여성들에게 집중되어 있지만, 지위에 따라서는 별 차이가 나타나지 않을 수도 있다. 혹은 다른 분야에서는 반대로 나타날 수도 있다. 그러나 어떠한 경우라도 사회적 접촉은 의견지도력의 기본 요소로 여겨진다. 의견지도자라는 개념 자체가 추종자의 존재를 암시하기 때문에 의견지도자의 정의 그대로, 다른 사람들의 의견과 습관에 영향을 미치는 의견지도자는 의견지도자가 아닌 사람보다 더 광범위한 사회적 접촉을 갖는다고 보는 것이 타당할 것이다.

이를 검증하기 위해 저자들은 다음과 같이 '사교성'이라는 간단한 지수를 구성하였다. 사교성 점수는 사회적 접촉수준을 정량화한 지수다. 본 연구에서는 응답자에게 1) "귀하께서 호의적인 관계를 유지하며 꽤 자주 대화하는 사람 중에 이웃이 아니며 과거에도 이웃인 적이 없었던 사람은 몇 명인가요?"와 2) "귀하께서는 어떤 단체, 클럽 또는 토론집단에 속해 계신가요?"라는 두 가지 질문을 제시하였다. 첫 번째 질문은 현재 진행형인 응답자의 교우관계에 대한 것이다. 즉, 응답자에게 나타난 가족 환경 바깥에 있는 친밀하고 비공식적인 관계들의 규모를 측정하였다. 두 번째 질문은 응답자의 공공 단체에 대한 사회적 참여를 다룬다. 이 두 가지 질문은 응답자들이 대면 영향력의 과정에 참여할 수 있는 기회의 정도를 반영하는 질문이다. 본서에서 주로 관심을 가진다는 점에서 이 두 가지 유형의 사회적 관계를 모두 반영한 사교성 점수를 생성하였다.

이 두 변수를 하나의 지수로 합치기 위해 각각의 변수를 높고 낮음만 나타내도록 단순화시켰다. 표본응답자들이 지명한 친구 수의 중간값은 7명이었다. 따라서 7명을 기준으로 응답자를 두 집단으로 나누었다. 7명 미만의 친구('적은 친구' 집단)를 가진 43%와 7명 이상의 친구('많은 친구' 집단)를 가진 57%의 여성으로 나누었다. 그다음 소속집단 개수를 기준으로 전체 표본을 소속집단이 많은 집단과 적은 집단으로 분류하였다. 표본의 41%는 많은 집단 범주에 해당되고 59%는 적은 집단 범주에 포함된다. 본 연구에서는 두 변수를 동시에 적용하여 다음과 같은 분류를 얻었다.

[표14] 사회적 활동에 따른 표본응답자 분포

| | | 친구 수 | |
|---|---|---|---|
| | | 많음 | 적음 |
| 소속집단 수 | 많음 | 27% | 14% |
| | 적음 | 31% | 28% |

표본 내 여성응답자의 27%가 친구 수와 소속집단 수 모두가 많다고 평가되었고, 28%는 두 가지 측면의 사회활동 모두에서 낮은 것으로 평가되었다. 이 두 극단 사이 중간에 있는 45%(14%와 31%의 합)는 두 차원의 사회 활동 중 한 차원에서만 높은 수준을 보였다. 본 연구에서는 사회적 접촉의 성격보다는 일반적인 사교성이라는 요인에 집중하고 있으므로, 이 두 중간 집단을 결합하여 중간의 사교성 점수를 부여하였다. 따라서 본 표본에서 27%는 높은 점수를, 45%는 중간 점수를, 28%는 사교성이 낮은 점수를 부여받았다.

## 사교성의 결정요인으로서 생애주기와 사회적 지위

본 연구에서는 의견지도력을 생애주기, 사회적 지위, 사교성의 세 차원에서 파악하고자 했다. 우선 이 세 가지 주요 변수가 서로 어떤 관계를 맺고 있는지 검토해야 한다. 저자들은 각 변수가 서로에 대해 '독립적'인지, 아니면 한 변수가 어떤 방식이든 다른 변수들과 관련되어 있는지 살펴보았다.

당연히 지위와 생애주기는 별 관계가 없을 것이다. 왜냐하면, 소득과 교육수준 모두 생애주기의 미혼 여성기-기혼 여성기-어머니 시기에 눈에 띄는 영향을 미칠 수 없기 때문이다.◆ 따라서 생애주기의 각 유형별 응답자 비율이 세 가지 지위수준에서 모두 같아야 한다. 분석결과 몇몇 예외 사례들을 제외하고 저자들의 추측이 맞다는 것을 확인할 수 있었다. 예외적으로 지위가 낮은 여성들 사이에서는 미혼 여성이 비교적 적고(다른 두 지위수준에서는 13%와 14%를 기록했다) 중년 부인이 조금 더 많았다(각각 41%와 37%를 기록했다). 이는 아마 젊은 여성들이 평균적으로 그들의 연장자들

◆ 데이터가 수집된 1940년대에는 타당한 지적일지는 모르지만 현재 유효한 평가이기는 어렵다.

보다 더 많은 교육을 받는다는 사실을 반영하기 때문일 것이다. 본 연구에서 정의한 사회적 지위는 부분적으로 교육수준을 반영하고 있기 때문에 낮은 사회적 지위에 놓인 응답자들이 더 적게 나타났다. 그러나 그 차이는 대체로 아주 작았다. 소득과 교육은 생애주기의 각 단계에 해당하는 여성의 비율을 눈에 띄게 변화시키지 않았다.

그러나 생애주기나 사회적 지위의 경우 사교성과 관련하여 주목해서 살펴봐야 할 결과들을 발견할 수 있었다. 사회적 지위와 사교성의 관계는 명백했다. 여성의 지위가 높을수록 사회 활동의 범위는 더욱 넓어졌다.

[표15] 사회적 지위수준별 사교성 점수 분포

| | 사회적 지위수준 | | |
|---|---|---|---|
| 사교성 점수 | 높음 | 중간 | 낮음 |
| 높음 | 39% | 28% | 15% |
| 중간 | 44 | 47 | 46 |
| 낮음 | 17 | 25 | 39 |
| 총합(=100%) | (196) | (253) | (243) |

사회적 지위가 높은 여성들은 사회적 지위가 낮은 여성들에 비해 사회적 활동성이 매우 높게 나타날 가능성이 더 높았다. 중간 수준의 사회적 지위를 갖는 여성들의 사교성 점수는 전반적으로 중간 수준을 보였다. 게다가 중간 정도의 사교성 점수를 가진 여성의 비율은 세 가지 지위 집단 모두에서 거의 비슷한 반면, 사교성 점수가 높고 낮은 여성들 사이에서는 사회적 지위가 다르게 나타났다.

이 관계의 의미에 대해 더 충분히 살펴보자. 여기서 저자들은 앞서 언급했던 대로, 단지 [표15]가 사회적 지위수준이 사회적 경제적 기회의 차이, 생활양식의 차이와 연관성을 갖는다는 점을 보여줄 뿐이라는 것을 지적하고자 한다. 만약 추가적 분석을 통해 사회적 지위가 높고 사교성도 높은 사람이 의견지도력을 발휘한다는 것을 발견한다면, 사회적 지위와 의견지도력 사이의 관계가 사회적 지위와 사교성 사이의 관계로 설명될 수 있다고 이해할 것이다.

사회적 지위가 사교성을 발휘할 기회를 마련해주는 요인인 것처럼, 생애주기의 단계 또한 여성의 사회적 활동에 영향을 주는 요인일 것이다. 저자들은 여성들이 느끼는 가족에 대한 무거운 책임감이 스스로를 가정으로 한정시키는 주요 원인이라고 추측한다. 만약 저자들의 추측이 맞다면, '미혼 여성'들의 사교성이 가장 높을 것이고, 중년 부인이 그다음, 소가족의 아내가 그다음으로 사교적이며, 대가족 아내들의 사교성이 가장 낮게 나타날 것이다. 그러나 [표16]에서 나타나듯 저자들의 추측이 완전히 타당한 것은 아님을 알 수 있다.

[표16] 생애주기별 사교성 점수 분포

| | 생애주기별 응답자 유형 | | | |
|---|---|---|---|---|
| 사교성 점수 | 미혼 여성 | 소가족 아내 | 대가족 아내 | 중년 부인 |
| 높음 | 21% | 19% | 23% | 34% |
| 중간 | 56 | 48 | 48 | 40 |
| 낮음 | 23 | 33 | 29 | 26 |
| 총합(=100%) | (80) | (176) | (170) | (257) |

중년 부인들—더는 가족에만 전념할 필요가 없는 여성들—만이 현저히 높은 사교성을 보였다. 다른 유형의 경우 사교성 점수가 높은 응답자가 약 20% 정도였으나, 이와 달리 중년 여성들의 경우 34%가 사교성이 매우 높은 것으로 나타났다. 이는 저자들의 예상과 일치한다. 그러나 미혼 여성의 경우는 어떠한가?

데이터를 살펴본 결과 미혼 여성들의 경우 사교성 점수의 두 가지 요소를 개별적으로 살펴봐야 한다는 것이 명백하게 나타났다. 미혼 여성들은 친구 수라는 측면에서 높은 점수를 받을 가능성이 가장 컸지만, 클럽이나 단체 등에서 특별히 활동적인 회원이 아닌 것으로 드러났다. 이 결과는 미혼 여성들의 주된 관심은 남편감을 찾는 것이기 때문에◆ 자신의 사회적 시간과 에너지를 (일반적으로) 여성이 대다수를 차치하는 공식적인 조직을 통한 접촉보다 비공식적인 접촉에 소비하는 것을 선호한다는 사실을 반영하는 것일 수 있다. 본 연구의 사교성 점수가 친구관계와 회원권 둘 다에 기초하고 있다는 것을 고려하면 왜 미혼 여성들이 중간 정도의 사교성 수준에는 많지만 높은 수준의 사교성에는 없는지 분명해진다.

전반적으로 생애주기의 여러 유형 간에 존재하는 사회 활동의 변동성은 그렇게 크지 않았다. 나중에 사회적 활동이 의견지도력과 관련이 있다는 결과를 본다면, 사

◆ 독자들은 본서가 저술된 시대적 배경을 반드시 고려한 후 이 부분을 평가해야 할 것이다.

회 활동의 범위가 네 가지 생애주기 유형 사이에 거의 균등하게 분포되어 있을 것이라는 점을 꽤 확신할 수 있을 것이다.

그럼에도 생애주기와 사교성 사이에는 사회적 지위가 '통제'될 때까지 명확하게 나타나지 않았던 중요한 관계가 하나 있었다. 이를 위해 서로 다른 사회적 지위수준에서 각 생애주기 유형의 사교성을 검토해보자. 그리고 이 문제를 단순화하기 위해 표본 내 응답자들을 높은 지위와 낮은 지위의 집단으로 나누어보자.

저자들의 예측은 미혼 여성들의 사회적 지위에 따른 차이—낮은 사회적 지위의 미혼 여성들과 비교했을 때, 높은 사회적 지위의 미혼 여성들의 낮은 사교성 점수의 분포 격차—에서 매우 명확하게 맞아떨어졌다. 상위 계층의 경우 사교성 점수 기준으로 사회적으로 비활동적인 미혼 여성이 거의 없는 반면(6%), 하위 계층의 경우 40% 이상의 미혼 여성들이 사회적으로 비활동적인 것으로 나타났다. 즉, 하위 계층 미혼 여성 10명 중 4명이 평균보다 더 적은 수의 친구를 갖고 있으며 또한 어떤 조직에도 가입하지 않았다는 것을 의미한다. 이 결과는, 짐작컨대, 지위가 낮은 미혼 여성에게는 사회 활동이 제한되는 책임이 일찍부터 부과되는 것과 관련 있을 것이다. 아마도 하위 계층 미혼 여성은 집안일을 돕거나 일을 해야 했을 것이다. 그러나 하위 계층 미혼 여성이 무엇을 하든 간에, 사교성 측면에서 이 미혼 여성은 보다 상위 계층의 또래 미혼 여성들과는 상당히 다를 것이다. 분석결과, 상위 계층 미혼 여성들은 사교성이 낮은 집단에 속하는 경우가 거의 없는 것으로 나타났다.

소가족 아내들 사이에서도 이와 같은 현상이 상당히 뚜렷하게 나타났다. 사교성

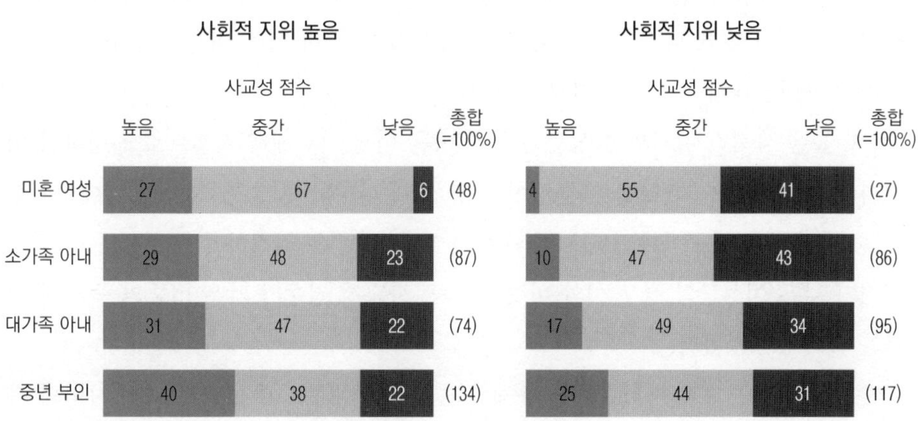


[그림5] 사회적 지위와 생애주기 유형별 사교성 점수 분포

지수에서 낮은 점수를 받은 하위 계층 소가족 아내들의 비율은, 상위 계층 소가족 아내들 비율의 두 배 정도다. 대가족 아내들과 중년 부인들의 경우 사회계층별 사교성 지수의 차이는 감소하였다.

각 사회적 지위수준 내에서의 생애주기 진행과정 관점에서 보면, 같은 사실을 다소 다른 각도에서 살펴볼 수 있다. 높은 사회적 지위 집단의 경우 소가족 아내들이 비슷한 사회적 지위의 미혼 여성들보다 낮은 사교성 점수를 받을 가능성이 네 배나 높았다. 즉, 남편을 만난 후 비교적 부유한 젊은 여성의 사회생활은 급격히 단절됨을 보여준다. 그러나 사회적 지위가 낮은 젊은 여성은 그렇지 않았다. 미혼 여성 시절에도 사교성이 높지 않았던 낮은 사회적 지위 여성들은 소가족 아내가 되어서도 비슷하게 지낸다. 그러나 중년 부인이 된 후 낮은 사회적 지위 여성들의 사교성은 높은 사회적 지위에 있는 비슷한 또래의 중년 부인들에 비해 더 빠르게 증가하는 모습을 보인다.

지금까지의 결과를 통해 생애주기 유형과 사교성 사이의 관계에 대해 상당히 명확한 이해를 얻게 되었다.

1. 두 사회적 지위수준 집단 모두에서, 생애주기의 진행에 따라 여성들의 사교성이 증가했다.

2. 두 사회적 지위수준 집단 모두에서, 미혼 여성들은 사교성 지수에서 높은 점수를 받을 가능성이 가장 낮았고 중간 점수를 받을 가능성이 가장 높았다. 앞에서 추정한 바와 같이, 젊은 미혼 여성들은 사회적 에너지를 비공식적인 우정과 같은 형태에 집중시키며, 공식적 조직 분야에서는 비교적 비활동적이라는 사실을 반영한다.

3. 각 생애주기별 낮은 사회적 지위의 여성들은 높은 사회적 지위의 여성들보다 사교성 점수가 낮게 나올 가능성이 컸지만, 이것은 특히 미혼 여성들에게서 그리고 소가족 아내들에게 꽤 두드러지게 나타났다.

4. 높은 사회적 지위의 여성들은 특히 미혼 여성 시절에서 결혼으로 진행하기 이전까지 사교성 점수가 낮을 가능성이 가장 크게 나타났다. 소가족 아내 생애주기부터 중년 부인 생애주기까지 사교성 점수가 낮은 비율은 일정하게 유지된다. 사회적 지위가 낮은 여성들의 경우 이와 비슷한—즉, 사교성 점수가 낮은 비중의 증가— 결과는 나타나지 않았다.

이에 따라 사회적 지위수준을 통제하는 것은 생애주기 유형과 사교성 사이의 관계를 더 명확하게 이해하는 데 도움이 된다.

의견지도력과 관련하여 지금까지 살펴본 이들 세 가지 요인이 중요하게 다루어져야 할 이유는 이 요인들이 단독으로 혹은 결합하여 특정 분야에 대한 여성응답자의 관심에 미치는 영향력 때문이다. 또 이 세 가지 요인은 여성들 자신의 관심사를 실제 영향력으로 변환시킬 기회를 늘리거나 줄이는 데에도 영향을 미칠 것이다. 다음 장에서 저자들은 여기서 소개한 이 세 가지 요인들을 이용하여 일상소비, 패션, 공공이슈 및 영화관람에서의 의견지도자들의 프로필을 묘사하고, 이러한 의견지도자들로부터 그들을 따르는 사람들에게 흐르는 영향력의 흐름을 설명할 것이다.

10장

# 일상소비 분야 의견지도자

의견지도력은 용어의 뜻 그대로, 매일매일 일상적으로 발생한다. 만약 의견지도력이 일상적으로 발생하는 현상이라면, 의견지도력의 효과는 일상소비 분야에서도 여전히 유효할 것이다. 왜냐하면 대부분의 여성은 거의 끊임없이 가정용품을 구매하기 때문이다.◆ 그러나 여성들이 습관적으로 가정용품을 소비한다고 하더라도(어쩌면 바로 이 이유 때문에), 개인의 구매패턴은 언제나 바뀌며 이에 따라 전체 시장도 역시 변화한다. 본 연구표본을 구성하는 여성응답자 중 약 절반가량이 이전까지 사용하던 상품이나 브랜드를 새로운 상품이나 브랜드로 바꾼 바 있다고 응답했다. 상품이나 브랜드를 바꾸었다고 응답자들 중 약 1/3가량은 대인접촉을 경험하였으며, 이 과정에서 소비와 관련된 상당한 수준의 조언을 얻었다고 답하였다. 여성응답자들은 신상품, 다양한 브랜드들의 품질, 쇼핑 관련 상황 등에 대한 의견을 서로 주고받았다. 이렇게 대인접촉을 통해 주고받은 정보가 바로 본서의 연구대상이었다.

이번 장에서는 무엇보다 앞서 소개한 생애주기, 사회적 지위, 사교성이라는 세 가지 요인들로 일상소비 분야에 '구체적(specific)' 영향력 전파자로서의 의견지도자

◆ 이 문장을 읽을 때는 본서가 작성된 1940-50년대 미국 상황을 염두해야 한다. 미국 여성들은 1920년이 되어서야 선거권이 인정되었다. 1940년대 제2차 세계대전을 겪으면서 여성노동자가 등장하기는 했지만, 세계대전이 끝나고 남성들이 일터로 복귀하면서 여성들은 전업주부의 역할로 돌아갔다. 여기서 저자들이 말하는 여성의 모습은 당시의 시대상황을 반영하는 것으로 이해해야만 하며, 결코 여성의 생물학적·기질적 특성이나 여성에 대한 도덕적 역할을 주장하는 것으로 해석되지 말아야 한다.

특성을 확인하고자 하였다.[1] 이번 장에서는 상이한 생애주기 지점, 상이한 사회적 지위, 다양한 사교성 수준을 갖고 있는 여성응답자들을 비교하는 방식으로 전체 미국 인구집단 중 일상소비 분야에서의 의견지도자의 비율을 추정하려 시도하였다. 이를 위한 첫 단계로 수직적인 사회적 지위(status ladder)의 세 단계별로 의견지도자의 비율을 비교하였다. 구체적으로 사회적 지위의 2단계 이상에 해당되는 응답자보다 1단계에 해당되는 응답자에게서 일상소비 분야 의견지도자가 더 많이 발생하는지를 살펴보았다.

## 일상소비 분야 의견지도력과 사회적 지위: 수평적 영향력 흐름

흔히 지적되듯 만약 일상의 영향력이 수직적 과정을 통해 흐른다면, 사회적 지위가 높은 응답자 층에서 더 많은 의견지도자들이 발견될 것이다. 사회적 지위가 높을수록 소비 관련 능력이 탁월할 것이라고 믿을 이유는 없지만, 사회적 지위의 높고 낮음에 따라 영향력이 달라질 것이라는 가설은 다른 조건이 동일할 때 사회적 지위가 높은 사람이 그렇지 않은 사람보다 조언을 제공하는 사람으로서 더 매력적으로 받아들여질 것이라는 점을 시사한다. 그렇다면 사회적 지위수준과 일상소비 분야에서의 의견지도력 사이에는 어떤 관계가 있을지 살펴보기로 하자.

[그림6]에서 알 수 있듯, 사회적 지위수준이 높아진다고 해도 일상소비 분야 의견지도력을 발휘할 가능성은 미미하게 증가할 뿐이다. 상위수준 응답자들에게서 나타난 일상소비 분야에서 의견지도자 발견 확률은 하위수준 응답자들에게서 나타난 확률보다 미미하게 높을 뿐이다. 일상소비활동은 모든 사람들에게서 보편적으로 나타나는 활동이라는 점에서 각각의 사회적 지위수준에 따라 자체적인 의견지도자를 보유하고 있다고 추정하는 것이 타당할 것이다. 이 결과는 두 가지 중 하나로 해석할 수 있다. 첫째, 사람들은 사회적 지위 차이와 무관하게 일상소비 분야와 관련된 조언

1 본 연구에서는 어떤 분야에 특정된 유력자를 의견지도자라고 지칭하였다. 의견지도자의 정의와 의미에 대해서는 본서 1장에서 논의한 바 있다. 일상소비 분야의 경우, 두 차례 인터뷰를 근거로 (a) 식품이나 가정용품 구매와 같은 문제와 관련하여 최근 누군가에게 조언을 요청받은 적이 있다고 밝힌 응답자와 (b) 두 인터뷰 중 한 인터뷰에서만 다른 누군가에게 조언을 요청받았으며, 자신이 다른 사람보다 소비활동과 관련된 조언을 더 많이 한다고 생각하는 응답자를 의견지도자로 간주하였다.

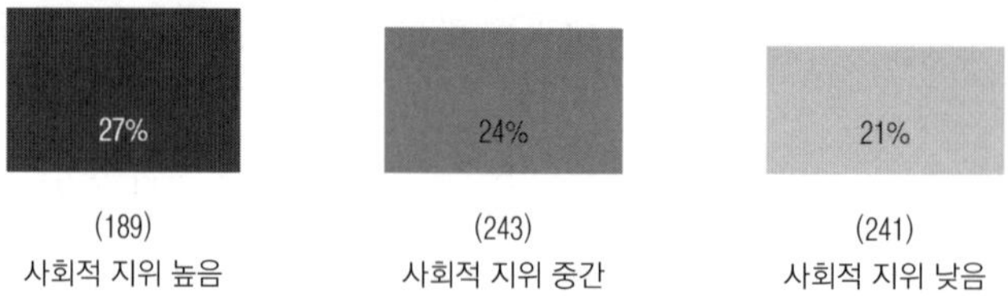


**[그림6] 사회적 지위수준별로 일상소비 분야 의견지도자의 발견빈도는 거의 동일하다**

각 막대 아래의 괄호 안 수치는 의견지도자의 비율을 계산할 때 사용된 총 사례 수를 의미한다. 즉 사회적 수준이 높은 189명의 응답자 중 27%가량을 일상소비 분야 의견지도자로 해석할 수 있다. 비율 계산은 사회적 수준별로 계산되었다.

을 주고받는다(다시 말해, 사회적 지위가 낮은 일상소비 분야 의견지도자가 사회적 지위가 높은 일상소비 분야 의견지도자에게 영향을 줄 수 있고, 그 반대 과정도 마찬가지다). 둘째, 일반적으로 사람들은 자신의 사회적 지위수준과 비슷한 사회적 지위를 갖고 있는 사람들에게 일상소비 분야 의견지도력을 발휘한다.

이들 두 가능성들 중, 일상소비 분야의 영향력이 각각의 사회적 지위 내부에서 흐른다는 주장이 사회적 지위와 무관하게 일상소비 분야 의견지도력이 흐른다는 주장보다 더 합리적일 것이다. 첫째, 비슷한 사회적 지위의 사람에게 조언을 구한다는 것은 비슷한 수준의 가계수입으로 인해 비슷한 소비문제를 안고 있는 사람에게 조언을 구한다는 것을 뜻한다. 바로 이 이유 때문에 본 연구에서는 일상소비 분야 관련 조언이 비슷한 사회적 지위를 갖는 사람들 내부의 활동이라고 생각한다. 둘째, 상점 및 쇼핑센터들은 (도시계획이나 자리 등과 같은 요인들에 따라) 특정한 사회적 지위를 공유하는 사람들을 주고객으로 하는 경우가 대부분이며, 따라서 일상제품을 소비할 때 사회적 지위가 다른 사람들과 만날 가능성보다 비슷한 사회적 지위를 갖는 사람들과 만날 가능성이 더 높다. 그래서 사람들이 일상소비활동과 관련된 조언이 필요하다고 느낄 때 자신과 비슷한 사회적 지위를 갖는 주변 사람들을 만나게 될 가능성이 높다. 즉 일상소비 분야의 의견지도자는 '추종자(followers)'와 유사한 사회적 지위를 공유한다고 볼 수 있다.

누가 누구에게 영향력을 행사하는가의 문제에 대한 직접적 증거도 존재한다. 1차조사시기 응답자들 중 최근 의사결정과 관련하여 이들에게 영향력을 행사했다고 지명된 사람들을 대상으로 '추적' 인터뷰를 진행했다는 것을 2장에서 언급한 바 있다. 일상소비 분야의 경우, 지명된 사람들 중 약 절반을 대상으로 추적 인터뷰를 진행할 수 있었다.[2] 주소 오류, 병환, 조사 거부 등과 시간 및 연구비의 한계(예를 들어 조사 지역 범위를 넘어선 지역을 방문하지 못한 경우)로 인해 일부 추적 인터뷰는 진행하지 못하였다.[3] 따라서 독자들은 저자들이 여기서 제시하는 연구결과, 그리고 이러한 '추적' 인터뷰 데이터를 이용해 실시한 후속 분석결과를 확정적인 것으로 받아들이지 말아야 한다.

언급한 주의사항들을 염두에 두었다면, 이제 분석결과를 살펴보도록 하자. 저자들이 살펴보고자 한 것은 다음의 두 가지였다. 첫째, 응답자들이 자신들의 일상소비와 관련된 조언을 얻고자 할 때 자신과 유사한 사회적 지위를 갖는 사람을 찾는가, 아니면 상이한 사회적 지위를 갖는 사람을 찾는가? 둘째, 만약 사회적 지위가 상이한 사람에게서 일상소비와 관련된 조언이 교환되었다면, 사회적 지위의 차이와 영향력의 흐름 사이에 주목할 만한 연관관계가 존재하는가? 아래는 같은 가족관계가 아닌 경우 대인접촉에서 조언 제공자와 수용자 사이의 관계를 살펴본 결과다.

---

2 응답자들이 상품이나 브랜드를 변경했다고 설문에서 명확하게 밝혔던 386명의 사람이 지명한 사람들은 총 168명이었다. 이들 중, 같은 가족이 아닌 130명을 대상으로 추적 인터뷰를 시도하였고, 이 중 추적 인터뷰를 마친 응답자는 총 76명이었다. 추적 인터뷰 과정에서 나타난 '표본마멸(mortality)' 문제에 대해서는 별첨C를 참조하라.

영향력을 발휘한 사람들의 두 번째 집단은 두 차례의 설문조사에서 실시된 구매식품목록 설문문항에서 두 차례 모두 동일한 브랜드의 커피와 아침식사용 시리얼을 구매했는지 여부를 조사했던 '패널(panel)' 데이터를 통해 추출하였다. 이 '패널' 데이터에서 브랜드나 상품을 의도적으로 변경한 297건의 사례들과 연관된 102명의 응답자들을 추출하였으며(이와 관련하여 7장의 저자주 2를 보라), 이 중 31명을 대상으로 인터뷰를 진행하였다. 추적 인터뷰에서 얻은 76명과 패널조사에서 얻은 31명, 도합 107명의 응답자들이 2장에서 언급한 일상소비 분야에서 '확인'된 사례 수이다. 여기서 저자들은 76명의 사례를 대상으로 분석을 진행하였다. 왜냐하면 (이후에도 추가 설명하겠지만) 대인접촉을 통해 조언을 제공해준 두 집단을 개별 분석하는 것이 더 나았기 때문이다.

3 '추적' 인터뷰 응답자들이 본 연구에서 조사하지 못한 의견지도자들을 얼마나 '대표(representative)'하는가에 대해 저자들이 느끼는 불확실성과 아울러, 앞서 제시한 분석결과가 본 연구에서 '추적' 인터뷰했던 모든 영향력 제공자-수용자(influential-influencee) 쌍(雙)들이 '확인된(confirmed)' 관계인지 여부와 무관하게 진행되었다는 사실 역시 언급할 필요가 있다. 본 연구에서 확인된 영향력 제공자-수용자 관계들만 고려했다고 하더라도 전반적인 분석결과가 달라지지는 않았을 것으로 생각하지만, 이러한 방식으로 데이터를 분석했던 이유는 분석 가능한 데이터가 소규모였기 때문이다. '추적 인터뷰' 데이터에 내재하는 또 다른 불확실성 요인으로는 영향력 제공자-수용자의 지정관계를 언급할 수 있으며, 이에 대해서는 별첨C에서 언급한 바 있다. 이런 요인들을 전체적으로 고려하면, 여기서 언급된 분석결과들을 해석할 때 특별한 주의가 필요하다.

[표17] 사회적 지위수준에 따른 일상소비 분야 영향력 흐름[4]

| 일상소비 분야 의견지도자의 사회적 지위수준 | 영향력 수용자의 사회적 지위 | | | |
|---|---|---|---|---|
| | 낮음 | 중간 | 높음 | 총합 |
| 높음 | 4 | 7 | 2 | 13 |
| 중간 | 6 | 21 | 3 | 30 |
| 낮음 | – | 4 | 19 | 23 |
| 총합 | 10 | 32 | 24 | 66 |

여기서 응답자의 사회적 지위와 응답자가 지명한 의견지도자의 사회적 지위를 비교해볼 때, 영향력 수용자들은 자신과 다른 사회적 지위를 가진 사람에게 조언을 구하기보다 자신과 동일한 사회적 지위를 갖는 사람들에게 조언을 들었다는 것을 알 수 있다. [표17]에서 나타나듯 전체 66건의 영향력 제공자–수용자 쌍들 중 2/3의 경우 동일한 사회적 지위를 공유하는 것으로 나타났다.[5] 다시 말해 일상소비 분야에서의 영향력 교환은 동일한 사회적 지위를 갖는 응답자들 사이에 나타나고 있었다.

영향력이 흐르는 방향(즉, 상이한 사회적 지위를 갖는 사람들 사이에 영향력이 전달될 때, 영향력이 사회적 지위구조에서 위로 옮겨가는지 아니면 아래로 향하는지 여부)과 관련하여 저자들은 특별하게 두드러지는 방향을 발견하지는 못하였다. 다시 말해 일상소비 분야에서 서로 다른 사회적 지위를 갖는 응답자들 사이에 주고받는 영향력 흐름의

---

4 이 표에서 제시된 사회적 지위수준 측정치는 앞서 본 연구에서 소개했던 측정치와 다르다. 여기서 사용된 사회적 지위수준 측정치는 설문조사에 대해 응답자가 자신의 사회적 지위를 A, B, C, D로 평가한 결과다. 이 표에서는 A, B로 응답한 사람들을 '상위수준'으로, C로 응답한 사람들은 '중위수준'으로, D로 응답한 사람들은 '하위수준'으로 분류하였다. 이 측정치에 대해서는 별첨D를 참조하라. '추적' 인터뷰의 경우 최초 설문에서 사용했던 문항들에 대한 응답이 포함되지 않았기 때문에 앞서 사용했던 사회적 지위 측정치를 사용할 수 없었다. 하지만 여러 선행연구들이 보여주듯, 사회경제적 지위수준을 측정한 다양한 측정치들은 서로서로 충분히 대체 가능하다.

5 [표17]의 대각요소들(왼쪽 상단에서 오른쪽 하단 방향의 대각선에 놓인 요소들)에 해당되는 영향력 제공자–수용자 쌍은 동일한 사회적 지위를 공유하고 있다. 대각요소들에 해당되는 세 수치를 더하면 44(4+21+19)가 되는데, 이는 전체 쌍들의 합인 66의 2/3에 해당된다. 대각선 바깥에 놓인 쌍들의 경우 영향력 제공자의 사회적 지위와 영향력 수용자의 사회적 지위가 다름을 의미한다. 본문의 경우 [표17]에서 나타난 영향력의 흐름에 대해 간단하게 서술하는 데 머물렀다. 그러나 별첨C에서 확인할 수 있듯, [표17]과 같은 자료에 대해 보다 정교한 통계적 분석기법도 고려해볼 수 있다. 별첨C에서는 [표17]의 영향력 전달과정에 대한 포괄적 설명의 단점에 대해서도 논의하였다.

경우, 사회적 지위가 낮은 사람에서 높은 사람으로 영향력이 흐를 가능성과 그 반대 방향으로 흐를 가능성이 서로 비슷하게 나타났다.[6] 또한 상이한 사회적 지위를 갖는 영향력 전달자–수용자 쌍의 경우, 그 차이는 오로지 한 단계에만 머무르는 것으로 나타났다. 가장 높은 사회적 지위를 갖는 사람과 가장 낮은 사회적 지위를 갖는 사람 사이에 조언을 주고받은 경우는 매우 드물었다([표17]에서 나타나듯 사회적 지위가 상이한 22쌍 중 고작 2쌍만 여기에 해당된다).

앞서 일상소비 분야의 의견지도자들은 공동체 내부에서 사회적 지위별로 균등하게 퍼져 있다는 것을 발견할 수 있었다. 여기 나타난 연구결과, 비슷한 사회적 지위를 갖는 사람들 사이에 대인관계 영향력이 나타난다는 것을 알 수 있었다. 이를 종합해 보면 일상소비 분야 의견지도력이 어떻게 결정되고 일상소비 관련 조언이 어떻게 흘러들어가는지 상당히 명확하게 파악할 수 있다. 다시 말해 일상소비 분야의 의견지도자들은 개별 사회적 지위수준별로 비슷한 비율로 존재하며 사람들은 자신의 사회적 지위에 해당되는 의견지도자들에게서 조언을 구하는 경향이 존재한다. 상이한 사회적 지위를 갖고 있는 사람에게 조언을 구하는 경우가 보다 크게 나타난 경우는 하위수준의 사회적 지위을 보유하고 있는 응답자들에 국한되었다(하지만 사례 수가 고작 10명에 불과하다).

## 생애주기 지점과 일상소비 분야 의견지도력: '대가족 아내'의 역할

사회적 지위의 위계에서 차지하는 위치는 일상소비 분야의 의견지도자 비율에 별다른 역할을 하지 못한다는 것을 발견하였다. 다음으로 본 연구의 응답자들에게 적용되는 두 번째 구조, 즉 생애주기 지점의 역할을 살펴보자. 일상소비 분야 의견지도력을 발휘하는 시점은 특정한 생애주기 지점에 더 몰려 있는 경향이 있을까? 저자들은 응답자의 사회적 지위보다 응답자의 생애주기 지점이 일상소비 분야에서의 의견지도력을 발휘하는 데 더 큰 효과를 미칠 것이라고 예상하였다. 예를 들어 기혼 상태

6 구체적으로 보다 높은 사회적 지위를 갖는 사람에게 조언을 받은 경우는 10명이었고, 보다 낮은 사회적 지위를 갖는 사람에게 조언을 받은 경우는 12명이었다. [표17]을 어떻게 가장 자세히 분석할 수 있는지에 대해서는 별첨C에서 논의하였다.

의 응답자에 비해 미혼 상태의 응답자가 소비활동에 대한 관심도 낮으며 실제 소비 경험 역시도 적을 확률이 높다. 즉 연령이 높은 응답자는 어린 사람에게 일상소비 관련 조언을 구할 이유가 적으며, 또한 생애주기 지점이 다를 경우 서로 조언을 주고받을 일도 없을 것이다. 따라서 본서에서 '미혼 여성'이라고 부르는 생애주기 지점에 처한 응답자들이 일상소비 분야에서의 의견지도자가 될 가능성은 희박할 것이라고 예상하였다. 반면 '기혼자'로 지칭한 생애주기 지점에 처한 응답자들의 경우, 소가족 아내(small family wives)인지 대가족 아내(large family wives)인지 아니면 중년 부인(matrons)인지에 따라 의견지도력을 발휘하는 응답자 비율이 달라질지에 대해서는 뚜렷하게 예상할 수 없었다. 만약 **조사시점 당시** 어린 자녀들이 있는 가정의 일상소비 분야 활동에 대한 책임이 의견지도력을 결정짓는 요인이라면, 중년 부인들은 일상소비 분야 의견지도력이 낮을 것이고 45세 미만의 기혼 여성들이 (보다 큰 책임을 맡고 있는 대가족 구성 기혼자들의 경우 더욱 더) 더 큰 의견지도력을 발휘할 것이다. 반면 소비를 경험한 **나이**(*years*)와 전문성이 의견지도력을 결정짓는 중요 요인이라면, 중년 부인이 일상소비 분야에서 의견지도력을 발휘할 가능성이 가장 클 것이다. 이러한 두 가지 예측 중에서 어떤 것이 더 맞는지는 [그림7]을 통해 확인할 수 있다.

분석결과, 생애주기 지점에서 가계활동이 가장 활발한 대가족 아내 집단에서 일상소비 분야 의견지도력이 가장 강하게 나타나는 것을 알 수 있었다. 평균적으로 대가족 아내 집단은 다른 생애주기 지점의 응답자들에 비해 의견지도자 역할을 할 가능성이 거의 2배가량 높게 나타났다. 대가족 아내가 아닌 다른 응답자 집단들의 경우 일상소비 분야 의견지도력에서 별달리 큰 차이가 나타나지 않았다. 가계소비 경험이 많은 중년 부인의 경우, 미혼 여성들 혹은 소가족 아내들에 비해 일상소비 분야 의견지도자가 될 가능성이 높지 않았다.

의견지도자가 대가족 아내 집단에 집중된다는 사실은 최소한 일상소비 분야

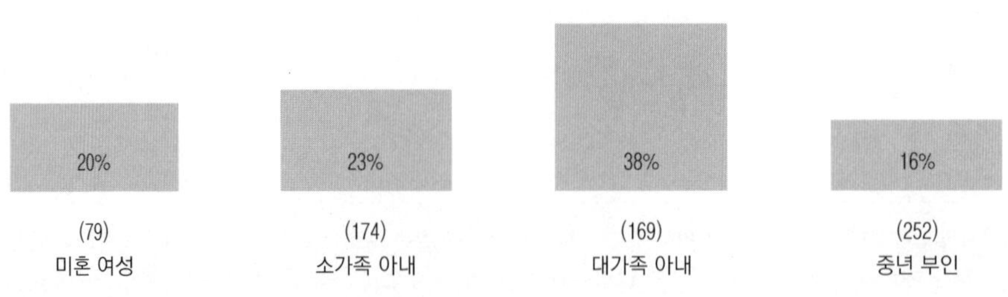


[그림7] 대가족 아내가 일상소비 분야의 주요 의견지도자다.

의 경우 규모가 큰 가족을 담당하는 사람들이 경험하는 일상소비 문제가 의견지도력 발휘에 중요하다는 사실을 보여준다. 즉 일상소비 분야의 경우 '관련 대상을 경험하는 것(experiencing)'이 (중년 부인의 경험이 상징하는) '관련 대상에 대한 경험(experience)'보다 의견지도력을 발휘하는 데 더 중요한 요인이다. 즉 특정 분야에 관심이 최고조에 달한 생애주기 지점인 경우에 해당 분야에서의 의견지도력이 가장 높게 나타난다.

그러나 대가족 아내 집단에게 일상소비 분야 의견지도력이 집중되어 있다는 발견과 관련하여 다음의 질문을 던져볼 필요가 있다. 그렇다면 대가족 아내들은 다른 사람들에게 실질적인 영향력을 발휘하는가, 아니면 비슷한 처지의 다른 대가족 아내들에게만 영향력을 발휘하는가? 물론 두 가지가 동시에 발휘될 수도 있다. 우선 일반적으로 대가족 구성 기혼자들은 일상소비 분야에 가장 관심이 많기 때문에 비슷한 다른 대가족 아내에게 조언을 구하는 비율이 가장 높을 수 있다. 반면 인간의 삶에서 소비활동이 보편적이라는 점에서 일상소비 분야에 대해 조언을 구하고자 하는 사람들은 모든 집단에서 비슷하게 나타날 것이라는 예상도 가능하다. 만약 상황이 이러하다면, 일상소비 분야 의견지도자가 대가족 아내들에게 집중되어 있다는 사실은 이들이 의견지도력을 발휘한다기보다 사람들이 대가족 아내들에게 일상소비활동 관련 의견을 물어보는 것에 불과하다고 볼 수도 있다.

저자들로서는 이러한 해석들 중 어떤 것이 맞는지 직접 답할 수는 없다. 안타깝게도 본 연구에서는 조언을 건네준 응답자의 특성 혹은 추적 인터뷰 대상자의 특성을 보여줄 적절한 데이터를 확보하지 못하였다. 본 연구에서 확보한 데이터에서는 영향력 제공자-수용자들의 연령 정보만을 얻을 수 있었지만, 생애주기지수를 구성할 때 사용할 수 있는 다른 요인들에 대한 정보는 얻을 수 없었다. 정황상 데이터의 응답자 연령 정보를 통해 후자의 해석, 즉 대가족 아내의 역할은 다른 생애주기 지점의 사람들에게 봉사하는 역할이라는 해석이 타당한 듯하다. 가족 이외의 사람과 조언을 주고받은 추적 인터뷰 설문응답자 분석결과를 살펴보자.

[표18] 연령 집단 구분 후 영향력 제공자-수용자의 관계(영향력 수용자는 가족 구성원 이외의 사람임)

| 영향력 제공자(의견지도자)의 연령 | 영향력 수용자(조언을 받은 사람)의 연령 | | | |
|---|---|---|---|---|
| | 15-24 | 25-44 | 45세 이상 | 총합 |
| 15-24 | 3 | 3 | 4 | 10 |
| 25-44 | 10 | 17 | 9 | 36 |
| 45세 이상 | 2 | 9 | 18 | 29 |
| 총합 | 15 | 29 | 31 | 75 |

영향력 수용자들 중 약 50%가량은 영향력 제공자인 응답자와 연령대가 동일한 것으로 나타났다. 나머지 50%의 경우 응답자보다 나이가 많거나 어린 사람이었다. 가장 빈번하게 언급된 영향력 제공자 연령 집단은 25-44세인 것으로 나타났다. 자신보다 나이가 많은 영향력 제공자에게 조언을 구한 15-24세의 영향력 수용자 12명 중 10명이 25-44세에게 조언을 구하였다. 또한 자신보다 나이가 적은 영향력 제공자에게 조언을 구한 45세 이상 영향력 수용자 13명 중 9명이 25-44세에게 조언을 구하였다. 자신의 연령대와 다른 연령대의 사람들에게 조언을 구한 사람들의 경우, 젊은 연령대 사람보다 나이 많은 연령대 사람에게 조언을 구하는 경향이 있는 것으로 나타났다. 또한 가장 나이 많은 연령대 사람이 가장 어린 연령대 사람에게 조언을 구하는 비율보다 가장 어린 연령대 사람이 가장 나이 많은 연령대 사람에게 조언을 구하는 비율이 더 높았다. 정리하자면, 영향력의 전반적인 흐름은 나이 많은 사람에게서 어린 사람에게서 흐를 가능성이 그 반대의 가능성보다 높았으며, 가장 두드러진 영향력 제공자 연령대는 중년인 것으로 나타났다. 물론 본 연구에서 확보한 데이터만으로는 영향력의 흐름을 온전히 파악하기에 충분치 않다. 영향력의 흐름에 대한 최종 결론을 내리기 전에 생애주기 데이터가 측정되고 대표성이 확보된 연구표본(현재 본 연구에서는 이 두 가지 조건들을 확보하지 못하였다)을 통해 더 많은 것을 알아낼 필요가 있다. 이러한 한계점이 존재한다는 점을 인정하더라도, 전반적인 결과들을 고려할 때 여기서 저자들이 제시한 후속 분석결과들은 충분히 유용하다는 것을 알 수 있다.

## 사교성과 일상소비 분야 리더십

앞서 일상소비 분야 의견지도자의 주요 특성이 생애주기 단계라는 것을 확인하였다. 또한 상이한 연령 집단들 그리고 상이한 사회적 지위 집단들 사이의 영향력의 흐름 역시도 살펴보았다. 이제 의견지도자의 특징으로 저자들이 주목하는 세 번째 요인으로 사교성 요인을 살펴보자. 과연 일상소비 분야에서 조언을 제공한 사람들은 다른 사람들에 비해 사회적으로 더 적극적일까?

이 질문에 대한 저자의 대답은 '그렇다'이다. 사교성 수준이 높은 응답자들(친구가 많으며 여러 집단에 가입한 사람들)은 사교성 수준이 낮은 응답자에 비해 일상소비 분야 의견지도자가 될 확률이 약 2.5배 더 높게 나타났다. 응답자의 사회적 접촉범위가 넓을수록 일상소비 분야의 의견지도력을 발휘할 가능성이 더 증가하는 것으로 나타났다. 이 결과는 저자들의 예상과 맞아떨어진다. 어떤 분야에서든 의견지도력을 발휘하고자 하는 사람이라면 잠재적 추종자와 최소한 어느 정도의 사회적 접촉을 가져야만 하며, 다른 조건들이 동일하다면 사회적 접촉빈도가 높을수록 의견지도력을 발휘할 가능성은 늘어난다. 일상소비 분야 의견지도자의 사교성 수준이 보다 높다는 결과는 저자들의 예상과 부합한다.

사교성은 일상소비 분야 의견지도자의 특징이다. 또한 사교성과 일상소비 분야 의견지도력의 관계는 각 생애주기별 응답자들에게도 유효하게 나타났다. 즉 동일한 생애주기 집단인 경우 응답자가 미혼 여성든, 중년 부인이든, 아니면 소가족 혹은 대가족 아내든, 사교성 수준이 높은 응답자는 사교성 수준이 낮은 응답자보다 일상소비 분야 의견지도자가 될 가능성이 더 높게 나타났다.[7]

---

**7** 저자들은 본서의 핵심주장과 관련된 경우에만 교차분석표(tabulations)를 제시하였다. 여기 제시된 주장의 경우 교차분석표를 제시하지는 않았으나, 구체적 교차분석결과를 기반으로 하고 있다.

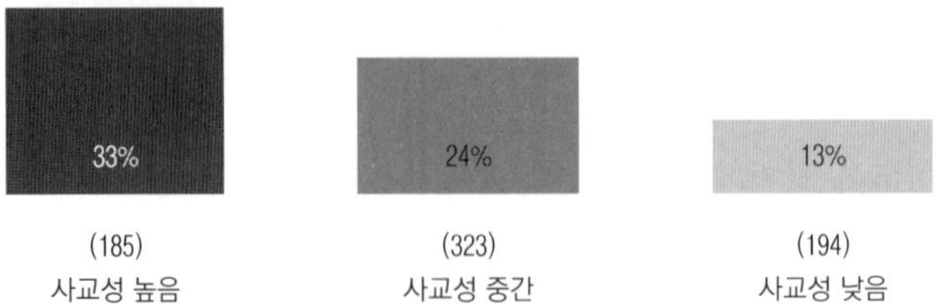


[그림8] 사교성 수준이 높을수록 일상소비 분야 의견지도자가 될 가능성이 증가한다.

그러나 일상소비 분야 의견지도력이 사교성 요인 하나만으로 구성된다고 볼 수 없다. 사실 일상소비 분야의 의견지도력을 설명하는 가장 중요한 유일 조건은 대가족 아내라는 생애주기 지점이다. 이 생애주기 지점에 처한 응답자들의 경우, 사교성 수준이 가장 낮은 응답자들조차 일상소비 분야 의견지도자가 될 확률이 평균보다 높은 것으로 나타났다.[8] 그러나 일상소비 분야에서 의견지도력을 발휘할 확률이 낮은 응답자들의 경우(즉, 생애주기 지점이 대가족 아내가 아닌 다른 생애주기 지점인 응답자들의 경우), 사교성이 높은 사람일수록 사교성이 낮은 사람들에 비해 의견지도력을 발휘할 확률이 높게 나타났다.

이를 종합해볼 때, 사람들의 생애주기와 사교성 두 요인으로 일상소비 관련 의견지도력을 설명할 수 있다. 앞서 저자들이 발견했던[9] 상이한 사회적 지위수준별로 의견지도력 발생가능성이 미미할 정도로 달랐던 결과는 어쩌면 사교성 지수와 사회적 지위수준이 서로 연관되어 있기 때문일 수도 있다. 사교성 수준이 동일하지만 사회적 지위수준이 서로 다른 응답자들을 비교할 경우, 사회적 지위수준이 낮은 응답자와 사회적 지위수준이 높은 응답자는 일상소비 분야 의견지도자가 될 가능성이 서로 엇비슷하게 나올 것이다. 다시 말해, 사교성을 통제하면 일상소비 분야 의견지도력에 미치는 사회적 지위의 효과는 완전히 없어진다. 즉 결론적으로 말하면, 사회적 지위에서 나타나는 의견지도력의 차이는 실제로 여러 사회적 지위 집단들의 사교성 수준에 따른 부산물이라고 볼 수 있다. 실제로 사회적 지위수준이 낮지만 사교성이 높

**8** 본서에서는 전체 표본 수 대비 의견지도자 수의 단순 비율을 종종 '평균' 확률이라고 지칭하였다. 따라서 '평균보다 높은 확률'이라는 표현은 어떤 하위집단의 의견지도자 비율이 전체 표본의 평균 의견지도자 비율을 넘는다는 것을 뜻한다.

**9** 6장을 참고하라.

은 응답자의 경우, 사회적 지위수준이 높지만 사교성이 낮은 응답자에 비해 일상소비 분야 의견지도자가 될 확률이 4배 이상 높게 나타났다.

## 가족관계 내부 일상소비 분야 영향력

지금까지 본서는 명시적이든 암묵적이든 (저자들의 '추적 인터뷰' 데이터 기반으로) 가족 **외부**로부터 유입되는 일상소비 분야 영향력에 대해서만 논의해왔다. 하지만 10장을 마치기 전에 가장 사적인 분야 내의 대인관계 영향력이 가족 내부와 친족들 사이에 얼마나 흐르는지 살펴보아야 한다.

가정 내부의 영향력 흐름을 분석할 때, '영향력'과 '요청(request)'을 구분하는 것이 중요하다. 예를 들어, 어떤 남편이 아내에게 "내일 아침에는 X 브랜드 커피를 한번 마셔봅시다"라고 말한다면, 이는 요청에 해당된다. 즉 이러한 요청은 "어제 밤에 존스 부인이 대접했던 커피는 정말 좋던데" 혹은 "신문을 보니 오늘 X 브랜드 커피를 세일한다는군"과 같은 선언적 진술문(declarations)과도 명확하게 다르다. 물론 후자의 진술문들 역시 요청의 의도를 담거나 혹은 요청과 같이 해석될 수도 있다. 그러나 일반적으로 요청이나 진술문은 영향력과는 명확하게 다르다. 영향력의 경우, 물론 어떤 가정에서 아내는 가족 구성원 이외의 사람들의 조언이나 추천 등에 관심을 보이고 이들로부터 조언이나 추천 등을 받아들이기도 하지만, 의사결정 권한이 순전히 아내의 손에 달려 있다. 반면 요청의 경우 의사결정을 내리는 사람은 요청을 한 사람(남편이나 자녀 혹은 다른 가족 구성원 등)이며, 아내가 이들의 요청에 반대하는 경우가 아니라면, 아내는 이들의 요청을 행동으로 옮기는 단순한 구매대리인으로 행동한다. 물론 본서에서 주목하고 있는 것은 요청보다는 영향력이며, 가족 내 일상소비 분야 커뮤니케이션의 상당 부분은 요청의 형태를 띤다는 점에서 본서에서는 가정 내부의 커뮤니케이션을 완전히 배제하였다.

게다가 본 연구에서 수집한 데이터를 주의 깊게 살펴본 결과 일상소비 분야의 영향력 흐름은 대부분 가정 밖에서 이루어지고 있었다. 가족 구성원이 아닌 친족은 친구와 이웃 다음으로 중요한 역할을 수행하는 것으로 나타났다. 즉 성인 여성들의 친족 모임은 일상소비 분야에서 고려할 만한 영향력 네트워크로 나타났다. 친족모임의 성인 여성들은 가정을 운영하는 일상적인 문제와 관련 이슈들에 관한 이야기를 나눈다. 그러나 가족 내부에서는 영향력의 흐름이 거의 발견되지 않았으며, (특정 제품의 경우는 예외였으나) 심지어 요청마저도 제한된 형태로 나타났다. 따라서 본 연구에서는 커피와 시리얼을 다른 제품들과 구분하여 분석하였으며, 각각 남편과 자녀가 이 두 제품과 관련된 의사결정에서 매우 적극적 역할을 수행하고 있음을 발견하였다. 분석결과는 미국의 가정경제에서 커피와 시리얼은 문화적으로 남편과 자녀들이 주도하는 품목이라는 일상소비 분야 연구들의 주장과도 맥을 같이 한다.[10◆]

10 독자들은 본 연구에 참여한 설문응답자들이 두 개의 분리된 질문들을 통해 일상소비 분야 의견지도자의 이름을 밝혔다는 것을 상기하기 바란다. 우선 본 연구에서는 "대략 지난 한 달간 귀하께서 보통 구매하시던 제품이나 브랜드와는 다른 새로운 제품이나 브랜드를 구매한 적이 있으신가요?"라는 질문과 관련하여 설문응답자들이 답한 제품이나 브랜드 변화와 관련하여 언급된 영향력 제공자의 이름을 확보하였다. 다음으로 1차(6월) 인터뷰 시점에 사용하지 않았으나 2차(8월) 인터뷰에서 사용하고 있다고 체크된 모든 아침식사용 커피와 시리얼 브랜드와 관련된 영향력 제공자 명단을 도출하였다. 본 연구에서는 응답자들의 답변 변화를 '회상변화(Recall Changes)'라고 불렀으며, 2차 인터뷰 시점에서 객관적으로 확인된 변화를 '패널변화(Panel Changes)'라고 명명하였다. 패널변화는 아침식사용 커피와 시리얼에 한정된 반면, 회상변화에는 보다 다양한 가정용품들을 다루고 있다(이와 관련하여 5장의 저자주 1을 참조하라). 남편과 자녀들의 경우 회상 데이터에서는 그 역할이 매우 미미했지만, 패널 데이터에서는 매우 큰 역할을 발휘하였는데, 이는 본문에서 저자들이 제시한 해석과 맥을 같이한다.

그러나 여기서 나타난 차이의 일부는 두 가지 설문 상황이 상이하기 때문에 나타난 결과일 가능성도 배제하기 어렵다. 회상변화에서 응답자들은 최근의 의사결정 변화를 회상할 것을 질문받은 후 의사결정 변화와 관련된 신상품을 어떻게 발견하였는지 응답하였다. 즉 응답자들의 기억은 응답자가 선택한 것으로 자신에게 의미가 있는 변화와 중요한 영향력 제공자들과 관련된 변화를 응답했을 가능성이 높다. 반면, 패널변화의 경우 응답자가 최근 바꾼 변화는 객관적 방법으로 파악되었기 때문에 설문조사과정에서 응답자들이 어떤 변화를 기억해내도록 압박을 느껴서 남편과 자녀들의 역할이 보다 두드러지게 나타났을 수도 있다.

다양한 가족 구성원이 일상소비 분야 관련 의사결정에 미치는 영향력을 비교할 때 어떤 방법론적 문제가 발생할 수 있는지에 대한 논의로는 퍼버(Ferber, 1955)를 참조하라.

◆ 원문에는 저자주 10이 존재하지 않고, 저자주 9에서 11로 각주번호가 넘어간다. 원문의 오식인 듯 하여 번역 과정에서 저자주 11을 저자주 10으로 바꾸었음을 밝힌다.

## 일상소비 분야 영향력 흐름: 요약

이번 장의 결과를 요약해보자. 사람들의 생애주기 지점에 따라 일상소비 분야에 개입수준이 달라지며, 이를 통해 일상소비 분야 의견지도력이 달라진다. 따라서 대가족 구성 기혼자들이 일상소비 분야 의견지도자가 될 가능성이 가장 높았다. 또한 사회적 접촉 범위가 넓으며 가족 구성원과 비가족 구성원의 요구 사이에 균형을 더 잘 맞추는 사람일수록 일상소비 분야와 관련된 기질적 특징◆이 실제 의견지도자 역할로 구현될 가능성이 더 커지는 것으로 나타났다.

앞서 살펴보았듯, 일상소비 분야의 의견지도자가 될 가능성은 사회적 지위에 따라 달라지지 않았다. 대신 각각의 사회적 지위 집단에서 일상소비 분야 의견지도자가 발견될 확률은 일정하게 나타났다. 유사한 사회적 지위 집단내부에서 영향력의 흐름은 상당히 명확하게 나타났다. 일상소비 분야 관련 영향력 제공자와 수용자는 동일한 사회적 지위를 공유하는 경향이 강했다.

특정 사회적 지위를 갖는 사람은 자신과 비슷한 사람들에게 일상소비 분야 관련 조언을 구한다는 발견은 주목할 만하다. 연령의 경우 나이가 많은 사람으로부터 나이가 어린 사람에게로 영향력이 옮겨가는 경향을 발견하였다. 그리고 일상소비 분야와 관련된 모든 유형의 제품들에서 영향력 제공자로 친구와 이웃이 가장 자주 언급되었으며, 가족 구성원이 아닌 친척들이 그 다음으로 자주 언급되었다.

◆ 여기서 말하는 '기질적 특성'이란 사교성(gregariousness)을 의미한다.

11장

# 패션 분야 의견지도자

일상소비 분야와 비교할 때 패션 분야는 끊임없이 변화한다는 특징이 있다. 사실 '유행'의 본질은 적절한 시기에 올바른 변화를 취하는 것이다. 표본 여성응답자들 중 약 2/3가 최근에 패션의 변화를 따른다고 밝혔다. 구체적으로 의류, 화장품 등과 같은 부분에서 변화를 추구했다고 응답했으며, 응답자 대부분은 어떤 식으로든 자신의 결정에 대인관계 영향력이 개입되었다고 응답했다. 이전과 마찬가지로, 본서의 연구목적은 이 분야에서 의견지도자들, 즉 변화의 의견지도자들을 찾는 것이다.[1]

패션 분야 의견지도자들은 어느 생애주기에 몰려 있는가? 패션 분야 의견지도자들은 생애주기 전체에 걸쳐 고르게 존재하는가, 아니면 특정한 생애주기 지점에 몰려 있는가? 패션 분야 의견지도자들은 주로 높은 사회적 지위에 몰려 있는가, 아니면 여러 사회적 지위에서 동등하게 나타나는가? 패션 분야 의견지도자들은 의견지도자가 아닌 사람들보다 더 사교적인가, 아니면 사교성은 패션 분야 의견지도자에게 그리 중요한 요인이 아닌가? 본서에서는 이러한 질문에 답하면서 패션 분야 의견지도자의 특징뿐만 아니라 패션 시장에서의 활동에 대해서도 알게 될 것이다.

1 앞과 마찬가지로, 여기에서 의견지도자는 (a) 두 번의 인터뷰 모두에서 어떤 주제에 대해—이 경우, 의류, 화장 등과 관련한 주제— 조언을 요청받았다고 응답한 여성, 그리고 (b) 둘 중 한 번의 인터뷰에서만 조언 요청을 받았다고 응답했지만, 자신이 남들보다 패션 관련 조언을 위한 상담 요청을 받을 '가능성이 더 높을' 것으로 생각하는 사람들로 규정되었다.

## 미혼 여성: 생애주기 지점과 패션 분야 의견지도력

일상소비 분야 의견지도자에게서 가장 결정적이었던 요인이었던 생애주기 지점부터 살펴보자. 미국의 젊은 남녀에 대한 일반적 생각을 고려할 때, 패션 분야 의견지도력은 중년 부인보다 미혼 여성에게서 더 전형적으로 나타날 것으로 기대할 수 있다. 이들은 미혼이다. 그들 중 많은 여성들이 데이트와 결혼 시장에 진입하고 있으며, 이들에게 패션을 잘 안다는 것은 명백한 이점이 된다. 그러나 패션이 여성 대부분에게 관심사일지라도, 자녀가 있는 어머니들에 비해 미혼 여성들에게는 시간, 에너지, 재정적 측면에서 관심을 쏟을 다른 대상이 거의 없다. 따라서 미혼 여성들은 패션 분야에서 더 큰 영향력을 가질 가능성이 있다. 이 관점에 따르면, 결혼이란 패션 참여의 목표 하나가 실현된 것으로, 결혼 이후에는 패션 활동과 의견지도력의 감소로 이어질 것이다. 패션과 경쟁관계에 있는 어머니 역할(motherhood) 역시 관심과 활동을 수반하기 때문에 패션 분야 의견지도력의 추가적인 감소를 동반하게 될 것이다. 그리고 여성 대부분에게 있어서 중년 부인 단계로 진입한다는 것은 젊은 층 위주의 패션 경쟁에서의 탈퇴를 뜻하며, 패션 분야와 관련된 이들의 조언은 최소한도 수준으로 떨어질 것이다. 실제로 이러한 주요 변화 단계로 대표되는 생애주기별 유형은 패션 지도력과 강한 상관관계를 보인다. 정확한 수치는 다음과 같다.

각 단계별 생애주기가 변화함에 따라 패션 분야 의견지도자 비율은 감소한다. 패션 분야 의견지도자의 비율은 미혼 여성의 경우 거의 10명 중 5명이지만, 중년 부인의 경우 10명 중 1명이었다. 패션 분야 의견지도력과 생애주기 사이의 직접적인 관계는 패션 분야에서 연령, 결혼 여부, 자녀 여부가 여성 의견지도력 발휘 가능성에 미치는 누적적인 영향을 보여준다.

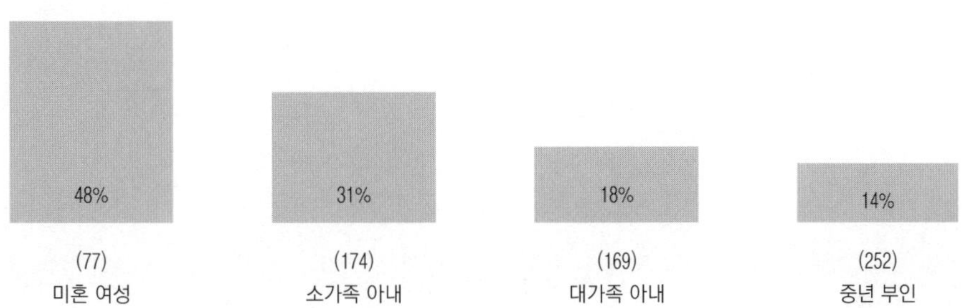


[그림9] 생애주기 단계에 따라 패션 분야 의견지도력은 감소한다.

일상소비 분야의 경우, 응답자에게 별도의 관심도나 관여도 측정치가 없었다. 어쩌면 적어도 기혼 여성의 경우 가족을 위해 먹을 것을 고르는 일상적 문제에서 거의 대부분의 사람들이 개입한다고 가정하는 게 타당할 수도 있겠다. 상황이 어떻든 본 연구에서는 의견지도자가 적게 확인된 생애주기 유형의 사람들이 일상소비 분야를 고려하지 않는다거나 관심이 없을 것이라고 가정하지는 않았다. 그러나 패션 분야의 경우 관심이나 관여가 응답자들에게 보편적으로 나타날 것이라고 가정할 수 없다. 직관적으로 생애주기 유형들 사이에서 패션 분야 의견지도력뿐만 아니라 조언을 구하는 행위, 패션 전반에 관한 관심에도 응답자들 간 변동성이 클 것이다.

## 관심도와 의견지도력

본 연구에서는 인터뷰에서 패션에 대한 관심의 지수가 될 수 있는 다음의 세 질문을 했다. 세 질문들은 (1) "귀하께서는 유행을 따르는 것이 매우 중요하다고 느끼시나요, 어느 정도는 중요하다고 느끼시나요, 아니면 전혀 중요하지 않다고 느끼시나요?" (2) "최근 귀하께서는 머리 스타일, 옷의 종류, 화장품, 화장 등을 좀 더 유행하는 것으로 바꾼 적이 있으신가요?" (3) "귀하께서 지난 초여름 이후 새로 구입하거나 만드셨던 옷은 몇 벌이나 되시나요?"(지난 초여름은 12개월 전을 가리켰다) 등이었다. 이 세 질문에 대한 응답으로 응답자가 패션을 얼마나 중요하게 생각하는지 측정하였다. 더욱이 이 질문들은 의도적으로 응답자의 소득 요소에 영향을 받지 않도록 작성되었다. 50센트짜리 향수를 새로 사거나 50달러짜리 향수를 새로 사거나, 혹은 몇 달러짜리 짧은 치마를 사거나 파리에서 새로 출시된 물품으로 바꾸는 것 모두 동일한 패션변화다. 세 질문에 대한 응답은 다음과 같이 분포되었다.

[표19] 패션 분야 관심도 측정을 위한 세 질문에 대한 응답

| | |
|---|---|
| (1) 유행을 따르는 것이 중요한가? | |
| 매우 중요하다 | 37% |
| 어느 정도는 중요하다 | 55 |
| 전혀 중요하지 않다 | 8 |
| (2) 최근 유행으로 바꾼 적은? | |
| 있다 | 56% |
| 없다 | 44 |
| (3) 새로 구입하거나 만든 옷은 몇 벌인가? | |
| 7벌 이상 | 29% |
| 5-6 | 27 |
| 3-4 | 25 |
| 1-2 | 13 |
| 없다 | 6 |
| 총합(=100%) | (711) |

본 연구에서는 이 세 가지 질문에 대한 답을 하나의 지수로 구성하기 위해 여성 응답자들의 답변에 따라 순위를 매긴 다음 각 응답자가 세 변수에서 '높음' 수준인지 '낮음' 수준인지를 표기하였다. 그다음 각 응답자의 '높음'의 총 빈도수를 계산했다.[2] 질문들에 대해 2-3개의 '높음' 수준을 보인 응답자는 전반적으로 패션에 대한 '높은 관심'을 보인다고 간주했다. 이제 이러한 관심도 측정 척도를 바탕으로 여성의 생애주기상 위치와 패션 분야에 대한 관심도의 관계를 확인할 수 있다.

---

**2** 첫 번째 질문(유행을 따르는 것의 중요성)의 경우 '매우 중요'라고 응답한 여성들을 '높음'으로 평가했다. 두 번째 질문(최근 변화 여부)의 경우 그렇다고 답한 여성들을 '높음'으로 평가했다. 그리고 세 번째 질문의 경우, 새 옷을 5개 이상 사거나 만들었다고 응답한 여성들을 '높음'으로 평가했다. 이를 종합해, 다음과 같이 2개 이상의 '높음' 평가를 받은 응답자들을 패션 분야에 '관심도 높음'으로 간주했다.

| | 비율 |
|---|---|
| 3 ('관심도 높음') | 18% |
| 2 ('관심도 높음') | 33 |
| 1 | 30 |
| 0 | 19 |
| 총합(=100%) | (711) |

[표20] 패션 분야 관심도는 생애주기 진행에 따라 감소한다.

| 생애주기 유형 | '높은 관심' 분류 비율 | 총합(=100%) |
|---|---|---|
| 미혼 여성 | 80% | (77) |
| 소가족 아내 | 59% | (173) |
| 대가족 아내 | 56% | (169) |
| 중년 부인 | 34% | (252) |

패션 분야 관심도와 생애주기는 명백한 상관관계를 보인다. 패션 분야에 높은 관심을 가진 응답자 비율은 젊은 미혼 여성들 사이에서 가장 높고, 가족의 규모에 상관없이 45세 미만의 기혼 여성들 사이에서 1/3가량으로 감소하며, 45세 이상의 기혼 여성(중년 부인)에서는 급격히 떨어진다. 즉 패션에 대한 높은 관심은 45세 미만의 여성들에게서 나타나는 주된 특징이며, 45세 이상의 여성들에게는 강하지 않은 특징이라고 말할 수 있다.

이런 생애주기에 따른 패션 분야 관심도의 분포는 일반적으로 패션 분야 의견지도력의 분포와 유사하다. 이 경우 의견지도력이 단순히 관심의 부산물일 수 있다는 의심을 제기할 수 있다. 즉 패션에 관심이 큰 여성일수록 패션 분야 의견지도자가 될 가능성이 더 커지는 것이 아닌지 확인할 필요가 있다. 패션 분야 관심도와 의견지도력 사이에 강한 상관관계가 있다는 것은 [표21]에서 명확히 드러난다.

[표21] 패션 분야에 관심이 많은 여성일수록 패션 분야 의견지도자가 될 가능성이 높다.

| 패션 분야 관심도 점수 | 패션 분야 의견지도자 비율 | 총합(=100%) |
|---|---|---|
| 3 (높음) | 49% | (129) |
| 2 | 28% | (235) |
| 1 | 13% | (212) |
| 0 (낮음) | 4% | (135) |

패션 분야 의견지도자의 경우 패션 분야 관심도가 높은 여성이 패션에 전혀 관심이 없는 여성보다 약 12배가량 더 많이 나타났다. 패션 분야 관심도에서 가장 높은 점수를 받은 여성응답자 절반 가까이가 패션 분야 의견지도자였으며, 관심도에서 가장 낮은 점수를 받은 여성응답자의 4%만이 패션 분야 의견지도자였다.

패션 분야 관심도가 클수록 패션 분야 의견지도력이 강하게 나타나는 관계는 패션 분야 의견지도력과 생애주기의 관계에 대한 질문을 다시 제기한다. 다시 말해 앞서 살펴본 패션 분야 의견지도력 분포의 편차([그림9])가 단순히 상이한 유형의 여성들이 가진 상이한 관심사 이상을 뜻하는 것인지 묻지 않을 수 없다. 따라서 응답자가 패션 분야 의견지도력을 발휘할 수 있는지 여부는 순전히 이 응답자의 패션 분야 관심도에 의해서 결정될 수도 있다. 그리고 생애주기는, 단지 생애주기 지점의 특성에 따라서 달라지는 패션 분야 관심도로 인해 패션 분야 의견지도력 발휘로 이어지는 것일 수도 있다. 만약 이러한 추정이 맞다면, 동일한 패션 분야 관심도를 가진 여러 생애주기 유형별 여성들을 비교해보았을 때, 의견지도력이 비슷하게 나타나야 한다. 예를 들어, 패션에 대해 동등한 정도로 관심을 보인다면, 중년 부인이 미혼 여성만큼이나 패션 분야 의견지도자로 부상할 수 있어야 한다.

[표22] 패션 분야 관심도를 통제해도 생애주기 지점에 따라 패션 분야 의견지도력 변화가 여전히 나타난다.[3]

| | 패션 분야 의견지도자 | | | |
|---|---|---|---|---|
| 패션 분야 관심도 | 미혼 여성 | 소가족 아내 | 대가족 아내 | 중년 부인 |
| 높음 | 55% (62) | 46% (102) | 20% (95) | 27% (84) |
| 낮음 | 20% (15) | 10% (71) | 16% (75) | 7% (168) |

[표22]는 앞서 제기한 추정과 전혀 부합하지 않는다. 즉, 동등한 수준의 패션 분야 관심도를 가진 여성들의 생애주기상 위치가 달라져도 생애주기별 패션 분야 의견지도력의 변화는 사라지지 않는다.[4]

그렇다면 왜 패션에 관심이 많은 미혼 여성이 패션 분야 관심도가 비슷한 중년 부인보다 조언 요청을 받을 가능성이 더 큰지 살펴보자. 패션 분야 관심도가 높은 독

---

3 '관심도 높음'은 2개 혹은 3개의 '높음' 응답을, '관심도 낮음'은 1개 혹은 0개의 '높음' 응답을 제시한 경우다. 앞의 저자주 2를 참조하라.

4 '관심도 낮음' 관련 결과가 불규칙하다는 점, 그리고 집단 간 차이가 상대적으로 작다는 점은 여성 자신이 패션에 **개인적으로 관심이 있지 않다면**, 생애주기가 여성의 패션 분야 의견지도력에 별다른 영향을 미칠 수 없다는 가설을 시사한다. 바꿔 말하면, 패션 분야 의견지도력의 선행요인으로서의 생애주기상 위치의 효과는 패션 관심도가 높은 여성들에게 극대화되는 반면, 관심도가 낮은 여성들에게는 그 효과가 완전히는 아니지만 상당 부분 사라지는 것으로 보인다.

신 미혼 여성의 어떤 점 때문에—패션 분야 관심도는 동일하게 높은 45세 이상 기혼 여성에 비해서— 패션 분야에 의견지도력을 발휘할 기회가 더 많아지는가? 또 패션 분야에 관심이 많은 소가족 아내는 왜 비슷한 수준의 관심도를 보이는 대가족 아내보다 패션 분야 의견지도자가 될 가능성이 훨씬 더 높은가?

## 영향력의 흐름: 두 가지 접근

해답의 실마리는 어떠한 영향력 교환이나 조언 제공 행위에는 최소 두 사람이 필요하다는 사실에서 찾을 수 있다. 예를 들어 패션에 관심이 많은 어떤 중년 부인의 경우 누군가에게 조언을 제공할 '준비'가 되어 있고 또 열성적일 수 있다. 이 중년 부인에게는 조언해줄 대상이 필요하다. 자, 그럼 그게 누가 될 수 있을까? 다른 중년 부인들인가? 그들 중 패션에 관심이 있는 사람은 거의 없었다. 그렇다면 미혼 여성들은 어떨까? 미혼 여성이 생각하는 패션은 중년 부인이 생각하는 패션과 상당히 다를 가능성이 높다. 그렇다면, 바로 여기서 이 중년 부인은 그녀 주위에 영향력 수용자가 없기 때문에 해당 분야에서 다른 사람들을 주도할 수 있는 자신의 선유경향을 '활성화'시킬 수 없는 상황에 놓이게 된다.

물론 미혼 여성들에게는 이와 같은 현상이 나타나지 않는다. 미혼 여성들 사이에서는 패션 관련 조언이 활발하게 오고 간다. 거의 모든 미혼 여성이 이 분야에 대한 폭넓은 관심을 표현했다는 점에 미루어 볼 때, 미혼 여성 집단에서 패션 지도력에 대한 '수요'가 매우 활발하다고 믿을 만하다. 따라서 어느 미혼 여성이 패션 분야 관심도가 높은 미혼 여성에게 상담받을 가능성은 매우 클 것이다. 물론 여기서 저자들은 미혼 여성들끼리 서로 의견지도자와 추종자 역할을 한다고 가정하고 있다. 패션 관련 조언이 종종 생애주기의 경계선을 넘는다고 가정하더라도, 여전히 젊은 미혼 여성들에게 조언을 구하러 오는 사람이 그 반대의 경우보다 더 많으리라 생각할 이유가 더 많다. 왜냐하면 미국 패션 시장은 너무나도 명백하게 젊은이들을 중심으로 운영되고 있기 때문이다. 따라서 미혼 여성들이 패션변화의 **최첨단**을 걷고 있다는 것은 명확하다. 또한 두 번째 이유 역시 고려할 가치가 있다. 어떤 여성이 패션과 관련하여 누군가의 조언을 찾고 있다고 상상해보자. 또한 이 여성이 누구에게 조언을 구해야 할지 잘 모른다고 가정해보자. 이 여성은 패션 관련 조언을 해줄 사람을 개인적으로 알지는 못하지만, 미혼 여성의 경우 10명 중 거의 8명이 패션에 관심이 많은 반면, 소가족·대가족 아내들 중 1/2과 중년 부인들 중 1/3만이 패션에 관심이 있다는 것([표20]의 결과)은 아주 잘 알고 있을 것이다. 그렇다면 그녀는 어디로 찾아갈까? 당연히 미혼 여성들에게 갈 것이다. 패션에 관한 관심이 미혼 여성들에게 집중되어 있다는 사실이 지역사회에 널리 알려져 있다고 가정한다면, 나이 든 여성에게서보다 미혼 여성에게서 패션에 관심 있는 여성—그리고 이론적으로 최소한의 조언을 해줄 수 있는 사람—을 훨씬 더 쉽게 찾을 수 있을 것이다. 자신이 찾고 있는 것이 집중되어 있는 곳에서 원하는 것을 찾을 수 있다는 사실은 진리에 가깝다.

대가족 및 소가족 아내들에게서 나타난 결과는 미혼여성에게서 얻은 결과처럼 간단하지 않다. 두 유형의 여성 모두 패션에 거의 동등한 관심을 갖고 있지만, 소가족 아내들 중에는 패션 분야 관심도가 높은 미혼 여성에 버금갈 정도의 많은 의견지도자가 있는 반면, 대가족 아내들은 패션 분야 관심도가 낮은 중년 부인과 유사한 수준의 의견지도자를 발견할 수 있다. 이러한 결과 역시 누군가의 조언을 구하는 사람들에게 얼마나 접근 가능한가와 관련이 있는 것으로 보인다. 저자들의 이러한 추정을 뒷받침할 증거는 없지만, 소가족 아내들은 자신이 따라잡아야 하는, 빠르게 변화하는 패션 추세에 더 관심이 많으며, 동시에 관심을 쏟아야 하는 다른 종류의 일상적 문제들이 상대적으로 더 적을 것 같다. 대가족 부인들의 경우 일상소비 분야 의견지도자 비율이 높았다는 사실은 이 점에 대한 일종의 증거가 될 수 있겠지만, 여기서 제시한 저자들의 해석은 추후연구를 통해 검증되어야 한다.

어쨌든 앞에서 여러 차례 설명했듯이, 저자들은 패션 분야의 대인접촉 영향력은 서로 비슷한 생애주기 지점에 있는 여성들 사이에서 가장 많이 발생할 것이라고 가정하였다. 오직 '추적 인터뷰' 데이터를 통해서만 저자들의 가정을 검증할 수 있을 것이다. 따라서 패션 분야 관심도가 높은 사람들의 비율이 미혼 여성에 집중되어 있고, 미혼 여성들 중에서 조언을 찾는 자가 많으며, 또 이들에게서 조언을 해주는 사람들이 많다고 할 때, 저자들은 분명히 미혼 여성이 다른 미혼 여성에게 영향력을 행사하는 경향이 있다고 가정하였다. 다시 말해 패션 분야에서 주고받는 영향력이란 주로 동일한 생애주기 지점의 또래들 사이에서 행해지는 경향이 있다.

물론 이 모든 것은 '미혼 여성', '중년 부인' 등과 같이 본 연구에서 설정한 생애주기 유형이 실제 '집단'이라는 점, 즉 미혼 여성은 미혼 여성과 지내고, 중년 부인은 중년 부인과 어울린다는 가정을 기반으로 하고 있다. 만약 이것이 사실이라고 가정할 수 있다면, 본 연구에서는 지금까지 고려되지 않았던 새로운 영향력 흐름 추적 접근법을 제안할 수 있다. 앞에서 이미 설명하여 친숙해진 '추적 인터뷰' 데이터로 다시 돌아가기 전에 새로운 영향력 흐름 추적 접근법에 대해 검토해보자.

(1) '수출(export)' 지수

첫 번째 새로운 접근법은 쉽게 설명할 수 있다. 이 접근법에서는 어느 집단의 의견지도력 비율이 두 가지 사회적 요인에 의해 결정된다고 가정한다. 첫 번째 요인은 주어진 주제에 대한 집단 구성원의 관심 수준, 즉 '현저성(saliency)'이다. '현저성'이 높을 경우, 집단내에서 특정 주제와 관련하여 많은 사람들이 조언을 구할 것이며, 이는 결국 해당 주제에 대한 의견지도력으로 이어질 것이다. 두 번째 요인은 다른 집단 구성원들의 관점에서 집단의 조언 제공 출처로서의 '매력도(attractiveness)'다. 따라서 한 집단의 의견지도자의 비율은 (1) 집단 구성원 자신들 사이에 수행되는 주어진 주제에 대한 상호 교환의 정도와 (2) 이 분야에 관한 다른 집단 구성원들과의 상호작용의 정도를 반영하는 두 가지 요소를 가지고 있다고 말할 수 있다.

이렇게 볼 때 본 연구에서는 특정 집단에서 등장하는 의견지도력이 어느 정도나 동일 집단 구성원들을 위해 봉사하는 데에 쓰이는지, 또 어느 정도가 다른 집단으로 '수출'되는지를 알아보고자 한다. 이것이 바로 본 연구에서 '추적 인터뷰' 데이터로 직접적으로 답하고자 하는 문제이며, 이미 수집한 데이터로는 간접적으로 살펴보고자 하는 문제다. 만약 한 집단의 의견지도력 비율이 '현저성'과 '매력도'의 합산 결과라면, 의견지도력의 비율과 '현저성' 척도를 갖고 있으니 '매력도'를 추론할 수 있어야 한다. 즉, 다른 집단 사람들이 특정 집단으로 조언을 구하러 오는 정도를 추론할 수 있어야 한다.

패션 분야를 생각해보자. 지금까지 살펴본 패션 분야 관심도는 각 집단에서 패션의 '현저성'을 측정하는 척도로 사용될 수도 있다. 그렇다면 각 집단의 의견지도자 비율이 '현저성' 비율과 얼마나 비슷한지 혹은 다른지도 조사해볼 수 있다. 본 연구에서는 집단의 '매력도' 척도로써 이 편차 수준을 사용할 것이다. 예를 들어, 특정 집단에서 패션 분야 의견지도자 대비 패션 분야 관심도가 높은 여성의 비율이 전체 인구에서의 평균비율을 초과한다면, 해당 집단의 의견지도자들은 자기 집단의 의견지도력에 대한 수요를 충족시키고 있을 뿐 아니라, 다른 집단의 구성원들에게 영향력을 행사하는 정보원으로서도 매력적인 집단이라고 추정할 수 있다. 즉 '초과(excess)'

의견지도력('현저성'의 정도가 '요구' 수준을 넘는 것)은 '수출(export)'된 의견지도력이라는 결론을 내릴 수 있다.

이 아이디어를 실현시키기 위해서는 우선 표본 전체의 패션 분야 의견지도력 대비 패션 분야 관심도 비율을 계산해야 한다. 본 연구에서 충분한 정보를 확보한 672명의 응답자 중 155명이 패션 분야 의견지도자이며, 672명 중 345명이 패션 분야에 대해 높은 관심도를 보였다. 155대 345는 .45로, 표본 전체로 보면 높은 관심을 보이는 여성 두 명당 패션 분야 의견지도자가 한 명 미만이라는 뜻이다. 이제 전체 표본을 다시 집단별로 나누면, 어떤 집단들은 이 '평균' 비율을 보일 것이다. 즉 해당 집단들은 한 명의 패션 분야 의견지도자에 대해 두 명 정도의 높은 관심을 가진 여성들을 가질 것이라고 예상할 수 있을 것이다. 반면, 다른 집단들은 평균을 초과하거나 평균보다 뒤처질 것이다. 어떤 집단이 '평균' 비율을 유지하는 경우, 이 집단의 의견지도자 공급이 의견지도자에 대한 내부 수요와 거의 동등하다고 추론할 수 있다. 어떤 집단에서 '평균' 비율을 초과하는 경우(즉 지도력의 비율이 관심도의 비율보다 비교적 더 큰 경우), 이 집단이 집단내부의 의견지도력 수요를 공급할 뿐만 아니라 의견지도력을 원하는 다른 집단에게로 접근한다고 추론해볼 수 있다. 패션 분야 의견지도력 비율이 패션 분야 관심도의 비율보다 더 뒤처지는 곳에서는 집단내부에서 스스로 충분한 의견지도력이 제공되지 않으므로 다른 집단을 찾는 것이라고 추론해볼 수 있다.

분석의 편의를 위해 '평균' 비율(여기서는 .45)을 '1'로 재설정하는 지수를 계산할 수 있다. 그다음 집단별 의견지도자 대비 관심도가 높은 사람들의 비율을 계산할 수 있다. 그 결과의 비율을 재설정된 지수로 환산하면, '1'을 초과하는 집단도 있을 것이고, 뒤처지는 집단도 있을 것이다. 패션 분야의 네 가지 생애주기 집단별로 이 지수를 계산해보자.

**[표23] 미혼 여성들은 패션 분야 의견지도력을 '수출'한다.**

| | 패션 분야 '현저성' 대비 패션 분야 의견지도력 비율 (표본전체의 '평균' 비율 = 1.00) |
|---|---|
| 미혼 여성 | 1.33 |
| 소가족 아내 | 1.18 |
| 대가족 아내 | .71 |
| 중년 부인 | .93 |

미혼 여성들이 '평균' 비율을 가장 많이 초과하는 것으로 나타났다. 대가족 아내들은 훨씬 뒤처진다. 반면 소가족 아내들과 중년 부인들은 '평균'과 비슷한 값을 가진다. 저자들의 해석으로는, 이 결과는 소가족 아내들과 중년 부인들이 그들 집단 안의 관심을 만족시킬 만큼의 자신들 내부에 충분한 패션 분야 의견지도자들을 확보하고 있다는 것을 의미한다. 대가족 아내들은 그들 내부의 관심사가 요구하는 패션 분야 의견지도자의 할당량보다 적은 수의 의견지도자를 갖고 있다.[5] 반면, 미혼 여성들에게는 상당히 많은 패션 분야 의견지도자들이 있는데, 이를 통해 미혼 여성들이 패션관련 조언에 대한 그들 내부의 의견지도력 요구를 만족시킬 뿐만 아니라, 다른 집단에게도 의견지도력을 제공한다고 추론할 수 있다. 즉, 미혼 여성들은 그들의 내부에서 패션 관련 조언의 수요를 충족하며, 또 다른 집단으로 조언을 '수출'하기도 한다.

(2) 추적 인터뷰 사례

이제 이 현상을 바라보는 새로운 접근법을 검토했으므로, 저자들의 추론에 대한 추가적 확증을 찾기 위해 좀 더 친숙한 추적 인터뷰 데이터로 돌아가자. 만일 상황에 대한 저자들의 판단이 정확했다면, 다음의 두 가지를 발견하게 될 것이다. (1) 패션 분야 영향력은 생애주기 또래들 내부에서 가장 많이 일어나는 경향이 있다. (2) 다른 연령대의 여성들에서 퍼지는 패션 관련 조언의 교환과정에서 미혼 여성들은 영향력 수용자라기보다 영향력 전파자다. 영향력의 흐름 데이터를 살펴보자. 이 데이터는 생애주기를 다루는 것이 아니라 연령을 다루며, 독자들은 이미 언급된 이유로 인해 '제안' 이상의 것으로 취급될 수 없다는 점을 기억해야 한다.

완성된 추적 인터뷰 중 33건은 응답자 자신의 가족 구성원들에 의해 지명된 패션 분야 의견지도자와의 인터뷰였고, 125건은 가족 외부의 영향력 전파자와의 인터뷰였다. 먼저 몇 건 안 되는 가족 내부의 영향력 전파 관련 사례들을 살펴보자.

5 이는 패션 분야에서 대가족 아내들이 다른 유형의 여성들에 비해 덜 자립적인 '집단'임을 시사한다.

[표24] 가족 내 연령 집단 간 패션 관련 영향력의 흐름

| 응답자가 지목한 패션 분야 의견지도자 연령 | 영향력 수용자의 연령 15-24 | 25-44 | 45세 이상 | 총합 |
|---|---|---|---|---|
| 15-24 | 4 | 4 | 6 | 14 |
| 25-44 | 5 | 9 | - | 14 |
| 45세 이상 | 2 | 1 | 2 | 5 |
| 총합 | 11 | 14 | 8 | 33 |

가족 내에서는-[표24]와 같이 작은 표본으로 어떤 해석을 하는 것이 가능하다면- 모든 영향력 전파자-수용자 쌍이 동일 연령 집단인 비율이 절반 이하다◆(이 수치는 가족 외 영향력 전파사례에서 더 크게 나타난다는 것을 아래에서 설명할 것이다). 그리고 서로 다른 연령대의 가족 구성원들끼리 영향을 주고받을 때, 저자들의 예상대로 젊은 사람들로부터 나이 든 사람들에게 흐르는 비율은 그 반대보다 더 강하게 나타났다. 특히 성인 자녀를 둔 45세 이상의 여성들에게서 이 경향은 강하게 나타났다. 해당하는 사례의 4분의 3(8건의 사례 중 6건)에 해당하는 경우에서 15-24세 여성의 영향을 받은 것으로 나타났다.

[표25] 가족 외 연령 집단 간 패션 관련 영향력 흐름

| 응답자가 지목한 패션 분야 의견지도자 연령 | 영향력 수용자의 연령 15-24 | 25-44 | 45세 이상 | 총합 |
|---|---|---|---|---|
| 15-24 | 27 | 12 | 2 | 41 |
| 25-44 | 13 | 32 | 9 | 54 |
| 45세 이상 | 2 | 14 | 14 | 30 |
| 총합 | 42 | 58 | 25 | 125 |

그러나 가족 바깥에서의 패션 관련 영향력 흐름을 보여주는 [표25]는 저자들의 예상과 다르다. 영향력 전파자와 영향력 수용자 사이에 연령 동질성이 더 크게 나타났지만(10쌍 중 6쌍이 동일연령대에 속한다) 패션 관련 조언을 구하기 위해 연령 경계선

◆ 총 33명 중 연령대가 같은 경우(즉 대각요소의 사례들, 4, 9, 2)는 15명이다.

을 넘나드는 여성들 사이의 영향력 방향은 젊은 사람이 나이 든 사람에게 미치는 경우가 그 반대의 경우보다 더 많다고 할 수 없었다. 그러므로 또래 연령대가 패션 분야 영향력의 지배적인 출처라고 말할 수 있겠지만, 젊은 사람들이 연장자들에 비해 더 영향력이 있을 것이라는 저자들의 추측을 확인해주는 결과를 찾지는 못했다.

이 추적 인터뷰 데이터가 [표23]의 '수출' 지수분석결과를 지지하지 않는 이유는 불명확하다. 그렇다면 [표24]에 나타난 가족 내의 경미한 추세를 제외하고, 패션 분야 영향력은 젊은 사람에서 나이 든 사람에게 흐른다는 '수출' 자료의 제안만이 남는다. 영향력 전파자-수용자 쌍과의 인터뷰를 통해서는 직접적인 확증을 얻지 못했다.

끝으로, 남성들이 일상적 패션 관련 조언에서 얼마나 작은 역할을 하는지에 대한 관찰도 상당히 흥미롭다. 응답자들이 밝힌 최근의 패션 관련 결정에서 최소한 부분적으로나마 다른 사람의 조언을 따랐다고 응답한 수백 명의 여성 중 단 13명만이 남성을 지명했다. 이 중 11명은 남편이었다. 남성은 변화무쌍한 패션 분야의 직접적인 참여자라기보다는 구경꾼이다. 남성의 영향은 청중의 그것과 같이 간접적이며 수동적이다. 남성은 직접적인 조언을 줄 만큼 대담하게 행동하지 않는다.

## 사교성과 패션 분야 의견지도력

일상소비 분야 의견지도력에서 생애주기와 함께 결정적이었던 두 번째 요소는 사교성 지수였다. 이는 패션 분야의 의견지도력에도 그대로 적용된다.

패션 분야 의견지도자 비율은 사교성이 낮은 사람들에 비해 사교성이 높은 사람들에게서 두 배 가량 높게 나타났다. 사회적 활동성이 높은 여성은 패션 분야 의견지도자가 될 가능성이 가장 높았다. 다른 특별한 이유가 없다면, 다른 사람들에게 영향

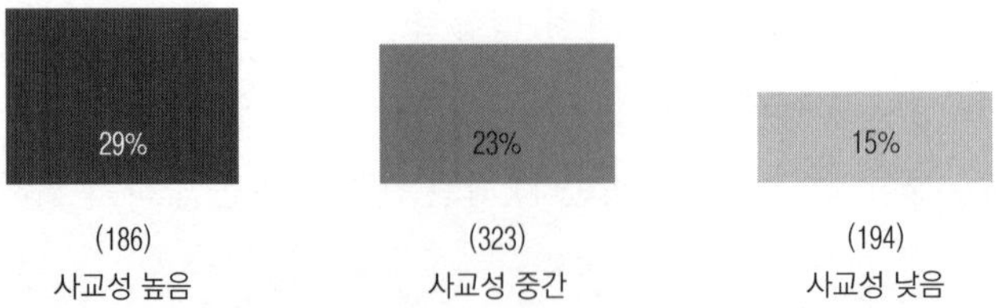


[그림10] 사교성이 높을수록 패션 분야 의견지도력이 증가한다.

력을 행사할 기회가 이 여성에게 더 많이 주어지기 때문일 것이다. 하지만 패션 분야에서는 사교성이 높은 여성들이 패션 분야 의견지도자로 더 쉽게 부상하게 되는 또 다른 이유가 있다. 그 이유는 사교성 자체가 단순히 여성이 다른 사람들을 접촉하는 빈도를 보여주는 지수일 뿐만 아니라, 그 여성이 가진 관심사의 특성을 나타내는 지수이기도 하다는 점이다. 사교성이 높은 여성은 자신이 다른 사람들에게 어떤 인상을 남기는지에 대해서도 민감할 가능성이 높다. 그녀는 다양한 집단과 개인들 사이의 상호작용과 교제에 관심이 있으며, 이것을 표현하는 방법 중 하나는 바로 유행을 따르는 것이다. 이는 사교적인 여성들이 사회적으로 고립된 여성들에 비해 조언을 구하고자 하는 사람들에게 더 쉽게 접근가능한 사람일 뿐만 아니라, 패션 분야에 관심을 가지며 더 활동적이어야 한다는 일종의 압박상태에 놓여 있기 때문에 패션 관련 조언을 더 쉽게 요청받는다는 것을 의미한다. 만약 실제로 그렇다면, 저자들은 패션-관심 지수에 이러한 점들이 반영될 것이라고 생각한다.

**[표26] 사교성이 높은 여성일수록 패션에 관심이 더 높다.**

| 사교성 점수 | 관심이 높은 응답자 비율 | 총합(=100%) |
| --- | --- | --- |
| 높음 | 56% | (178) |
| 중간 | 54% | (323) |
| 낮음 | 43% | (174) |

[표26]의 결과는 저자들의 추론을 어느 정도만 지지한다. 놀랍게도 [표26]에 나타나는 두 변수의 관계는 저자들이 예상했던 것만큼 강력하지 않았다. 패션에 대한 관심도가 사교 활동에 의해 고무된다고 결론 내릴 수 있지만 그렇게 강한 자극은 아니다. 보아하니 패션에 대한 개인적 관여도와는 별개로, 사교성이 강한 여성에게 패션에 더 관심을 갖도록 하는 사회적 요구는 그녀가 패션 분야에서의 영향력 전파자가 될 가능성을 증가시킨다. 즉 패션 분야에 별 관심이 없더라도 사교성이 높은 여성은 사교적인 성격에 의해 패션 조언 요청을 받을 가능성이 다소 크다.[6]

다시 말해 저자들은 패션 분야에 대한 개인의 관심도라는 심리적 요인 그 자체

6 심지어 패션 관심도가 낮은 여성 중에서도 사교성이 강한 여성의 17%가 의견지도자였던 반면, 비사교적인 여성 중에서는 5%만이 의견지도자였다.

로는 패션 분야 의견지도력을 창출하지 않는다고 생각한다. 패션 분야 의견지도력은 패션 분야에 큰 관심을 갖는 여성의 사회적 환경과도 연관된다. 생애주기와 관련해서는 매우 관심이 많은 미혼 여성이 패션 분야 의견지도자가 될 가능성이 크지만, 비슷한 수준의 패션 분야 관심도를 갖는 중년 부인들은 그렇지 않다는 것을 발견했다. 현재까지 저자들은 세 단계로 분류한 사교성 수준들 간에 패션 분야 관심도가 거의 동등하게 나뉘면, 사교성이 높은 여성일수록 패션 분야 의견지도자가 될 가능성이 상당히 높지만 비사교적인 여성은 그렇지 않다는 것을 발견했다. 따라서 저자들이 앞선 관찰과 관련해 제안했던 것처럼, 여기에도 환경적 요소가 작용하는 것처럼 보인다. 패션 분야 의견지도력을 발휘하기 위해서는 패션 분야에 관심이 높은 것만으로 충분하지 않다. 의견지도자가 되기 위해서는, (1) 의견지도력을 추구하는 다른 사람들, 그리고 (2) 그 자질이 추구되는 종류의 지도력에 적합하다고 인식하는 사람들과 접촉해야 한다. 말하자면, 의견지도자가 되기 위해서는 적절한 시기에 적절한 환경에 놓이는 것이 중요하다.

사교적인 여성들은 다른 사람으로부터 영향력을 수용하기보다 다른 사람에게 더 자주 영향력을 제공한다는 사실은 이 장 초반에 소개한 '수출'된 의견지도력 지수로도 추정해볼 수 있다. 여기서 다시 표본 전체에 대해서 지도력 대비 관심사의 '평균' 비율을 계산하여, 표본 전체의 비율을 '1'로 재설정한 다음, 서로 다른 사교성 '집단' 각각이 '평균'과 어떻게 비교되는지 살펴보자.[7]

**[표27] 사교성이 높은 여성들은 패션 분야 의견지도력을 '수출'한다.**

| | 패션 분야 '현저성' 대비 패션 분야 의견지도력 비율 (전체표본의 '평균'비율 = 1.00) |
|---|---|
| 높은 사교성 | 1.24 |
| 중간 사교성 | 1.02 |
| 낮은 사교성 | .81 |

7 연구표본 전체에서의 이 비율은 .42이다. 앞서 보고한 생애주기 분석 관련 표본 전체에서의 비율인 .45와 약간 차이를 보이는 이유는 두 경우에 가용한 사례 수가 조금 달랐기 때문이다.

사교성이 낮은 여성들은 그들 사이에 있는 패션에 대한 관심도를 충족할 만큼의 패션 분야 의견지도력을 확보하지 못하였다. 반면 사교성이 중간 수준인 집단은 지도력-관심 비율의 '평균'에 거의 정확히 상응한다. 즉 오직 사교성이 높은 여성들만이 패션 분야 의견지도력을 '초과'해서 갖고 있으며, 저자들의 해석에 따르면 이는 패션 분야에서 다른 집단에 '매력적'으로 보인다는 것을 의미한다. 따라서 패션 관련 자신들 내부의 수요를 만족시키는 것 외에 다른 집단으로 조언을 '수출'하기도 할 것이다.

지금까지 생애주기의 위치와 사교성의 패션 지도력과의 관련성을 확인했다. 이제 이 두 요소가 여성의 패션 분야 의견지도력 발휘 기회에 미치는 복합적인 영향을 고려해보자. 예를 들어, 사교성이 낮은 미혼 여성과 사교성이 높은 중년 부인의 패션 분야 의견지도력 발휘 기회에는 어떤 차이가 있을까? 저자들은 대가족 아내들과 중년 부인들과 같이 생애주기 유형이 패션 참여와 지도력을 위한 최소의 기회나 경향을 제공하는 여성들에게, 사교성은 패션 분야 의견지도력 발휘의 가장 중요한 자극물이 될 것이라고 예상한다. 가족 중심의 생애주기상 위치는 이 여성들의 패션 시장 참여의 범위와 강도를 객관적으로(즉, 패션에 관심 있는 다른 이들에 비해 시간, 에너지, 돈, '사회적 위치'에서) 제한한다. 그러나 이러한 여성이 사교성이 높으면(즉, 가정 외부의 일에 대해 충분히 관심을 갖고 있으며, 그 관심을 추구할 기회가 충분히 주어지면), 이 여성은 사교성이 낮은 동일한 생애주기 또래들과 달리 패션 시장에서 활동적일 것이며, 패션 분야 의견지도력을 가질 가능성도 더 높을 것으로 기대할 수 있다.

같은 이유로 저자들은 사교성 점수가 미혼 여성이 패션 지도력을 가질 가능성에 큰 차이를 일으키지 않을 것으로 예상한다. 사교성은 가족 중심적이고 나이가 더 많은 여성의 패션 활동에 큰 자극이 될 수 있다. 패션 분야에 참여하고 싶은 미혼 여성들의 보편적인 욕구는 사교성이 증가함에 따라 강화될 수도 있지만, 사교성에 완전히 의존적인 모습을 보이지는 않을 것이다. 소가족 부인들 역시 대가족 부인들보다 패션에 더 적극적이며, 사교성이 높지 않더라도 패션 분야에서 의견지도력을 얻을 경향이 더 높다. 즉, 패션에 대한 열망이 가장 강하게 나타나는 시기에 해당되는 미혼 여성들은 패션 분야 의견지도자가 되는 데 사교성이 미치는 영향이 가장 작은 반면, 이후의 생애주기 유형에서는 사교성이 패션 분야 의견지도력을 얻기 위한 중요한 조건이 된다.

이 가설을 검증하기 위해 네 가지 생애주기 유형 각각에 속하는 여성들을 사교성 수준에 따라 하위분류로 나누었다. 이를 통해 저자들은 총 12개의 집단을 얻을 수 있었다. 이들 사이에서 패션 분야 의견지도력이 어떻게 달라지는지 살펴보자.

[표28]에서는 패션 분야 의견지도자가 될 수 있는 평균 이상의 가능성[8]을 가진 여성 집단을 '+'◆로 표기했다. 이 십자가 표기는 생애주기가 진행될수록 높은 수준의 사교성이 여성의 패션 분야 의견지도력 발휘 기회에 더 중요한 조건이 된다는 것을 분명히 보여준다.

[표28] 생애주기 유형과 사교성 수준에 따른 평균 이상의 패션 분야 의견지도력 발휘 기회 발생

| | 생애주기 유형 | | | |
|---|---|---|---|---|
| 사교성 점수 | 미혼 여성 | 소가족 아내 | 대가족 아내 | 중년 부인 |
| 높음 | + | + | + | + |
| 중간 | + | + | | |
| 낮음 | + | | | |

모든 미혼 여성들(이들의 사교성 수준이 어떻든지 간에), 소가족 아내들(이들이 최소한 어느 정도 사교적인 경우에만), 대가족 아내들과 중년 부인들(이들이 매우 사교적이라면)이 패션 분야 의견지도자가 될 가능성은 평균 이상으로 나타났다. 가족 중심적인 사람들과 나이 든 여성들에게 높은 수준의 사교성은 패션 분야 의견지도력을 발휘할 좋은 기회를 얻기 위한 필수 조건이다. 높은 수준의 사교성을 통해 경험하는 사회적 접촉의 양과 질은 패션 분야 의견지도력과 패션에 대한 참여를 자극하는 데 있어서 젊음과 젊음에 수반되는 가족 책임으로부터의 자유에 상응하는 역할을 하는 것 같다.

8 앞서 설명한 바와 같이, 여기에서 의견지도자가 될 가능성이 '평균 이상'이라는 것은 해당 집단에서의 의견지도자-비지도자 비율이 표본 전체에서의 의견지도자-비지도자 비율을 초과하는 것을 의미한다.

◆ 원서에는 '×'기호로 표기되어 있으며, 이를 십자가(cross)라고 지칭하였다. 한국어 맥락에서는 이를 '십자가'가 아니라 '엑스' 표시로 오인할 수 있기 때문에 번역문에서는 '×'를 '+'로 바꾸어 표기하였다. 참고로 크리스마스를 Xmas라고 표기하는 것을 본 적이 있는 독자라면 왜 저자들이 '×'를 십자가라고 부르는지 이해할 수 있을 것이다.

## 사회적 지위와 패션 분야 의견지도력

앞서 일상소비 분야와 패션 분야 간의 상당한 차이에도 불구하고 일상소비 분야 의견지도자들이 어디에 집중되는가를 파악하는 데 핵심적이었던 두 가지 요소인 생애주기와 사교성이 패션 분야 의견지도력을 이해하는 데도 유효하다는 것을 살펴보았다. 이제 세 번째 요소인 사회적 지위를 살펴보자. 누가 패션 분야 의견지도자가 되는지 예측하기 위해 사회적 지위가 어떤 역할을 하는지 살펴보자.

대부분의 사람들은 패션 분야 의견지도자에 관해 이야기할 때 값비싼 패션을 먼저 선보이는 매력적인 여성들을 떠올린다. 이것이 사실일지는 모르나 저자들의 관심은 다른 유형의 패션 분야 의견지도자다. 바로 대인접촉을 통해 영향력을 미치는 여성이 누구인지를 살펴보는 것이다. 저자들은 이러한 관계에서 가장 매력적인 여성이 아니라 개인적으로 알고, 사람들이 자유롭게 조언을 구할 수 있는 여성이 패션 분야 의견지도자라고 확신할 수 있다. 따라서 조언을 해주는 여성과 조언을 받는 여성은 사회적 지위상 큰 차이를 보일 것 같지는 않다. 오히려 이들은 대체로 비슷한 사회 집단에서 나타날 가능성이 더 높다. 게다가, 여성들은 조언을 구할 때 그들 자신과 같은 문제에 직면한 사람들에게 의지할 가능성이 높으며, 바로 이점으로 인해 조언을 구하는 사람이 자신의 사회적 지위수준과 비슷한 사람들 중에서 패션 분야 의견지도자를 찾을 가능성이 강화될 것이라고 앞서 제안한 바 있다. 저자들의 추정을 따르면, 패션 분야 의견지도자는 모든 사회적 계층에 존재해야 하며, 그 영향력은 사회적 지위 경계를 거의 넘지 않을 것이다.

그렇다고 하더라도 사회적 지위와 관련된 요인들이 패션 분야 의견지도력의 발휘 가능성에 차이를 만든다고 믿을 이유는 아직 남아 있다. 낮은 사회적 지위, 또는 중간 정도의 사회적 지위를 가진 여성들이 상류 사회(cafe society)를 직접 모방하지는 않을 수도 있지만, 신분상으로 자신들보다 조금 위에 있지만 자신의 사회 분야나 그 주변에 있는 여성들의 취향을 참고할 수는 있다. 이를 통해 사회적 이동성에 대한 그들의 욕구를 표현할 수도 있다. 만약 그렇다면, 그리고 본 연구의 데이터가 이 점을 충분히 민감하게 담을 수 있다면, 패션 분야 의견지도력이 균등하게 분배되지 않고 더 높은 지위에서의 비율이 더 큰 것을 발견해야 한다. 더욱이 의견지도력이 사회적 지위의 경계를 넘지 않는 경향이 있다 하더라도 패션에 대한 더 큰 관심, 그리고 패션 활동에 더 많이 참여하는 것이 높은 사회적 지위의 특징일 수 있다. 마찬가지로, 지위수준에 따라 유행을 따르는 것에 대해 상이한 가치가 매겨져 있을 수도 있다. 만약 이 중 일부 또는 전부가 사실이라면, 패션 분야 의견지도자들의 비율이 사회적 지위 수준을 따라 증가하는 경향을 확인해야 한다. 그러나 패션에 관한 관심이 지위수준에 비교적 골고루 분포되어 있고, 여성들이 주로 자기와 비슷한 타인들에게 조언을 구하는 경향이 있다면, 각각의 지위수준에서 패션 분야 의견지도자는 동등한 비율을 보일 것이다. [그림11]은 이 질문에 대한 답을 제시해준다.

분석결과, 중간 수준의 사회적 지위의 경우 높은 사회적 지위만큼이나 많은 패션 분야 의견지도자들을 발견할 수 있었으나, 낮은 사회적 지위에서는 패션 분야 의견지도자가 다소 적게 나타났다. [그림11]에서 가장 낮은 수준과 높은 수준 간 차이는 약 10%다. 즉, 사회적 지위수준 간 패션 분야 의견지도력의 차이는 그다지 크지 않으며, 집단 사이의 독특한 분포는 이 결과에 대해 어떻게 해석하는 것이 적절한지에 대한 의문을 남긴다. 낮은 사회적 지위와 중간 수준의 사회적 지위의 차이를 보고 지위가 상승할수록 지도력의 비율이 증가한다는 결론을 내린다면, 다음의 질문을 던질 수밖에 없다. 왜 중간 수준의 사회적 지위와 높은 사회적 지위 사이에는 상응하는 차이가 나타나지 않았는가? 그러나 심지어 이 질문조차도 해석을 요구한다. 상위 사회적 지위(본 연구에서 의견지도자가 가장 많이 나타날 것으로 기대한 지위)에 왜 패션 분야 의견지도자가 이렇게 적은지 물어볼 수도 있고, 아니면 대신 왜 중간 수준 사회적 지위에 이렇게 많은 패션 분야 의견지도자가 있는지 물어볼 수도 있다. 이 문제를 좀 더 자세히 조사해보자. 아마 이 세 가지 수준에서 패션 관심도의 분포를 조사하면 단서를 다시 찾을 수 있을 것이다.

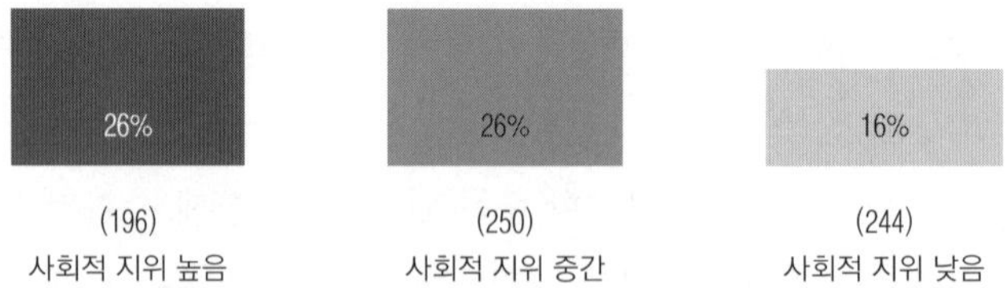


[그림11] 사회적 지위가 낮은 집단에서만 패션 분야 의견지도자 비율이 낮게 나타난다.

[표29] 사회적 지위가 높을수록 패션 분야에 대한 관심도 증가한다.

| 사회적 지위수준 | 패션 분야에 높은 관심을 갖는 응답자 비율 | 총합(=100%) |
|---|---|---|
| 높음 | 61% | (191) |
| 중간 | 53% | (253) |
| 낮음 | 42% | (237) |

사회적 지위가 높은 수준의 응답자들 중 패션에 관심이 있는 여성의 비율이 다소 더 높다. 이 발견은 왜 저자들이 중간 수준의 사회적 지위보다 높은 수준의 사회적 지위에 관심을 가져야 하는지를 암시한다. 즉, 왜 중간 정도의 사회적 지위를 갖는 응답자에서 패션 분야 의견지도자가 많은지가 아닌, 패션에 대한 이들의 높은 관심도를 고려할 때 왜 사회적 지위가 높은 집단에 패션 분야 의견지도자가 더 많지 않은지를 살펴보는 것이 더 흥미로운 일이다.

이 질문에 대답할 방법은 한 가지밖에 없는 것 같다. 높은 사회적 지위에 있는 여성들은 패션에 많은 관심을 가지지만, 패션에 대해서 상대적으로 **더 적게 이야기한다**. 왜 이런 현상이 나타나는지에 대해 두 가지 이유를 생각해볼 수 있다. 무엇보다 이러한 여성들에게 비공식적인 대화와 일상적인 활동에서 패션은 여러 주제들 중 하나에 불과할 뿐이다. 요컨대 높은 지위 여성의 활동에서 일어나는 대화와 조언의 주제에서 보다 고상한 주제들, 이를테면 공공이슈, 자선사업 등이 패션을 제치는 것 같다. 둘째로, 어쩌면 높은 사회적 지위의 여성들 사이에서는 패션에 대한 의도적인 무관심이 있을 수도 있다. 이런 여성들은 패션 분야 관심도가 높지만, 누군가에게 조언을 구하는 것은 어쩌면 부당하게 자신의 영향력을 드러내는 행동(gamesmanship)◆이라고 여기거나, 또는 누군가에게 조언을 해주는 것이 그리 고상하지 않다고 생각하는 것 같다.

언급한 저자들의 해석을 적절하게 검증할 수 있는 데이터는 없지만, 이러한 유형의 해석은 앞서 저자들이 몇 가지 지점에서 제시했던 해석과 같다. 바로 앞에서 저자들은 중년 부인과 대가족의 아내들, 사교성이 낮은 여성들 사이에 패션 분야 의견지도자가 더 낮은 비율로 발생한다는 사실은 이 사람들이 패션 분야에 관심 있는 다른 사람들과 접촉할 가능성이 더 낮다는 사실로 설명될 수 있다고 해석한 바 있다. 동일

◆ 게임즈맨십(gamesmanship)은 게임에서 승리하기 위해 사용하는 적절치 못한 행동을 의미한다.

한 방식으로, 사람이 처한 환경적 요소가 높은 사회적 지위수준에서 패션 분야 의견지도력의 낮은 비율을 설명해준다고 볼 수 있다. 그러나 여기에서 이 환경적 요인은 패션에 대한 관심이 일반적으로 낮다는 것이 아니라, 논의 대상으로서의 패션에 대해 일반적으로 회피한다는 것이다.

본 연구의 '수출' 지수는 사실상 저자들의 해석의 일부를 요약한 것이다.

[표30] 사회적 지위가 중간 수준인 여성들이 패션 분야 의견지도력을 '수출'한다(그러나 이들의 '수출'도 그리 많은 것은 아니다).

| | 패션 분야 '현저성' 대비 패션 분야 의견지도력 비율 (전체표본의 '평균'비율 = 1.00) |
|---|---|
| 높은 사회적 지위 | 1.00 |
| 중간 사회적 지위 | 1.14 |
| 낮은 사회적 지위 | .88 |

[표30]은 높은 사회적 지위의 여성 중 패션 분야 의견지도자는, 그들 사이의 패션에 대한 관심도를 아주 적당히 만족시킨다는 것을 보여준다. 반면, 낮은 사회적 지위를 갖는 여성들의 경우 패션에 대한 관심도가 패션 분야 의견지도력을 조금 넘는다. 즉, 낮은 사회적 지위를 갖는 여성들은 다른 집단에서 패션 분야 의견지도력을 찾아서 자신들의 패션에 대한 관심도를 충족시켜야 함을 뜻한다. 오직 중간 수준의 사회적 지위 집단에서만 패션 분야 관심도보다 패션 분야 의견지도력이 우위를 점하고 있다. 그렇다면, 비록 이 표의 주요 결론은 각 계층 내의 패션 분야 의견지도력이 상대적으로 자급자족적인 듯하지만, 중간 수준의 사회적 지위 여성들은 다른 집단(아마 낮은 사회적 지위의 여성들)에게 자신들의 지도력을 '수출'할 만큼 매력적이라고 할 수 있겠다.

줄곧 저자들은 여성들이 자신과 비슷한 사람들과 패션에 대해 이야기할 것이라고 가정해왔다. 추적 인터뷰 데이터는 이러한 저자들의 가정을 지지한다.

[표31] 가족 이외 사람들과 교류 시 사회적 지위수준 집단 간 패션 분야 영향력 흐름[9]

| | 영향력 수용자의 사회적 지위 | | | |
|---|---|---|---|---|
| 패션 분야 의견지도자의 사회적 지위 | 낮음 | 중간 | 높음 | 총합 |
| 낮음 | 5 | 7 | 3 | 15 |
| 중간 | 17 | 47 | 11 | 75 |
| 높음 | 2 | 13 | 17 | 32 |
| 총합 | 24 | 67 | 31 | 122 |

가족 외부에서 주고받은 모든 영향력 교환들 중 57%는 동등한 사회적 지위를 가진 여성들 사이에서 진행되었다. 사회적 지위가 낮은 여성들만이 자신의 집단을 주목할 만하게 벗어났다. 게다가 영향력이 사회적 지위 경계선을 넘을 때도 그다지 멀리 가지 않았다. 영향력 교환은 거의 예외 없이 바로 인접한 사회적 지위의 여성들 사이에서 이뤄졌다. 이는 물론 중간 수준의 사회적 지위의 여성들이 다소 자주 조언을 요청을 받았음을 뜻한다. 표에서도 이런 결과가 나타난다. '총합'을 비교하면 중간 수준 사회적 지위 집단이 영향력 수용자(67)보다 영향력 전파자(75)가 더 많은 유일한 집단인 것을 볼 수 있다. 이 차이가 극적이지는 않지만 [표31]에서의 발견은 [표30]의 결과로 추정한 저자들의 예측과 일치한다.

## 사회적 지위와 사교성의 연계효과

지금까지 사회적 지위가 패션 분야 의견지도력의 발생률을 결정하는 중요한 요소는 아니지만 어느 정도 역할을 한다는 것을 살펴보았다. 낮은 사회적 지위에 비해 높은 사회적 지위와 중간 수준 사회적 지위에 있는 패션 분야 의견지도자의 수가 다소 더 많다는 것도 발견했다. 사회적 지위라는 주제를 마무리하기 전에, 사교성의 차이가 의견지도력의 발생률을 설명할 수 있는지 자문해보아야 한다. 앞서 살펴본 일상소비 분야의 경우 이와 같은 결과가 나타났다는 것을 기억할 것이다. 즉, 높은 사회적 지위

9 여기에서 저자들은 다시 사회적 지위 척도(A, B, C, D)를 이용했다. 설문조사에서 영향력 전파자와 영향력 수용자의 사회적 지위를 측정했다.

의 응답자에게서 일상소비 분야 의견지도자 비율이 더 높게 나타난 것은 이 여성들에게 사교성의 기회가 더 많이 제공된 것을 반영하는 것이었다. 이는 패션에서도 마찬가지일까?

[표32] 사회적 지위와 사교성은 패션 분야 의견지도력을 결정하는 데 비슷하게 중요한 요인들이다.

| | 패션 분야 의견지도자 비율 | | |
|---|---|---|---|
| 사교성 점수 | 높은 사회적 지위 | 중간 수준 사회적 지위 | 낮은 사회적 지위 |
| 높음 | 22% | 36% | 24% |
| 중간 | 31% | 24% | 17% |
| 낮음 | 21% | 17% | 11% |

[표32]는 사교성을 일정하게 통제할 때 사회적 지위와 패션 분야 의견지도력 사이의 관계가 어떤지 보여준다. 동시에 저자들이 예기치 못한 매우 중요한 발견 역시 보여주고 있다. 독자들은 [그림11]의 핵심발견을 기억할 것이다. 즉, 가장 높은 사회적 지위(가장 높은 패션 분야 관심도를 보였던 지위)는 중간 수준 사회적 지위에 비해 더 많은 패션 분야 의견지도자를 보이지는 않았다는 점, 그리고 [표30]과 [표31]에서 알 수 있듯이 높은 사회적 지위수준에서는 패션 분야 의견지도력이 '수출'되지 않는다는 점이다. [표32]는 이 관계에 대한 또 다른 해석의 실마리를 제공한다. [표32]는 패션 분야 의견지도력의 감소가 높은 사회적 지위의 **가장 사교적인 여성들 사이**에서 나타난다는 것을 보여준다. 이것은 사교성이 가장 높은 여성들이 패션 분야 의견지도력을 발휘할 가장 큰 기회를 얻는 다른 두 사회적 지위수준과 현저한 대조를 이룬다. 최고의 사회적 지위와 최고의 사교성을 지닌 매력적인 여성들이 패션 분야 의견지도력에서 뒤처진다는 것은 앞서 저자들이 조심스레 밝힌 해석에 무게를 실어주는 것 같다. 즉, 이 여성들은 패션에 대해 별로 대화를 나누지 않는다. 아마 저자들이 앞에서 밝혔듯 이 여성들은 관심범위가 더 넓고 패션은 단지 많은 관심사 중 하나일 뿐이기 때문일 것이다. 어쩌면 패션에 관해 이야기하고, 패션에 대한 조언을 주고받는 것이 그리 '똑똑해' 보이지 않는다고 생각하기 때문일지도 모른다. 어쨌든, 일반적인 통념에 따르면 가장 두드러지는 패션 분야 의견지도자들이 다른 집단에 뒤처지는 것으로 나타났다.

사회적 지위와 사교성이 모두 높은 이 집단 외에도 [표32]에서는 추가로 두 가지 주목할 만한 경향을 확인할 수 있다. (1) 사회적 지위가 높아질수록 패션 분야 의견지도자의 비율도 증가한다. (2) 사교성이 증가할수록 패션 분야 의견지도자의 비율도 증가한다. 요컨대, [표32]는 여러 가지를 보여준다. 첫째, 무엇보다 저자들이 앞서 언급한 중요한 예외적 집단의 사례에 대해 말해준다. 둘째, 이 집단을 제외한 다른 모든 집단에서는 사교성과 사회적 지위가 각각 독립적으로, 그리고 일반적 수준으로 패션 분야 의견지도력의 발생에 기여한다.

## 패션 분야 영향력의 흐름: 요약

요약하자면, 일상소비 분야와 마찬가지로 패션 분야 의견지도력은 대부분 생애주기 유형에 의존한다고 말할 수 있다. 여러 생애주기 중 패션 분야 의견지도자의 비율 차이는 특히 선명해 보인다. 그러나 일상소비 분야에서의 의견지도력이 특히 대가족 아내에 집중되었던 반면, 패션 분야에서는 미혼 여성이 가장 중요한 영향력 전파자였다.

일상소비 분야에서의 의견지도력 발생률을 결정하는 데 있어서 사교성은 생애주기와 함께 효과를 미치는 것으로 나타났다. 그러나 패션 분야에서의 의견지도력의 경우 사회적 지위도 (비록 그 역할이 균등하지 않지만) 함께 고려해야 한다. 높은 사교성과 높은 사회적 지위가 함께 결합될 경우, 패션 분야 의견지도력은 예상된 수준보다 낮게 나타났다. 또한 이것은 본 연구의 데이터에 대한 저자들의 적절한 해석과도 비슷한 결과였다. 가장 높은 사회적 지위는 중간 수준의 사회적 지위 이상의 지도력을 보이지 않으며, 반면, 가장 낮은 사회적 지위수준은 다른 집단보다 더 적은 패션 분야 의견지도자로 이어졌다. 저자들이 언급한 한 가지 중요한 예외를 고려하면, 사교성 수준을 통제하더라도 패션 분야 의견지도자들은 특정한 사회적 지위에 몰리는 경향이 있었다.

저자들은 일상소비 분야에서처럼 영향력 전파자와 영향력 수용자 사이에 연령과 사회적 지위의 높은 유사도를 다시 한 번 발견했다. 그러나 패션 분야의 대인접촉 영향력이 연령 경계선을 초월할 때, 저자들이 예상했던 대로 젊은 여성에게서 나이 든 여성에게로 대인접촉 영향력이 흘러가는지는 직접 확인하지 못했다. 물론 본서에서 소개한 의견지도력 '수출' 지수가 이러한 예상을 지지해주는 것처럼 보였고, 가족 **내**

영향력에 대한 추적 인터뷰 결과 역시 이러한 저자들의 해석을 뒷받침해주었으나, 추적 인터뷰 데이터에서 얻은 가족 외 사람들과 주고받은 영향력 쌍 관련 결과는 저자들의 해석을 뒷받침해주지 않았다. 대인접촉 영향력이 지위 경계선을 넘어 이동할 경우 다른 사람들보다 중간 지위수준의 여성들로부터 더 많이 유래되었고, 영향력이 사교성 수준의 경계를 넘어 교환될 경우 사교성이 높은 여성에게서 낮은 여성들에게로 흐를 가능성이 더 높았다.

12장

# 공공이슈 분야 의견지도자

공공이슈의 경우 일상소비 분야나 패션 분야와 비교할 때, 여성응답자들이 자신의 뜻에 따라 관련된 논의에 참여할지, 혹은 심지어 관심을 가질지 여부를 자유롭게 결정하는 편이다. 자존감(自尊感, self-respect)이나 다른 사람의 체면을 해치지 않기 위해 여성응답자들은 공공이슈에 관한 이야기를 나누지 않은 채 살 수 있다. 남성에 비해 여성들은 당면한 국가적·지역적 사건이나 이슈에 대해 알지 못하는 경우가 빈번하다.◆ 이러한 공공이슈에 대해 여성들은 잘 이야기를 나누지 않으며, 정치나 어떤 정치적 사건에 대해 얼마나 관심을 갖는지 질문을 받을 때 남성에 비해 관심 수준이 낮은 편이다.[1]

본 연구에서는 공공이슈 분야에서의 여성 의견지도자가 누구인지를 연구하기 위해 공공이슈와 관련된 응답자의 직접적인 정치적(political)·시민적(civic) 활동보다 이와 관련된 정보습득 수준과 의견을 수집하였다. 여기서 저자들이 말하는 공공이슈 분야의 의견지도자는 뉴스에서 언급된 사회적·정치적 이슈와 관련하여 조언을 부탁

1 1940년도 대통령 선거에 대한 분석결과에 대해서는 라자스펠드, 베럴슨, 고뎃(Lazarsfeld, Berelson, and Gaudet, 1948, pp. 48–49)을 참조하라. 1948년 대통령 선거를 대상으로 한 보다 심층적인 결과에 대해서는 베럴슨, 라자스펠드, 맥피(Berelson, Lazarsfeld, and McPhee, 1954, pp. 25–28)를 참조하라.

◆ 본서를 읽을 때는 연구가 진행된 시점이 1950년대라는 점을 언제나 염두에 두어야 한다. 미국 사회에서 여성의 참정권이 부여된 시기는 1920년이며, 1960년대 민권운동이 본격화하기 이전까지 제도정치권에서 여성의 목소리는 매우 낮았고 여성의 정치참여에 대한 사회적 시선 역시 그다지 곱지 않았다.

받은 응답자를 의미한다.[2◆] 다시 말해 여기서 저자들이 지칭하는 공공이슈 여성 의견지도자는 세상이 어떻게 돌아가는지와 관련하여 다른 여성들로부터 정보와 의견을 요청받은 여성을 의미한다. 이번 장의 결과에서 제시되겠지만, 공공이슈 분야의 여성 의견지도자는 상대적으로 드문 편이었다.

## 사회적 지위와 공공이슈 분야 의견지도력

공공이슈 분야에서 여성의 참여와 가장 연관성이 큰 요인은 무엇인지(다시 말해, 어떤 사회집단에서 공공이슈 의견지도자가 가장 잘 발견되는지) 살펴보는 것이 가장 첫 번째 일이었다. 이를 위해 우선은 세 가지 요인에 집중하였다. 각 요인은 최소한 부분적으로나마 응답자의 사회적 지위의 일부 측면과 상호 연관되어 있었다.

첫 번째 요인은 교육수준이다. 매스 커뮤니케이션 이용습관과 관련된 선행연구들에 따르면, 교육수준이 높은 사람들일수록 책과 잡지를 더 많이 읽고, 현재의 공공이슈들을 다루는 라디오 프로그램과 토론에 더 귀를 기울인다. 또한 교육수준이 높은 사람들은 공공이슈에 대한 관심도가 더 높다. 이러한 관점에서 교육수준이 높은 응답자들일수록 정치적인 이슈들에 대한 참여 가능성이 더 높을 것이다. 본서에서 사용한 사회적 지위 개념은 교육수준이 포함되며,[3] 따라서 응답자의 사회적 지위가

---

2 구체적으로 본 연구에서는 설문응답자들에게 뉴스에 언급된 인터뷰 당시의 다양한 국내외 문제들(예를 들어 트루먼 대통령의 외교정책, 전시 동원 해제 등)에 대한 의견을 물어보았다. 이러한 국내외 문제들과 관련하여 응답자들이 최근 의견을 바꾼 적이 있는지 혹은 이전과 비교하였을 때 보다 확고한 의견을 형성한 적이 있었는지 물어보았다. 이후 "귀하께서는 말씀하신 주제와 관련하여 누군가에게 조언을 요청받은 적이 있으신가요?"라는 질문을 제시하였다. 앞서 언급한 다른 분야와 마찬가지로 (a) 두 차례 인터뷰에서 다른 사람들로부터 조언을 요청받았다고 답한 응답자들과 (b) 두 차례 인터뷰 중 1회라도 관련 이슈에 대하여 조언을 요청받았으며, 조언을 요청한 사람이 다른 사람의 조언보다 자신의 조언을 따랐을 것으로 생각하는 응답자들을 공공이슈 의견지도자로 정의하였다.

3 다시 말해, 응답자의 교육수준은 본서에서 사용하고 있는 사회적 지위 지수의 주요 구성요인 중 하나다.

◆ 조사가 진행된 시점은 1945년으로 당시는 미군(그리고 연합군)이 승리를 거둔 후였으며, 일본 제국주의와의 태평양전쟁이 끝나가는 시점이었다. 루즈벨트 대통령의 사망 후 부통령이었던 트루먼이 대통령직을 승계하였다. 대통령이 바뀌면서 루즈벨트 정권의 대외정책 변화에 대한 논의가 진행되고 있었다. 또한 종전 후 더 이상 징병을 할 이유가 없어졌지만, 해외 주둔 미군 규모를 유지하기 위해서는 일정 수준의 징병이 필요하다는 의견도 제기되면서 동원 해제를 둘러싼 논의가 진행되었다.

높을수록 공공이슈에 대한 관심도가 높을 것이고, 공공이슈 분야의 의견지도자로 활동할 가능성 또한 높게 나타날 것이다.

그러나 교육수준 하나만으로는 응답자의 공공이슈 관련 활동에 대한 참여를 충분히 설명할 수 없다. 교육수준의 효과는 사회적 강화(social reinforcement) 과정을 동반해야 하며, 정치적 사상들과 정보를 활발하게 사용하는 다른 사람들과 적극적으로 교제하는 것이 가장 기본적인 사회적 강화과정이다. 이런 점에서 저자들이 주목하는 두 번째 중요 요인은 사회적 환경이다. 자신의 사회적 지위 덕분에 정치적 이슈들에 관심을 갖고 적극적으로 활동하는 다른 사람들(이를테면 정치인, 변호사, 교사 등)과 교제할 수 있는 응답자들은 공공이슈, 사건, 관계자들에 대해 알게 될 가능성이 더 높다. 이러한 위치에 있는 응답자들은 다른 사람들에 비해 공공이슈와 관련하여 최소수준의 참여라도 해야 한다는 압박을 느낄 가능성이 더 높다.

공공이슈 관련 의견지도력 발휘가능성과 관련될 수 있는 세 번째 요인은 가사(家事)와 무관한 일에 관심을 가질 수 있는 여가시간이다. 사회적 지위가 높은 응답자일수록 세 번째 요인이 높게 나타난다. 왜냐하면 사회적 지위가 낮은 응답자에 비해 사회적 지위가 높은 응답자일수록 사회적 접촉이 더 많으며, 이는 훨씬 더 사교성 수준이 높다는 것을 의미하기 때문이다.[4] 또한 사회적 접촉을 통해 자신이 살고 있는 공동체에서 벌어지고 있는 지적인 논의에 노출될 가능성이 더 높아지며, 결국 사회적 지위가 높은 응답자는 공공이슈와 관련된 의견과 영향력 흐름에 참여할 가능성이 더 높다.

언급한 세 가지 사회경제적 요인들을 고려할 때, 공공이슈 분야의 의견지도자들은 사회적 지위가 높은 응답자들에게서 더욱 빈번하게 나타날 것이다. 실제로 상위수준의 사회적 지위를 갖는 응답자 집단에서 공공이슈 분야 의견지도자 비율이 가장 크게 나타났다. 이 결과는 [그림12]에서 확인할 수 있다.

우선 첫째, 전체 표본 내에서 공공이슈 분야 의견지도자의 비중은 상당히 작았다. 본서에서 다루고 있는 네 가지 분야 중, 공공이슈 분야에서 의견지도자 비중이 가장 낮았다. 즉 일상소비, 패션, 영화관람 분야에서 다른 사람에게 조언을 해준 응답자의 수는 공공이슈 분야에서의 영향력 제공자 수보다 훨씬 더 많았다.

둘째, 이것이 가장 중요한데, [그림12]에서 잘 나타나듯 상위수준의 사회적 지위

**4** 응답자의 사회적 지위와 사교성 수준의 관계에 대해서는 [표16]을 참조하라.

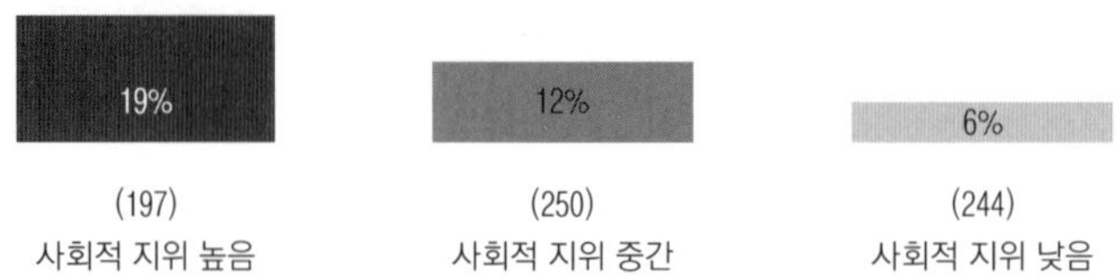


[그림12] 응답자의 사회적 지위수준이 증가할수록 공공이슈 분야 의견지도력은 증가한다.

를 갖는 응답자 집단에서 공공이슈 분야의 의견지도자가 될 가능성이 가장 높게 나타났다. 상위수준의 사회적 지위를 갖는 응답자들은 하위수준의 사회적 지위를 갖는 응답자들에 비해 공공이슈 관련 의견지도자가 될 가능성이 3배 이상 높게 나타났다. 일상소비 분야나 패션 분야의 경우, 응답자의 사회적 지위는 의견지도자가 될 가능성과 별 연관관계가 없었다. 그러나 공공이슈의 경우 응답자의 사회적 지위가 의견지도력을 발휘하는 데 매우 중요한 요인이었다.

당연하게도 사회적 지위가 높은 응답자들은 공공이슈에 대한 관심수준 역시 가장 높게 나타났다. 본 연구에서는 응답자들에게 조사시점 당시의 국내외 공공이슈들에 대해 질문하였으며, 질문에 대한 응답을 기반으로 공공이슈 지식수준 지수를 산출하였다.[5]◆ 공공이슈 지식수준 지수가 높은 응답자들(즉 조사 당시 국내외 사건들에 대해 정확하게 알고 있는 응답자들)은 공공이슈에 대한 관심수준이 높았다. [표33]은 응답자의 사회적 지위수준과 공공이슈 정보 및 관심수준이 어떤 관계를 갖는지를 잘 보여준다.

---

**5** 공공이슈 지식수준 지수를 구성하는 데 사용한 문항들은 조사 당시 영국의 총선거(British elections)와 미중부 고속도로(Central Highway)에 대한 질문문항이었다. 두 문항들 모두에 정답을 맞힌 경우 '상위 지식수준' 응답자로, 두 문항들 모두 틀린 경우 '하위 지식수준' 응답자로, 둘 중 하나만 맞춘 경우 '중위 지식수준' 응답자로 분류하였다.

◆ 여기서 말하는 영국의 총선거는 제2차 세계대전이 끝난 1945년 영국에서 실시된 총선거를 의미한다. 제2차 세계대전 기간에 보수당 정치인인 윈스턴 처칠이 전시내각(War Cabinet)을 이끌었으나, 이 내각에는 기본적으로 보수당과 노동당이 모두 참여하였다(흔히 거국일치내각이라고 칭한다). 제2차 세계대전이 끝난 후 전시내각은 해산되었다. 1945년 총선거에서 아틀리(Clement Attlee)가 이끄는 노동당이 승리하였고 처칠이 이끄는 보수당은 참패하였다.

[표33] 사회적 지위가 높을수록 공공이슈 지식수준도 증가한다.

| 응답자의 사회적 지위 | 공공이슈 지식수준이 높은 응답자 비율 | 총합 (=100%) |
|---|---|---|
| 높음 | 72% | (197) |
| 중간 | 52% | (253) |
| 낮음 | 28% | (246) |

공공이슈 현안을 매우 잘 알고 있는 응답자의 비율은 사회적 지위가 높을 경우 약 3/4가량이었으나, 중간 수준인 경우 응답자의 절반가량, 그리고 낮을 경우 응답자의 1/3 미만가량에 머무르는 것으로 나타났다. 사회적 지위수준에 따른 세 집단의 공공이슈 지식수준 분포는 공공이슈 분야의 의견지도력 분포와 비슷하게 나타났다. 저자들은 패션 분야에서의 의견지도력 분석과 마찬가지로, 공공이슈 분야에 대한 지식수준이 높은 응답자가 공공이슈 분야의 의견지도자이며, 응답자의 사회적 지위가 공공이슈 분야 이슈지도력과 관련된 것처럼 보이는 이유는 사회적 지위에 따라 공공이슈 분야에 대한 지식수준이 집중되어 있기 때문인지 살펴보았다. 이를 통해 저자들은 응답자의 사회적 지위수준과 무관하게 응답자가 공공이슈에 관심을 갖고 있는 경우 공공이슈 분야에서 의견지도력을 발휘하고 있는지 살펴보고자 하였다. 그러나 [표34]의 결과는 저자들의 예상과 부합하지 않았다.

[표34] 공공이슈 분야 지식수준을 통제한 후에도 여전히 공공이슈 분야 의견지도력은 응답자의 사회적 지위수준에 따라 다르게 나타난다.

| 공공이슈 분야 지식수준 | 응답자의 사회적 지위수준별 공공이슈 분야 의견지도자 비율 | | |
|---|---|---|---|
| | 높음 | 중간 | 낮음 |
| 높음 | 21% (141) | 15% (127) | 10% (69) |
| 중간 | 16% (45) | 11% (79) | 8% (77) |
| 낮음 | - (11) | 2% (40) | 1% (97) |

사회적 지위가 높은 응답자들 중 공공이슈 분야 지식수준이 상위인 응답자의 비율은 사회적 지위가 낮은 응답자들 중 공공이슈 분야 지식수준이 상위인 응답자 비율의 두 배가 넘게 나타난다. 정도의 차이는 있지만, 다른 공공이슈 분야 지식수준 집

단들에게서도 비슷한 결과가 발견되었다. 공공이슈에 대한 지식과 관심수준이 동일하다고 해도 사회적 지위가 높은 사람일수록 공공이슈 분야 의견지도자로 부상할 가능성이 더 높다. 따라서 다른 분야와 마찬가지로 공공이슈 분야의 경우에도 개인의 주관적인 관심수준이나 지식수준만으로는 의견지도력이 발휘되지 않는다. 공공이슈 분야에 대한 지식 및 관심과 함께, 개인의 주관적 선유경향을 실제 상황에서의 참여와 영향력의 교환으로 구현시킬 수 있는 어떤 객관적인 '실행(enabling)' 요인이 존재해야만 한다. 공공이슈 분야에서의 실행요인은 사회적 지위다. 사회적 지위에 따라 개인의 사회 환경(social climate), 여유 시간, 그리고 의견지도력과 참여에 대한 상황적 '요청(demand)' 정도가 달라진다.

## 성별, 사회적 지위, 영향력 흐름

공공이슈 분야의 경우, 다른 분야들과 달리 응답자의 지명자들을 대상으로 추적 인터뷰를 진행하지 못하였다(2장에서 설명하였듯, 공공이슈 분야의 경우 응답자의 지명사실을 확인해준 피지명자들은 매우 적었다).[6] 이에 따라 사례 수가 너무 적은 추적 인터뷰 데이터에 대한 분석결과를 제시하는 대신, 스스로를 공공이슈 분야에서의 영향력 수용자로 밝힌 응답자들이 공공이슈 분야 의견지도자에 대해 부여한 특징들을 살펴보았다. 공공이슈 분야와 관련하여 누군가로부터 영향을 받았다고 응답한 사람들을 대상으로 영향력을 제공한 사람을 떠올린 후 그 이름과 함께 그 사람이 어떤 사람인지 묘사해달라고 요청하였다. 이 방법은 설문에서 언급된 거의 모든 영향력 제공자들을 다룰 수 있다는 장점이 있지만, 동시에 자신에게 영향력을 발휘했다고 응답한 영향력 수용자의 말에 전적으로 의존할 수밖에 없다는 단점이 있다. 또한 몇몇 응답자들은 자신이 언급한 영향력 제공자들과 관련 영향력 제공자의 사회적 지수를 추정하기

---

**6** 즉 다른 분야들과 달리 공공이슈 분야의 경우 **구체적 영향력 제공자들**로 지명된 사람들이 충분히 확보되지 않아 추적 인터뷰를 진행할 수 없었다. 추적 인터뷰를 진행하지 못한 이유 중 일부는 저자들이 "귀하께서는 뉴스를 잘 따라가며 세상이 실제로 어떻게 돌아가는지를 믿을 만하게 알려주는 주변 사람을 알고 계신가요?"와 같은 **전반적 수준의 영향력** 질문을 통해 언급된 사람들에 대해 추적 인터뷰를 실시하는 방식으로 선거캠페인 전반에서의 의견지도자를 파악하려고 했었기 때문이기도 하다. 구체적 영향력 제공자와 일반적 영향력 제공자가 어떻게 다른지에 대해서는 앞서 1장에서 설명한 바 있다. 일반적 영향력 제공자들에 대한 추적 인터뷰 분석결과는 12장에서 제시하였다.

위한 대체정보로 사용될 몇 가지 정보들(특히 영향력 제공자의 가장이 어떤 직업을 갖는지)을 알지 못하는 한계점도 존재한다.[7]

일상소비 분야와 패션 분야와 달리, 공공이슈 분야는 남성이 의견과 태도 형성에 중요한 역할을 수행한다. 공공이슈 분야와 관련한 자신의 의견에 영향력을 행사했다고 응답한 이들이 언급한 영향력 제공자들 중 약 2/3가량이 남성이었다.[8] 또한 언급된 남성들 중 약 2/3가량이 응답자의 직계가족 구성원들이었으며,[9] 영향력 제공자로 지목된 여성들 중 약 80%가량은 가족 이외의 사람이었다는 점도 흥미로운 발견이었다.

기혼 여성의 경우 가장 중요한 남성 영향력 제공자는 남편이었으며, 미혼 여성의 경우 아버지가 공공이슈 관련 의견변화에 가장 큰 영향력을 행사하는 사람이었다. 반면 공공이슈 분야의 여성 의견지도자의 경우 응답자의 친구와 이웃들이 대부분이었으며, 응답자의 직계가족 구성원은 매우 드물었다.

[표35] 공공이슈 분야 영향력 제공자와 의견지도자의 성별 및 관계

| | 응답자가 기혼 여성인 경우 언급된 의견지도자 성별 | | 응답자가 미혼 여성인 경우 언급된 의견지도자 성별 | |
|---|---|---|---|---|
| | 남성 | 여성 | 남성 | 여성 |
| 친구, 이웃, 직장동료 등 | 16% | 75% | 25% | 87% |
| 부모 | 5 | 8 | 59 | 12 |
| 남편 | 66 | – | – | – |
| 기타 친척 | 15 | 27 | 16 | – |
| 총합(=100%) | (116) | (62) | (24) | (16) |

7 응답자에게 응답자가 언급한 영향력 제공자의 주거비용이나 소득수준을 물어볼 수 없었기 때문에 영향력 제공자의 직업이 무엇인지 물어보았다. 사회경제적 지위 지수 구성과 관련하여 전반적으로 직업 변수가 다른 지수 구성요인들과 높은 상관관계를 가진다는 사실이 알려져 있다. 하지만 여기에도 단점이 존재한다. 즉 사회적 지위지수를 구성하는 데 직업을 사용하는 것은 적절하지만, 응답자가 밝힌 응답의 신뢰도가 매우 불투명하다는 점이다.

8 전체적으로 대인관계 영향력은 의견변화의 약 40%를 차지하였다.

9 [표35]에서 나타나듯, 직계가족 구성원들은 모두 남편과 부모였다. '기타 친척들'의 경우 응답자의 직계가족(소가족)으로 분류되지 않았다.

[표35]의 결과에서 명확하게 나타나듯, 만약 여성응답자를 대상으로 가족 구성원들에게서 영향력이 발휘될 경우 의견지도자의 성별은 남성이며, 여성응답자를 대상으로 가족 외 구성원들에게서 영향력이 발휘될 경우 의견지도자의 성별은 여성인 것을 알 수 있다. 이와 같은 관계를 염두에 두고, 영향력 제공자-수용자 쌍 내부의 사회적 지위 관계를 살펴보자. 우선 가족 외 구성원들을 먼저 살펴보자(다시 말해 응답자의 사회적 지위와 응답자가 언급한 대부분이 여성인 비가족 구성원 의견지도자의 사회적 지위가 어떤 관계를 보이는지 살펴보자). 이때 공공이슈 분야의 경우 본 연구의 여성응답자들에 대한 영향력은 가정 단위에 국한되어 있다는 점을 반드시 염두에 두자. 영향력 수용자인 응답자들은 자신에게 영향력을 행사한 사람의 '가장(breadwinners)'이 어떤 직업을 갖고 있는지 알지 못하는 경우가 적지 않았기 때문에, 안타깝게도 본 연구에서는 데이터 중 일부를 극단값으로 배제할 수밖에 없었다.

[표36] 가족 외 구성원과 영향력 교류 시 사회적 지위수준 집단별 공공이슈 분야의 영향력 흐름

| 응답자가 밝힌 의견지도자의 가장이 갖고 있는 직업 | 영향력 수용자의 가장이 갖고 있는 직업 | | | |
|---|---|---|---|---|
| | 임금노동자 | 화이트칼라 | 사업가/전문직 | 총합 |
| 임금노동자 | 9 | 2 | 4 | 15 |
| 화이트칼라 | 3 | 1 | 1 | 5 |
| 사업가/전문직 | 5 | 5 | 7 | 17 |
| 총합 | 17 | 8 | 12 | 37 |

공공이슈 분야에서 가족 외부 구성원과의 영향력 교류를 일상소비 분야와 패션 분야와 비교해볼 때, 공공이슈 분야에서 서로 다른 사회적 지위집단들이 교류하는 빈도가 높다는 것을 발견할 수 있다. [표36]에 따르면 공공이슈 분야의 영향력 제공자-수용자 쌍들 중 46%는 동일한 사회적 지위를 갖는 것으로 나왔는데, 이는 일상소비 분야의 66%와 패션 분야의 57%와 비교할 때 상당히 낮은 수준이다. 표본 규모가 작다는 한계점에도 불구하고 해석을 하자면, 가족 외 구성원들에게서 공공이슈 분야 관련 조언을 구하는 경우 그 대상이 사회적 지위가 높은 사람일 가능성이 높다. 자신과 다른 사회적 지위를 갖는 사람에게 공공이슈 분야에 대한 조언을 구한 화이트칼라 종사자 7명 중 5명은 사업가/전문직 종사자에게서 조언을 얻었다. 임금노동자(임

금노동자 집단은 화이트칼라 집단에 비해 계층적 응집성이 확실히 더 강하다)◆의 경우도 상층부 사회적 직업 구조에 속하는 사람에게서 조언을 구했다. 또한 전문직 종사자들◆◆도 사회적 지위가 다른 사람들에게 종종 조언을 구하는 것으로 나타났다.

비록 가족이 아닌 사람에게 영향을 받은 응답자의 비율이 낮았음에도 불구하고, 일상소비 분야와 패션 분야에서 상이한 사회적 지위를 갖는 사람들의 교류비율이 낮았다는 점과 비교하면 공공이슈 분야에서 상이한 사회적 지위를 갖는 사람들과의 교류는 상당히 흥미롭다. 만약 여기서 발견한 결과가 보다 규모가 큰 표본에서도 발견되었다면, 사회적 지위가 높은 사람들과 낮은 사람들은 공공이슈 분야를 매개로 교류한다고 추론할 수 있을 것이다. 서로 다른 사회적 지위를 갖는 집단들이 접촉하는 사례들로는 선거운동, 보건 및 지역치안 관련 캠페인, 사회적·정치적 결사활동 등을 떠올릴 수 있다. 또한 사회적 지위가 낮은 집단의 경우 공공이슈에 관심이 많은 사람이 소수이지만, 이들은 공공이슈와 관련된 조언을 얻기 위해 사회적 지위가 높은 사람들과 접촉하게 된다. 즉 공공이슈 분야를 매개로 상위 사회적 집단의 영향력 제공자와 하위 사회적 집단의 영향력 수용자가 서로가 원하는 바를 충족한다고 볼 수 있다. 사회적 지위가 낮은 사람들은 영향력 제공자를 통해 '사회적 위상을 빌릴(borrowed prestige)' 수 있으며, 사회적 지위가 높은 사람들은 영향력 수용자를 통해 사회적 선(civic good)을 실천할 수 있다.

가족 구성원 내부의 영향력 교류의 경우, 당연히 동일한 사회적 지위를 갖는 사람들끼리의 영향력 교류가 대부분을 차지한다. 가족 구성원 내부의 경우, 거의 80% 가량이 동일한 사회적 지위를 갖는 사람들 사이에서 영향력을 주고받는다. 사실 이는 상식적 결과다. 자신의 부친과 남편의 영향을 받는다고 응답한 사람들이 대부분이었으며, 응답자의 가장(breadwinner)의 직업을 사회적 지위 측정치로 사용하였기 때문에 영향력 제공자와 영향력 수용자 사이에 사회적 지위가 크게 다르지 않다는 것은 놀라운 결과라고 보기 어렵다. 영향력 제공자–수용자 사이의 사회적 지위 차이가 발견된 이유는 '가족 내부'를 정의할 때 직계가족 범위를 벗어난 다양한 친척들을 포함하였기 때문이다. 이 친척들 중 다수는 같은 집에 살고 있지 않으며, 따라서 응답

◆ 원서에서 지칭하는 임금노동자는 아마도 블루칼라(blue color) 집단을 의미하는 듯하다. 화이트칼라 집단에 비해 블루칼라 집단이 노조가입이나 조직률, 노조참여율 등이 모두 더 높다.

◆◆ 원문에서는 '전문직(professional)'만 언급되었으며, 사업가(business)는 언급되지 않았다.

자의 사회적 지위와 동일하지도 않았다. 사회적 지위가 다른 친척들 사이의 영향력 교류의 경우에도 영향력 제공자는 사회적 지위가 높고 영향력 수용자는 사회적 지위가 낮은 경향이 나타났다.

다른 분야와 마찬가지로, 앞서 소개한 영향력 흐름(flow-of-influence) 데이터는 **구체적 영향력**(*specific influence*; 즉, 어떤 사람에게서 어떤 사람에게로 구체적 내용의 조언이 전달된 상황) 교환에 대한 연구를 통해 얻은 것이다. 앞서 1절에서도 설명하였듯, 저자들은 **전반적 영향력 제공자**(*generally influential*)에 대한 데이터 역시 수집하였다. 구체적 영향력 측정과 전반적 영향력 측정은 서로 다르다.◆ 전반적 영향력 측정은 "귀하께서는 뉴스를 잘 따라가며 세상이 실제로 어떻게 돌아가는지를 믿을만하게 알려주는 주변 사람을 알고 계신가요?"라는 질문에 대한 답변을 통해 영향력 제공자를 측정하였다. 저자들은 구체적 영향력 흐름에 대한 데이터 분석결과에 집중하였으나, 공공이슈 분야의 경우 전반적 영향력 제공자에 대한 분석결과도 소개하고자 한다. 왜냐하면 다른 분야와 달리 공공이슈 분야의 경우 전반적 영향력 제공자에 대한 분석결과가 매우 특이했기 때문이다. 본서에서 저자들은 전반적 영향력 제공자들에 대해 '전문가(experts)'라는 이름을 붙였다. 전반적 영향력 제공자들을 설명하기 위해서는 이들을 측정한 과정(procedures)을 좀 더 자세히 설명할 필요가 있다.

## 공공이슈 전문가

본 연구에서는 연구표본을 수집하면서 응답자들에게 응답자 자신에게 전반적으로 영향력을 행사하는 사람의 이름을 알려달라고 요청하였다. 이 '전문가'들은 '뉴스를 잘 따라가며 세상이 실제로 어떻게 돌아가는지를 믿을 만하게 알려주는 사람'으로 정의할 수 있다. 모든 추적 인터뷰 절차와 동일하게, 이렇게 구체적 영향력 제공자로 언급된 사람들의 이름을 확보한 후 이들을 대상으로 추적 인터뷰를 진행하였다. 하지만 공공이슈 분야의 경우 여기서 또 한 차례 데이터를 수집하였다. 본 연구에서는 영향력 제공자로 지명된 사람들을 대상으로 누가 전반적으로 영향력을 행사한다고 생각하는지를 질문한 후, 이때 언급된 전반적 영향력 제공자들을 대상으로도 인터뷰

---

◆ 이 문장은 원문에는 존재하지 않는다. 의미의 명확성을 위해 역자가 삽입한 표현이다.

를 진행하였다. 이후 두 번째로 언급된 전반적 영향력 제공자들, 즉 전문가들을 대상으로 이들이 생각하는 전문가들을 언급해 달라고 요청한 후, 언급된 전문가들을 대상으로 추적 인터뷰를 진행하였다. 저자들은 총합 세 차례의 연쇄(jumps) 설문조사를 실시하였다.◆ 순서대로 언급하자면, 최초의 연구표본응답자가 지정한 전문가들(1차연쇄), 첫 번째 영향력 제공자 집단이 지정한 전문가들(2차연쇄), 2차연쇄를 통해 얻은 영향력 제공자 집단에 영향력을 행사한 영향력 제공자 집단(3차연쇄)이다.

최초 연구표본에서 총 368명의 영향력 제공자들을 확보하였다. 즉 최초로 표집된 응답자들 중 약 절반가량의 응답자들은 전반적 영향력 제공자, 다시 말해 전문가의 이름을 언급했지만 나머지 절반은 전반적 영향력 제공자를 언급하지 않았다. 추적 인터뷰 기법을 사용하는 경우 언제나 발생하는 문제지만, 여러 가지 다양한 노력들을 기울였음에도 불구하고 최초 연구표본에서 언급된 모든 영향력 제공자들에 대한 설문을 진행하지 못하였다. 최초 연구표본을 통해 확보한 368명의 영향력 제공자들 중 322명을 대상으로 인터뷰를 진행할 수 있었다. 이들 322명의 영향력 제공자들을 통해 총 216명의 전반적 영향력 제공자들에 대한 정보를 얻을 수 있었다. 즉 1차연쇄를 통해 얻은 전문가들 중 2/3가량은 전문가의 전문가(experts' experts)를 언급하였으나, 나머지 1/3가량은 어떠한 이름도 언급하지 않았다. 전문가에게 영향력을 행사한 전문가 216명들 중 총 214명을 대상으로 인터뷰를 진행하는 데 성공했다. 2차연쇄를 통해 확보된 214명 중 4/5에게서 총 164명의 전문가의 전문가의 전문가(experts' experts' experts) 이름을 확보하였다. 이들 164명 중 총 107명을 대상으로 인터뷰를 진행하였다. 이와 같은 노력 끝에 본 연구에서는 전반적 영향력 제공자로 지명된 사람들의 4/5에 해당되는 사람들을 인터뷰할 수 있었다. 특기할 점은 인터뷰한 전문가들의 인구통계학적 특성과 인터뷰하지 못한 (전문가들에게 지명된) 전문가들의

---

◆ 사회과학연구방법론의 용어로 표현하면, 저자들은 네트워크 표집(network sampling), 혹은 눈덩이 표집(snowball sampling)을 실시한 것이다.

인구통계학적 특성 사이에는 주목할 만한 차이가 나타나지 않았다는 사실이다.[10]

피상적으로 생각할 때 공공이슈 분야에 해박하며 '세상이 어떻게 돌아가는지' 믿을 만하게 말해주는 사람을 알고 있는 응답자라면 수동적 태도로 이 사람을 따라 공공이슈에 대한 의견을 형성할 것이며, 이 사람의 영향을 받아 내린 판단에 대해서도 만족할 것이라고 간주하기 쉽다. 하지만 실제로는 전혀 그렇지 않았다. 의견지도력에 대한 자기평가 측정문항("귀하께서 속한 집단의 다른 사람들과 비교했을 때, 귀하께서는 사회적 혹은 정치적 이슈들에 대해 어떻게 생각하는지 다른 사람들로부터 어느 정도나 조언을 부탁받는 편인가요?") 혹은 구체적 영향력 발생 상황에서 의견지도력 측정지수("국내외 혹은 지역적 이슈나 사건들에 대해 누군가 귀하께 의견을 물어본 적이 있으신가요?")를 이용하여, 최초 응답표본에서 전반적 영향력 제공자 이름을 언급한 응답자와 언급하지 않은 응답자가 얼마나 다른 사람에 대해 영향력을 행사하는지 살펴본 결과는 아래의 [표37]과 같다.

[표37] 공공이슈 분야 전문가를 언급한 응답자들이 다른 사람에게 영향력을 행사할 가능성이 더 높다.

| | 전문가를 언급한 응답자 | 전문가를 언급하지 않은 응답자 |
|---|---|---|
| 공공이슈와 관련된 조언을 다른 사람에 비해 더 자주 부탁받는다 | 27% | 17% |
| 최근 공공이슈와 관련하여 다른 사람이 의견을 물어본 적이 있다 | 22% | 10% |
| 총합(=100%) | (368) | (347) |

---

**10**

| | 전문가로 지명된 사람들 | 전문가로 지명되고 인터뷰된 사람들 |
|---|---|---|
| 남성 | 74% | 72% |
| 45세 미만 | 35% | 29% |
| 사업가/전문직 | 47% | 44% |
| 화이트칼라 | 26% | 28% |
| 임금노동자 | 27% | 28% |
| 총합(=100%) | (748) | (643) |

위의 분석결과는 최초 응답자 표본에 한정된 것이다. 3차연쇄과정을 거쳐 얻은 데이터를 분석할 경우 공공이슈에 관해 박식하고 신뢰할 만한 사람을 알고 있는 경우와 스스로를 의견지도자라고 생각하는 경우의 상관관계는 보다 더 강해진다. 앞서 살펴보았듯, 최초 표본의 응답자들의 경우 약 절반 정도만이 전반적 영향력 제공자를 언급한 반면, 1차연쇄 이후의 표본에서는 2/3가량이 영향력 제공자를 지명하였으며, 2차연쇄 이후의 표본에서는 4/5가량이 자신에게 영향력을 행사한 사람의 이름을 언급하였다. 최초 응답자 표본과 전문가 표본의 차이, 그리고 최초 전문가 표본과 연쇄 이후 표본의 차이는 구체적인 영향력 제공 상황에 대한 자기평가 문항들에 대한 응답결과에서도 마찬가지로 나타난다. 이는 추적 인터뷰를 통해 얻은 중요한 확증결과다.

[표38] 전문가 대상 추적 인터뷰 결과 전반적 영향력 제공자를 언급한 전문가들은 자신의 의견지도력을 높게 인식한다.

| | 최초 응답자 표본 | 전문가 표본 (1차연쇄) | 전문가 표본 (2차연쇄) | 전문가 표본 (3차연쇄) |
|---|---|---|---|---|
| 공공이슈와 관련된 조언을 다른 사람에 비해 더 자주 부탁 받는다 | 22% | 62% | 67% | 69% |
| 최근 공공이슈와 관련하여 다른 사람이 의견을 물어본 적이 있다 | 16% | 46% | 57% | 57% |
| 총합(=100%) | (718) | (322) | (214) | (107) |

위 결과들은 다음과 같이 두 가지로 정리된다. 첫째, 추적 인터뷰 대상자의 연쇄차수가 늘수록 전반적 영향력 제공자를 알고 있는 비율이 증가하며, 둘째, 전반적 영향력 제공자를 알고 있는 사람은 스스로 다른 사람에게 영향력을 행사하고 있을 가능성이 높다.

저자들은 최초 표본에서 지명된 전문가들의 공공이슈 분야 지식수준과 그 이후의 연쇄과정을 거쳐 확보한 전문가들의 지식수준을 비교하였다. 12장 앞부분에서 소개했던 공공이슈 분야 지식수준 지수를 이용하여 최초 응답자 표본과 이후 연쇄과정을 거쳐 얻은 전문가집단을 비교하였다(이때 영향력 제공자의 성별을 구분하였다). 비교결과 전문가집단은 최초 응답자 표본에 비해 공공이슈 분야 지식수준이 높았으며, 연쇄차수가 증가할수록 지식수준 역시 더 높게 나타났다. 이러한 차이는 특히 여성 영향력 제공자들에게서 높게 나타났으며, 남성 영향력 제공자들의 경우는 보다 작게

나타났다.[11]

최초 응답자 표본과 전문가 집단, 그리고 연쇄 차수별 전문가 집단들을 비교할 때, 다른 흥미로운 결과들도 발견할 수 있었다. 예를 들어 여성보다 남성에게서 특정 분야에서의 의견지도자(즉, 구체적 영향력 제공자)가 더 많이 발견되는 것을 알 수 있었다. 최초 표본의 응답자들이 구체적 영향력 교류 상황에서 공공이슈 분야 의견지도자로 지명한 사람들 중 약 2/3가 남성이었다. 전반적 영향력 제공자들의 경우도 마찬가지였다. 최초 표본의 응답자 대부분은 남성을 전반적 영향력 제공자로 언급하였다. 그러나 전문가 집단에 대한 추적 인터뷰에 응한 여성응답자의 경우 전반적 영향력 제공자로 남성을 지목한 비율은 점점 감소하는 반면, 여성을 지목한 비율은 점점 증가하는 것으로 나타났다.

[표39] 추적 인터뷰에 응한 여성 전문가들은 전반적 영향력 제공자로 남성보다 여성을 지목하였다.

| 여성 전문가가 지목한 전반적 영향력 제공자 성별 | 응답자(여성만) | | |
|---|---|---|---|
| | 최초 표본 | 전문가 표본 (1차연쇄) | 전문가 표본 (2차연쇄) |
| 남성 | 67% | 52% | 48% |
| 여성 | 33 | 48 | 52 |
| 총합(=100%) | (368) | (75) | (38) |

[표39]에서 세 집단의 여성응답자들의 선택결과를 비교해보자. 최초 표본의 경우 2/3 이상이 남성을 전문가로 지목하였다(1차연쇄). 그러나 이후의 전문가 집단에서는 여성 전문가를 지목하는 비중이 점점 더 증가하고 있다(반면 남성 응답자의 경우

11 '의견형성 지수(index of formulated opinions)'를 이용하여 각 집단들을 비교해본 결과 역시 동일하게 나타났다. 최근 뉴스와 관련된 이슈들에 대한 10개의 질문을 준비하였다. 이 질문들을 통해 저자들이 측정하고자 한 것은 응답자의 의견이 어떤 내용인가가 아니라 응답자가 질문에서 언급된 내용에 대해 의견을 갖고 있는지 여부였다. 의견형성 지수의 경우에도 최초 응답자 표본과 추적 인터뷰를 통해 얻은 전문가 표본 사이에는 큰 차이가 존재하는 것으로 나타났다. 교육수준을 통제한 후에도 최초 응답자 표본과 전문가 집단의 차이, 그리고 전문가 집단과 연쇄과정 이후 전문가 집단의 차이는 여전히 남아 있었다. 하지만 남성의 경우(물론 최초 응답자 표본에서는 남성이 없었다), 교육수준을 통제한 후에는 1차연쇄 이후 전문가 집단과 2차 혹은 3차연쇄 이후 전문가 집단의 차이가 매우 미미하게 남아 있을 뿐이었다. 즉 여성에 비해 남성에게서 영향력 흐름의 위계구조와 상관없이 공공이슈와 관련된 의견이 형성되어 있을 가능성이 더 높게 나타났다.

남성 전문가만을 지목하는 것으로 나타났다).[12] 즉 공공이슈 분야의 영향력은 남성에서 여성으로 흘러간다. 하지만 영향력 흐름의 위계구조의 상층부로 갈수록 여성은 다른 여성을 박식하고 믿을 만한 전문가로 지명하는 경향이 더 강하게 나타난다.[13◆]

## 공공이슈 전문가와 영향력 흐름

공공이슈 분야의 전반적 영향력 제공자, 다시 말해 전문가가 특별한 의미를 지닌다는 점을 확인한 후, 저자들은 사회적 계층화(social stratification)라는 관점에서 이들을 파악해보았다. 데이터에서 측정한 사회경제적 지위를 구성하는 세 가지 기준(교육수준, 인터뷰 진행자가 평가한 사회경제적 수준, 직업의 명망)에서 전반적 영향력 제공자로 지명된 사람은 지명자에 비해 사회적 계층구조에서 보다 높은 지위를 갖는 것으로 나타났으며, 전문가가 지명한 전반적 영향력 제공자는 이 사람을 지명한 전문가보다 사회적 계층구조에서 더 높은 지위를 갖는 것으로 나타났다. 예를 들어 최초 표본 및 추적 인터뷰 표본의 직업분포를 살펴보자.

---

**12** 2차연쇄 후 전문가 표본과 3차연쇄 후 전문가 표본에서 약 95%의 남성이 자신에게 영향력을 제공한 전문가로 다른 남성을 언급했다(물론 최초 표본에는 남성이 없었다).

**13** 1954년 3월에 발표된 미국 여성유권자연맹(League of Women Voters)의 연구에 따르면, 선거에서 남편의 조언에 대한 의존도는 정치적 활동에 열성적인 여성이 소극적인 여성에 비해 더 낮았다. 이 결과는 본 연구의 결과와 맥을 같이 한다.

◆ 미국 여성유권자연맹은 1920년에 설립된 후 현재까지 존재하는 시민단체다. 특정 정당을 지지하지는 않지만, 낙태(abortion), 건강보험, 총기규제(gun control) 등 주로 여성유권자들이 관심을 갖는 이슈들에 적극적인 목소리를 내기 때문에 종종 친민주당(pro-Democratic Party) 시민단체로 분류되기도 한다.

[표40] 연쇄 차수가 늘어날수록 응답자들의 직업 명망은 더 높아졌다.[14]

| | 최초 응답자 표본 | 전문가 표본 (1차연쇄) | 전문가 표본 (2차연쇄) | 전문가 표본 (3차연쇄) |
|---|---|---|---|---|
| 사업가/전문직 | 9% | 24% | 33% | 33% |
| 상층 화이트칼라 | 21 | 27 | 39 | 47 |
| 하층 화이트칼라 | 19 | 14 | 10 | 10 |
| 임금노동자 | 51 | 35 | 18 | 10 |
| 총합(=100%) | (793) | (219) | (189) | (99) |

최초 응답자 표본은 디케이터 지역 전체 인구를 대표하는 표본이라는 점에서 [표40]의 결과는 해당 지역 전체 인구에서 어떤 사람들이 전문가로 간주되는지를 보여주는 대표성 있는 결과임을 알 수 있다. 전체 인구 중 임금노동자의 비중(51%)과 비교할 때, 전문가 집단 중 임금노동자의 비중은 낮은 편이었으며, 전문가에게 영향력을 행사하는 전문가 집단을 연쇄 조사한 결과에서는 그 비중이 더 낮아지는 것으로 나타났다. 영향력 제공자 집단에서는 사업가/전문직 종사자와 상층 화이트칼라 종사자들의 비중이 훨씬 더 높았다. [표40]이 보여주는 결과가 바로 이것이다. 즉 [표40]의 결과는 구체적 영향력 제공자들에 대해 앞서 제시한, 공공이슈 분야 의견지도자들이 상층부 사회적 지위 종사자 집단에 집중되어 있다는 분석결과와 일치한다.

실제로 누가 누구를 영향력 제공자로 지목했는지를 자세히 살펴보자. 이 결과는 [표41]에 제시되어 있다. [표41]에서는 직업, 그리고 최초 표본인지, 최초 표본응답자가 지목한 전문가인지(1차연쇄 전문가 표본), 아니면 전문가가 지목한 전문가인지(2차연쇄 전문가 표본)에 따라 응답자들을 세분하였다. 표의 세로줄은 연쇄 차수별 추적 인터뷰한 전문가의 직업을 나타낸다.

거의 모든 경우 응답자가 지명한 영향력 제공자는 응답자가 속한 직업집단과 동일하였다([표41]의 9개 세로줄 중 7개 세로줄). 1차연쇄 전문가 표본과 2차연쇄 전문가 표본의 임금노동자 집단에서만 다른 패턴이 나타났다. 그러나 이들 두 집단의 경우도 전문가로 자신과 같은 수준의 직업집단을 지명하지 않고, 저자들의 직업분류체계에서 상위가 아닐 뿐 중위수준의 직업집단에 해당하는 사람을 전문가로 지명하였다. [표41]의 결과를 달리 표현해보자. [표41]의 결과를 왼쪽에서 오른쪽으로 살펴보면,

**14** 영향력 수용자 혹은 전문가가 가장이 아닌 경우, 가장의 직업을 측정하였다.

응답자에게 지명받은 전문가의 평균 직업수준이 급격하게 감소하며, 전문가를 지명한 응답자의 수준은 예외 없이 감소하고 있다.

[표41] 직업집단 수준에 따른 공공이슈 분야의 전문가 영향력 흐름

| 지명된 전문가 직업 | 지명한 응답자 직업 | | | | | | | | |
|---|---|---|---|---|---|---|---|---|---|
| | 사업가/전문직 | | | 화이트칼라 | | | 임금노동자 | | |
| | 최초 응답자 표본 | 전문가 표본 (1차연쇄) | 전문가 표본 (2차연쇄) | 최초 응답자 표본 | 전문가 표본 (1차연쇄) | 전문가 표본 (2차연쇄) | 최초 응답자 표본 | 전문가 표본 (1차연쇄) | 전문가 표본 (2차연쇄) |
| 사업가/전문가 | 71% | 49% | 60% | 23% | 33% | 32% | 10% | 19% | 22% |
| 화이트칼라 | 23 | 44 | 28 | 57 | 59 | 64 | 31 | 46 | 44 |
| 임금노동자 | 6 | 7 | 12 | 20 | 9 | 4 | 59 | 35 | 33 |
| 총합(=100%) | (31) | (53) | (25) | (103) | (82) | (56) | (105) | (59) | (18) |

앞에서 서술한 내용은 응답자의 직업과 전반적 영향력 제공자 직업의 관계를 분석한 것이다. 만약 표본과 이후 연쇄 표집된 표본의 차이에 대해 집중한다면, 추가적 발견이 가능할 것이다. 사업가/전문직 종사자들 중, 최종 전문가(다시 말해 2차연쇄 표본의 응답자가 지명한 전문가)는 보다 다양한 사람들에게 지명을 받았다. 즉 이전 연쇄 단계의 전문가들과 비교할 때, 최종 전문가들은 보다 광범위한 사람들에게 선택받았다. 아마도 최종 전문가들은 '밑바닥 인심에 귀를 기울이는(ear to the ground)' 사람이며, 이발사와 주유소 직원도 중요한 정보원으로 생각하는 최종 단계의 의견지도자일 것이다. 이는 임금노동자들 중 최종 지명자들에게도 적용된다. 아마도 이들 임금노동자들은 최종 전문가들과 동전의 앞뒷면 관계를 형성하고 있을 것이다. 이들은 중상위 계층의 사람들과 접촉하는 이발사와 주유소 직원일 것이다. 실제로 [표41] 전반에서 최종 단계의 임금노동자들이 지명한 최종 전문가들의 직업은 가장 고르게 분포되어 있다([표41]의 마지막 세로줄과 나머지 세로줄들을 비교해보라).

중위계층 집단은 다른 두 집단들과는 다른 경향을 보인다. 직업집단의 명망구조가 높을수록(즉 최초 응답자 표본에서 이후 연쇄 표집된 전문가 집단으로 옮겨갈수록), 중위계층 집단에 속한 응답자들은 같은 중위계층 사람을 조언을 얻기 위한 최상의 전문

가로 평가하는 경향이 강하다.[15] 이러한 중위계층 사람들의 고립성향(parochialism)에 대해 미국문화 평론가들이 자주 언급한 바 있다. 저자들이 제시한 분석결과가 미국문화에 대한 이들의 해석에 얼마나 큰 기여를 할 수 있을지는 미국문화 전문가들의 판단에 맡기고 싶다.

따라서 공공이슈 분야의 전반적 영향력의 흐름을 분석한 결과를 다음과 같이 정리할 수 있을 것이다. 사람들은 자신이 속한 사회적 집단에서 의견지도자를 주로 선택한다. 하지만 의견지도자가 선택한 의견지도자는 사회계층이 점점 높아진다는 점을 고려할 때, 공공이슈 분야의 전반적 영향력은 수직적으로 흐르는 경향이 있다(즉 직업구조의 상층부 사람이 전반적 영향력 제공자로 지명될 확률이 증가한다). 그러나 이러한 결과에는 다음과 같은 두 가지 단서가 존재한다. 첫째, 여기서 말하는 공공이슈 분야는 광범위한 공공이슈이지, 선거와 같이 구체적인 공공이슈가 아니다. 따라서 여기서 발견된 결과는, 이를테면 선거의 경우 사회계층 상층부의 전반적 전문가들이 사회계층 하층부에 속한 일반시민들의 실제 투표결과에 영향력을 행사하지 않는다는 다른 연구들의 결과와 배치되지 않는다. 둘째, 여기서 저자들은 응답자들에게 공공이슈 분야의 전문성과 관련된 전반적 **평판**(*reputation*)이 높은 사람을 분석했을 뿐, 이들이 반드시 일상적인 대인접촉 상황에서 응답자들에게 가장 큰 영향력을 행사하는 사람이라고 단정할 수 없다. 앞서 저자들은 보다 구체적이고 직접적으로 영향력을 행사하는 사람들에 대해 언급한 바 있다. 이제 다음 단계로 구체적 영향력 제공자와 전반적 영향력 제공자에 대한 분석결과를 비교해보자.

우선 전반적 영향력 분석결과와 비교될 수 있는 중요한 점을 살펴보자. 구체적 영향력에 대한 분석결과에서 공공이슈 분야와 관련된 가족 외 구성원들과 교류하는

---

**15** 표본 크기가 매우 작다는 한계가 있으나, 만약 중위계층(즉 화이트칼라 계층)을 고소득 집단과 저소득 집단(임원급 노동자와 봉급을 받는 전문가 집단은 고소득 집단으로, 일반 사무직원은 저소득 집단으로 구분할 수 있을 것이다)으로 분리한다면, 흥미롭고 중요한 결과를 얻을 수 있을 것이다. 저소득 화이트칼라 집단은 고소득 화이트칼라 집단에 비해 응집성이 낮다(저소득 화이트칼라 집단이 같은 저소득 화이트칼라 집단을 지명한 비율은 심지어 임금노동자 집단보다 낮다). 저소득 화이트칼라 집단이 지명한 전문가들의 직업분포는 1차연쇄 표본에서 매우 고르게 분포되어 있었으나, 연쇄 차수가 증가할수록 고소득 화이트칼라 집단에 매우 쏠려 있었다. 또한 저소득 화이트칼라 집단에 비해 고소득 화이트칼라 집단을 전문가로 지명한 사람들의 직업분포는 사업가/전문가 집단과 임금노동자 집단에 쏠려 있었다. 다시 말해 임금노동자들은 저소득 화이트칼라 집단을 경유하지 않고 고소득 화이트칼라집단을 전문가로 지명하는 경향이 나타났다. 또한 고소득 화이트칼라 집단은 응답자들 중 교육수준이 가장 높은 집단으로, 심지어 사업가/전문직 종사자 집단의 교육수준 보다도 평균적으로 교육수준이 높게 나타난 점도 특기할 만하다.

경우 사회적 지위가 높은 사람에게서 낮은 사람에게 영향력이 이동하는 것으로 나타났다. 구체적 영향력 데이터 분석과 전반적 영향력 데이터 분석결과에서 이 결과는 전체적으로 비슷하게 나타났다.[16]

그러나 구체적 영향력 교류와 전반적 영향력 교류 사이에 주목할 만한 주요 차이들도 존재한다. 구체적 영향력 교류의 경우 응답자들이 이름을 밝힌 영향력 제공자들(즉, 의견지도자들)은 가족 구성원이었다. 반면 전반적 영향력 교류의 경우 영향력 제공자들 대부분은 가족 외 구성원이었다.[17] 게다가 구체적 영향력 교류의 경우 가족 외 구성원이 영향력 교류에 개입되어 있을 때 영향력 제공자와 수용자는 모두 여성이었다(이 결과는 가족 구성원 내부에서 영향력 교류가 일어난 경우에는 영향력이 남성에서 여성에게로 전파되고 있었던 것과 반대된다). 반면 전반적 영향력의 경우 가족 내부든 아니면 가족 외부든 여성에 비해 남성이 영향력 전파자로 지명되는 경우가 대부분이었다. 물론 구체적 영향력 교류와 전반적 영향력 교류의 차이는 측정을 위해 사용한 설문문항의 차이에서 비롯된 것일 수 있다. 구체적 영향력을 측정할 경우 응답자들은 최근에 받아들였던 조언을 회상해달라고 요청받았지만, 전반적 영향력을 측정할 때는 공공이슈 분야와 관련하여 응답자가 알고 있는 사람들 중에 식견 있고 믿을 만한 사람을 알려달라고 요청받았다.

이제 전반적 영향력 교류와 관련된 분석결과를 떠나 구체적 영향력 발생 및 구체적 영향력 제공자(즉, 의견지도자)에 대해 계속 살펴보도록 하자.

---

**16** 두 결과를 비교할 때, 화이트칼라 집단에게서 주요한 차이가 나타나는 것을 알 수 있다. 가족 외 구성원들과의 영향력 교류 상황에 해당되는 사례 수가 매우 적었기 때문에 [표36]의 경우 화이트칼라 응답자가 겨우 8명에 불과했다. 그러나 구체적 영향력 수용과 관련된 분석결과에서 화이트칼라 집단은 내부적 응집력이 가장 떨어지는 집단이었다. 게다가 화이트칼라 집단을 영향력 제공자로 선택한 화이트칼라 집단은 사업가/전문가 집단보다도, 또한 임금노동자 집단보다도 낮게 나타났다. 이 결과는 전반적 영향력 교류 패턴과 달랐다. 물론 앞서 제시한 각주에서 설명하였듯, 이 차이는 전문가 집단 중 **고소득** 화이트칼라 집단에서만 나타났다. **저소득** 화이트칼라의 경우 분석 가능한 사례 수가 너무 적어 자세한 내용을 추가하기는 매우 어려웠으나, 구체적 영향력 교류 상황과 결과가 비슷했다.

**17** 이 점에 대해서는 1장에서 언급한 바 있다.

## 사교성과 공공이슈 리더십

사회적 지위와 공공이슈 분야 의견지도력의 관계에 대한 논의를 시작하였을 때, 저자들은 사회적 지위가 높은 사람일수록 의견지도력이 높게 나타나는 이유를 사회적 지위수준이 높을수록 사교성을 발휘할 수 있는 여가시간이 길기 때문이라고 설명한 바 있다. 사교성과 공공이슈 분야 의견지도력이 유의미한 연관관계를 갖는다는 것은 아래의 그림에서 잘 드러난다.

사교성이 높은 응답자들이 공공이슈 분야 의견지도자가 될 가능성은 사교성이 낮은 응답자들에 비해 다섯 배 더 높았다. 사실 사교성과 의견지도자로 지명될 가능성의 관계는 앞서 살펴본 어떤 분야들에서보다 공공이슈 분야에서 더 뚜렷하게 나타났다. 사교성이 낮은 응답자는 공공이슈 분야에서 의견지도자로 지목될 가능성이 거의 없는 것으로 나타났다.

사교성과 공공이슈 분야에 대한 지식과 관심수준의 관계를 살펴볼 때, 앞서 살펴본 응답자의 사회적 지위에서 나타난 결과([표33])와 마찬가지로 사교성이 높은 응답자일수록 공공이슈 분야에 대해 더 박식한 것으로 나타났으며 아마도 더 높은 관심을 갖고 있을 것임을 알 수 있다. 하지만 만약 공공이슈 분야에 대한 지식수준을 통제한 후, 지식수준이 동일하게 높은 응답자들만을 대상으로 사교성의 수준에 따라 의견지도자로 지명될 가능성을 살펴본다면, 지식수준만으로는 의견지도자 지명 가능성을 설명할 수 없다는 것을 발견하게 된다. 다시 말해, 사교성이 높은 응답자들은 동일한 수준의 공공이슈 분야 지식수준을 갖지만 (심지어 지식수준이 더 높으면서) 사교성은 낮은 응답자들에 비해 공공이슈 분야 의견지도자로 지명받을 가능성이 더 높다.[18]

앞서 일상소비 분야에 대한 결과를 서술하면서, 저자들은 사회적 지위와 일상소

**18** 즉, 공공이슈 분야 지식수준을 통제한 후에 응답자의 사교성 수준별로 공공이슈 분야 의견지도자 비율을 산출하였다.

공공이슈 분야 의견지도자 비율

| 지식수준 | 사교성 높음 | 사교성 중간 | 사교성 낮음 |
|---|---|---|---|
| 상위수준 | 25% (118) | 14% (155) | 7% (73) |
| 중위수준 | 18% (52) | 12% (97) | 3% (59) |
| 하위수준 | – (19) | 1% (72) | 2% (63) |

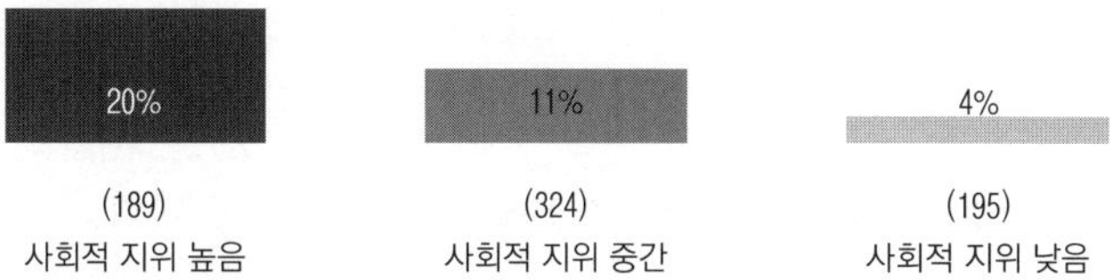


[그림13] 사교성 수준이 높을수록 공공이슈 분야 의견지도력이 증가한다.

비 분야 의견지도력의 연관성은 사교성과 일상소비 분야 의견지도력의 연관성으로 설명될 수 있다고 밝힌 바 있다. 다시 말해 사회적 지위가 높은 사람들이 일상소비 분야 의견지도력을 발휘할 수 있었던 이유는 높은 사회적 지위를 갖는 사람이 사교성 수준이 높기 때문이라는 것이다. 응답자의 사교성 수준이 동일할 경우, 응답자의 사회적 지위가 달라져도 일상소비 분야 의견지도력은 거의 일정하게 유지되는 것으로 나타났다.[19] 따라서 앞서 일상소비 분야에서 나타난 결과가 왜 공공이슈 분야에는 발견되지 않는지 살펴볼 필요가 있다.

[표42] 사회적 지위수준과 사교성 두 요인은 공공이슈 분야 의견지도력과 관련되어 있다.

| 사교성 수준 | 공공이슈 분야 의견지도자 비율 | | |
|---|---|---|---|
| | 사회적 지위 상위수준 | 사회적 지위 중위수준 | 사회적 지위 하위수준 |
| 상위수준 | 25% | 17% | 13% |
| 중위수준 | 17% | 12% | 5% |
| 하위수준 | 3% | 6% | 3% |

응답자의 사교성 수준을 통제해도 사회적 지위와 공공이슈 분야 의견지도자 비율의 관계는 여전히 유효하다. 즉 둘 중 어느 한 요인을 고정시켜도 다른 요인의 수준과 공공이슈 분야 의견지도력의 관계가 나타난다는 점에서 사회적 지위와 사교성은 공공이슈 분야 의견지도력과 개별적으로 관계되어 있다. 하지만 공공이슈 분야 의견지도력을 설명하는 보다 중요한 요인은 사교성 수준이다. 만약 어떤 응답자가 사회적 지위는 낮지만 사교성 수준이 높다면, 이 응답자가 공공이슈 분야의 의견지도

**19** 관련 내용은 본서 앞부분을 참조하라.

자로 지명될 확률은 평균 이상이다.[20] 그러나 사교성 수준이 낮을 경우, 사회적 지위 수준의 설명력은 미미한 수준이다. 사교성 수준이 낮은 응답자는 사회적 지위수준에 상관없이 공공이슈 분야 의견지도자로 지명될 가능성이 매우 낮다.[21]

## 생애주기 지점과 공공이슈 분야 의견지도력

공공이슈 분야 의견지도력을 이해하고 나이와 가족부양 의무가 상이한 집단들에서 공공이슈 분야 의견지도력 발휘 가능성이 다르게 나타나는지를 살펴보기 위해 세 번째 설명변수인 생애주기 지점을 살펴보자.

여성들의 사회적 지위를 낮추는 가사와 육아와 같은 집안일들이 공공이슈 관련 관심이나 활동과 배치된다는 주장은 일반적으로 믿고 있는 통념이기도 하다.◆ 이러한 통념에 따르면, '먼저 처리할 일을 먼저 처리하라'는 말처럼 여성들은 집안일을 가장 중요하게 생각하고 그다음으로 공공이슈 분야에 참여하고자 할 것이다. 여성들의 중요 관심사라는 관점에서 공공이슈 분야는 본 연구의 응답자들인 여성에게 그렇게 중요하게 생각되지 않을 것이다. 또한 공공이슈 분야를 중요하게 생각한다고 하더라도, 다양한 집안일들을 처리해야 한다는 책임감으로 인해 공공이슈 분야에 대한 여성의 참여가능성은 낮아질 것이다. 또 다른 통념을 살펴보자. 현재 미국 사회에서 여성의 역할은 빠른 속도로 변하고 있으며, 젊은 세대에게서는 변화된 여성의 역할이 특히 강조되고 있다. 예를 들어, 새로운 여성 역할을 믿고 있는 사람들은 남녀 모두가 고등교육을 받아야 하며, 이를 통해 남성은 물론 여성도 공공이슈 분야에 대한 관심과 의무감을 가질 수 있도록 계도되어야 한다고 주장한다. 물론 이러한 교육을

---

**20** 전체 표본 중 이 경우에 해당되는 공공이슈 분야 의견지도자는 12%다.

**21** 패션 분야의 경우, 사교성 수준과 사회적 지위는 의견지도력을 각각 개별적으로 설명하고 있었으나, 두 요인의 설명력은 엇비슷했다는 점을 상기하기 바란다. 즉 사교성 수준이 낮은 응답자들 중 높은 수준의 사회적 지위를 보유한 응답자일수록 중위수준의 사회적 지위를 보유한 응답자에 비해 패션 분야 의견지도력을 발휘할 가능성이 높았으며, 마찬가지로 중간 수준의 사회적 지위를 보유한 응답자는 낮은 수준의 사회적 지위를 갖는 응답자에 비해 의견지도자로 지명될 가능성이 높았다. 그러나 공공이슈 분야의 경우, 사교성이 낮은 응답자는 사회적 지위수준과 상관없이 의견지도력을 발휘할 가능성이 낮았다.

◆ 여러 차례 반복하지만 독자들은 본서가 출간되던 시대적 배경을 염두에 두고 이 표현을 살펴보아야 할 것이다.

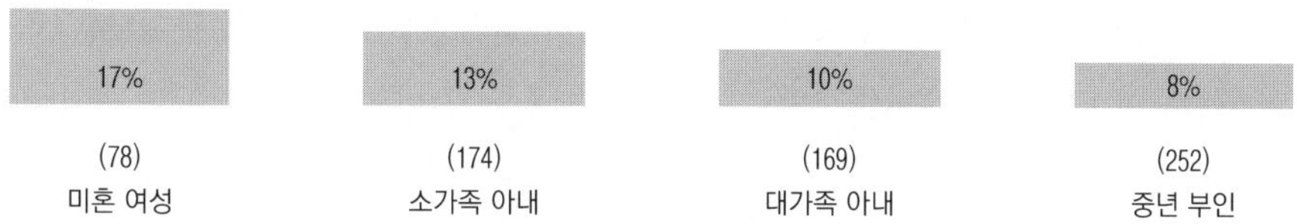


[그림14] 공공이슈 분야 의견지도력은 생애주기가 더 진행된 집단에서 점차 감소한다.

받은 사람은 주로 젊은 세대들이다. 후자와 같은 통념이 사회에 퍼져 있다면 젊은 여성일수록 공공이슈 분야에 대해 높은 관심을 가질 것이며 적극적으로 참여할 것이라고 예측할 수 있다.

언급한 두 가지 예상에도 불구하고, 여러 정치학 연구들에서 보고되었듯 남성이든 여성이든 젊은 사람들은 나이 많은 사람들에 비해 정치에 별 관심이 없고 정치지식도 낮으며 정치참여도 그다지 하지 않는다는 점을 염두에 두어야 한다. 만약 정치학 연구들에서 나타난 일반적 결과가 공공이슈 분야에 대한 영향력 교류에서도 그대로 나타난다면, 미혼 여성에 비해 기혼 여성들이 의견지도자로 활동할 가능성이 높을 것으로 예측할 수 있다.

[그림14]의 결과는 생애주기 지점에 따라 공공이슈 분야 의견지도력이 약하게 달라진다는 것을 보여준다. 본서에서 살펴보고 있는 네 가지 인간행동 분야들 중, 생애주기 지점에 따른 의견지도력 변화는 공공이슈 분야에서 가장 낮게 나타났다. 하지만 주목할 만한 미미한 차이가 있었다. 응답자의 나이가 증가함에 따라 공공이슈 분야 의견지도력은 조금씩(비록 두드러지지는 않지만) 감소하고 있었다. 공공이슈 분야 의견지도자 비중이 가장 높은 생애주기 지점은 미혼 여성 집단이었으며, 가장 낮은 생애주기 지점은 중년 부인이었다.

수치가 다소 미미하기는 하지만 나이가 많을수록 공공이슈 분야 의견지도력이 감소한다는 결과는, 나이가 증가할수록 정치적 관심과 참여수준이 증가한다는 미국에서 진행된 선행연구들의 결과와 배치되는 것으로 나타났다. 이 연구결과와 선행연구결과가 다르다는 것은 공공이슈 분야의 의견지도력과 정치참여는 질적으로 구분된다는 것을 보여준다. 어쩌면 공공이슈 분야의 이들 여성 의견지도자들은 본질적으로 비정치적(a-political) 존재로, 현재의 공공이슈들을 단순히 '뉴스'로만 생각하고 지역공동체와 관련된 이슈를 정치적 참여 관련 분야가 아닌 '선(good)'과 '악(bad)'을 구분하는 것으로 간주하고 있을지도 모른다.◆ 아니면 미혼 여성은 생애주기 지점의 특징상 남성들과 동등하게 태어난 존재로 공공이슈 분야와 관련된 말을 남성들과 비슷한 수준으로 많이 하지만, 자신들의 관심을 정치적 행동으로 실현하지 못하는 존재일 수도 있다. 어쩌면 미혼 여성들은 (정치적 참여에 별 관심이 없는 것과 마찬가지로) 공공이슈 분야에 대해 전혀 관심이 없지만, 다른 사람들이 **보았을 때 미혼 여성들이** 새롭고 다양한 분야와 관련된 교육을 받았다고 생각하기 때문에 이들에게 공공이슈 분야의 정보와 조언을 듣고자 하는 것일지도 모른다.

## 연령과 영향력 흐름

미혼 여성 집단에서 공공이슈 분야 의견지도자가 조금 더 많이 나타났음에도 불구하고, 영향력 흐름에 대한 분석결과, 가족 내부든 아니면 가족 외부든 서로 다른 연령 집단들 사이의 공공이슈 분야 영향력은 나이가 많은 사람에게서 적은 사람에게로 흐르는 경향이 나타났다(즉 연령이 높은 영향력 제공자에게서 연령이 낮은 영향력 수용자에게). 다시 말해 다른 집단들에 비해 미혼 여성 집단은 동일한 연령 집단내의 대화는 활발하지만, 나이가 어린 의견지도자들은 자신보다 나이가 많은 사람에게 영향력을 행사하지는 못한다. 이는 교류대상자가 가족이 아닌 경우 영향력 제공자-수용자 쌍을 살펴보면 잘 드러난다.

◆ 정치적 이슈가 무엇인지 정의내리는 것은 정말 쉽지 않은 일이다. 예를 들어 근본주의 성향의 기독교 신자들에게 '동성결혼'의 문제는 정치적인 문제가 아니라, 선악의 문제로 간주될 가능성이 높다. 마찬가지로 천성적으로 기저질환을 갖고 있는 사람에게 '건강보험' 관련 문제는 보건정책 이슈가 아니라 생존의 문제로 인식될 수 있다.

[표43] 응답자와 가족 구성원 외부 연령 집단들 사이의 공공이슈 분야 영향력 흐름

| 영향력 제공자의 연령 | 영향력 수용자의 연령 | | | |
|---|---|---|---|---|
| | 15-24 | 25-44 | 45세 이상 | 총합 |
| 15-24 | 14 | 2 | 1 | 17 |
| 25-44 | 6 | 19 | 6 | 31 |
| 45세 이상 | 1 | 12 | 20 | 33 |
| 총합 | 21 | 33 | 27 | 81 |

가족 외 구성원에게 공공이슈 분야의 조언을 구한 응답자들 중 2/3가량은 동일 연령대에게서 조언을 구했다. 그러나 연령 집단이 한 단계 벗어나는 경우, 영향력이 젊은 사람에게서 나이 든 사람으로 이동하는 경우보다 나이 든 사람에게서 젊은 사람으로 이동하는 경우가 더 빈번하게 나타났다.

가족 구성원 내부의 영향력 교류의 경우 나이 든 사람에게서 젊은 사람에게로 영향력이 흐르는 경향이 더욱 심하게 나타난 것을 빼면, 전반적인 변화가 동일한 것을 알 수 있다.

[표44] 가족 구성원들 내부 연령 집단들 사이의 공공이슈 분야 영향력 흐름

| 영향력 제공자 연령 | 영향력 수용자의 연령 | | | |
|---|---|---|---|---|
| | 15-24 | 25-44 | 45세 이상 | 총합 |
| 15-24 | 3 | 6 | 2 | 11 |
| 25-44 | 15 | 43 | 9 | 67 |
| 45세 이상 | 15 | 14 | 30 | 59 |
| 총합 | 33 | 63 | 41 | 137 |

실제로 가족 구성원 내부의 경우 젊은 사람들은 나이 든 사람에게 공공이슈 분야에 대한 조언을 구하는 경향이 더 강했다. 가족 구성원으로부터 조언을 들었던 15-24세 연령 집단에 속한 33명 응답자들 중 오직 3명만이 동일한 연령 집단에게서 조언을 들었을 뿐이다. 나이가 더 많은 응답자의 경우, 미혼 여성들에 비해 동일 연령 집단에게서 영향력을 수용할 가능성이 더 높았다. 그러나 [표44]를 보면 전체적으로 가족 내부의 경우 연령이 높은 영향력 제공자에게서 연령이 낮은 영향력 수용자에게

영향력이 전파된다는 것이 명확하게 나타난다. 또한 가족 내 영향력 교류 상황에서 남편과 아버지들이 공공이슈 분야 의견지도자 역할을 수행하였는데, 사실 이 결과는 그다지 놀라운 것은 아니다.

공공이슈 분야의 경우 연령이 높은 사람에게서 낮은 사람에게로 영향력이 전파된다는 것은 명확하다. 가족 내부 구성원과의 영향력 교류 상황에 비해 가족 외부 구성원과의 영향력 교류 상황에서는 동년배들끼리의 교류가 더 빈번하였다. 그러나 가족 내부든 외부든 다른 연령 집단과 공공이슈 분야 영향력을 교류하는 경우에는 나이 많은 사람이 영향력을 제공하고 어린 사람은 영향력을 수용하는 경향이 나타났다.

## 사회경제적 지위와 생애주기의 상호작용

앞서 저자들은 생애주기 지점과 공공이슈 분야 의견지도력 발휘가능성 사이의 관계에 대해 살펴보았다. 응답자의 생애주기 지점에 따라 공공이슈 분야 의견지도력을 발휘할 가능성이 다소 달라졌으나 아주 크게 달라지지는 않았다. 12장을 마무리하기 전에, 저자들은 생애주기 지점과 공공이슈 분야 의견지도력 발휘가능성의 관계가 사회적 지위가 높은 집단에서보다 낮은 집단에서 더욱 뚜렷이 나타나는지 살펴보고자 한다.◆

저자들이 왜 이렇게 생각하는지 잠시 살펴보기로 하자. 우선 사회적 지위가 높은 응답자는 사회적 지위가 낮은 응답자에 비해 집안일에 대한 부담을 적게 느낀다. 사회적 지위가 높은 응답자는 편리한 가전제품들도 많이 보유하고 있으며, 가사활동을 도와줄 사람을 고용할 수도 있기 때문이다. 또한 앞서 저자들이 설명하였듯, 사회적 지위가 높은 사람들은 공공이슈 분야에 대해 '박식한(in the know)' 사람들을 자주 접하며 공공이슈 분야에 대한 지식과 명예가 종종 결부된다는 사실 때문에 공공이슈

---

◆ 데이터 분석에서 '상호작용효과(interaction effect)'는 다음과 같이 정의된다. 결과변수 Y를 설명하는 두 변수 X와 Z가 존재할 때, X(혹은 Z)가 Y에 미치는 효과가 Z(혹은 X)의 수준에 따라 달라지는 효과가 Y에 대한 X와 Z의 상호작용효과다. 즉 여기서 저자들은 생애주기 지점(즉, X)이 공공이슈 분야 의견지도력 발휘(즉, Y)에 미치는 효과가 사회적 지위(즉, Z)에 따라 달라지는지 여부를 살펴보고 있다.

관련 참여활동을 하게 될 자극을 더 많이 받는다. 사회적 지위가 낮은 사람들의 경우 전반적으로 공공이슈에 참여할 자극이 낮으며, 대부분의 여성들에게 공공이슈에 대한 참여는 기껏해야 부수적인 일에 불과하다. 따라서 사회적 지위가 낮은 사람들은 공공이슈 분야와 관련된 정보와 의견을 얻고자 하는 관심이 낮다. 만약 공공이슈에 대한 참여를 유도하는 자극이 공공이슈 분야에서 여성들이 의견지도력을 발휘하는 데 중요하다면, 나이를 먹으면 먹을수록 사회적 지위가 낮은 여성들이 공공이슈 분야의 의견지도력을 발휘할 가능성은 크게 낮아질 것이다. 반면 사회적 지위가 높은 여성들의 경우 나이를 먹어도 공공이슈 분야에서 의견지도력을 발휘할 가능성 '감소(drop-off)' 수준이 그다지 높지 않을 것이다. 다시 말해 응답자의 연령이 높아질수록 공공이슈 분야에서의 여성 의견지도력 발휘가능성은 감소하지만, 이러한 감소 패턴은 사회적 지위가 높은 응답자보다 낮은 응답자에게서 더욱 뚜렷하게 나타날 것이다.

**[표45] 의견지도력을 발휘할 가능성은 사회적 지위가 높은 응답자들에게서 나타나지만, 사회적 지위가 낮을 경우 연령이 낮은 응답자들에게서도 나타난다.**

| 사회적 지위 | 공공이슈 분야 의견지도자 비율 | | | |
|---|---|---|---|---|
| | 미혼 여성 | 소가족 아내 | 대가족 아내 | 중년 부인 |
| 높음 | 24% | 15% | 21% | 17% |
| 중간 | 12% | 19% | 5% | 8% |
| 낮음 | 15% | 5% | 6% | 3% |

[표45]의 결과는 저자들의 예상과 일치한다. 사회적 지위가 높은 응답자의 경우, 공공이슈 분야 의견지도력을 발휘할 가능성은 응답자의 생애주기 지점에 따라 별반 차이가 없었다. 즉 대가족 아내 집단과 비교할 때, 미혼 여성들은 공공이슈 분야 의견지도자가 될 가능성이 아주 조금 높을 뿐이었다. 반면, 다른 사회적 지위의 응답자들이 의견지도력을 발휘할 가능성은 생애주기 지점에 따라 달라졌다. 중간 수준의 사회적 지위를 보유한 응답자들의 경우 미혼 여성들과 소가족 아내들만이 평균 이상의 공공이슈 분야 의견지도력을 발휘할 확률을 보였으며, 낮은 수준의 사회적 지위를

보유한 응답자들의 경우 미혼 여성들에게서만 평균 수준 이상의 의견지도력 발휘할 확률이 나타났다.[22]

## 공공이슈 분야 영향력 흐름: 요약

공공이슈 분야의 의견지도자는 일상소비 분야 혹은 패션 분야의 의견지도자와 사뭇 다르다. 다른 분야의 경우 의견지도력 발휘 여부와 관련하여 생애주기 지점은 매우 중요한 요소였으나, 공공이슈 분야의 경우 사회적 지위수준이 낮은 경우에만 생애주기 지점에 따라 의견지도력 발휘 가능성이 달라지는 것으로 나타났다. 반면 일상소비 분야에서는 별반 중요하지 않았으며, 패션 분야에서는 다소 중요한 요인이었던 사회적 지위수준은 공공이슈 분야 의견지도력을 발휘하는 데 매우 중요한 요인이었다. 교육수준이 높고 부유한 응답자(즉, 어떤 생애주기 지점이든 사회적 지위수준이 높은 응답자)는 공공이슈 분야에 보다 적극적으로 참여하는 것으로 나타났다. 또한 사회적 지위가 높은 사람에게서 사회적 지위가 낮은 사람에게로 공공이슈 분야 영향력이 전파되는 것으로 나타났다. 사회적 지위가 높은 응답자들에게서 공공이슈 분야 의견지도자가 더 많이 나타난다는 사실은 이들이 가사노동의 압박에서 상대적으로 더 자유롭다는 것을 의미한다. 또한 사회적 지위가 공공이슈 분야 의견지도력 발휘에 미치는 효과는 응답자의 사교성 수준을 통제해도 여전히 나타났다. 그러나 공공이슈 분야 의견지도력을 설명하는 사회적 지위와 사교성 수준 두 요인 중에서 사교성 수준이 사회적 지위보다 훨씬 더 강력한 설명요인이었다.

---

**22** 표본 전체를 기준으로 공공이슈 분야 의견지도자로 지명될 확률은 12%다.

13장

# 영화관람 분야 의견지도자

본 연구의 응답자 중 약 60%는 한 달에 한 번 이상 영화를 보러 간다고 밝혔다. 응답자 중 40%는 한 달에 한 번 영화를 보거나 혹은 아예 영화관에 가지 않는다. 본 연구에서는 이를 바탕으로 영화관람 분야에서의 영향력 흐름 분석 대상을 영화관람에 적극적인 참여자로 간주할 수 있는 사람들—즉 적어도 한 달에 한 번 영화를 보러 가는 사람들—로 국한시켰다.

기존 연구를 통해 영화관람과 연령 사이에 강한 상관관계가 있다는 것이 밝혀졌다.[1] 본 연구의 분석결과 역시 이를 재확인하였다. 영화를 보러 가는 사람들은 젊은이들이다.

[표46] 젊은이들이 영화관람 시장의 핵심을 차지하고 있다.

| | 연령 | | | |
|---|---|---|---|---|
| 영화관람 빈도 | 25세 미만 | 25-34 | 35-44 | 45세 이상 |
| 일주일 1회 이상 | 68% | 49% | 34% | 19% |
| 한 달 1-3회 | 20 | 31 | 35 | 27 |
| 한 달 1번 미만 | 7 | 14 | 26 | 37 |
| 전혀 없음 | 5 | 6 | 5 | 17 |
| 총합(=100%) | (141) | (157) | (148) | (271) |

[표46]에 따르면, 가장 어린 연령 집단의 88%가 한 달에 최소 한 번 이상 영화를 보러 가는 반면, 나이 든 연령 집단의 비율은 매우 낮다. 여성들이 45세가 될 무렵에는 절반 이상이 한 달에 한 번 영화를 보거나 혹은 전혀 영화를 보러가지 않는다.

1 예를 들어, 라자스펠드와 켄달(Lazarsfeld and Kendall, 1948), 그리고 핸델(Handel, 1950)을 참조하라.

## '청년문화': 영화관람 분야 의견지도력과 생애주기

영화관람 분야에 대한 참여 분포 결과에서 나타나듯, 여성의 경우 영화관람 분야 의견지도력이 분명 특정 연령 집단에 집중되는 것을 발견할 수 있다. 그러나 이것만으로 저자들의 궁금증이 완전히 해결된 것은 아니다. 예를 들어, 결혼과 출산이 여성들이 영화관람 분야에서 의견지도력을 발휘할 기회에 어떤 영향을 미치는지 여전히 알지 못한다. 생애주기와 영화관람 분야 의견지도력의 관계를 살펴보자.

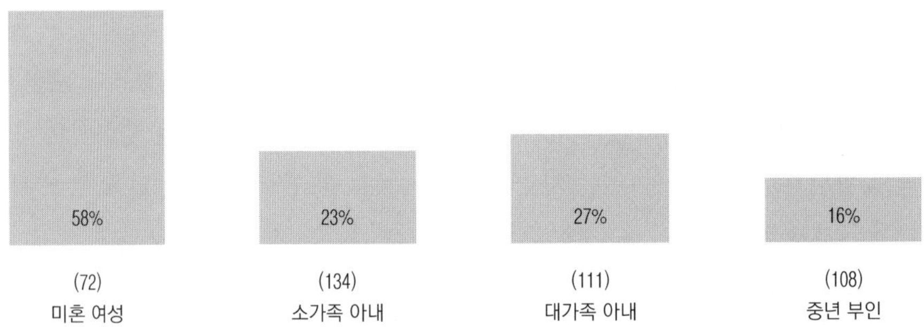


[그림15] 영화관람 분야 의견지도력은 미혼 여성들에게 집중되어 있다.

영화관람 분야 의견지도자들은 패션 분야보다 훨씬 더 압도적으로 미혼 여성들 사이에서 발견됐다. 미혼 여성들은 가족부양에 대한 책임이 가장 적은 집단이다. 미혼 여성들의 절반 이상이 최근 영화관람 요금과 관련된 의견을 요청받은 적 있다고 답했다.[2] 물론 응답자의 나이만이 이러한 차이를 야기하는 것은 아니다. 미혼 여성과 소가족·대가족 부인들의 영화관람 분야 의견지도력 비율 차이는 매우 뚜렷하다(58% 대 23%). 그리고 세 가지 생애주기 유형의 기혼 여성들의 차이는 매우 작아서(각각 23%, 27%, 16%), 영화관람 분야 의견지도력에서는 혼인 여부가 나이만큼이나 중요하다는 것이 잘 드러난다. 물론 어떤 분야에서의 사회활동과 책임의 규칙은 분야에 따라 완전히 다르다. 미혼 여성들은 소가족·대가족 부인들보다 더 젊을 뿐만 아

---

**2** 다른 분야와 마찬가지로, 영화관람 분야 의견지도자들은 (a) 두 번의 조사 모두에서 어떤 영화를 볼지에 대한 조언 요청을 받았다고 응답한 여성, 그리고 (b) 둘 중 한 번의 조사에서만 조언했다고 응답했지만, 다른 이들에 비해 영화 관련 조언 요청을 받을 '가능성이 더 높을' 것으로 생각하는 여성들로 규정했다.

니라 더 자유롭다. 그렇다면 미혼 여성들과 부인들의 차이는 가족에 대한 책임에 상대적으로 부담을 느끼지 않는 여성과 가족에 대한 책임감을 느끼는 어머니의 차이라고 볼 수 있다. 더 나아가, 미혼 여성은 사회 활동의 일환으로서 영화를 관람하며, 이들은 가정에 '정착한(settled down)' 젊은 여성과는 다른 모습을 보인다.

젊고 미혼인 여성들의 경우 영화관람 빈도와 영화관람 분야 의견지도력 기회가 연관성을 나타냈으며, 각 연령대에서 자주 영화를 관람하는 사람들은 그렇지 않은 사람들에 비해 영화관람 분야 의견지도자가 될 가능성이 더 높았다.

[표47] 젊은 여성들과 나이 든 여성들 모두 영화관람 빈도가 높을수록 영화관람 분야 의견지도자가 될 가능성은 증가한다.

| | 25세 미만 | | 25세 이상 | |
|---|---|---|---|---|
| | 영화관람 빈도 높음 | 영화관람 빈도 낮음 | 영화관람 빈도 높음 | 영화관람 빈도 낮음 |
| 영화관람 분야 의견지도자 | 55% | 32% | 28% | 13% |
| 영화관람 분야 비의견지도자 | 45 | 68 | 72 | 87 |
| 총합(=100%) | (87) | (28) | (165) | (157) |

25세 미만 여성 중 영화를 자주 관람하는 여성들은(주 1회 이상) 영화를 간간이 보는 사람(월 1-3회)보다 영화관람 분야 의견지도자가 될 가능성이 훨씬 더 높은 것으로 나타났다. 이것은 더 나이 든 연령층에서도 동일하게 나타난다.

생애주기와 영화관람의 관계에 대해서 살펴보았으니 이제 앞에서 살펴본 것처럼 연령 집단내부, 그리고 연령 집단 사이의 영향력 흐름을 살펴볼 차례다. 저자들은 다른 분야와 마찬가지로 영화관람 분야에서도 영향력 전파자와 영향력 수용자 사이에서 상당한 연령대의 동질성을 발견할 것으로 기대하고 있다. 하지만 영화관람 분야 의견지도력이 미혼 여성들 사이에 눈에 띄게 집중되어 있다는 점을 고려할 때, 또래 사이뿐만 아니라 주로 젊은 여성들로부터 나이 든 여성들에게로 영향력이 흐를 것이라고 예상할 수 있다. 그러나 곧장 이를 살펴보기보다, 먼저 영화관람 분야에서 나타난 복잡하지만 매우 흥미로운 영향력 흐름의 특징과 관련하여 중요 함의를 갖는 결과를 살펴보고자 한다. 이는 영화관람 분야 의견지도력과 사교성 점수의 관계를 살펴보는 분석을 통해 가장 명확하게 확인할 수 있다.

## 영화관람 분야 의견지도력과 사교성: 특수 사례

지금까지 살펴본 다른 모든 분야에서는 사교성이 의견지도자의 속성임을 알게 되었다. 사실 다른 사람들과의 평균 이상의 접촉 정도는 어떠한 종류의 비공식적 지도력이든지 간에 지도력의 필수 조건이라고 보는 것이 타당하다. 그러나 본 연구에서는 영화관람 분야 의견지도력의 경우, 의견지도력 발휘와 사교성 지수 사이에는 사실상 아무런 관계가 없음을 발견했다.

다시 말해 일상소비 분야, 패션 분야, 공공이슈 분야의 지도력이 왜 영화관람 분야의 지도력에 비해서 사교성 점수와 훨씬 더 높은 연관성을 갖는지 설명해야 한다. 저자들은 이에 대해 다음과 같은 해답을 갖고 있다.

저자들의 해답은 세 가지다. 그중 한 가지 해답은 9장에서 보고했던 생애주기와 사교성 사이의 관계에서 명백하게 나타난다.[3] 9장에서 저자들은 미혼 여성들이 소속된 공식적 조직은 적지만 비공식적 친구는 많다는 점에서 본 연구에서 구분한 '중간 수준의 사교성'을 보이는 경향이 있다는 것을 발견했다. 그리고 영화관람 분야 의견지도자들이 압도적으로 미혼 여성들로 채워진다는 점에서 왜 영화관람 분야 의견지도자들이 사교성이 높거나 낮은 사람들보다 중간인 사람들에 다소 더 집중되는 경향이 있는지 쉽게 이해할 수 있다.

저자들이 주목한 사교성이 높은 여성들이 왜 영화관람 분야에서 의견지도자가 될 가능성이 더 높지 않은지 명확하게 설명하는 두 번째 요인은 바로 공식적 조직에서의 접촉도 개인적 친구들도 많은 여성들이며, 이 여성들은 사회적 활동에 그다지 적극적이지 않은 여성들보다 영화관람에 관심을 적게 가질 만한 이유가 있다.

저자들의 세 번째 해답 역시 영화관람 분야의 영향력에서 일어나는 일을 이해하는 데 매우 중요하다. 사교성이 높은 여성들이 영화에 대한 관심이 적고, 미혼 여성들이 중간 수준의 사교성에 집중되어 있다고 설명하더라도, 여전히 저자들은 어떻게 사교성이 낮은 여성들(친구 수도 적으며 공식적 집단에 대한 참여도 낮은 여성들) 중 영화관람 분야 의견지도자의 비율이 사교성이 높은 수준의 여성들에게서 나타난 비율만큼 높은지를 이해해야 한다. 저자들은 비록 사교성 점수로는 이를 측정하지 못하지만, 영화관람 행위 자체가 사교적인 활동이라고 생각한다. 저자들의 설명은 다음과

3 본서 286쪽.

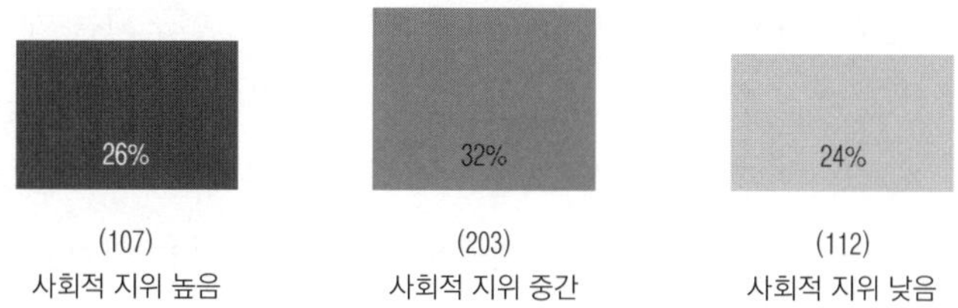


[그림16] 영화관람 분야 의견지도력과 사교성은 병행되지 않는다.

같다.

영화관람 분야에서의 의사결정 맥락들(즉, 사람들이 다른 영화 대신 어떤 특정 영화를 보러 가기로 결정하는 조건들)을 살펴본 결과, 저자들은 본 연구의 응답자들 중 거의 어느 누구도 혼자 영화를 보러 가지 않음을 알게 되었다.[4] 공공이슈 분야와는 달리, 보다 엄밀하게는 공공이슈에 대한 의견을 갖는 것과는 달리, 영화관람은 다른 사람들과 직접적으로 공유하는 활동이다. 본 연구의 응답자 10명 중 거의 9명이 가장 최근의 영화관람을 다른 사람과 함께 했다고 말했다. 이처럼 누군가와 영화를 같이 관람하는 행위는 거의 모든 25세 이하 여성들에게서 나타났으며, 나이 든 여성들 사이에서도 거의 동일하게 나타났다. 기혼 여성과 미혼 여성 사이에도 공유된 관람 사이에 통계적으로 유의미한 차이는 없었으며, 영화관람 분야 의견지도자와 비지도자 사이에도 그 차이는 나타나지 않았다.

영화관람은 집단행동으로서의 성격이 강하게 드러나는 행위다. 따라서 대부분의 영화 및 영화계 관련 의견교환(give-and-take)이 영화관람 집단내부에서 진행된다고 가정하는 것이 매우 합리적일 것이다. 영화관람 분야 의견지도자와 이 의견지도자의 추종자들은 영화를 관람하는 동료들 사이에서 바로 찾을 수 있다. 영화관람 분야에서 의견지도자 역할을 하기 위해서는 다른 분야와 달리 사교성이 높을 필요가, 다시 말해 친구들과 가입한 소속집단이 많을 필요가 없다. 영화관람 분야에서는 고립된 사람들을 찾을 수 없다. 만약 어떤 사람이 특정 영화관람자 한 명을 찾게 된다면, 이 사람은 하나의 영화관람 집단을 찾았을 가능성이 크다. 그러므로 영화관람 행위

4 이 역시 핸델(Handel, 1950)의 책에 보고되어 있다. 여기에서 핸델은 여성의 86%, 남성의 70%가 가장 최근의 영화관람을 다른 사람과 함께 했음을 밝힌 연구를 인용한다. 보통 두 사람이 함께 영화관람을 하는 것으로 나타났다. 핸델의 책 113-115쪽을 참조하라.

는 개인의 의사결정이라기보다는 집단의사결정의 산물로 연구되는 게 더 적절하다. 그리고 영화관람 분야 의견지도자들은 아마도 그러한 결정 과정에서 우위를 점할 것이다.[5] 그러나 저자들이 말하고 싶은 요점은 영화관람 자체가 사교적 활동이라는 바로 그 맥락에서 영화관람 분야 의견지도자들이 '사교적'이라는 것이다.

## 집단 영화관람과 영향력의 흐름

만약 저자들의 추론이 옳다면, 영화관람 분야에서의 영향력 흐름은 영화를 관람하는 집단들에 집중되어 있을 것이다. 그러나 저자들은 사전에 이 문제를 충분히 예상하지 못했기 때문에, 단지 이것이 사실일 가능성을 암시할 수만 있을 뿐이다.[6] 저자들의 주장에 정황적 무게를 더할 수 있는 증거는 여성응답자들이 자신의 영화 결정에 영향을 미친다고 밝혔던 사람들과 (다른 질문에 대한 답변에서) 꾸준히 영화를 같이 보는 사람들 사이에 유사성이 있다는 것뿐이다. 예를 들어, 기혼 여성과 미혼 여성들이 지명한 영화관람 분야 의견지도자와 그들의 영화관람 동료들을 비교해보자.[7]

5 나머지 세 분야 중 일상소비 분야는 유일하게 어느 정도 공동의사결정이 이루어지는 분야로 생각할 수 있다. 저자들은 일상소비 분야 의견지도자에 관한 장에서 이 가능성을 매우 간략하게만 다루었다. 하지만 예컨대, 아침식사용 시리얼(cereals)의 선택이 엄마와 아이의 공동 결정하에 이루어진다는 라일리(Riley, 1953)의 논의를 참조하라.

6 만약 저자들이 이 가능성에 대한 계획을 세워 공동 영화관람 결정에 대해 명시적으로 질문했다면 이에 대해 긍정하는 대답을 더 많이 얻을 수 있었을 것이다. 현 상황에서는 응답자 대부분이 "귀하께서는 누군가 그것에 대해 이야기하는 걸 들으셨나요?"라는 질문을 함께 영화를 관람하는 사람들과의 일상적인 의견교환과 연관 짓지 않았으리라 생각한다. 이 문제는 앞의 2부(256-257쪽)에서 논의한 바 있다.

7 본 연구에서는 여성응답자들이 "누군가 그것에 대해 이야기하는 걸 들은 적 있다"라고 응답하면, 이 영향력 전파자가 누구인지 밝히고 그 사람과 자신의 관계에 대해 말해달라고 요청했다. 바로 이 사람들이 여기에서 말하는 '영화관람 분야 의견지도자'라 부르는 사람들이다.

[표48] 영화를 같이 보는 동료와 영화관람 분야 의견지도자는 어느 정도 동일집단에 속한다.

| | 미혼 여성 | | 기혼 여성 | |
|---|---|---|---|---|
| | 영화를 같이 본 동료 | 영화관람 분야 의견지도자 | 영화를 같이 본 동료 | 영화관람 분야 의견지도자 |
| 가족 외부인(친구, 이웃 등) | 67% | 76% | 15% | 40% |
| 가족(부모, 남편, 자녀 등) | 33 | 23 | 85 | 60 |
| 총합(=100%) | (66) | (35) | (316) | (132) |

[표48]을 보면 미혼 여성들과 같이 영화를 본 동료와 영화관람 분야 의견지도자로 지명한 사람들은 응답자의 가족 구성원이 아니었다. 반면에 기혼 여성들의 경우 가족들로부터 영화관람 관련 조언을 구할 뿐만 아니라 함께 관람할 사람도 찾는 경향이 있다. 표의 세부 내용을 살펴보면, 두 집단, 특히 기혼 여성들은 가족 외부인 동반자보다 다소 더 높은 비율로 가족 외부인의 조언을 구한다는 것을 알 수 있다. 이러한 불균형은 아마도 가족 구성원은 더 쉽게 접근 가능하다는 점, 특히 기혼 여성들에게는 가족이 영화관람 집단으로 사회적으로 더 용인된다는 사실을 반영한다. 비록 가족 이외의 동반자와 함께 영화를 보는 것을 선호할 수는 있지만 그들이 접근 불가하거나, 또는 가족에 대해 느끼는 애착과 책임감이 이 가능성을 제한한다. 이러한 측면에서 연령대와 결혼 여부가 동일한 조건에 놓인 여성들 사이에서조차 영화관람 분야 의견지도자들은 그렇지 않은 사람들에 비해서 가족 외 동반자들과 영화관람을 할 가능성이 더 높다는 점이 매우 흥미롭다.

[표49] 영화관람 분야 의견지도자는 그렇지 않은 사람들에 비해 가족 외부인과 같이 영화를 볼 가능성이 더 높다.

| | 가족 외부인과 영화를 보러간 비율 | |
|---|---|---|
| | 영화관람 분야 의견지도자 | 영화관람 분야 비의견지도자 |
| 35세 미만 | 53% (57) | 38% (58) |
| 35세 이상 | 31% (66) | 15% (249) |
| 미혼 여성 | 70% (42) | 52% (30) |
| 기혼 여성 | 26% (78) | 12% (275) |

이러한 결과는 다음과 같은 방법으로 설명 가능하다. 가족 외부인과 함께 영화를 보러 가는 여성들은 가족과 함께 가는 여성들보다 누군가에게 영화관람과 관련된 조

언을 요청받았던 경험을 더 많이 기억할 것이다. 즉 일반적으로 가족끼리 주고받은 말의 경우 인터뷰할 때 기억해내지 못하는 것이 보통이다. 만약 저자들의 이런 추정이 사실이라면 [표49]는 그리 중요한 발견은 아니다. 이것은 단지 영향력 교류를 떠올릴 때 영화를 같이 본 가족 외부인들을 더 잘 기억할 가능성이 더 높기 때문에, 응답자들이 이들을 영화관람 분야 의견지도자로 지명할 가능성이 높다는 뜻이다.

그러나 다음과 같은 설명도 가능하다. 가족이 아닌 사람들과 영화를 보러 가는 행동에는 영화관람 분야 의견지도력과 더 직접적으로 연결되는 특별한 무언가가 있을 수 있다. 구체적으로 말하자면 가족과 함께 영화를 관람하는 것은 가족 외의 동반자들과 함께 영화를 관람하는 것보다 어느 정도 더 일상적인 활동일 수 있으며, 따라서 신중하게 영화관람을 선택하지 않을 것으로 추측할 수 있다. 남편과 아내, 또는 아이와 부모 단위의 영화관람은 그들이 평소 영화관람을 하는 날짜에 지역 극장에서 상영하는 어떤 영화든 관람하려는 경향이 있는 반면, 비가족 구성원과 영화를 보는 활동은 덜 일상적인 활동일 수 있다.

사실 저자들은 이 추측을 뒷받침하는 몇 가지 분석결과를 확보하고 있다. 모든 영화관람객들에게 "귀하께서 영화를 보러 갈 가능성이 가장 높은 때는 언제인가요?"를 물어본 후 몇 가지 응답 선택지를 제공했다. 그 선택지 중 '특별히 흥미를 끄는 영화가 있을 때'라는 선택지가 포함되어 있었다. 저자들은 영화관람 분야 의견지도자들—이들은 가족 단위보다 비가족 단위로 더 많이 관람한다—이 그렇지 않은 사람들보다 이러한 동기를 더 강하게 드러낼 것으로 기대했으며, 결과 역시 실제로 그렇게 나타났다.

**[표50] 영화관람 분야 의견지도자들은 특히 관심을 끄는 영화가 개봉했을 때 영화관람을 할 가능성이 더 높다.**

| | 흥미로운 영화가 개봉될 때 영화관람을 한다고 응답한 비율 | | | |
|---|---|---|---|---|
| | 영화관람 빈도 높음 | | 영화관람 빈도 낮음 | |
| | 25세 미만 | 25세 이상 | 25세 미만 | 25세 이상 |
| 영화관람 분야 의견지도자 | 70% (48) | 76% (46) | 89% (9) | 71% (20) |
| 영화관람 분야 비의견지도자 | 56% (39) | 57% (112) | 58% (19) | 73% (137) |

나이가 어린 집단에서는 자주 영화를 보는 사람과 가끔 영화를 보는 사람 모두에게서, 또한 나이가 많은 집단에서는 자주 영화를 보는 사람 중에서 영화관람 분야

의견지도자가 비의견지도자보다 해당 선택지(즉, 흥미로운 영화가 있을 때 관람한다)를 더 많이 골랐다. 반대로, '저녁에 자유 시간'이 있을 때 영화를 보러 간다고 응답한 비율은 영화관람 분야 비의견지도자는 27%였으나, 영화관람 분야 의견지도자는 19%에 그쳤다.

또한 특정 영화 자체에 대한 관심의 추가 증거가 있다. 첫 번째 인터뷰에서 여성들은 최근 본 영화에 대해 다음과 같은 질문을 받았다: "귀하께서는 주로 그냥 영화를 보기 위해 영화관에 가시나요, 어떤 특정 작품을 보러 영화관에 가시나요, 아니면 두 가지 경우 모두 영화관에 가시나요?" 여기서 저자들은 다시 한 번 영화관람 분야 의견지도자들이 특정 영화 그 자체를 관람하는 것에 관심이 있다는 점을 볼 수 있다.

[표51] 영화관람 분야 의견지도자는 비의견지도자에 비해 보다 구체적인 목적으로 영화를 관람한다.

| | 특정 작품을 보기 위해 영화관에 간다고 응답한 비율 | | | |
|---|---|---|---|---|
| | 영화관람빈도 높음 | | 영화관람빈도 낮음 | |
| | 25세 미만 | 25세 이상 | 25세 미만 | 25세 이상 |
| 영화관람 분야 의견지도자 | 57% (48) | 63% (46) | 78% (9) | 81% (20) |
| 영화관람 분야 비의견지도자 | 54% (39) | 57% (112) | 26% (19) | 68% (137) |

나이가 어리며 영화관람을 자주 하는 응답자들의 영화관람 분야 의견지도자와 비지도자 집단 차이는 비교적 작지만, 다른 경우 집단 차이가 더 크게 나타나 이러한 차이는 전반적으로 확인되었다.

영화관람 분야 의견지도자들은 비의견지도자들과 비교할 때 특정 영화작품을 선택적으로 관람할 가능성이 더 높았다. 이 결과는 가장 최근에 관람한 영화에 대해서뿐만 아니라 '일반적'인 사실이다. 아마도 이 결과는 두 가지를 의미하는 듯하다. 첫째, 이 결과는 영화관람 분야 의견지도자와 같이 영화를 본 사람은 영화관람 분야 의견지도자보다 영화선택에서 덜 까다로울 수 있다는 것을 암시한다. 둘째, 가족 외 구성원으로 이루어진 영화관람 집단은 가족 구성원으로 이뤄진 집단보다 더 까다롭게 선택된 영화를 관람할 것이라는 것을 암시한다. 어쨌든 이러한 해석은 추후연구에서 살펴볼 수 있는 흥미로운 연구주제다.

이러한 중요 고려사항들에도 불구하고, 앞에서 제시한 발견들의 핵심을 간과하지 말아야 한다. **일반적으로** 기혼 여성은 가족 구성원과 함께 영화를 관람하며, 가족들에게서 영화관련 분야의 의견지도력을 구하는 것이 보통이다. 반면 미혼 여성들의 경우, 가족이 아닌 친구들과 영화를 보고 영화에 대한 대화를 공유하는 것이 일반적이다.

## 연령과 영향력 흐름

젊은 미혼 여성과 나이 든 기혼 여성의 영화관람 습관에서 나타나는 기본적인 차이는, 영화관람 분야에서 나타나는 연령 집단 사이의 영향력 흐름에 중요한 함의를 지닌다. 독자들은 앞서 저자들이 사회적 환경과 영화관람의 관계를 설명하기 위해서 이 주제에 대한 논의를 의도적으로 뒤로 미루었던 것을 기억할 것이다. 저자들의 추정은 영화관람 분야 의견지도력, 영향력 흐름에 대한 본 연구의 데이터에 반영된 자문 행위가 아마도 영화관람 집단의 틀 안에서 이뤄진다는 것이다. 여성의 영화관람 분야 의견지도자들과 이들과 같이 영화를 관람한 동반자들이 같은 종류의 사람들이라는 것에서 비추어 볼 때, 영화관람 관련 조언행위는 비슷한 연령대의 사람들 사이에서 이루어진다는 것을 알 수 있다.

[표52] 연령 집단 간 영화 관련 영향력 흐름

| | 영향력 수용자의 연령 | | | |
|---|---|---|---|---|
| 영화관람 분야 의견지도자의 연령 | 15-24 | 25-44 | 45세 이상 | 총합 |
| 15-24 | 30 | 9 | 4 | 43 |
| 25-44 | 11 | 36 | 6 | 53 |
| 45세 이상 | 2 | 8 | 11 | 21 |
| 총합 | 43 | 53 | 21 | 117 |

응답자들은 자신들과 비슷한 연령대의 사람들에게 영향력을 행사했다고 보고했다. 따라서 15-24세 집단의 70%(43명 중 30명)는 또래의 영향을 받았으며, 25-44세 집단의 68%(53명 중 36명), 45세 이상 여성 집단의 52%(21명 중 11명)도 또래의 영향을 받았다. 요컨대, 현재까지 밝혀낸 것을 종합해보면 미혼 여성들은 또래들 그리고 자신보다 나이 든 여성들을 비롯한 다른 성인에 의해 영향을 받았을 가능성이 가장

높다. 미혼 여성들은 친구들의 영향을 받았으며, 나이가 많은 기혼 여성들은 주로 가족 구성원 중 나이 든 사람들의 영향을 받았다.

## 영화 분야 전문가의 역할

[표52]의 결과에 대한 저자들의 전반적인 해석은 다음과 같다. 영화관람 분야 영향력의 경우 '청년문화(youth culture)'와 일반성인의 문화가 첨예하게 구분된다. 특히 영화관람 분야의 영향력, 관람행동, 관람 의사결정 등과 관련된 사안에서 이 차이는 더 뚜렷하다. 그러나 제시된 바와 같이, 본 연구에서 지금까지 묘사해온 영화관람 분야 의견지도자는 일반적으로 영화관람 집단의 구성원이었다(영화관람 분야 의견지도자는 젊을 때는 연령층 또래들과 함께 영화를 보고, 나이가 든 후에는 가족 구성원들과 함께 영화를 보았다). 그리고 저자들이 서술한 영향력의 흐름이 이러한 집단내부에서 일어난다면, 아직도 저자들은 영향력 흐름의 모든 것을 밝혔다고 보기 어려울지 모른다. 왜냐하면 영화관람 분야 의견지도자 집단외부에서는 다른 종류의 영향력 교환이 일어나는 것일 수도 있기 때문이다.

영화관람 분야의 영향력 흐름에 접근하는 한 가지 방법은(또 다른 방법이 존재한다고 가정한다면), 응답자들에게 물었던 설문문항들 중 다른 문항, "귀하께서는 주변에 영화에 대해 꽤 아는 사람, 볼만한 작품을 추천해줄 수 있는 사람을 알고 계시나요?"[8]를 활용하는 것이다. 응답자의 약 40%가 그런 사람을 알고 있다고 답했다. 이 응답자들은 주로 영화를 자주 보러가는 사람들이었고, 가장 최근 영화를 보러 갔을 때 '그냥 아무 영화를 보러' 가기보다는 '특정 작품을 보러' 간다고 답할 가능성이 더 높은 사람들이었다.

어쨌든, 저자들은 이 영화 '전문가'(즉 '전반적 영향력 전파자')와 전문가의 조언을 수용한 사람들의 관계가 지금까지 살펴본 구체적 영향력 전파자와 그 영향력 수용자들의 관계와 다른지 살펴보고 싶었다. 저자들의 추측대로 구체적 영향력 전파자들이 이들이 이끄는 영화관람 집단의 일원인 반면 이 '전문가'들이 그렇지 않다면, 아마도

8 [표52]는 응답자가 지명한 영향력 수용자을 기반으로 한 것이다. 따라서 여기에서는 영화관람 분야 의견지도자가 표본에 포함된 사람들이고, 조언을 받은 사람들은 표본에 포함되지 않은 사람들이다.

영화관람 분야 영향력의 흐름을 어떻게 이해해야 할지 다음과 같이 정리할 수 있을 것이다. 방금 살펴본 표를 다시 작성하되, 구체적 영향력 전파자를 '전문가'로 대체해보자.

[표53] 연령 집단 간 영화 분야 전문가의 조언 흐름

| | 영향력 수용자의 연령 | | | |
|---|---|---|---|---|
| 영화 분야 전문가의 연령 | 15-24 | 25-44 | 45세 이상 | 총합 |
| 15-24 | 24 | 27 | 12 | 63 |
| 25-44 | 5 | 42 | 17 | 64 |
| 45세 이상 | 5 | 9 | 9 | 23 |
| 총합 | 34 | 78 | 38 | 150 |

[표53]은 영화관람 분야에서 두 가지 유형의 의견지도력 행사가 서로 다르다는 것을 명확하게 보여준다. 가장 젊은 집단의 영화 분야 '전문가'들은 그들과 동일 연령 집단의 사람들이다. 반면 나이 든 집단은 젊은 여성들을 영화 분야 '전문가'로 삼는 경향이 강하며, 이 비율은 젊은 여성을 구체적 영향력 전파자로 생각한 비율보다 훨씬 더 높았다. 이것은 '전체' 행과 열을 비교함으로써 알 수 있다. 즉 25세 미만 집단의 경우 전체 응답자의 23%를 차지한 반면, 지명된 영화 분야 전문가의 42%를 차지하였다.

응답자들과 응답자가 언급한 영화 분야 전문가들 사이의 관계를 살펴본 결과, 자녀 유무가 차이를 일으키는 주요 원인으로 나타났다. 35세 이상 여성의 경우, 이들이 지명한 전문가들 중 거의 1/3이 자녀(구체적으로 응답자의 자녀)인 것으로 나타났다.

만약 이 '전반적 영향력 전파자' 질문이 좋은 지수라는 데 동의한다면, 젊은 여성과 나이 든 여성 모두 젊은 사람 중에서 영화 분야 전문가를 찾는 것으로 보인다. 그러나 영화관람에 대한 최종적 결정은 영화관람 집단에 있는, 그리고 동일 연령층에 속할 가능성이 더 높은 구체적 영향력 전파자에 의해 수정될 수도 있다.

## 사회적 지위와 영화관람 분야 의견지도력

본 연구에서 의견지도자를 찾는 데에 사용한 세 가지 요소들(생애주기, 사회적 지위, 사교성) 중 오직 생애주기만이 영화관람 분야 의견지도력과 관련 있었다. 응답자의 사교성 점수는 영화관람 분야 의견지도력과 관련이 없으며, 사회적 지위 역시 마찬가지다. 물론 이것은 저자들이 예상한 바였다. 예를 들어, 어떤 특정 사회적 지위수준을 보유한 미혼 여성이 다른 사회적 지위수준을 보유한 미혼 여성에 비해 영화관람 분야 의견지도자가 될 가능성이 낮을 것으로 가정할 근거는 없으며, 마찬가지로 이러한 가정을 소가족·대가족 부인들과 중년 부인들에게 적용할 근거도 없다. 사회적 지위수준별로 약 4명 중 1명이 영화관람 분야 의견지도자인 것으로 나타났으며, 본 연구에서 저자들이 주목했던 네 가지 의견지도력 발휘 분야 중 사회적 지위는 영화관람 분야 의견지도력과 가장 낮은 관련을 보였다.

## 영화관람 분야 영향력 흐름: 요약

요컨대, 영화관람은 미국 청년문화의 주요 무대이며 영화관람 분야에서의 영향력 전파자는 젊고 자유로운 사람 중에서 나타난다는 점이 명백하다. 더욱이 모든 생애주기 연령층에서 영화관람 분야 의견지도자는 더 자주 영화를 보러 가고, 자신이 관람하는 것에 대해 더 까다롭고, 영화를 같이 볼 사람을 선택할 때 가족 외부의 사람을 택하는(exogamous) 모습을 보였다.

지금까지 살펴본 것처럼 영화관람은 고독한 활동이 아니다. 사람들은 무리를 지어 영화를 보러 간다. 영화관람 분야에서의 영향력의 흐름은 대개 또래들로 구성된 영화관람 집단 안에서 이뤄지는 것 같다. 하지만 영화 분야 '전문가'의 조언을 구할 때는 모든 연령대의 사람들이 미혼 여성들을 찾는다.

14장

# 커뮤니케이션의 2단계 흐름

모든 대인관계 네트워크를 추적하여 공동체 구성원들이 어떻게 연결되었는지 알아낼 수만 있었다면 더할 나위 없이 좋았을 것이다. 하지만 대신 저자들은 영향력 제공자–수용자 관계에 대한 횡단적 연구에 만족할 수밖에 없었다. 그럼에도 불구하고, 공공이슈 분야 관련 전반적 영향력 교류(즉, 전문가 조사) 상황을 살펴볼 때와 같이, 사람과 사람 사이의 영향력 흐름을 보여주는 완전한 '지도(map)'를 제시할 수 있었다고 하더라도 본서의 연구가 마무리되지는 않았을 것이다. 왜냐하면 현대 사회에서의 영향력은 주변 사람으로부터만 전파되는 것이 아니라 매스 미디어로부터도 전파되기 때문이다.

실제로 본서에서 제시된 구체적 가설들 중 하나는 '커뮤니케이션의 2단계 흐름' 가설이었다. 이 가설은 《국민의 선택(*The People's Choice*)》에서 최초로 소개된 바 있다. 이 가설에 따르면 '새로운 생각(ideas)이 라디오와 신문을 통해 나와 의견지도자에게 흘러간 후, 의견지도자로부터 적극성이 보다 낮은 다른 사회구성원으로' 흘러간다.[1] 그러나 이 가설이 최초로 제시되고 실증되었을 때는 선거캠페인 기간 동안 타인에게 영향력을 행사한 사람이라는 점에서 단 한 가지 유형의 의견지도자만을 다루었을 뿐이다. 그렇기 때문에 이 가설이 과연 다른 분야에서도 적용 가능한지 여부에 대해서는 알지 못하는 상황이었다. 이번 장에서는 의견지도자 집단과 나머지 사

---

1 라자스펠드, 베럴슨, 고뎃(Lazarsfeld, Berelson, and Gaudet, 1948, p. 151)을 참조하라. 여기서 **영향력**(*influence*)의 흐름과 **정보**(*information*)의 흐름을 구분할 필요가 있다. 예를 들어, 뉴스가 되는 사건의 전파 과정에서 미디어와 대인관계 정보원이 어떤 역할을 수행하는지에 대해서는 보가트(Bogart, 1950), 라슨과 힐(Larsen and Hill, 1954)을 참조하라. 본서와 비교될 수 있는 선행연구로는 와이트(Whyte, 1954)를 참조하라. 이 연구에서는 소비자들 사이의 구전(word-of-mouth)이 영향력 흐름에 어떤 역할을 담당하는지 다루며, 매스 미디어는 어떻게 연계되는지에 대한 통찰을 제시해준다.

람들의 미디어 이용실태를 비교해보고자 한다. 이를 통해 의견지도자들이 미디어에 더 많이 노출되는지, 그리고 매스 미디어를 통해 발생하는 영향력을 더 적극적으로 수용하는지를 살펴보고자 한다. 전체적으로 볼 때, 본서에서 다루고 있는 영향력 발생 분야들 모두에서 커뮤니케이션의 2단계 흐름 가설은 실증되었다. 또한 저자들은 14장 말미에서 의견지도자의 '전달(relay)' 역할에 대한 추가 설명을 통해 커뮤니케이션의 2단계 흐름이라는 흥미로운 현상에 대해 더 자세한 설명을 제시하고자 한다.

## 의견지도력과 매스 미디어 노출

당연하게도 일상소비 분야 의견지도자가 제시하는 유형의 정보는 공공이슈 분야 의견지도자에게 필요한 정보의 유형과 매우 다르다. 따라서 다른 사람들에 비해 개별 분야의 의견지도자 집단이 모든 매스 커뮤니케이션 미디어들에 더 많이 노출될 것이라고 기대하기는 어렵다. 그러나 반대로 '잡지'나 '라디오' 등의 매스 미디어가 매우 포괄적인 분야를 다룬다는 점을 감안할 때, 의견지도자들이 영향력의 발생 분야와 무관하게 다른 사람들에 비해 전반적으로 더 많이 미디어에 노출된다고 해도 놀라울 것은 없다. 여러 가지 방식을 통해 이 두 가지 예상은 모두 사실로 나타났다. 첫째, 잡지구독 데이터를 이용하여 의견지도자 집단과 전혀 영향력을 행사하지 못한 집단을 비교해보자.[2]

[표54]에서 나타나듯 각 분야별 영향력 제공자들은 다른 사람들에 비해 잡지를 더 많이 본다는 사실은 명백하다. 비의견지도자들은 5개 이상의 잡지를 구독하는 비율이 높지 않으며, 이 결과는 [표54]에서 나타나듯 교육수준을 통제한 후에도 여전히

2 [표54]의 결과를 간략하게 제시하기 위해, 저자들은 전체 데이터를 의견지도자들과 전혀 영향력을 행사하지 못한 사람들[비의견지도자(non-leaders)]로 나누고, 개별 분야별로 구분하였다. 분야와 분야를 비교해볼 때, 비의견지도자들의 잡지구독자 수는 아주 미미하게 증가했을 뿐인데, 그 이유는 특정 분야의 비의견지도자들 중 일부는 다른 분야의 의견지도자이기 때문이다. 그럼에도 불구하고, 의견지도자와 비의견지도자 사이의 차이는 모든 분야에서 명확하게 나타났다. 또한 표에 제시된 의견지도자들은 분야별로 상호 배제되지 않는다(다시 말해 어떤 분야에서 의견지도자인 응답자는 다른 분야에서도 의견지도자일수도 있다). 반면 비의견지도자들은 상호 배제되었다. 연구표본에서 최소 하나 이상의 분야에서 의견지도자인 응답자들이 얼마나 포함되었는가에 대해서는 15장에서도 언급하였다.

유효하다.[3] 다시 말해 각 분야별(일상소비, 패션, 공공이슈, 영화관람 등) 의견지도자들은 비의견지도자에 비해 잡지에 게재된 기사와 광고를 더 많이 접하는 것으로 나타났다.

[표54] 의견지도자들은 비의견지도자에 비해 더 많은 잡지를 본다.

| 잡지 개수 | 낮은 교육수준 | | | | |
|---|---|---|---|---|---|
| | 일상소비 분야 의견지도자 | 패션 분야 의견지도자 | 공공이슈 분야 의견지도자 | 영화관람 분야 의견지도자 | 비의견지도자 |
| 5개 이상 | 41% | 58% | 60% | 58% | 30% |
| 5개 미만 | 59 | 42 | 40 | 42 | 70 |
| 총합(=100%) | (91) | (79) | (30) | (64) | (270) |
| | 높은 교육수준 | | | | |
| | 일상소비 분야 의견지도자 | 패션 분야 의견지도자 | 공공이슈 분야 의견지도자 | 영화관람 분야 의견지도자 | 비의견지도자 |
| 5개 이상 | 65% | 69% | 63% | 71% | 53% |
| 5개 미만 | 35 | 31 | 37 | 29 | 47 |
| 총합(=100%) | (75) | (80) | (50) | (58) | (146) |

잡지가 아닌 다른 미디어의 경우에도 전반적으로 비슷한 현상, 즉 의견지도자가 비의견지도자에 비해 각 미디어 노출이 더 큰 현상이 나타났다. 하지만 동시에 각 미디어별 의견지도자 유형은 독특한 특징을 갖는 것으로 나타났다. 예를 들어, 책을 읽는 행동을 살펴보자.

3 '높은 교육수준' 응답자들은 고등학교 졸업 이상의 학력수준을 보유한 경우를, '낮은 교육수준'은 고등학교 졸업 미만의 학력수준을 보유한 경우를 의미한다.

[표55] 의견지도자들은 비의견지도자에 비해 더 많은 책을 읽는다.

| 한 달 동안 읽은 책의 평균 권수 | 낮은 교육수준 | | | | |
|---|---|---|---|---|---|
| | 일상소비 분야 의견지도자 | 패션 분야 의견지도자 | 공공이슈 분야 의견지도자 | 영화관람 분야 의견지도자 | 비의견지도자 |
| 1권 이상 | 25% | 47% | 38% | 38% | 20% |
| 1권 미만 | 75 | 53 | 62 | 62 | 80 |
| 총합(=100%) | (81) | (76) | (29) | (61) | (270) |
| | 높은 교육수준 | | | | |
| | 일상소비 분야 의견지도자 | 패션 분야 의견지도자 | 공공이슈 분야 의견지도자 | 영화관람 분야 의견지도자 | 비의견지도자 |
| 1권 이상 | 39% | 42% | 57% | 51% | 34% |
| 1권 미만 | 61 | 58 | 43 | 49 | 66 |
| 총합(=100%) | (74) | (79) | (49) | (55) | (146) |

책읽기의 경우에도 교육수준이 높든 낮든, 모든 분야의 의견지도자들이 비의견지도자에 비해 한 달에 최소 한 권 이상의 책을 읽을 가능성이 더 높은 것으로 나타났다(이 패턴이 교육수준이 높은 집단과 낮은 집단 모두에서 동일하게 나타났다는 점에 주목하라). 하지만 일상소비 분야의 경우 두 가지 교육수준 집단 모두에서 의견지도자들이 비의견지도자들에 비해 한 달에 한 권 이상의 책을 읽을 가능성이 아주 미미한 수준으로 높았을 뿐이었으며, 책읽기의 경우 다른 분야들보다 명확하게 서로 구분되는 것으로 나타났다. 책읽기에서 나타난 결과는 저자들의 예상 범위를 벗어나지 않았다. 최소한 직관적으로 볼 때, 책을 많이 읽는 것은 일상소비 분야 의견지도력을 발휘하기 위한 '요건(requirements)'에 포함된다고 보기 어렵다. 반면, 다른 세 분야에서 의견지도력 발휘하는 것과 책읽기는 연관관계가 있을 것으로 예상할 수 있다.

또한 비록 큰 차이는 아니고 일관적인 패턴이 나타난 것도 아니었으나 비의견지도자에 비해 의견지도자들은 더 많은 시간 라디오를 듣는 것으로 나타났다. 영화관람 분야 의견지도자들은 교육수준이 높은 집단과 낮은 집단 모두 라디오를 특히 열심히 듣는 것으로 나타났다. 또한 교육수준이 낮은 일상소비 분야 의견지도자와 패션 분야 의견지도자들도 전반적으로 열심히 라디오를 듣는 것으로 나타났다. 반면 교육수준이 높은 일상소비 분야 의견지도자들, 패션 분야 의견지도자들, 그리고 교육수준이 높거나 낮은 공공이슈 분야 의견지도자들의 경우 라디오를 듣는 시간이 비의견지도자와 크게 다르지 않은 것으로 나타났다.[4] 또한 영화관람 빈도의 경우 공공이슈 분야 의견지도자들만이 비의견지도자들과 비슷한 수준을 나타냈으며, 다른 분야의 의견지도자들은 비의견지도자에 비해 영화관람 빈도가 더 높게 나타났다.[5]

전반적으로 모든 분야에서 의견지도자들은 비의견지도자들에 비해 매스 미디어에 더 많이 노출되는 것으로 나타났다. 그러나 각 분야별 의견지도자들은 상이한 미디어 이용습관을 보인다는 결과에 대하여, 이러한 결과가 각 미디어가 다른 **내용**(*content*)을 다루기 때문이라고 명확하게 이야기하기는 어렵다.

## 의견지도력과 매스 커뮤니케이션 정보

당연한 사실이지만 개별 미디어 내에서도 여러 다른 내용이 제시된다. '라디오'의 경우 연속극(soap opera)과 메트로폴리탄 오페라(Metropolitan Opera)◆가 같이 방송되며, '잡지'의 경우 놀라울 정도로 많은 내용을 다룬다. 다른 모든 미디어들도 상황은 마찬가지다. 앞서 살펴본 내용들로는 전반적으로 의견지도자들은 비의견지도자들에 비해 **전반적인** 미디어 노출수준이 높다는 것을 알 수 있을 뿐이다. 하지만 이를테면 일상소비 분야나 영화관람 분야의 의견지도자는 공공이슈 분야 의견지도자에 비해 특정 미디어에 더 많이, 혹은 더 적게 노출되었다고 볼 수도 있다. 이런 점에서 의견지도자 유형에 따라 구체적 수준에서 상이한 미디어 내용을 접하는지에 대해서도 살펴볼 필요가 있다.

의견지도력을 다룬 최초 연구들 중 하나(사실 이 연구는 본서에서 공공이슈 분야 의견지도력이라고 부른 분야에 대한 연구이다)에 따르면, 지역공동체의 공공이슈 분야 의견지도자들은 두 가지 유형으로 구분할 수 있다. 한 가지 유형은 지역이슈와 관련된 영향력 제공자이며, 다른 한 가지 유형은 국가적·국제적 이슈와 관련된 영향력 제

---

**4** 본 연구는 텔레비전이 대중적으로 보급되기 이전에 진행된 연구였다.

**5** 별도의 결과표를 제시하지 않았다.

◆ 1880년에 뉴욕에서 창립된 극단이며, 현재 미국에서 가장 규모가 큰 클래식 음악 단체다. 저자들이 말하는 연속극은 하위문화를 예시하는 것이며, 메트로폴리탄 오페라는 상위문화를 예시하는 것이다.

공자이다.[6] 일반적으로 지역공동체를 벗어난 외부세계에 대한 뉴스에 매우 큰 관심을 갖는 '코스모폴리탄 의견지도자들(cosmopolitans)'은 뉴스 미디어를 통해 외부세계에 대한 정보를 얻는다. 반면 지역공동체 이슈에 관심이 많은 '지역 의견지도자들(locals)'은 주로 지역 내 정보를 얻는 데 집중한다. 이 연구의 경우, 저자들이 공공이슈 분야라고 이름 붙인 하나의 분야를 다루었을 뿐 '코스모폴리탄 의견지도자'와 '지역 의견지도자'를 구분하지는 못했다. 그러나 저자들의 데이터에서 나타난 여러 유형의 의견지도자들의 뉴스 이용습관을 비교하는 방식으로 누가 '지역 의견지도자'이며, 누가 '코스모폴리탄 의견지도자'인지 구분하고자 한다. 다시 말해, 본서에 나타난 두 가지 유형의 공공이슈 분야 의견지도자 구분방식은 선행연구와 다름에도 불구하고, 본서에서 살펴본 네 가지 분야 각각에서 '지역 의견지도자'와 '코스모폴리탄 의견지도자'의 뉴스에 대한 관심이 어떻게 다른지 살펴보고자 한다.

비교를 위해 저자들은 신문과 잡지 구독과 관련된 두 설문문항에 대한 응답들을 통합하였다.[7] 거주지역 외부에서 출간된 신문을 읽었는지, 그리고 국가적 이슈를 다루는 잡지기사를 접했는지에 대한 문항에서 모두 그렇다고 응답한 사람들을 '코스모폴리탄 뉴스이용자'로 분류하였으며, (디케이터 지역 신문은 읽었다고 응답하였으나) 두 가지 문항에 대해 모두 아니라고 응답한 사람들은 '지역 뉴스이용자'로 분류하였다. 두 문항 중 하나에만 해당되는 사람들은 '중간적 뉴스이용자(intermediate)'라고 분류하였다. 각 분야별 '코스모폴리탄 뉴스이용자'의 비율과 함께 각 분야별 의견지도자와 비의견지도자의 '코스모폴리탄 뉴스이용자' 비율을 살펴보자. 또한 이 결과를 기반으로 앞서 제시했던 결과표들의 내용을 다소 수정해보도록 하자.

---

**6** 머튼(Merton, 1949B)을 참조하라.

**7** 6월 인터뷰에서 응답자들에게 디케이터에서 발행되는 신문을 읽은 적이 있는지 물어본 후, "귀하께서는 디케이터 지역이 아닌 다른 곳에서 발행된 신문을 읽으셨나요?"라는 질문에 대해 그렇다고 응답했을 경우 해당 신문의 이름을 밝혀달라고 요청하였다. 8월 인터뷰에서는 다음과 같은 질문을 제시하였다. "귀하께서는 뉴스를 보다 자세하게 다루는 잡지기사를 정기적으로 읽으시는지요?" 이 두 질문에 대한 응답을 기반으로 '지역-코스모폴리탄 뉴스이용' 지수를 구성하였다.

[표56] 의견지도자들 중 '코스모폴리탄 뉴스이용자' 비율은 패션 분야와 공공이슈 분야에서 높게 나타났다.

| | 외부지역에서 출간되는 신문과 국가적 이슈를 다루는 잡지기사를 모두 읽은 사람의 비율 | | | | | | | |
|---|---|---|---|---|---|---|---|---|
| | 일상소비 분야 | | 패션 분야 | | 공공이슈 분야 | | 영화관람 분야 | |
| | 의견 지도자 | 비의견 지도자 | 의견 지도자 | 비의견 지도자 | 의견 지도자 | 비의견 지도자 | 의견 지도자 | 비의견 지도자 |
| 낮은 교육수준 | 27% | 20% | 39% | 17% | 50% | 20% | 25% | 24% |
| 총합 (=100%) | (88) | (324) | (79) | (330) | (30) | (381) | (64) | (159) |
| 높은 교육수준 | 48% | 43% | 53% | 41% | 55% | 41% | 45% | 47% |
| 총합 (=100%) | (77) | (219) | (81) | (218) | (51) | (247) | (58) | (148) |

우선 표의 첫 번째 가로줄을 살펴보자. 교육수준이 낮은 집단을 보면, 영화관람 분야의 경우 '코스모폴리탄 뉴스이용' 측면에서 의견지도자와 비의견지도자 사이에 별 차이가 없다는 것이 명백하다. 또한 일상소비 분야 의견지도자의 경우 다른 분야의 의견지도자들에 비해 외부세계의 소식에 대한 관심이 아주 근소하게 높을 뿐이다. 반면 패션 분야와 공공이슈 분야에서 나타난 결과는 매우 다르다. 패션 분야와 공공이슈 분야의 경우 의견지도자들은 비의견지도자들에 비해 적극적으로 '코스모폴리탄 뉴스이용' 비율이 높다. 교육수준이 높은 응답자들의 경우 의견지도자와 비의견지도자들 사이의 차이가 다소 줄어들었을 뿐, 결과는 본질적으로 동일하다. 즉 영화관람 분야와 일상소비 분야 의견지도자의 '코스모폴리탄 뉴스이용' 비율은 비의견지도자와 다르지 않지만, 패션 분야와 공공이슈 분야의 의견지도자들은 비의견지도자들에 비해 '코스모폴리탄 뉴스이용' 비율이 월등하게 높다.

이러한 차이를 설명하는 것은 어렵지 않다. 영화관람 분야나 일상소비 분야의 의견지도자들은 관련 분야에서 영향력을 발휘하기 위해 외부지역에서 발간된 신문이나 잡지를 보고자 하는 '욕구(need)'를 느끼지 못하기 때문이다. 실제로 영화관람 분야나 일상소비 분야의 의견지도자들은 비의견지도자들에 비해 일반적인 뉴스에 대한 관심은 높은 편이다. 반면 외부세계에 대해 보도하는 신문은 공공이슈 분야와 패션 분야 의견지도자들에게 훨씬 더 의미 있는 존재다. 외부세계에 대해 알려주는 신문의 기사와 광고, 전국단위 잡지에 보도되는 뉴스들은 디케이터 지역과 같은 소도시 주민들이 '대도시(big city)'의 패션흐름과 국제뉴스를 접할 수 있게 만드는 채널

역할을 하며, 바로 이런 정보들을 통해 이 분야의 의견지도자들은 의견지도력을 행사할 수 있게 된다.

의견지도자들의 유형별로 선호하는 미디어 콘텐트가 다르다는 또 다른 사례는 잡지구독에서 찾을 수 있다. 앞서 제시한 결과에서 나타나듯 네 가지 분야의 의견지도자들은 비의견지도자들에 비해 잡지를 더 많이 읽는 것으로 나타났다. 그러나 앞서 제시한 분석에서는 의견지도자가 어떤 잡지를 읽는지는 다루지 않았다. 예를 들어 패션 분야 의견지도자와 비의견지도자가 읽는 잡지가 무엇인지를 교육수준에 따라 비교해보면 패션 분야 의견지도자들은 패션 분야와 관련된 잡지를 더 많이 읽는다는 것을 알 수 있다. 교육수준이 낮은 응답자의 경우 패션 분야 의견지도자들 중 9%가 최소 1권 이상의 패션 분야 관련 잡지를 읽는 반면, 비의견지도자의 경우는 2%에 불과한 것으로 나타났다. 반면 교육수준이 높은 응답자의 경우, 패션 분야 의견지도자들 중 30%가 최소 1권 이상의 패션 분야 관련 잡지를 읽지만, 비의견지도자의 경우 15%에 머물고 있다. 마찬가지로 공공이슈 분야 의견지도자들(22%)은 비의견지도자들(14%)에 비해 최소 1권 이상의 전국단위 뉴스주간지를 읽는 비율이 더 높았다. 이 결과는 공공이슈 분야가 아닌 다른 분야에서는 의견지도력과 전국단위 뉴스주간지 열독률(閱讀率) 사이의 관계가 나타나지 않았다는 사실을 감안할 때 더욱 중요하다.[8]

마찬가지로 영화관람 분야를 살펴보자. [표57]에서 잘 나타나듯, 영화관람 분야 의견지도자와 비의견지도자 사이의 영화 분야 잡지 열독률은 명확하게 구분된다. 교육수준이 높은 집단과 낮은 집단 모두에서 영화관람 분야 의견지도자들은 비의견지도자들에 비해 영화 분야 잡지를 읽는 비율이 더 높았다. 또한 영화관람 분야 의견지도자들은 비의견지도자들에 비해 영화 분야 잡지를 구매하는 비율도 더 높았다. 다

---

**8** '전반적 영향력' 측정문항을 통해 얻은 분석결과 역시 매우 주목할 만하다. 아래의 결과는 최초 표본의 여성 응답자와 이들이 지명한 공공이슈 분야 전문가들, 그리고 1차연쇄를 거친 전문가 표본과 2차연쇄를 통해 얻은 전문가가 지명한 전문가 표본을 비교한 것이다('연쇄' 과정에 대한 자세한 내용은 12장을 참조하라). 결과는 아래와 같다.

| | 여성 | | 남성 | |
|---|---|---|---|---|
| | 최초 응답자 표본 | 전문가 표본 (1차연쇄) | 전문가 표본 (1차연쇄) | 전문가 표본 (2차연쇄) |
| 전국단위 뉴스주간지를 읽은 비율 | 34% | 41% | 57% | 69% |
| 총합(=100%) | (718) | (122) | (201) | (162) |

시 말해 영화관람 분야 의견지도자들은 영화 분야 잡지를 빌려 보거나 복사해 보거나 혹은 미용실에 비치된 잡지를 보지 않고, 직접 잡지를 구매하는 경향이 높았다.[9] 또한 다른 분야들(패션 분야, 일상소비 분야, 공공이슈 분야)의 경우에는 의견지도자들과 비의견지도자들의 영화 분야 잡지 열독률이 특별히 다르게 나타나지 않았다. 즉 특정 분야의 의견지도력 발휘와 연관된 전문적 관심은 해당 분야의 미디어 소비와 관련되며, 다른 분야의 미디어 소비와는 무관하다는 것이 명확하다.

[표57] 영화관람 분야 의견지도자들이 영화 관련 잡지를 더 많이 본다.

| 영화 관련 잡지를 읽는다 | 교육수준이 낮은 응답자 | | 교육수준이 높은 응답자 | |
|---|---|---|---|---|
| | 의견지도자 | 비의견지도자 | 의견지도자 | 비의견지도자 |
| 그렇다 | 56% | 34% | 50% | 42% |
| 아니다 | 44 | 66 | 50 | 58 |
| 총합(=100%) | (66) | (157) | (58) | (151) |

## 의견지도력과 매스 미디어 효과

의견지도자들은 매스 미디어에 전반적으로 더 많이 노출되며, 자신이 의견지도력을 발휘하는 분야와 관련된 미디어 콘텐트에 특히 더 많이 노출된다는 점을 살펴보았다. 이처럼 의견지도자들이 미디어를 통해 접한 내용은 아마도 의식하든 의식하지 못하든 다른 사람들에게 영향력을 발휘할 때 사용되었을 것이다. 이러한 결과를 통해 '커뮤니케이션의 2단계 흐름' 가설의 타당성을 확인할 수 있다.

'커뮤니케이션의 2단계 흐름' 가설을 통해 알 수 있는 내용은 여기까지다. 하지만 여기서 한 걸음 더 나아가, 의견지도자들이 의사결정을 내릴 때 자신들이 접한 미디어를 실제로 '이용(use)'하는지 여부를 살펴볼 필요가 있다. 즉 저자들은 의견지도자들이 단순히 미디어에 더 많이 노출된 것인지(커뮤니케이션의 2단계 흐름 가설에서 제

9 교육수준이 낮은 응답자의 경우, 영화 관련 분야 의견지도자들 중 74%, 비의견지도자들 중 52%가 영화 분야 잡지를 직접 구매했다고 응답했다. 교육수준이 높은 응답자의 경우 그 비율은 각각 52%와 48%로 나타났다.

기되었듯), 더 나아가 의견지도자들에게 미치는 미디어 효과가 비의견지도자들에게 미치는 미디어 효과보다 더 큰지 여부도 살펴보고자 한다.

사실 미디어 효과가 의견지도자에게서 더 크게 나타나야 할 뚜렷한 이유는 없다. 예를 들어, 일상소비 분야를 떠올려보자. 일상소비 분야 의견지도자들이 비의견지도자들에 비해 미디어에 노출될 가능성이 전반적으로 더 높다는 것은 이미 살펴본 바 있다. 일상소비 분야 의견지도자들이 다른 사람들에게 제공하는 조언에는 미디어를 통해 접한 내용이 포함되었을 수도 있다. 그러나 의견지도자들이 스스로 내린 의사결정이 다름 아닌 앞서 살펴본 미디어를 통해 얻은 정보를 기반으로 할 것이라고 믿어야 할 이유는 별로 없다. 어쩌면 일상소비 분야 의견지도자들은 비의견지도자들에 비해 다른 사람들(아마도 일상소비 분야의 다른 의견지도자들)과의 대인접촉을 기반으로 의사결정을 내리며, 미디어를 보조적으로 '이용(use)'했을 수도 있다.

반면, 상대적으로 패션 분야나 공공이슈 분야의 경우 의견지도자들은 미디어를 통해 접한 내용을 바탕으로 의사결정을 내렸을 것으로 예상할 수도 있다. 일상소비 분야와 달리 패션이나 공공이슈 분야의 경우, 의견지도자가 자신이 만나는 사람들에게 전달하는 내용과 관련된 '상황'은 직접 겪을 수 있는 것이기보다 미디어를 통해 전달되는 내용이기 때문이다. 즉, 미디어는 대도시에서 유행하는 패션이 무엇인지 소개하며, '외부'세계에서 벌어지고 있는 정치(적어도 지역공동체를 벗어난 지역의 정치)가 어떤지 알려준다. 아마도 의견지도자들은 이와 관련된 정확한 정보를 원할 것이다.

패션 분야에서 나타난 구체적 사례를 살펴보자. 저자들은 패션 분야 의견지도자들의 의사결정에 영향을 미친 요인들과 비의견지도자들에게 영향을 미친 요인들을 비교하였다. [표58]은 "귀하께서 패션을 바꾸게 된 계기는 누구 혹은 무엇 때문이었나요?"라는 질문을 기반으로 의상, 헤어스타일, 화장법 등을 최근 바꾸었다고 응답한 패션 분야 의견지도자들과 비의견지도자들을 비교한 결과다. [표58]은 응답자의 교육수준에 따라 의사결정에 영향을 미친 대인관계 영향력과 매스 미디어 영향력의 비율을 정리한 결과다.

[표58] 패션 분야 의견지도자들은 비의견지도자들에 비해 다른 사람에게 영향을 받을 가능성은 더 낮지만, 매스 미디어를 통해 영향을 받을 가능성은 더 높다.[10]

| 귀하께서 패션을 바꾸게 된 계기는 누구 혹은 무엇 때문이었나요? | 언급된 모든 영향력 요인들의 비율 (최근 패션변화만을 대상으로 함) | | | |
|---|---|---|---|---|
| | 낮은 교육수준 | | 높은 교육수준 | |
| | 의견지도자 | 비의견지도자 | 의견지도자 | 비의견지도자 |
| 다른 사람을 통해 | 40% | 56% | 37% | 47% |
| 매스 미디어를 통해 | 42 | 31 | 42 | 33 |
| 기타 | 18 | 13 | 21 | 20 |
| 영향력 요인 총합(=100%) | (164) | (308) | (135) | (250) |

[표58]에서 명확하게 나타나듯, 각 교육수준별로 최근 패션을 바꾼 패션 분야 의견지도자들의 경우 비의견지도자들에 비해 매스 미디어에 영향을 받은 비율이 더 높았으며, 다른 사람에게 영향을 받은 비율은 더 낮게 나타났다. [표58]에서 나타난 차이는 두드러지는 차이는 아니지만 다른 요인을 통제해도 여전히 유효한 것으로 나타났다.[11]

저자들의 예상대로, 일상소비 분야 그리고 영화관람 분야의 경우 명확한 결론을 얻지는 못했다(즉, 다양한 영향력 요인들이 의견지도자들에게 미치는 효과와 비의견지도자들에게 미치는 효과는 거의 동일했다). 그러나 저자들의 예상과는 반대로, 공공이슈 분야 의견지도자들에게서 나타난 결과는 패션 분야 의견지도자들에게 나타난 결과와 달랐다. 공공이슈 분야의 경우 관련 이슈에 대한 의견을 바꾸는 데 대인관계 영향력이 중요한 역할을 했다고 응답한 비율이 비의견지도자들에 비해 의견지도자들에게서 더 높게 나타났다. 즉 각 분야별 의견지도자들이 비의견지도자들에 비해 미디어에 더 많이 노출되지만(아마도 의견지도자들은 자신이 발휘하는 영향력에 미디어 콘텐트를 더 많이 반영하겠지만), 미디어가 개인의 의사결정 변화에 미치는 효과의 경우 오직 패션 분야 의견지도자들만이 비의견지도자들 보다 더 큰 효과를 나타냈다.

---

**10** 이 표는 최근에 패션(의상, 헤어스타일, 화장 등)을 바꾼 사람들의 응답만을 분석한 것이다. 각 세로줄 맨 하단의 수치는 패션변화와 관련하여 각 집단이 언급한 **영향력** 요인들의 전체 사례 수를 의미한다.

**11** 패션에 대한 관심을 통제해도(즉, 각 교육수준별로 패션에 관심이 높은 의견지도자와 비의견지도자들을 비교해도) 교육수준만 통제한 [표58]에서 나타난 결과는 여전히 유효한 것으로 나타났다.

그렇다면 왜 공공이슈 분야 의견지도자들은 공공이슈와 관련하여 미디어를 많이 이용함에도 불구하고 비지도자들에 비해 미디어보다는 대인접촉을 기반으로 의사결정을 내리는 것일까? 어쩌면 그 원인은 최초 응답자 표본에 '코스모폴리탄' 의견지도자들보다 '지역' 의견지도자들이 훨씬 더 많이 표집되었기 때문일 수 있다. 만약 이 원인이 맞다면 코스모폴리탄 의견지도자들과 지역 의견지도자들을 구분한 후, 미디어가 코스모폴리탄 의견지도자들의 의사결정에 더 큰 영향을 끼쳤다는 것을 보여줄 수 있을 것이다. 혹은, 공공이슈 분야에서의 미디어 효과는 대인관계 영향력 교류 네트워크를 몇 단계 더 추적했다면 발견되었을 수도 있다. 즉, 연쇄 과정을 더 밟아 의견지도자들에게 영향력을 행사한 의견지도자들을 조사해보면, 이들에게는 미디어가 보다 직접적 영향력을 발휘했을 수 있다. 아니면 공공이슈 분야의 의견 형성 대인 간 네트워크와 매스 미디어 효과의 관계를 발견하기 위해서는 대인 간 네트워크를 보다 상세하게 조사해보아야 할지도 모른다. 패션 분야와 비교해볼 때, 공공이슈 분야의 대인관계 영향력 네트워크가 더 방대하며, 구체적인 영향력 행사는 물론 '내부정보(inside dope)' 역시도 대인접촉으로 발생하는 것일지도 모른다. 상황이 어떠하든 본서에서 살펴본 몇 가지 분야의 의견지도력 발휘에 미치는 미디어의 영향력과 대인관계 영향력 두 가지는 서로 다른 비율로 섞여 있으며, 현재까지의 분석결과들로는 그 이유를 단순히 추정하거나 향후 영향력의 흐름을 어떻게 연구해야 할지와 관련된 방향을 제안할 수 있을 뿐이다.

저자들이 마지막으로 한 가지 더 언급할 것이 있다. 앞서 제시된 결과에 따르면 영화관람 분야의 경우 의사결정을 내릴 때 중요한 영향력 발휘요인으로 영화를 꼽는 비율이 의견지도자들과 비의견지도자들에서 서로 다르지 않았다. 사실 이 결과는 저자들이 예상하지 못한 것이었다. 그러나 다른 분야들과의 일관성을 위해 저자들은 영화관람 분야의 경우 어떤 영화를 보러갈지에 대한 '결정'으로 영화관람 분야 의사결정을 국한시켰다. 다시 말해 영화관람 분야의 경우 의견지도자든 아니면 비의견지도자든 어떤 영화를 보러갈지에 대한 생각을 어떻게 얻었는지에 대해 질문을 들었을 뿐이며, 사람들이 영화를 통해 무엇을 얻고자 하는지에 대해서는 조사하지 않았다. 물론 이를 위해서는 영화와 관련된 대규모의 단독조사를 진행해야 할 것이다. 그러나 이러한 우려와 관련될 수 있는 본 연구의 데이터 분석결과 중 일부를 소개하고자 한다. 영화관람 분야 의견지도자들은 영화가 자신들의 삶에 유익하다고 말하는 비중이 높았다. 달리 표현하면, 영화관람 분야 의견지도자들은 비의견지도자들에 비해

영화에서 '보다 많은 것을 얻는다.'

예를 들어, "귀하께서는 관람하신 영화를 통해 의상이나 헤어스타일 등과 관련된 어떤 아이디어를 얻은 적이 있으셨나요?"라는 질문에 대해 의견지도자들은 나이나 교육수준과 상관없이 비의견지도자들에 비해 그렇다고 응답한 비율이 높게 나타났다. 이와 마찬가지로 "영화를 관람하는 것이 귀하께서 일상생활의 문제들을 처리하는 데 도움이 되나요?"라는 질문에 대해 의견지도자들은 비의견지도자들에 비해 '그렇다'는 응답비율이 높게 나타났다. 또한 "영화를 관람하는 것이 귀하의 인생에 대한 만족도를 높인다고 생각하시나요, 아니면 낮춘다고 생각하시나요?"라는 질문에 대해서도 만족도를 높인다는 대답이 비의견지도자들에 비해 의견지도자들에게서 더 높게 나타났다.

결과를 종합해보자. 14장에서는 의견지도자들의 미디어 노출량과 함께 미디어가 의견지도자의 의견과 의사결정에 미치는 영향력 등을 살펴보았다. 연구 결과 각 분야별로 의견지도자들은 비의견지도자들과 비교할 때 미디어를 다양한 방식으로 '이용'하는 것을 알 수 있었다.[12]

12 비록 의견지도자와 비의견지도자를 비교하지는 않았으나, 응답자들의 미디어 '이용' 방식에 대한 다른 사례로는 별첨D "사교성, 불안, 대중소설 소비지수"를 참조하라.

15장

# 영향력과 영향력 전파자 요약

의견지도자와 매스 미디어의 관계에 주목한 14장을 뺀다면 저자들은 거의 전적으로 개인 대 개인의 영향력 흐름에 집중했다. 저자들은 두 가지 기본적인 질문을 반복해 왔다.

첫 번째 질문은 "각 영향력 분야에서 의견지도자의 사회적 속성은 무엇인가?"였다. 이 질문에 답하기 위해 저자들은 일상소비, 패션, 공공이슈, 영화관람 분야 등에서 '전형적인(typical)' 의견지도자를 묘사하기 위해 생애주기, 사회적 지위, 사교성 측정치들을 도입했다. 더 정확히 말하면, 저자들은 의견지도자들이 어디에 밀집해 있는지 발견하고자 했다. 즉, 인구 집단 중 어떤 집단에 여러 의견지도자들이 집중되어 있는지 발견하고자 했다.

이러한 노력의 일환으로 저자들은 주어진 분야에 대한 **주제적 관심**(*subjective interest*)이 의견지도력의 '결정적 요인'이 되기 위해 충분히 중요한지를 조사했다. 특히 패션 분야와 공공이슈 분야에서 이 문제에 주목했다. 각 분야에 대한 관심도가 높은 사람들에게서 의견지도자의 밀집 현상이 나타나는 것을 발견할 때마다, 저자들은 여성응답자의 개인적 관심이 이 응답자를 의견지도자로 부상시키기에 충분한지, 아니면 해당 주제에 대한 응답자의 관심에도 불구하고 사회적 지위, 생애주기 지점, 사교성 등과 같은 요소들이 의견지도자의 결정요인으로 유지되는지 살펴보았다.

두 번째로 저자들은 영향력 흐름, 즉 조언을 구하는 사람들이 자신들의 의견지도자와 연결되는 방식에 대해 질문을 던졌다. 저자들은 이에 접근하는 두 가지 방법을 제안했으며, 각 접근의 한계 역시 지적한 바 있다. 먼저, 패션 분야에서는 다른 사회 집단의 구성원들에게 미치는 영향의 정도가 의견지도자 자신들의 집단에 기여하는 정도와 어떻게 대조되는지 추론적으로 측정하기 위해 '수출(export)' 지수 개념을 도입했다. 두 번째, 더 직접적인 접근 방식에서는 각 분야에서 영향력 전파자–수용자 쌍 각각에 대해 연령과 사회적 지위의 측면에서 탐색적 분석(tentative analysis)을 실시하였다. 저자들은 이를 통해 다양한 종류의 영향력이 두 사회적 위계구조(two societal hierarchies)를 경유하여 흐르는 '방향(direction)'이 어떠한지에 대한 통찰력을 얻고자 했다. 저자들은 영향력 전파자–수용자 쌍이 가족 내부에 존재하는 경우와 그렇지 않은 경우를 구분하였다. 또한 끝으로 공공이슈 분야에서는 본 연구를 고립된 영향력 전파자–영향력 수용자 쌍에서부터 세 개의 연결 고리로 확장하여, 원래 표본의 응답자와 응답자가 지명한 영향력 전파자들, 또 그 영향력 전파자들의 영향력 전파자들, 그리고 그 영향력 전파자들의 영향력 전파자들의 영향력 전파자들까지 포함했다. 이 모든 분석들에도 불구하고, 아직 저자들은 거의 아무 것도 하지 않은 셈이다.

15장에서는 저자들이 제기했던 질문들과 관련해 무엇을 발견했는지 요약하고, 또한 아직 전혀 다뤄지지 않은 한 가지 질문을 추가로 제기한 후 이에 대한 저자들의 생각을 밝히고자 한다. 추가로 제기할 질문은, 특정 분야에서 영향력을 발휘하는 의견지도자가 다른 분야에서도 의견지도자로 부상할 가능성이 있는지 여부다. 즉, 이 네 가지 분야에서 의견지도력이 어느 정도로 중복되어 나타나는지 확인하고자 한다.

## 의견지도자가 집중된 사회적 위치

저자들은 본 연구 초반부터 사회적 지위, 생애주기, 사교성 변수들이 의견지도력과 의미 있는 연관성을 보일 것이라고 예상했다. 각 변수를 통해 의견지도자를 찾아내고 이들을 분류할 수 있는 이름표(label)를 붙여 범주화하였다. 이를테면 저자들의 목표는 패션 분야의 의견지도자가 미혼 여성들이라는 결론을 내리는 게 아니라, 미혼 여성인 생애주기에 의견지도자가 집중되어 있다는 결론을 내리는 것이었다. 전자의 진술은 모호하다. 왜냐하면 대다수의 미혼 여성들이 패션 분야 의견지도자라는 의미일 수도 있고, 대부분의 패션 분야 의견지도자가 미혼 여성이라는 뜻도 될 수 있으며, 또는 미혼 여성들이 다른 여성들의 패션 분야 의견지도자라는 의미로 해석될 수도 있기 때문이다. 이 세 가지 진술문 각각은 경험적으로 사실일 수 있지만, 그럼에도 불구하고 본 연구의 데이터와 이 데이터의 한계를 고려할 때, 가장 조심스럽고 옳은 진술은 두 번째이다. 즉 생애주기 중 '미혼 여성'(35세 미만의 미혼 여성)이라고 불리는 위치에서 다른 생애주기 유형에서보다 패션 분야 의견지도자들이 집중되어 나타나는 것을 확인할 수 있었다.

생애주기의 각 단계, 수직적 사회적 지위구조의 각 단계, 사교성의 정도에 따라 여러 형태의 의견지도자들이 상이한 비율로 밀집되어 있다는 점을 발견했다. 다르게 표현하면, 영향력이 발휘되는 분야에 따라 이 세 가지 요소들이 다른 조합으로 작용한다. 예를 들어, 패션 분야 의견지도력은 생애주기 지점 및 사교성과 큰 연관성을 보이는 반면, 사회적 지위와는 관련성이 상대적으로 적은데, 공공이슈 분야 의견지도력은 주로 사회적 지위와 사교성과 관련이 있고, 생애주기 지점과는 연관성이 훨씬 적다. 후속 단락에서는 네 가지 분야에서의 영향력 흐름에서 세 가지 요소들의 상대적 중요성을 검토할 것이다.

이를 위해서는 어떤 요소들이 어떤 분야에 관련되어 있으며, 각 요소가 다른 요소에 비해 상대적으로 얼마나 중요한지 나타내는 지수가 필요하다. 즉 여성이 한 분야에서 지도력을 발휘하기 위해 생애주기 지점, 사교성 등이 얼마나 중요한지 보여주는 지수를 고안해야 한다. 또한 세 가지의 각 요소가 네 가지 영향력 분야 모두에 얼마나 중요한지도 살펴보고자 한다. 여기서 소개할 '중요도지수(index of importance)'라고 부르는 측정치는 이러한 조건을 충족한다.[1◆]

[표59]는 분석결과다. [표59]의 가로줄을 **가로질러** 보면, 세 가지 요소 각각의 네 분야별 상대적 중요성이 보고되어 있다. 예를 들어, 생애주기 지점은 일상소비 분야 의견지도력보다 패션 분야 의견지도력에 더 중요한 결정요인임을 알 수 있다. [표59]의 세로줄을 **내려가며** 보면 각 분야별로 세 가지 요인의 상대적 중요성을 비교할 수 있다. 예를 들어, 사교성과 사회적 지위 중 패션 분야 의견지도력에 더 중요한 요소가 무엇인지 보여준다.

---

**1** 이 지수는 하버드 대학교 사회관계학과의 모스텔러 교수(F. Mosteller)에 의해 고안되었다. 이에 대한 수학적 설명은 부록 D에 제시되어 있다.

◆ 프레드릭 모스텔러(Frederic Mosteller, 1916-2006)는 20세기의 위대한 통계학자다. 소셜네트워크 분석(SNA, social network analysis)의 기초를 형성하는 데 큰 공헌을 하였다. 또한 미국 건국의 철학적 기초를 닦은 《페더럴리스트 페이퍼(*Federalist Papers*)》의 익명 저자가 누구인지를 텍스트 분석을 통해 추정한 연구도 유명하다. 저자주에는 모스텔러를 사회관계학과(Department of Social Relations)로 언급했는데, 이 학과는 본서에서도 여러 차례 언급된 사회관계측정(Sociometry) 기법의 본산지이기도 하다. 사회 네트워크 분석기법의 권위자인 스탠리 와서맨(Stanley Wasserman)은 모스텔러의 지도제자이기도 하다.

[표59] 다양한 의견지도력 분야에 대한 생애주기 유형, 사교성, 사회적 지위 요인별 '중요도지수'

| | 일상소비 분야 | 패션 분야 | 공공이슈 분야 | 영화관람 분야 |
|---|---|---|---|---|
| 생애주기 | .203 | .267 | .089 | .326 |
| 사교성 | .176 | .126 | .184 | .080 |
| 사회적 지위 | .055 | .113 | .161 | .040 |

0의 값을 갖는 지수는 특정 분야에서 특정 요인(예를 들어 생애주기)과 의견지도력이 무관하다는 것을 의미한다. 1의 값을 갖는 지수는 특정 분야에서 특정 요인이 의견지도력을 완벽하게 설명한다는 것을 의미한다. 그러나 지수값은 절대치로 해석되는 것보다 상대치로 해석되는 것이 맞다. 지수에 대한 상세한 설명은 별첨D를 참조하라.

네 개 분야 중 세 개에서는 생애주기 지점이 의견지도력의 가장 중요한 핵심 요소였다. 영화관람 분야의 경우 생애주기가 유일하게 설명력이 있는 요소였다. 공공이슈 분야의 경우 생애주기의 중요도가 가장 낮았으나, 공공이슈 분야에서조차 그 중요도가 없다고 볼 수는 없다.

사교성은 세 개 분야에서 생애주기 지점에 비해서는 중요성이 다소 낮았다. 사교성은 공공이슈 분야에서 가장 중요한 요소였으며, 일상소비 분야에서는 꽤 중요하고, 패션 분야 의견지도력에서는 생애주기 지점보다 중요성이 확연히 낮았다.[2] 영화관람 분야에서만 영화관람 자체가 일종의 사교적인 활동이기에 (본 연구의 사교성 지수에서는 제외되었지만) 저자들이 구상한 친구관계와 사회적 관계망 범위의 측정이 거의 적용 불가한 것으로 판명되었다.

사회적 지위는 세 가지 요소 중 가장 낮은 중요성을 갖는 요소인 것으로 확연히 드러났으며, 이는 매우 흥미로운 발견이었다. 일상소비 분야와 영화관람 분야에서 사회적 지위의 역할은 거의 무시할 수 있는 수준이었으며, 패션 분야에서는 다른 요소들과 대비했을 때 다소 중요하지만 여전히 전체적인 영향력은 작았다. 사회적 지위는 오직 공공이슈 분야 의견지도력 집중도를 설명해주는 주요인이었다.

---

**2** 패션 분야에서 사교성의 중요도가 낮은 이유는, 부분적으로는 미혼 여성들이 패션 분야 의견지도자일 가능성이 높은 편이었으나 동시에 사교성이 높지 않고 중간 정도였기 때문이다.

이는 본서를 시작할 때 저자들이 제시한 가설을 뒷받침한다.[3] 저자들은 특정 분야에 참여하는 구성원이 속한 어느 집단이든지 해당 분야와 관련된 문제에서 타인에게 영향력을 행사하는 의견지도자가 배출될 것으로 기대했다. 일반적인 통념으로는 의견지도력은 높은 지위와 동일시되며 영향력의 흐름이 지위나 위신 수준이 높은 사람에게서 낮은 사람에게로 흐르는 **수직적** 과정이라고 믿어왔다. 여기서 일상적 영향력에 대한 실제 연구를 통해 이와 같은 수직적인 영향력의 흐름이 전체 이야기가 아니라는 것이 명백하게 드러났다. 대인 간 영향력 전달과정을 다루는 모든 이론들은 사회적·경제적 구조의 각 계층 내부, 그리고 공동체 전반에서 의견지도자가 부상하는 **수평적** 의견지도력을 포함하도록 바뀌어야 할 것이다. 본 연구에서 나타난 이 이론에 따르면 의견지도자는 다양한 생애주기 유형에서 다양한 방식으로 집중되어 나타나며, 모든 지위수준에 거의 균등한 수준으로 관찰되고, 각 집단내에서 전반적으로 더 사교적인 사람들에게 집중된다.

이러한 패턴 내의 차이는 (저자들이 계속 말해왔듯이) 훨씬 더 많은 추가 연구를 요구한다. 하지만 기본적으로, 이론은 꽤 명확해 보인다. [표59]에서 알 수 있듯이 공공이슈 분야를 제외하면 사회적 지위가 높은 사람이라고 해서 저자들이 주목했던 대면 영향력 상황에서의 의견지도력이 자동적으로 높은 비율로 나타나지는 않았다. 비공식적 설득, 동료들과의 대인접촉 영향력이 발휘되는 일상소비, 패션, 영화관람 분야에서 의견지도자의 '권력(power)'은 부나 높은 사회적 지위가 아닌 또래와의 일상적이고 평범한 접촉에서 비롯되는 것이다.

## 지도력 결정요인 주제적 관심

본서에서 살펴본 유형의 영향력은 어쩌면 어떤 뛰어난 능력이나 위대한 지도력을 필요로 하지 않을 것이다. 사실 사람들이 언급한 분야들 중 하나에 충분히 관심을 갖는 사람이나, 또는 그 분야에 적극적으로 참여하는 사람에게 자문을 구할 것이라고 예상하는 것은 지극히 타당하다. 이는 특정 분야에 대한 관심이 해당 분야에서의 의견지도력으로 이어지기에 충분하다는 것을 시사한다. 본 연구결과를 분석하는 과정 중

---

**3** 본서 278쪽

여러 차례에 걸쳐 이 가설은 지지되는 것 같았다. 패션 분야와 공공이슈 분야에서 의견지도자들은 비지도자들보다 해당 분야에 더 관심이 높았고,[4] 더 나아가 각 분야 의견지도자들은 관심도가 높은 그 지점에서 더욱 집중된 형태로 나타났다. 예를 들어, 패션 분야 의견지도자들은 미혼 여성들 사이에 집중되어 나타났는데 미혼 여성들이 패션 분야에 가장 관심이 높다는 것도 나타났다. 사회적 지위가 높은 사람들 중에서 공공이슈 분야의 의견지도자가 집중되어 발생할 가능성이 높다는 점을 발견했을 때, 이들이 사회적 지위가 높은 동시에 공공이슈 분야에 대해 더 잘 알고 있다는 사실도 확인되었다. 이들 각각의 경우에 대해 저자들은 다음과 같은 질문을 제기해보았다. 각 분야 의견지도자들은 단지 더 많은 관심을 가진 사람들일 뿐이며 생애주기 지점을 비롯한 다른 요소들은 단지 분야에 대한 관심수준을 통해서만 의견지도력과 관련된 것은 아닐까?

저자들은 이러한 의구심이 사실이 아니라는 점을 일관되게 확인했다. 관심도를 '통제'해도, 다시 말해 다른 사회적 지위 단계, 또는 다른 생애주기 지점, 또는 다른 사교성 정도를 갖고 있지만 **동일한 정도의 관심도**를 보이는 사람들을 비교함으로써 '주관적'인 관심도 요인을 고려해도 이 '객관적'인 요인들의 효과가 사라지지 않았다. 즉, 패션 관심도가 높은 미혼 여성들을 동일한 수준의 패션 관심도를 보이는 다른 생애주기 지점에 속한 여성과 비교하더라도 미혼 여성들이 확연히 더 높은 수준의 의견지도력 비율을 보였다. 이는 여성의 생애주기 지점, 사회적 지위 위치, 사회관계망의 양과 같은 객관적 지수는 그녀가 어떤 분야에 대해 관심도를 보이든 여전히 해당 분야 의견지도자가 되는 데 큰 영향을 미친다는 것을 시사한다.

하지만 이것은 의견지도력이 관심도와 무관하다는 것을 의미하지는 않는다. 오히려 관심도는 의견지도력을 직접적으로 **부여**하지는 않을지 몰라도 이 둘은 매우 강하게 연관되어 있다. 이 관계는 생각보다 훨씬 더 복잡하다. 첫째, 의견지도자들 가운데 높은 관심도를 보이는 사람들이 비지도자들에 비해 많다는 점은 거듭 강조되어야 한다. 그러나 중요한 점은, 둘째, 어떤 분야에 대해 높은 관심도를 갖는 사람은 마찬가지로 높은 관심도를 보이는 다른 사람들과 관계를 맺을 때 의견지도력이 발휘되는 것을 볼 수 있다는 것이다.

예를 들어, 패션 분야에 대한 논의에서 저자들은 높은 관심도를 보이는 미혼 여

---

**4** 공공이슈 분야에서 저자들은 관심도를 '정보량'으로 측정했다.

성들이 중년 부인들보다 패션 분야 의견지도자가 될 가능성이 높은 이유는 미혼 여성들이 중년 부인들보다 조언을 원하는 사람들을 만날 가능성이 확연히 더 높기 때문이라는 해석을 제기한 바 있다. 저자들은 중년 부인의 지도력에 대한 선유경향(즉 중년 부인의 높은 관심도로 인한 선유경향)은 그녀가 조언을 구할 수 있는 또래의 다른 중년 부인이 적기 때문에 활성화되지 않았다고 주장했다. 이러한 저자들의 주장은 두 가지를 의미한다. 첫째, 중년 부인들은 다른 중년 부인들과 (그리고 미혼 여성들은 다른 미혼 여성들과) 유대를 맺고 있다는 사실, 둘째, 패션 분야에서 영향력 교환은 동일한 생애주기 또래들 사이에서 이뤄진다는 사실이다. 본 연구의 영향력 흐름 데이터는 이러한 저자들의 추정을 뒷받침하는 것처럼 보인다. 사람들은 자기 자신과 매우 비슷한 사람들에 의해 패션 분야와 관련된 영향을 받는 경향이 있다.

그렇다면 의견지도력은 어떤 사람이 단지 남들보다 더 많은 관심을 갖는 것의 문제가 아니라, 이 사람이 관심을 가질 때 다른 사람들도 관심을 가지는지 여부에 달려 있다. 따라서 미혼 여성들 사이의 더 높은 패션 관심도 비율은 분명히 강한 의견지도력을 낳을 것이며, 의견지도자들은 그들이 영향을 미치는 사람들보다 어느 정도 더 큰 관심을 갖게 될 것이고, 어쩌면 또 다른 방식으로 의견지도자로서의 '자격'을 더 갖추게 될 것이다. 정리하자면, 영향력의 흐름은 관심도가 높은 사람들로부터 전혀 관심이 없는 사람들에게 흐른다기보다 관심도가 높은 사람들로부터 관심도가 유사하거나 살짝 더 낮은 사람들에게로 향한다고 추론하는 것이 타당해 보인다.[5] 요컨대 공유된 관심이 곧 커뮤니케이션의 흐름이 이루어지는 채널로 기능하는 것으로 보인다.[6]

---

**5** 이는 의견지도력에 대한 후속 연구의 기본 요점이다. '코스모폴리탄(cosmopolitan)'이거나 '높은 관심을 가진'다거나, '매우 사교적'인 의견지도자들이 영향을 미치는 대상은 의견지도자들에 비해 국지적이거나, 관심이 낮거나, 사교성이 낮을 것이라는 암묵적인 가정이 타당하지 않을 수 있음을 암시한다. 저자들이 관심을 갖는 일상적 종류의 영향력에서는 최소한 의견지도자들이 자기 자신의 집단에 속하는 여성—그들과 매우 비슷한—에게 영향을 미친다는 가정이 훨씬 더 그럴 듯하다. 따라서 먼저 영향력 교환이 발생하는 종류의 집단을 먼저 찾아내는 게 중요하다. 그다음 이 사람이 의견지도자들이 영향을 미치는 가까운 사람들과 어떻게 다른지 밝혀야 한다.

**6** 이 아이디어는 앞서 Part 1의 6장에서 고려된 바 있다. 저자들은 알포트와 포스트먼(Allport and Postman, 1947), 그리고 페스팅거, 샤크터, 백(Festinger, Schachter, and Back, 1950) 등을 인용하였다.

## 영향력 흐름: 재검토

저자들은 두 가지 다른 접근법으로 영향력 흐름에 대해 조사했다(영향력의 흐름은 본서에서 체계적으로 살펴보고자 했던 두 번째 문제였다). 한 가지 접근은 다음과 같이 구성한 '수출(export)' 지수를 이용한 것이었다. 여성들이 생애주기 집단과 사회적 지위 집단의 또래 모두와 접촉한다고 가정해보자. 또한 각 생애주기, 그리고 각 사회적 지위 집단은 자기 집단내부의 의견지도력을 제일 먼저 요청할 수 있다고 가정하자. 즉 미혼 여성들은 기혼 여성들에게 영향을 미치기 전에 다른 미혼 여성들에게 '우선적으로' 영향을 미친다. 이러한 가정을 염두에 두고 패션 분야에서 전체 표본을 기준으로 패션 분야 의견지도력 대 패션 분야 관심도의 비율을 계산한 후, 이를 지도력 대 관심도의 '평균' 비율로 간주해보자.

저자들은 각 생애주기 및 각 사회적 지위 집단의 의견지도력 대 관심도 비율을 이 '평균' 비율과 비교했다. '평균' 비율과 차이가 나는 집단의 비율은 그 특정 집단내 의견지도자의 비율이 관심도 대비 얼마나 크거나 작은지를 반영한다. 저자들은 의견지도력 비율이 관심도를 초과하는 경우, 집단내 의견지도력에 대한 요구가 충족되었으며 아울러 '과잉' 의견지도력이 집단내 자체공급이 부족한 다른 집단에 '수출'되었다고 해석했다. 요약하면, 본 연구의 공식에 의하면 의견지도력은 집단내 수요(특정 주제에 대한 집단 관심도의 현저성으로 측정)와 집단외 수요(타집단에서 느끼는 영향력의 출처로서 해당 집단의 매력을 반영)로 이루어져 있다는 것이다.

저자들은 패션 분야에서 몇몇 생애주기 유형 중 미혼 여성들이 가장 '수출'을 많이 하는 집단인 반면 대가족 부인들은 집단내 수요를 충족하지 못할 정도로 집단내 의견지도력이 낮다는 것을 발견했다. 사회적 지위 집단 중에는 '수출'이 거의 없었으나, 집단 대비 지도력이 많은 집단은 사회적 지위가 중간 수준인 집단이었다. 높은 사회적 지위와 낮은 사회적 지위 집단은 자기집단의 관심도 수준을 충족할 만한 지도력을 갖고 있지 않았다.

그러나 영향력의 흐름에 집중한 저자들의 주요 연구 관심사는 누가 누구에게 영향을 끼치는지였다. 여기서 영향을 끼치는 '주체(who)'와 영향을 받는 '대상(whom)'은 연령, 성별, 사회적 지위와 같은 특성과 구체적인 관계로 연결된 특정 개인들(가족, 친구, 직장동료 등)이어야 했다. 저자들은 여러 가지 이유로 이러한 발견을 결정적인 것으로 여기기보다 제안으로 취급해야 한다고 여러 차례 경고한 바 있다. 다음 단락들에서는 '설문조사 기반 사회관계 측정(survey sociometry)' 데이터 분석을 통해 매우 조심스럽게 그러나 지적으로 도전적인 몇몇 소결론들을 제시할 것이다.

우선 연령 집단 사이의 영향력 흐름을 먼저 고려해보자. 위에서처럼 같은 가족 내 구성원 두 명 사이의 영향력 교환과 가족 외 영향력 교환을 구별하자. 가족 내에서 가장 먼저 주목해야 할 것은 영향력 전파자와 영향력 수용자의 나이 차이다. 또래일 가능성이 훨씬 높은 가족 외 영향력 교환과 달리, 가족 내 영향력 교환은 다른 연령 집단의 구성원들 간에 발생하는 경향이 있다. 물론 이는 충분히 예상될 법한 발견이다. 왜냐하면 직계 가족은 서로 다른 연령대의 개인들로 구성되어 있기 때문이다. 패션 분야에서 가족 내 영향력은 나이 든 사람으로부터 젊은 사람에게 전달되기보다 반대로 젊은 사람에서부터 나이 든 사람에게 전달되는 경향이 있었다. 공공이슈 분야에서는 당연히 그 반대 패턴이 더욱 확연히 드러났다. 더구나 공공이슈 분야에서는 남성이 여성에게 영향을 미친다는 게 확실했다. 일상소비 분야에서는 두 가지 유형의 가족 내 영향력 흐름을 구분할 수 있었다. 일용품 소비에 관한 한, 즉 가정용품 전 범위에 대한 조언을 구하는 경우 가족 내 또래나 유사한 나이인 친척 사이에서 영향력을 주고받았지만, 동일 가구 구성원 사이에서는 영향력 교환이 없었다. 그러나 커피와 시리얼과 같이 문화적으로 특정 가구원이 소비를 주도하는 상품의 경우 남편과 자녀들이 상당한 영향력을 행사하는 것으로 보였다. 저자들의 해석이 정확하다면, 영화관람의 분야에서 가족 내 영향은 또래 사이에 이루어지는 경향이 있으며(주로 남편과 아내 사이의 교환일 것으로 추론된다), 젊은 사람들은 가족 바깥에서 영화관람 동반자를 구하고, 영화 조언을 구하는 경향을 보인다. 그러나 영화 분야 '전문가'를 찾는 경우, 모든 여성들은 미혼 여성에게 조언을 구하며 이는 가족 내에서나 가족 외에서도 동일하게 나타날 것이다.

가족 외 연령 집단들 사이의 영향력 흐름에 관한 한, 다음과 같은 경우가 있을 것 같다. 일상소비 분야에서 다른 연령 경계선을 넘나드는 영향력 교환이 가장 많고 이러한 영향력 교환은 패션 분야에서도 꽤 빈번하게 나타난다. 그러나 일상소비 분야에서는 나이 든 여성에서 젊은 여성으로의 흐름이 명확히 드러나는 반면 패션 분야에서는 그 어떤 규칙도 찾기 어려웠다('수출' 데이터에서 젊은 층에서 나이 든 층으로의 흐름이 내포되어 있고 가족 **내** 교환에서도 드러나기는 한다). 공공이슈 분야와 영화관람 분야에서는 영향력 전파자와 영향력 수용자 사이의 연령 동질성의 근거가 훨씬 더 강하게 확인된다. 공공이슈 분야에서 연령 경계선을 넘는 흐름은 나이 든 사람으로부터 젊은 사람에게로 향한다. 영화관람 분야에서는 앞서 말했듯, 아래에서 위로 향하는 흐름에 대해서는 약한 증거만이 있지만, 이는 영화 분야 '전문가'를 찾는 경우 매우 명백하게 나타난다.

이제 사회적 지위 집단 간의 영향력의 흐름에 주목해보면, 동일 가족 내에서는 영향력 전파자와 영향력 수용자가 같은 사회적 지위를 공유할 가능성이 높기 때문에 저자들은 가족 외 영향력 교환에 집중했다. 일상소비 분야에서의 영향력 교환은 가장 적은 연령 동질성을 보였지만, 다른 세 가지 분야 대비 가장 큰 지위 동질성을 보였다. 추적 인터뷰를 실시한 영향력 교환 사례 10건 중 약 7건은 동일한 사회적 지위를 가진 사람들 쌍에서 나타났다. 패션 분야에서는 10건 중 6건이 같은 사회적 지위를 공유하여 일상소비 분야에 비해 경향성이 다소 낮았으나, 공공이슈 분야의 경우 훨씬 더 낮은 경향을 보였다(가족 외 영향력 쌍 중 46%만이 또래였다). 지위 경계선을 넘나든 영향력의 경우, 일상소비 분야에서는 명백한 방향성을 찾지 못했다. 즉 수직적인 사회적 지위 구조에서 하향적으로 주어지는 조언은 상향적 조언보다 더 많은 것 같지 않았다. 패션 분야에서는 하향적 흐름의 약한 증거가 나타났다. 주로 사회적 지위가 중간 수준인 여성으로부터 낮은 사회적 지위의 여성에게로 영향력이 흐르는 것으로 나타났다. 공공이슈 분야에서는 (구체적인 사례를 보았을 때, 가족 외 영향력이 제일 덜 중요한 분야이었지만) 더 뚜렷한 하향 흐름을 발견했다. 그리고 공공이슈 '전문가'를 찾는 경우에는(이들 전문가들은 가족 외부에 존재할 가능성이 더 컸다) 종종 구체적인 영향력 전파자보다도 더 높은 사회적 지위에 속하는 경우가 많았다. 각 공공이슈 '전문가' 집단은 또 다른 더 높은 사회적 지위의 공공이슈 '전문가'들을 지명하는 경향이 있었다.

## 의견지도자 프로필

이러한 영향력 흐름 데이터와 의견지도자의 집중도 데이터를 결합하면 다음과 같은 사실들을 추론할 수 있다.

**일상소비 분야 의견지도자들**은 비교적 대가족 기혼 여성들이었다. 이들은 사교성이 높은 편이지만, 특정한 사회적 지위수준에서 밀집되어 있지 않으며, 전 사회적 지위 단계에 상당히 고르게 퍼져 있었다. 이 분야에서의 영향력 흐름은 모든 분야에서와 마찬가지로 각 사회적 지위 단계 내에 머무르는 경향이 있었다. 하지만 지위 경계선을 넘는 경우, 흐름의 방향이 아래에서 위로 흐르기보다 위에서 아래로 더 많이 흐른다는 것을 나타내는 증거는 없었다. 연령 수준 사이의 흐름에 관해서는, 적어도 성인들 사이에서는 젊은 사람들이 나이 든 사람들에게 영향력을 행사하는 것보다 나이 든 사람들이 그들보다 나이가 어린 사람들에게 더 자주 영향을 미치는 것으로 나타났다. 남편이나 자녀가 주로 소비하는 구체적 제품의 경우에만 직계 가족의 영향력이 두드러졌다.

**패션 분야 의견지도자들**은 젊은 여성들 사이에, 그리고 사교성이 높은 젊은 여성들 사이에 집중되어 있었다. 사회적 지위수준은 여성이 이 분야에서 지도력을 발휘하는 데에 유리한 출발을 제공하지만, 중요한 요소는 아니었다. 패션 분야 영향력은 어느 정도까지는 수직적 사회적 지위 구조에서 하향적으로 전달되며, 연령 집단 사이에는 상향적으로 흐른다는 아주 미미한 근거가 있었다. 패션 분야의 경우, 전반적으로는 여성들이 자신들과 매우 비슷한 다른 여성들에게 영향을 미치는 것으로 보인다. 특히 사회적 지위가 가장 낮지는 않으며, 젊고 사교적인 여성들의 집단에서 영향력 교환이 많이 이루어진다. 본 연구의 데이터로 판단하건대, 일상소비 분야 영향력은 가족 구성원들 사이에서는 매우 특정한 사안에 관해서만 주고받는 반면, 가족 내 패션 분야 영향력 흐름은 보다 일상적인 것으로 보인다. 그러나 남성 영향력 전파자는 사실상 일상소비 분야와 패션 분야 모두에서 존재하지 않는다.

지위수준이 상당한 비중을 차지하는 분야는 **공공이슈** 분야다. 여기서는 높은 지위 여성들이 다른 지위의 여성들보다 더 큰 영향력을 발휘할 가능성이 훨씬 높다. 게다가 이 분야에서의 영향력 흐름은 사회적 지위 경계를 넘어, 높은 사회적 지위에서부터 낮은 사회적 지위로 이동한다는 것을 암시하는 증거가 있다. 마찬가지로, 공공이슈 분야 영향력이 연령 경계선을 넘을 때, 젊은 여성들 사이에서 공공이슈 지도력이 약간 더 큰 비율로 나타남에도 불구하고, 나이 든 사람들이 자신보다 젊은 사람들에게 영향을 미친다는 근거가 강하게 나타났다. 다른 분야에서와 마찬가지로 사교성은 공공이슈 분야 의견지도력에서도 역할을 한다. 이 분야에서 가장 두드러진 것은 남편과 아버지의 지배적인 역할이다.

**영화관람** 분야에서는 패션 분야와 마찬가지로 의견지도력이 미혼 여성들에게 밀집되어 있었다. 영향력 흐름 분석결과 영화 관련 분야의 영향력이 '전문가'인 젊은 여성으로부터 나이가 많은 여성으로 이동하는 경향이 뚜렷하다는 것을 보여준다. 영화관람의 본질적인 사회적 속성으로 인해 저자들이 사교성 점수를 이 분야에 적용할 수 없게 만든다. 그리고 영화관람 분야 영향력 흐름에는 사회적 지위 또한 전혀 역할을 하지 않았다.

## 다중분야 의견지도력

지금까지 저자들은 일상소비 분야 의견지도자, 패션 분야 의견지도자 등에 대해 논의했다. 3부를 마무리하기 전에 보다 일반적인 질문을 던지고 싶다. **전반적 의견지도자**(*general leader*) 유형이 존재하는가? 즉, 여성이 의견지도력을 발휘하는 성향이 이 여성의 성격이나 사회적 특성들의 특정한 조합(constellation)으로 발휘되는가? 아울러 이러한 여성들은 삶의 어떤 분야에서든 상대적으로 높은 의견지도력 잠재성을 보이는가? 요컨대 본서에서 살펴본 여러 분야의 의견지도자들은 언제나 같은 사람들을 반복하여 살펴본 것일까?

다소 과장해 표현하자면, 전반적 의견지도자 유형 가설을 뒷받침하는 가정은 다음과 같다. 1) 의견지도력에는 일반적으로 어떤 특성이나 속성이 요구된다. 2) 어떤 집단이나 어떤 상황에서든, 이러한 의견지도력의 특성을 가장 강한 정도로 구현한 사람들이 의견지도자로 부상할 것이다. 만약 이 가정들이 타당하다면 다음이 사실일 것이다. 즉 어느 한 분야에서든 의견지도자로 판명된 사람들은 다른 분야에서 의견지도자가 될 가능성이 다른 사람들보다 더 높아야 한다. 왜냐하면 어느 한 분야에서 의견지도자가 된다는 것은 다른 분야에서 의견지도자가 되는 데 필요한 특징이나 특성을 가지고 있다는 것을 의미하기 때문이다. 저자들은 이 가정에 다소 회의적이지만, 이러한 추정이 타당한지 살펴보고자 한다. [표60]은 세 가지 분야 모두에서 의견지도자인 여성들, 다양한 분야들의 쌍에서 의견지도자인 여성들, 한 분야에서만 의견지도자인 여성들, 또는 어느 분야에서도 의견지도자가 아닌 여성들의 비율을 기록하고 있다.[7]

---

**7** 여기서는 일상소비 분야, 패션 분야, 공공이슈 분야만 다룰 것이다. 왜냐하면 영화관람 분야에서의 의견지도력은, 앞서 보고한 바와 같이 특수한 하위 표본을 포함하기 때문에 여기에서 살펴보는 것은 논의에 도움이 되기보다 도리어 논의를 힘들게 만들기 때문이다.

[표60] 표본 내 다중 의견지도자, 단일 의견지도자, 비의견지도자 분포

| | | 비율 |
|---|---|---|
| 3개 분야 의견지도자 | | 3.1% |
| 2개 분야 의견지도자 | | |
| 패션 분야, 일상소비 분야 | 5.1 | |
| 패션 분야, 공공이슈 분야 | 2.4 | |
| 일상소비 분야, 공공이슈 분야 | 2.8 | |
| | | 10.3 |
| 단일 분야 의견지도자 | | |
| 패션 분야 | 12.0 | |
| 일상소비 분야 | 12.4 | |
| 공공이슈 분야 | 3.0 | |
| | | 27.4 |
| 비의견지도자 | | 59.2 |
| 총합(=100%) | | (704) |

표본 내 여성응답자들 중 41%는 적어도 하나의 분야에서 의견지도자이다. 이 중 거의 2/3는 단 한 분야에서, 1/4은 두 분야에서 의견지도자이고, 3개 분야 모두에서 의견지도자인 여성은 1/10도 안 된다. 총체적인 관점에서 볼 때 중복되는 의견지도력은 드문 경우로 보인다. 그러나 이러한 분야의 의견지도력이 상호독립적이라는 추론은 어떤 기준을 근거로 하지 않고서는 단언할 수 없다. 즉 데이터에서 나타난 의견지도력이 겹치는 빈도가 낮아 보이더라도, 그럼에도 불구하고 [표60]의 결과는 통계적으로 유의미할 수 있다.

간단한 통계분석을 사용하여 표본에서 겹치는 지도력이 우연한 결과로 예상되는 중복보다 얼마나 큰지 검증할 수 있다.[8] 저자들은 다음 표에서 우연으로부터 야기될 것으로 예상되는 가상적 중복빈도를 계산하고, 세 가지 활동들을 각각 쌍별로 구

8 두 사건이 우연히 동시 발생할 가능성은 각 사건이 따로 발생할 가능성의 곱과 같다. 따라서 둘 또는 그 이상의 분야에서의 의견지도자 비율을 곱함으로써 우연만으로 중복 지도력이 발생할 정도를 계산할 수 있다. 예를 들어, 만약에 한 분야에서 전체 여성의 10%가 의견지도자이고, 20%가 다른 분야에서 의견지도자라고 치자. 그리고 만일 이 두 분야의 의견지도력이 상호 독립적이라면—즉, 관찰된 중복은 우연만으로 설명된다면— 양측 분야 모두에서 의견지도자인 여성의 비율은 2%(.10 곱하기 0.20)가 될 것이다.

분한 후 가상적 중복빈도와 실제 중복빈도를 계산하여 세 가지 활동을 모두 통합한 것과 어떻게 중복되는지 비교하였다. 만일 실제 중복빈도가 가상적 중복빈도보다 유의하게 크다면 전반적 의견지도력 요인이 작용하고 있다는 결론을 내리는 게 타당할 것이다. 반면 만약 실제 중복빈도가 가상적 중복빈도보다 유의하게 크지 않다면, 이 결과는 우연으로 인해 나온 것으로 보는 것이 타당하다. 따라서 [표61]의 결과는 한 분야의 의견지도자가 다른 분야에서의 의견지도자로 부상할 가능성이 높다는 가설을 지지하지 않음을 의미한다.

[표61] 관측된 의견지도력 중복빈도와 우연만 고려할 때 기대되는 가상적 중복빈도 비교

| | 관측된 의견지도력 중복빈도 비율 | 가상적 의견지도력 중복빈도 비율 |
|---|---|---|
| 세 분야에서 의견지도력 발휘 | 3.1% | .6% |
| 패션 분야, 일상소비 분야에서 의견지도력 발휘 | 5.1 | 5.3 |
| 패션 분야, 공공이슈 분야에서 의견지도력 발휘 | 2.4 | 2.6 |
| 일상소비 분야, 공공이슈 분야에서 의견지도력 발휘 | 2.8 | 2.7 |
| 총합(=100%) | (704) | (704) |

두 분야에서 모두 의견지도력을 발휘하는 경우, 관찰된 의견지도력 중복빈도 비율과 가상적 의견지도력 중복빈도 비율 사이에는 유의미한 차이가 없었다. 한 분야에서 의견지도자라는 사실은 다른 분야에서 의견지도자가 될 가능성과는 별 관계가 없었다. 오직 세 분야에서 의견지도자인 여성들만이 유의미한 차이를 보였다. 세 분야에서 의견지도자인 경우 관측된 의견지도력 중복빈도 비율은 우연으로 기대되는 것보다 약 5배 더 컸다. 따라서 저자들은 세 분야 모두의 의견지도자들에게서만 전반적 지도력 유형 가설에 대한 확증을 찾을 수 있었다. 그러나 세 분야 모두의 의견지도자 비율은 너무 낮기 때문에 이 결과에 대해 어떠한 실질적인 결론도 내리기 어렵다. 왜냐하면 전반적 의견지도력 요소보다 응답자의 심리적 과장이라는 어떤 요인이 작용했을 가능성이 있기 때문이다. 이 3%가 전반적 의견지도자인지, 아니면 상대적으로 작은 허위로 자기지명한 의견지도자들의 비율에 속하는지 본 연구의 데이터로는 확인할 수 없다. 그러나 대체로 전반적 의견지도자 가설은 본 연구에서 그다지 지지되지 않았다. 그 어떤 두 가지 분야의 쌍도 그다지 중복되지 않았다. 즉 각 분야에는 각각의 의견지도자 집단이 있는 것으로 보인다.

# 4부

# 기술적 분석내용 별첨자료 및 연구과정에 대한 보충설명

별첨 A

# 연구대상 도시 선택

조사연구비로 감당할 수 있는 인터뷰 대상자 규모를 기반으로 연구를 진행하기에 적당한 규모의 도시를 선정하였다. 대략 20개 가구마다 1명 미만의 비율로 인터뷰 대상자를 유지할 때, 이 비율을 기반으로 800명으로 구성된 표본을 모집한다면 총인구가 약 6만 명인 도시를 선정해야 했다. 또한 선정대상이 되는 도시는 미국 중서부 지역으로 한정했다. 왜냐하면 가장 지역적 특성이 약한 도시가 중서부 지역의 도시들이었기 때문이다. 총인구수가 약 6만 명인 중서부 지역의 도시들 중에서 가장 '전형적인(typical)' 도시를 선정하는 것이 저자들이 당면한 문제였다. 별첨A에서는 도시의 특징을 살펴보기 위한 절차들을 소개한 후, 각 절차별 평가결과들을 제시하였다.

## 1. 연구도시 선정절차

1. 중서부 지역에 위치한 7개 주[州, state; 오하이오(Ohio), 미시건(Michigan), 인디애나(Indiana), 일리노이(Illinois), 위스콘신(Wisconsin), 아이오와(Iowa), 캔자스(Kansas)]의 모든 도시들 중 총인구수가 5만에서 8만가량인 도시들을 선별하였다. 총인구수는 도시의 지역범위 혹은 대도심권역(metropolitan area)에 거주하는 인구를 기준으로 하였다. 이 기준을 충족한 도시들은 총 28개였다.

2. 선택된 28개의 도시들 중에서 교외(suburban) 지역 혹은 준교외(near-suburban) 지역의 마을들을 배제하였다(즉, 대도시에 해당될 경우만 연구대상 도시에 포함시켰다).

3. 위의 과정을 통해 최종 연구대상 도시로 총 18개 도시들을 선정하였다. 이렇게 선정된 도시들을 대상으로 본 연구의 맥락에 맞는 36개 사회지수 데이터를 수집하였다. 분석에 포함된 도시들의 사회지수들을 몇 개의 넓은 범주들로 묶은 후, 각 범주에 속하는 지수들과 그 출처를 제시하면 다음과 같다.

### 각 도시의 인구구성

성별: 총인구 중 여성비율(1940년도 인구총조사)

연령: 총인구 중 21세 이상 성인비율(1940년도 인구총조사)

출생: 총인구 중 미국에서 출생한 백인비율(1940년도 인구총조사)

### 경제적 지위

생활수준(Standard of Living): 일인당 총소득 대비 차량보유비율, 전화보유비율, 소득세 납부금액[어번 마켓스 앤 리테일 세일즈(Urban Markets and Retail Sales), 1938]

구매소득(Buying Income): 전미 일인당 소득 대비 총소득비율[세일즈 매니지먼트(Sales Management), 1943]

소매판매(Retail Sales): 1942년 기준 전미 소매판매 점유비율[세일즈 매니지먼트(Sales Management), 1943]

직업: 전체 인구 중 14세 이상 전문직, 준-전문직(semi-professional), 등록사업자 직업 비율(1940년 인구총조사)

### 산업구조

제조시설(Manufacturing Establishments): 인구 1,000명당 5,000달러 이상 제품을 생산하는 제조시설의 수(1939년 제조업자 인구총조사)

소매시설(Retail Establishments): 인구 1,000명당 개인 혹은 가구소비 물품을 판매하거나 물품판매에 소요되는 서비스를 제공하는 시설의 수(1939년 제조업자 인구총조사)

서비스시설(Service Establishments): 인구 1,000명당 판매서비스를 주로 제공하는 시설의 수(1939년 제조업자 인구총조사)

### 커뮤니케이션 행동

잡지열독(Magazine Reading): 인구 1,000명당 아래에 제시된 잡지들의 발간부수의 평균[〈트루스토리(*True Story*)〉, 〈트루로맨스(*True Romance*)〉, 〈포토플레이(*Photoplay*)〉, 〈라이프(*Life*)〉, 〈리버티(*Liberty*)〉, 〈콜리어스(*Collier's*)〉, 〈새터데이이브닝포스트(*Saturday Evening Post*)〉, 〈레이디스홈저널(*Ladies' Home Journal*)〉, 〈우먼스홈컴패니언(*Woman's Home Companion*)〉, 〈굿하우스키핑(*Good Housekeeping*)〉, 〈맥콜스(*McCall's*)〉] (저자들이 선정한 목록들임)

라디오 보유율: 전체 가구수 대비 라디오를 보유하고 있는 가구수(1940년 인구총조사)

교육수준: 25세 이상 고등학교 이상의 학력수준을 보유한 인구비율(1940년 인구총조사)

### 일반적 특성(기타)

G-점수(G-Score): 총 37개 항목들을 통합하여 얻은 전반적 '살기 좋은 도시' 지수(General 'goodness' index)[E. L. Thorndike, 《여러분의 도시(*Your City*)》,◆ 1939].

안정성: 전체 가구수 대비 자가 소유 가구수 비율(1940년 인구총조사)

정치참여: 21세 이상 성인들 중 선거등록◆◆ 비율(1940 인구총조사)

4. 18개 도시들에 대해 이들 지수들 각각의 평균을 계산하였다. 각 지수의 평균을 100으로 설정한 후, 이를 기준으로 18개 도시의 각 지수별 점수를 계산하였다. 이를 통해 전체 18개 도시들의 평균점을 기준으로 어떤 도시가 어느 정도에 위치해 있는지, 그리고 각 지수가 어떻게 분포되어 있는지를 살펴보았다. 각 특징별로 숫자가 '높을수록' 산출된 지수의 값이 크게 부여되었다. 예를 들어 어떤 도시의 교육수준 지수값이 110이라면, 이 도시는 18개 도시들의 평균 공식 교육수준보다 **높은** 도시임

---

◆ 《여러분의 도시》는 쏜다이크의 1939년 출간 도서다. 미국의 310개 도시들의 지역데이터들을 기반으로 어떤 도시가 살기 좋은 도시인지를 정량화시킨 지수이다. 조선시대 이중환의 《택리지(擇里志)》와 비슷한 관점을 취한 연구라고 볼 수 있다. 이 책을 통해 쏜다이크는 생물학적 결정주의를 비판하고 인간이 살고 있는 환경이 인간의 발달과정, 학습, 행동 등에 큰 영향을 미친다는 점을 강조하였다. 참고로, G점수에 대해 쏜다이크는 다음과 같이 정의하였다: "A score or index based upon 37 features characteristic of a good community for good people to live in, such as infrequency of child labor, infrequency of homicide, frequency of home ownership, and per capita value of schools and parks." (Thorndike, *Your City*, 1939, p. 198)

◆◆ 미국의 경우 투표에 참여하기 위해서는 선거등록(registration)을 먼저 해야 한다.

을 뜻한다. 반면 교육수준 지수값이 90인 도시는 18개 도시들의 평균 수준보다 **낮은** 도시임을 뜻한다.

5. 사회적 지수들을 묶은 넓은 범주를 기준으로 어떤 도시가 대표성을 확보한 도시인지를 알아보기 위해 도시특징들의 범주별 평균값을 구하였다. 예를 들어 어떤 도시는 경제적 수준에서는 평균보다 낮은 수준을 보이지만 커뮤니케이션 행동에서는 평균보다 높은 수준을 보일 수도 있다. 각 범주별 평균값을 구할 때 가중치를 부여하지는 않았다. 즉, 각 범주별 지수들의 단순 평균값을 활용하였다.

6. 끝으로 앞에서 계산한 범주별 평균값들에 대한 평균값을 구하는 방식으로 모든 지수들의 전체평균을 계산하였다. 이 전체평균은 각 도시들의 지수를 요약하여 제시한 것이다. 마찬가지로 각 범주별 평균값들의 평균을 계산할 때는 모든 범주를 동등하게 가정하였으며, 어떠한 가중치도 부여하지 않았다.

7. 도시를 선택하는 중요한 기준과 관련된 정보(예를 들어, 직업집단들의 다양성 혹은 집중도 수준)를 얻기 위해, 다른 통계 수치를 계산하였다. 각각의 지수들이 완벽하게 동일하지 않기 때문에 앞에서 얻은 통계수치와 이 통계수치를 단순합산하지는 않았다. 우선 저자들은 각 도시별 전체 노동인구 대비 아래에 제시된 직업단체들의 비율을 계산하였다.

광업 및 건설업 종사자
제조업 종사자
운송, 통신 및 기타 공공 서비스 종사자
도매업자
소매업자
사업자 및 개인·가정용 서비스 제공자
전문직 및 관련 전문서비스 제공자
공무원

18개 도시들을 대상으로 각 직업집단 종사자 비율을 계산한 후, 이 평균값을 100으로 설정한 후에 각 도시의 직업집단별 점수를 계산하였다. 저자들은 이 수치를 통해 도시별 각 직업집단들의 비중과 편중 정도를 추정할 수 있었다. 하지만 도시별 표준화된 직업집단 종사자 비율들의 단순평균을 구하는 방법은 적절하지 못하다. 왜냐하면 직업별 분포가 실제로 다양하지 않아도, 어떤 직업은 100보다 훨씬 높지만 다른 어떤 직업은 100보다 훨씬 작을 경우 표준화된 직업집단 종사자 비율은 100에 가까울 것이기 때문이다. 따라서 저자들은 평균에서 어떤 방향으로 벗어나 있는지와 무관한 **이탈치들**(*deviations*)의 총합을 구하였다. 예를 들어 제조업 종사자 비율이 76인 도시가 있다고 가정해보자. 이 도시의 경우 124의 값을 갖는 도시와 비교할 때 동일한 이탈치를 갖는다. 18개 도시들에서 계산된 이탈치들의 총합을 구한 후, 18개 도시들의 이탈치 평균을 100으로 전환하였다. 여기서 100이라는 값은 앞서 소개한 통계수치와 동일한 방식으로 해석될 수 없다. 왜냐하면 이 경우 100의 값은 18개 도시들에서 나타난 다양성 대 집중도(diversity-versus-concentration)의 평균치를 나타내기 때문이다. 즉 어떤 도시에서 이 수치가 작게 나타날수록 그 도시에는 다양한 직업들이 고루 분포되어 있을 것이다. 다양성 대 집중도가 작은 도시일수록 직업다양성이 높은 반면, 다양성 대 집중도가 높은 도시일수록 특정한 직업을 갖는 사람이 대부분을 차지하는 직업구조를 보일 것이다.

8. 이 모든 통계자료들과 아울러, 저자들은 각 도시가 어떤 유형에 속하는지 그리고 어떤 도시인지에 대한 분석자료를 수집하였다. 이 자료는 미국 도시에 대해 다른 연구기관에서 실시한 통계적 분석결과다. 이 자료에서는 미국의 도시들을 행정도시(institutional), 소비도시(marketing), 산업도시(industrial), 균형도시(balanced) 등의 범주로 분류하였다. 다행히도 저자들은 이 자료에서 도시를 분류하는 방법을 알아낼 수 있었다.

## 2. 후보 연구도시 비교

언급한 모든 자료들을 바탕으로 할 때, 어떤 도시가(혹은 도시들이) 가장 대표적인 미국 도시라고 할 수 있을까? 이 질문에 대한 답을 얻을 수 있는 가장 좋은 방법은 대표적인 도시를 선택하는 것이 아니라 대표적이지 않은 도시를 **소거**해 나가는 방법이다. 저자들은 다음과 같은 소거법을 사용하였다.

1. 아이오와주의 네 도시들[시더래피즈(Cedar Rapids), 워터루(Waterloo), 수시티(Sioux City), 데이번포트(Davenport)]: 이 네 도시들은 경제적·교육적 환경이 좋았으나, 잡지열독률이 매우 낮았다. 또한 시더래피즈와 수시티는 도시 외곽 농촌지역의 소비도시로 분류되었다.

2. 주도(州都)[토피카(Topeka), 랜싱(Lansing), 매디슨(Madison), 일리노이주의 스프링필드(Springfield, Ill.)]: 토피카, 랜싱, 매디슨, 세 도시들은 교육수준이 높고, 전반적으로 '살기 좋은' 도시였고, 잡지열독률은 매우 높은 편이었다. 이 도시들은 각 주의 행정수도로, 네 도시 모두 행정도시로 분류되었다. (게다가 매디슨과 랜싱에는 주립대학이 있다.) 이들 중 일리노이주의 스프링필드는 네 도시들 중 가장 대표성이 떨어지는 도시였다. 스프링필드는 일리노이주의 주도이며 동시에 도시규모가 저자들이 설정한 것보다 더 컸다.

3. 저개발도시(The low towns)[해밀턴(Hamilton), 베이시티(Bay City), 커노샤(Kenosha), 라신(Racine)]: 이 네 도시들은 경제적·교육수준이 매우 낮은 편이었고, 잡지열독률도 낮게 나타났다.

4. 칼라마주(Kalamazoo): 이 도시의 경우 모든 지수들이 높게 나타났다. 특히 쏜다이크의 G-점수와 잡지열독률이 평균보다 매우 높았다.

5. 폰티악(Pontiac): 이 도시는 여러 사회지수들에서 평균에 매우 근접하는 도시였다. 그러나 이 도시의 산업화 수준은 너무 높았고, 무엇보다 하나의 산업을 기반으

로 운영되는 도시였다(자동차 산업). 게다가 이 도시는 디트로이트(Detroit)에서 불과 25마일 떨어진 위성도시 성격이 강하였다.

6. 먼시(Muncie): 이 도시 역시 전반적으로 평균에 근접했지만, 단일 산업 도시였다. 또한 저자들은 '전형적 중류도시(Middletown)'를 연구대상 도시로 선정하지 않기로 하였다.

이 과정을 통해 일리노이주 디케이터(Decatur, Illinois), 인디애나주 테레호테(Terre Haute, Indiana), 오하이오주 스프링필드(Springfield, Ohio), 세 도시가 최종 후보로 남았다. 앞서 소개한 지수들이 세 도시에서 어떻게 나타났는지는 아래와 같다.

| | 경제적 지위 | 잡지 열독률 | 교육수준 | 커뮤니케이션 행동 | G-점수 | 전체평균 | 직업다양성 (작을수록 다양함) | 도시유형 |
|---|---|---|---|---|---|---|---|---|
| 디케이터 | 94 | 99 | 102 | 103 | 92 | 99 | 39 | 행정도시 |
| 테레호테 | 106 | 102 | 118 | 97 | 96 | 102 | 91 | 균형도시 |
| 스프링필드 | 88 | 92 | 105 | 95 | 95 | 97 | 71 | 산업도시 |

이 결과를 바탕으로 본 연구에서는 디케이터를 연구대상으로 선택하였다.

## 3. 연구도시 내 연구표본 선정과정

디케이터 지역의 가구들(households)을 표집할 때는 통상적인 확률표집기법(probability methods)을 사용하였을 뿐 특별히 다른 조치를 취하지는 않았다. 각 가구의 16세 이상 여성응답자(여기에는 가사도우미들이 포함되지 않음)를 대상으로 인터뷰를 진행하였다. 만약 한 가구에 16세 이상 여성응답자가 2인 이상이 살고 있을 경우 가구별로 젊은 여성과 나이 든 여성을 순차적으로 바꾸어가며 인터뷰를 진행하였다.

별첨B

# 설문지 안내

기본적으로 설문지는 두 부분으로 구성되었다. 1945년 6월에 실시한 1차조사(Wave I)와 1945년 8월에 실시한 2차조사(Wave II)이다. 두 조사의 응답자는 같았다[단, 이와 같은 '패널 연구'에서 흔히 발생하는 '표본마모(mortality)'는 제외]. 또한, 패널 응답자들이 지목한 여러 유형의 영향력 전파자와 영향력 수용자를 인터뷰하기 위한 다양한 특별 추적 인터뷰 설문지가 있었다. 여기서 질문지를 단순 제시하기보다, 독자가 본문의 다른 부분과 명확하게 연관시킬 수 있도록 질문들을 분류하여 제시하는 것이 더 유용할 것 같다. 또한, 이 분류에는 설문지 항목 중 본서에서 사용되지 않은 부분이 추가로 포함될 것이다. 앞서 서문에서 언급했듯이, 디케이터 연구의 범위는 본문에서의 논의를 위해 부분적으로 사용된 데이터의 범위를 훨씬 초과한다.[1] 아래 정리된 유형의 질문들은 일리노이주 디케이터 여성의 횡단(cross-sectional) 표본을 대상으로 한 기본(패널) 설문지의 모든 내용을 망라한다(특별 추적 인터뷰 설문문항 및 절차는 별첨C에서 논의될 것이다).[2]

1. 어떤 결정이 내려졌는지 확인하기 위한 질문들
2. 그 결정에 영향을 미친 요인들을 추적하기 위한 질문들
3. 응답자가 잠재적 영향력 전파자 혹은 전문가로 생각한 사람들에 대한 보다 일반적인 질문들

---

1 이렇게 본서에서 보고하지 않은 항목들 다수에 대한 목록은 컬럼비아 대학교 응용사회조사국에 정리되어 있다. 설문지 전문 역시 응용조사국에 보관되어 있다.

2 로마숫자 I과 II를 각각 1차(6월)와 2차(8월) 설문조사 질문지를 지칭하기 위해 사용하였다. 따라서 I, 8, 9는 1차조사의 8번과 9번 질문을 의미한다.

4. 읽기 및 듣기 습관 관련 질문들

5. 응답자 자신의 의견지도력 위치를 평가하기 위한 질문들

6. 응답자의 위치를 주요 지수, 더 정확히 말해서, 사회적 지위, 사교성, 그리고 생애주기상의 위치 측면에서 명확히 하기 위한 질문들

7. 본 연구에서 탐구하는 다양한 세부 현실 문제에 관한 일반적인 태도를 묻는 질문들

8. 본 연구와 무관한 목적으로 제시된 질문들

## 1. 실제 의사결정 관련 질문들

의사결정에 관한 응답을 얻기 위해 1차조사인지 2차조사인지에 따라 서로 다른 두 가지 유형의 질문을 사용했다. 본 연구에서는 처음에 결정 변경이 일어났는지, 혹은 최근에 의사결정이 내려졌는지에 관한 회고적 보고에 의존해야만 했다. 일상소비 분야 품목에 관한 질문들은 다음과 같다(I, 8, 9):

8. 귀하께서는 지난 한 달 동안 평소 사지 않는 제품 혹은 브랜드를 구매한 적이 있으신가요? (그것밖에 남아 있지 않아 살 수밖에 없었던 것은 제외) 예 ___ 아니요 ___
('아니요'라고 응답 시 9번 질문으로 이동)

9. 귀하께서 가장 최근에 구매한 새로운 브랜드는 다음 중 무엇에 관한 것인가요?
a. 아침식사용 시리얼 ___ b. 조각비누 ___
c. 커피 ___ d. 이들 중 해당 사항 없음 ___

패션 분야 관련 질문은 아래와 같았다(I, 16, 17):

16. 귀하께서는 최근 머리모양, 옷, 화장품, 화장 등에 변화를 주었거나, 혹은 **더욱 유행하는 쪽으로 변화**를 준 적이 있으신가요? 예 ___ 아니요 ___
('아니요'라고 응답 시 코멘트를 받을 것, '예'라고 응답 시 17번 질문을 할 것)

17. 그렇다면 어떤 변화를 주셨나요?

영화 분야의 경우, 응답자에게 마지막으로 본 영화의 이름을 말해달라고 부탁하는 것으로 시작했다. 공공이슈 분야에 대해서는, 본 연구에서 염두에 두고 있던 것들을 쉽게 확인할 방법이 없었기 때문에 상황이 다소 복잡했다. 따라서 본 연구에서는 다수의 전형적인 여론조사 질문들을 하였다(이 질문들은 이하의 절에서 보고될 것이다). 즉 응답자가 자신의 의견을 밝히고 난 후, 인터뷰 진행자들은 그녀에게 이 문제들과 관련해 최근에 마음을 바꾼 적이 있는지 물었다. 문구는 다음과 같았다(I, 44, 45, 46):

44. 귀하께서는 최근에 중요한 사회적 혹은 정치적 사안에 대한 의견을 바꾼 적이 있으신가요? … 이를테면 유럽에서 무엇을 해야 할 것인가, 정부가 국내 문제를 어떻게 다루어야 하는가 등과 같은 주제에 관한 의견이 여기에 속할 수 있습니다. 예 ___ 아니요 ___
('아니요'라고 응답 시 45번 질문을 할 것, '예'라고 응답 시 46번 질문으로 이동)

45. 귀하께서는 제가 방금 이야기한 정치적 질문들이 예전보다 현재에 더 중요하다고 생각하시나요? 예 ___ 아니요 ___
('예'라고 응답 시 46번 질문을 할 것:)

46. 그렇다면 어떤 주제에 대해서 그렇게 생각하시나요?
어떤 의견에서: ______________________________
어떤 의견으로: ______________________________

응답자가 어떤 구체적인 예시를 제공하든, 의견 '변화 이유'를 묻는 순서가 이어졌다. 이에 대해서는 이어지는 절에서 살펴볼 것이다.

그러나 응답자들이 중요하지 않은 문제에 대해 어떤 의견변화를 겪었는지 종종 쉽게 기억할 수 없다는 것은 명백하다. 이에 2차조사에서는 또 다른 기법이 추가됐다. 1차조사에서의 의견 질문이 반복되었는데, 인터뷰 진행자는 응답자가 1차조사에서 어떤 대답을 했는지 알고 있었다. 2차조사에서의 응답이 다를 경우 의견이 변화한 것으로 간주했고 추가 질문의 대상이 되었다. 세 가지 소형 소비재 품목에 관해서도 이와 유사한 추가 기법이 사용되었다. 1차조사에서 각 응답자는 자신이 어떤 브랜드의 아침식사용 시리얼, 조각비누, 그리고 커피를 구매했는지에 대한 질문을 받았다. 2차조사에서도 똑같은 질문들이 반복되었다. 2차조사에서 파악된 브랜드가 1차조사와 다른 경우, '변화 이유' 순서(즉, 바로 아래에 보고된 효과분석 질문들)가 시작되었다. 본서의 연구결과는 주로 연구의 일반적 아이디어를 예시하는 목적으로 사용되었기 때문에 서로 다른 기법을 사용할 때 발생하는 차이에 관해서는 특별히 논의하지 않았다. 저자들의 관찰 내용 중 일부는 현재 준비 중인 패널 기법에 대한 일반 보고서와 연계해 사용될 것이다.

## 2. 효과분석

효과분석과 관련된 질문들은 본문(Part 2의 2부)에서 충분히 논의되었다. 전체적인 개관을 위해, 여기에서 자잘한 소비재 품목에 사용된 전체 순서를 재현한다(II, 시트B; I, 13, 14):

(대체가 이루어졌을 경우 1번을 질문할 것:)

1. (a) 6월 인터뷰 당시 귀하께서는 (**예전 브랜드명 삽입**)을 사용 중이었습니다. 지금 귀하께서는 (**새 브랜드명 삽입**)을 사용하고 계십니다. 귀하께서는 왜 (**예전 브랜드명 삽입**) 사용을 중단하셨습니까? ______________________________

   (b) 귀하께서는 어떻게 (**새 브랜드명 삽입**)을 사용하게 되셨습니까? ______________

(또 다른 브랜드가 있으면 2번을 질문할 것:)

2. 6월 인터뷰 당시 귀하께서는 (**새 브랜드명 삽입**)을 사용하지 않으셨습니다. 귀하께서는 어떻게 (**새 브랜드명 삽입**)을 사용하게 되셨습니까? ______________________

(1번 혹은 2번에 이어 아래를 질문할 것:)

3. (a) 귀하께서는 새 브랜드를 직접 구매하셨습니까?  예 ___  아니요 ___

   ('예'라고 응답 시 b를 질문할 것:)

   (b) 귀하께서 특별히 (**새 브랜드명 삽입**)을 달라고 하셨습니까?  예 ___  아니요 ___

   ('아니요'라고 응답 시 c를 질문할 것:)

   (c) 누가 그런 요청을 했나요? ____________

   귀하께서 그들에게 그 브랜드를 구매하라고 하셨나요?  예 ___  아니요 ___

   ('아니요'라고 응답 시 패널 질문을 중단하고 설문지로 돌아갈 것:)

4. 그 브랜드가 유일하게 남아 있던 브랜드였습니까?  예 ___  아니요 ___  모르겠음 ___

('예'라고 응답 시 패널 질문을 중단하고 설문지로 돌아갈 것:)

5. 귀하께서는 예전에 **(새 브랜드명 삽입)**을 사용하신 적 있습니까?
예 ___ 아니요 ___ 모르겠음 ___
('예'라고 응답 시 다음을 질문할 것:) 왜 6월에는 그 브랜드가 귀하의 선반에 없었는지 알려 주시겠습니까? ______________________________

6. **(새 브랜드명 삽입)** 사용을 시작하시기 전에, 귀하께서는 예전에 사용하던 브랜드(들)에 대해 만족하셨습니까? 아니면 불만족하셨습니까? 만족함 ___ 불만족함 ___

7. **(새 브랜드명 삽입)** 사용을 시작하시기 전에, 귀하의 다른 가족 구성원들은 예전에 사용하던 브랜드(들)에 대해 만족하셨습니까? 아니면 불만족하셨습니까?
만족함 ___ 불만족함 ___
(만약 불만족했다면) 누가 불만족하셨습니까? ______________________________

8. 변경하시기 전에, 귀하께서는 **(새 브랜드명 삽입)**의 어떤 점에 이끌리셨습니까?
______________________________

9. (a) 귀하께서 **(새 브랜드명 삽입)** 사용을 시작하시기 전에, 다른 가족 구성원들이 **(새 브랜드명 삽입)**의 장점에 관해 이야기하신 적 있습니까? 예 ___ 아니요 ___
('예'라고 응답 시 b를 질문할 것:)
(b) 누가 이야기를 했습니까? ______________________________

10. 귀하께서는 **(새 브랜드명 삽입)**에 대해 어떻게 알게 되셨습니까?
______________________________

11. 귀하께서는 누군가 그것에 대해 말하는 것을 들으셨습니까? 예 ___ 아니요 ___
('예'라고 응답 시 다음을 질문할 것:)

(a) 귀하께서는 그들을 개인적으로 아십니까(1) ___, 그들이 누구인지 아십니까(2) ___, 그들이 누구인지 모르십니까(3)? ___
('3'이라고 응답 시 12번으로 이동. '1' 혹은 '2'라고 응답 시 b, c, d, e를 질문할 것)

(b) 귀하께서는 그들을 어떻게 알게 되셨습니까? (응답자와의 관계를 파악할 것)
______________________________

(c) 귀하께서 그것을 사용하시기 전에 그들이 그것을 사용하고 있었습니까, 아니면 사용하고 있지 않았습니까? 사용함 ___ 사용하지 않음 ___

(d) 그들은 대체로 무엇을 구매할지에 대한 좋은 아이디어를 갖고 있습니까?
예 ___ 아니요 ___

(e) 그 사람의 가족 부양 책임자의 직업은 무엇입니까? ___________

(f) 그 사람의 가족 부양 책임자의 나이는 어떻게 됩니까? ___________

(g) 그 사람의 가족 부양 책임자는 누구입니까? ___________ 주소 ___________

12. 귀하께서는 그것에 대해 라디오에서 들으셨습니까? 예 ___ 아니요 ___
그렇다면 어떤 프로그램이었습니까? ______________________________________

13. 귀하께서는 그것을 신문에서 보셨습니까? 예 ___ 아니요 ___
어떤 신문인가요? ___________ 어떤 섹션인가요? ___________

14. 가게 주인이 귀하께 그것을 추천했습니까? 예 ___ 아니요 ___
('예'라고 응답 시 다음을 질문할 것:) 가게 주인이 이 브랜드만 추천했습니까, 아니면 다른 브랜드들도 함께 추천했습니까?
이 브랜드만 추천함 ______________________________________________
다른 브랜드들도 추천함: ___________________________________________
어느 가게인가요? ____________가게 주소________________________________
가게 주인의 이름 _______________________________________________

15. 가게 내의 다른 사람이 그것을 귀하께 추천했습니까? 예 ___ 아니요 ___
('예'라고 응답 시) 귀하께서는 그들을 개인적으로 아십니까(1) ___, 그들이 누구인지 아십니까(2) ___, 그들이 누구인지 모르십니까(3)? ___
('1' 혹은 '2'라고 응답 시) 귀하께서는 그들을 어떻게 알게 되셨습니까? (관계:) _________
귀하께서 그것을 사용하시기 전에 그들이 그것을 사용하고 있었습니까, 아니면 사용하고 있지 않았습니까? 사용함 ___ 사용하지 않음 ___
누구입니까? ___________ 주소 _________________________________

16. 귀하께서는 그것을 잡지에서 보셨습니까? 예 ___ 아니요 ___
모델은 누구인가요? ___________ 어느 잡지인가요? ___________

17. 귀하께서는 그것을 영화에서 보셨습니까? 예 ___ 아니요 ___ 어떤 영화? ________

18. 다른 경로로 알게 됨 _________________________________(구체적으로 기술)

13.◆ 귀하께서는 귀하의 관심을 끈 다양한 요인들을 언급하셨습니다. 그중 무엇이 가장 먼저 귀하의 관심을 끌었습니까? ___________ 두 번째는? ___________ 세 번째는? ___________ 네 번째는? ___________

14. 이제 종합적으로 고려해볼 때, 귀하께서 브랜드를 변경하거나 혹은 이 제품을 사게된 가장 중요한 이유는 무엇이었다고 생각하십니까? ______________________________

특정 대목에서 추가 질문들을 제시하였지만, 다른 분야에 관한 질문들 역시 이와 매우 동일했다. 예컨대, 패션 분야의 경우, 본 연구에서는 사전조사를 통해 패션의 변화는 상당한 머뭇거림을 겪은 후에 일어날 것임을 알 수 있었다. 따라서 다음의 질문을 추가했다(I, 21B).

21B. 귀하께서는 말씀하신 변화를 고려하신 적이 있습니까? 예 ___ 아니요 ___
('예'라고 응답 시 다음을 질문할 것:) 그렇다면 왜 그때가 아니라 지금 변경하셨습니까?
______________________________________________

영화관람 분야에서는 관람객 유형을 구분해야 했기 때문에 다음 세 가지 질문을 추가했다(I, 24.2, 27; II, 3):

24.2 귀하께서는 일주일 중 어떤 특정한 날에 정기적으로 영화를 보러 가십니까?
예 ___ 아니요 ___

27. 귀하께서 영화를 보러 가신 주된 이유는 무엇이든 영화를 보기 위해서였습니까? ___
아니면 특정 영화를 보기 위해서였습니까? ___ 아니면 두 이유 모두였습니까? ___

3. 가장 최근 귀하께서 영화를 보셨을 때, 영화관람의 주된 이유가 (a) 함께 관람한 다른 사람(친구 혹은 가족)이 영화를 보고 싶었기 때문이었습니까, 아니면 (b) 귀하 스스로 영화를 보고 싶었기 때문이었습니까?

(a) 다른 사람 ___ (b) 귀하 자신 ___ (둘 다 ___ 모르겠음 ___ )
('다른 사람'이라고 응답 시 다음을 질문할 것:) 그 사람은 누구입니까(관계)?

---

◆ 18번 다음에 19, 20번이 제시될 것 같지만, 원문에 13, 14번이라고 표시되어 있다. 여기서는 원문을 따라 13, 14번으로 표시하였다.

## 3. 잠재적 영향력 발휘 정보원

본 연구에서는 대부분의 분야에서 응답자들에게 다음과 같은 질문을 했다(II, 13.2, 35):

13.2 귀하께서는 이 근처에서 대체로 영화에 대해 알고 있고, 어떤 영화가 좋은지 말해줄 수 있는 분을 알고 계십니까? 예 ___ 아니요 ___
('예'라고 응답 시 다음을 질문할 것:)

(a) 귀하께서는 그 사람들을 어떻게 알게 되셨습니까?
(b) 나이 ___________ (c) 성별 ___________
(d) 그 사람의 가족 부양 책임자의 직업은 무엇입니까? ___________
(e) 이름 ___________ (f) 주소 ___________________________________

35. 귀하께서는 이 근처에서 뉴스에 정통하고, 실제 무슨 일이 벌어지고 있는지 알려줄 수 있는 사람으로 신뢰할 수 있는 분이 있으십니까? 예 ___ 아니요 ___
('예'라고 응답 시 다음을 질문할 것:)

(a) 귀하께서는 그 사람들을 어떻게 알게 되셨습니까(관계)? ___________
(b) 나이 ___________ (c) 성별 ___________
(d) 그 사람의 가족 부양 책임자의 직업은 무엇입니까? ___________
(e) 이름 ___________ (f) 주소 ___________________________________

독자들은 본문에서(Part 2의 1부) 응답자가 특정 국면에서 실제로 조언을 얻는 사람들과 그 응답자가 생각하기에 대체로 그러한 조언을 줄 능력이 있다고 생각하는 사람들 사이에 종종 상당히 커다란 차이가 존재한다는 점에 대해 논의했던 것을 기억할 것이다. 후자의 사람들이 바로 본문에서(Part 2의 1부 및 3부) '전반적 영향력 전파자', '잠재적 영향력 전파자', 혹은 '전문가'라 부른 이들이다.

## 4. 커뮤니케이션 행동

여러 가지 이유로 두 차례 설문조사 모두 응답자들의 라디오 듣기 및 신문·잡지 읽기 습관에 관한 많은 질문을 포함하고 있었다. 이 질문들 대부분은 다른 연구상황에서도 사용된 바 있다.[3] 여기 제시된 질문들 일부는 본서 Part 2의 3부에 보고되어 있다. 많은 질문이 일반적이고 또 잘 알려진 수용자 조사에서 사용된 문항들이기 때문에 여기에서 모든 질문을 그대로 반복할 필요는 없어 보인다. 몇몇 질문은 좀 더 구체적이고, 향후 참조할 가능성을 고려해 언급할 가치가 있다(I, 54; II, 62, 65, 67, 68; II, 5, 6, 7):

54. 귀하께서는 포럼이나 토론과 같이 라디오로 방송되는 공적 사안 관련 논의를 정기적으로 청취하려고 하십니까? 예 ___ 아니요 ___
('예'라고 응답 시) 어떤 라디오 채널인가요? ___________

62. 귀하께서는 잡지에서 저명한 사람들의 기사를 정기적으로 읽으시나요?
예 ___ 아니요 ___

65. 귀하께서는 뉴스에 대해 더 상세한 논의를 제공하는 잡지 기사를 정기적으로 읽으시나요? 예 ___ 아니요 ___

67. 이제 유럽에서의 전쟁이 끝났습니다. 귀하께서는 유럽 전승 기념일(V-E Day) 이전 보다 뉴스를 더 많이 들으십니까, 혹은 덜 들으십니까?
더 듣는다 ___ 덜 듣는다 ___ 거의 같다 ___

68. 신문은 어떻습니까? 귀하께서는 유럽 전쟁 종료 이후 뉴스를 더 많이 **읽으십니까**, 아니면 덜 **읽으십니까**? 더 읽는다 ___ 덜 읽는다 ___ 거의 같다 ___

5. 지난 3개월여 동안, 귀하께서는 다큐멘터리 영화나 '사실영화'라고 불리는 무엇인가 가르쳐주려고 하는 짧은 영화들을 보신 적이 있습니까? 예 ___ 아니요 ___
('예'라고 응답 시 다음을 질문할 것:)

(a) 무슨 영화입니까? ___________

(b) 어디에서 보셨습니까? 일반 영화관이었습니까, 아니면 기타 장소였습니까?

---

3 예를 들어, 라자스펠드(Lazarsfeld, 1948), 핸델(Handel, 1950), 라자스펠드(Lazarsfeld, 1947)를 참조하라.

6. 귀하께서는 영화잡지를 읽어본 적이 있습니까?　예 ___ 아니요 ___
('예'라고 응답 시 다음을 질문할 것:)

(a) 무슨 잡지입니까? ____________

(b) 어디에서 구하십니까? ____________

7. 귀하께서는 최근 다른 유형의 잡지에서 영화 혹은 영화배우에 관해 읽으신 적이 있으십니까?　예 ___ 아니요 ___
('예'라고 응답 시) 무슨 잡지입니까? ____________

## 5. 자기지명된(self-designated) 의견지도력 측정

본서의 주요 연구관심 중 하나는 의견지도자의 특징을 파악하는 것이었다. 독자들도 앞에서 읽어 알고 있듯이, 이 부분의 논의를 위해 저자들은 의견지도자를 두 개의 질문을 바탕으로 한 자기지명 접근방식으로 찾아냈다. 이 질문들의 문구는 여러 분야에 걸쳐 사실상 동일했다. 여기서는 영화와 관련된 질문들을 예로 제시하였다(I, 32; II, 13.1):

32. (a) 귀하께서는 최근에 어떤 영화를 볼지에 대한 조언을 요청받은 적이 있으십니까?　예 ___ 아니요 ___
('아니요'라고 응답 시 '사회적 의견'으로 이동할 것. '예'라고 응답 시 32번의 나머지 부분을 질문할 것:)

(b) 어떤 영화였습니까? ____________

(c) 누가 요청했습니까? ____________ 주소 ______________________________

(d) 귀하께서는 그들을 어떻게 알게 되셨습니까(응답자와의 관계)? ____________

13.1. 귀하께서는 최근에 어떤 영화를 볼지에 대한 조언을 요청받은 적이 있으십니까?
예 ___ 아니요 ___
('예'라고 응답 시 다음을 질문할 것:)

(a) 귀하께서는 그들을 어떻게 알게 되셨습니까(응답자와의 관계)? ____________

(b) 나이 ____________ (c) 성별 ____________

(d) 그 사람의 가족 부양 책임자의 직업은 무엇입니까? ____________

본 연구의 각각 두 차례 설문조사에서 응답자들에게 조언을 구하는 사람들에 대한 서로 다른 정보를 얻으려고 노력했다는 것을 알 수 있을 것이다(이것이 조언 요청자들에 대한 추적 인터뷰의 출발점이었다. 추적 인터뷰를 위해 개발된 질문들은 다음 별첨 자료에서 논의될 것이다). 본 연구에서는 응답자 자신이 조언을 제공했던 두 가지 구체적 사례 외에도, 본 연구의 네 가지 분야 각각에서 자신의 상대적인 영향력을 보다 일반적인 측면에서 평가해줄 것을 응답자에게 요청했다.

15. 귀하께서 교우관계를 맺고 있는 다른 여성들과 비교했을 때, 귀하께서는 이들에 비해 다음에 관해 조언 요청을 받을 가능성이 더 **높은** 편이십니까, 아니면 더 **낮은** 편이십니까?

(a) 어떤 옷 내지는 머리모양이 매력적이고 멋진지? 높음 ___ 낮음 ___

(b) 어떤 브랜드 혹은 제품이 좋은지? 높음 ___ 낮음 ___

(c) 어떤 영화를 보는 게 좋은지? 높음 ___ 낮음 ___

(d) 사회적 혹은 정치적 의견과 관련해 무엇을 생각해야 하는지? 높음 ___ 낮음 ___

이 질문들을 결합해 각 영향력 분야별로 의견지도력 지수를 만들었다(예컨대, 291쪽의 저자주 1 참조). 또한 본 연구에서는 많은 경우 응답자들의 이러한 자기평가 내용을 응답자들에게 조언을 구했을 것이라 짐작되는 사람들에게 점검받았음을 상기하기 바란다(Part 2, 2장).

## 6. 의견지도력과의 상관관계 요인들

응답자의 생애주기상 위치는 응답자의 나이, 결혼 여부, 그리고 함께 거주하는 자녀의 수로 결정되었다. 사교성은 다음 질문들에 대한 분석에서 도출되었다(I, 62; II, 21, 57, 59, 61):[4]

4 '잠재구조' 분석에 이어, 이들 중 두 질문을 골라 사교성 지수를 만들었다. 별첨D와 Part 2, 9장의 논의를 참조하라.

62. 귀하께서는 어떤 조직, 동호회, 혹은 토론집단에 소속되어 있으십니까(즉, 공공이슈를 논하거나, 책을 읽거나, 연사의 발언을 듣는 곳, 혹은 그저 사람들이 모여 이야기 나누는 곳)? ____________________________________________

21. 귀하께서 만나고 이야기 나누는 사람들(가족, 이웃, 친척, 친구)을 잠시 생각해보시기 바랍니다. 아래의 사람 중 귀하와 친하고 꽤 자주 이야기 나누는 사람은 몇 명이나 됩니까?

(a) 귀하의 바로 이웃에 사는 사람은 몇 명입니까? ___

(b) 귀하와 함께 거주하지 않는 친인척은 몇 명입니까? ___

(c) 현재 이웃 중 얼마나 많은 사람과 꽤 자주 이야기를 나누십니까? ___

(d) 예전 이웃: 예전에 이웃이었지만 지금은 다른 곳에 거주하는 사람은 몇 명입니까? ___

(e) 함께 일하는 사람 중 귀하와 꽤 자주 이야기를 나누는 사람은 몇 명입니까? ___

(f) 마지막으로, **현재 이웃이 아니고 이웃이었던 적도 없는** 친구; 그저 이야기를 꽤 자주 나누는 친구는 몇 명입니까? ___

57. 귀하께서는 새로운 사람들을 만나고, 사교모임에 가고, 일반적으로 많이 돌아다니는 것을 좋아하십니까, 아니면 좋아하지 않으십니까? 좋아함 ___ 좋아하지 않음 ___

59. 귀하께서는 오후에 사교모임에 참석한 적이 있으십니까? 예 ___ 아니요 ___
('예'라고 응답 시) 어떤 종류의 모임이었습니까? ____________

61. 귀하께서는 다른 사람과 전화하는 것을 좋아하십니까? 예 ___ 아니요 ___

이와 비슷하게, 본 연구에서는 사회경제적 지위에 관한 여러 가지 질문을 제시했고, 이 중 최종적으로 두 질문을 골라 사회경제적 지위 지수를 만들었다(I, 64, 65; II, 75, 76, 77):[5]

64. a. **경제 수준(인터뷰 진행자 평가)**

A ____________

B ____________

C ____________

D ____________

b. 귀하께서는 전화기를 가지고 계십니까? 예 ___ 아니요 ___

---

5 별첨D, 그리고 Part 2의 9장을 참조하라.

65. **교육**

| | |
|---|---|
| 학교 교육 받지 않음 ___ | 대학교 중퇴 ___ |
| 초등학교 중퇴 ___ | 대학교 졸업 ___ |
| 중등학교 졸업 ___ | 직업학교 ___ |
| 고등학교 중퇴 ___ | '경영'대학원 ___ |
| 고등학교 졸업 ___ | 기타(명시해주시기 바랍니다) ___________ |

75. 가족 중 몇 명의 여성(16세 이상)이 취업한 상태입니까?
(a) 상근직 ___ (b) 시간제 ___

76. 아래 숫자 중 귀하의 현재 주거 임대료와 가장 가까운 것은 무엇입니까? (자가 소유 중일 경우 다음을 질문할 것:) 만약 귀하의 집을 임대하신다면, 귀하는 얼마의 임대료를 지불하시겠습니까?
(임대료 카드를 참조하시오. 선택한 숫자에 동그라미 치시오:)
1 2 3 4 5 6 7 8 9 10 11 12

77. 귀하의 가구 전체 소득은 아래 숫자와 가장 가깝습니까?
(소득 카드를 참조하시오. 선택한 숫자에 동그라미 치시오:)
1 2 3 4 5 6 7 8 9 10 11 12

## 7. 기타 응답자 태도 문항들

다음은 분석 대상 분야와 연관성을 가질 것으로 보이는 응답자 태도에 관한 문항들이다. 패션 분야에 대한 응답자 태도는 다음과 같이 측정했다(II, 37, 40, 41, 43):

37. 귀하께서는 유행을 따르는 것에 대해 어떻게 생각하십니까?
매우 중요함 ___ 중간 정도로 중요함 ___ 전혀 중요하지 않음 ___

40. 귀하께서는 여성들이 대체로 남성을 위해 옷을 더 차려입는다고(dress) 생각하십니까, 아니면 다른 여성을 위해 더 차려입는다고 생각하십니까? 남성 ___ 다른 여성 ___

41. 귀하께서는 디케이터의 다른 여성들과 비교했을 때, 대체로 본인이 옷을 더 잘 입는다고 생각하십니까, 아니면 그렇게 잘 입는 편이 아니라고 생각하십니까?
더 잘 입음 ___ 거의 비슷함 ___ 별로 잘 입지 못함 ___
생각해본 적 없음 혹은 관심 없음 ___

43. 귀하께서는 대체로 자신의 외모가 매력적인 편이라고 생각하십니까, 아니면 매력적이지 않은 편이라고 생각하십니까?
매력적임 ___ 매력적이지 않음 ___ 잘 모르겠음 ___ 무응답 ___

영화와 관련해서 본 연구에서는 두 가지에 관심이 있었다. 첫째, 응답자의 일반적인 영화관람 동기이다(II, 3, 4):

3. 귀하께서 가장 최근 영화를 보셨을 때, 영화관람의 주된 이유가 (a) 함께 관람한 다른 사람(친구 혹은 가족)이 영화를 보고 싶었기 때문이었습니까, 아니면 (b) 귀하 자신께서 영화를 보고 싶었기 때문이었습니까?
(a) 다른 사람 ___ (b) 귀하 자신 ___ (둘 다 ___ 모르겠음 ___ )
('다른 사람'이라고 응답 시 다음을 질문할 것:) 누구입니까(관계)? ___________

4. 귀하께서는 언제 가장 영화를 보러 가고 싶으십니까?
(a) 피곤하거나 우울할 때 ___
(b) 그저 저녁에 시간이 날 때 ___
(c) 특별히 재미있어 보이는 영화가 상영 중일 때 ___
(d) 다른 사람이 같이 보러 가자고 할 때 ___
(e) 기타(명시해 주시기 바랍니다) ___________________________________

둘째, 응답자가 영화가 자신에게 미치는 영향을 대체로 어떻게 평가하는지 파악하고자 했다(II, 10, 11, 12):

10. 귀하께서는 어떤 옷을 입을지 혹은 머리 손질을 어떻게 할지에 대한 아이디어를 영화에서 얻은 적이 있으십니까? 예 ___ 아니요 ___
('예'라고 응답 시 다음을 질문할 것:)
(a) 어떤 아이디어였습니까? ___________
(b) 어느 여배우로부터 얻었습니까? ___________
(c) 어느 영화였습니까? ___________

11. 영화가 귀하의 일상에서의 문제들을 대처하는 데 도움이 됩니까? 예 ___ 아니요 ___
('예'라고 응답 시 다음을 질문할 것:) 어떤 종류의 문제에 도움이 됩니까? ___________

12. (a) 영화가 귀하의 삶에 더 만족하게 해준다고 생각하십니까, 아니면 덜 만족하게 해준다고 생각하십니까?

더 만족하게 해줌 ___ 덜 만족하게 해줌 ___ 둘 다 아님 ___

(b) 어떤 방식으로? ___

공공이슈 분야에 대한 문항은 꽤 많았고, 그중 일부는 지역이슈였다. 하지만 여기서는 두 차례의 설문조사에 걸쳐 반복적으로 사용한 문항들만 제시하였다(I, 33-43):

33. 독일인들은 2년 혹은 3년 동안 자신들이 파괴한 독일 밖 유럽 도시들의 재건을 도와야 한다고 생각하십니까? 예 ___ 아니요 ___ 모르겠음 ___ 생각해본 적 없음 ___

34. 귀하께서는 트루먼 대통령이 국제 문제를 어떻게 다루고 있다고 생각하십니까?
매우 잘함 ___ 꽤 잘함 ___ 다소 못함 ___
좀 더 지켜봐야 함 ___ 생각해본 적 없음 ___ 모르겠음 ___

35. 귀하께서는 트루먼 대통령이 친노동자 입장에 가깝다고 생각하십니까, 아니면 친기업 입장에 가깝다고 생각하십니까?
친노동자 ___ 친기업 ___ 거의 비슷함 ___
생각해본 적 없음 ___ 모르겠음 ___ 좀 더 지켜봐야 함 ___

36. 귀하께서는 일본과의 전쟁을 일본이 완전히 분쇄될 때까지 계속할 가치가 있다고 생각하십니까, 아니면 지금 종전을 위해 일본의 적정한 평화 제의를 고려해야 한다고 생각하십니까?
전쟁 지속 ___ 평화 제의 수용 ___ 모르겠음 ___ 생각해본 적 없음 ___

37. 귀하께서는 지금 군에서 참전용사들을 제대시키는 방식이 타당하다고 생각하십니까?
예 ___ 아니요 ___ 모르겠음 ___ 생각해본 적 없음 ___

38. 귀하께서는 미국 내의 유태인들이 지나치게 큰 영향력을 행사하고 있다고 생각하십니까, 충분치 않은 영향력을 행사하고 있다고 생각하십니까, 아니면 대략 그들이 가져야 할 만큼의 영향력을 행사하고 있다고 생각하십니까?
지나치게 큼 ___ 충분치 않음 ___ 대략 가져야 할 만큼 ___
생각해본 적 없음 ___ 모르겠음 ___

39. 귀하께서는 전후 상황이 귀하와 귀하의 가족에게 미칠 영향에 대해 걱정하십니까?
매우 많이 ___ 그저 어느 정도 ___ 별로 많이 안 함 ___ 생각해본 적 없음 ___

40. 귀하께서는 여기 미국의 전후 상황 수습을 누가 가장 잘하리라 생각하십니까?
기업가들 ___ 워싱턴의 정부 ___ 노동계 의견지도자들 ___
세 주체 모두 함께 ___ 생각해본 적 없음 ___ 모르겠음 ___

41. (a) 귀하께서는 오늘날 검약, 능력, 그리고 야망을 가진 젊은이라면 누구든 출세하고, 자신의 집을 소유하고, 1년에 5,000달러를 벌 기회가 있다고 생각하십니까?
예 ___ 아니요 ___ 모르겠음 ___
(b) 귀하께서는 그 젊은이가 디케이터에서 그렇게 할 수 있을 것으로 생각하십니까?
예 ___ 아니요 ___ 모르겠음 ___

42. 귀하께서는 미국과 러시아가 잘 지낼 수 있을 것으로 생각하십니까?
예 ___ 아니요 ___ 생각해본 적 없음 ___ 모르겠음 ___

43. 만약 그들(미국과 러시아)이 잘 못 지낸다면, 귀하께서는 그것이 누구의 잘못일 것이라고 생각하십니까? 미국 ___ 러시아 ___ 기타 ___________

대인접촉은 본 연구의 핵심 개념이다. 따라서 본 연구에서는 대인접촉과 관련된 여러 일반적 질문들을 제시했다(II, 14, 16–21):

14. 라디오에서 무엇인가 들으시거나 신문에서 무엇인가 읽으실 때, 귀하께서는 결정을 내리기 전에 그것에 대해 누군가와 이야기 나누고 싶어 하십니까? 예 ___ 아니요 ___
('예'라고 응답 시 다음을 질문할 것:)
(a) 누구와 이야기하고 싶으십니까(관계)? ___________
(b) 성별 ___________ (c) 나이 ___________
(d) 그 사람의 가족 부양 책임자의 직업 ___________

16. 어떤 주제에 대해 귀하와 견해가 다른 또래 여성(혹은 소녀) 친구와 이야기를 나눌 때, 보통 어떻게 됩니까?
(a) 그녀가 귀하의 의견을 받아들이게 한다. ___
(b) 각자 자신의 의견을 계속 유지한다. ___
(c) 비록 납득되지 않더라도 귀하가 동의한다. ___
(d) 그녀의 의견과 같은 방향으로 귀하가 생각을 바꾸게 된다. ___
(e) 기타(명시해주시기 바랍니다) ______________________________

17. 위의 16번 질문에 답하실 때, 어떤 종류의 이슈 혹은 주제를 떠올리셨습니까?
______________________________

18. (기혼일 경우) 어떤 사안에 대해 남편과 이야기를 나누는데 서로 견해가 다를 때, 보통 어떻게 됩니까?

(a) 그가 귀하의 의견을 받아들이게 한다. ___
(b) 각자 자신의 의견을 계속 유지한다. ___
(c) 비록 납득되지 않더라도 귀하가 동의한다. ___
(d) 그의 의견과 같은 방향으로 귀하가 생각을 바꾸게 된다. ___
(e) 기타(명시해 주시기 바랍니다) ___

19. 위의 18번 질문에 답하실 때, 귀하께서는 어떤 종류의 이슈 혹은 주제를 떠올리셨습니까? ___

20. 귀하께서 디케이터(Decatur)에서 가장 친한 친구를 만난 이유가 그녀가 귀하의 이웃이었기 때문인가요, 아니면 다른 이유인가요?

(a) 이웃으로 만남 ___ (b) 다른 방식으로 만남 ___
('b'라고 응답 시 다음을 질문할 것:) 어떻게 만나셨습니까? ___

21. 잠시 귀하께서 만나고 이야기 나누는 사람들(가족, 이웃, 친척, 친구)을 생각해보시기 바랍니다. 아래의 사람 중 귀하와 친하고 꽤 자주 이야기 나누는 사람은 몇 명이나 됩니까?

(a) 귀하의 바로 이웃에 사는 사람은 몇 명입니까? ___
(b) 귀하와 함께 거주하지 않는 친인척은 몇 명입니까? ___
(c) 현재 이웃 중 얼마나 많은 사람과 꽤 자주 이야기를 나누십니까? ___
(d) 예전에 이웃이었지만 지금은 다른 곳에 거주하는 사람은 몇 명입니까? ___
(e) 함께 일하는 사람 중 귀하와 꽤 자주 이야기를 나누는 사람은 몇 명입니까? ___
(f) 마지막으로, **현재 이웃이 아니고 이웃이었던 적도 없**는 친구; 그저 이야기를 꽤 자주 나누는 친구는 몇 명입니까? ___

마지막으로, 본 연구에서는 응답자의 다소 미묘한 심리적 측면의 특징을 파악하기 위한 여러 질문을 포함시켰다(II, 55, 56, 58, 60):[6]

55. (a) 귀하께서는 다른 사람들에 비해 대체로 걱정을 더 하시는 편입니까, 덜 하시는 편입니까? 더 하는 편 ___ 덜 하는 편 ___ 거의 같음 ___ 생각해본 적 없음 ___

(b) 귀하께서 가장 걱정하시는 것은 무엇입니까? ___

---

**6** 이들 '심리적 기질' 관련 문항들과 매스 미디어 행동의 관계에 대한 논의는 별첨D의 마지막 절을 참조하라.

56. (a) 귀하께서는 살면서 우울하거나 낙담한 적이 있으십니까?　예 ___ 아니요 ___
('예'라고 응답 시)
(b) 보통 무엇에 대해 그렇게 느끼십니까? ______________________________
(c) 그런 기분을 느낄 때, 무엇을 하면 좋습니까? ______________________________

58. (a) 만약 귀하께서 인생을 처음부터 다시 살 수 있다면, 다르게 살고 싶으십니까?
예 ___ 아니요 ___
('예'라고 응답 시)
(b) 어떤 점에서 다르게 살고 싶으십니까? ______________________________

60. 지난 10년 혹은 15년 동안, 귀하께서는 귀하의 가족이 더 잘 지내고 있다고 생각하십니까 ___ , 거의 똑같이 지내고 있다고 생각하십니까 ___ , 아니면 그다지 잘 못 지내고 있다고 생각하십니까? ___
왜 그렇습니까? (어떤 점에서 그렇습니까?) ______________________________

## 8. 기타 질문들

본 연구에서는 설문을 이용해 응답자들의 특수 관심사에 관한 정보를 얻기 원했다. 이에 따라 두 그룹의 질문이 포함되었다. 전후 경제 문제가 그 당시 매우 많이 논의되었기 때문에, 응답자의 전후 내구 소비재 구매 계획에 대해 많은 질문을 던졌다. 본 연구의 현장조사 책임자◆는 특히 직업 이동성에 관심이 많았다. 그 결과, 본 연구의 설문지에는 응답자 부친과 응답자(또는 그녀의 남편)의 직업 이력, 그리고 응답자가 자녀들을 위해 준비한 직업 계획에 관한 약 12개의 항목이 포함되어 있다.

◆ 저자 서문에도 잠시 언급되었던 찰스 라이트 밀즈다. 사회구조에 관심이 많았던 밀즈는 연구설계, 데이터 수집, 분석결과 해석과 관련하여 본서의 두 번째 저자인 폴 라자스펠드와 자주 대립하였고, 끝내는 이론적으로 그리고 인간적으로도 결별하였다.

별첨C

# 추적 인터뷰 진행 및 결과분석

별첨B에서는 디케이터 지역민 대상 횡단 설문응답자들에게 제시된 기본적 '패널' 설문문항을 다루었다. 별첨C에서는 본 연구의 '추적' 설문과 관련된 독특한 문제들에 대해 언급하였다. 저자들은 우선 추적설문조사의 발생과정에 대해 설명하였다. 첫째, 본 연구를 현장에서 감독하면서 남긴 메모 중 일부를 제시하였다. 이를 통해 본서에서 시도한 새로운 연구설계[영향력 수용자(혹은 영향력 제공자)의 응답을 기반으로 영향력 제공자(혹은 영향력 수용자)에 대해 설문조사]를 현실에 어떻게 적용하였는지 그리고 설문 진행상 문제가 발생했을 때 어떻게 극복했는지와 관련된 내용을 명확하게 밝히고자 한다.

둘째, 마찬가지로 현장에서 연구를 진행하며 남긴 메모의 일부를 제시하였다. 이를 통해 저자들은 왜 영향력 수용자들이 아닌 영향력 제공자들(다시 말해, 응답자가 영향력 수용자인 경우)과 추적 인터뷰를 진행하는 것이 더 나은지에 대한 이유를 밝히고자 하였다. 영향력 제공자들에 대한 추적 인터뷰와 영향력 수용자들에 대한 추적 인터뷰 두 가지는 서로 병립될 수 있다. 하지만 저자들은 영향력 수용자들을 대상으로 한 추적 인터뷰는 꼭 필요하지 않다고 보았다.

셋째, 본서에서 다루는 영향력 교류 발생 분야들 중 패션 분야를 선택한 후, 추적 인터뷰 과정에서 발생한 '표본손실(mortality)'과 '대표성(representativeness)'을 살펴보았다. 최초 표본응답자들이 지목했던 영향력 제공자들 중 상당수의 경우 추적 인터뷰를 진행하지 못하였다. 이로 인해 추적 인터뷰가 온전히 가능했던 응답자들이 최초 표본응답자들이 지목했던 전체 의견지도자 모집단을 얼마나 반영하는지 살펴보고자 하였다. 그러나 저자들의 노력에도 불구하고, 독자들은 추적 인터뷰 표본이 의견지도자 모집단을 대표한다고 주장하는 것이 저자들의 의도가 아니라는 점을 명심해주기 바란다. 이 점은 본문에서도 여러 차례 반복한 바 있다.

끝으로 영향력 교류 분석결과표에 대해 언급하였다. 본문에 제시된 '누가 누구에게 영향력을 행사하는가(who-to-whom)'를 분석한 결과표는 원데이터(raw data)를 분석한 것이다. 이 결과표에 대한 보다 정교한 분석이 가능한지에 대해 언급하였다.

## 1. 추적설문지 설계과정

여러 시점에서 진행된 설문문항들을 통해 응답자들에게 자신에게 영향력을 제공한 사람(influentials, opinion leaders), 혹은 자신이 영향력을 발휘한 사람(influencees)의 이름을 요청하였다. 다양하게 '언급된 사람들(mentions)' 중 다음에 해당되는 사람들을 대상으로 추적 인터뷰를 진행하였다. 다시 말해 피지명자들 중 구체적으로 다음과 같은 세 가지 조건에 해당되는 사람들을 파악한 후 추적 인터뷰를 진행하기로 결정하였다.[1]

1차 인터뷰(1차조사시점)의 경우

'**영향력 제공자들**(*Influentials*)': 다음 분야들에서 응답자들이 최근 내린 결정들에 영향력을 행사한 사람들

일상소비 분야 (질문 12c)

패션 분야 (질문 20a, 그리고 질문 20b)[2]

공공이슈 분야 (질문 47a)

'**영향력 수용자들**(*Influencees*)': 다음 분야들에서의 의사결정과 관련해, 응답자들이 최근에 자신이 조언을 제공했다고 밝힌 대상자들

일상소비 분야 (질문 15)

패션 분야 (질문 23)

공공이슈 분야 (질문 50)

---

1 추적 인터뷰 진행대상자를 파악하기 위한 질문의 경우 별첨B의 2절과 5절을 참조하라.

2 패션 분야 영향력 제공자들은 새로운 스타일이나 새로운 제품을 입고 있거나 사용하고 있는 사람을 **보았던** 경우도 포함된다.

2차 인터뷰(2차조사시점)의 경우

'**영향력 제공자들**(*Influentials*)': 다음 분야에서 응답자들이 최근 내린 결정들에 영향력을 행사한 사람들

일상소비 분야(B 설문지; 질문11)

'**영향력 수용자들**(*Influencees*)': 다음 분야에서 응답자들이 자신의 생각(view)을 알려준 사람들

공공이슈 분야(질문 36)

언급된 모든 경우, 구체적인 언급 내용은 최초 응답자가 제시한 것이었다.[3] 다시 말해 최근 생각이나 물건을 바꿀 때 이와 관련하여 어떤 말을 건네 들었거나 어떤 구체적 주제와 관련하여 조언을 요청받았던 경우가 여기에 해당된다. 지명된 사람들을 대상으로 최초 표본응답자가 밝힌 내용이 실제로 있었는지를 확인하는 추적 인터뷰를 진행하였다. 최초 표본응답자가 언급한 대인접촉이 실제로 발생했는지를 확인하는 것이 추적 인터뷰의 애초 목적이었다.

추적 인터뷰를 먼저 시작해보고 얻은 일부 시범(pilot) 데이터를 평가해보고 점검해보았다. 그 결과 추적 인터뷰 데이터로는 저자들이 살펴보고자 했던 관계를 명확하게 발견하기 어려웠다. 대신 저자들은 영향력 제공 및 수용을 확인할 수 있는 분석에는 두 단계가 존재하며, 이 두 단계는 분리하여 평가될 필요가 있음을 확인하였다. 첫 번째 단계는 최초 표본응답자가 밝혔던 구체적 커뮤니케이션 행위가 실제로 존재했는지를 확인하는 것이며, 두 번째 단계는 해당 커뮤니케이션 행위가 실제로 영향력을 발휘하였는지 그리고 두 사람 사이의 관계(누구에게서 누구에게로 영향력이 흘러가는지)가 응답자가 밝힌 내용과 같았는지를 확인하는 것이다. 다시 말해 최초 표본

3 공공이슈 분야의 '전반적 영향력 제공자들'(2차조사시점, 질문 35: "귀하께서는 뉴스를 잘 따라가며 세상이 실제로 어떻게 돌아가는지를 믿을 만하게 알려주는 주변 사람을 알고 계신가요?")을 대상으로도 추적 인터뷰를 실시하였다. 하지만 여기서 전반적 영향력 제공자들에 내한 내용은 제시하지 않았다. 왜냐하면 전반적 영향력 제공자들은 어떤 구체적인 의사결정 내용과 관련된 것이 아니며, 따라서 별첨C에서 다루고 있는 추적 인터뷰와는 사뭇 다르기 때문이다. 예를 들면, 전반적 영향력 제공자를 지명한 응답자는 '전반적 영향력 제공자'에 대한 인터뷰 대상자가 될 수 없다. 전반적 영향력 제공자가 아닌 다른 '피지명자들'을 대상으로 진행된 추적 인터뷰의 경우 1차조사시점에 '구체적 영향력 제공자'라는 명칭을 사용하였다. 일상소비 분야와 패션 분야의 경우 외판원과 미용실 운영자, 공공이슈 분야의 경우 교사와 성직자들이 언급된 경우도 제외하였다. 왜냐하면 이들이 영향력 제공자로 언급된 이유는 이들이 맡고 있는 역할 때문이기 때문이다.

응답자가 밝힌 대화가 발생했다면, 추적 인터뷰 응답자 역시 최초 표본응답자가 밝힌 영향력을 제공했다고(혹은 수용했다고) 인정하는지, 그리고 추적 인터뷰 응답자가 생각하는 관계가 최초 표본응답자가 밝힌 관계와 부합하는지 아니면 그 반대의 관계였는지를 확인하는 것이 바로 저자들의 목표였다.

물론 저자들은 이와 같은 두 가지 국면이 존재한다는 것을 알고 있지만, 추적설문지에는 이러한 내용을 주의 깊게 담아내지 못하였다. 저자들은 이를 보완하기 위한 방법을 고안하였다. 이를 위한 첫 단계로 저자들은 앞서 설명했던 두 가지 개별 항목들을 시범 데이터를 통해 확인해보고자 하였다.

무엇보다 최초 표본응답자가 지명한 사람에게 다가가서 다짜고짜 "귀하께서는 Z와 관련하여 A여사에게 영향력을 발휘한 적이(혹은 영향력을 받은 적이) 있으신가요?"와 같은 방식으로 질문을 할 수는 없는 노릇이다. 저자들 스스로가 충분히 이해하고 있지 못한, 실제로는 아직도 탐구 중인 현상을 추적 인터뷰 참여자가 이해할 것으로 기대하기는 어렵기 때문이다. 영향력 교류와 관련된 대인관계의 여러 측면들을 고려하고, 일상적 언어(다시 말해 설문응답자들이 익숙하게 받아들일 수 있는 말)를 통해 이를 표현할 수 있는 설문문항을 고안해야 한다. 더구나 설문을 진행하는 기교도 필요하다. 즉 추적 인터뷰 응답자들이 수다 떠는 것을 좋아하는 사람이라는 인상을 갖게 하지 말아야 하며, 또한 다른 사람에게 군림하려 들거나 혹은 다른 사람의 말을 비굴하게 따르는 사람이라는 인상을 부여하지도 말아야 한다.

이러한 문제점들을 염두에 둔 상태에서 일상적인 설문조사 절차와 다른 추적 인터뷰를 진행할 경우 설문문항들을 융통성 있게 변화시켜야 한다. 이에 저자들은 인터뷰 진행자들에게 본 연구의 목적을 충실하게 설명한 후, 진행요원들이 설문을 진행하면서 떠오른 생각들을 알려달라고 요청하였다. 추적 인터뷰를 진행하는 진행요원들이 제시한 여러 제안들을 통해 저자들이 알고 싶어 하는 것을 어떻게 하면 알아낼 수 있을지 계속 고민하였다.

최초로 고안한 설문문항과 설문 진행방법은 다음과 같았다. 인터뷰 진행자들은 최초 표본응답자들을 대상으로 진행했던 설문과 정확하게 동일한 방식으로 자신을 소개한다. 이때 추적 인터뷰 대상자를 지명했던 최초 표본응답자의 이름은 밝히지 않는다. 이후 최초 표본을 수집할 때의 설문문항들을 먼저 제시한다. 이때 추적 인터뷰 대상자의 이름이 언급된 분야(이를테면, 패션 분야, 일상소비 분야 등)에서 최초 표본응답자의 이름을 주목하도록 언급한다. 추적 인터뷰 응답자를 언급한 최초 표본응답자의 이름을 언급할 때, "그러면, 귀하께서는 해당 분야에 대해 주로 누구와 이야기를 나누시는지요?"와 같은 질문을 추적 인터뷰 응답자에게 제시하였으며 다른 사람들과는 어떤 이야기를 나누는지 묻는 다른 질문들도 포함시켰다.[4] 즉 최초 표본응답자가 언급한 대화내용을 확인할 수 있는 문항을 제시하기 위해 일상적 설문문항들을 포함시켰다.

만약 최초 표본응답자가 말했던 구체적 커뮤니케이션 내용을 앞에서 언급한 방식의 추적 인터뷰를 통해 확인할 수 없는 경우, 인터뷰 진행자를 소개할 때, 최초 표본응답자의 이름을 가급적 티 나지 않도록 에둘러 질문하는 방식으로 추적 인터뷰 응답자가 최초 표본응답자와 아는 사이인지를 확인하였다(물론, 두 명이 친족관계인 경우 이 같은 방식의 확인작업을 진행할 필요가 없기 때문에 진행하지 않았다). 최초 표본응답자가 언급한 구체적 커뮤니케이션 내용을 확인하기 위한 문항은 아래와 같다.

> (만약 최초 표본응답자가 같은 가족 구성원인 경우): "귀하와 (최초 표본응답자 이름)께서는 (분야의 이름: 일상소비, 패션, 공공이슈)와 관련하여 종종 이야기를 나누시나요?"
>
> (만약 최초 표본응답자가 같은 가족 구성원은 아니지만, 추적 인터뷰를 소개하면서 이름이 언급된 경우): "귀하께서 알고 계신 (최초 표본응답자 이름)의 아버지와는 (분야의 이름)과 관련하여 얼마나 자주 이야기를 나누시나요?"
>
> (만약 최초 표본응답자가 같은 가족 구성원이 아니며 또한 추적 인터뷰를 소개하면서 이름이 언급되지도 않은 경우): "혹시 귀하께서는 (최초 표본응답자 이름)을 알고 계시나요? 예전에 (분야의 이름)과 관련하여 저와 (최초 표본응답자 이름)은 이야기를 나눈 적이 있습니다. (최초 표본응답자 이름)을 아시는지요?"
> (만약 안다고 답한 경우) "귀하께서는 (최초 표본응답자 이름)과 (분야의 이름)에 대해 이야기를 나누어본 적이 있으신가요?"

위와 같은 질문들을 통해 최초 표본응답자와 추적 인터뷰 응답자가 서로 아는 사이임을 확인한 후에는 다음의 질문들을 제시하였다.

---

4 최초 표본응답자의 이름을 자연스럽게 이끌어내기 위하여 이러한 장치를 마련하였다. 왜냐하면 추적 인터뷰 응답자에게 그냥 최초 표본응답자의 이름을 제시하는 것은 이상해 보이기 때문이다. 최초 표본응답자를 그냥 제시하였을 때, 추적 인터뷰 응답자들이 설문조사를 의아하게 생각하는 경우가 시범 테스트 결과에서 종종 보고되었다.

1. "(언급된 분야와 관련 최초 표본응답자가 밝힌 주제, 이를테면 패션 분야의 경우 매니큐어)와 관련하여 귀하와 (최초 표본응답자의 이름)이 나누셨던 최근 대화내용을 떠올릴 수 있으신가요?"

2. (추적 인터뷰 응답자가 영향력 제공자인 경우): "귀하께서는 (최초 표본응답자의 이름)이 (브랜드 이름)을 사용하도록, 혹은 (해당 분야와 관련된 의견)을 고려해보도록 제안한 적이 있으신가요?"
(추적 인터뷰 응답자가 영향력 수용자인 경우): "귀하께서는 (최초 표본응답자의 이름)이 제안한 대로 (브랜드 이름)을 사용하거나, 혹은 (해당 분야와 관련된 의견)을 고려해보셨나요?"

3. (추적 인터뷰 응답자가 영향력 제공자인 경우): "귀하께서는 (최초 표본응답자의 이름)에게 조언을 해주셨나요? 아니면 어쩌다가 귀하께서 (최초 표본응답자의 이름)에게 이야기를 해주게 되었나요?"
(추적 인터뷰 응답자가 영향력 수용자인 경우): "귀하께서는 (최초 표본응답자의 이름)에게 조언을 구하셨나요? 아니면 (최초 표본응답자의 이름)이 어쩌다가 귀하께 이야기를 해준 것인가요?"

인터뷰 진행자들은 추적 인터뷰가 진행되던 모든 상황들에 설문문항의 조건이 맞도록, 추적 인터뷰 응답자가 자신을 지명한 최초 표본응답자가 언급했던 분야에 대해 이야기한 적이 있으며, 해당 분야와 관련한 주제에 관해 대화가 진행된 적이 있는지, 또한 영향력의 주도권은 누가 갖고 있었는지(즉 조언을 의식적으로 주고받았는지 여부)를 확인하였다.

또한 언급된 분야와 관련하여 최초 표본응답자와 추적 인터뷰 응답자가 어떤 관계인지를 확인하는 문항과 아울러, 인터뷰 진행자들은 아래와 같은 사항들도 확인하였다(인터뷰 진행자들에 대한 일반 지시사항들에서 발췌하였다).

"모든 추적 인터뷰 응답자들에게 확인해야 할 가장 중요한 사항은 최초 표본응답자와 관련하여 추적 인터뷰 응답자가 다음 사항들 중 하나에 해당되는지를 확인하는 것:
(a) 관련 분야에서 영향력 제공자 혹은 의견지도자 역할을 수행하였는가,
(b) 관련 분야에서 영향력 수용자 혹은 의견추종자 역할을 수행하였는가,
(c) 최초 표본응답자와 추적 인터뷰 응답자가 완전히 평등한 관계, 즉 '동등한 사이(mutuals)'였는가?"

추적 인터뷰 응답자가 과연 어떤 역할을 했는지에 대한 선택은 어느 정도는 인터뷰 진행자가 응답자를 어떻게 인식하였는가에 달린 문제다. 이와 관련하여 설문 감독자는 이 부분을 점검하고 인터뷰 진행자들과 논의하였다. 설문을 진행할 때는 영향력, 조언, 의견지도자, 의견수용자 등과 같은 단어들을 사용하지 말라는 주의사항을 전달하고(왜냐하면 이들 용어는 누군가를 조종한다는 느낌을 주기 때문이다), 자기확신(self-confidence), 침착(poise) 등과 같이 전반적으로 의견지도자의 특징을 나타내는 내용으로 인터뷰를 진행하였다.

인터뷰가 진행되면서 인터뷰 진행자들로부터 여러 문제점과 제안사항을 들을 수 있었다. 추적 인터뷰 응답자들이 항상 구체적인 대화내용을 떠올리지는 못하였기 때문에 떠올린 대화내용이 비슷한 경우도 대용(substitutes)으로 인정하였다(예를 들어, 최초 표본응답자는 매니큐어를 언급했으나, 추적 인터뷰 응답자는 립스틱을 떠올린 경우).[5] 종종 언급된 구체적 대화에서 맡은 역할과 관련하여 추적 인터뷰 응답자들은 최초 표본응답자가 언급했던 역할이 아닌 반대 역할을 맡았다고 답하거나 구체적인 대화내용은 기억하지 못했으나, 최초 표본응답자와 맺고 있는 관계가 최초 표본응답자가 밝힌 내용과 전반적으로 비슷하다고 기억하기도 하였다. 가장 판단하기 어려운 응답은 추적 인터뷰 응답자가 자신은 해당 분야의 해당 토픽에 대해 그냥 이야기를 했을 뿐이며, 최초 표본응답자가 밝혔던 영향력을 행사할 의도는 전혀 없었다는 응답이었다. 이에 저자들은 추적 인터뷰 응답자들의 역할을 판단하기 위한 지수들을 고안해내야 했다.

최초 표본응답자가 말했던 구체적인 대화내용을 기억하지 못하는 상황과 당시 대화에서 추적 인터뷰 응답자가 어떤 역할을 했는지 기억하지 못하는 상황과 관련하여 저자들은 대화내용에서 등장한 물건, 스타일, 의견 등에 대한 세부적인 질문들을 준비하였다. 즉 추적 인터뷰 응답자 스스로가 해당 물건을 사용하는지, 해당 스타일을 강하게 추구하는지, 해당 물건이나 스타일에 대해 자주 말하는지, 최초 표본응답자와 해당 물건이나 스타일과 관련하여 이야기를 나눈 적이 있었는지, 두 사람 중 누가 해당 물건이나 스타일을 먼저 사용해보았는지 등을 물어보았다. 특히 시간적 선후관계를 평가하는 마지막 질문은 영향력의 흐름을 확정할 수 있는 중요한 논리적 수단으로 사용되었다.

---

**5** 다행스럽게도 최종 집계 결과 이러한 사례는 총 9건에 불과한 것으로 나타났다.

추적 인터뷰 응답자가 영향력 수용자인 경우, 최초 표본응답자로부터 얻은 정보는 매우 빈약한 수준이었다. 최초 표본응답자들로부터 얻은 정보는 대화의 일반적 주제였을 뿐이며, 대화의 당사자들이 그것을 좋아했는지 싫어했는지 혹은 누가 대화에서 어떤 역할을 맡았는지 등에 대해서는 그다지 알 수 없었다. 따라서 추적 인터뷰에서는 다음과 같은 질문들을 제시하였다: "귀하께서는 현재 무엇을 사용하시나요(혹은 "귀하께서는 어떤 스타일을 하고 계시는지요?", "귀하께서는 현재 어떤 의견을 갖고 계신지요)?", "(최초 표본응답자의 이름)께서는 무엇을 사용하고 계시나요?", "두 분 중에서 어떤 분이 (그 물건을) 먼저 사용하셨나요?", "(최초 표본응답자의 이름)께서는 귀하와 같은 의견을 갖고 계시나요?", "(최초 표본응답자의 이름)께서는 (언급된 주제)와 관련하여 어떤 좋은 의견을 갖고 계셨나요?" 등등.

이러한 저자들의 노력은 간접적이고 전반적인 애초의 접근방법을 포기하고 최초 표본응답자에게 질문했던 내용과 비교 가능한 응답을 얻고자 한 것이었다. 1차시점 추적 인터뷰를 진행하면서 이러한 설문방식을 채택하였기 때문에 모든 응답자들에게 동일하게 적용할 수 있는 정보를 얻지는 못하였다. 1차시점 추적 인터뷰를 통해 얻은 시행착오를 바탕으로 2차시점 추적 인터뷰부터는 다음과 같은 질문들을 제시할 수 있었다.

### 일상소비 분야 영향력 제공자의 추적 인터뷰

1. (친구, 친척, 이웃, 직장동료 등과 같이 최초 표본응답자와의 관계가 명시된 경우) 귀하께서는 (최초 표본응답자의 이름)과 함께 일상소비 관련 이야기를 나누어보셨나요?
2. (시리얼, 비누 등과 같이 최초 표본응답자가 언급한 제품 품목) 귀하께서는 현재 어떤 상품을 쓰고 계시나요?
3. 귀하께서는 (최초 표본응답자가 밝혔던 분야)의 (최초 표본응답자가 밝혔던 대화주제)와 관련하여 의견을 나누어본 적이 있으신가요? (만약 있다면) 누구와 의견을 나누어보셨나요?
4. 귀하께서는 (최초 표본응답자의 이름)을 알고 계신가요?
5. 귀하께서는 어떤 것을 사면 좋을지에 관해 (최초 표본응답자의 이름)과 이야기해본 적이 있으신가요? (만약 있다면) 언제 이야기해보셨나요?
6. 귀하께서는 (최초 표본응답자가 언급한 브랜드나 제품)과 관련하여 (최초 표본응답자의 이름)과 이야기해본 적 있으신가요?
7. (만약 2번 문항에서 특정 브랜드 제품이 언급되지 않았다면): 귀하께서는 (최초 표본응답자가 언급한 제품)을 사용하시고 계신가요?

8. 귀하께서는 (최초 표본응답자가 언급한 제품)을 얼마나 사용하고 계신가요?

9. 귀하와 (최초 표본응답자의 이름) 중 어떤 분이 (최초 표본응답자가 언급한 제품)을 먼저 사용하셨나요?

10. 귀하께서는 (최초 표본응답자가 언급한 제품)을 충분히 사용해보셨나요?

11. 귀하께서 생각하시기에 (최초 표본응답자의 이름)은 (최초 표본응답자가 언급한 제품)을 충분히 사용해보았나요?

12. 귀하께서 (최초 표본응답자의 이름)가 (최초 표본응답자가 언급한 제품)을 사용해보도록 권하셨나요? 아니면 (최초 표본응답자의 이름)가 귀하께 (최초 표본응답자가 언급한 제품)을 사용해보도록 권했나요?

### 공공이슈 분야 영향력 수용자와의 추적 인터뷰

1. 최근 모든 사람들이 (해당 분야)와 같은 문제들에 대해 이야기를 나누고 있습니다. 귀하께서는 (친구, 친척, 이웃과 같이 최초 응답자가 밝힌 관계)에 있는 사람과 (해당 분야)에 대해 논의해본 적이 있으신가요?

2. 귀하께서 (해당 분야)에 대해 논의할 때 (최초 응답자가 밝힌 관계)에 있는 누구와 이야기를 나누시나요?

3. 귀하께서는 (최초 표본응답자의 이름)을 알고 계시나요?

4. 귀하께서는 (해당 분야)와 관련하여 (최초 표본응답자의 이름)과 이야기해본 적이 있으신가요?

5. (만약 있다면) 언제 이야기해보셨나요?

6. 귀하께서는 (해당 분야)에 대해 어떻게 생각하시나요?

7. 귀하께서는 (해당 분야)에 대해 (최초 표본응답자의 이름)과 같은 의견이신가요?

8. (최초 표본응답자의 이름)께서 귀하께 자신의 의견을 제안하셨나요, 아니면 귀하께서 (최초 표본응답자의 이름)에게 귀하의 의견을 제안하셨나요?

9. 귀하께서 생각하시기에 (최초 표본응답자의 이름)께서는 (해당 분야)에 대해 상당히 잘 알고 있었나요?

10. 귀하께서는 (최초 표본응답자의 이름)과 (해당 분야)에 대해 종종 이야기를 나누시나요?

이에 따라 다음 사항들이 최종 설문문항(2차시점 추적 인터뷰 대상인 일상소비 분야의 경우 31명의 영향력 제공자, 공공이슈 분야의 경우 76명의 영향력 수용자)에서 달라졌다.

(a) 대상 분야 관련 논의에 대한 전반적 참여와 관련된 도입부 질문

(b) 최초 표본응답자가 밝혔던 구체적 커뮤니케이션 내용에 대한 소개 부분:

구체적 커뮤니케이션이 실제로 있었는지 여부

구체적 커뮤니케이션이 어떤 조건과 환경에서 진행되었는지

각 당사자가 쓰고 있는 물건이나 하고 있는 스타일, 혹은 믿고 있는 의견(일상소비 분야의 경우에 한해, 누가 해당 물건을 먼저 사용했는지, 그리고 누가 누구에게 해당 물건을 사용해보라고 말했는지. 다시 말해 최초 표본응답자가 말한 영향력의 흐름이 구체적 커뮤니케이션 과정에서 진행되었는지)

(c) 두 커뮤니케이션 당사자들 사이의 **일상적인**(*usual*) 의견교환 상황:

대상 분야와 관련하여 최초 표본응답자가 밝힌 추적 인터뷰 대상자의 대화기술이나 자격 및 추적 인터뷰 대상자 스스로 밝힌 대화기술이나 자격에 대한 평가(공공이슈 분야인 경우에 한해, 언급된 의견교환 상황이 일상적인지, 아니면 해당 커뮤니케이션 상황에만 국한된 것인지)

이를 통해 모든 추적 인터뷰 대상자들을 대상으로 최초 표본응답자가 언급한 구체적 커뮤니케이션과 관련한 두 가지 전반적 유형의 정보(구체적 커뮤니케이션이 실제로 있었는지, 그리고 영향력을 행사한 사람이 최초 표본응답자인지 아니면 추적 인터뷰 응답자인지)를 얻을 수 있었다. 이 두 가지 정보가 바로 저자들이 최초 표본응답자에게 물어본 내용이며, 동시에 추적 인터뷰를 통해 확인하고자 한 내용이다.

그러나 영향력과 관련된 데이터의 경우(예를 들어 누가 먼저 사용했는지 여부, 추적 인터뷰 응답자가 평가한 자신의 대화기술, 추적 인터뷰 응답자가 평가한 최초 표본응답자의 대화기술, 영향력 수용자인 추적 인터뷰 응답자가 제시된 조언에 따라 행동했는지 여부 등) 일관된 형태로 나타나지 않았다. 저자들은 본문 Part 2의 1부에서 이 데이터들에 대한 다양한 분석결과들을 제시한 바 있다. 별첨C에서는 어떤 과정을 통해 추적 인터뷰 설문문항을 구성했는지를 설명하였다.

## 2. 추적 인터뷰 대상자의 두 가지 유형: 영향력 제공자와 영향력 수용자

추적 인터뷰 과정 중 기록으로 남겨둘 가치가 있는 두 번째 측면을 살펴보자. 추적 인터뷰 대상자들의 경우 영향력 제공자들과 영향력 수용자들을 구분해야 한다. 표면적으로는 두 집단은 동전의 앞뒷면과 같은 존재로 여겨질 수 있다. 즉 한편은 영향력 수용자로서의 최초 표본응답자로 누군가로부터 영향력을 받은 경우이며, 다른 한편은 영향력 제공자로서 최초 표본응답자가 누군가에게 영향력을 행사한 경우다. 이렇게 본다면 어떤 분야의 영향력의 흐름이든 동전의 양면과 같이 영향력 수용자를 인터뷰한 후 영향력 제공자를 인터뷰한 내용은 영향력 제공자를 인터뷰한 후 영향력 수용자를 인터뷰한 내용과 동일할 것이라고 생각할 것이다. 만약 두 가지 내용이 일치되지 않는다면 뭔가 문제가 있다고 생각할 것이다.

그러나 저자들은 추적 인터뷰를 진행하면서 새로운 사실을 알게 되었다. 즉 두 가지 내용이 일치할 이유가 전혀 없다는 사실이다.

최초 표본응답자들이 지명한 영향력 제공자들에 대해 인터뷰를 진행하면서 다음과 같은 차이를 발견할 수 있었다. 먼저 최초 표본응답자가 의사결정을 바꾼 경우[이를테면, A커피를 마시다가 B커피를 마시게 된 경우, 헤어스타일을 롱밥(long bob) 스타일에서 페더컷(feather-cut) 스타일로 바꾼 경우, 물가관리국(OPA, office of price administration)◆ 활동에 대해 무관심하다 매우 불만을 갖게 된 경우 등등], 최소한 최초 표본응답자의 말을 믿는다면, 추적 인터뷰 대상자는 해당 분야, 해당 주제와 관련된 무엇인가를 최초 표본응답자에게 말한 적이 있으며, 최초 표본응답자는 이를 토대로 의사결정을 바꾸었다는 것을 명확하게 알 수 있었다.

반면 최초 표본응답자가 영향력을 행사한 경우, 설문을 통해 얻을 수 있는 정보는 상당히 불투명했다. 우선 영향력 제공자-수용자가 이야기한 주제가 무엇인지 명확하지 않았다. "귀하께서는 어떤 브랜드나 상품에 대해 최근 조언을 요청받으신 적이 있으신가요?" 혹은 "귀하께서는 (패션 분야)와 같은 주제로 누군가에게 최근 조언을 요청받으신 적이 있으신가요?"라는 질문을 최초 표본응답자에게 제시한 후에 그렇다는 응답을 받은 경우, "그렇다면 무엇에 대해서 요청받으셨나요?"라는 질문

---

◆ OPA는 제2차 세계대전 기간 동안 물가 안정을 위해 한시적으로 활동한 국가기구다(1941-1947). 설탕, 육류, 기름, 의복, 자동차 타이어, 임대료 등의 가격상승을 규제하였다.

을 추가로 제시하였다. 이 질문에 대한 응답은 이러한 영향력 행사가 과연 수용되었는지 아니면 거절되었는지 정확하게 파악할 수 있을 정도로 그다지 구체적이지 않았다.

둘째, 영향력 수용자인 추적 인터뷰 응답자들과 영향력 제공자인 추적 인터뷰 응답자들은 서로 비교되기 어려운 존재들이었다. 왜냐하면 "최근 귀하께서는 누군가에게 조언을 요청받으신 …?"과 같은 질문은 추적 인터뷰 응답자들이 저자들이 밝히고자 하는 비공식적 유형의 커뮤니케이션을 떠올리지 못하게 만들 정도로 딱딱한 형식이라는 느낌을 준다. 어쩌면 '안토니 씨'가 라디오에서 말하는 것◆처럼 피상적인 느낌을 줄지도 모른다. 이러한 문제에 대해, 저자들은 추적 인터뷰가 진행되는 동안 인터뷰 진행자들에게 조언(advice)이라는 말 대신 '제안(suggestion)'이라는 말을, 그리고 "귀하께서는 최근 조언을 **요청받으신** …?"이란 질문 대신 "귀하께서는 최근 제안을 **해보신** …?"이란 질문을 사용할 것을 지시하였다. 너무나 안타깝게도 추적 인터뷰 당시 어떤 응답자에게 어떤 문항이 사용되었는지에 대한 기록이 없기 때문에, 저자들은 문제가 발생했을 가능성이 존재할 수 있다는 것 이상의 내용을 파악할 수는 없었다.[6]

게다가 영향력 수용자에게 제안이나 조언을 해준 적이 있다는 최초 표본응답자의 자기보고 사례들의 경우, 영향력 수용자가 그 제안이나 조언을 받아들였는지 여부를 명확하게 알 수 없었다. 최초 표본응답자가 구체적인 의사결정을 바꾸었고 그 변화와 관련하여 명확하게 이름이 지명된 영향력 제공자 사례와는 달리, 추적 인터뷰를 통해 영향력 수용자가 실제로 최초 표본응답자의 조언을 받아들였는지를 확인하기 전까지 저자들은 그 무엇도 확인하기 어려웠다. 실제로 최초 표본응답자로부터 영향력 수용자라고 언급된 사람과 인터뷰를 진행한 경우, 추적 인터뷰 응답자는 최

---

6 각 시점에서 제시된 정확한 설문문항을 전부 기록하는 것은 현시점에서는 그다지 중요하다고 보기 어렵다. 왜냐하면 설문조사에서 가장 중요한 부분은 어떻게 응답자에게 영향력 수용자의 이름을 밝히도록 유도할 수 있는지 여부였기 때문이다. 추적 인터뷰의 목적은 응답자와 응답자가 지명한 사람이 어떤 관계를 맺고 있는지를 정확하게 밝히는 것이었다.

◆ 여기서 말하는 안토니 씨(Mr. Anthony)는 존 안토니(John J. Anthony, 1902-1970)를 가리킨다. 존 안토니는 1930-1940년에 라디오 인기 프로그램인 〈Good Will Hour〉의 진행자였다. 이는 결혼생활과 관련된 라디오 청취자들의 사연을 소개하고 이에 대해 존 안토니가 조언을 제시하는 프로그램이었다. 이 프로그램은 언제나 사연 신청자들의 "Mr. Anthony, I have a problem"이라는 표현으로 시작하는 문제에 대해 존 안토니가 답하는 방식으로 진행되었다.

초 표본 인터뷰에서 알려진 조언과 다르게 의도적으로 정반대로 행동했다고 보고하기도 했다. (이와 비슷한 경우가 영향력 제공자를 대상으로 한 몇몇 추적 인터뷰에서도 나타났다. 즉 추적 인터뷰 응답자가 제공한 조언의 내용이 최초 표본응답자의 행동변화 결과와 달랐다.)

종종 조언을 구한다는 행동은 조언을 **받아들이는**(*taking*) 것이 아닌 조언을 **해주는**(*giving*) 것에 흥미가 있는 사람들이 자주 사용하는 기법이라는 점을 여기서 다시 언급하고자 한다[7](본문 Part 2의 2장에서 이 부분을 언급한 바 있다). 다른 사람에게 의견 혹은 제안을 구하는 행동은 (영향력 수용자로 지명되어 추적 인터뷰 응답자들 중 몇몇이 말하듯) 스스로가 영향력 제공자가 될 수 있는 좋은 방법이다.

조언을 제공했지만 받아들여지지 않은 경우와 아울러 또 다른 문제는 조언을 해준 적이 없어도 상대는 영향력을 수용하는 (최초 영향력 제공자는 자신이 영향력을 행사한 것을 모를 수도 있다는) 경우가 발생할 수도 있다는 점이다. 다른 사람의 패션 스타일을 보고 그것을 따라하는 경우가 가장 대표적인 예다. 또한 일상적인 대화과정에서 나온 말을 조언으로 받아들이는 경우 조언을 해준 사람은 자신의 역할을 인식하지 못한다. 이 역시 두 유형의 응답자들을 대상으로 한 추적 인터뷰 결과를 비교 불가능하게 만드는 요인이다. 즉 최초 표본응답자가 영향력 수용자인 경우, 영향력 제공자가 영향력을 발휘한 것을 기억하지 못하더라도 영향력 수용자는 자신이 조언을 받았다는 것을 알고 있다. 하지만 최초 표본응답자가 영향력 제공자인 경우, 자신이 발휘한 영향력이 효과를 발휘하였는지를 명확하게 알 수 없다. 따라서 최초 표본응답자가 영향력 제공자인 경우 자신의 영향력에 대해 과대추정하든 과소추정하든 제대로 응답할 수 없다.

이런 이유들로 인해 두 가지 유형의 응답자들(영향력 제공자와 영향력 수용자)이 정확하게 비교 가능할 것이라는 저자들의 최초 기대는 폐기되었다. 따라서 저자들은 애

---

7 비록 영향력 제공자인 최초 표본응답자는 영향력 수용자인 추적 인터뷰 응답자가 조언을 실제로 받아들였는지 여부를 명확하게 밝힐 수는 없으나, 추적 인터뷰 설문문항을 통해 이를 확인할 수 있다. 만약 이 차이만이 최초 표본에서의 영향력 제공자와 영향력 수용자 사이의 유일한 차이였다면, 두 유형의 사람들을 대상으로 한 추적 인터뷰를 통해 얻은 확인결과는 영향력 흐름에서의 동전 앞뒷면과 같았을 것으로 기대할 수 있다. 그러나 앞으로도 설명되겠지만, (최초 표본응답자가 영향력 제공자인지 아니면 영향력 수용자인지에 따른) 다른 차이점들은 추적 인터뷰를 통해 확인하는 것이 불가능했다. 예를 들어 최초 표본응답자는 영향력 수용자가 자신의 조언을 신중하게 요청한 것인지, 아니면 자신의 패션 스타일이 다른 사람의 것을 따라한 것인지 등을 모르기 때문에 자신이 영향력 제공자라는 점을 모를 수도 있다.

초 계획했던 영향력 제공자로서의 최초 표본응답자의 응답과 영향력 수용자로서의 추적 인터뷰 응답자의 응답을 비교하는 결과표와 비슷한 방식으로 영향력 수용자로서의 최초 표본응답자의 응답과 영향력 제공자로서의 추적 인터뷰 응답자의 응답을 비교하는 결과표를 제시하지 않았다. 다만 여기서는 앞서 설명했던 차이들에도 불구하고 두 결과표를 비교한 결과가 생각만큼 나쁘지 않았다는 것을 밝히고자 한다.

끝으로 저자들은 최초 표본응답자가 영향력 수용자인 경우의 영향력 흐름 분석표들만을 보고하였음을 밝히고자 한다. 왜냐하면 다른 결과에 비해 이 결과에서 최초 표본응답자의 응답이 확인된 비율이 높았고, 또한 영향력 제공자로 지명된 사람들을 대상으로 진행된 추적 인터뷰 응답자의 특성에 대한 분석결과가 보다 유용하기 때문이다.[8]

또한◆ 본문의 내용 중 응답자 스스로 의견지도자라고 정의하는지 여부에 대한 부분에서는 최초 표본응답자가 스스로를 영향력 제공자라고 생각하는지를 묻는 설문문항을 대체할 문항이 없었다.

## 3. 추적 인터뷰 수행 시 표본손실

여기서는 추적 인터뷰를 실시할 때 나타날 수밖에 없는 표본손실에 대해 설명하고자 한다. 본문에서 언급하였듯, 저자들은 추적 인터뷰를 진행하고자 계획했던 사람들(다시 말해 최초 표본응답자들에게 지명받은 사람들로, 최초 표본응답자와 교류한 사람들) 중

---

**8** 최초 표본응답자의 지명에 대한 확인결과를 다룬 Part 2, 2장의 [표6]과 [표7]은 추적 인터뷰 참여자들 중 영향력 수용자와 영향력 제공자를 각각 비교한 결과다. 영향력 제공자인 추적 인터뷰 응답자는 영향력 수용자인 최초 표본응답자가 밝힌 것에 비해 대화를 더 빈번하게 했다고 응답했다. 특히 일상소비 분야와 패션 분야의 경우 영향력 제공자들은 영향력 수용자에 비해 자신이 더욱 빈번하게 영향력을 발휘했다고 답했다. 그러나 공공이슈 분야에서는 이러한 차이가 나타나지 않았는데, 그 이유는 공공이슈 분야의 경우 영향력 제공자가 자신이 일방적으로 영향력을 행사한 것이 아니라 쌍방이 모두 영향력을 행사했다고 답하였기 때문이다. 저자들은 왜 공공이슈 분야의 영향력 제공자들이 이러한 겸손한 응답(modesty)을 보이는지 아직까지 그 이유를 명확하게 알지 못한다. 저자들은 영향력 제공자인 추적 인터뷰 응답자들이 자신이 영향력을 발휘했다고 지목받은 대화가 실제로 있었다고 확인하는 비율이 반드시 더 높을 것이라는 예측으로는 이어지지 않음(물론 관점에 따라서는 이러한 예측을 지지하는 주장을 제시할 수도 있겠지만)을 별첨을 통해 밝히고 싶었다.

◆ 저자는 이 단락을 however라는 역접 표현으로 시작하고 있다. 그러나 의미상 역접부사보다는 순접부사가 더 적절할 듯하다.

상당수의 사람들에 대해 추적 인터뷰를 진행하지 못하였다. 본문에서 여러 차례 언급했듯, 영향력 교류를 측정한 데이터로는 절대 '대표성'을 확보하기 어렵다. 왜냐하면 최초 표본응답자가 지명한 모든 사람들을 대상으로 추적 인터뷰를 진행하지 못한 관계로 어느 정도의 오차(some bias)가 생기기 때문이다. 또한 각 분야별로 추적 인터뷰를 실시할 수 있었던 응답자 수가 상당히 작았기 때문이다. 이런 문제점들이 존재하지만 저자들의 애초 의도가 어느 정도나 달성되지 못하였는지 살펴볼 필요는 있다. 아래의 표는 패션 분야에서의 표본손실을 나타낸 결과이며, 다른 분야들의 경우도 아래 결과와 크게 다르지 않았다. 아래 표는 최초 표본응답자가 지명한 영향력 제공자들만을 대상으로 한 것이다.

[표C1] 패션 분야에서 영향력 제공자로 지명받은 사람들을 대상으로 한 추적 인터뷰 표본손실

| 인터뷰 성공 여부와 관련 | 빈도 | 비율 |
|---|---|---|
| 인터뷰 성공[9] | 186 | 41% |
| 인터뷰 대상자와 접촉 불가 | | |
| 최초 표본응답자가 기억하지 못함[10] | 71 | 16 |
| 최초 표본응답자에게 받은 정보가 불완전[11] | 28 | 6 |
| 조사대상지역 이외의 거주자 | 94 | 21 |
| 인터뷰 대상자에게 접촉을 시도했지만 접촉 불가 | | |
| 다른 지역으로 이사, 사망, 병원 치료 중 | 7 | 2 |
| 조사기간 동안 부재 | 13 | 3 |
| 인터뷰 대상자에게 접촉했으나 인터뷰를 거절당함 | 12 | 3 |
| 인터뷰 진행자의 행정적 실수 | 41 | 8 |
| 총합 | (452) | (100%) |

9 본문에서 저자들은 이들 186명 중에서 162명만을 대상으로 한 분석결과를 소개하였다. 왜냐하면 추가로 제외된 24명의 패션 분야 영향력 제공자들은 남성들이었기 때문이다(24명 중에서 11명은 응답자의 남편이었다). 패션 분야 영향력 제공자들 중 남성들은 상대적으로 매우 적은 수였기 때문에(반면 공공이슈 분야의 경우 남성 영향력 제공자들이 압도적으로 많았다), 저자들은 패션 분야의 영향력 흐름에 대한 분석결과를 산출할 때 여성 영향력 제공자들만을 고려하였다.

10 예를 들어, 응답자가 개인적으로 전혀 알지 못하는 패션 분야 '모델'의 스타일을 따라한 경우가 여기에 해당된다.

11 최초 표본응답자가 자신에게 영향력을 행사한 사람의 완전한 이름(full name)이나 거주지를 모르는 경우가 여기에 해당된다.

## 4. 추적 인터뷰 표본의 대표성

저자들은 위에서 살펴본 패션 분야 추적 인터뷰 표본에 대해 어떤 방식의 '대표성'도 주장하지 않는다. 그럼에도 불구하고, 저자들이 수집한 표본이 영향력 제공자들의 모집단과 어느 정도나 비슷한지 제한된 형태로나마 살펴보았다. 최초 표본응답자들이 자신에게 영향력을 행사한 사람들에 대해 응답한 분석결과를 모집단으로 간주할 수 있다. 예를 들어 최초 표본응답자들이 지명한 영향력 제공자들의 연령과 실제 추적 인터뷰에 응답한 영향력 제공자들의 연령을 비교해볼 수 있다. 앞서와 마찬가지로 패션 분야를 살펴보자. 앞에서 제시한 분석결과표에서 알 수 있듯, 지명받은 총 452명의 영향력 제공자들 중 추적 인터뷰에 응한 영향력 제공자들은 186명이었다.

저자들이 패션 분야를 선택한 이유는 패션 분야 영향력 제공자들의 특성으로 인해 다른 분야에 비해 표본손실 비율이 더욱 크게 나타났기 때문이다. 패션 분야 영향력 제공자들은 다음과 같은 세 유형으로 구분할 수 있다. 첫째, 최초 표본응답자가 새로운 패션에 대해 영향력 제공자에게 이야기를 들은 경우. 둘째, 최초 표본응답자가 영향력 제공자가 입거나 사용한 새로운 패션을 본 경우. 셋째, 최초 표본응답자가 영향력 제공자가 입거나 사용한 새로운 패션을 본 것과 아울러 이야기도 들은 경우. 표본손실이 가장 큰 영향력 제공자 유형은 두 번째 유형이었다. 이 유형에 속하는 영향력 제공자들의 경우 총 33%만이 추적 인터뷰에 응한 것으로 나타났다. 각 유형에 따라 영향력 제공자들의 인터뷰 성공 비율을 정리한 결과는 아래 표와 같다.

[표C2] 영향력 수용자와의 접촉방식에 따라 구분된 패션 분야 영향력 제공자들 중 인터뷰에 성공한 비율

| 지명받은 영향력 제공자들 중 인터뷰 응답비율 | 지명된 영향력 제공자 유형 | | |
|---|---|---|---|
| | 이야기만 나눈 경우 | 보기만 한 경우 | 보고 이야기를 나눈 경우 |
| | 50% | 33% | 41% |
| 총합(=100%) | (188) | (201) | (63) |

추적 인터뷰에 응답한 영향력 제공자들 중 영향력 수용자가 단순히 보기만 한 경우에 비해 이야기를 나눈 경우 응답률이 높아졌다. 이러한 오차가 저자들이 수집한 데이터에 얼마나 영향을 미쳤는가는 알 수 없다. 만약 영향력 수용자에게 시각적으로만 영향력을 끼친 영향력 제공자들이 이야기를 나누는 방식으로 영향력을 끼친 영

향력 제공자들과 다른 성격을 갖는다면, 이 차이는 명백한 오차로 작용할 것이라고 예상할 수 있다. 이를테면 서로 다른 사회적 지위 사이에 이야기를 나눌 가능성이 매우 낮다는 점에서, 사회적 지위가 높은 사람의 패션이 사회적 지위가 낮은 사람의 패션에 영향을 미치는 경우는 이야기를 나누는 방식보다는 시각적 방식으로 나타날 가능성이 더 높다.

반면, 추적 인터뷰 응답자들의 사회경제적 지위, 교육수준, 연령 등과 같은 개인 특성들을 살펴보았을 때, 일단 각 추적 인터뷰 집단들 사이에 그렇게 큰 차이는 발견되지 않았다. [표C3]은 추적 인터뷰에 응답한 영향력 제공자들의 개인 특성들을 정리한 결과다. 그러나 [표C3]은 지명받은 전체 영향력 제공자들을 대상으로 얻은 사회적 지위에 대한 분석결과가 아니라, 최초 표본응답자들을 대상으로 얻은 결과다. 지명받은 사람들 중 어느 정도가 추적 인터뷰에 응답했는지를 최초 표본응답자의 사회적 지위와 비교하는 방식으로 얻은 결과는 영향력 제공자들을 비교한 결과를 간접적으로 추정한 것에 불과하다. 그러나 저자들이 지명받은 영향력 제공자들 중 추적 인터뷰에 응하지 않은 사람들에 대한 완전한 데이터를 확보하지 않았기 때문에 [표3C]의 분석결과를 대신 제시한 것이다.

**[표C3] 최초 표본응답자의 사회적 지위, 교육수준, 연령별 패션 분야 추적 인터뷰에 응답한 영향력 제공자들의 비율**

| 최초 표본응답자(영향력 수용자) | 지명받은 영향력 제공자들 중 추적 인터뷰에 응답한 비율 |
|---|---|
| 45세 미만 | 46% |
| 45세 이상 | 48% |
| 상위수준의 사회적 지위(A&B)[12] | 48% |
| 중위수준의 사회적 지위(C) | 52% |
| 하위수준의 사회적 지위(D) | 39% |
| 고등학교 졸업 이상 | 41% |
| 고등학교 졸업 미만 | 51% |
| 총합(=100%) | (452) |

**12** 여기에 보고된 사회적 지위 측정치는 인터뷰 진행자가 응답자에 대해 주관적으로 평가한 A, B, C, D 범주다. 이 범주들 중 A, B는 '상위수준'으로 분류하였다.

최초 표본응답자들 중 나이가 많은 응답자가 지명한 영향력 제공자들과 나이가 적은 응답자가 지명한 영향력 제공자들의 인터뷰 응답 성공비율은 엇비슷했다. 사회적 지위가 낮은(D) 최초 표본응답자들이 지명한 의견지도자들의 경우 교육수준이 높은 응답자들이 지명한 의견지도자들에 비해 추적 인터뷰 응답 확률이 다소 낮게 나타났다. 그러나 전반적으로 각 사회집단 사이의 차이는 그다지 크게 나타났다고 보기 어렵다.

최초 표본응답자들이 지명한 사람들 중 추적 인터뷰에 응한 사람들의 비율이 연령과 사회적 지위에 따라 그렇게 크게 다르지 않다는 점에서, 저자들이 확보한 추적 인터뷰 데이터는 적어도 연령과 사회적 지위라는 면에서 대표성을 잃었다고 보기 어렵다는 것이 저자들의 판단이다.

최초 표본응답자들에게 지명받은 사람들 중 가족이나 친지가 아닌 가족 외 구성원인 경우는 추적 인터뷰 대상자로 접근하기도, 응답을 얻는 것도 더 어려웠다. 영향력 제공자들이 혈연이나 혼인관계가 아닌 경우에 비해 가족관계인 경우 지리적으로도 더 가까운 곳에 거주하고 있었다.

[표C4] 영향력 수용자와의 관계에 따라 패션 분야 추적 인터뷰에 응답한 영향력 제공자들 비율

| 최초 표본응답자와<br>지명받은 영향력 제공자의 관계 | 지명받은 영향력 제공자들 중<br>설문에 응답한 비율 | 총합<br>(=100%) |
|---|---|---|
| 이웃 | 50% | (26) |
| 친구 | 58% | (117) |
| 직장상사나 직장동료 | 39% | (36) |
| 부모 | 37% | (32) |
| 자식 | 35% | (40) |
| 기타 혈연관계의 친척 | 41% | (56) |
| 남편 | 61% | (18) |
| 혈연관계가 아닌 친척(in-laws) | 30% | (27) |

[표C4]는 얼마나 표집오차(sampling bias)가 나타났는지를 보여준다. 이웃과 친구의 경우 지명받은 영향력 제공자들 중 추적 인터뷰에 응답한 비율이 과도하게 높은 반면, 같은 집에 살고 있지 않은 친척들의 경우 추적 인터뷰에 응답한 비율이 명백하게 낮았다. 이러한 표집오차가 본서의 연구결과에 어느 정도 영향을 미쳤는지는,

추가적인 정보 없이는 그저 추정만 해볼 수 있을 뿐이다.

다시 최초 표본응답자를 기반으로 평가하였을 때, 미혼 응답자들과 기혼 응답자들, 혹은 최근 결혼한 사람들과 결혼한 지 꽤 시간이 지난 사람들 사이의 추적 인터뷰에 응답한 비율 차이는 아주 미미한 정도에 불과했다. 또한 커뮤니케이션 습관, 종교, 정당지지 성향 등을 기준으로 최초 표본응답자들을 구분해도 특기할 만한 차이는 나타나지 않았다.

## 5. 추적 인터뷰 과정에서의 '영향력 흐름' 분석결과 보충설명

본문에 제시된 영향력의 흐름 분석결과는 영향력 제공자의 특성과 영향력 수용자의 특성을 교차시켜 제시한 결과다. 예를 들어 응답자의 연령수준을 노년(o), 중년(m), 청년(y)으로 구분한 후 교차시킨다고 가정해보자. 이 경우 다음의 사례와 같이 [표C5]를 도식화하는 것이 가능하다.

[표C5] 100쌍의 영향력 제공자와 영향력 수용자의 연령 교차표(임의로 생성된 결과표임)

| | | 영향력 수용자 | | | |
|---|---|---|---|---|---|
| | | 노년(o) | 중년(m) | 청년(y) | 총합 |
| 영향력 제공자 | 노년(o) | 15 | 7 | 8 | 30 |
| | 중년(m) | 3 | 40 | 7 | 50 |
| | 청년(y) | 2 | 3 | 15 | 20 |
| | 총합 | 20 | 50 | 30 | 100 |

다음 세 가지와 관련된 분석결과와 그에 대한 해석을 제시할 수 있다.

1. 영향력 제공자들과 영향력 수용자들 중에서 평균적으로 어느 집단이 더 연령이 높은가? 이 질문의 경우 마지막 가로줄과 마지막 세로줄 주변부 분포(marginal distribution)를 각각 비교해보면 해답을 얻을 수 있다. [표C5]의 경우, 영향력 제공자들이 다소 나이가 많다. 따라서 조언은 나이가 많은 사람에게서 나이가 적은 사람에게도 제공된다. 이러한 분석결과와 해석을 지칭할 때 저자들은 '방향성(direction)'이라는 용어를 사용하였다.

2. 동일한 연령 집단들 내부에서는 어느 정도나 조언이 유통되는가? 분석결과표의 대각요소들을 살펴보면 이 질문에 답할 수 있다. 영향력 제공자와 영향력 수용자 쌍들의 70%가 동일한 연령 집단에 속해 있다. 이 수치는 특징변수의 범주들을 어떻게 구분하는가에 따라 달라질 수 있다. 만약 연령 집단을 3개가 아니라 5개로 나눌 경우, 동일한 연령 집단내부에서 조언이 유통되는 비율은 더 낮아질 것이다. 따라서 영향력 흐름의 '동질성(homogeneity)'과 관련하여 2개의 특징변수들을 비교할 경우, 두 특징변수들은 동일한 집단수를 가져야만 한다. 본서의 경우 영향력의 흐름에 대한 분석결과를 제시할 때, 연령, 사회적 지위, 그리고 기타 특징변수들을 모두 3개의 집단으로 구분하였다.

3. 끝으로 영향력 흐름의 '범위(range)'는 다음과 같은 방식으로 측정될 수 있다. [표C5]의 경우 30명의 노년 응답자들이 존재한다. 이들 중 절반은 자신보다 나이가 어린 사람들에게 조언을 해주었는데, 이들의 조언을 받은 중년 응답자들(7)과 청년 응답자들(8)은 서로 엇비슷하다. 그러나 연령 집단은 한 단계 차이인 경우의 발생빈도가 그 이상의 차이인 경우의 발생빈도보다 더 큰 것이 보통이다.

언급한 세 가지 중 다른 점들은 그대로인데 한 가지만 바뀌는 경우도 가능하며, 세 가지 모두가 바뀌는 경우도 가능하다. 예를 들어 '범위'가 더 감소한 영향력 흐름 분석결과가 나타난 경우의 결과분석표를 가정해보자. 또 '방향성'과 '동질성' 중 하나를 그대로 두고, 다른 하나만 변화시켜보자. 첫 번째 경우는 [표C6]과 같으며, 두 번째 경우는 [표C7]과 같다.

[표C6] [표C5]와 비교할 때 '방향성'은 바뀌지 않았지만 '범위'는 감소한 경우(임의로 생성된 결과표임)

| | | 영향력 수용자 | | | |
|---|---|---|---|---|---|
| | | 노년(o) | 중년(m) | 청년(y) | 총합 |
| 영향력 제공자 | 노년(o) | 15 | 12 | 3 | 30 |
| | 중년(m) | 4 | 34 | 12 | 50 |
| | 청년(y) | 1 | 4 | 15 | 20 |
| | 총합 | 20 | 50 | 30 | 100 |

[표C7] [표C5]와 비교할 때 '동질성'이 같고, [표C6]와 비교할 때 '범위'가 같은 경우(임의로 생성된 결과표임)

| | | 영향력 수용자 | | | |
|---|---|---|---|---|---|
| | | 노년(o) | 중년(m) | 청년(y) | 총합 |
| 영향력 제공자 | 노년(o) | 15 | 12 | 3 | 30 |
| | 중년(m) | 2 | 40 | 8 | 50 |
| | 청년(y) | 1 | 4 | 15 | 20 |
| | 총합 | 18 | 56 | 26 | 100 |

[표C7]에서 2와 8은 공식에 따라 결정한 값이 아니라 [표C6]의 값들과 가급적 유사하게 입력된 값이다.◆ 앞서 소개한 방향성, 동질성, 영향력의 흐름을 '측정'하기 위해 저자들이 선택한 각 지수들에 따라 예시로 제시된 결과표들이 달라진다는 것을 확인할 수 있다. 본서에서 저자들은 정량적 분석결과(quantitative results)◆◆를 제시하기보다 두 집단 사이의 정성적 관계(qualitative relations)를 예시하는 것에 주력하였다. 본문에서 제시된 영향력 흐름 결과표들의 경우 영향력 제공자들과 영향력 수용자들 사이의 정성적 관계가 어떠한지를 추정하는 해석들만을 제시하였다.

◆ [표C6]의 경우 'm → o'의 값이 4, 'm → y'의 값이 12로 그 비율이 1:3이지만, [표C7]의 경우 'm → o'의 값이 2, 'm → y'의 값이 8로 그 비율이 1:4이다.

◆◆ 교차표를 대상으로 가로줄과 세로줄이 어떤 관계를 맺고 있는지를 분석하는 대표적인 통계기법으로는 로그선형 모형(log-linear model), 대응분석(correspondence analysis) 등을 언급할 수 있으며, 사회연결망 분석(social network analysis)에서도 이러한 교차표 형식의 데이터를 다루기도 한다[즉 사람을 노드(node) 혹은 꼭지점(vertex)으로, 영향력을 링크(link) 혹은 선(edge)으로 간주할 경우].

별첨 D

# 지수 구성 (대중소설 소비지수 구성방식에 대한 보충설명 포함)

별첨D에는 본문에 소개된 모든 지수를 소개한다. 저자들은 자세한 논의를 위해 그중 몇 개를 선정할 것이다. 그런 다음, 본문에는 소개하지 않았으나 흥미로운 결과를 보여주는 대중소설 소비지수(an index of Popular Fiction Consumption)를 마지막에 소개하고자 한다.

## 1. 본문에 소개된 지수 목록

여러 설문문항을 조합해 어떻게 지수를 구성했는지에 대한 구체적 방법은 해당 지수를 소개할 때 본문 혹은 각주에 소개한 바 있다. 여기서 저자들은 본문에서 사용된 지수를 열거하고, 각 지수의 구성요소로 들어간 항목들의 내용을 축약된 형태로 언급하겠다.[1]

1. **의견지도력**(자기지명식)[2] **(아래 두 조건들 중 하나에 해당되는 경우)**

a. 특정 분야(예: 일상소비)에 대한 조언을 제공한 적이 있다고 6월 조사와 8월 조사 모두에서 보고한 경우; **또는**

b. 둘 중 한 번의 조사에서만 조언을 제공했다고 응답하고, 여기에 더해 자기평

1 효과성 지수를 제외하고, 이 모든 지수는 Part 2의 3부에 등장한다. 효과성 지수는 2부에 등장하며, 의견지도자 지수는 Part 2의 1부에서 소개되지만 3부 전반에 걸쳐 재등장한다.

2 자기지명식 의견지도력의 정의는 일상소비 분야, 패션 분야, 공공이슈 분야, 영화관람 분야에서 모두 등장한다.

가(self-rating)에서 자신이 남들보다 그 분야 관련 조언 요청을 받을 '가능성이 더 높을 것'이라고 응답한 경우.

2. **효과성 지수**(매체가 의사결정에 미치는 영향에 대한 전반적 평가)
특정 매체에서의 '효과발생 노출' 대비 해당 매체에서의 총 노출 비율(ratio).

3. **생애주기**
나이, 결혼 여부, 자녀 수.

4. **사회경제적 지위**(아래 제시된 바와 같이, 세 개의 지수가 서로 번갈아가며 사용됨)
a. 임대료와 교육수준.
b. 가족 부양 책임자의 직업.
c. 조사자의 직관적 평가.

5. **사교성**
친구의 수, 가입하고 있는 공식적 조직의 수.

6. **패션 분야 관심사**
유행을 따르는 것의 중요성에 대한 의견; 최근에 변화를 시도했는지; 최근 3달 동안 새 옷을 구매하거나 제작했는지 여부.

7. **'수출' 지수**(집단외부로의 의견지도력 비율을 추정하기 위해)
특정 분야에서(예를 들어, 패션 분야) '개별 집단 의견지도력 관심도 비율' 대비 '표본 전체 의견지도력 대비 관심도 비율'을 '평균'한 값에서 발생한 편차(deviation) 정도.

8. **공공이슈 정보**
지역 고속도로 건설 계획 및 영국 선거 관련 질문의 정답률.

9. **이미 형성된 의견 지수**
(내용과 무관하게) 10가지 공공이슈 의견 문항에 대해 의견을 형성하는 것.

10. '**지역적' 그리고 '코스모폴리탄' 미디어 행위**

타지(out-of-town) 신문을 구독하고, 전국 단위의 잡지에서 뉴스를 접하는 것.

11. **중요성 지수**(다양한 의견지도력 결정요인의 상대적 중요도 평가를 위해)[3]

## 2. 네 지수에 대한 추가 논의: 사교성, 사회적 지위, '중요성', 의견지도력(자기지명식)

저자들은 본서의 네 부분에서 보다 정교한 과정을 통해 본 연구의 목적에 적합한 지수를 형성했다.

### 사교성과 사회적 지위 지수

마지막 절에서 사용된 사회적 지위[4] 지수와 사교성 지수는 본문에서 나타난 것보다 훨씬 더 많은 데이터를 사용하여 절차에 따라 개발되었다.

사교성 지수를 주된 예시로 들어보자. 독자들은 사교성 지수의 최종 형태에서는 친구의 수와 소속된 조직의 수에 따라 사람들을 나눴음을 기억할 것이다. 그러나 설문지에는 응답자가 오후에 사교 행사에 참석하는지, 또는 새로운 사람들과 만나는 것을 즐기는지 등, 사교성과 관련된 또 다른 문항들 역시 포함되어 있었다. 이 모든

---

**3** 아래에서(별첨D 내부) 논의하고 있다.

**4** 임대료와 교육수준으로 구성된, 본 연구에서 가장 자주 사용된 지수를 가리킨다. 추적 인터뷰에서 임대료와 교육수준 자료가 없는 경우, 저자들은 불가피하게 직업과 인터뷰 진행자의 직관적 평가를 사회적 지위의 대체 척도로 사용하기도 했다. 전통적인 직업 범주들을 사용해 응답자들을 사업, 전문직, 화이트칼라, 임금노동자 집단으로 나눴다. 인터뷰 진행자의 평가는 아래 제시된 현장조사 감독관의 안내를 바탕으로 이루어졌다.

**A수준**: 최고급 주거지. 인구의 상위 5-10%에 해당하는 생활수준. 부유한 사업가와 전문직.

**B수준**: 중상위권 주거지. 생활수준 측면에서는 A수준 다음 20% 정도. 화이트칼라와 감독 직종; 중소기업 소유주, 세일즈맨, 몇몇 전문직, **고도로** 숙련된 노동자.

**C수준**: 중간 정도, 또는 준-숙련된 노동자들의 대규모 집단, 그리고 비교적 임금이 낮은 화이트칼라들. 평균, 그리고 다소 평균 이하의 사회경제적 지위. 삶의 필요 요건들을 갖추었으나 사치는 거의 누리지 못함.

**D수준**: 전체 인구의 4분의 1, 또는 3분의 1을 차지하는 가장 가난한 계층. 평범한 노동자, 가정부, 다수의 해외 출생자들. 극빈층부터 거의 C수준 근방까지를 모두 포함.

정보를 종합해 이른바 잠재구조분석(latent structure analysis)◆을 실시했다. 이 절차의 목적(사람들이 얼마나 사교적인지에 따라 순위를 매기는 것)은 다음과 같았다. 이를 위해 본 연구에서는 방금 언급한 종류의 척도들(indicators)을 상당히 많이 사용해야 했다. 그러나 저자들은 이러한 지수들이 기저에 깔린 1차원적 순서를 표현하고 있는지 확인하고자 했다. 바꿔 말하면, 저자들은 이 척도 중 5, 6개에 대해 자격을 갖춘 사람들이 그들 중 한두 개에 대해서만 자격을 갖춘 사람들보다 더 사교적이라고 생각해도 되는지 살펴본 것이다. 이 절차의 통계처리 부분은 다른 문헌에서 일반인도 이해할 수 있도록 충분히 설명되어 있다.[5]◆◆ 여기에서는 항목들을 검증한 결과, 실제로 전통적 IQ 검사와 비슷하게 1차원적 검사를 구성하는 것으로 나타났다고 언급하는 것으로 충분할 것이다. 일단 이 점이 확인되면 반드시 모든 항목을 검사에 사용할 필요는 없어진다. 저자들은 사람들을 세 집단으로 나누려고 했기 때문에 원래의 항목 중 두 개만 사용하는 것으로도 충분했다. 독자들은 저자들이 이 두 가지 항목에 대해 자격을 갖춘 사람들을 매우 사교적인 사람들로 불렀다는 것을 기억할 것이다. 비사교적인 사람들은 선택된 두 항목 중 어느 항목에 대해서도 자격이 없는 사람들이었고, 나머지는 중간 집단으로 분류되었다.

이러한 절차의 의미는 사회적 지위 분류를 통해 훨씬 더 명확해질 수 있다. 저자들은 더 많은 수의 항목들을 이용해 사회적 지위 분류를 다시 시작해보았다. 최종적으로 사용하기로 한 임대료와 교육수준 외에도, 응답자가 전화기를 가졌는지 등의 항목들이 있었다. 즉, 어떤 사람이 공동체 내에서 갖는 지위는 다양한 방식으로 표현될 수 있다는 것이다. 어떤 사람은 더 비싼 동네에 집을 갖고 있지만 내부를 그다지 잘 꾸

---

**5** 라자스펠드 편집(1954), "잠재구조분석의 개념적 토대(The Conceptual Foundation of Latent Structure Analysis)" 참조

◆ 잠재구조분석 혹은 잠재계층분석(LCA)은 범주형 자료(categorical data)를 대상으로 실시하는 데이터 분석 기법이다. 연구에서 응답자들을 특정 개수의 집단(k)들로 구분하고자 할 때 주로 사용된다. 본서에서는 '잠재계층분석'이라는 용어와 '잠재구조분석(latent structure analysis)'이라는 용어를 혼용하여 쓰고 있다. 역자들이 인지하는 범위에서 현재는 잠재계층분석(LCA)라는 표현이 주로 쓰이고 잠재구조(latent structure analysis)라는 말은 거의 쓰이지 않는다.

◆◆ 원서에는 저자주에 언급된 Lazarsfeld, ed (1954)가 보고되어 있지 않다. 적어도 역자들이 찾아본 바로는 제시된 제목의 책이 존재하는지 불확실하다. 잠재계층분석의 개념적·방법론적 토대를 제시한 라자스펠드의 책으로는 아래가 있다.

Lazarsfeld, P. F. & Henry, N. W. (1968). *Latent Class Analysis (1st Ed.)*, Boston, MA: Houghton Mifflin Company.

미지 않을 수 있다. 반면, 또 다른 사람은 집 내부를 편하게 만드는 데에 더 신경을 쓸 수도 있다. 어떤 사람은 고등학교 이상의 교육을 받아서 명성을 얻을 수 있다. 또 다른 사람은 육체노동자(laborer)이지만 전화기를 마련하는 데 돈을 써서 자신이 가진 영향력의 잠재적 범위를 넓힐 수 있다. 저자들은 이러한 척도를 사용하여 의사가 환자의 병을 진단할 때와 똑같은 일을 하는 셈이다. 암의 발생 가능성을 가리키는 검사가 많을수록, 의사는 환자에게 뭔가 문제가 있다는 것을 더욱 확신하게 될 것이다. 그러나 사람들을 하나의 차원에서 몇 개의 폭넓은 집단으로 분류하기 위해 이 모든 지수가 필요하지는 않다. 저자들은 그중 임대료와 교육수준을 선택했다. 그 주된 이유는 이것이 상식적으로 지위(prestige)에 기여하는 것으로 알려진 삶의 두 가지 측면이기 때문이었다. 그러나 이를 사회적 지위라는 하나의 잠재적 특징의 척도로 사용하는 정당성은 상식이 아니라 모든 척도를 바탕으로 한 잠재구조분석에서 도출했다.

### 중요성 지수

여기서 논의되는 세 번째 지수는 좀 더 복잡하다. Part 2의 끝에서 저자들은 사교성, 지위, 생애주기와 같은 다양한 특성이 의견지도력과 얼마나 관련이 있는지에 대한 질문을 던졌다. 통계학적 지식을 갖고 있는 독자들은 저자들이 어떤 '상관관계 지수'를 사용했는지 좀 더 자세히 알고 싶을 것이다. 저자들은 독자들이 두 속성의 상관관계는 4분표로 표현될 수 있다는 것을 알고 있다고 가정하였다.

| | | 속성2 | | |
|---|---|---|---|---|
| | | 1 | 2 | |
| 속성1 | 1 | $a_1$ | $a_2$ | $A$ |
| | 2 | $b_1$ | $b_2$ | $B$ |
| | | $S_1$ | $S_2$ | $N$ |

이러한 상호관계에 대한 통상적인 측정치는 다음 공식으로 계산된다.

$$r^2 = \frac{a_1 b_2 - a_2 b_1}{ABS_1 S_2}$$

이제 매우 간단한 대수(algebra)를 적용하면 이와 동일한 지수를 다음 공식을 통해서도 계산할 수 있다는 것을 알 수 있다.

$$r^2 = 1 - \frac{\dfrac{a_1 b_1}{S_1} + \dfrac{a_2 b_2}{S_2}}{\dfrac{AB}{N}}$$

이 형태의 공식은 본 연구문제로 꽤 쉽게 확장될 수 있다. 의견지도력은 존재할 수도 있고, 부재할 수도 있다(따라서 위의 속성처럼 이분변수로 취급될 수 있다). 그러나 본 연구의 응답자들의 특성은 세 가지 또는 네 가지 분류(높음, 중간, 낮음; 혹은 미혼 여성, 소가족 부인, 대가족 부인, 중년 부인)로 나뉜다. 그러므로 4분표가 아니라 6개 또는 8개의 입력 항목이 있는 표를 다뤄야 한다. 따라서 다음과 같이 그릴 수 있다.

| | | 속성X | | | |
|---|---|---|---|---|---|
| | | 높음 | 중간 | 낮음 | |
| 의견지도력 | 부재 | $a_1$ | $a_2$ | $a_3$ | $A$ |
| | 존재 | $b_1$ | $b_2$ | $b_3$ | $B$ |
| | | $S_1$ | $S_2$ | $S_3$ | $N$ |

그렇다면 앞서와 마찬가지로, 위의 공식은 아래와 같이 확장된다.

$$r^2 = 1 - \frac{\dfrac{a_1 b_1}{S_1} + \dfrac{a_2 b_2}{S_2} + \dfrac{a_3 b_3}{S_3}}{\dfrac{AB}{N}}$$

모스텔러(Mosteller) 교수가 개발한 이 공식은 통상적인 방식으로 해석할 수 있다. 분석 대상 속성에 의해 의견지도력이 완전히 결정되면, 이 수식의 값은 1이 된다.

그 속성이 의견지도력과 무관하다면 지수값은 0이 된다. 지수의 수치는 작을 수밖에 없다. 예를 들어, 동일한 크기의 집단들이 .60, .40, .20◆만큼의 차이를 보인다면, 지수값은 .334에 불과할 것이다. 빈도수가 작은 집단이 있는 경우 지수의 값이 낮아진다. 따라서 지수수치는 비교 목적으로만 사용되어야 한다.

### 의견지도력 지수

네 번째 지수는 특히 주목해야 할 것인데, 이는 바로 자기지명 의견지도력 지수이다. 이 지수를 구성하기 위해 세 가지 항목이 사용되었다는 사실을 상기해보자. 첫째, 6월과 8월에 반복된 질문이 있었다. 그 질문은 최근에 조언을 준 구체적인 에피소드에 대한 것으로, 본 연구에서는 "귀하께서는 최근에 …(일상소비 분야, 패션 분야 등)에 대해 조언을 요청받은 적이 있으십니까?"라고 물었다. 둘째, 본 연구에서는 "귀하와 지인 관계를 맺고 있는 다른 여성들과 비교했을 때, 귀하께서는 이들에 비해 …(일상소비 분야, 패션 분야 등)에 대해 조언요청을 받을 가능성이 더 높은 편이십니까, 아니면 더 낮은 편이십니까?"라고 질문했다. 두 개의 구체적인 항목과 하나의 일반적인 항목을 합쳐서 의견지도력 지수를 만들었다.

본문에서 논의하고 또한 이전 별첨에서 보다 자세히 설명한 위 질문들에는 뚜렷한 장단점이 있다. 하지만 여기에서는 6월 조사에서 조언 제공 에피소드를 보고한 여성이 8월 조사에 또 다른 에피소드를 얼마나 보고하는지, 그리고 이러한 구체적인 영향력의 사례들이 응답자가 평가한 응답자 자신이 조언 요청받을 가능성과 얼마나 상관관계를 보이는지 보고하고자 한다. 바꿔 말하면, 저자들은 세 가지 질문에 대한 답변들 사이의 상호 상관관계를 보고하고자 한다.

물론, 두 가지 구체적인 조언 사례 문항에 대한 응답자들의 답변을 비교함으로써 응답의 일관성(consistency)을 파악하는 것은, 사실적인 문항(factual question)을 두 차례의 연속적인 조사에 걸쳐 물어봄으로써 해당 문항의 신뢰도(reliability)를 검증하는 것과는 전혀 같지 않다. 누군가에게 국적이나 생년월일을 물어본다면 이 사람의 대답은 일관성을 보일 것으로 예상할 수 있지만, 누군가에게 조언을 제공하는 행동이 높은 일관성을 보이는 활동이라고 기대하기는 어렵다. 6월 조사에서 '최근에' 조언을 주었던 사람들이 8월 조사에서도 이런 '최근의' 경험을 했을 것이라고 기대할 이

◆ 원문에서는 .60–.40–.20으로 표시되어 있다. 하이픈(–)이 마이너스 부호와 혼동될 수 있어 쉼표로 바꾸었다.

유가 없다. 어쨌든 패션 분야와 공공이슈 분야에 대한 교차표(cross-tabulation)를 살펴보자.[6]

아래 표에 따르면 패션 분야와 공공이슈 분야 모두, 6월 조사에서 응답자 자신이 영향력 전파자였다고 보고한 사람 중 약 40%만이 8월 조사에서도 영향력 전파자라고 응답했다.[7]

| | | 6월 조사 패션 분야 조언 경험 | | |
|---|---|---|---|---|
| | | 있다 | 없다 | |
| 8월 조사 패션 분야 조언 경험 | 있다 | 76 | 106 | 182 |
| | 없다 | 98 | 434 | 532 |
| | | 174 | 540 | |

| | | 6월 조사 공공이슈 분야 조언 경험 | | |
|---|---|---|---|---|
| | | 있다 | 없다 | |
| 8월 조사 공공이슈 분야 조언 경험 | 있다 | 22 | 95 | 117 |
| | 없다 | 43 | 555 | 598 |
| | | 65 | 650 | |

**6** 패션 분야와 공공이슈 분야에 대한 내용은 일상소비 분야와 영화관람 분야에도 적용된다.

**7** 8월에 영향력 전파자인 사람들을 조사해보면 패션 분야에서 8월 영향력 전파자의 약 40%가 6월에도 영향력 전파자인 것으로 나타났다(이는 6월의 영향력 전파자 중 8월에도 여전히 영향력 전파자인 사람의 비율과 거의 비슷하다). 그러나 공공이슈 분야에서는 전혀 그렇지 않다. 6월의 영향력 전파자의 34%가 8월에도 영향력 전파자였지만, 8월에 영향력 전파자인 사람의 19%만이 6월에 영향력 전파자였다. 두 표의 '가장자리(marginals)' 쪽을 살펴보면, 패션에서 영향력 전파자 수는 6월과 8월(174명과 182명)에 사실상 일정했던 반면, 공공이슈에서의 영향력 전파자 수는 6월과 8월 사이에 두 배 가까이 증가했음을 알 수 있을 것이다. 여기에는 이유가 있다. "귀하께서는 최근에 **조언**을 요청받은 적이 있으십니까?"라는 질문이 갖는 암묵적 의미가 저자들이 찾고 있던 비공식적 영향력의 보고를 억제하지 않는지 살펴보기 위해 8월 조사에서 공공이슈 질문을 살짝 바꿨다. 이에 따라 8월 질문을 공공이슈 분야에서만 "귀하께서는 최근 국내, 국제, 지역 문제에 대한 귀하의 **견해**를 요청받은 적이 있으십니까?"로 변경했다. 6월에는 9%만이 긍정적으로 답한 반면, 8월에는 18%가 조언을 제공한 에피소드를 보고했다. 비록 변경된 표현으로 더 **많은** 영향력 전파자를 찾아낼 수 있었지만, 두 질문이 같은 **유형**의 의견지도자를 가리킨다고 믿는 근거가 있다. 그 한 예로, "다른 여성들과 비교했을 때 (중략) 귀하께서는 조언 요청을 받을 가능성이 더 높은 편이십니까, 아니면 더 낮은 편이십니까?"라는 질문에 대한 6월과 8월 응답의 상관관계 크기가 8월의 '견해' 질문에 긍정적으로 답한 사람들과 6월의 '조언' 질문에 긍정적으로 답한 사람들이 서로 비슷했다.

그러나 만약 구체적인 조언 제공 경험에 대한 응답에서 높은 일관성을 기대할 수 없다면, 아마도 그러한 두 경험에 기초해 선별된 사람들은 하나의 경험만 보고한 사람들과 다를 것으로 기대할 수 있다. 그리고 하나의 경험만 보고한 여성들은 다시 두 인터뷰 모두에서 이러한 경험을 보고하지 않은 여성들과 달라야 한다. 또한 그들이 영향력 전파의 '잠재력'과 같은 부분에서 현저히 다를 것으로 기대해야 한다. 응답자가 스스로를 평가할 때 자기 주위의 다른 여성들과 비교하여 조언을 요청받을 일반적인 가능성의 차이에 대해 분명히 포착해야 한다.

[표D2] 조언제공 빈도와 영향력 행사에 대한 자기평가

| 귀하께서는 귀하 주위의 다른 여성분들과 비교해볼 때 패션 분야에 대한 조언을 요청받을 가능성이 더 큰가요? 아니면 더 작은가요? | 6월, 8월 조사 패션 분야 조언 제공 경험 | | |
|---|---|---|---|
| | 2회 | 1회 | 없음 |
| 더 크다. | 72% | 42% | 17% |
| 더 작다. | 21 | 51 | 77 |
| 동일하다(응답자가 직접 나서서 응답한 경우) | 4 | 2 | 2 |
| 모르겠다, 무응답 | 3 | 6 | 4 |
| 총합(=100%) | (76) | (204) | (434) |

| 귀하께서는 … 공공이슈에 대한 조언을 … | 6월, 8월 조사 공공이슈 분야 조언 제공 경험 | | |
|---|---|---|---|
| | 2회 | 1회 | 없음 |
| 더 크다. | 64% | 44% | 15% |
| 더 작다. | 27 | 49 | 77 |
| 동일하다(응답자가 직접 나서서 응답한 경우) | 9 | 1 | 3 |
| 모르겠다, 무응답 | - | 7 | 6 |
| 총합(=100%) | (22) | (138) | (555) |

[표D2]는 자기평가한 응답자 자신의 영향력과 응답자가 면접관에게 보고한 실제 조언제공 경험의 개수 사이의 강한 상관관계를 보여준다. 패션 분야와 공공이슈 분야 모두에서 가장 자주 자문을 요청받은 여성들은 자신이 조언 요청받을 가능성 또한 '더 높은 편'이라고 응답했다. 6월 조사와 8월 조사 모두 조언을 제공했던 경험이 없는 응답자들은 자신이 조언 요청받을 가능성 역시 '더 낮은 편'이라고 생각했

다. 그리고 6월 조사나 8월 조사 중 한 번만 조언을 제공한 여성들은 자신의 영향력에 대한 자기평가에서 두 집단의 중간 정도 수치로 분명하게 나타났다.

이러한 계산은 저자들의 자기지명 의견지도력 지수의 구성으로 이어졌다. 세 문항을 교차시키면 다음과 같은 6가지 응답 조합을 얻을 수 있다.

[표D3] 6가지 조언 제공 유형들

| | 2회 조언 제공자 | 1회 조언 제공자 | 조언 제공 없음 |
|---|---|---|---|
| 조언 제공 가능성이 더 크다[8] | 1 | 3 | 5 |
| 조언 제공 가능성이 더 크다 | 2 | 4 | 6 |

1번과 6번 유형에 해당하는 응답자 위치는 명확하다. 2번 유형에 속하는 사람들은 자신에 대해 '겸손한' 것으로, 5번에 속한 사람들은 '자랑하는' 것으로 여겨졌다. 따라서 이 유형들은 각각 1번과 6번 유형으로 합쳐졌다. 분명 가장 어려운 문제인 3번과 4번에 속한 개인들의 경우, 이들의 사회적 특성 및 기타 특성을 분석했다. 그 결과 3번 유형에 속한 사람들은 1번 및 2번 유형과 더 비슷하고, 4번 유형의 사람은 5번과 6번 유형의 사람과 더 유사한 것으로 나타났다. 이에 따라 6개의 응답범주는 1, 2, 3번 유형을 의견지도자 집단, 그리고 4, 5, 6번을 비지도자 집단으로 하는 두 집단으로 축소되었다.

여기서는 간결성을 위해 패션 분야와 공공이슈 분야에 대해서만 의견지도력 지수의 세 가지 문항 사이의 상관관계를 보고했다. 영화관람 분야에서의 상관관계는 거의 비슷한 수준을 보였으나, 일상소비 분야에서는 다소 낮게 나타났다는 점을 유의해야 한다. 일상소비 분야에서의 조언 제공의 경우 일상 대화에서의 의견교환을 통해 종종 여성들이 조언자 역할에 놓이게 된다는 점에서, 다른 분야에 비해 다소 더 무작위적으로 보일 수 있다. 따라서 이 분야에서의 영향력 흐름의 특성은, 조언을 제공한 구체적인 사례를 보고한 여성에게 다른 사람들보다 자신이 조언을 요청받을 가능성이 '더 높은 편'이라고 인식하지 않게 할 수 있다. 마찬가지로, 실제로 조언을 제공하지 않은 여성이 자신이 자기 이웃만큼이나 조언 요청을 받을 가능성이 있다고

8 자신의 영향력이 다른 사람들과 대략 '같다'고 응답한 몇몇 사람들은, 인터뷰 내용의 면밀한 검토 후에 '가능성이 더 높은 편'으로 분류되었다.

생각할 수도 있다. 어떤 경우든 일상소비 분야에서는 다른 세 분야보다 이와 같은 현상이 더 많이 나타난다.

## 3. 추가 내용: 사교성, 불안, 대중소설 소비의 관계

본서를 마치기 전에, 마지막으로 지수 하나를 더 소개하려 한다. 새로 소개될 지수는 '대중소설'[9]이라고 부르는 것에 대한 노출 지수다. 저자들은 표본 내 여성응답자들에게 (1) '실화(true story)' 유형의 잡지를 읽는지, (2) 영화잡지를 읽는지, (3) 라디오에서 낮 시간 연속극(daytime serials)을 듣는지 질문했다. 예를 들어, 이 중 두 개 또는 세 개에 노출이 되면 응답자에게 대중소설 지수 2점을 부여했다. 이 중 하나에만 노출된 응답자에게는 1점을 부여했고, 세 개 모두에 노출되지 않는 경우 0점을 부여했다. 그런 다음 여성들의 (1) 사교성(앞서 논의한 사교성 지수로 측정한) 수준과 (2) '불안' 수준에 따라 대중소설에 대한 노출이 어떻게 다른지 알아보기 위한 비교분석을 실시했다. 이 결과는 매스 미디어 및 대중문화 연구자들에게 상당히 흥미로울 것이라 생각한다.

우선, 사교성과 대중소설 노출지수 점수를 비교했다. 대중소설 지수의 항목들과 관련 있다고 알려진 교육수준이 통제된다는 점에 유의하라.

[표D4] 두 가지 교육수준 모두에서 사교성이 낮은 여성들은 더 많이 대중소설에 노출되는 것으로 나타났다.

| | 교육수준 낮음 | | | 교육수준 높음 | | |
|---|---|---|---|---|---|---|
| 대중소설 노출지수 | 사교성 높음 | 사교성 중간 | 사교성 낮음 | 사교성 높음 | 사교성 중간 | 사교성 낮음 |
| 2 | 7% | 15% | 20% | 3% | 7% | 12% |
| 1 | 38 | 43 | 46 | 33 | 41 | 38 |
| 0 | 55 | 42 | 34 | 64 | 52 | 50 |
| 총합(=100%) | (87) | (189) | (136) | (102) | (135) | (60) |

9 레오 스롤(Leo Srole)이 해당 지수 및 여기에 제시된 분석을 제안했다.

저자들은 사교성이 사회적 지위와 관련되어 있다는 것을 이미 확인했기 때문에 이번에는 여기서 제시된 표를 교육수준 대신 사회경제적 지위를 일정하게 유지한 상태로 재분석했다.[10] 결과는 동일했다. 사회적 지위가 높은 여성과 낮은 여성 모두에서, 사교성이 낮은 여성들은 대중소설의 팬일 가능성이 더 높았다. 이 차이는 극적이지는 않지만 완벽한 일관성을 보인다. 사회적 지위가 높은 여성 중 사교성이 가장 높은 여성들의 36%가, 반면 사교성이 가장 낮은 여성들의 50%가 대중소설 지수의 세 가지 항목 중 적어도 한 가지 항목에 노출되었다고 보고했다.

사교성 수준과 대중소설 노출 사이의 역관계가 교육수준이나 사회적 지위에 의해 설명될 수 없다는 것은, 대중소설 미디어가 사회화 활동의 대체재로 어느 정도 역할을 한다는 명백한 해석(비록 이 해석은 지금껏 매스 미디어 연구에서 제시된 적이 거의 없지만)을 뒷받침해준다. 대중문화 이론가들이 이런 사람들에게 붙인 라벨은 '도피주의자(escapist)'다.

물론 저자들은 사회경제적 지위가 같을 때 무엇이 한 여성을 다른 여성보다 더 사교적으로 만드는지 알 수 없다. 어쩌면 성격적 요인이 설명해줄 수도 있다. 사실, 본 연구에 인간 성격의 한 측면을 어느 정도 측정하는 '불안'(걱정, 우울감 등)과 관련된 몇 가지 설문문항이 있다. 이러한 응답자의 기분과 요소도 대중소설 노출과 관련이 있었다. 비록 이 요소는 사교성과는 완전히 독립적이었지만 말이다.[11]

응답자들은 "귀하께서는 다른 사람들에 비해 대체로 걱정을 더 하시는 편입니까, 덜 하시는 편입니까?"라는 질문을 받았다. 응답 분포에 나타난 두드러지는 단절은 '적게 한다'라고 답한 사람들과 '비슷하다' 또는 '많이 한다'라고 답한 사람들 사이에 존재하는 것으로 보인다. [표D5]는 이 질문에 대한 응답과 대중소설 노출 지수의 연관성을 살펴본 것이다.

---

**10** 응답자들에 대해 인터뷰 진행자들이 평가한 사회경제적 지위 평가 점수 A, B, C, D를 사용했다.

**11** 즉, 사교성은 걱정 내지는 우울감과 관련이 없는 것으로 나타났다.

[표D5] 자신이 다른 여성들에 비해 걱정이 많은 편이라고 생각한 응답자일수록 대중소설 노출이 더 크게 나타났다.

| | 다른 여성들과 비교할 때 자신이 걱정을 더 … | |
|---|---|---|
| 대중소설 노출지수 | '많이' 혹은 '비슷하게' 한다 | '적게' 한다. |
| 2 | 13% | 6% |
| 1 | 42 | 39 |
| 0 | 45 | 55 |
| 총합(=100%) | (507) | (202) |

[표D5]에서는 불안한 사람의 자아상과 대중소설 노출 사이에 약한 관계가 보인다. 자신에 대해 걱정을 많이 하는 사람이라고 생각할수록 대중소설 미디어 노출이 높아진다. 하지만 또 다른 기분 관련 질문을 이용해 다시 분석해보자: "귀하께서는 살면서 우울하거나 낙담한 적이 있으십니까?" 이번에는 사교성 점수를 다시 고려하여 사교성과 불안이 서로 독립적인 방식으로 대중소설 소비와 연관되어 있는지 확인하였다.

[표D6] 살면서 종종 우울하거나 낙담하는 여성들의 경우 사교성 수준과 무관하게 대중소설 소비자가 될 가능성이 높다.

| | 우울하거나 낙담한 경험 | | | | | |
|---|---|---|---|---|---|---|
| | 있음 | | | 없음 | | |
| 대중소설 노출지수 | 사교성 높음 | 사교성 중간 | 사교성 낮음 | 사교성 높음 | 사교성 중간 | 사교성 낮음 |
| 2-1 | 44% | 58% | 67% | 34% | 44% | 47% |
| 0 | 56 | 42 | 33 | 66 | 56 | 53 |
| 총합(=100%) | (131) | (220) | (141) | (59) | (102) | (55) |

사교성의 각 수준별로 '있음'과 '없음'을 비교해보면, '우울 또는 낙담'을 느끼는 것과 대중소설 소비 사이에 유의한 관계가 있음을 알 수 있다. [표D6]◆ 결과 역시 사교성이 불안수준과 관계없이 여전히 고려해야 할 요소임을 보여준다.

위의 결과는 다음과 같이 요약할 수 있다.

1. 대중소설 소비는 사회경제적 지위와 관련된다. 저자들은 이 점에 대해 숙고해

◆ 원문에는 Table D3라고 표시되어 있다. 원문의 오류인듯 하여 바로잡았다.

보지 않았지만, 이 관계는 데이터에서 잘 드러난다. 대중소설 노출은 사회적 지위가 낮은 집단의 주요 특징이며, 사회적 지위가 높은 사람들 사이에서는 일부에서만 나타나는 패턴이라고 할 수 있을 것이다.

2. 대중소설 소비는 사회적 지위수준을 일정하게 유지한 상태에서도 사교성에 반비례한다. 비록 저자들이 여기에 모든 데이터를 제시하지는 않았지만, 이 관계는 사회적 지위가 낮은 집단보다 사회적 지위가 높은 집단에서 더 두드러지는 것으로 나타났다.

3. 대중소설 소비는 성격의 불안감 요소와 직접적으로 관련된다. 이 관계는 사교성 수준과는 꽤 독립적이다.

요약하자면, 여기서 저자들이 대중소설이라고 이름 붙인 미디어 콘텐트는 사회적 지위가 낮은 집단의 하위문화(sub-culture), 낮은 수준의 사교적 활동, 불안을 느끼는 성격요소와 관련된 필요성과 관심사를 만족시켜주는 것으로 보인다.[12]

---

12 다른 곳에서, 저자들은 이렇게 접근한 매스 미디어 연구에 대해 '이용과 충족(uses and gratifications)' 연구라는 이름을 붙였다. 카츠(E. Katz, 1953)와 맥피(McPhee, 1953)를 참조하라. 이 데이터는 본서의 주요 주제인 대인관계 영향력과 직접적으로 관련되지는 않지만 매우 흥미로운 결과이기에 별첨D에서 간단히 소개하였다.

여기 제시된 참고문헌은 저자 이름의 알파벳 순서로 정리되어 있다. 만약 동일 저자의 서로 다른 문헌들이 2회 이상 인용된 경우 출간년도를 기준으로 정리하여 제시하였다. 본문에 제시된 모든 참고문헌들의 저자이름과 출간년도는 참고문헌에 제시된 것과 일치한다.

저자들은 가급적 출간문헌의 원출처(original place)보다는 각 출간문헌을 가장 쉽게 접할 수 있는 출처를 제시하고자 하였다. 예를 들어, 소집단 관련 다양한 '연구들'의 경우 대다수의 소집단 연구에 대한 매우 훌륭한 출처들을 담고 있는 스완슨, 뉴콤, 하틀리(Swanson, Newcomb, and Hartley, 1952)라는 단일 문헌으로 소개하였고, 다양한 매스 커뮤니케이션 연구의 경우 슈람(Schramm, 1949), 베럴슨과 재노비츠(Berelson and Janowitz, 1950)와 같이 단일 문헌으로 인용하였다.

전반적으로 Part 1에 소개된 참고문헌들(물론 Part 1의 문헌들이 참고문헌 목록의 대다수를 차지한다)은 1953년 중반 이후에 출간된 것이 아니다. 1953년 중반 이후 본 연구와 관련된 여러 문헌들이 출간되었기에, 여기 참고문헌 관련 공지에서 몇몇 연구들을 간단히 소개하고자 한다.

**소집단 연구**와 관련된 후속연구들은 급속하게 증가하는 추세다. 주목할 만한 새로운 '연구'로 카트라이트와 잰더(Cartwright and Zander, 1953), 그리고 저자들이 출간되기를 기대했던 또 다른 연구로 헤어, 보르가타, 베일즈(Hare, Borgatta, and Bales, 1955)를 언급할 수 있다. 소집단 연구 분야의 다양한 측면들에 대한 포괄적이고 권위 있는 논평으로는 린지(Lindzey, 1954)를 꼽을 수 있다. 1954년 12월에 출간된 《어메리칸소시올로지컬리뷰(*American Sociological Review*)》(19권, 6호)에서는 프레드 L. 스트로트벡(Fred K. Strodtbeck)을 초빙편집자(guest-editorship)로 하여 전 지면에 걸쳐 소집단 연구 분야의 최근 연구들을 소개하였다.

호블랜드, 재니스, 켈리(Hovland, Janis, and Kelley, 1953), 슈람(Schramm, 1955) 등의 연구를 계기로 **매스 커뮤니케이션 연구**(*mass communications research*) 분야는 번창하고 있다. 호블랜드 등의 연구는 매스 커뮤니케이션 관련 주요 연구전통들 중 하나◆의 분석틀을 기반으로 한 일련의 연구들을 소개하고 있고, 슈람의 연구는 커뮤니케이션 흐름에서 대인관계의 역할을 포함하는 전반적인 커뮤니케이션 과정을 소개하고 있으며, 또한 별도로 해외 커뮤니케이션연구(International Communications Research) 성과도 소개하고 있다. 해외 커뮤니케이션 연구는 레오 로웬탈(Leo Lowenthal)이 초빙편집자로 봉사한 《퍼블릭오피니언쿼터리(*Public Opinion Quaterly*)》(16권, 4호, 1952-1953 겨울)의 특별호 주제이기도 했다. 끝으로 D. 카츠, 카트라이트 등(D. Katz, Cartwright et al, 1954)에서도 관련 연구들을 찾아볼 수 있다.


Allport, Gordon W. and Leo J. Postman (1940). *The Psychology of Rumor*. New York: Henry Holt.

Asch, S. E. (1940). "Studies in the Principles of Judgments and Attitudes: II. Determination of Judgments by Groups and by Ego-Standards." *Journal of Social Psychology, 12*, pp. 433-465.

——— (1952A). "Effects of Group Pressures Upon the Modification and Distortion of Judgments." in Swanson, Newcomb and Hartley, eds., *Readings in Social Psychology*, New York: Henry Holt.

——— (1952B). *Social Psychology*. New York: Prentice-Hall.

Back, Kurt W. *et al.* (1950). "A Method of Studying Rumor Transmission." in Festinger *et al.*, *Theory and Experiment in Social Communication*, Ann Arbor, Mich.: Research Center for Group Dynamics, University of Michigan.

Back, Kurt W. (1952). "Influence Through Social Communication." in Swanson, Newcomb and Hartley, eds., *Readings in Social Psychology*, New York: Henry Holt.

Bales, R. F. (1945). "Social Therapy for a Social Disorder-Compulsive Drinking." *Journal of Social Issues, 1*(3), pp. 14-22.

——— (1952). "Some Uniformities of Behavior in Small Social Systems." in Swanson, Newcomb and Hartley, eds., *Readings in Social Psychology*, New York: Henry Holt.

Barnett, H. G. (1953). *Innovation: The Basis of Cultural Change*. New York: McGraw-Hill.


◆ 호블랜드를 중심으로 하는 소위 예일 학파(Yale School)의 연구는 실험설계를 기반으로 진행되었다. 라자스펠드를 중심으로 하는 컬럼비아 학파(Columbia School)는 설문조사 기법을 중심으로 연구를 진행하였다.

Bavelas, Alex (1951). "Communications Patterns in Task Oriented Groups." in Lerner and Lasswell, eds., *The Policy Sciences*, Stanford, Calif.: Stanford University Press. Reprinted in Cartwright and Zander (1953).

Benne, K. D. and P. Sheats (1948). "Functional Roles of Group Members." *Journal of Social Issues, 4*(2), pp. 41–49.

Bennett, Edith (1952). *The Relationship of Group Discussion, Decision, Commitment and Consensus to Individual Action*. unpublished Doctoral Dissertation, University of Michigan. Abstracted in *The American Psychologist, 7*, p. 315.

Berelson, Bernard R. (1950). "Communication and Public Opinion." in Berelson and Janowitz, eds., *Reader in Public Opinion and Communication*, Glencoe, Illinois: Free Press.

Berelson, Bernard R. and Morris Janowitz, eds. (1950). *Reader in Public Opinion and Communication*. Glencoe, Iilinois: Free Press.

——— (1951). *Content Analysis in Communication Research*. Glencoe, Illinois: Free Press.

Berelson. Bernard R., Paul F. Lazarsfeld and William N. McPhee (1954). Voting: *A Study of Opinion Formation During a Presidential Campaign*. Chicago: University of Chicago Press.

Berenda, Ruth W. (1950). *The Influence of the Group on the Judgments of Children*. New York: Columbia University Press.

Blumer, Herbert (1946). "The Mass, the Public, and Public Opinion." in A. M. Lee, ed., *New Outline of the Principles of Sociology*, New York: Barnes and Noble. Reprinted, in part, in Berelson and Janowitz (1950).

Bogart, Leo (1950). "The Spread of News on a Local Event: A Case History." *Public Opinion Quarterly, 14*, pp. 769–772.

Brunner, Edmund deS. et al. (1945). *Farmers of the World*. New York: Columbia University Press.

Bureau of Applied Social Research, Columbia University (1951). unpublished series of studies on Communications Behavior in the Near and Middle East.

Burt, Cynl (1938). *The Young Delinquent*. New York: AppletonCentury.

Bushee, Frederick A. (1945). "Social Organizations in a Small City." *American Journal of Sociology, 51*, pp. 217–226.

Cantril, Hadley and Gordon Allport (1935). *The Psychology of Radio*. New York: Harper & Brothers.

Carter, L. F. and M. Nixon (1949). "An Investigation of the Relationship Between Four Criteria of Leadership Ability for Three Different Tasks." *Journal of Psychology, 27*, pp.245–261.

Cartwright, Dorwin (1949). "Some Principles of Mass Persuasion: Selected Findings of Research on the Sale of U.S. War Bonds." *Human Relations, 2*, pp.253–267. Reprinted in Katz, Cartwright et al. (1954).

——— (1951). "Achieving change in People: Some Applications of Group Dynamics Theory." *Human Relations, 4*, pp.381–392.

Cartwright, Dorwin and Alvin Zander (1953). *Group Dynamics: Research and Theory*. Evanston, Illinois: Row, Peterson.

Chowdhry, Kamia and Theodore M. Newcomb (1952). "The Relative Abilities of Leaders and Non-Leaders to Estimate Opinions of their Own Groups." *Journal of Abnormal and Social Psychology, 47*, pp.51–57. Reprinted in Hare, Borgatta and Bales (1955).

Coch, Lester and John R. P. French, Jr. (1952). "Overcoming Resistance to Change." in Swanson, Newcomb and Hartley, eds., *Readings in Social Psychology*, New York: Henry Holt.

Cooley, C. H. (1909). *Social Organization*. New York: Charles Scribner's Sons.

——— (1950). "The Significance of Communication." in Berelson and Janowitz, eds., *Reader in Public Opinion and Communication*, Glencoe, Illinois: Free Press.

Cooper, Eunice and Marie Jahoda (1947). "The Evasion of Propaganda." *Journal of Psychology, 23*, pp.15–25. Reprinted in Katz, Cartwright et al. (1954).

Davis, Kingsley (1949). *Human Society*. New York: Macmillan.

Dotson, Floyd (1951). "Patterns of Voluntary Association Among Urban Working Class Families." *American Sociological Review, 16*, pp.687–693.

Duncker, Karl (1938). "Experimental Modifications of Children's Food Preferences Through Social Suggestion." *Journal of Abnormal and Social Psychology, 33*, pp.489–507.

Eisenstadt, S. N. (1952). "Communication Processes Among Immigrants in Israel." *Public Opinion Quarterly, 16*, pp.42–58.

Ennis, Philip H. (1955). The Changed to Tea, *A Study in the Dynamics of Consumer Behavior*. unpublished research report of the Bureau of Applied Social Research, Columbia University.

Faris, Robert E. L. (1953). "Development of the Small Group Research Movement." in Sherif and Wilson, eds., *Group Relations at the Crossroads*, New York: Harper and Brothers.

Ferber, Robert (1955). "On the Reliability of Purchase Influence Studies." *Journal of Marketing, 19*, pp. 225–232.

Festinger, Leon (1950). "Informal Social Communication." *Psychological Review, 57*, pp. 271–282.

Festinger, Leon, Stanley Schachter and Kurt Back (1950). *Social Pressures in Informal Groups*. New York: Harper and Brothers. Excerpts in Cartwright and Zander (1953), Chaps. VIII and XVI.

Festinger, Leon and John Thibaut (1952). "Interpersonal Communication in Small Groups." in Swanson, Newcomb and Hartley, eds., *Readings ín Social Psychology*, New York: Henry Holt.

Fisher, Sarah C. (1948). *Relationships in Attitudes, Opinions, and Values Among Family Members*. Berkeley, Calif.: University of California Press.

Foskett, John M. (1955). "Social Structure and Social Participation." *American Sociological Review, 20*, pp. 431–438.

Freidson, Eliot (1953A). "Communications Research and the Concept of the Mass." *American Sociological Review, 18*, pp. 313–317. Reprinted in Schramm (1955).

——— (1953B). "The Relation of the Social Situation of Contact to the Media in Mass Communication." *Public Opinion Quarterly, 17*, pp. 230–238.

Gibb, Cecil A. (1947). "The Principles and Traits of Leadership." *Journal of Abnormal and Social Psychology, 42*, pp. 267–284.

——— (1950). "The Research Background of an Interactional Theory of Leadership." *Australian Journal of Psychology, 28*, pp. 19–42.

Giddings, Charles H. (1896). *Principles of Sociology*. New York: Macmillan.

Glock, Charles Y. (1953). "The Comparative Study of Communication and Opinion Formation." *Public Opinion Quarterly, 15*, pp. 512–523. Reprinted in Schramm (1955).

Goldhamer, Herbert (1942). *Some Factors Affecting Participation in Voluntary Associations*. unpublished Doctoral Dissertation, University of Chicago.

Handel, Leo A. (1950). *Hollywood Looks at its Audience*. Urbana, Illinois: University of Illinois Press.

Hare, A. Paul (1952). "Interaction and Consensus in Different Sized Groups." *American Sociological Review, 17*, pp.261–267. Reprinted in Cartwright and Zander (1953).

Hare, Paul, Edgar F. Borgatta and Robert F. Bales (1955). *Small Groups: Studies in Social Interaction*. New York: Knopf.

Hartley, Eugene (1951). "Psychological Problems of Multiple Group Membership." in Rohrer and Sherif, eds., *Social Psychology at the Crossroads*, New York: Harper and Brothers.

Hartley, E. L. and R. E. Hartley (1952). *Fundamentals of Social Psychology*. New York: Knopf.

Hites, R. W. and D. T. Campbell (1950). "A Test of the Ability of Fraternity Leaders to Estimate Group Opinion." *Journal of Social Psychology, 32*, pp.95–100.

Homans, George C. (1950). *The Human Group*. New York: Harcourt, Brace.

——— (1952). "Group Factors in Worker Productivity." in Swanson, Newcomb and Hartley, eds., *Readings in Social Psychology*, New York: Henry Holt.

Horsfall, A. B. and C. M. Arensberg, "Teamwork and Productivity in a Shoe Factory." *Human Organization, 8*, pp.13–28.

Hovland, Carl I., Arthur A. Lumsdaine and Fred D. Sheffield (1949). *Experiments in Mass Communications* (Studies in Social Psychology in World War II, Vol. III). Princeton, N. J.: Princeton University Press.

Hovland, Carl I., Irving L. Janis and Harold H. Kelley (1953). *Communication and Persuasion*. New Haven, Conn.: Yale University Press.

Huth, Arno G. (1952). "Communications and Economic Development." *Intemational Conciliation*, No. 477, Carnegie Endowment for International Peace.

Hyman, Herbert H. and Paul B. Sheatsley (1952). "Some Reasons Why Information Campaigns Fail." in Swanson, Newcomb and Hartley, eds., *Readings in Social Psychology*, New York: Henry Holt.

Inkeles, Alex (1950). *Public Opinion in Soviet Russia*. Cambridge, Mass.: Harvard University Press.

Jenkins, W. O. (1947). "A Review of Leadership Studies with Particular Reference to Military Problems." *Psychological Bulletin, 44*, pp.54–79.

Jennings, Helen H. (1952). "Leadership and Isolation; in Swanson, Newcomb and Hartley." eds., *Readings in Social Psychology*, New York: Henry Holt.

Jones, Maxwell *et al.* (1953). *Social Psychiatry: A Study of Therapeutic Communities*. New York: Basic Books.

Kagan, Henry E. (1952). *Changing the Attitude of Christian Toward Jew.* New York: Columbia University Press.

Katz, Daniel (1949). "Psychological Barriers to Communication." in Wilbur Schramm, ed., *Mass Communications*, Urbana, Illinois: University of Illinois Press.

——— (1951). "Social Psychology and Group Processes." *Annual Review of Psychology, 2*, pp. 137–172.

Katz, Daniel, Dorwin Cartwright, Samuel Eldersveld and Alfred M. Lee, eds. (1954). *Public Opinion and Propaganda*. New York: Dryden Press.

Katz, Elihu (1953). *The Part Played by People: A New Focus for the Study of Mass Media Effects*. unpublished memorandum of the Bureau of Applied Social Research, Columbia University.

Katz, Elihu and Herbert Menzel (1954). *On the Flow of Scientific Information in the Medical Profession* (2 vols.). unpublished research reports on a pilot study of the Bureau of Applied Social Research, Columbia University.

Kelley, Harold H. (1950). "Communication in Experimentally Created Hierarchies." in Festinger *et al., Theory and Experiment in Social Communication*, Ann Arbor, Michigan: Research Center for Group Dynamics, University of Michigan. Reprinted in Cartwright and Zander (1953).

Kelley, Harold H. and Edmund H. Volkart (1952). "The Resistance to Change of Group Anchored Attitudes." *American Sociological Review, 17*, pp. 453–465. Reported also in Hovland, Janis and Kelley (1953), Chap. V.

Klapper, Joseph T. (1950). *The Effects of the Mass Media*. New York: Bureau of Applied Social Research, Columbia University.

Komarovsky, Mirra (1940). *The Unemployed Man and his Family*. New York: The Dryden Press.

——— (1946). "The Voluntary Associations of Urban Dwellers." *American Sociological Review, 11*, pp. 686–698.

Krech, David and Richard S. Crutchfield (1948). *Theory and Problems in Social Psychology*. New York: McGraw-Hill.

Larsen, Otto N. and Richard J. Hill (1954). "Mass Media and Interpersonal Communication in the Diffusion of a News Event." *American Sociological Review, 19*, pp. 426–433.

Larsen, Otto N. and Melvin L. DeFleur (1954). "The Comparative Role of Children and Adults in Propaganda Diffusion." *American Sociological Review, 19*, pp. 593–602.

Lazarsfeld, Paul F. (1940). *Radio and the Printed Page*. New York: Duell, Sloan and Pearce.

——— (1941). "Audience Building in Educational Broadcasting." *Journal of Educational Sociology, 14*.

——— (1942). "The Effects of Radio on Public Opinion." in Douglas Waples, ed., *Print, Radio and Film in a Democracy*, Chicago, Ill.: University of Chicago Press.

——— (1947). "Audience Research in the Movie Field." *Annals of the American Academy of Political and Social Science.*

——— (1948). "Communications Research and the Social Psychologist." in Wayne Dennis, ed., *Current Trends in Social Psychology*, Pittsburgh, Pa.: University of Pittsburgh Press.

Lazarsfeld, Paul F., Bernard Berelson and Hazel Gaudet (1948). *The People's Choice*. New York: Columbia University Press.

Lazarsfeld, Paul F. and Patricia L. Kendall (1948). *Radio Listening in America*. New York: Prentice-Hall.

Lazarsfeld, Paul F. and Robert K. Merton (1949). "Mass Communication, Popular Taste and Organized Social Action." in Wilbur Schramm, ed., *Mass Communications*, Urbana, Ill.: University of Illinois Press.

Lazarsfeld, Paul F. and Patricia L. Kendall (1950). "Problems of Survey Analysis." in Merton and Lazarsfeld, eds., *Continuities in Social Research: Studies in the Scope and Method of "The American Soldier,"* Glencoe, Ill.: Free Press.

Lazarsfeld, Paul F. and Morris Rosenberg, eds. (1955). *The Language of Social Research*, Glencoe. Ill.: Free Press.

Leavitt, Harold J. (1952). "Some Effects of Certain Communications Patterns on Group Performance." in Swanson, Newcomb and Hartley, eds., *Readings in Social Psychology*, New York: Henry Holt.

Lee, Alfred M. and Elizabeth B. Lee (1939). *The Fine Art of Propaganda*. New York: Harcourt, Brace.

Leighton, Alexander (1945). *The Governing of Men*. Princeton, N. J.: Princeton University Press.

Lerner Daniel, Paul Berkman and Lucille Pevsner (forthcoming). *Modernizing the Middle East: Studies in Communication and Social Change* (tentative title).

Levine, Jacob and John Butler (1952). "Lecture vs. Group Decision in Changing Behavior." *Journal of Applied Psychology, 36*, pp.29–33. Reprinted in Cartwright and Zander (1953).

Lewin, Kurt and Paul Grabbe (1945). "Conduct, Knowledge and Acceptance of New Values." *Journal of Social Issues, 1*(3), pp. 53–64. Reprinted in Lewin (1948).

Lewin, Kurt (1948). *Resolving Social Conflict.* New York: Harper and Brothers.

——— (1951). *Field Theory in Social Science.* New York: Harper and Brothers.

——— (1952). "Group Decision and Social Change." in Swanson, Newcomb and Hartley, eds., *Readings in Social Psychology*, New York: Henry Holt.

Lewis, Helen B. (1954). "An Experiment on the Operation of Prestige Suggestion." in Swanson, Newcomb and Hartley, eds., *Readings in Social Psychology*, New York: Henry Holt.

Lindzey, Gardener (1954). *Handbook of Social Psychology* (2 vols.). Cambridge, Mass.: Addison-Wesley Press.

Lippitt, Ronald, Norman Polansky, Fritz Redl and Sidney Rosen (1952) "The Dynamics of Power." in Swanson, Newcomb and Hartley, eds., *Readings in Social Psychology*, New York: Henry Holt.

Lippitt, Ronald and Ralph K. White (1952). "An Experimental Study of Leadership and Group Life." in Swanson, Newcomb and Hartley, eds., *Readings in Social Psychology*, New York: Henry Holt.

Lipset, Seymour M., James S. Coleman and Martin A. Trow (forthcoming). *Union Democracy* (tentative title). Glencoe, Ill.: Free Press.

Lundberg, G. A. and Virginia Beazley (1948). "Consciousness of Kind in a College Population." *Sociometry, 11*, pp. 59–74.

Lundberg, G. A., Virginia B. Hertzler and Lenore Dickson (1949). "Attraction Patterns in a University." *Sociometry, 12*, pp. 158–169.

Lynd, Robert S. and Helen M. Lynd (1929). *Middletown.* New York: Harcourt, Brace.

——— (1937). *Middletown in Transition.* New York: Harcourt, Brace.

MacIver, Robert M. (1942). *Social Causation.* Boston: Ginn and Co.

McPhee, William N. and Rolf B. Meyersohn (1951). *The Radio Audiences of Lebanon.* unpublished research report of the Bureau of Applied Social Research, Columbia University.

McPhee, William N. (1953). *New Strategies for Research in the Mass Media.* unpublished memorandum of the Bureau of Applied Social Research, Columbia University.

Maisonneuve, J. et al. (1952). "Selective Choices and *Propinquity.*" Sociometry*, 15*, pp. 135–140.

March, James G. (1954). “Group Norms and the Active Minority.” *American Sociological Review, 19*, pp. 733–741.

Mead, Margaret (1937). “Public Opinion Mechanisms Among Primitive Peoples.” *Public Opinion Quarterly, 1*(3), pp. 5–16.

Mead, Margaret, ed. (1953). *Cultural Patterns and Technical Change*. New York: UNESCO.

Merei, Ferenc (1952). “Group Leadership and Institutionalization.” in Swanson, Newcomb and Hartley, eds., *Readings in Social Psychology*, New York: Henry Holt.

Merton, Robert K. (1949A). “Patterns of Influence: A Study of Interpersonal Influence and Communications Behavior in a Local Community.” in Lazarsfeld and Stanton, eds., *Communications Research 1948-1949*, New York: Harper and Brothers.

——— (1949B). *Social Theory and Social Structure*. Glencoe, Ill.: Free Press.

Merton, Robert K. and Alice Kitt (1950). “Contributions to the Theory of Reference Group Behavior.” in Merton and Lazarsfeld, eds., *Continuities in Social Research*, Glencoe, Ill.: Free Press.

Merton, Robert K., et al. (forthcoming). *Patterns of Social Life: Explorations in the Sociology and Social psychology of Housing* (tentative title). Under a grant from the Lavanburg Foundation.

Meyersohn, Rolf (1953). *Research in Television: Some Highlights and a Bibliography*. unpublished memorandum of the Bureau of Applied Social Research, Columbia University.

Miller, Delbert C. (1945). “A Research Note on Mass Communication.” *American Sociological Review, 10*, pp. 691–694.

Miller, Neal A. and John Dollard (1941). *Social Learning and Imitation*, New Haven: Yale University Press.

Minnesota, University of, School of Journalism Research Division (1949). *Newspapers and their Readers* (2 vols.). Minneapolis, Minn.: University of Minnesota Press.

Moreno, Jacob L. (1953). *Who Shall Survive?*. Beacon, N. Y.: Beacon House.

Myrdal, Gunnar (1944). *An American Dilemma*. New York: Harper and Brothers.

Newcomb, Theodore M. and G. Svehla (1937). “Intra-family Relationships in Attitude.” *Sociometry, 1*, pp. 180–205.

Newcomb, Theodore M. and Eugene L. Hartley, eds. (1947). *Readings in Social Psychology*. New York: Henry Holt.

Newcomb, Theodore M. (1950). *Social Psychology*. New York: Dryden Press.

——— (1951). "Social Psychological Theory." in Rohrer and Sherif, eds., *Social Psychology at the Crossroads*, New York: Harper and Brothers.

——— (1952). "Attitude Development as a Function of Reference Groups: The Bennington Study." in Swanson, Newcomb and Hartley, eds., *Readings in Social Psychology*, New York: Henry Holt.

Park, Robert E. (1949). "The Natural History of the Newspaper." in Wilbur Schramm, ed., *Mass Communications*, Urbana, Ill.: University of Illinois Press.

Precker, Joseph A. (1952). "Similarity of Valuings as a Factor in Selection of Peers and Near-Authority Figures." *Journal of Abnormal and Social Psychology, 47*, pp.406–414.

Public Administration Clearing House (1954). "Experiences of Personnel of U.S. Voluntary Agencies." *Economic Development and Cultural Change, 2*, pp.329–349.

Riesman, David, Reuel Denney and Nathan Glazer (1950). *The Lonely Crowd*. New Haven, Conn.: Yale University Press.

Riley, Matilda W. and John W. Riley, Jr. (1951). "A Sociological Approach to Communications Research." *Public Opinion Quarterly, 15*, pp.445–460. Reprinted in Schramm (1955).

Riley, Matilda W. (1953). "An Interpersonal Approach to Opinion Research." paper delivered at the 1953 meeting of the American Association for Public Opinion Research.

Robinson, William S. (1941). "Radio Comes to the Farmer." in Lazarsfeld and Stanton, eds., *Radio Research 1941*, New York: Duell, Sloan and Pearce.

Roethlisberger, F. J. and W. J. Dickson (1939). *Management and the Worker*. Cambridge, Mass.: Harvard University Press.

Rogers, Maria (1951). "The Human Group: A Critical Review with Suggestions for Some Alternative Hypotheses." *Sociometry, 14*, pp.20–31.

Roseborough, Mary E. (1953). "Experimental Studies of Small Groups." *Psychological Bulletin, 50*, pp.275–303.

Rossi, Peter H. (1955), *Why Families Move*. Glencoe, Ill.: Free Press.

Sanford, Fillmore H. (1952). "The Psychology of Military Leadership." in Wayne Dennis, ed., *Psychology in the World Emergency*, Pittsburgh, Pa.: University of Pittsburgh Press.

Schachter, Stanley (1951). "Deviation, Rejection and Communication." *Journal of Abnormal and Social Psychology, 46*, pp. 190–207. Reprinted in Cartwright and Zander (1953).

Schramm, Wilbur and David M. White (1949). "Age, Education and Economic Status as Factors in Newspaper Reading." *Journalism Quarterly, 26*, pp. 155–157.

Schramm, Wilbur (1949). *Mass Communications*. Urbana, Ill.: University of Illinois Press.

——— (1955). *The Process and Effects of Mass Communications*. Urbana, Ill.: University of Illinois Press.

Sherif, Muzafer (1952). "Social Factors in Perception." in Swanson, Newcomb and Hartley, eds., *Readings in Social Psychology*, New York: Henry Holt.

Shils, Edward A. and Morris Janowitz (1948). "Cohesion and Disintegration in the Wehrmacht." *Public Opinion Quarterly, 12*, pp. 300–315; reprinted, in part, in Berelson and Janowitz, eds., *Reader in Public Opinion and Communication*, Glencoe, Ill.: Free Press.

Shils, Edward A. (1950). "Primary Groups in the American Army." in Merton and Lazarsfeld, eds., *Studies in the Scope and Method of "The American Soldier"*, Glencoe, Ill.: Free Press.

——— (1951). "The Study of the Primary Group." in Lerner and Lasswell, eds., *The Policy Sciences*, Stanford, Calif.: Stanford University Press.

Sims, Verner M. and James R. Patrick (1947). "Attitude Toward the Negro of Northern and Southern College Students." in Newcomb and Hartley, eds., *Readings in Social Psychology* (first edition), New York: Henry Holt.

Slater, Philip E. (1955). "Role Differentiation in Small Groups." *American Sociological Review, 20*, pp. 300–310, Reprinted in Hare, Borgatta and Bales (1955).

Smith, Everett R. (1952). "What Is Socio-Economic Status?" *Printer's Ink*, August 1, 1952.

Smith, Joel, William H. Form and Gregory P. Stone (1954). "Local Intimacy in a Middle-Sized City." *American Journal of Sociology, 60*, pp. 276–284.

Social Science Research Council (1947). *Public Reaction to the Atomic Bomb and World Affairs*. Ithaca, N. Y.: Cornell University Press.

Speier, Hans (1950). "The Historical Development of Public Opinion." *American Journal of Sociology, 55*, pp. 376–388.

Stewart, Frank A. (1947). "A Sociometric Study of Influence in Southtown." *Sociometry, 10*, pp. 11–31, 273–286.

Stogdill, R. M. (1948). "Personal Factors Associated With Leadership: A Survey of the Literature." *Journal of Psychology, 25*. pp. 35–71.

Stouffer. Samuel A. et al (1949). *The American Soldier: Studies in Social Psychology in World War Ⅱ*. (Vols. 1 and 2), Princeton, N. J.: Princeton University Press.

Strodtbeck, Fred L. (1951). "Husband and Wife Interaction Over Revealed Differences." *American Sociological Review, 16*, pp. 468–477. Reprinted in Hare, Borgatta and Bales (1955).

Stycos, J. Mayone (1952). "Patterns of Communication in a Rural Greek Village." *Public Opinion Quarterly, 16*, pp. 59–70.

Suchman, Edward A. (1941). "An Invitation to Music." in Lazarsfeld and Stanton, eds., *Radio Research 1941*, New York: Duell, Sloan and Pearce.

Sullivan, Harry S. (1953). *The Interpersonal Theory of Psychiatry*. New York: Norton.

Swanson, G. E., T. M. Newcomb and E. L. Hartley, eds. (1952). *Readings in Social Psychology* (revised edition). New York: Henry Holt.

Tarde, Gabriel (1901). *L'Opinion et la Foule*. Paris.

Thibaut, John (1950). "An Experimental Study of the Cohesiveness of Underprivileged Groups." *Human Relations, 3*, pp.251–278. Reprinted in Cartwright and Zander (1953).

Tolman, Edward C. (1951). "A Psychological Model." in Parsons and Shils, eds., *Toward A General theory of Action*, Cambridge, Mass.: Harvard University Press.

Warner, W. Lloyd and Paul S. Lunt (1941). *The Social Life of a Modern Community* (Vol. 1, Yankee City Series). New Haven, Conn.: Yale University Press.

Whyte, William Foote (1943). *Street Corner Society*. Chicago, Ill.: University of Chicago Press.

——— (1945). "The Social Role of the Settlement House." *Applied Anthropology, 1*, pp. 14 ff.

Whyte, William H., Jr. (1954). "The Web of Word-of-Mouth." *Fortune*, November, 1954.

Wiebe, G. D. (1951). "Merchandising Commodities and Citizenship on Television." *Public Opinion Quarterly, 15*, pp. 679–691.

——— (1952). "Responses to the Televised Kefauver Hearings." *Public Opinion Quarterly, 16*, pp. 179–200. Reprinted in Katz, Cartwright et al (1954).

Wilson. A. T. M., E. L. Trist and Adam Curle (1952). "Transitional Communities and Social Reconnection: A Study of the Civil Resettlement of British Prisoners of War." in Swanson, Newcomb and Hartley, eds., *Readings in Social Psychology*, New York: Henry Holt.

Wirth, Louis (1949). "Consensus and Mass Communication." in Wilbur Schramm, ed., *Mass Communications*, Urbana, Illinois: University of Illinois Press.

## 인명[◆]



◆ 번역시점을 기준으로 사회과학사에서 중요한 연구자라고 평가할 수 있는 학자들만 선별하여 제시하였다.

## 주제어